제5전정신판

Introduction to Legal Sciences

법학통론

최
종
고

박영사

Introduction to Legal Sciences

by

Chongko Choi

(Professor of Law,

Seoul National University)

1st Edition, 1986

2nd Edition, 2008

3rd Edition, 2014

4th Edition, 2019

5th Edition, 2025

Parkyoung Publishing & Company

Seoul, Korea

第5 全訂新版에 부쳐

초판발행 후 40년 만에 제5판을 全訂하면서 한국의 현대 법학사의 증인과 동반자로서 살아온 감회를 느낀다. 자유민주주의와 법치주의를 기초로 대한민국을 건국하여 오늘에 이르기까지 수많은 도전과 장애를 경험하였고, 지금도 그런 현실은 계속되고 있다. 아무리 정치적·사회적·문화적 현실의 장애사항들이 있더라도 자유민주주의와 법치주의의 이념은 계속 정착되어 나아가야 할 것이다.

저자는 강단에서 떠난 지 10여 년이 지났고, 이번 제5판을 마지막으로 작별하고자 한다. 그 사이 한국 법학은 2000년대에 들고부터 로스쿨의 도입으로 큰 변화를 겪었다. 본서는 독일식 대륙법학을 기초로 서술된 전형적 법학통론 교과서인데, 미국식 로스쿨 체제하에서도 어느 정도 수용하고 있음을 저자도 기이하게 생각하고 있다. 아무튼 한국의 현대 법학사의 증인으로서의 보람과 책임감으로 마지막 개정판을 낸다. 본서가 앞으로도 한국 법학사의 동반자로서 해야 할 역할을 할 수 있기를 바랄 뿐이다.

2025년 2월 1일
최종고

第4 全訂新版에 부쳐

우리는 지금 대한민국의 법치주의가 근본적으로 도전받는 듯한 원점에
서있다. 법이 무엇이고 정의가 무엇인지 새롭게 의문이 제기되고 있다. 그
렇지만 현실과 정치의 논리로 법과 정의의 원칙이 부정되어서는 아니 된다.

제3판을 낸 이후 5년간의 세월 속에 바뀐 법률들을 반영하면서 전면
적 개정작업을 하였다. 저자도 강단에서 은퇴하고 명예교수로 있으면서 새
세대 젊은 학자와 함께 개정작업을 할 수 있게 된 것을 기쁘게 생각한다.
서울법대에서 박사학위를 받고 법학강의를 시작하고 있는 김은아 박사의
도움에 감사한다. 본서가 한국법학사의 한 증인으로 살아있는 보람과 책임
을 새삼 절감한다.

2019년 7월 1일

최종고

第3全訂新版에 부쳐

　　우리의 법제도가 완비된 듯 보이고 법학교육도 로스쿨 제도로 바뀌었는데, 최근 세월호사건과 인사청문회의 문제 등으로 우리 사회의 안전과 질서, 정의가 흔들리고 법치주의에 대한 근원적 의문이 제기되고 있다. 제2전정판 이후 6년간의 적지 않은 법률개정을 반영하고 수정 보충하였다. 법치주의와 정의실현의 성숙은 아직도 많은 노력과 경험이 필요함을 느끼며 법학의 중차대한 책임감을 느낀다. 저자는 현직에서 퇴임하였지만 본서를 통하여 우리 시대 우리 사회의 과제 앞에서 고민할 수 있음을 보람되게 생각하며, 앞으로도 계속 동행하며 다듬어 갈 것을 약속한다.

2014년 7월 1일
서울법대 연구실에서
최　종　고

第 2 全訂新版에 부쳐

본서가 2000년에 전정신판을 내고 꾸준히 애독되는 동안 시대도 바뀌고, 법도 바뀌고, 법학도 바뀌었다. 특히 1995년부터 시작된 로스쿨논의가 일단락되어 드디어 한국도 로스쿨식 법학교육을 실시하기로 결정하였다. 앞으로 법학교육의 방법과 내용이 대폭 바뀔 전망이다. 이러한 대변혁의 시기에 실로 한국법학의 역사와 함께 길을 간다고 말할 수 있는 본서에 대하여도 근본적으로 가다듬을 필요를 느끼게 되었다. 우선 그 사이 개정된 법령과 변화된 제도를 새롭게 수정하고, 오늘의 상황에 필요한 지식을 추가하였다. 본서의 자매편인 「법과 생활」도 마찬가지로 새로운 작업을 하였다. 전체적인 틀은 새로운 법학교육의 시대에도 유지된다고 본다. 이 작업을 도와준 서울법대 대학원생 이진우 조교의 노력에 감사한다.

2008년 1월 14일
서울법대 연구실에서
저　　자

全訂新版에 부쳐

21세기를 맞이하는 한국법과 한국법학도 많은 변화와 새로운 과제를 안고 있다. 이러한 관점에서 그 동안의 법개정을 반영하고 새로운 문제들을 추가하였다. 새 시대에도 본서가 계속 법학공부의 동반자가 되기를 새삼 기원한다.

2000년 12월 20일
저 자

'국제화'·'포스트 모던'·'탈(脫)산업화'·'탈(脫)이데올로기화'의 시대로 불리는 현대에 적응할 법학지식의 분량과 폭도 엄청나게 늘어나고 있다. 이러한 급속한 변화에 '보수적' 법학이 앞질러 갈 수는 없지만 대응태세를 소홀히 할 수는 없을 것이다.

1991년에 본서의 全訂版을 낸 이후 시대의 변화에 발맞추어 이번에 제24장 知的所有權法을 추가하였다. 대학사회는 말할 필요도 없고, 국가들 사이의 지적소유권을 둘러싼 국익대립이 첨예한 이 때 이 방면의 법학지식이 필수적이라 판단되었다.

저자는 1993년 11월에 본서의 자매편 내지 보충편으로 「법과 생활」(케이스식 법학통론)을 같은 박영사에서 출간하였다. 「법학통론」 교과서가 이론 중심이라면 「법과 생활」은 그 이론을 사회현실에 적용하여 설명한 것이다. 두 책을 함께 이용하면 법학의 지식을 온전하게 갖추는 데에 기초를 닦을 수 있으리라 판단된다.

다시 한 번 본서를 애용하는 독자 여러분에게 감사하며, 계속 다듬어 갈 것을 약속한다.

1995년 1월 10일
최 종 고

全訂版에 부쳐

1986년에 본서의 初版을 낸 이후로 1987년에 개정판, 1989년에 三訂版, 1990년에 四訂版을 내고, 이번에 全訂版으로 대폭 改稿하여 새 책으로 내게 되었다. 그 동안 제6공화국으로 바뀌고, 民法 등 주요한 법률들이 개정되어 부분적 개정작업이 불가피하였다.

이번에 대폭적으로 개정하는 것은 무엇보다도 강의와 연구를 통하여 내용에서 수정·보충하고자 하는 생각을 오랫동안 미루어 오던 것을 이제야 이루게 된 것이다. 해방 후 45년간의 법학의 발전, 남북통일을 향한 법학적 준비, 국제화시대의 법학적 과제 등을 반영하는 것이 이번 개정의 근본적 시각이었다. 그러나 初版에서 품었던 기본방향과 정신은 여전히 계속해서 연장된다고 말하고 싶다. 법이 바뀌고 시대가 바뀌어도 「법학통론」에서 말하는 근본원칙과 정신은 변하지 않아야 이 땅에도 法治主義를 통한 民主主義가 실현될 수 있으리라고 믿기 때문이다. 여러 해 동안에 걸쳐 이 책으로 공부한 수많은 대학생들과 저자가 연결되는 정신적 유대감은 여기에 있다고 할 것이다.

이 간단치 않은 개정작업을 도와 주신, 여기서 일일이 거명할 수 없는 여러분들께 감사한다. 그리고 박영사 편집부의 尹錫元 씨의 수고에도 고맙게 생각한다.

1991년 1월 10일

눈덮인 관악산을 바라보며

저　　자

머 리 말

　　서울대학교 法科大學에서 「法學槪論」 강의를 담당해 온 지도 어언 7 년
의 세월이 흘렀다. 매 학기마다 법대 신입생 혹은 他科生들의 교양과목으로
이 강의를 하면서, 학생들이 법학에 대하여 무엇을 기대하고 강의를 어떻게
받아들이나 관찰하는 동시에 나 자신이 새삼 배우고 느끼는 점도 많았다.
우선 일정한 교과서에 매이지 않고 나름대로 가르치려니 학생들에게 정신
적 부담을 주는 것 같고, 50여 종에 가까울 정도의 수많은 「法學通論」 혹은
「法學槪論」 교과서들이 있지만 쉽게 손에 잡히는 책은 없었다는 것이 솔직
한 심정이다. 굳이 한 권을 고르라면 라드브루흐(Gustav Radbruch, 1878~
1949)가 쓴 「法學原論」(Einführung in die Rechtswissenschaft, 1910)이 있는데,
그는 이 책을 쓴 동기를 이렇게 적었다.

　　　　이 책은 법학의 개론이 아니라 문자 그대로 법학에의 입문을 목적으로
　　하고 있으며, 우리들의 관심과 감정에 친근한 지식과 사고의 여러 분야로부터
　　독자를 이끌어 법학의 문턱까지 안내하고자 하는 책이며, 바로 國家觀·世界觀
　　및 生活感情과 연관지우면서 논술하고자 노력한 책이다. 나는 30년 전의 자기
　　가 아마도 읽고 싶었으리라는 그러한 책을 써보고자 노력하였다(G. 라드브루
　　흐/鄭熙喆 역, 「法學原論」, 養英閣, 1982, 16면).

　　나도 이런 「法學通論」을 한번 써보고 싶은 충동을 늘 지니고 本書도
흉내를 내보려고 했지만, 그것이 결코 쉬운 일이 아니라는 사실을 새삼 느
끼게 된다. 우선 자신의 능력부족은 두말할 필요도 없거니와 한국의 사회상
황과 학생들의 사고방식이 서양과는 상당히 차이가 있다는 사실이다. 라드
브루흐의 책처럼 법과 법학의 의미를 世界觀·人生觀과 결부시켜 법철학적
으로 서술하고 학생들로 하여금 스스로 생각하고 결단하게 하는 방식으로
한다면, 초등학교·중학교 시절부터 암기위주로 공부해온 우리 학생들은 무
언가 허전하고 '배운' 것이 없다고 느끼는 것 같다. 우리 학생들은 왜 항상
'생각'하지 아니하고 '배우'려고만 하는지? '생각'하는 학문으로서 法學은 새

로운 재미를 학생들에게 전해 줄 수도 있지 않을까?

　　이 책을 쓰면서, 아니 나 자신이 가르치면서 항상 강조하고 싶으면서
또 문제가 되는 것이 바로 여기에 있다. 물론 나 자신도 이런 식으로 공부
했고 생각하는 버릇을 벗어나지 못했지만, 그렇다면 언제까지 우리는 유아
적 학문과 문화를 벗어나지 못할 것인가?「法學通論」교과서 하나만 두고
보아도 '한국적' 제약이 분명히 있는데, 그에 따라 量과 體制, 내용이 어쩔
수 없이 채색된다.

　　이 책은 우선 한 학기 동안에 처음부터 끝까지 떼어 낼 수 있는 교과
서로서 '한국적인' 요점식 공부위주의 안내서로서의 역할을 무시할 수는 없
으되, 그러면서도 다소나마 한 걸음 법학의 본질에 가깝도록 법을 사회과학
내지 인문과학과 연결시켜 광범한 교양을 쌓게 하는 동시에 독자 스스로
생각하고 판단하도록 이른바 法的 精神(legal mind) 또는 法的 推論(legal
reasoning)을 유도하는 방향으로 노력하였다. 그것이 독일이나 영미법학에서
처럼 본격적으로 되지는 못했다 하더라도 뜻만은 그렇게 하고 싶어서 간단
한 케이스들을 제시하고, 도표와 문헌을 삽입하고, 연습문제를 붙이고, 법학
자들의 사진도 곁들여 보았다. 기존 교과서들과는 다소 색다른 이러한 시도
가 조금이라도 학생들에게 법학의 바른 모습을 전달하는 데에 도움이 되기
를 바라는 바이지만, 이러한 개선을 위하여는 법과대학의 커리큘럼과 교양
교육에 대한 근본적인 검토가 제도적으로 함께 이루어져야 할 것으로 생각
된다.

　　주어진 상황에서나마 좋은 책, 즉 나름대로 哲學이 있고, 歷史와 人生
과 思索이 깃들여 있는 법학의 안내서를 만들어 보려고 애썼지만 얼마나
이루어졌는지는 두려움이 앞설 뿐이다. 이 일을 도와 준 사랑하는 후배, 제
자 몇몇과 博英社의 鮮于泰鎬 과장 등 여러분에게 감사한다.

1986년 8 월 10일
서울대학교 법과대학 연구실에서
著　　者　씀

目 次

제 1 장 학문으로서의 법학

제 2 장 법의 개념

제 5 장　법의 존재형태(法源)

제 6 장　실정법과 자연법

제 7 장　법의 체계

제 8 장　법의 효력

제 9 장　법의 적용과 해석

제10장　법계와 법문화

제11장　권리·의무와 법률관계

제12장　법의 변동

제13장　국가와 법치주의

제14장　기초법학

제15장　헌법학

제16장　행정법학

제17장　민법학

제18장 상법학

제19장　형법학

제20장　소송법학

제21장　사회법학

제22장 국제법학

제23장　국제사법학

법학자 사진

제 1 장

학문으로서의 법학

> 법학은 메르제부르그 맥주(Merseburger Bier)와 같다. 처음에는 치를 떨지만 마실수록 뗄 수 없는 것이다.
>
> ─괴테(J. Goethe)
>
> 법학은 여성과 같다. 멀리하면 달려오고 가까이 하면 달아난다.
>
> ─라반트(P. Laband)
>
> 법학은 이해적·개별화적 및 가치관계적 학문(verstehende, individualisierende und wertbeziehende Wissenschaft)이다.
>
> ─라드브루흐(G. Radbruch)

Ⅰ. 키르히만의 고발

독일의 검사 출신으로 유명한 문필가가 되었던 키르히만(J. H. von Kirchmann, 1802~1884)은 「學問으로서의 法學의 無價値性」(*Über die Wert-losigkeit der Jurisprudenz als Wissenschaft*, 1847)이라는 강연을 책으로 발간하여 화제를 불러일으킨 바 있다. 그는 "입법자가 세 마디만 수정하면 도서관의 모든 법학서가 휴지로 되고 만다"고 하였다. 이것은 인간이 만드는 실정법이 매우 可變的이며, 그 가변적 법질서 위에 세워진 법학이 과연 학문성을 가질 수 있겠는가 하는 적나라한 고발이라 하겠다.

법학을 선택하려는 사람이나 이미 법학을 공부하고 있는 사람도 때때로 키르히만의 이 말을 생각하면서 법학이 과연 학문이 될 수 있을까 회의하는 때가 있다. 물론 이것을 깊이 논하려면 학문이 무엇인가부터 따져야할 것이고, 그렇게 본다면 학문성이 의심스럽지 않은 분야가 어디에 있겠는가 하는 데까지 논의가 미칠 것임에 틀림없다. 그러면서도 유독 법학에 대하여 학문성 자체를 되묻는 이유는 어디에 있을까 하는 것에 의문의 심각성이 깃들어 있는 것이다.

Ⅱ. 법학도의 유형

독일의 형법학자요 법철학자였던 라드브루흐(Gustav Radbruch, 1878~1949)는 법학을 공부하기 위하여 대학에 오는 젊은이들을 관찰해 보면, 대체로 다음과 같은 세 부류로 나눌 수 있다고 말했다.[1]

첫번째 부류는 학문에는 별로 관심이 없고, 남들이 법을 공부하면 결코 손해는 안 된다고 말하는 바람에 지망해 온 젊은이들이다. 이들은 로마시대로부터 내려오는 법격언 "유스티니아누스가 명예를 준다"(Dat Justinianus Honores!)는 유혹에 끌려 '빵을 위한 학문'(Brotwissenschaft)으로 법학을 선택한 자들이다. 이러한 사람들은 별로 기대할 바가 못되며, 이들이 설령 법률가가 된다고 하더라도 국민생활에 손해를 주면 주었지 이익을 주지 못하는 존재가 된다. 그리고 오늘날의 시대는 더 이상 이러한 자들을 법률가로 받아들이기를 환영하지 않는다고 하겠다.

두 번째 부류는 지식만 발달하고 인격성이 부족한 젊은이다. 이들은 대개 중·고등학교에서 우수한 성적을 나타낸 우등생들로서 부모의 권유에 따라 법과가 좋다니 당연히(?) 들어온 자들이다. 법학도가 된 그들은 실제적 흥미로 방해받지 않고 냉정하고 논리적인 성격 때문에 우수한 성적을 유지한다. 이들은 법학자가 되든 법률실무자가 되든, 대체로 유능하다는 평을 받는다. 법률가의 과제가 매우 형식적이고 별다른 창조성을 요구하지 않는 한에서는 이들을 가리켜 '전형적 법률가'라고 해도 잘못이 아니다.

---

1) 라드브루흐/崔鍾庫 역, 法學의 精神, 종로서적, 1983, 139면 이하.

그런데 라드브루흐에 따르면 우리가 주목해야 할 세 번째 부류가 있다. 그들은 강렬하고도 섬세한 감수성을 가지고 철학·예술 혹은 사회와 인도주의(Humanismus)에 기울어지면서도 외부사정 때문에 부득이 법학을 택할 수밖에 없었던 젊은이들이다. 예를 들면 가난하여 저술가나 학자와 같은 불안정한 生路를 선택할 수 없었거나, 혹은 예술에 대한 뛰어난 감수성을 가지고 있지만 창작활동에 뛰어들 수 없는 자들이다. 이들은 당분간 법학을 선택하면 지적으로나 감정적으로나 시간과 정력을 절약할 수 있을 것이고, 그 틈을 이용하여 자기 본래의 취미방면에 정진할 수 있을 것이라고 생각한다. 이들은 법학에 대하여 깊이 고민하고 때로는 도중에 포기하고마는 수도 있다. 그러나 이들이 끝까지 법학을 공부하고 나면 누구보다도 훌륭한 법학자와 법률가가 될 수 있다는 것이다.

이러한 사정은 비단 독일에서만이 아니고 한국에서도 대체로 경험상 들어맞는 사실이라고 생각되며, 자신의 법학에 대한 기대와 결부시켜 자문해 봄직한 문제의식이라고 여겨진다. 나는 어떠한 부류에 속하는 법학도이며, 장차 어떤 인간이 될 것인가? 각자는 마음속에 자기가 되고 싶은 人間像을 간직하고 있을 것이다.

Ⅲ. 법학의 학문성

그러면 다시 법학은 학문인가? 법학의 학문성은 어떻게 설명되어질 수 있을까? 이에 대하여는 다음과 같은 설명이 가능할 것이다. 인간이 가치 혹은 비가치에 대하여 가질 수 있는 태도는 다음 네 가지 양태로 나눌 수 있을 것이다.[2]

우선 우리는 가치 혹은 비가치에 대하여 완전히 등한시하는 태도를 취할 경우가 있다. 이것을 價値盲目的 態度(wertblindes Verhalten)라고 부를 수 있는데, 이와 같은 태도는 자연의 왕국(Reiche der Natur)을 이룬다.

반대로 우리는 가치 혹은 비가치 자체에 주의를 돌리는 경우가 있다. 이것을 評價的 態度(bewertendes Verhalten)라고 부르는데, 이러한 태도는 자

---

2) G. 라드브루흐/崔鍾庫 역, 法哲學(12쇄), 삼영사, 2007, 30~35면.

연에서 독립된 가치의 왕국(Reiche der Werte)을 이룬다. 가치맹목적 태도가 자연과학적 사유의 본질을 이룬다고 한다면, 평가적 태도는 가치철학(논리학·윤리학·미학)의 특징을 이룬다고 할 수 있다.

제3의 태도는 이상 두 태도와의 관계에서 설명되는 성질의 것이다. 학문(Wissenschaft)이라고 하는 개념은 반드시 진리(Wahrheit)라고 하는 가치와 같지는 않다. 왜냐하면 그것은 한 시대의 학문적 성과뿐만 아니라 오류까지 포함하고 있기 때문이다. 그럼에도 우리가 학문이라고 할 때에는 그들 모두가 진리일 것이라고 생각한다. 즉 학문은 그것이 실제 진리에 도달했건 못했건 간에 적어도 진리에 봉사한다고 하는 '의미(Sinn)를 가진 실재'이다. 마찬가지로 예술(Kunst)도 美 자체는 아니지만, 그것이 예술사의 대상이라는 의미에서 美에의 노력에 의해 하나의 개념을 형성하는 것이다. 윤리(Ethik)도 실상은 많은 양심의 미혹을 포함하지만 善에의 노력이라는 의미에서 윤리 혹은 도덕이라는 개념을 구성한다. 따라서 일반적으로 문화(Kultur)라고 하는 개념은 결코 순수한 가치만이 아니라 인간애와 잔인, 취미와 무취미, 진리와 오류의 혼합물임에도 불구하고 그 가치를 실현하려는 '의미를 가진 소여'로서, 법철학자 슈탐러(R. Stammler, 1856~1938)의 말을 빌리면 '바른 것에의 노력'(Streben nach dem Richtigen)을 말한다. 라드브루흐는 이와 같은 태도를 價値關係的 態度(wertbeziehendes Verhalten)라고 부르는데, 이것은 소여를 문화의 왕국(Reiche der Kultur)에 포괄하여 문화과학의 방법론을 형성한다고 볼 수 있다.

마지막으로 價値超越的 態度(wertüberwindendes Verhalten)라고 부르는 종교의 세계가 있다. 종교는 모든 존재의 궁극적 긍정이요, 모든 사물에 대하여 '예'(Ja)와 '아멘'(Amen)을 선언하는 미소짓는 실증주의(lächelnder Positivismus)요, 사랑하는 것의 가치 혹은 비가치를 고려하지 않는 무조건적인 사랑이요, 행복과 불행의 피안에 존재하는 法悅(Seligkeit)이요, 유죄와 무죄를 넘어선 은총(Gnade)이요, 모든 이성의 문제보다 고차원의 평화(Friede)이다. 그래서 창조주의 눈에는 모든 것이 보기 좋았으며, 고난받은 욥(Job)에게는 궁극적으로 감사가 있었다. 종교는 비가치의 초월을 의미하며, 동시에 필연적으로 그 대립으로서만 생각할 수 있는 가치의 초월을 의미한다. 즉 가치와 비가치는 마찬가지로 타당한(gleich gültig) 것이며, 그렇기 때문에 무관심한(gleichgültig) 것이다. 가치와 비가치의 대립과 함께 가치와 실재와의 대립도 지양된다. 종교의 세계에서는 비가치적인 것(das Wertwidrige)도 궁극적 의미에서 가치적(werthaft)이든가 비본질적(wesenlos)인 것이다. 가치가 사물의 존재근거(Seinsgrund)로 파악될 때 그것을 事物의 본질(Wesen)이라고 부른다. 그러므로 종교의 세계는 본질을 대상으로 하는 절대의 왕국(Reich der Absoluten)이다. 그러나 가치와 비가치의 대립을 초월하기 위하여는 항상 그 대립을 전제하지 않으면 안 된다. 그러므로 종교는 항상 '그럼에도 불구하고(in spite of, trotz alledem)'의 성격을 지닌다. 만일 그렇지 않으면 '아름다운 관대함'은 가치맹목적 태도의 '어리석은 무관심'과 다를 바가 없다. 종교적 긍정의 대상은 일단 가치의 왕국을 통과한 것이다. 즉 종교는 가치의 왕국의 彼岸에, 자연은 此岸에 존재한다. 진정한 종교는 과학과 모순하는 것이 아니며, 진실한 신앙은 결코 현실에 대립하는 것이 아니다. 과학을 극복하고 이성을 초월하는 데서 비로소 참된 종교가 성립한다. 이런 의미에서 종교의 경지는 과학·도덕·예술의 극치이며, 진·선·미의 최고의 이상을 이루는 것이다. 달리 표현하면 절대적 입장에서 가치세계의 상대성을 지양하는 곳에 종교의 진수가 구해지는 것이다.[3)]

　　이러한 네 가지 태도를 다시 살펴보면, 자연의 왕국은 存在(Sein)를 그 대상으로 하고, 가치의 왕국은 當爲(Sollen)를, 문화의 왕국은 意味(Sinn)를, 그리고 종교는 本質(Wesen)을 추구한다. 이렇게도 표현할 수 있다. 자연(Natur)과 이상(Ideal), 이 양자 사이에 가로놓인 深淵을 뛰어넘어 연결하는 두 개의 것, 즉 영원히 완성되지 못할 문화의 다리(橋)와 매 순간 그 목표에 도달하는 종교의 날개, 곧 작품(Werk)과 신앙(Glaube)이 그것이다. 라드브루흐는 가치맹목적·자연과학적 태도와 평가적·가치철학적 태도 사이에 '다리'로서의 가치관계적·문화과학적 태도의 독자성을 인정함으로써 높은 이상을 바라보면서도 동시에 낮은 현실을 고려하여 이상과 현실과의 교차 가운데서 인생의 진실을 발견하려고 하는 것이다. 이상 세 가지 태도를 법에 적용시키면, 가치맹목적 태도는 법과 무관하다. 가치평가적 태도는 법의 가치이념을 평가하여 法哲學(Rechtsphilosophie)의 영역을 이룬다. 가치관계적 태도는 법과 관련하여 法(科)學(Rechtswissenschaft), 즉 우리가 일반적으

---

3) G. 라드브루흐, "법의 종교철학," 법철학, 삼영사, 2007.

로 법해석학(Rechtsdogmatik)이라고 부르는 분야를 이룬다. 가치초월적 태도
는 법의 종교철학(Religionsphilosophie des Rechts)을 형성하여 법의 無本質性
(Wesenlosigkeit des Rechts)의 문제를 논할 수 있다.[4]

　　법학은 인간이 사회생활을 함에 있어 마찰과 충돌이 없도록 제도적으
로 마련한 법이라는 장치를 연구하는 학문이라고 본다면, 그것은 매우 현
실적이고 세속적인 학문이라고 하겠다. 그러면서도 천성적으로 이론을 캐
기 좋아하는 사람은 법학이 너무 필연성이 없다고 생각하며, 또 활동적인
사람은 법학이 너무 많은 구속성을 갖는 학문처럼 느낀다. 이 두 성격의
인간에게는 법학은 항상 인간이 정한 규칙이기 때문에 어떤 절대적이고도
무한한 것에 접촉할 수 없다는 번민이 따르게 된다. 또 철학이나 종교에
관심이 있는 사람이라는 법은 가변적이어서 영원한 것, 초월적인 것과는
거리가 먼 것같이 느끼기 쉽다. 그러나 사실은 이러한 생각과 느낌은 아직
성숙하지 못한 감상일 뿐이고, 법학의 본질은 오히려 그와 정반대이다.

　　법학은 법이라는 인간제도적 장치를 연구·분석하지만, 그에 못지않게
가치와 정의, 그리고 절대적이고도 신성한 것도 다루고 성찰해야 하는 학
문이다. 사회가 제멋대로(?) 흘러갈 때 법률가는 언제나 바른 방향으로 걸
어가고 있는가를 묻는 것이며, 정치가가 "어서 가자"고 하면 법률가는 "실
수 없이 가자"고 한다. 이런 면에서 라드브루흐는 "法學徒의 고민은 젊은
神學徒만이 이해할 수 있는 고민이다"라고 표현하기도 하였다.

　　그래서 서양에서는 법학을 신학·의학과 함께 가장 일찍부터 학문으로
정립하여 대학에서 가르치고 있다. 오늘날까지 목사(혹은 신부)·법률가·의
사의 세 '가운을 입는' 직업을 일종의 성직으로 부르고 있고, 서양에서 아
직도 목사의 聖服과 판사의 法服이 매우 비슷한 것도 이 때문이다. 이런
면에서 법률가를 '세속적 성직자'라고 부를 수 있을 것이고, 법률가는 모름
지기 그렇게 되도록 노력하여야 할 것이다. 홈즈(O. W. Holmes)는 "법은 시
인이나 예술가가 있을 곳은 아니다. 법이란 사색가의 직업이다"라고 하였
다.[5]

---

4) 자세히는 崔鍾庫, 法과 宗敎와 人間, 삼영사, 1982, 103~123면.
5) 최종고 편역, 위대한 반대자 올리버 홈즈, 교육과학사, 119면.

[법학과 법률학]

　　우리나라에서는 지금도 법학이란 명칭과 *法律學*이란 명칭이 혼용되고 있다. 동양인의 전통적 법에 대한 명칭은 律이었고, 삼국·고려·조선 시대의 법학을 律學이라고 하였다. 그래서 나이든 세대에서는 법률학이란 명칭이 입에 익었다. 오늘날 젊은 세대에서는 대개 법학이란 말이 쓰이고 이것이 바르다고 생각된다.

　　법학은 영어로는 legal science라 하고, 가끔 jurisprudence라는 고전적 표현도 사용되나 이것은 *法理學* 혹은 *法哲學*을 가리키는 경우가 많다. 독일어로는 Rechtswissenschft 혹은 Jura라고 말한다. 로마시대에 처음 학문화되어서 유럽을 거쳐 우리나라에도 1900년대에 서양법학이 수용되었는데, 그것을 우리의 상황과 토대 위에서 발전시킬 때 '한국법학'이 되는 것이다.

Ⅳ. 법학과 법률가

　　법학은 사회과학 중에서도 연구영역이 넓고 연구방법이 독특하기 때문에 대학에서는 사회과학대학에 속하기보다는 법과대학으로 독립하여 운영되고 있다. 여기에서 가르치는 법학의 내용은 학문의 성격에 따라 여러 가지 과목과 체계로 학생들에게 제공되고 있다.

　　이 내용과 체계에 관해서는 뒤에서 자세히 설명하겠거니와 어쨌든 법학은 오늘날 흔들림 없는 확고한 학문으로서의 위치와 진용을 형성하고 있다. 그렇기 때문에 오늘날 사회생활에서 발생하는 문제를 해결하기 위해서는 응당 법에 호소해야 하고, 법적 해결은 대학에서 가르치는 법학의 원리와 적용으로 이루어진다. 이런 의미에서 법학을 배운다는 것은 인간사회에서 바르게 사는 원리와 지식을 배우는 것이라고 말할 수 있으며, 법학을 가리켜서 '正義의 학문'이라고 부르는 이유가 여기에 있다.

　　생활인으로서 바르게 살 뿐만 아니라 직업인으로서 만일 법률가가 된다면, 이제는 자기의 바른 삶만이 아니라 남에게 바른 삶의 원리를 가르쳐 줄 수 있는 존재가 된다. 그렇기 때문에 법률가의 사명과 책임은 막중하며, 이를 위하여 심오한 법학지식과 그것을 기초하는 학문적·사상적 교양이 필요한 것이다. 법률가는 누구보다도 냉정하게 법의 소리에 귀를 기울여야 하며, 감정의 안경을 코에 걸쳐서는 안 된다. 우리는 라드브루흐가 묘사하는 다음과 같은 이상적인 法律家像을 바라보면서 법학의 학문으로서의 중요성을 다시 한 번 의식해 보기로 하자.

> 理解와 自信에 충만하여 모든 인간적인 것을 통찰하는 눈을 가지고, 원칙에 엄격하면서도 말없는 부드러움을 가지고, 당사자의 다투는 심정을 초월하면서도 흔들리지 않는 독자성을 추구해 나가는 老判事를 우리는 어쩌면 한번쯤 접해 본 일이 있을 것이다. 그러나 이와 정반대의 인물, 즉 어그러진 자아의식을 가진 가련한 自嘲家라든가, 자기의 직업을 지탱할 만큼 직업적 희열을 느끼지 못하고 지나온 사람들도 있다. 세상의 직업 가운데는 항상 성공하지 못하는 직업도 있다. 법학은 그런 직업에는 분명히 속하지 않는다. 법학은 종종 실패하기 쉬운 직업일 뿐이다. 그러나 직업에 실패한다는 것은 커다란 죄이다. 왜냐하면 그것은 사람의 정신을 위축시키고, 불구화하며, 파괴시키기 때문이다.[6]

우리는 법학에 대하여 너무 거창한 이상론적 기대를 걸 필요도 없고, 그렇다고 법학은 단순히 기술적인 저속한 학문이라고 냉소할 필요도 없다. 인간은 此岸的 生을 영위하는 동안에 절대적인 것, 영원한 것보다도 오히려 상대적인 것, 무상한 것에 강하게 지배되지 않을 수 없으며, 그 속에서나마 바른 것, 정의로운 것, 가치 있는 것을 찾으려는 노력이 법을 향한 노력이고, 그것을 학문화한 것이 곧 법학이라고 생각하면 큰 잘못이 없을 것이다.

라드브루흐는 "직업생활의 어떠한 순간에도 자기의 직업이 필연적으로 깊은 문제라는 사실을 충분히 의식하지 못하는 법률가는 훌륭한 법률가가 못된다"고 하였다. 예일대학의 로델(Fred Rodell, 1907~1980) 교수는 「저주받으리라, 법률가여」(Woe Unto You, Lawyers!, 1957)라는 책에서 고대의 마술사, 중세의 성직자, 현대의 법률가를 대중을 착취하는 계급으로 비판하였다. 그러나 법학자 에릭 볼프(Erik Wolf, 1902~1977)의 표현처럼 법률가는 "사랑스럽지는 않으나 없을 수는 없는 존재"인 것이다.[7]

---

6) 라드브루흐/최종고 역, 法學의 精神, 1983, 149면.
7) Erik Wolf, *Der unbeliebte aber unentwehrliche Jurist,* Freiburg, 1977; 에릭 볼프에 관하여는 최종고, "에릭 볼프," 위대한 法思想家들 Ⅲ, 학연사, 1985, 20~64면.

[법률가 · 법조인 · 법학자]

　　법을 전문으로 하는 사람 내지 계층을 법률가 혹은 법조인이라 부르는데, 엄밀하게 보면 각각 다른 뉘앙스를 지니고 있다.

　　서양에서는 법률가, 즉 lawyer나 jurist라 하면 법을 실무적으로 집행하는 사람이나 학문적으로 연구하는 사람을 모두 포함하는 개념으로 사용된다. 그런데 우리나라에서는 어쩐지 법률가라 하면 법실무가, 즉 판사 · 검사 · 변호사를 뜻하고, 연구자는 법학자란 말로 대칭을 이루고 있는 듯 보인다. 특히 법조인이라 하면 더욱 실무중심의 뉘앙스를 풍긴다. 또 한자말로 判事 · 檢事에는 일 事字를 쓰고, 辯護士 혹은 律士(이 말은 시대착오적 말인 데도 가끔 사용된다)라 할 때는 선비 士字를 쓰고 있다. 어쨌든 이런 법실무가와 법학자를 포괄하는 뜻으로 법률가라는 말을 더 일반적으로 사용할 필요가 있다고 생각된다. 이것이 오늘날 한국에서 문제되고 있는 법실무가와 법학자의 法曹二元化를 극복하는 데에도 도움이 되리라 생각된다.

V. 법학공부의 방법

　　한국의 저명한 민법학자였던 김증한(金曾漢, 1920~1988)은 법학공부는 법이론과 판례와 법생활이 3 박자를 골고루 갖추어야 한다고 강조하였는데,[8] 이 주장은 법학을 온전히 공부하는 자세로 지켜져야 할 것이다.

(1) 법 이 론

　　법학은 어떤 학문보다도 정치한 이론을 갖추고 있기 때문에 그것을 정확히 이해해야 한다. 그러기 위하여는 무엇보다 강의를 충실히 들으면서 교수의 설명을 바르게 이해하도록 노력해야 한다. 법전을 자주 대조하면서, 교과서는 한 번으로 부족하며, 몇 번 정독하는 것이 좋다. 학자에 따라 이론이 다를 수 있기 때문에 한 학자의 교과서에만 매달리는 것은 위험하다. 교과서와 기본서는 하루에 얼마씩 읽어 나간다는 계획을 세우고, 무슨 일이 있더라도 차질 없이 책임량을 완수하는 공부습관이 필요하다. 법학서는 국내의 교과서가 기본서, 문제집이 전부가 아니고 原書라고 불리는 끝없는

---

8) 김증한, 한국법학의 증언, 교육과학사, 1989.

문헌이 있으므로 겸손하게 착실히 공부하는 만큼 수준이 올라가는 것이다. 법학은 천재성이나 영감을 필요로 하지 않으므로 꾸준히 노력하면 모두 이해될 수 있다.

(2) 강   의

법학은 교과서에 적힌 것 외에 강의를 통해 원리와 지혜를 얻고, 그 근본정신을 이해하는 것이 중요하므로 강의를 빠지지 않고 듣는 것이 좋다. 사법시험 등 고시공부를 하는 학생들 가운데는 강의에 결석하고 고시촌이나 독서실에 박혀 책만 읽으면 된다는 생각을 하는 사람도 없지 않으나, 그것은 결코 '지름길'도 아니며 합격한 후에도 좋은 법률가나 직업인이 될 수 없다. 강의는 수동적으로 임하지 말고, 미리 예습을 해 와서 교수의 설명을 듣고 의문나는 점이 있으면 곧바로 질문하는 습관을 기르는 것이 좋다.

(3) 판   례

법학은 이론을 위한 이론으로 존재하는 것이 아니라 부단히 법원의 판결과 '대화'하는 가운데서 발전한다고 할 수 있다. 특히 실정법학의 과목들에서는 법전의 해석만이 아니라, 판례의 내용을 아는 것이 점점 중요하게 인식되고 있다. 물론 우리나라는 미국처럼 판례법주의의 국가는 아니기 때문에 강의방식이나 법학서의 기술이 그렇게 되어 있지 아니하지만, 교과서나 강의에서 언급되는 중요한 판례는 그 취지가 어떤 것인지 바르게 이해할 필요가 있다. 특히 나름대로 법원에서 직접 판결이 이루어지는 광경을 견학하는 것도 좋다. 중요한 판례는 "법원공보"·"판례월보"·"법률신문" 등 각종 법률관계 잡지들에서 읽을 수 있고, CD-Rom이나 컴퓨터 웹사이트를 통해 볼 수도 있다.

(4) 토   론

법학은 말(言語)의 학문이라는 표현도 있듯이 법학을 잘 터득하기 위하여는 말의 훈련, 즉 정확한 질문과 답변, 토론과 논쟁을 익힐 필요가 있다. 그래서 특히 '연습'과목에서 이러한 훈련을 하고, 스스로 독서하는 시간 외에 틈틈이 이를 연습해 보는 것이 좋다. 마음 맞는 친구나 아니면 반대로 의견을 달리하는 사람과 토론을 훈련해 보는 것도 좋다. 그러기 위해서는 그룹 스터디(group study)도 한 방법이다. 토론할 때에는 자기의 견해만 강변하지 말고 상대방의 입장에서 사안을 보고 논지(論旨)를 거꾸로 펴보는 것도 중요하다. 예컨대 법학시험에 사형(死刑)은 있어야 하나 없어져야 하나를 논한다고 할 때, 사형폐지론만 아무리 강변한다고 온전한 답안이 될 수 없는 것이다. 토론의 기술과 능력을 위해 감정을 죽이고, 냉철한 논리와 지성을 갖추도록 노력해야 할 것은 말할 필요도 없다. 이런 면에서 법학도에게는 논리·윤리·심리의 3리(三理)가 중요하다.[9]

(5) 법 생 활

법학도는 자칫하면 책상에만 매달리는 '공부벌레'가 되기 쉬운데, 진정으로 법을 잘 이해하려면 법이 인간생활 속에서 어떻게 운영되고 있는지 생생하게 파악할 필요가 있다. 주말이나 방학 때는 그룹을 만들어 법생활이나 법의식의 실태를 조사하러 나가 보는 것도 좋다. 예컨대 지방에는 국가법보다 전통적 향약(鄕約)을 실시하여 범죄 없는 마을이 되는 곳도 있다는데, 전통법과 관습법을 어떻게 현대화할 것인지 실제로 몸으로 뛰어보면 배우는 것이 많을 것이다. 도시의 빈민촌·'달동네'에서 범죄와 법률문제가 발생하면 어떻게 해결하는지도 실제로 조사해 보아야 '한국법'의 실상을 알게 될 것이다. 법사회학·법인류학·법심리학의 산 지식이 여기에서 터득될 것이다.

또 영화나 연극, 심지어 문학과 미술 속에서도 법과 관련된 것들을 눈여겨 보고, 법이 차지하는 의미를 되새겨 보는 것도 유익할 것이다.[10]

젊은 법학도로 하여금 마음껏 법학과 친근하게 하기 위한 가장 좋은 방법은 위대한 법률가의 전기(biography)를 읽게 하는 것이다. 국내에도 상당한 법률가·법학자의 전기들이 나와 있다.[11] 이 방법은 직업윤리에 알맞은

---

9) 최종고, "법대생의 3 리(三理)," 법은 그러나 어두운 곳에서 빛난다, 철학과 현실사, 1991, 280~283면.

10) 한복룡, 영화와 법, 1995; 안경환, 법과 문학 사이, 까치, 1995; 최종고, 법과 미술, 시공사, 1996.

11) 전기에 관하여는 최종고, 인물과 전기, 한들출판사, 2003; 최종고, 자유와 정의의 지성 유기천, 한들출판사, 2005; 최종고, 한국의 법률가, 서울대 출판부, 2007; 최종고, 한국의

인격을 형성하는 데에 유효한 방법임에도 오늘날의 대학교육에서는 충분히 이용되고 있지 않아 아쉽다. 라드브루흐는 그의 「法學入門」(*Einführung in die Rechtswissenschaft*)에서 안젤름 폰 포이어바흐(Anselm von Feuerbach, 1775~1833)가 직업상의 번민에 빠진 자기 아들 루드비히 포이어바흐(1804~1872)에게 보낸 편지를 인용하고 있다. 이것은 자기 본의와 어긋나는 데도 법학을 공부하는 많은 학생들에게 광명을 주는 文言으로 자주 인용되고 있다.

> 법학은 나의 소년시절부터 마음에 맞지 않았다. 그리고 지금도 학문으로서의 법학에 나는 매력을 느끼지 않는다. 나는 오로지 역사와 철학에 애착을 가지고 있었다. 나의 대학생활의 제 1 기는 주로 이 두 학과에만 소비되었고, 이 밖의 것은 아무것도 생각하지 아니했으며, 이것 없이는 살 수도 없다고 믿었다. 나는 당시 장차 철학교수가 되려고 이미 철학박사 학위를 얻고 있었다. 그러나 보아라! 거기서 너의 엄마를 알게 되었다. 그리하여 철학보다 빨리 지위와 수입을 얻을 수 있는 전공을 잡을 필요가 있게 되었다. 나는 재빨리 단호한 결심을 하여 나의 사랑하는 철학을 버리고 염증나는 법학으로 전향하였다. 그러나 법학을 공부하는 동안에 차차로 그것이 싫어지지 않게 되었다. 왜냐하면 나는 그것을 사랑하지 않으면 아니 된다는 것을 깨달았기 때문이다. 이리하여 끈기와 의무감에서 나오는 용기만 가지고 — 별로 재주도 없으면서 — 나는 점점 성공을 거두어 2년 후에는 교단에 서게 되었고, 부득이한 사정으로 빵을 위하여 선택한 법학에 저술로서 기여하고 드디어 독자적인 입장을 확립하기에 이르렀다. 그리고 이 입장에서 나는 급속한 명성과 외적인 행복을 차지하고 자신의 생애가 인류를 위하여 유용하였다는 것을 세상 사람들로부터 소리 높이 증명받을 수 있었다.[12]

이것으로도 알 수 있는 바와 같이 어느 직업에 대한 흥미도 적성도 없는 사람이 그 직업에 들어가면 차차로 필요한 흥미와 적성이 생기는 법이며, "직무는 이해력을 가져온다"는 말은 해묵은 진리이다. 일단 법학을 선택한 사람에게 직업의 실패는 없어야 할 것이다.

법학자, 서울대 출판부, 2007; 최종고, 괴테와 다산, 통하다, 추수밭, 2007.
12) 라드브루흐/鄭熙喆 역, 法學原論, 양영각, 1982, 315면.

참고문헌 ─────────────────────────────────

俞星濬, 法學通論(한국최초의 법학통론교과서), 보성각, 1905; 영인판, 아세아문화사, 1983; 金曾漢, 法學通論, 박영사, 1985; 張庚鶴, 法學通論, 법문사, 1985; 라드브루흐/鄭熙喆 역, 法學原論, 양영각, 1982; 라드브루흐/崔鍾庫 역, 法學의 精神, 종로서적, 1983; 崔鍾庫, 現代法學의 理解(4판), 서울대 출판부, 1999; 손주찬, 法學通論, 박영사, 1983; 치펠리우스/金亨培 역, 法學入門, 삼영사, 1980; 치펠리우스/金亨培 역, 法學方法論, 삼영사, 1982; 몽테스키외/申相楚 역, 法의 精神, 을유문화사, 1990; 라드브루흐/崔鍾庫 역, 마음의 길, 종로서적, 1983; 崔鍾庫, 위대한 法思想家들 Ⅰ·Ⅱ·Ⅲ, 학연사, 1984/1985; 최종고 편, 法格言集, 교육과학사, 1989; 張庚鶴, 法律과 文學, 교육과학사, 1989; 최종고, 法과 유모어, 교육과학사, 1991; 최종고 편저, 法學人名辭典, 박영사, 1987; 최종고, 사진으로 본 世界의 法學者, 교육과학사, 1991; G. 라드브루흐/최종고 역, 법의 지혜, 교육과학사, 1992; 한국법연구회 편, 한국법학문헌집, 교육과학사, 1992; 박상기 외 12인, 법학개론, 박영사, 2010; 김문환 외, 法學의 理解, 길안사, 1998; 최종고, 법상징학이란 무엇인가, 아카넷, 2000; 이준일, 법학입문, 박영사, 2004; 최종고, 자유와 정의의 지성 유기천, 한들출판사, 2005; 최종고, 한국의 법률가, 서울대 출판부, 2007; 최종고, 한국의 법학자, 서울대 출판부, 2007; 최종고, 괴테와 다산, 통하다, 추수밭, 2007; 법무부, 한국인의 법과 생활, 법무부, 2010; 최종고, 한 법학자의 학문세계, 민속원, 2013; 우치다 타카시 지음/정종휴 옮김, 법학의 탄생 : 근대 일본에서 '법'은 무엇이었는가?, 박영사, 2022

Price & Bitner, *Effective Legal Research,* 3rd ed., Little Brown, 1969; M. Radin, *Law and You,* Mentor Book, 1948; Karl Engisch, *Einführung in das juristische Denken,* 3. Aufl., Kohlhammer, 1964; Bernhard Rehfeldt/M. Rehbinder, *Einführung in die Rechtswissenschaft,* 2. Aufl., Berlin, 1966; Ronald Moore, *Legal Norms and Legal Science*, Hawaii, 1978; Morris L. Cohen & Robert G. Berring, *How to Find the Law,* West, 1983; G. L. Williams, *Learning the Law,* 11th ed., Stevens, 1982; Chongko Choi, *Law and Justice in Korea : South and North,* Seoul National University Press, 2005.

연습문제 ─────────────────────────

1. 法學은 어째서 학문인가?
2. 키르히만(Kirchmann)의 法學否定論을 비판하라.
3. 나는 왜 法學을 배우는가?
4. 바람직한 法律家像을 논하라.
5. 法學에서의 논리와 감정을 논하라.
6. 法學과 인접학문의 관계를 논하라.
7. 바람직한 法學工夫의 방법을 설명해 보라.

제 2 장

법의 개념

하나의 定義에로 이르는 것은 아름다우
나 때로는 매우 어려운 일이다. 아직도
법률가는 그들의 법의 개념에 관한 하
나의 定義를 찾고 있다.

－칸트(I. Kant)

이념을 회피하는 자는 결국 개념도 파
악할 수 없다.

－괴테(J. Goethe)

I. 서 론

법의 개념(concept, Begriff)이란 법이란 무엇인가 하는 물음이다. 얼핏 생각하면 법이란 법전에 실려 있는 법규 그것이 아니냐고 하겠지만, 당장 법전에 쓰여 있지 않으면 법이 아닌가 하는 물음이 제기된다. 따라서 법의 개념 내지 본질에 관한 물음에 대답하기는 여간 어렵지 않으며, 어쩌면 법학의 알파와 오메가라고 할 수도 있다. 모든 학문에서 그것이 출발점으로 삼는 문제가 가장 궁극적인 문제요, 마지막 물음이 되는 것이 보통이다. 법이란 무엇인가에 대하여 깊이 이야기하려면 법철학의 심오한 이론을 빌어 논의해야겠지만, 법학통론에서는 그렇게까지 깊이 들어갈 필요는 없고, 대체로 법이라는 것이 어떠한 규범인가를 이해하면 충분하다.

Ⅱ. 법은 하나의 사회규범이다

　　일찍이 法格言(Rechtssprichwort, legal maxim)에 "사회 있는 곳에 법이 있다"(Ubi societas, ibi ius)는 말이 있는데, 이것은 사회가 있으면 법이 있기 마련이라는 의미도 되고, 법은 사회에만 있다는 의미도 된다. 법이란 자연의 필연의 법칙(Gesetz)과는 달리 어디까지나 인간의 사회생활에 관한 규범(Norm)이다. 그렇기 때문에 법학에서 말하는 법은 처음부터 "해는 東에서 떠 西로 진다"거나 "물은 높은 곳에서 낮은 곳으로 흐른다"는 식의 존재(Sein)나 필연(Müssen)의 법칙과는 다른 당위로서의 규범(Sollensnorm)을 의미한다. 기르케(Otto von Gierke, 1841~1921)는 "인간의 인간됨은 서로 관계를 맺고 사는 데에 있다"고 하였고, 여성문학가 마리 폰 에브너·에쉔바흐(Marie von Ebner-Eschenbach)는 "아무도 타인에 대하여 공정할 수 있을 만큼 孤高하게 살 수는 없다"고 하였다. 여기에서 인간사회에는 어쩔 수 없이 법이라는 사회규범이 필요한 것이다.

Ⅲ. 법은 정치적으로 조직된 사회의 강제성을 띤 규범이다

　　법은 정치적으로 조직된 사회, 즉 국가 속에서 스스로를 관철시키기 위하여 强制(Zwang)라는 수단을 뒷받침으로 갖고 있는 규범이다. 이런 의미에서 독일의 법학자 예링(Rudolf von Jhering, 1818~1892)은 "강제가 없는 법은 타지 않는 불꽃과 같다"고 표현하였고, 현대의 법학자 켈젠(Hans Kelsen, 1881~1973) 역시 법에서 강제는 본질적 속성이라고 보았다.

　　법은 자기를 거부하는 자에게는 반드시 制裁(Sanktion)를 가한다는 점에서 다른 사회적 규범들, 예컨대 도덕이나 종교 또는 관습과 성격을 달리한다(이에 대해 뒤에 상론하겠다). 그렇기 때문에 우리가 커피숍에 앉아 나는 하이데거 철학이 좋다, 나는 야스퍼스가 마음에 든다고 한담할 수는 있지만, 법이란 한번 제정되면 좋으나 싫으나 그에 따를 수밖에 없는 것이다.

여기에서 법규범의 강력함과 권위, 따라서 그에 대한 막중한 책임이 생기
게 된다.

Ⅳ. 법은 정의라는 법이념을 향한 문화규범이다

우선 법은 하나의 文化規範(Kulturnorm)이라는 사실부터 설명하겠다.
이 세상은 현실과 가치, 존재와 당위의 세계로 나뉘어져 있는데, 인간은 현
실에 발을 딛고 살면서도 항상 그것에 만족하지 않고 더 나은 현실, 즉 가
치를 향하여 끊임없이 노력하고 있다. 이러한 노력이 끊어진다면 인간존재
의 인간됨은 그치는 것이라고 하겠다. 인간이 현실에서 가치를 향하여 노
력하는 가운데서 생성되는 업적 내지 산물을 우리는 문화 혹은 작품이라고
부른다. 예를 들면 인간이 美라는 가치를 향하여 노력하는 가운데 이룬 작
품을 우리는 예술이라고 부르는 것이다. 그런데 이 예술은 美 자체는 아닌
것으로 그 속에는 美만이 아니라 不美 내지 醜惡까지 포함되어 있다. 그렇
지만 그것이 美를 향하여 노력한다는 의미(Sinn)를 안고 있기 때문에 그것
은 예술로서 평가되고 정당화된다. 학문도 진리 그 자체는 아니지만, 진리
를 향하여 노력하고 있다는 데에서 학문성을 갖는다.

우리가 문화의 의미를 이렇게 이해한다면, 법은 정의 자체는 아니지만
정의라는 가치(즉 법이념)를 향하여 노력하고 있는 하나의 문화개념이라는
점이 어렵지 않게 이해될 것이다. 법은 정의를 지향하지만, 정의 그 자체는
아니다. 이 세상의 법에는 정의의 법만이 아니라 부정의로운 법도 얼마든
지 있다. 우리는 그것을 부르기 쉽게 惡法 혹은 不法이라고 부른다. 법철학
자 르네 마르칙(René Marcic)이 말한 대로 "인간은 불법(不法)의 창문을 통
해 법의 정원을 바라보고 있다"[1]고 말할 수 있을지도 모른다. 그렇지만 법
이 법인 것은 그것이 정의 그 자체는 아니지만, 무엇보다도 정의를 향하여
강하게 노력하고 있는 규범이라는 데에 있는 것이다. 이런 의미에서 라드
브루흐는 법을 다음과 같이 적절히 정의하였다. "법은 법이념에 봉사하는
의미 있는 현실(die Wirklichkeit, die den Sinn hat, der Rechtsidee zu dienen)

---

1) René Marcic, *Rechtsphilosophie,* 1969, S. 15.

이다"라고 했다.[2]

V. 법은 존재와 당위 사이의 '사물의 본성'으로서의 규범이다

    법이 하나의 문화개념이라는 사실은 법이 현실과 가치의 어느 한쪽에만 속하는 것이 아닌 존재와 당위의 연결에서 나오는 규범이라는 것을 의미한다고 하겠다. 철학적으로 존재와 당위의 상관문제는 매우 어려운 테마이지만, 법은 단순히 당위적 규범에만 속할 수 없는 것이다.

    일찍이 켈젠은 이른바 純粹法學(Reine Rechtslehre, pure theory of law)을 주창하여 법을 오로지 당위의 순수한 규범으로만 파악하고, 일체의 존재 사실과는 무관한 것으로 설명하였다. 다시 말하면 당위는 당위에서만 도출될 수 있다고 하여 존재와 당위를 엄격하게 구별하는 方法二元主義(Methodendualismus)를 수립하였던 것이다. 그래서 그는 법이 법으로서의 효력을 갖는 것은 더 상위의 법으로부터의 당위적 효력을 위임받기 때문이

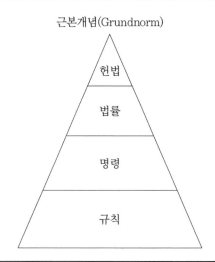

근본개념(Grundnorm)

헌법

법률

명령

규칙

---

  2) 라드브루흐/최종고 역, 法哲學, 삼영사, 2007, 63면; 자세히는 최종고, G. 라드브루흐 연구, 박영사, 1995, 179~196면.

라는 法段階說(Stufentheorie)을 전개하였다. 즉 그림과 같이 법은 위계질서의 피라미드를 형성한다는 것이다. 다시 말하면 명령·규칙이라는 최하위의 법규범은 더 상위의 법률에서 효력을 부여받고, 법률은 다시 최상위의 헌법에서 효력을 부여받는다는 것이다.

그러면 최상위의 헌법을 법으로서 효력을 부여해 주는 것은 무엇일까? 켈젠은 實定法(positive law, positives Recht)으로서의 헌법 위에는 어떠한 법도 존재하지 않으며, 헌법에 효력을 부여해 주는 것은 根本規範(Grundnorm, basic norm)이라고 설명하였다.

그러나 근본규범이란 무엇인가? 그것은 어떤 무엇에서부터도 연역되지 않는 스스로 규범으로서의 효력을 갖고 있는 무엇일 수밖에 없는데, 그렇다면 그것은 켈젠이 그렇게 강조하는 당위로서의 규범이 아니라 이미 존재인 것이다. 이렇게 본다면 켈젠의 법단계설은 근본규범이라는 假說 때문에 자기모순에 빠지고 만다.

이러한 자기모순은 처음부터 법을 존재와는 상관없는 순수한 당위의 규범체계로만 파악하려고 출발했던 데에서 비롯된다. 그보다도 오히려 법을 존재와 당위 사이에 있는 事物의 本性(Natur der Sache, nature of things) 내지 질서라고 보는 것이 타당하다. 모든 당위적 규범은 그것이 마땅히 그래야만 하기 때문에, 즉 존재적으로 적합한 것이기 때문에 당위적으로 그렇게 해 주기를 요청할 수 있는 것이다. 여기에서 우리는 법의 이해에서 엄격한 方法二元主義를 취하기보다는 사물의 본성을 통하여 方法一元主義 (Methodenmonismus), 즉 존재와 당위를 연결하는 방향을 취하는 것이 온당하다고 생각한다. 이 문제는 뒷날 '법철학' 과목을 배우면 더 깊이 이해될 것이다.[3]

이제 우리가 사용하는 '法'이란 말을 한번 생각해 보자. 法이란 글자는 略字이고 원래 正字는 灋인데, 이 글자는 물(水)과 鷹(해태치)가 간다(去)는 뜻이 내포되어 있다. 중국의 묘족(苗族)이 神意裁判을 할 때 해태를 재판석 앞에 내세우면 해태는 반드시 죄지은 자에게로 가서 뿔로 떠받는다는 古事가 있다. 그래서 오늘날도 중국의 法服에는 해태의 모양이 수놓아져 있고, 우리나라 고궁이나 광화문에도 해태의 石像을 즐겨 해 세웠다. 즉 해태는

---

3) 자세히는 沈憲燮, 法哲學 Ⅰ, 법문사, 1982, 177~270면.

동양적 정의의 상징이다.[4] 따라서 法이란 말은 물과 같이 공평하게 정의가 실현되는 것을 뜻하는 좋은 말이다. 그러나 아무리 그렇더라도 法은 漢字語인데, 순수하게 우리 한글로 법에 해당하는 말이 있을까? 그것은 아마 '본'이라는 말이 아닐까 생각된다. 즉 한글학자 崔鉉培는 語法·算法을 말본·셈본이라 했듯이, '본보기', '본때가 있다 없다' 할 때의 그 '본'이다. 즉 본은 地上에 있으되 꼭 있어야 할 모습대로 있는 상태, 그래서 남의 모범이 되는 상태를 말하는 것이다. 그것을 서양식으로 표현하면 존재이되 당위적으로 있는 상태, 즉 당위적 존재(Sollendes Sein)라고 표현할 수 있을 것이다. 우리는 이런 좋은 말의 뜻을 갈고 닦아 학문화시켜야 할 것이다.[5]

VI. 법은 상대적이면서도 절대적인 규범이다

이 명제는 다소 문학적인 표현처럼 들릴 수도 있는데, 상대적이니 절대적이니 하는 말 자체가 매우 유동적인 개념이다. 왜냐하면 자기는 상대주의자라고 강력히 주장하면 은연중 절대적으로 되기 마련이고, 진정으로 상대적이 되려면 자기의 주장 자체를 상대화시켜야 하기 때문이다. 그러나 여기에서 말하고자 하는 뜻은 법이라는 규범은 존재만도 아니고 당위만도 아니기 때문에, 따라서 존재로서의 시간적·공간적 제약을 받는 상대적 규범이면서, 그러면서도 거기에만 집착하지 않고 정의라는 보편적 가치를 지향하는 절대적 규범이라는 점이다.

일찍이 파스칼은 「팡세」(Pensée)에서 "피레네 산맥 이쪽에서의 正義(법)가 저쪽에서는 不正義(불법)이다"라고 하였다. 이것은 법의 상대적 운명을 예리하게 갈파한 표현이다. 그러나 피레네 산맥 이쪽이나 저쪽이나 인간이 사는 곳이라면, 언젠가는 서로 연합하여 일치된 정의를 추구하는 법을 발견할 것이라는 희망을 우리는 처음부터 배제할 필요는 없을 것이다. "우리는 백 사람이 함께 일하고, 두 사람이 서로 사랑하고, 한 사람이 혼자 죽어간다"(Wir arbeiten zu Hunderten zusammen, wir lieben zu zweit, wir sterben

---

4) 최종고, 정의의 상을 찾아서, 서울대 출판부, 1994; 최종고, 법과 미술, 시공사, 1995; 최종고, 법상징학이란 무엇인가, 아카넷, 2001.
5) 최종고, "法과 言語," 法과 宗敎와 人間, 삼영사, 1992.

allein)라고 할 수 있겠지만, 살아 있는 동안만이라도 우리는 서로 의지하고 협력하면서 절대적인 것을 추구해 나가야 하는 운명일 것이다.

[법·법률·법전·법규]

'법'과 관련하여 비슷한 응용된 용어들이 있다.

법률(Gesetz, law 혹은 statute)은 실질적 의미에서는 법과 동일한 뜻으로 사용하지만, 형식적 의미에서는 국회의 의결을 거쳐 대통령이 서명·공포하는 법을 가리킨다. '법'은 보다 포괄적·추상적이며, 법률은 구체적·가시적인 개념이다. '부정당한 법'(unrichtiges Recht)이란 형용모순이지만 '부정당한 법률'(unrichtiges Gesetz)은 얼마든지 있을 수 있다(자세히는 '惡法論'에 관한 설명 참조).

法典(code, Geseztbuch)은 헌법·법률·명령·규칙과 같은 실정법을 체계적으로 편별한 조직적 성문법규집의 전체를 가리킨다. 單行法典도 있지만, '六法全書' 혹은 '法典'이라 하여 포괄적인 법전과 中小法典들이 있다. 보이는 것은 제정법률 등이며, 그 속에 '법'이 숨어 있다고 할 수 있다.

法規(Rechtssatz)는 넓게는 법규범 일반의 준말이고, 좁게는 성문의 법령을 의미한다.

法令은 법률과 명령을 함께 부르는 말인데, 넓은 뜻으로는 법률이나 법 전체를 가리킬 때도 있다. 법전을 법령집이라 부를 때도 있다.

Ⅶ. 결   론

이상에서 우리는 법을 몇 가지 측면에서 조명하여 그 개념을 파악하려고 시도하였다. 깊이 들어가면 법철학적 문제이기 때문에 매우 이해하기 힘든 것도 사실이지만, 법철학 자체에서도 법이 무엇인지 속시원히 해결될 것은 아니다.

법의 개념 내지 본질의 문제를 두고 앞으로 이야기할 자연법론자들과 법실증주의자들의 날카로운 이론대립이 법학의 역사를 이루어 왔으면서도 이 문제는 아직도 우리에게 미해결의 장으로 남아 있다고 해도 과언이 아니다. 미국의 홈즈(O. W. Holmes, 1841~1935, 판사)는 "법은 법원에서 말해지는 것 외에 아무것도 아니다"라고 보았는가 하면, 소련의 민법을 초안한 고

이히바르(Goikhbarg)는 "법은 종교보다 더 강한 아편이다"라고까지 하였다. 그러나 법이 무엇인지 잘 모르겠다고 하여 모든 것이 법이라고 할 수는 없다. 不可知와 懷疑를 건전한 비판주의로 구사하느냐, 파괴적 허무주의로 전락시키느냐는 우리들 판단자 자신의 교양과 윤리에 달려 있는 것이다. 홈즈는 자신의 첫 번째 신념을 의심하는 것이 문명인의 특징이라고 하였는데, 인습과 선입견, 주관적 가치관의 정신적 노예에서 벗어나 냉정한 인식의 판단 위에서 법적인 것을 찾으려는 자세가 필요하다. 엄격히 법철학적으로는 다소 불명확성을 가지고 있다 하더라도 대체로 법이 이 땅 위의 삶 속에 어떠한 의미를 지니고 있는 규범인가는 어느 정도 밝혀졌으리라 생각한다.

참고문헌

최종고, 법철학, 박영사, 2007; 沈憲燮, 法哲學 Ⅰ, 법문사, 1981; 라드브루흐/崔鍾庫 역, 法哲學, 삼영사, 1975(초판), 1989(6 판); 이준일, 법학입문, 박영사, 2004; A. 카우프만/沈憲燮 역, 現代法哲學의 根本問題, 박영문고, 1974; 金秉圭, 法哲學의 根本問題, 법문사, 1988; 崔鍾庫 편, 法格言集, 교육과학사, 1989; H. 켈젠/심헌섭 편역, 켈젠法理論選集, 법문사, 1990; 최종고, 법과 미술, 시공사, 1995; 카우프만/김영환 역, 법철학, 나남, 2006.

Lon Fuller, *The Law in Quest of Itself,* 1940; R. Zippelius, *Das Wesen des Rechts,* 3. Aufl., 1973; H. Kantorowicz, *The Definition of Law,* 1958; H. L. A. Hart, *The Concept of Law,* 1961(오병선 역, 법의 개념, 아카넷, 2001).

연습문제

1. 법이란 무엇인가?
2. 법개념은 왜 文化槪念인가?
3. 법과 정의의 관계를 논하라.
4. 方法二元主義와 方法一元主義를 논하라.
5. 법의 존재적 측면과 당위적 측면을 논하라.
6. 법의 보편성과 특수성을 논하라.

제3장

법과 사회규범

> 인간이 마음에 간직하고 있는 것 가운
> 데 법 또는 국왕이 개입할 수 있고, 치
> 료할 수 있는 부분이 얼마나 적은가!
> ―존슨(Dr. S. Johnson)

Ⅰ. 서   론

법은 인간생활을 규율하는 하나의 규범(Norm)으로서 관습·종교·도덕과 같은 다른 사회규범들과 밀접한 관련을 맺고 있다. 법만 동떨어져 인간과 사회를 규율해 나갈 수는 없는 노릇이다. 그렇다면 다른 사회규범들과 어떻게 다르며, 또 서로 어떠한 관계를 갖는 것일까? 법은 이들 규범들과 어떻게 긴장·갈등의 관계에 서며, 어떻게 조화하여 나가는 것일까? 이 물음은 사회생활 속에서 법규범의 생생한 작용을 파악하기 위해서뿐만 아니라 법규범의 개념 자체를 이해하기 위하여 매우 중요한 사실이라고 아니할 수 없다.

Ⅱ. 법과 관습

법과 관습(custom, Sitte, 혹은 Gewohnheit)을 개념적으로 구별하기는 쉬운 일이 아니다. 법은 만들어지는 것이고 관습은 생성되어지는 것이라고 일단 구별할 수 있겠지만, 관습을 무시하고 법을 만들기는 매우 힘들고 위험한 일이며, 慣習法(customary law, Gewohnheitsrecht)이라는 중간형태도 있다. 법학에서 관습법은 단순한 사실로서의 관습과는 구별하지만, 관습이 반복되고 법적인 성격을 띠게 되면 관습법으로서 존중되는 것이다. 또 법은 강제가능한 것인 데 반하여, 관습은 인간의 자유의사에 따라 이행되는 것이라고 생각할 수 있지만, 관습 역시 지키지 않으면 상당한 비난과 강제가 따르는 경우가 적지 않다. "진정으로 관습을 지킬 줄 아는 자가 신사이다"라는 속담이 이야기하듯이, 관습 역시 법에 못지않은 은근한 힘으로써 작용하는 것이다.

그러나 관습은 법과 개념적·체계적으로 명확히 구분될 수는 없지만, 역사적인 관점에서 보면 법과 도덕이 채 분리되지 않은 前型態(Vorform)로서 파악할 수 있다. 다시 말하면 짐멜(Georg Simmel, 1858~1918)이 표현하였듯이 '법과 도덕의 형태를 각각 다른 방향으로 출발시키는 미분화상태'라고 할 수 있다. 예를 들면 자선이라는 관습은 한편으로는 자비라는 도덕적 의무로도 발전하고, 다른 한편으로는 빈민구제라는 법제도로 발전하기도 한다. 관습은 법과 도덕을 준비하고, 그것을 가능케 한 연후에 법과 도덕에 흡수된다고 하는 것이 운명이다. 그렇다고 하여 법과 도덕을 분리한 연후에 관습의 사회적 기능이 없어진다고 볼 수는 없다. 이익사회(Gesellschaft) 속에도 항상 공동사회(Gemeinschaft)의 수많은 편린들, 즉 관습들이 파괴되지 않고 통일성을 유지해 가고 있으며, 아직도 그 교육적 활동을 필요로 하는 사회계급들과 원시적 민족들이 존재하기 때문이다. 원시사회나 미개사회에서는 습속이 법과 혼연일체를 이루고 있었다.

관습은 현실생활에서 무의식적으로 발생하는 사회생활의 준칙이며, 역사적 전통을 근간으로 하여 사실에 입각한 것으로 理想이 아니라 평균이며, 사실을 규범으로 높인 것이다. 관혼상제와 같은 것을 그 예로 들 수 있다. 혼례의 관습이나 제례의 관습은 나라마다 다르고 지방마다 다르다. 우리나라에서도 혼례 때 장롱을 신랑이 장만하느냐 신부가 장만하느냐에 관한 관습은 지방에 따라 다르다. 호남에서는 신부측에서 장롱을 장만하고 영남에서는 신랑측에서 장롱을 장만하기 때문에, 호남신부와 영남신랑이 결혼하면 장롱이 두 바리가 된다고 한다. 반대로 호남신랑과 영남신부가 결혼하면 장롱은 아무도 안 해 가게 된다. 이러한 관습을 위반한 경우에는 시가나 처가에서 두고두고 경멸을 당할지는 몰라도 법적으로 손해배상을 청구할 수는 없다. 이렇게 볼 때 사회의 강제가 따르느냐 국가의 강제가 따르느냐에 따라서 관습규범과 법규범을 구별할 수 있다.

　事實婚도 관습과 관련이 있다. 일제강점기 이전에는 부부로 되기 위해서 신고를 할 필요가 없었다. 그러나 依用民法에 따라 신고해야만 혼인의 성립을 인정하게 되었다. 그럼에도 사실상 혼인식만 올리고 동거하는 부부도 많다.

　이와 같은 법규범 중에는 ― 특히 가족법과 같이 ― 관습의 영향을 많이 받은 영역이 존재한다. 관습을 무시하고는 법의 실효성을 기대하기 힘들다. 1980년에 제정된 "가정의례에 관한 법률"이 허례허식을 금지하고 2 대조까지만 제사를 지내도록 하였지만 실효성을 거두지 못하였다. 그리하여 동법은 1999년 2 월 8 일에 "건전가정의례의 정착 및 지원에 관한 법률"로 개정되었다. 2004년 헌법재판소는 수도가 서울이라는 점이 헌법에 명문규정이 없어도 관습헌법이라고 보아야 한다는 결정을 내렸다.

　관습은 오래전부터 내려오는 생활질서이기 때문에 그 내용도 좋은 것들이 많으며, 따라서 '公序良俗' 혹은 '社會常規' 등의 표현으로 법체계 속에 포함되어 존중된다. 관습법은 실정법이 모자라는 경우에 그것을 보충해 주는 효력을 갖고 있다.

　이렇게 볼 때 현대에도 법과 관습은 끊임없이 내용적 상호작용을 계속함으로써 법의 일관성과 안정성을 유지해 나가고 있다. 이런 측면은 특히 법사회학과 법인류학, 법민속학의 연구과제이다.[1]

Ⅲ. 법과 종교

　영국의 법학자 메인(Henry Maine, 1822~1888)은 그의 「古代法」(The Ancient Law, 1861)에서 고대법이 종교와 관계가 있음을 잘 설명하고 있다.

---

1) 자세히는 Chonko Choi, "Law and Custom in Korea : A Historical and Comparative Perspective," 법학 제47권 제 2 호, 서울대, 2006, 220~252면.

원시인들은 禁忌(Taboo)라는 규범을 가졌는데, 그것은 한편으로는 종교적이 며 한편으로는 법적 규범이었다. 예컨대 동리 밖 서낭당을 지나갈 때 침을 뱉고 돌 하나를 던지지 않으면 (종교적으로) 부정을 탄다고 생각했을 뿐만 아니라, 동리 전체에 재앙을 몰고 온다고 하여 (법적으로) 비난하고 제재를 가하기도 했던 것이다. 고조선의 檀君과 삼한의 天君, 신라의 고유한 왕호 인 次次雄은 실은 呪術師나 巫를 뜻했다. 신라의 금관은 시베리아계 샤만 이 쓰는 모자와 매우 비슷하다. 모세의 십계명이나 신라의 世俗五戒는 종 교규범이면서 법규범이었다. 중세에서도 종교의 힘은 강력하여 법과 도덕 의 거의 전부를 포괄하고 있었다. 중세에는 법학이 신학의 일부에 지나지 않았고, 正義는 오로지 신의 뜻을 따르는 것으로 생각되었다. 그 때까지는 법과 종교를 이원적으로 대립시켜 생각할 여지가 없었다. 神政一致가 행해 져 종교가 국가·사회를 지배하였다. 서양의 신성로마제국과 회교국가들, 동양의 유교국가나 불교국가가 대표적 예이다.

근세 이래 世俗化(Secularization)와 함께 政敎分離가 이루어지고, 법은 일단 국가법을 의미하고 교회법은 종교내부에만 적용되는 자치법으로서의 효력만 갖게 되었다. 이제 종교는 인간의 영적 문제를 다루고, 그 밖의 것 은 일체 법이 담당하는 것으로 생각되었다. 그러나 종교는 유한한 인간이 무한절대자를 신앙함으로써 초월과 구원에 이르려는 노력이므로 그 자체는 선한 것이기 때문에, 세속적 법은 최대한 종교적 가치와 자유를 보장해 주 지 않으면 아니 된다. 오늘날에도 독일에서처럼 국가와 교회가 밀접하게 관계하면서 교회법이 적용되는 나라들이 있고, 이란과 같이 회교국가들도 있으며, 스페인·이탈리아 등은 카톨릭교회가 사실상 國敎로 되어 있고, 태 국과 같은 불교국가도 있다.[2]

그래서 동서양의 종교는 다양하지만 대부분의 근대국가들이 헌법과 법 률을 통하여 종교의 자유와 정교관계를 규정하였다(政敎協約, Konkordat). 현 대에도 아무리 세속화와 과학화를 주장해도 종교의 가치는 줄어들지 않고 있으며, 법은 종교를 최대한 존중하는 방향에 서 있다. 독일에서는 헌법학 에서뿐만 아니라 "국가교회법"(Staatskirchenrecht)이 독립과목으로 법과대학 에서 가르쳐지고 있다. 법과 종교의 속성은 어떤 권위(Autorität)에 대한 복

---

2) 최종고, 국가와 종교, 현대사상사, 1983; 최종고, 法과 宗敎와 人間(3판), 삼영사, 1989.

종이라는 점에서 공통적이며, 법학과 신학은 절대적인 것의 추구와 독단적 (dogmatic)인 성격을 가진다는 점에서 매우 유사하다.

법률가는 '세속적 성직자'라는 표현도 있듯이 법의 이념을 추구하기 위하여 외롭고 성스런 길을 걸어가는 사람이라고 하겠다. 이것은 현대에서도 법은 여전히 종교적인 권위로까지 느껴질 때에 진정으로 법에 대한 복종심이 생긴다는 것을 뜻한다고 하겠다. 종교는 법과는 차원을 달리하는 개념이지만, 인간이 이 세상에 사는 동안 영원과 초월을 향하여 몸부림치는 동안에는 법의 제약을 떨어버릴 수 없는 종교와 이율배반하고 긴장하면서도 어쩔 수 없이 서로 조화하고 평화를 추구해야 할 요청을 받게 되는 것이다. 이런 문제영역은 法神學(Rechtstheologie)에서 다룬다.[3]

Ⅳ. 법과 도덕

종교에 비하면 부차적이고도 차안적인 법과 도덕의 상호관계는 설명하기가 더욱 어렵게 미묘하다고 아니할 수 없다. 얼핏보면 법에는 도덕과 일치되는 것도 있고(예컨대 살인죄), 전혀 관계없는 것도 있다(예컨대 교통법규). 법과 도덕은 도대체 구별될 수 있는가 하는 물음에 근본적인 두 관점이 있다. 자연법론(Naturrechtslehre)의 관점에서는 인간이 만드는 법은 그보다 더 궁극적인 도덕에 기초하고 그에 합치되어야만 법으로서의 효력을 갖는 것이며, '부정당한 법'(unjust law)이란 있을 수 없다고 주장하여 법과 도덕을 일원적인 것으로 본다.

그러나 아무리 그렇게 설명해 보아도 이 세상에는 인간이 제정하는 실정법이 힘을 발휘하고 있는 것이며, 부정당한 법을 법이 아니면 무엇이라고 설명해야 할 것인가 하는 문제가 뒤따른다. 이 사실에 대하여 법실증주의의 입장에서는 법의 내용이 도덕에 반하더라도 법은 법이라고 보아 법과 도덕을 이원적으로 구별하려고 한다. 따라서 '악법도 법'(*dura lex, sed lex*)이기 때문에 아무리 사악한 법이라도 적법한 절차에 따라 제정되기만 하면

---

3) 한국종교법학회 편, 법과 종교, 홍성사, 1984; Erik Wolf, *Rechtstheologische Studien,* Frankfurt, 1972 참조.

법으로서의 효력을 가진다고 본다.

시민은 이 법을 지켜야 할 의무를 가지며, 다만 자기의 양심에 의하여 그 법을 지키지 않으려고 결단하는 것은 법의 문제가 아니라 도덕의 문제라고 설명한다. 악법의 문제는 뒤에 다시 얘기하겠다.

1. 법과 도덕의 구별

법과 도덕을 처음부터 동일시하면 개념의 혼동만 일으키게 되니, 자연법론이니, 법실증주의니 하는 관점에 구애받지 말고 이 두 개념을 일단 다음과 같이 구별해 볼 수 있을 것이다.[4]

(1) 관심방향에서의 구별

법은 외부적 형태에 관심을 두고, 도덕은 내면적 형태에 관심을 둔다고 하겠다. "사색에는 누구도 벌을 가할 수 없다"(*Cognitationis poenam nemo patitur*)는 말이 있듯이, 법은 인간의 외부로 나타난 행동에만 관계한다는 것이다. 도덕에서는 '마음속의 간음'도 가능하다고 여긴다. 그러나 이러한 구별도 절대적인 것은 될 수 없다.

법도 인간의 내면적 사항(예컨대 고의·선의·책임)을 적지 않게 참작할 뿐만 아니라, 도덕도 마음속으로만 갖고 있어서는 부족하고 외부적으로 적절히 표현되어야만 통용될 수 있기 때문이다. 이런 뜻에서 톨스토이(L. Tolstoi, 1828~1910)는 "사람과 사람과의 관계가 사랑 없이 법적으로 이루어질 수 있다고 믿는 것이 법률가의 죄악이다," 혹은 "법률가들은 인생에 있어서 동료와의 직접적인 관계가 필요하지 않은 상태가 존재하는 듯이 믿고 있다"라고 비판하였다.[5]

(2) 목적주체에서의 구별

법은 타인을 지향한 규범이요, 도덕은 항상 자기 자신에 대한 규범이라는 것이다. 그러나 자기와 타인과의 관계란 상호적·상대적이므로 법과

---

4) 이하의 설명은 라드브루흐/최종고 역, 법철학(3 판), 삼영사, 2007, 70~79면.

5) L. Tolstoi, *Das Gesetz der Gewalt und das Gesetz der Liebe,* 1906, S. 102; Boris Sapir, *Dostoevsky und Tolstoi über Probleme des Rechts,* 1932.

도덕을 그 어느 한쪽에만 국한하여 생각하면 잘못일 것이다.

(3) 의무방식에서의 구별

법은 규정에 적합한 형태, 즉 合法性(Legalität)으로 충족되지만, 도덕은 규범에 적합한 심정, 즉 道德性(Moralität)이 끝없이 요구된다. 이런 의미에서 도덕은 무한한 자기채무이지 남에게 권리로 요구할 수 없다. 그러나 도덕은 어느 정도 공통적인 기준과 상호교환성이 있어야지 마음속의 '心情倫理'(Gesin- nungsethik)로서만 이해되어서는 곤란할 것이다.[6]

(4) 타당원천에서의 구별

법은 법복종자에 대하여 밖에서 의무지우는 타자의 의지, 즉 他律性(Heteronomie)의 규범이고, 도덕은 고유한 인격을 통한 自律性(Autonomie)의 규범이다. 그러나 단순히 타자의 의지란 불가능하며, 거기에서는 필연(Müssen)은 불러올 수 있지만 당위(Sollen)는 초래할 수 없다. 법에도 스스로의 의욕(Wollen)이 배제될 수 없는 것이다.

법과 도덕의 관계를 도식화하면 다음과 같이 나타내 볼 수 있을 것이다.

이렇게 본다면 법과 도덕은 일단 구별될 수 있으면서도 성질을 판이하게 달리하는 것은 아니라고 하겠다. 그래서 어떤 학자(Georg Jellinek)는 법을 도덕의 最小限이라고 하기도 하고, 어떤 학자(G. Schmoller)는 오히려 도덕의 最大限이라고 표현하기도 하였다. 법과 도덕은 분리(Trennung)될 수는 없고, 다만 구별(Sonderung)될 수 있다고 하겠다. 도덕은 법의 타당근거이기도 하고, 동시에 그 목적과 이상으로 작용하기도 하는 것이다. 다시 말하

---

6) Max Weber는 윤리를 개인적 心情倫理와 사회적 責任倫理(Verantwortungsethik)로 나누어 설명하였다. Max Weber, *Politik als Beruf,* S. 54.

면 법은 항상 윤리성을 띠어야만 법으로서의 효력을 유지해 나가는 것이며, 라드브루흐가 말한 '법의 도덕의 왕국에로의 귀화'와 '도덕의 법의 왕국에로의 귀화'가 다이나믹하게 일어날 수 있는 것이다.

법이 도덕적으로 정당한 내용일 때는 문제가 없지만, 만일 비도덕적 내용의 법이 있을 때 그 법의 정당성과 효력이 있느냐가 문제로 된다. 이에 대해서는 뒤에 배울 자연법론과 법실증주의의 관점에서 각각 이해방법이 다르지만, '있어야 할 법'에서 '있는 법'의 모습이 멀어질수록 정당성과 실효성이 떨어지는 것은 사실이다. 윤리를 거역하는 법은 바람직하지 못하다고 할 것이다.

'법과 도덕'에서 크게 다루어지는 또 하나의 문제는 법과 도덕이 얼마만큼 서로 독자적 영역을 지켜 나가느냐는 것이다. 어느 사회에나 '지배적' 혹은 '건전한' 도덕이라는 것이 존재하는데, 이러한 지배적 도덕은 법적으로 강제될 수 있다고 보고, 이를 '도덕의 강제'(enforcement of moral)라고 부른다.[7] 우리나라에는 유교윤리가 강하여 존속친살해죄의 가중처벌, 동성동본 사이의 혼인금지, 간통죄의 형사적 처벌 등 '도덕의 강제'가 반영되고 있다. 그러나 사회가 다원화됨에 따라 법에서 도덕적 요소를 축소해 가는 이른바 법의 탈윤리화(脫倫理化, Entmoralisierung)가 주장되기도 한다. 법이 얼마나 윤리적 내용을 강제할 수 있느냐, 얼마나 윤리적 내용에서 해방되어야 하느냐는 문제는 지금도 법학에서, 특히 법철학과 형법학에서 활발히 논의되고 있는 어려운 테마이다.[8]

2. 법과 도덕과 상황

법과 도덕이 각기 성격이 다른 사회규범이라고 하여 양자가 무관계하다는 것은 아니다. 우리들의 사회생활에서 양자는 다른 성격과 기능을 가지면서도 서로 밀접한 교섭관계를 가지고 있다.

내용적으로 본다면 이 두 규범의 내용은 중복되기도 한다. 예를 들면 "살인하지 말라"는 규범은 도덕규범인 동시에 법규범이다. 그러나 그 규정

---

7) Patrick Devlin, *The Enforcement of Morals,* Oxford, 1965.

8) 심헌섭, "법과 도덕," 법철학 Ⅰ, 법문사, 1982, 103~136면; 최종고, 법철학(3 판), 박영사, 2007, 126~131면.

형식이 다르다. 도덕규범은 "사람을 죽이지 말라"고 하고 있는데, 법규범은 "사람을 살해한 자는 사형, 무기 또는 5 년 이상의 징역에 처한다"고 규정하고(형법 제250조) 있어 행위규범으로서가 아니라 강제규범으로 규정되어 있다. 그런데 법과 도덕이 내용적으로 겹쳐 있는 분야에서는 법은 도덕규범을 강제하는 기능을 한다. 형법에서 범죄행위로 되어 있는 행위는 모두가 도덕적으로도 악으로 되어 있는 행위이다. 또 민법의 영역에서 公序良俗이나 信義誠實의 원칙 등에도 도덕적 요소가 들어 있음이 명백하다. 또 과거에 도덕의 영역에서만 문제가 되었을 뿐 법이 직접 간섭하지 않았던 것도 새로이 법의 내용으로 되는 수가 있으며, 그 반대의 경우도 있다.

　도덕과 내용적으로 중복되어 있는 법의 준수는 법과 도덕의 협동으로 유지되고 있다. 형법에서 범죄행위는 도덕적으로 금지되어 있는 행위이며, 또 민법의 신분에 관한 법분야에서도 내용적으로 도덕과 중복되는 것이 많다. 그러나 행정법이나 상법에서는 도덕적으로 무색한 기술적인 성격의 법이 많다. 내용적으로는 도덕과 무관한 이러한 기술적 법도 그것이 일단 제정되고 나면 지키지 않으면 안 된다는 도덕의식 — 준법의식 — 이 생김으로써 법의 實效性이 유지된다. 예를 들어 교통법규는 교통도덕에 의하여 지탱되고 있다고도 말할 수 있을 것이다. 일반적으로 널리 인정된 도덕에 명백히 모순되는 법이 제정되었다고 한다면, 그러한 법은 실생활에서는 사회규범으로서 효력을 갖지 못하게 될 것이다.

　법과 도덕의 이론상의 異同은 이와 같다 하더라도 우리가 일상생활과 立法에서 부딪치는 문제는 더욱 복잡하고 미묘하다. 三綱五倫과 같은 것은 주로 인간의 내심을 규율하는 규범이다. 부모에게 효도를 해야 한다는 것은 윤리규범이요 도덕규범이다. 이러한 윤리규범·도덕규범에 위반하는 경우에도 처벌하는 경우가 있다. 다만 그것이 윤리규범이나 도덕규범 자체로서가 아니라 법규범화하였을 때 처벌된다. 우리 형법은 尊屬殺人罪 및 尊屬傷害罪(형법 제250조 2항)를 규정하여 손아래인 아들이나 며느리가 아버지나 어머니를 살해했거나 상해한 경우에 일반인을 살해했거나 상해한 경우보다도 중벌로 처벌하고 있다. 일본에서는 1973년에 이것이 違憲이라 하여 존속살인이란 법적 개념이 없어졌다.

　법과 도덕의 판단에 관하여 다음 사례들을 들어 고찰해 보고자 한다.

　　어떤 사람이 예루살렘에서 예리고로 내려가다가 강도들을 만났다. 강도들이 그의 옷을 벗기고 상처를 입혀 거의 죽게 된 것을 버려두고 갔다. 마침 한 제사장이 그 길로 내려가다가 그 사람을 보고 피해 지나갔다. 이와 같이 레위 사람도 그 곳에 이르러 그 사람을 보고 피해 지나갔다. 그러나 한 사마리아인이 그 길로 지나가다가 그를 보고 측은한 마음이 들어 가까이 가서 그 상처에 감람유와 포도주를 붓고 싸맨 후에 자기 짐승에 태워 여관으로 데리고 가서 돌봐 주었다. 다음 날 그는 두 데나리온을 꺼내어 여관주인에게 주며, "이 사람을 돌봐 주시오. 비용이 더 들면 내가 돌아오는 길에 갚겠소"라고 말했다 (신약성서 누가복음 9장 30~35절).

　　"위험에 처해 있는 사람을 구조해 주어도 자기가 위험에 빠지지 않음에도 불구하고 자의로 구조하지 않은 자는 3개월 이상 5년 이하의 징역, 혹은 360 프랑 이상 15,000프랑 이하의 벌금에 처한다"(프랑스형법 제63조 2 항).

　　첫 번째 인용문은 성서의 누가복음에 나타난 사례인데, 현대에도 위난을 당해 구조를 필요로 하고 있는 사람을 구조해 주지 않을 때 이를 도덕적으로 비난만 할 것인가, 아니면 법적으로 처벌해야 하는가 하는 문제가 제기된다. 특히 문명사회일수록 대낮에 행길에서 강도를 당해도 수십 명의 사람들이 구조해 주기는커녕 경찰에(증인으로 소환될까 귀찮아서) 신고조차 하지 않는다. 이러한 현실에 대하여 서양의 국가들은 이른바 "착한 사마리아인 條項"(the Good Samaritan Clause)을 형법 속에 규정하였다.[9] 이것이 법의 새로운 윤리화(neue Ethisierung des Rechts)의 현상이라 하겠다. 그리하여 이러한 救助不履行者에 대하여는 벌금(핀란드·터키), 3개월 이하의 구류(덴마크·이탈리아·네덜란드·노르웨이·루마니아), 6 개월 이하의 구류(체코·에티오피아), 1 년 이하의 징역(독일·그리스·헝가리·유고), 최고 5 년 이하의 징역(프랑스) 등의 형벌을 부과할 수 있도록 하였다. 우리나라 형법은 1960년대에 제정되어 개정논의가 진행되어 왔지만, 아직도 이런 조항은 두지 않고 있다. 우리나라가 '東方禮儀之國'이라 해서 이런 조항이 필요 없을까? 필요 없다면 현대사회의 몰인정·비인간화의 현상을 무엇으로 막을 수 있을까?[10]

　　이와 관련하여 姦通罪의 문제를 생각해 볼 필요가 있다. 형법 제241조

---

9) 자세히는 C. 그레고리 외/최종고 역, 착한 사마리아人法 : 법과 윤리, 법학교양총서 6, 교육과학사, 1990; 최종고, "구조의무," 법철학(3 판), 박영사, 2007, 610~626면.

10) 2008년 응급의료에 관한 법률(구호자보호법)이 제정되었다.

에 따르면 "배우자 있는 자가 간통한 때에는 2년 이하의 징역에 처한다." 이에 대하여 법이 윤리문제에 개입하는 것은 월권이라 하여 간통죄 조항을 없애자는 주장이 있다. 외국에는 이런 조항이 없는 형법이 대부분이고, 서양에서는 가톨릭교가 강한 나라와 이슬람국가와 유교국가 등 종교적·윤리적 전통이 강한 나라에서만 존속하고 있다. 결국, 우리나라도 2015년 2월 26일 헌법재판소가 간통죄(형법 제241조)의 위헌법률심판제청사건에서 위헌결정을 함으로써, 위 조항은 효력을 상실하게 되었다. 재판관 5인의 위헌의견은, 심판대상조항이 "선량한 성풍속 및 일부일처제에 기초한 혼인제도를 보호하고 부부간 정조의무를 지키게 하기 위한 것으로서, 헌법상 보장되는 성적 자기결정권 및 사생활의 비밀과 자유를 제한"하며, "사회 구조 및 결혼과 성에 관한 국민의 의식이 변화되고, 성적 자기결정권을 보다 중요시하는 인식이 확산됨에 따라, 간통행위에 대하여 이를 국가가 형벌로 다스리는 것이 적정한지에 대해서는 이제 더 이상 국민의 인식이 일치한다고 보기 어렵게 되었다"라는 이유를 들었다.

安樂死(Euthanasia)에 대하여 어떻게 평가할 수 있으며, 환자에게 의사가 안심을 시키기 위하여 거짓말하는 것은 어떻게 보아야 할까? 모두 어려운 문제들이다.[11]

법과 윤리의 판단에 또 하나 중요한 요소가 되는 것은 '狀況(Situation 혹은 Context)'이다. 윤리학에서 전통적으로 윤리란 선한 것(good)을 행하고 악한 것(bad)을 피하라는 규범적 윤리(normative ethics)와 결과가 좋으면 좋다든가, 최대다수에게 최대행복이 되면 좋다는 공리주의적 윤리(utilitarian ethics)가 대립적으로 내려왔다. 그런데 1960년대에 이른바 상황윤리(situation ethics)가 대두되어 윤리판단은 상황에 적합하게(fitting) 하느냐 부적합하게(unfitting) 하느냐에 달려 있다고 주장되었다. 한 마디로 상황윤리는 ① 실용주의(pragmatism), ② 상대주의(relativism), ③ 실증주의(positivism), ④ 인격주의(personalism)를 종합하여 새로운 決疑論(neo-casuistry)을 이루는 것이라고 말할 수 있다.[12]

---

11) 자세히는 최종고, 법과 윤리, 경세원, 2000, 137~213면.

12) 決疑論(Kasuistik)은 구체적 사건에 대하여 개별적 해결책을 찾는 사고방식인데, 법학의 출발인 로마법학을 비롯하여 모든 법학적 사고에서 중요한 역할을 하였다. 그러나 법학의 발달은 개념에 의하여 決疑論的 思考를 지양하는 데에 있었다. 자세히는 최종고, 法學史,

미국의 상황윤리학자인 플레쳐(Joseph Fletcher)는 다음과 같은 예를 들어서 말한다.[13] 베를린이 소련군에게 점령되기 직전 독일의 어느 여인이 두 아이를 데리고 간첩으로 오인되어 강제수용소에 수용되었다. 헤어졌던 두 아이는 고아원에 있다가 終戰으로 군대에서 돌아온 남편과 같이 살고 있었다. 이 여인이 수용소에서 나가는 길은 오직 두 가지 사유, 즉 중병이 걸리거나 임신하는 것뿐이었다. 그래서 여인은 감시병에게 간청하여 성관계를 맺음으로써 임신을 하여 남편과 아이들에게 돌아갔다. 남편에게 돌아온 여인은 그 동안의 경과 이야기를 하고 아이를 낳자 그를 입적시켜 평화스럽게 살고 있다. 여기에서 문제되는 것은 남편과 자식에 대한 사랑과 "간음하지 말라"는 율법의 모순이다. 이럴 때 사랑을 위하여는 율법을 범해도 좋다는 것이 상황윤리의 관점이기 때문에 이 여인의 행동은 윤리적으로 정당화될 수 있다는 것이다.

또 다른 하나의 예를 들면, 미국에서 어느 여인이 인디언의 습격을 받고 세 어린아이와 함께 숲 속에 숨었다. 인디언이 옆을 지나갈 무렵 그 중 제일 갓난아이가 울기 시작하였다. 인디언에게 들키면 전부 몰살을 당한다. 이럴 때 갓난아이의 입을 막아 죽이면 어떨까? 플레쳐는 아이를 죽인 어머니의 행동은 정당화될 수 있다고 한다. 왜냐하면 갓난아이를 살리려다 네 명이 다 죽는 것보다 한 아이를 죽이고 세 명이 사는 것이 '최대다수의 최대사랑'이란 원리에 적합한 것이고, 이와 같은 목적이 확립되면 수단은 정당화되어 살인하여도 괜찮다는 것이다. 이와 꼭 같은 근거에서 술취한 정신이상자에게 강간당한 처녀가 낙태수술을 하는 것은 정당화된다고 주장한다.

이러한 상황윤리의 주장에 대하여 여러 가지로 논의할 점이 있지만, 법과 도덕의 관계의 관점에서 볼 때, 가장 먼저 생각되는 것은 이러한 주장들이 법에 대한 예외적 경우를 지나치게 강조하고 있다는 사실이다. 성경에도 법에 대하여 예외적인 태도가 여러 군데에 발견되기는 하지만, 이러한 예외적인 경우를 통상적인 것으로 주장할 수 없다고 할 것이다. 또 윤리적으로 비난받지 않는다고 하여 법적 책임을 모면할 수는 없는 것이다. 어쨌든 법과 도덕과 상황의 관계는 어려운 주제임에 틀림없다.[14]

경세원, 1986, 34면, 80면.

13) J. Fletcher, *Situation Ethics*, 플레쳐/이희숙 역, 狀況倫理, 종로서적, 1989.

14) 자세히는 최종고, "法과 道德," 法과 宗敎와 人間, 삼영사, 1984, 41~74면; 최종고, 법

Ⅴ. 법과 예

　서양에서는 법과 도덕을 일원론·이원론으로 설명하면 충분하겠지만, 동양에서는 법과 도덕 사이에 禮라고 하는 독특한 규범이 발달하였다. 이를 도식화해 보면 그림과 같다.

[법·예·도덕]

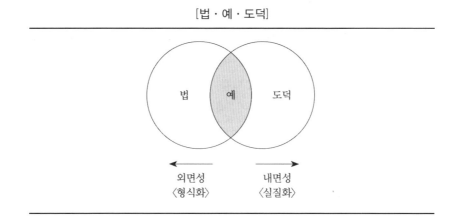

　동양 전통사회에서 법은 도덕이나 예규범의 실천을 위한 보조물로 생각되었다. 법은 도덕규범이나 예규범의 위반을 처벌하는 기능을 가진 것으로 도덕이나 예의 실천을 담보하는 강제장치에 불과했다. '禮主法從'이나 '德主刑輔'의 사상은 법과 도덕의 관계를 명백히 드러내고 있다. 예를 어겨야 법에 들어오므로(違禮入律) 예에 머물러 법 없이도 사는 것이 동아시아의 이상적 인간상이었다.

　동양사회의 禮를 서양에서는 자연법으로 보려는 견해도 있다. 禮는 관습·습속·의식 및 협약의 복합체라고도 할 수 있는데, 니이담(J. Needham)은 이를 일종의 자연법과 같은 것으로 보고 있다.[15] 禮가 사전에 국민을 선도하여 악행을 하지 못하도록 막아 주는 역할을 한 데 대하여, 법은 이

철학(3 판), 2007, 97~183면.
15) J. Needham, *Science and Civilization in China,* vol. Ⅱ, p. 616 이하.

미 이루어진 악행에 대하여 사후에 그것을 처벌하는 것을 원칙으로 하였다. 다만 법을 인간이 만든 것으로 본 것에 대하여, 仁義禮智와 같은 것은 인간의 본성에서 나온 것이요, 실정법에 우월한 것으로 본 점에서는 자연법의 기능과 비슷하다고 하겠다. 그 뒤 法家에 의하여 법의 중요성이 강조되었으며, 유교사상에서도 禮와 法의 分化가 이루어져 법의 필요성이 인정되었다. 唐代에 와서는 律令格式과 같은 실정법이 중요시되었으나 여전히 法刑은 서민계급을 다스리는 데 사용되는 것이요, 지배계급에게는 예와 덕에 의한 훈도가 더욱 중요시되었다.

우리나라에서는 조선시대에 유학이 국가 이데올로기화하여 지배하면서 후반기에 이를수록 예가 발달하였다. 법학이나 윤리학이 발달하기보다도 수많은 예학자와 예학서가 나왔다. 예만 지키면 어느 정도 법을 지키는 것이고, 예만 지키면 어느 정도 도덕을 충족하는 것이 되었다. 그래서 예가 완충지대와 같은 매개역할을 했기 때문에 법은 법대로 발달하지 못했고, 도덕은 도덕대로 자율적으로 발전하지 못했다고 생각된다. 특히 우리나라의 유학은 宋나라의 性理學과 朱子家禮에 입각하여 孔子·孟子의 公禮보다는 관혼상제의 私禮 중심으로 발전하였다.[16) 이것을 비판하고 公禮의 중요성도 강조한 학자가 丁若鏞(1762~1836)이었다.[17)

서양법을 수용하여 법치주의를 실시하고 있는 오늘날에도 예의 기능은 적지 않게 계속되고 있다고 보겠다. 법치주의를 실현하기 위하여 예를 어떻게 현대적으로 해석하여 발전시키느냐 하는 것이 우리의 과제라고 하겠다.[18)

VI. 결 론

관습·종교·도덕· 법의 규범은 인간의 此岸的 공동생활을 규율하면서

---

16) 자세히는 崔鍾庫, "韓國傳統社會에 있어서 法·道德·禮," 韓國의 規範文化, 한국정신문화연구원, 1983; 同人, 韓國法思想史(전정신판), 서울대 출판부, 2004; Martina Deuchler, *Confucian Transformation of Korea*, Harvard University Press, 1992.

17) 정약용, 목민심서, 창작과 비평사, 1983; 최종고, 괴테와 다산, 통하다, 추수밭, 2007.

18) 전병재 편, 현대사회와 禮, 을유문화사, 1989.

각각의 독특한 이념과 특성, 존재양태를 가지면서도 서로 밀접한 관련성을 갖고 작용한다. 법규범은 관습·종교·도덕의 다른 사회규범이 갖는 일반적인 규범으로서의 건전성을 지녀야 법규범 자체의 고유한 이념과 목적을 수행할 수 있을 것이다.

　　법이 가능한 한 관습을 존중하고, 도덕을 그 타당성의 기초와 목적으로 실현하도록 노력하며, 이 세상에서 종교적 초월─즉 사랑과 자비의 높은 이상─을 바라보며 부단히 자신의 無本質性(Wesenlosigkeit)과 '궁극적 본질' 사이에서 긴장하며 자기를 갱신해 가는 사이에서 법규범과 사회규범의 갈등은 은연 중 조화와 타협을 이룰 수 있을 것이다.

참고문헌 ─────────────────────────

崔鍾庫, 法과 宗敎와 人間, 삼영사, 1981; 한국종교법학회 편, 法과 宗敎, 흥성사, 1983; 崔鍾庫, 國家와 宗敎, 현대사상사, 1983; 한국정신문화연구원 편, 韓國의 規範文化, 한국정신문화연구원, 1983; 라드브루흐/崔鍾庫 역, 法哲學, 삼영사, 2007; Joseph. Fletcher, *Situation Ethics,* 이희숙 역, 狀況倫理, 종로서적, 1989; Lon Fuller, *The Morality of Law,* 姜求眞 역, 法의 道德性, 법문사, 1972; 다나카 고타로(田中耕太郎)/정종휴 역, 법과 종교와 사회생활, 교육과학사, 1990; C. 그레고리 외/최종고 역, 착한 사마리아人法, 교육과학사, 1990; H. 하멜 외/최종고 역, 西洋人이 본 韓國法俗, 교육과학사, 1990; 정해창, "법과 도덕의 관계에 대하여," 법철학과 사회철학 창간호, 1991; 랄프 드라이어, "독일에서의 법과 도덕의 관계에 관한 논의동향," 법철학과 사회철학 창간호, 1991; 車鏞碩, "倫理와의 關係에서의 刑罰權의 限界," 法哲學과 刑法, 법문사, 1979; 한국천주교중앙협의회, 교회법전, 1989; 최종고, 법과 윤리(증보판), 경세원, 2000; 신인령 외 공저, 법과 현대사회, 이화여대출판부, 1992; 김재문 편저, 속담과 한국인의 법문화, 교육과학사, 1995

Erik Wolf, *Das Recht des Nächsten,* 1986; Sally F. Moore, *Law as Process : An Antropological Approach,* Boston, 1978; R. Peerenbohm, *Law and Morality in Ancient China*, 1993; Chongko Choi, "Confucianism and Law in Korea," in : *Law and Justice in Korea : South and North*, Seoul National University Press, 2005.

연습문제 ─────────────────────────

1. 법과 관습은 어떤 관계인가?
2. 법과 종교의 관계를 논하라.
3. 법과 도덕의 관계를 논하라.
4. 법과 예와 도덕의 관계를 논하라.
5. 법적 판단과 윤리적 판단의 관계를 논하라.
6. "악법도 법이다"는 생각은 어떤 法思想에 기초하는가?
7. 법과 도덕을 구별함으로써 行爲規範으로서의 법은 어떤 특징을 갖는가?
8. 實定法의 체계는 여러 법 분야에 걸쳐 있는데, 도덕과 관련이 깊은 분야는 어느 것인가? 반대로 도덕과 관련이 적은 분야는 어느 것인가?
9. 取材源을 밝히지 않는 것이 신문기자의 도덕적 의무라고 말해지는데, 法廷에서 증인으로 그것을 밝히라고 할 경우 어떠한 태도를 취해야 하는가?
10. *The Good Smaritian Clause*를 우리나라 형법에도 규정하는 것이 좋을까?
11. 尊屬殺害罪(형법 제250조 2항)의 가중처벌은 법과 도덕의 관점에서 어떻게 평가될 수 있을까?
12. "직계혈족 및 그 배우자간 기타 생계를 같이하는 친족간은 서로 부양의 의무가 있다"(민법 제974조)는 규정은 법과 도덕의 관점에서 필요한 규정인가?
13. 국가보안법 제10조에서 규정한 不告知罪를 법과 도덕의 관점에서 논평하라.
14. 契約不履行이나 不法行爲(민법 제750조)를 이유로 子가 친부모에 대하여 소송할 수 있는가?

제 4 장

법의 이념

Ⅰ. 서   론

법의 理念(Idee) 혹은 目的(Zweck)이란 법은 무엇을 위하여 존재하는가, 법은 왜 있는가 하는 물음이다. 법은 한번 만들어지면 좋든 싫든 따라야 하는 강제규범이기 때문에 한번 그 강제적용을 받아본 사람은 법이 도대체 무엇 때문에 존재하는가 하는 물음을 심각하게 제기하게 된다. 법은 결코 맹목적으로 존재하는 것이 아니며, 무엇인가 이념과 가치를 실현하기 위하여 존재하는 것이다. 그래서 법은 이 이념과 결부시켜 이해하지 않으면 결코 본질을 파악할 수 없다.

법의 이념에 대해서는 과거부터 적지 않은 학자들이 여러 가지로 설명하여 왔다. 법의 이념은 정의라느니, 공공복리라느니, 행복과 사랑이라느니 등등. 그러나 많은 주장들이 법의 어느 한 면만 보고 하나의 가치만을 강조한 듯한 인상을 지울 수 없는데, 법의 이념론을 가장 총체적이고 다면적으로 서술한 학자는 독일의 법철학자 라드브루흐라고 할 수 있다. 그의 법

이념 3 요소설은 현대법학에서 거의 통설로 받아들여지고 있다.[1]

Ⅱ. 정 의

　　정의(justice, Gerechtigkeit)란 무엇인가 하는 물음은 법철학의 가장 근본적인 문제로서 오랫동안 논의되어 왔다. 서양 법철학에서는 법은 정의에서 나오는 것이라고 하였다. 그리스에서는 法(*Dike*)과 正義(*Dikaion*)는 언어적으로도 불가분의 것으로 간주되었다. 로마에서도 법(*Ius*)은 정의(*Iustitia*)에서 유래한 것이며, 로마의 법학자 켈수스(Celsus) 이래로 법은 '正義와 衡平의 術'이라고 말하여졌다.

　　동양사상사에서는 법과 정의의 중요성이 잘 드러나지 않았다. 동양에서는 정의라고 하기보다는 義 내지 義理라고 했으며, 법치주의보다는 禮治主義·德治主義가 성행하여 법규범보다 도덕규범을 중요시하고, 仁義禮智를 도덕규범으로 인정하였다.

　　고대 그리스의 자연철학에서는 정의를 삼라만상의 자연적인 것으로 인정하고, 인간의 주관적 판단을 초월하는 것으로 보았다. 그 후 프로타고라스(Protagoras)는 인간을 만물의 척도라고 하면서, 정의에 대한 객관적인 가치척도를 부정하고 主觀的 相對主義를 대표하였다. 프로타고라스를 비롯한 소피스트(Sophist)들의 주관적 상대주의를 배척하고, 인간의 실천생활의 신념에 확고한 기반을 제공한 사람은 소크라테스(Sokrates, 469~399 BC)였다. 그는 법과 정의를 같은 것으로 보고, 법과 정의는 개인적인 이해관계에서 나오는 것이 아니고 인간의 본성에서 나오는 것이라고 하였다. 소크라테스가 악법에 따라 죽음을 받아들인 것은 실정법의 우위를 인정한 것이 아니라 소극적 저항권을 행사했던 것이다. 플라톤(Platon, 427~347 BC)은 정의를 인간의 이성에서 발견하려 했다. 그는 덕을 지혜·용기·절제·정의의 넷으로 나누고, 정의의 본질은 공동생활 속에서 분수를 지키는 것, 즉 각인이 그 고유의 생활범위를 자기에게 속하는 특별한 덕으로 승화시키고 유지하

1) 자세히는 최종고, G. 라드브루흐연구, 박영사, 1995; 최종고, 법철학(3 판), 박영사, 2007, 252~292면.

는 종합에 있는 것이라고 보았다.[2)]

정의의 개념을 최초로 이론화한 사람은 아리스토텔레스(Aristoteles, 384~322 BC)이다. 그는 정의를 우선 윤리학의 견지에서 고찰하고, 정의를 사람이 이행하여야 할 최고의 德이라고 함과 동시에 정의는 단순한 개인의 도덕이 아니고 각자의 타인과의 관계에서 실현하여야 할 길, 즉 어디까지나 사회적인 도덕이라고 생각하였다. 아리스토텔레스는 정의를 광의와 협의로 나누었다. 광의의 정의는 一般的 正義로서, 인간의 심정 및 행동을 공동생활의 일반원칙에 적합하게 하는 것, 즉 아테네의 법을 준수하는 것이라고 하였다. 협의의 정의는 법의 구체적 원리에 따라 각인의 물질상 및 정신상의 利害를 평등하게 하는 것이라고 말하며, 평등을 특수적 정의로 보았다. 이 특수적 정의는 다시 平均的 正義(commutative justice)와 配分的 正義(distributive justice)로 나누어진다. 평균적 정의는 절대적 평등을 요구하는데, 그것은 기득권의 존중, 권리침해의 금지 등으로 나타나며, 일반적으로 私法의 정의로 나타난다. 절대적 평등이 적용된 예를 보면 매매에서의 等價의 원칙, 토지수용에서의 정당한 보상, 손해보상액 산정에서의 등가원칙 등이다. 특히 선거권·국민투표권·피선거권의 평등은 절대적 평등을 요구한다.

配分的 正義는 비례적 평등을 의미한다. 이는 공법에서의 평등이라고도 할 수 있다. 임금지불의 경우 성과급에 의하거나 훈장을 주는 경우, 그의 공적에 의하는 것이 이에 해당한다. 배분적 정의의 기준에는 특별한 척도가 없다. 각자에게 그의 것을 주기 위해서 특수의사나 恣意를 배제하고, 공평무사하게 인간관계를 규율하는 것이 배분적 정의의 요청이다. 이러한 아리스토텔레스의 정의론은 개인주의와 단체주의의 양측면을 고려하고, 그 조화를 꾀한 것으로서 후세의 정의론에 결정적인 영향을 미쳤다.

중세에는 법철학이 가톨릭신학의 일부분으로서 발전하였다. 教父哲學의 대표자인 아우구스티누스(St. Augustinus, 354~430)는 교회의 국가에 대한 근본적인 우월성을 인정하고, 국가에 대하여는 인간생활의 질서를 유지하기 위한 수단으로서의 의의를 부여하였다. 그는 정의를 사랑과 같은 것으로 보고, 유일한 수단으로서의 의의를 부여하였다. 그는 정의를 사랑과 같

---

2) 자세히는 崔鍾庫, 法思想史, 박영사, 2006, 24면.

은 것으로 보고, 유일한 신을 신봉하는 것이 곧 정의라고 생각하였다. 스콜라철학의 최대의 이론자인 토마스 아퀴나스(St. Thomas Aquinas, 1224~1274)는 아리스토텔레스 철학을 그리스도교적 견지에서 새로이 해석하려고 하였다. 아퀴나스는 지혜·용기·절제·정의를 4대 덕목으로서 들고, 정의를 일반적 정의와 특수적 정의로 나누었다. 그에 따르면 일반적 정의는 지상의 모든 덕망을 포괄함에 대하여, 특수적 정의는 배분적 정의와 평균적 정의로 나누어진다.

한편 동양의 유교사상에서는 법의 기본은 禮와 義였다. 예는 고대의 거의 모든 사회규범을 포함한 것으로 도덕규범이라고도 할 수 있을 것이다. 예를 법의 이념으로서 서양의 정의와 같이 보려는 사람이 있으나, 이에는 찬성할 수 없다. 예는 행위규범이며, 정의는 행위규범의 정당성의 기준이 되는 점에서 서로 다르다고 하겠다.

유교에서 정의개념에 해당하는 것은 義라고 할 것이다. 道家에서는 無爲自然을 주장하고, 소극적 정치를 최고의 정치로 보았다. 이들은 법의 중요성을 무시했기 때문에 그 이념인 義도 무시하고, 자연법칙에만 따르도록 강조하였다. 유가나 도가들이 법을 경시한 데 대해, 法家는 人治主義를 배격하고 법치주의를 주장하였다. 그들은 사회진화에 관하여 현저히 현실주의적인 견해를 취하여 법의 우월을 주장하였다. 법가는 법의 목적이 사회질서의 유지에 있음을 명백히 하고, 법의 적용은 평등해야 한다고 하여 유가의 계급적 법적용에 반대하였다. 이처럼 법치주의를 강력히 주장한 법가도 법의 이념으로서의 평등이라든가 정의를 주장하지는 않았다. 이들은 법의 實力性을 중심으로 법의 효용을 중시했을 뿐 정의개념의 수립에는 뒤졌다고 할 것이다.

이상에서 본 바와 같이 정의의 이념은 과거에는 동서양 사이에 많은 차이가 있었으나, 오늘날 정의의 개념은 세계 각국에서 어느 정도 통일성을 보이고 있다. 정의의 개념은 아리스토텔레스에 따라 평등으로 파악하는 것이 전통이나, 오늘날에 와서는 이에 더하여 인권의 존중을 드는 것이 일반적인 경향이다. 제 2 차 대전 후 국제연합헌장은 인권의 존중과 정의원칙에 입각하여 국제사회를 건설하려 하고 있다.

世界人權宣言의 前文에서도 "인류사회의 모든 성원의 생명의 존엄과 평등하고 양도할 수 없는 권리를 인정하는 것은 자유와 정의와 평화의 기초이다"라고 하고 있다. 제 1 차 대전 후의 독재정권을 경험한 세계 각국의 국민은 각자에게 각자의 것을 준다는 정의의 격식이 지나치게 형식적이며, 이것으로는 정당성의 구체적 기준을 제시할 수 없다고 보고, 실질적 정의의 내용을 확정하려고 노력하고 있다. 정의의 내용이 아리스토텔레스 이래로 평등이라고 주장되었으나, 무엇이 평등인가를 단언하기는 쉬운 것이 아니다. "같은 것은 같게, 불평등한 것은 불평등하게"라고 하는 평등을 말할 때, 그것이 합리적 차별이냐 아니냐의 문제에 초점이 맞추어진다.

어쨌든 정의의 본질은 평등에 있는 것이며, 평등은 보편타당한 성격을 띠는 것이다. 그래서 누구나 어디에서나 정의를 지향하는 사람은 합치될 수 있는 소지가 있다. 정의가 개별적인 경우에 적용될 때 衡平(equity)으로 나타난다. 그러나 정의라는 보편적 가치가 아무리 중요하다 하더라도 구체적·개별적인 경우에 내용적으로 무엇이 정당하다고 가르쳐 주지 않는 것이기 때문에, 이것만으로는 하나의 공허한 형식에 지나지 않는다. 법이 정의만 지향한다 할 경우에 실제의 적용에서는 불합리한 결과를 나타낼 위험이 클 것이다. 그래서 법에 있어서 구체적인 정당성을 실현시킬 수 있는 두 번째의 이념 내지 가치가 필요하게 된다. 그것이 바로 合目的性(Zweck-mässigkeit)이라는 이념이다.

Ⅲ. 합목적성

합목적성이라는 말은 목적에 맞추어 방향을 결정하는 원리라는 뜻인데, 법에서 합목적성이란 어느 국가의 법질서가 어떠한 표준과 가치관에 의하여 구체적으로 제정·실시되는 원리라는 뜻이다. 정의는 같은 것을 같게, 다른 것을 다르게 취급하는 형식적 이념에 불과하므로 같은 것과 같지 않은 것을 구별할 표준은 다른 곳에서 구할 수밖에 없다. 그것은 국가와 사회가 처해 있는 상황과 그 상황 속에서 지향해야 할 문제이다. 여기에는 어떤 처방책이 있는 것이 아니라 국가가 '內心의 깊은 곳에서부터의 결단'을 행하지 않으면 안 된다. 가치에 대한 궁극적인 결정은 인식(Erkenntinis)

되는 것이 아니라 고백(Bekenntnis)될 수 있을 뿐이다.[3]

그렇다면 인간이나 국가가 고백의 대상으로 선택하고 결정할 수 있는 가치관의 종류에는 어떤 것이 있을까? 라드브루흐에 따르면 거기에는 개인주의와 단체주의, 그리고 문화주의의 세 가지가 가능하다.

個人主義는 인간을 궁극적 가치로 지향하며, 개인의 자유와 행복이 최대한 보장되도록 노력한다. 따라서 국가를 포함한 단체는 개인보다 하위의 가치에 서게 되며, 모든 개인이 평등하게 존중되도록 평균적 정의가 강조된다.

團體主義 혹은 超個人主義는 단체(예컨대 민족이나 국가)를 최고의 가치로 신봉하고, 개인의 인격은 단체의 부분으로 단체의 가치를 실현하는 범위 안에서 인정되고 존중된다. 여기에서는 단체를 유지·발전시키기 위하여 단체의 입장에서 개인들에게 비례적인 평등을 실현시키면서 배분적 정의에 중점을 두게 된다.

文化主義 또는 超人格主義는 개인도 단체도 아닌 인간이 만든 문화 혹은 작품을 최고의 가치로 신봉하는 태도이다. 수천만 노예의 목숨보다 피라미드가 위대하다고 보고, 불난 집에서 아이보다 라파엘의 그림을 먼저 꺼낼 것을 장려하는 견해이다. 개인과 국가는 이러한 문화를 창조해 나가는 범위 안에서만 부차적인 가치를 가진다고 보는 이 견해는 가톨릭 사회 이념이 갖는 태도일 뿐 실제로 많은 정당이나 국가가 지향하지 않은 이데올로기이다. 어쨌든 문화주의에서는 배분적 정의에 의한 차별은 인정되지만, 그 차별의 표준은 문화업적의 창조에 공헌하는 범위 안에서만 인정되는 것이다.

이 세 가지 가운데 어느 하나의 선택과 결정이 이루어지면, 그것을 절대적인 것으로 믿고 끝까지 밀고 나가야 한다는 것이 相對主義(Relativismus)의 정신이다. 이런 의미에서 진정한 상대주의는 회의주의나 파괴주의 혹은 부정주의와는 구별된다. "내 것이 절대적이 아니기 때문에 네 것도 절대적이 아니다"가 아니라, "내 것이 소중하기 때문에 네 것도 소중하다"는 것이 진정한 상대주의의 寬容(Toleranz)의 에티켓이다.

우리 헌법은 전문에서 "…자유민주적 기본질서를 더욱 공고히하여 정치·

---

3) 라드브루흐/최종고 역, 法哲學(9판), 삼영사, 2007, 39면.

경제·사회·문화의 모든 영역에 있어서 각인의 기회를 균등히 하고 능력을 최고도로 발휘하게 하며… 안으로는 국민생활의 균등한 향상을 기하고, 밖으로는 항구적인 세계평화와 인류공영에 이바지함으로써…"라고 하여 헌법이 지향하는 목적을 천명하고 있다. 이와 같이 법이 궁극적으로 어떤 목적을 추구해야 하며, 그 목적을 실현하는 데 합치하는가는 중요한 문제이다.

사회주의적 세계관에 따른다면 법의 목적은 사회적 불평등의 제거에 있다고 하며, 배분적 정의의 실현을 내건다. 이에 반하여 개인주의적 세계관에서는 국가로부터 개인의 자유를 보장하는 것이 법의 목적이며, 개인의 가치의 절대성을 강조하고 권력분립을 주장하게 된다. 민주주의적 세계관에서는 民意의 존중, 국민의 참여가 법의 목적이 되는 것이다. 이 관점에서는 多數決의 원리가 강조되며, 국민의 의사는 하나이므로 권력분립은 부정되기에 이른다.

이와 같이 법의 목적은 국가나 세계관에 따라 달라진다. 민주주의 국가에서는 상대주의적 세계관이 지배하기 때문에 어떤 목적 하나만이 절대적이라고 인정되지 않는다. 일반적으로 민주주의 국가에서는 법을 개인의 자유와 권리를 보장하기 위한 것으로 보고 있다. 즉 개인의 자유와 권리는 천부불가침의 것으로 국가에 의하여 보장되는 것이다.

우리 헌법도 제10조에서 "국가는 개인이 가지는 불가침의 기본적 인권을 확인하고 이를 보장할 의무를 진다"고 규정하고 있다. 그러나 이러한 자유와 권리의 보장은 동시에 공공복리의 원칙과도 합치되어야 한다. 예를 들어 재산권은 옛날 개인주의시대에는 신성불가침한 것으로 생각되었으나, 사회정의를 구하는 20세기에 와서는 상대적인 것으로 보게 되었다.

"재산권의 행사는 공공복리에 적합하도록 하여야 한다"(헌법 제23조 2항)고 규정하고 있으며, "권리의 행사와 의무의 이행은 신의에 좇아 성실히 하여야 한다. 권리는 남용하지 못한다"(민법 제2조)고 하기에 이른 것이다. 이는 공동체의 삶을 영위하는 인간인 자기와 타인의 공존을 위하여 필요하기 때문이다. 우리는 법규정만이 아니라 법현실이 어떤지 비판적으로 관찰하면서 법학을 공부해야 할 것이다.

Ⅳ. 법적 안정성

"부정의로운 법도 무질서보다는 낫다"는 괴테(Goethe, 1749~1832)의 표현도 있듯이, 법의 제1차적 기능은 질서를 유지하고 분쟁이 발생한 경우에 평화를 회복하고 유지하는 데 있다. 법은 법 자체의 안정성과 사회질서의 안정성을 요구한다. 법의 안정성이 보장되면 사회질서의 안정도 보장되는 것이 원칙이다. 왜냐하면 법이란 행위규범인 동시에 재판규범이기 때문에 그것이 자주 변경되어서는 국민이 행동의 지침을 잃게 될 것이요, 사회도 안정될 수 없기 때문이다. 따라서 법의 제정과 개정은 신중하게 이루어져야 한다.

어떤 사실이 계속되는 경우 법적 안정성의 원칙에 따라 그 상태를 인정하여 기존 사실화하는 경우도 있다. 소멸시효, 취득시효, 私法上의 점유보호, 선의취득 및 국제법에서의 현상유지(*status quo*) 이론 등은 법적 안정성을 위한 것이다. 범죄를 저지른 뒤 일정한 기간이 지나면 公訴時效에 걸려 訴를 제기할 수 없으며, 형의 선고를 받은 사람도 일정기간 집행되지 않으면 처벌할 수 없다. 소유권의 경우에도 20년간 소유의 의사로 선의·무과실하게 점유하면, 시효로 소유권을 취득하게 된다. 이것은 모두가 법적 안정성을 유지하기 위한 것이다.

민·상법은 재산권보호라든가 거래질서의 안정, 가족생활의 유지 등을 위한 기능을 하고 있다. 헌법도 국가안전보장·질서유지를 중요한 목적의 하나로 들고 있으며, 민주적 기본질서를 유지하기 위해 위헌정당의 해산제도 등을 규정하고 있다. 형법은 개인적 법익·사회적 법익·국가적 법익을 침해하는 행위를 처벌하여 시민질서와 사회질서 및 국가질서의 유지를 목적으로 한다.

법이 안정되지 못하면 사람들은 그것을 지켜 나갈 수 없다. 법적 안정성을 위하여 다음과 같은 몇 가지 사항이 요구된다.

첫째, 법의 내용이 명확해야 한다. 둘째, 법이 쉽게 변경되어서는 안되며, 특히 입법자의 恣意에 의해 영향을 받아서는 안 된다. 셋째, 법이 실제로 실행가능한 것이어야 하며, 너무 높은 이상만 추구해서는 안 된다.

넷째, 법은 민중의 의식, 즉 法意識(Rechtsbewußtsein)에 합치되는 것이어야 한다.

법의 안정을 위하여 법 자체로서도, 예컨대 민법에서의 점유나 시효제 도를 두고, 先判例의 구속력을 사실상 인정하고 있다. 혁명도 실패하면 범 죄가 되지만 승리하면 새로운 법의 기초가 되는 것은 법적 안정성의 요청 인 것이다. 그러나 되도록이면 현재의 법적 안정성이 부정되지 않고 혁명 과 같은 단절이 오지 않기를 바라는 것이 법적 안정성의 내용인 것은 두 말할 여지도 없다. 한국을 관찰한 미국의 한 학자는 말하기를 "미국의 법 은 지킬 수 있는 최소한의 기준을 정하는데, 한국의 법은 바람직한 최고의 기준을 정하고 있어 대부분의 국민을 범법자로 만들고 있다"라고 하였는데 되씹어 볼 말이다.

V. 법이념의 내적 통일

正義·合目的性·法的 安定性의 세 이념은 어떠한 관계에 서 있는가? 그것은 한 마디로 상호모순(Antinomien)이면서도 상호보완의 관계에 서 있 다고 하겠다. 극단적으로 정의만을 강조하면 "세상은 망하더라도 정의는 세우라"(*Fiat justitia, preat mundus*)라고 하고, "정의만이 통치의 기초이다" (*justitia fundamentum regnorum*)라고 주장하게 된다. 다른 한편 합목적성을 강조하면 "민중의 행복이 최고의 법률이다"(*salus populi suprema lex est*)라 고 하고, "국민이 원하는 것이 법이다"(Was das Volk wünscht, ist das Recht) 라고 주장하게 된다. 또 법적 안정성은 "악법도 법이다"(*dura lex, sed lex*) 라고, 하고 "정의(법)의 극치는 부정의(불법)의 극치"(*Summum ius, summa injuria*)라고 한다. 이와 같이 세 이념은 상호간에 긴장하면서 모순을 보여 준다.

특히 정의만을 강조하면 법적 안정성이 해쳐지고, 안정성만 강조하면 정의를 망각하는 수가 생긴다. 실정법이 아무리 안정적으로 시행되더라도 그것이 부정의로우면 그것은 시체의 정숙과 묘지의 평화에 지나지 않는다. 자연법론자들은 정의를 무시하는 법은 '법률의 모습은 띠고 있으나 불법'

(gesetzliches Unrecht)[4]이라고 주장하고, 더 이상 법으로서의 효력이 인정되지 않는다고 본다. 법실증주의자들은 법이 적법한 절차에 따라 제정되었으면 부정의로운 법(악법)이라도 법은 법이라고 주장하는데, 다만 국민은 도덕적 양심에 따라 이러한 악법을 거부하고 저항할 수 있다고 설명한다. 우리는 자연법론에 서든 법실증주의에 서든 법의 부정의, 악법에 대하여는 비판적으로 대처해 나가지 않으면 안 될 것이다. 이는 민주주의를 실현해 나가기 위하여 누구에게나 부여된 과제요 의무일 것이다.

결국 법의 세 가지 이념인 정의와 합목적성과 법적 안정성은 상호모순하면서도 협력·보완하는 관계라는 사실이 다시 한 번 드러난다. "목숨을 지키려는 자는 목숨을 버릴 것이요, 목숨을 버리려는 자는 목숨을 지킬 것이다"(누가복음 17장 33절)라는 성서의 구절을 인용하면서, 라드브루흐는 법의 세 이념이 서로 조화하는 가운데 다이내믹하게 법의 생명은 유지·발전되어 나간다고 설명하고 있다. 합목적성이 선택하는 세 가지 가치와 이데올로기도 마찬가지이다. 국가와 사회도 궁극적으로는 개인의 진정한 자유와 행복을 보장해 주는 데에 그 존재의의가 있다. 문화와 작품이 중요하지만 위대한 문화작품은 인격의 발로로서 이루어지는 것이다. 그러면서도 인류라는 위대한 像을 찾아 노력하는 예술은 불가피하게 국민적(민족적)이다(라드브루흐).

모든 가치가 상대적이고 궁극적으로 의문스러워서가 아니라, 어떤 가치도 소중하기 때문에 모든 가치를 존중해 주는 가운데 법의 합목적성에 따라 정의를 실현해 나가며, 동시에 안정성을 유지해 나갈 수 있는 것이다. 말로는 이렇지만 실제로 정의와 합목적성·법적 안정성 사이에 충돌이 있는 경우, 어느 이념을 우선시켜야 할지는 각 시대와 국가에 따라 그 해석이 달랐다. 경찰국가에서는 국가의 목적, 국가의 안정을 위하여 정의나 법적 안정성을 희생시켰다. 19세기의 법실증주의시대에는 법의 실정성과 안정성을 유지하기 위해서 정의나 합목적성이 소홀히 되었다. 이에 대하여 자연법사상이 전성하던 시대에는 정의의 원칙을 우선하여 여기에서 법의 내용과 법의 효력을 이끌어 내고 있다.

---

4) G. Radbruch, "Gesetzliches Unrecht und übergesetzliches Recht"(法律的 不法과 超法律的 法), 法哲學, 삼영사, 2007, 284~294면.

법이념 사이의 이러한 모순·충돌에 대하여 우리 헌법은 다음과 같이 규정하고 있다. "국민의 모든 자유와 권리는 국가안전보장·질서유지 또는 공공복리를 위하여 필요한 경우에 한하여 법률로써 제한할 수 있으며, 제한하는 경우에도 자유와 권리의 본질적인 내용을 침해할 수 없다"(헌법 제37조 2항). 이 규정은 법의 이념인 자유와 권리·공공복리·질서유지·국가안전보장의 상관관계를 규정한 것으로 중요한 의의가 있다. 우리 헌법은 정의·합목적성·법적 안정성이 충돌하는 경우에 이의 조화로운 조정을 원칙으로 하면서 궁극적으로는 정의의 원칙인 인간의 자유와 권리의 본질적 우선을 규정하고 있다고 보아야 할 것이다. 즉 우리 헌법은 자연법원리에 입각하여 기본권의 천부인권성을 인정하고, 그 본질적 내용의 침해금지를 규정하고 있다.

이와 관련하여 문제되는 것으로는 사형제도라든가, 落胎罪(형법 제269조)가 있다. 국가안전보장·질서유지를 위하여 인간의 생명권의 본질적 내용을 침해할 수 있을 것인가에 대해서 외국에서는 부정적으로 해석하고 있다. 그래서 유럽국가들이나 미국의 다수 州에서는 사형을 폐지하고 있다.[5]

또한 근년 문제가 되었던 것으로는 戶主制度와 同姓同本禁婚 문제가 있다. 儒林측에서는 민법의 이러한 규정들은 우리나라의 윤리질서를 규정한 것이므로, 이를 개정하거나 폐지하는 것에 반대하면서 법적 안정성을 내세웠다. 이에 대하여 여성단체에서는 이 규정들은 인간의 존엄과 兩性의 평등이라는 정의의 원리에 위배된다고 주장한다. 헌법은 제36조에서 "혼인과 가족생활은 개인의 존엄과 양성의 평등을 기초로 성립되고 유지되어야 하며, 국가는 이를 보장한다"라고 규정하고 있기 때문에 민법상의 이런 규정들은 위헌으로 무효라는 주장이 강력히 대두되었다. 이 경우 국회의 입법자는 정의의 실현이냐, 전통의 유지와 안정성의 확보냐 하는 문제를 두고 고심하게 된다.

인간은 이 地上에 살면서 동시에 모든 가치를 한꺼번에 향유할 수는 없고, 하나의 가치를 추구하는 만큼 다른 하나의 가치를 희생하게 된다. 교양인이면 이런 사실을 분명히 알아야 한다. 그리하여 법의 이념과 가치선정에서도 이처럼 명민한 사려 위에서 조화와 결단을 이루어야 할 것이다.

---

5) 死刑에 관하여는 本書, 460~464면 참조. 최종고, 법과 윤리, 경세원, 2003.

[보 론] 현대 법철학에서의 정의론 ─────

1. 머 리 말

정의는 법학의 가장 중요한 문제이므로 한 시간 보충강의를 하는 것이 필요하다고 느껴진다. 정의는 실로 지상에 사는 인간의 최대관심사라고 할 수 있다. 그리고 정의란 말만 들어도 가슴이 뜨거워지는 매력적인 관념이라고도 할 수 있다. 그러면서도 정의가 무엇이냐고 물으면, 그것은 마치 진리가 무엇이냐는 질문처럼 난감함을 느끼게 한다.

정의를 크게 개인의 덕성으로 생각할 때 그것은 진·선·미와 같이 개인이 추구하여야 할 절대최고의 가치로 설명되어지는데, 그러나 철학·윤리학에서 이 정의가치의 위치를 정립하는 것이 이론적으로 간단한 일은 아니다. 또 사회상태 혹은 사회질서로서의 정의는 일반적으로 사회정의라는 말로 쓰여지며, 법에서 얘기하는 정의도 여기에 속한다고 하겠다.

여기에서는 법학에서 정의에 대한 관념이 어떻게 설명되어 왔는가를 잠깐 시대적으로 개관하고, 현대 법철학에서 정의론이 어떻게 논의되고 있는가를 살펴보고, 우리의 처지에서 정의문제에 어떻게 접근해야 할까 생각해 보고자 한다.

2. 정의론의 전개

정의의 개념을 규명하기 위하여 동서고금의 수많은 학자와 사상가들이 정의론을 전개하였다. 앞에서 이미 공부하였지만 다시 한 번 살펴보자. 고대 로마의 울피아누스(Ulpianus)는 정의를 "각자에게 그의 몫을 돌리려는 恒久的 意志"(*suum cuique tribuere*)라고 표현하였는데, 오늘날까지 정의에 대한 거의 표준적인 설명으로 받아들여지고 있다. 또 그리스의 플라톤은 정의를 이성과 용기와 절제의 부분덕목이 조화할 때 이루어지는 綜合德으로 설명하였고, 아리스토텔레스는 평등이란 관념에 입각하여 平均的 正義

와 配分的 正義로 나누어 설명하였다. 즉 "같은 것을 같게, 같지 않은 것을 같지 않게"(like for like, unlike for unlike)의 원리와 인간이기에 "모두 같게"(like for all) 취급하는 두 원리, 다시 말하면 상대적 평등과 절대적 평등의 원리를 적절히 구사하면 정의가 이루어진다고 보았다.

중세의 아우구스티누스·토마스 아퀴나스 같은 학자들은 당시의 그리스도교적 세계관에 근거하여 정의를 신의 뜻에 따르면서 사랑(caritatis)을 실천하는 것으로 이해하였다. 근세와 더불어 비종교화된 사회과학적 이론으로 무수한 이론가들이 정의에 대하여 추구하였다. 영국의 휴움(David Hume, 1711~1776)은 "정의는 효용의 목적을 위해서 인간의 이성이 만들어낸 德이다. 정의는 인간의 본능적 감정에서가 아니라 인간생활에 유익한 경향에 대한 이성의 반성에서 생긴 것이다"라고 하여 정의의 본질이 전적으로 사회에 대한 효용에 있다고 보았다. 홉스(Thomas Hobbes, 1588~1679)는 정의와 부정의를 구별하는 기준은 국가권력의 의사결정에 있다고 보았다.

칸트(Immanuel Kant, 1724~1804)는 「道德形而上學」(*Metaphysik der Sitten*)에서 "정의가 소멸하면 인간이 지상에서 존재한다는 것은 하등의 가치가 없다"고 하면서 정의의 가치를 강조하였고, 정의의 원칙을 평등의 원리로 파악하고 형벌론에서도 應報(retribution)를 정의의 실현으로 보았다. 라이프니츠(G. Leibniz, 1646~1716)는 보편적 정의를 자연법의 3단계로서 설명하였다. 첫째는 엄격법의 단계로 "타인을 해치지 말라"는 근본원칙의 匡正的 正義요, 둘째는 형평의 관계로 "각인에게 그의 몫을 나누어 주라"는 근본원칙의 配分的 正義요, 셋째는 경건과 성실의 관계로 "성실하게 살아라"는 근본원칙의 普遍的 正義라고 보았다.

근세의 정의론은 한 마디로 인간중심주의(Humanism)에 기초한 자연법적 정의론이라고 하겠다. 이러한 시대적 흐름 속의 무수한 정의론을 배경으로 하여 현대의 법학은 정의의 문제에 접근하고 있다. 이에 대하여 일일이 설명할 수는 없기 때문에 대표적인 법철학자 몇 사람의 이론을 검토해 보고자 한다.

3. 켈젠의 정의론

켈젠(Hans Kelsen)은 법실증주의자답게 정의의 相對性을 강조한다. 그는 「正義란 무엇인가」(*What is Justice?*, 1957)라는 저서에서 전통적으로 내려오는 정의의 여러 가지 형식을 검토·비판하고, 상대주의의 관점에 입각하여 정의가 절대적으로 무엇인가를 말하는 것은 불가능하다고 주장한다. "정의에 대하여 자신의 견해만이 정당하고 절대적으로 타당한 것이라고 하는 것은 자신의 감정적 행위를 합리적으로 정당화하려는 요구가 너무나 절실해서 생기는 자기기만이다"라고 하면서, 절대적 정의론을 주장하는 것은 공허한 도식이라고 논박한다.

"착한 일을 하고, 악한 일을 하지 말라"는 정의론은 무엇이 착하고 무엇이 악한지를 묻는 질문에 대답을 줄 수 없다고 논박한다. 결국 켈젠은 정의를 규정짓는 것은 실제적으로 실정법이며, 정의의 객관적 기준은 도대체 있을 수 없다고 한다. 그래서 자기는 절대적·보편적 정의를 제시할 수 없고, "나의 정의만 얘기할 수 있는데, 그것은 자유의 정의, 평화의 정의, 민주주의, 즉 관용의 정의이다"라고 결론을 맺는다.[6]

4. 라드브루흐의 정의론

라드브루흐의 정의관은 그의 생애에서 다소 유동적으로 전개되었던 것으로 보인다. 1932년 「法哲學」(*Rechtsphilosophie*)을 낼 때까지만 해도 그에게 정의는 법이념의 한 가치를 의미했을 뿐이다. 즉 정의는 법의 보편적이고도 그러면서도 '먼 이념'으로서 合目的性(Zweckmäßigkeit)과 法的 安定性(Rechtssicherheit)과 함께 법이 봉사하여야 할 가치(이념)로 파악되어졌다. 다시 말하면 법의 이념으로서 정의만 문제삼을 수는 없다는 생각이 강하였다.

그렇다면 그는 정의를 무엇으로 이해하였던가? 그는 우선 법에서 얘기하는 정의는 윤리적인 善의 한 현상형식, 즉 인간의 자질이나 덕목으로 보는 것과는 구별되어야 한다고 본다. 왜냐하면 이러한 주관적 의미의 정의는 마치 진리와 성실과의 관계와 같이 객관적 정의를 지향하는 심정에 지

---

6) 켈젠/朴吉俊 역, 正義란 무엇인가, 전망사, 1984.

나지 않기 때문이다. 법에서 문제삼는 정의는 객관적 정의로서, 그것은 인간의 의지·심정·성격, 즉 인간 자체를 평가하는 정의가 아니라 인간 상호간의 관계, 이상적인 사회질서를 대상으로 하는 정의이다.

그러나 이러한 객관적 정의에도 두 가지가 있는데, 하나는 어떤 법률의 적용 또는 준수를 "정의롭다"고 할 때도 있고, 법률 그 자체를 "정의롭다"고 말할 때도 있다. 전자의 정의는 곧 合法性(Rechtlichkeit)을 의미하고, 후자는 실정법 자체를 평가하는 정의로서 그 본질을 平等(Gleichheit)에 두고 있다고 라드브루흐는 설명한다.[7]

그러나 정의에서부터 '바른 법'(das richtige Recht)의 개념이 도출되는 것은 아니며, 그렇게 되자면 다른 원칙들이 보충되어야 한다고 라드브루흐는 주장한다. 왜냐하면 아무리 배분적 정의라 하더라도 무엇을 평등한 것으로 취급하고, 무엇을 불평등한 것으로 취급해야 하는가 하는 내용을 말해주지 않는 그야말로 형식적 성격을 띤 개념이기 때문이다. 이렇게 볼 때 라드브루흐에게 정의는 법의 세 가지 이념의 하나로서만 의의를 갖게 되는 것에 불과하다. 또 라드브루흐는(켈젠도 그러하지만) 정의의 본질과 내용에 대해 어떤 자신의 주장과 이론을 삼가했다고 볼 수 있는데, 그것은 관용과 타협이 함께 어우러져 질서 있는 공동생활의 가능성을 만드는 다양한 가치의 복수사회를 늘 염두에 두고 있었기 때문이다. 기회 있을 때마다 독재를 조장하고 恣意를 퍼뜨리는 '도덕'·'윤리질서'·'윤리성'·'자연법' 등이 이데올로기로 '절대화'하는 것을 그는 비판적으로 보고 '상대주의'를 통해 거리감을 두었던 것이다.

그러나 이러한 견해가 나치스 경험을 통하여 만년에는 상당히 수정되었다고 보는 것이 일반적 견해이다.[8] 왜냐하면 그가 내건 다른 법이념인 합목적성과 법적 안정성에 의하여 독재정부가 '결단'과 선택에 의하여 자의대로 법을 운영해 나갈 때, 정의의 개념을 다시 동원하지 않으면 그것을 잘못되었다고 평가할 길이 없기 때문이다. 여기에서 정의를 다른 법이념과 同列에서 생각할 수 있겠는가 하는 근본적 의문이 제기된다.

그래서 라드브루흐는 정의의 가치를 강조하는 논문 "法律的 不法과 超

---

7) 라드브루흐/최종고 역, 법철학, 삼영사, 2007, 64면.
8) 자세히는 박은정 편역, 라드브루흐의 법철학, 문학과 지성사, 1989; 최종고, G. 라드브루흐 연구, 박영사, 1995.

法律的 法"(gesetzliches Unrecht und übergesetzliches Recht)을 발표하였다.[9] 그러나 이 논문으로 라드브루흐가 종래의 三元的 법이념론을 번복하였는지 여부에 대하여는 여러 가지로 토론할 수 있을 것이지만, 그 뉘앙스로 보아 정의의 가치를 우선으로 생각하고 그 내용으로서 事物의 本性·인권·전통적(그리스도교적) 가치들에 대한 존중 등을 시사하고 있는 것만은 분명하다. 이렇게 볼 때 라드브루흐의 법철학에서 정의는 점점 큰 의미를 갖게 되었다고 볼 수 있다.

5. 코잉의 정의론

독일 프랑크푸르트대학의 교수로서 법철학자요, 법사학자인 헬무트 코잉 (Helmut Coing, 1912~2000)은 막스 쉘러(Max Scheler, 1874~1928)와 하르트만(N. Hartmann, 1822~1950)의 실질적 가치론에 영향을 받아 실질적 정의론을 전개하여 주목을 끌었다. 그는 법의 이념은 正義, 人間의 尊嚴(Menschenwürde), 그리고 信義와 信賴性(Treu und Zuverlässigkeit)이라고 보았다. 그도 역시 정의를 평등한 취급이라고 파악하는데, 정의 자체로서는 그 구체적 내용이 명확하지 않기 때문에 다른 도덕적 가치들로 보완하여야 한다고 본다. 다른 도덕적 가치들이란 신의·성실·신뢰 등의 가치를 말하는데, 이들 도덕적 가치들도 결국 인간의 존엄을 목적으로 하는 것이다.

그러므로 "바르게 살라," "아무도 해치지 말라," "각자에게 그의 몫을 주라"로 공식화되는 정의도 이 인격적 가치의 도덕적 자기형성에 불과하다. 그렇다면 정의의 공식은 자기 및 타인의 인격존중, 인격의 평등한 취급을 의미한다. 코잉은 이러한 정의는 평등상태(Gleichordnung)·복종상태(Unterordnung)·공동체상태(Gemeinschaft)의 세 가지 사회적 기본상황에 따라 달리 표현된다고 한다. 즉 평등상태에서의 정의는 평균적 정의이고, 공동체상태의 정의는 배분적 정의로 나타난다.

平均的 正義(*Iustitia commutativa*)의 근본원칙은 기존권리에 대한 상호존중을 뜻하며, 타인의 권리를 침해하지 말라는 이 원칙에서 여러 가지 개별적 금지규정이 나온다. 그러나 그 기본적 핵심은 타인의 기본권을 침해

---

9) 라드브루흐/최종고 역, 法哲學, 삼영사, 2007, 284~294면.

하지 말고 보호하라는 것이다. "타인을 해치치 말라"는 명제에 위반된 때에는 손해배상을 해야 되며, 이 평균적 정의의 원칙은 *私法*에 적용된다.

코잉은 지배복종관계에서 필요한 정의의 원칙은 *保護的 正義*(Iustitia protectiva)라고 말한다. 이 보호적 정의의 최고명제는 "인간의 인간에 대한 모든 권력은 제한되어야 한다"(Alle Macht von Menschen über Menschen muß begrenzt sein)는 것이다. 무제한의 권력은 법에 위배되는 것이며, 권력의 제한은 사물의 본성(Natur der Sache)과 기본권의 존중(Respektierung der Grundrechte), 신의성실의 원칙, 모든 권력에 대한 통제를 요구한다. 보호적 정의는 한 마디로 *法治國家的 正義*인데, 이를 위하여 다음과 같은 네 가지 근본명제를 내포하고 있다.[10]

1) 모든 권력은 그가 이룩하려는 목적을 넘어 행사되어서는 안 된다.
2) 모든 국가권력은 기본인권에 의하여 제한을 받는다.
3) 권력자는 복종자에게 *信義誠實의 原則*에 따라 권력을 행사해야 한다.
4) 모든 권력은 통제되어야 한다.

*配分的 正義*는 평등한 것을 평등하게, 불평등한 것을 불평등하게 취급하는 원리인데, 이 명제는 사물의 본성에 따라 불평등하게, 이익과 부담을 평등하게 해야 한다는 것을 의미한다.

코잉은 이와 같은 아리스토텔레스의 평균적 정의와 배분적 정의를 수용하고, 그것에 보호적 정의를 새롭게 추가하여 정의론에 큰 기여를 하였다. 보호적 정의는 달리 보면 법치국가적 정의이며, 이를 위하여 ① 사법권의 독립, ② 정당한 증거조사의 원칙, ③ 판결의 궁극성의 원칙 등 *司法的* 정의의 원칙이 요청된다고 보았다. 코잉의 정의론은 시대제약적이라는 비판을 받기도 하였지만, 현대의 법치국가에서 정의의 개념을 더욱 구체적으로, 내용적으로 제시하려고 노력했던 공헌을 인정받지 않을 수 없다.

---

10) H. 코잉/정희철 역, *法哲學槪論*, 동신문화사, 1964, 200~214면.

6. 롤즈의 정의론

법학자는 아니지만 하버드대학의 철학교수 존 롤즈(John Rawls, 1921~ 2002)는 「正義論」(*A Theory of Justice*, 1971)이라는 책을 써서 현대의 정의론에 큰 논쟁점을 제공하였다. 롤즈는 정의문제는 크게 두 가지 측면을 갖는데, 하나는 국민의 기본적 자유에 관한 문제요, 하나는 사회적·경제적 가치들의 분배에 관한 문제라고 보았다. 그리하여 이 두 측면에 대하여 다음과 같은 기본원리가 적용되어야 정의가 실현될 수 있다고 하였다.[11]

1) 모든 개인은 다른 사람들의 같은 자유와 양립할 수 있는 가장 광범한 기본적 자유에 대하여 동등한 권리를 가져야 한다.

2) 사회적·경제적 불균등은 다음 두 조건을 만족시키도록 조정되어야 한다. 첫째, 그 불균등이 모든 사람들을 위해서 이익이 되리라는 것을 합리적으로 기대할 수 있다. 둘째, 그 불균등의 모체가 되는 지위와 직무는 모든 사람에게 공개되도록 한다.

이처럼 롤즈는 기본적으로 개인의 자유와 보장을 전제로 하면서, 그러면서도 그 강조점을 분배의 공정성(fairness)에서 정의의 본질을 찾고 있다. 말하자면 자유와 기회, 재산과 소득, 자기존중의 근거 등 모든 사회적 기본가치는 균등하게 분배하는 것을 원칙으로 삼되, 이러한 가치들의 불균등한 분배가 허용되는 것은 그 불균등한 분배에서 가장 불리한 처지에 놓이는 사람들을 위해서도 그것이 도리어 유리한 경우에 국한된다는 것이 롤즈의 근본사상이다. 그가 이와 같은 정의의 원칙을 가장 타당하다고 믿는 것은 그의 사회계약적 사고에 근거를 두고 있다고 하겠다.

롤즈가 제시한 두 가지 원칙은 '원초적 상황'(initial situation)에 놓인 사람들이 '無知의 장막'(veil of ignorance)에 쌓인 상태에서 정의의 원칙을 선택한다고 가정할 경우에 아마 모든 사람들이 찬동할 원칙이라는 것이다. 이것은 그가 영미계통의 학자다운 면모를 보여 주는 것이라고 하겠는데, 그가 정의를 어떤 明證說을 빌어 독단적으로 설정하지 않고 모든 사람들의

---

11) John Rawls, *A Theory of Justice,* Harvard Univ., Press, 1971, p. 60; 황경식 역, 정의론, 이학사, 2003.

동의의 가능성을 내다보면서 인간성이란 사실에 근거를 두고 조심성 있게 찾아내고자 하는 접근방법이 돋보인다.

그렇지만 이러한 설명으로 정의의 본질이 완전히 표현되었다고 보기에는 미흡한 것 같다. 그가 제시한 경제적 불균등의 원칙에 모든 사람들이 찬동하리라는 주장에는 의문이 있고, 두 원칙 사이의 우선순위에 관하여도 문제점이 있는 것 같다. 롤즈의 정의원칙이 이론적으로 완벽하다고 보기는 어렵지만, 정의이념의 윤곽을 잡고자 하는 우리의 현실적 목적에는 크게 도움이 된다. 우리가 민주주의의 실현을 공동의 목적으로 삼는다면, 그의 이 두 원칙은 이미 민주주의사회에서 널리 받아들여지고 있는 정의의 통념을 공식화한 것에 가깝다고 볼 수 있다. 다시 말하면 그의 두 원칙에 특별히 새로운 점이 있는 것은 아니지만, 민주주의 이념 속에 이미 형성되어 온 정의의 개념을 치밀하고 명확하게 공식화하여 표현하는 동시에 공식화된 두 원칙을 사회계약설의 견지에서 정당화하려고 시도한 점이 새로운 경지를 보였으며, 그 정당화의 시도가 상당한 설득력을 가진다는 점에 평가를 받는 것이다. 근자에는 이른바 공동체주의(Communitarianism)의 관점에서 롤즈의 정의론이 너무 자유주의(Liberalism)에 서 있다는 비판이 일고 있다.

7. 페를만의 정의론

롤즈의 정의론이 정의에 관해 합리적이고 또 모두가 수락할 수 있는 결정을 내릴 수 있는 조건과 규칙들을 모색한 '결정이론적' 정의론이라 한다면, 벨기에 브뤼셀대학 법철학교수 카임 페를만(Chaim Perelman, 1912~1984)의 정의론은 정의에 관해 이성적인 합의가 이루어질 수 있는 합리적 담화의 조건과 규칙들을 모색한 '논의이론적' 정의론이라고 할 수 있다. 그는 고대의 수사학(rhetoric)에서 발전시킨 논리학(Traite de l'argumentaion)을 新修辭學(La Nouvelle Rhetorique)이라 부르고, 그 바탕 위에서 정의론을 전개하였다. 그는 "정의에 관해서"(De la justice, 1945)와 "정의에 관한 강의"(Cinq lecons sur la justice, 1965) 등 여러 논문을 발표하였다.[12]

그는 정의의 관념이 갖는 가능한 모든 의미를 열거할 수는 없지만, 가

---

12) 카임 페를만/심헌섭·강경선·장영민 역, 法과 正義의 哲學, 종로서적, 1986.

장 널리 쓰이는 정의관념은 다음과 같은 여섯 가지 뜻으로 사용되고 있다고 설명한다.

> 1) 각자에게 똑같은 것을
> 2) 각자에게 그의 공적(merits)에 따라
> 3) 각자에게 그 일의 결과(works)에 따라
> 4) 각자에게 그의 필요(needs)에 따라
> 5) 각자에게 그의 계급(rank)에 따라
> 6) 각자에게 법적 자격(legal entitlement)에 따라

이 각각의 의미가 어떠한 때에 어떻게 사용되고 있는가를 페를만은 논리적이고 분석적으로 설명한다. 이렇게 볼 때 그의 정의론은 정의의 내용을 독자적으로 주장하는 것은 아니고, 위의 여섯 가지 개념을 개방적이고 포괄적으로 해석하는 것이라 하겠다.

페를만의 표현을 직접 인용해 본다. "정의는 품위가 높으면서도 착종된 개념이다. 일상용어례에서 볼 수 있듯이 정의의 개념은 워낙 변화무쌍하고 다양한 까닭에 이에 대한 명백하고 정확한 개념규정은 불가능한 것이다. 정의에 대한 개념규정을 통하여 우리는 다만 정의의 한 측면만을 강조할 수 있을 뿐임에도 불구하고 사람들은 정의의 적용가능성의 측면들을 충족시킬 수 있는 모든 주문을 담아 보고자 시도한다. 이와 같은 시도가 가지는 결점은 하나의 용어로부터 나오는 정서적 내용을 논리적 속임수로서 우리가 자의로 부여하는 합리적 의미로 바꿔버린다는 것이다. 이러한 결점을 피하기 위해서 정의의 분석은 정의에 관한 다양한 관점에 공통하는 요인을 발견하는 데 한정되어야 할 것이다. 이러한 요인은 확실히 그 관념이 가지는 전체관념을 충족시키지는 못하겠지만, 명백하고 정확한 개념규정은 가능하게 되는 것이다." 그는 결론적으로 이렇게 말한다.

"어떠한 정의체계라도 불가피하게 자의적 요소를 가질 수밖에 없다는 정의체계의 불완전성은 체계의 극단적 결론만을 적용하려는 사람들의 마음에 항상 상기되어야 한다. 오직 완전한 정의의 이름 아래서만 "하늘이 무너져도 정의는 세우라"는 주장은 도덕적으로 옳게 된다. 그러나 어떠한 불완전한 규범체계도 만일 그것이 윤리적으로 비난을 모면하고자 한다면, 보다 직접적이고 보다 자발적인 가치와의 접촉으로부터 참신한 영감을 추출

해 내야 한다. 어떠한 정의체계도 그 자신의 불완전성을 망각해서는 안 되
며, 아울러 불완전한 정의는 결국 자비가 존재하지 않는 한 결코 정의가
될 수 없다는 결론을 깨달아야 한다."[13]

8. 샌들의 정의론

마이클 샌들(Michael Sandel)은 저서 「자유주의와 정의의 한계」(*Liberalism and the Limits of Justice*(1982))와 「정의란 무엇인가」(*Justice*, 2010) 등을 통해 자유주의(liberalism)와 공동체주의(communitarianism)의 논쟁을 불러일으킨 학자이다. 그는 롤즈의 인간관에 초점을 맞추어 정의론을 비판하였다. 즉 롤즈의 자유주의를 의무론적 자유주의(deontological liberalism)이라 부르며 인간의 현실을 무시한, 그릇된 인간관을 전제하고 있다고 주장한다. 롤즈의 의무론적 자유주의는 자아의 우월성(priority of the self)을 강조하는데, 실제로 인간은 주어진 가치체계에 속에서 판단하고 행동한다. 공동체에서의 우애, 상호이해, 공동선의 가치를 존중하며 산다. 인간은 권리와 정의의 원리가 아니라 공동선(common good)에 의해 지배된다.

샌들은 공동체주의적 정치철학에 의해 정의보다 공동체의 가치와 공동선의 요청이 우월하다고 주장한다. 따라서 법학적인 관점에서 보면 그의 정의론은 별다른 내용이 없는 것 같이도 보인다. 그가 시도하는 것은 정의의 구체적인 판단기준을 제시하는 것이 아니라 기존의 개인주의, 사회계약론의 정의론의 전제에서 벗어나 공동체주의적인 정의론을 구성할 때도 현실적인 문제에 대하여 부족하지 않는 대답을 제시할 수 있다는 것을 보여주려는 것이다.

[정의와 의리]

지금까지 正義에 관해 논의했지만, 어쩐지 정의란 말은 우리와 거리가 있는 관념인 것같이 느껴진다. 우리에게는 생활과 사고방식에서 정의보다는 義理라는 것이 작용하고 있는 것이 아닌가 생각된다. 의리를 지킨다는 명분 때문에 여러 가지 독특한 현상이 생기는 것이 한국·중국·일본의 동양사회인 것

---

13) 카임 페를만, 위 번역서, 72면. 페를만에 대해 자세히는 최종고, 法思想史, 박영사, 2006, 532~534면.

이다. 그러면 동양의 義理란 어떤 것인가?

첫째, 의리는 다른 사람에게 정해진 방식대로 행하지 않으면 안 되는 어떤 사람의 義務 내지는 地位이다. 이 의무의 범위는 의무자가 놓여진 상황과 의무를 빚진 타인에 따라 바뀐다. 즉 자식의 부모에 대한 의리, 학생의 스승에 대한 의리, 부하의 상사에 대한 의리 등이 각각 다른 것이다.

둘째, 의무를 받을 사람은 의무자로부터 이행을 요구할 권리가 없으며, 의무자가 자발적으로 이행할 것을 기다려야 한다.

셋째, 의리의 관계는 영속적이다. 상인과 고객 사이에 의리관계가 확립된 경우, 고객이 다른 상인과 거래를 하였다면 그 고객은 의리를 저버린 것이 된다.

넷째, 의리관계는 애정의 감정 위에 기초하고 있다. 이 감정을 특히 人情이라고 하는데, 어떤 사람이 자신의 利害에 따라서만 행동한다면 그는 인정을 모르는 사람이 되고, 따라서 의리를 해치게 되는 방향으로 나아가게 된다.

다섯째, 의리관계는 전통적인 계층질서 속에서 나온다. 그러므로 자기의 분수를 충실히 지키는 것이 미덕이라는 윤리의식에 기초하고 있다. 인기 있는 상사는 자신의 義理人情을 알고 부하의 신상과 가사문제에 항상 관심을 기울이며, 부하는 반대로 상사의 개인적 용무를 기꺼이 돌보아 준다.

여섯째, 의리는 공공의 강제수단으로 부과되는 것이 아니고 단순히 명예의 감정에 의해 승인되고, 의리를 다하지 못하는 자는 '체면을 잃는'(lose face) 결과를 가져온다. 인류학자 베네딕트(Ruth Benedict)는 일본의 문화를 서양의 罪文化(sin culture)에 비하여 羞恥文化(shame culture)라고 분석하였는데,[14] 동양인은 타인으로부터 비난받는 것에 잘못의 척도를 두는 면이 강하다고 하였다.

이 밖에도 의리에 관한 분석과 정의와의 비교를 할 수 있지만, 더 깊이 있는 연구는 법사회학과 법철학, 법심리학의 과제라고 할 것이다.[15]

9. 맺 는 말

이상에서 정의의 개념을 규명해 보려고 시도한 학자들의 이론들을 검토해 보았다. 그러나 다 읽어도 어쩐지 정의가 무엇인지 석연치 않다는 느낌을 갖게 되는 것이 솔직한 심정이다. 이것은 비단 정의에서만 그런 것이 아니라 진·선·미와 같은 추상적인 관념들은 모두 손에 잡히듯 그 내용이

---

14) Ruth Benedict, *Chrysanthemum and the Sword*, 1946, pp. 222~223.
15) 최종고·강경선, 法思想史, 한국방송통신대학 출판부, 1986, 228~230면.

분명한 것이 못되는 것이다.

그 내용이 분명히 인식되지 않는다 하여 섣불리 不可知論이나 회의주의·퇴폐주의·파괴주의로 흘러서는 안 되며, 오히려 더욱 이러한 가치들을 지향하여 용기 있게 건설적으로 노력해 나가는 것이 교양인의 태도라고 할 것이다. 이런 면에서 우리에게 더욱 중요한 것은 정의가 무엇인가를 따지고 앉아 있기보다 정의를 실현하기 위하여 우리가 어떻게 해야 하느냐는 것이다.

"바라보는 것만으로는 아무 빵도 구워 내지 못한다"는 말이 있다. 에드몬드 칸(Edmond Cahn)이 「不正義의 감각」(*The Sense of Injustice*)이라는 책을 쓴 동기처럼 正義에 관해 부정적 정의론도 가능하다.

정의는 정의만 추구하려고 하면 은연중 정의롭지 못한 것으로 되고 마는 미묘한 속성을 갖고 있다. 법격언에 "정의의 극치는 부정의의 극치"(*Summum ius summa injuria*)라는 말도 있고, 아퀴나스가 "자비 없는 정의는 잔인이다"라고 말했듯이 정의는 어느 면에서는 오히려 더 높은 사랑 혹은 인간애를 지향하는 수단 혹은 계산(calculation)이라고도 말할 수 있다.

또 아무리 고상한 사랑의 정신을 실현하기 위한 정의라도 그것을 관철시킬 만한 힘이 없으면 정의가 될 수 없다. "實力 없는 정의는 무기력이고, 정의 없는 실력은 폭력이다"라는 말도 있듯이 정의와 힘은 서로 이질적인 것이면서도 조화해야만 된다. 그리고 어차피 구체적 사건이나 문제 앞에서 무엇이 정의인가를 결정하는 표준은 인간, 즉 법률가나 정치인 혹은 국민이 결단하는 것으로 나타나는 길밖에 없는 것이다. 이렇게 결단을 하면서 정의를 추구하는 데에, 솔직히 말하여 정의의 실현을 어렵게 만드는 것은 정의가 무엇인지 몰라서라기보다는 양심이 옳다고 판단하는 대로 실천하는 일이 어렵기 때문이라고 할 것이다. 그래서 정의가 무엇인지는 오히려 부정의에 대한 단호한 거부, 즉 도덕심과 지성의 강화를 통하여 밝혀진다고 말할 수 있다.

결론적으로 말하면 정의는 자기의 利己心을 극복하면서 타인의 권리와 자유를 존중해 주고, 지성과 도덕심을 함양하여 이성과 양심, 그리고 합리성에 근거하여 문제의 해결에 접근할 때, 어둠을 비춰 주는 빛과 같이 은연중에 드러나는 것이라고 말할 수 있을 것이다.

참고문헌 ───────────────────────────────

吳經態/서돈각 역, 正義의 源泉, 박영사, 1978; 한스 켈젠/朴吉俊 역, 正義란 무엇인가, 전망사, 1984; 존 롤즈/황경식 역, 정의론, 이학사, 2003; 金哲洙, 法과 社會正義, 서울대 출판부, 1983; 에밀 브룬너/전택부 역, 正義社會秩序, 평민사, 1978; 크리스찬 아카데미 편, 正義의 哲學, 대화사, 1976; 라드브루흐/崔鍾庫 역, 法哲學, 삼영사, 1975; 金秉圭, 法哲學의 根本問題, 법문사, 1988; 박은정, 라드브루흐의 법철학, 문학과 지성사, 1989; 카임 페를만/심헌섭·장영민·강경선 역, 法과 正義의 哲學, 종로서적, 1986; 李宗建, 不正義論, 인간사랑, 1990; 李相悅, 社會正義의 原理, 분도출판사, 1990; 최종고, 정의의 상을 찾아서, 서울대 출판부, 1994; 최종고, G. 라드브루흐 연구, 박영사, 1996; 최종고, 법상징학이란 무엇인가, 아카넷, 2000; 최종고, 법철학(3 판), 박영사, 2007; 한인섭, 정의의 법, 인권의 법, 양심의 법, 박영사, 2003; 이영희, 정의론, 법문사, 2005; 마이클 센델/이창신 역, 정의란 무엇인가, 김영사, 2010; F. 러벳/김요한 역, 롤스의 정의론입문, 서광사, 2013; 마이클 샌들/이양수 역, 정의의 한계, 멜론, 2014.

Hans Welzel, *Naturrecht und materielle Gerechtigkeit,* 1963; Arthur Kaufmann, *Gerechtigkeit; Der vergessene Weg zum Frieden,* München, 1986; Edmond Cahn, *The Sense of Injustise,* Indiana Univ., Press, 1975; Chaim Perelman, *Justice, Law and Argument,* Boston, 1980; E. Kamenka/A. Tay(ed.), *Justice,* London, 1979; Tom Campbell, *Justice,* London, 1988; Judith N. Shklar, *The Faces of Injustice,* Yale Univ., Press, 1990; Chongko Choi, *East Asian Jurisprudence,* Seoul National University Press, 2009.

연습문제 ───────────────────────────────

1. 법은 왜 존재하는가?
2. 법의 이념을 논하라.
3. 正義란 무엇인가?
4. 법의 이념으로서의 合目的性을 논하라.
5. 법적 안정성의 요건을 논하라.
6. 正義와 義理는 어떻게 같고 어떻게 다른가?
7. '부정의로운' 사회에서 正義를 실천하는 길을 논하라.

제 5 장

법의 존재형태(法源)

> 자연은 공백을 만들지 않고, 목적 없는
> 법은 존재하지 않는다.
>
> —로마법격언
>
> 법의 생명은 논리에 있는 것이 아니라
> 경험에 있다.
>
> —홈즈(O. W. Holmes)

I. 서 론

   법이 실정법으로서 나타나게 되면 여러 가지 형식과 종류가 존재하는
데, 이것을 법의 淵源(sources of law) 또는 法源(Rechtsquelle)이라고 한다.
법규범이 문장의 형식으로 나타나든가 不文의 형식, 즉 사회생활에 관습으
로서 행해지는 것이 당연히 법으로서 인정되든가에 따라서 成文法(written
law)과 不文法(unwritten law)으로 구별된다.

   不文法은 성문법 이전의 모든 法源을 포괄적으로 부르는 것이며, 가장
중요한 것이 관습법이다. 성문법에 대립되는 것으로서 직접 관습법을 드는
수도 있다. 또한 성문법은 국가 및 기타 단체에 의해서 제정되는 것이니
制定法(statutes)이라고도 부른다. 이처럼 '法'이라고 하지만 구체적으로 어떠
한 모습으로 있는 어떤 법을 가리키는가를 분명히 알고 사용하는 것이 법
학도는 물론 교양인에게도 중요할 것이다.

Ⅱ. 성 문 법

성문법(written law, statute law)은 권력자의 의사가 문장의 형식으로 나타난 것이며, 이것은 조직적 현대사회에서 가장 중요한 法源으로서의 위치를 차지한다. 그러나 성문법이 법원으로서 위치하는 순위는 어느 나라에서나 같은 것은 아니다. 영미법은 원래 불문법을 원칙으로 하기 때문에 성문법의 범위가 그다지 많지도 않고 따라서 가장 중요하지도 않지만, 대륙법계의 국가들, 즉 독일·프랑스·이탈리아·북유럽 및 라틴아메리카 국가들, 그리고 한국·일본 등은 성문법, 특히 법전(Code, Gesetzbuch)을 갖는 나라들이다.

성문법은 인위적인 법이다. 민주주의국가에서는 의회, 즉 국민의 의사에 의해서, 專制政治에서는 원수 한 사람의 의사에 의해서 제정되는 것이지만, 어쨌든 인간의 의사에 따라서 인위적으로 제정되는 것인 데에는 다름이 없다.

성문법에는 법의 문장화·고정화로 말미암아 필연적으로 다음과 같은 단점 내지 결함이 있다. 성문법은 문장으로 표현된 사상이기 때문에 문장의 성질상 그것이 어느 사상의 내용을 완전히 표현하지 못하거나 또는 잘못 표현할 수도 있으므로 입법자 이외의 사람이 그 문장을 통하여 그 내용을 정확하게 포착하기가 어렵다. 그리고 법적 표현의 특수성 때문에 문장에 사용되는 용어의 선택에 여러 가지 어려운 점이 있다. 이러한 이유에서 성문법에는 해석이 중요한 과제로 된다. 고정적인 성문법은 항상 변천하는 사회생활의 현실적 수요에 따르지 못하게 된다. 그러한 결함은 법의 개정(revision, Änderung)을 통해서 시정되는 수밖에 없는데, 법의 개정은 복잡한 절차를 밟아야 하고 또한 중요한 법일수록 — 즉 헌법은 물론이요, 민법·형법·상법 등과 같은 것도 — 신중을 요하도록 규정되어 있으므로, 아무리 재빠른 개정도 결국 사회적 필요에 충실히 호응할 수는 없게 되는 것이다. 그러나 법의 성문화는 다음과 같은 장점도 갖고 있다.

성문법은 법의 존재와 그 의미를 명확히 하는 것이기 때문에 법적 행동을 하는 데 매우 편리하다. 법적 행동을 하기 위하여는 일반적으로 법이 어떠한 효과를 주는가를 예지할 필요가 있고, 특히 그 결과에 대해서 정확한 예견을 필요로 하는 상거래 등의 법적 행동에서는 법을 존재와 의미내용을 명시할 필요가 있다. 영국 같은 불문법국가에서조차 상법이 일찍부터 성문화된 것은 그러한 이유에서이다.

성문법은 또한 국가권력의 전횡에 대하여 국민의 자유를 보호하는 데도 필요하다. 각국의 헌법이 일반적으로 성문화하는 것은 이러한 까닭이다. 형법은 법관의 주관적 자의, 권력의 남용을 방지함으로써 범죄인의 특별이익을 보호하기 위해서 성문화가 강조되며, 그러한 목적으로 나타난 것이 罪刑法定主義(*nulla poena sine lege*)이다.

위와 같은 성문법의 단점과 장점 이외에 법철학적 관점에서 볼 때, 성문법은 항상 이상적인 요소를 내포하는 것을 알 수 있다. 법은 원래 일반인으로서도 실현하기 쉬운 규범내용이 들어 있는 것인데, 그러한 한도에서는 인간의 생활정도를 다소라도 개선하는 방향으로 그 규범내용이 결정되므로 성문법은 관습법에 비하면 진보적이라고 할 수 있다. 특히 국가의 제정법은 국가의 목적을 달성하기 위한 것이므로, 대체로 근대국가에서는 실정법체계 중 제정법을 다른 법원보다 우월한 것으로 취급한다.

법의 생성에서는 관습법이 가장 먼저 시작되었다. 그러나 사회생활이 복잡하게 되고 사회의 규모가 확대됨으로써 도덕 등과 같은 자연적 질서유지의 방법으로서는 사회의 현실적 질서유지가 불가능할 정도로 발전하였을 때 비로소 사회질서의 유지를 위한 의식적이고 목적적인, 그리고 기술적인 법률이 제정된다. 따라서 이러한 제정법, 즉 성문법은 그 자체가 일정한 문화적 발전을 전제로 하는 것이다. "法典을 가진 나라가 법전제도를 포기한 예는 찾아볼 수 없다"는 피일드(David Field, 1805~1894 : 미국에서 법전편찬을 위해 노력한 변호사)의 지적은 成文法主義의 의의를 다시 한 번 긍정하게 한다.

성문법의 내용은 목적적·의식적으로 제정되는 것인데, 이는 대체로 다음과 같이 분류된다. 즉 조리적 규범·관습적 규범·기술적 규범 및 정치적 규범 등이며, 가령 살인을 금지하는 형법 제250조는 윤리적 규범, 養子에 관한 민법 제866조는 관습적 규범, 어음의 배서에 관한 규정인 어음법 제11조는 기술적 규범, 그리고 노동쟁의에 관한 쟁의행위의 제한을 규정하는 노동조합 및 노동관계조정법 제41조(쟁의행위의 제한과 금지)는 정책적 규범이다.

이와 같이 성문법은 다양한 내용을 가질 수 있는 것이니 *法源* 중에서 가장 중요한 것이라고 할 것이다. 우리나라의 법원으로서 성문법에 속하는 것은 다음의 표와 같은 것들이 있다.[1]

〈현행 법령현황〉   (2019. 6. 30. 현재)

구 분	건 수
헌 법	1
법 률	1,447
대통령령	1,694
총 리 령	86
부 령	1,217
계	4,445

(1) 헌   법

우리나라의 조직과 통치에 관한 근본법으로서의 헌법은 명문으로 제정한 성문헌법이다. 그러한 의미의 헌법은 형식적으로 헌법전이라는 명칭이 붙은 것만이 아니고, 국가의 최고법규라면 명칭 여하를 막론하고 모두가 실질적 헌법이 된다. 우리나라에서는 1948년 7월 12일에 제정되어 그 해 7월 17일에 공포되고, 지금까지 9차에 걸쳐 개정된 대한민국 헌법이 형식적인 헌법이다.

(2) 법   률

법률이라는 말에도 광의와 협의 두 가지가 있는데, 광의는 법 그 자체를 말하는 것이고, 협의는 헌법에서 말하는 '법률', 즉 국회에서 의결되어 제정되는 성문법을 의미한다. 여기에서 법률은 협의의 법률을 말하는 것이다.

(3) 명   령

명령이란 국회의 의결을 거치지 않고 제정되는 법령을 말한다. 명령은 행정관청이 제정하는데, 그러므로 국회의 의결을 거치지 않는 점에서 협의의 법률과 다르지만, 국가의 법령이라는 점에서는 양자 사이에 차이는 없

---

1) 법제처 > 법령통계 > 현행법령 참조(http://www.moleg.go.kr/lawinfo/status/statusReport)

다. 양자의 형식적 효력에 있어서는 명령은 법률보다 하위에 위치하고, 따라서 명령에 의해서 법률을 개폐하는 것은 불가능하다.

(4) 자치법규

자치법규란 지방자치단체가 제정하는 규범을 말한다. 지방자치단체는 법률에 의해서 인정된 자치권의 범위 안에서 자기의 조직, 사무 및 기타 주민의 권리의무에 관한 법규를 제정할 수 있다. 자치법규는 條例와 規則의 두 가지가 있는데, 조례는 지방자치단체가 자치의회의 의결을 거쳐서 제정하는 것이고, 규칙은 지방자치단체의 長이 제정하는 것이다.

(5) 조   약

조약이란 국제법상 완전한 주체가 될 자격이 있는 국가 사이의 문서에 의한 합의를 말한다. 조약은 국회의 동의와 대통령의 비준 및 공포로서 이루어진다. 다만 그 국내법상의 효력에 있어서는 우리나라는 이것에 국내법과 동일한 효력을 인정하고 있다(헌법 제 6 조).

Ⅲ. 관 습 법

관습법(Gewohnheitsrecht, customary law)이란 사회의 자연발생적 규범을 말하는데, 일정한 조직을 갖게 된 국가법체계 아래서 법원으로서 하나의 지위를 차지한다. 그러므로 여기에서 관습법이라 하는 것은 성문화되지 않고 불문적인 모습으로 국가에 의해서 법으로서의 승인을 받고 강제규범으로서 국가법체계에 참여하는 것을 말한다. 다시 말하면 국가의 입법기관이 제정한 법이 아니고, 국가사회 안에 慣行의 형태로서 존재하는 것이 그대로 법으로 되는 것을 말한다.

관습 가운데 어느 것은 국가적 입장에서 국가의 질서유지를 위하여 그에 대한 준수가 절대로 필요하다고 인정되는 것이며, 그러한 종류의 관습이 국가의 힘에 보장됨으로써 관습법이 되는 것이다.

(1) 관습법의 성립기초

관습이 어떻게 하여 법으로서의 효력을 갖느냐에 관해서는 여러 가지 학설이 있다.

1) 관 행 설   어느 사항에서 동일행위가 오랫동안 관행되면 그 관행이 관습법이 된다는 설인데, 치텔만(E. Zitelmann, 1852~1923)이 주장하였다. 이 설의 주장은 이른바 "慣習이기에 법적으로 정당하다"(Es ist Rechtens, weil es Gewohnheit ist.)는 것인데, 이 설은 관습법 그 자체와 그 내용을 형성하는 소재로서의 관습을 혼동한 것이다. 물론 사회발생적인 관습법은 이미 말한 바와 같이 관습 중에서 법적 성격을 띤 것(권리·의무적인 것)을 말하는데, 그것과 여기에서의 관습법은 다른 것이니 국가법으로서의 관습법은 단지 관습의 존재만으로는 될 수가 없는 것이다. 그러므로 관행설은 관습이 왜 관습법이 되는가를 설명하지 못한다.

2) 확 신 설   사회의 다수인이 어떤 관습적인 것을 법이라고 확신함으로써 그것이 법, 즉 관습법이 된다는 설이다. 이것은 사비니(F. K. von Savigny, 1779~1861), 푸흐타(G. Puchta, 1798~1846), 기르케(Otto von Gierke, 1841~1921) 등 역사학파의 주장이다. 일반적인 법적 확신을 토대로 하여 법을 결정한다는 것은 법사회학의 분야에서 대단히 중요시하는 태도이며, 사회의 자연발생적인 관습법이란 결국 이러한 사회인의 법적 확신에 의해서 발생한 것이다. 그러나 그러한 법적 확신에 의한 관습법은 필경 사회학적 견지에서 그렇게 부르는 것이며, 일정한 국가제정법체계에서의 그것은 아니고, 이러한 법적 확신은 국가법적 견지에서는 그의 입법적 소재는 될 수 있지만 법 그 자체라고 할 수는 없다.

3) 국가승인설   국가가 어떤 관습의 내용을 법으로 승인함으로써 관습법이 성립한다는 라손(A. Lasson, 1832~1917)과 빈딩(K. Binding, 1841~1920) 등의 학설이다. 국가에 있어서 법이란 국가권력이 그 위반에 대하여 제재를 가함으로써 준수를 강요하는 규범을 말하는 것이니, 그러한 규범의 내용은 성문법이거나 관습법이거나 법으로서는 다름없는 것이다. 다만 성문법은 국가의 입법이라는 적극적인 법창조의 방법으로 인정된 것인 데 반하여, 관습법은 국가의 승인이라는 수동적 방법에 의해서 인정되는 것에 불과하다. 다시 말하면 관습법의 승인·집행 및 완성은 국가적 작용이다. 국가가 성문법을 중심으로 함으로써 관습법을 그에 대한 보충적 또는 변경적인 법원으로 하는 경우(민법 제 1 조, 제106조, 제185조)도 있고, 法院이 관습의 규정내용을 채택하

여 재판의 준거로 하는 수도 있고, 또는 행정관청이 관습에 따라 처분하는 일
도 있다. 이와 같이 법원 또는 행정관청이 동일행위를 반복함으로써 관습법이
생기는 예도 많은 것이다. 그러한 경우에는 법원 또는 행정관청의 행위로서
관습법이 확정되는 것이니, 그러한 행위는 일종의 立法行爲라고 할 수 있다.

이상의 여러 학설 가운데 종래 국가승인설이 유력하게 주장되기도 하
였다. 즉 국가에서 무엇이 그 나라의 법이냐고 하는 것은 결국 그 국가의
의사(주권)가 결정하는 것이니, 만일 관습법이 국가의 의사에 의한 결정이
아닌 방법으로 그 국가의 법이 된다는 것은 사실상 모순이라는 것이다. 하
지만 국가의 의사(주권)는 국민의 법적 확신을 떠나 생각할 수 없으며, 비
록 관습법이 법원의 판결 등에 의해서 비로소 그 존재가 확인되는 것이지
만 법원이 그 관습법을 제정하는 것이 아니며, 이는 단지 당사자의 분쟁과
관련하여 사회에 관습법이 존재한다는 규범적 판단을 함으로써 이미 존재
하는 관습법을 인식할 뿐이다. 확신설이 현재 통설의 지위를 차지하고 있
으며, 이에 따르면 관습법의 성립시기도 법원의 판결로 그 존재가 확인된
때가 아니라 그러한 관습이 법적 확신을 획득한 때로 소급된다.

(2) 관습법의 효력

1) 관습법과 관습의 관계   관습, 즉 사실인 관습과 관습법, 즉 법으
로서의 관습과는 상대적 관계에 있다. 관습법의 실체가 되는 관습의 효력
을 관습법과의 관련에서 보면, 민법 제106조에 사실인 관습에 관해서 "법
령 중의 선량한 풍속 기타 사회질서에 관계 없는 규정과 다른 관습이 있는
경우에 당사자의 意思가 명확하지 아니한 때에는 그 관습에 의한다"라고
규정하고 있다.

민법 제106조는 관습의 효력에 관하여 당사자의 의사가 명확하지 않은
때를 요건으로 한다. 당사자가 관습에 의할 의사를 명확히 표시한 경우에
는 그 관습은 法律行爲의 내용이 되므로 민법 제105조에 의하여 당연히 그
관습에 의하게 된다. 한편 당사자가 관습에 의하지 않겠다는 의사를 명확
히 표시한 때에 관습에 의할 수 없는 것은 물론이다. 그러므로 관습이 독
자적 효력을 갖는 범위는 당사자가 관습에 의한다는 의사나 의하지 않겠다
는 의사를 명확하게 표시하지 않은 경우이다.

다음으로 관습의 내용이 법령 중의 선량한 풍속 기타 사회질서에 관계 없는 규정과 다른 관습일 것을 요구한다. 법령 중의 선량한 풍속 기타 사회질서에 관계있는 규정, 즉 强行規定에 위반하는 관습은 그 효력을 인정할 수 없다. 한편 선량한 풍속 기타 사회질서에 관계 없는 규정, 즉 任意規定과 다른 관습은 법률행위의 해석에 관하는 한 일반 임의규정보다 우선적으로 적용된다. 그런데 임의법규는 법률해석의 표준이 되는 것이며, 그의 해석적 작용은 두 가지 방면으로부터 관찰되고 있다. 그 하나는 의사표시가 없을 때 그것을 보충하는 경우이며, 둘째는 의사가 불명확할 때 그것을 일정한 의미로 해석하는 경우이다. 그리하여 사실로서의 관습은 당사자의 의사표시를 보충하고 해석하는 자료로서의 효력을 갖게 되는 것이다. 그러므로 관습은 실제로 임의법규를 개폐하는 결과가 된다.

이상에서 보듯이 관습은 당사자의 의사가 명시되지 아니한 경우에 한해서만 그 효력을 갖는 데 지나지 않는 것이다. 그러나 관습법은 법이기 때문에 당사자의 의사 여하를 불문하고 법으로서의 효력을 갖는 것이다.

2) **관습법과 성문법의 관계** 다음으로 관습법의 효력을 우리나라 성문법과의 관련에서 본다면, 민법 제1조는 관습법에 대한 성문법의 우월을 인정하고, 관습법은 원칙적으로 성문법의 규정이 없는 사항에 관해서만 그 보충적 효력이 인정된다. 또한 성문법이 특히 그 규정내용과 다른 관습법의 존재를 인정하는 경우에 대해서는 성문법을 개폐하는 변경적 효력이 인정되는 것은 당연하다.[2]

다음으로 商事에 관해서는 상법 제1조에 "商事에 관하여 본법에 규정이 없으면 商慣習法에 의하고, 상관습법이 없으면 민법의 규정에 의한다"고 규정하고 있다. 따라서 상관습법이 민법의 규정에 우선하게 되며, 이는 "특별법은 보통법에 우선한다"는 원칙에 의하여 상법에 대한 보충적 효력과 아울러 민법에 대한 變更的 效力을 인정하는 것이다.

또한 민법 제185조는 "物權은 법률 또는 관습법에 의하는 외에도 임의로 창설하지 못한다"고 규정하는데, 이는 물권의 종류뿐만 아니라 내용도 포함하며, 결국 물권에 관하여는 관습법에 대하여 성문의 법률과 동등한

---

2) 북한에서는 관습법의 법원성이 부정되고 있다. 이에 대하여는 최종고, 북한법(증보신판), 박영사, 1996.

효력을 인정한 것으로 양자 사이에는 "신법은 구법에 우선한다"는 원칙이 인정된다. 이것은 민법 제 1 조에 대한 중요한 예외규정인 것이다.

성문헌법국가인 우리나라에서 관습헌법이 인정될 수 있는지, 인정될 수 있다면 양자의 관계는 어떠한지가 문제된다. 이에 대해 헌법재판소는 "성문헌법이라고 하여도 그 속에 모든 헌법사항을 빠짐없이 완전히 규율하는 것은 불가능하고, 또한 헌법은 국가의 기본법으로서 간결성과 함축성을 추구하기 때문에 형식적 헌법전에는 기재되지 아니한 사항이라도 이를 불문헌법 내지 관습헌법으로 인정할 소지가 있다. 특히 헌법제정 당시 자명하거나 전제된 사항 및 보편적 헌법원리와 같은 것은 반드시 명문의 규정을 두지 아니하는 경우도 있다. 그렇다고 해서 헌법사항에 관하여 형성되는 관행 내지 관례가 전부 관습헌법이 되는 것은 아니고 강제력이 있는 헌법규범으로서 인정되려면 엄격한 요건들이 충족되어야만 하며, 이러한 요건이 충족된 관습만이 관습헌법으로서 성문의 헌법과 동일한 법적 효력을 가진다"고 판시하여 성문의 헌법과 동일한 효력을 가지는 관습헌법의 존재를 인정하였다(헌법재판소 2004. 10. 21. 선고, 2004헌마 554 결정).

Ⅳ. 판 례 법

판례법(case law, Fallrecht)이란 일정한 법률문제에 동일취지의 판결이 반복됨으로써 방향이 대체로 확정된 경우에 성문법화되지 않고 법적 규범이 되는 것이다. 판례법은 관습법의 특수한 형태인데, 法院에서 형성된 것이라는 점에서 일반적 관습법과는 다르다.

영국과 미국에서는 상급법원이 어떤 법률문제에 관하여 판결을 내리면 그 후 그 법원이나 하급법원은 동일한 법률문제에 관해서는 앞선 판결과 다르게 판결할 수는 없게 되는 것이며, 이리하여 판례법의 형성이 가능하게 된다.

그와는 반대로 유럽 대륙국가들에서는 法典主義에 입각하기 때문에 法院은 동급 및 상급법원의 판결에 구속받지 않는 것이 원칙이다. 이러한 법제에서 일정한 법률문제에 관해서 같은 취지의 판결이 반복되고 판례의 방향이 대체로 확정되는 경우에 그 판례는 성문법 및 관습법과 아울러 하나의 특수한 法源으로서 인정받을 수 있을 것인가? 다시 말하면 이러한 법제에서도 판례법의 존재가 인정될 수 있을 것인가? 이들 국가들과 같이 法院이 법의 적용만을 담당하고 법의 창조에는 아무런 권한도 없는 나라에서는 판례는 단지 법적용의 성과에 불과하며 법의 정립이 아니니, 法源의 하나로서 판례법의 존재를 인정한다는 것은 아무런 의미가 없는 일이라고 할 것이다.

그런데 그러한 법해석상의 입장을 떠나서 판례와 사회생활과의 실제적 관련에서 생각해 볼 때, 法院이 법적 안정, 즉 사회생활의 안정을 위해서 중대한 이유와 확실한 근거가 없는 한 종래의 판례의 변경을 한다는 것은 비합리적인 처사가 되므로 감히 그러한 변경을 하지는 않을 것이며, 또한 하급법원이 다르게 할 경우에는 上級審에 가서 파기될 염려가 있기 때문에 특별한 이유가 없는 한 상급법원의 판례에 따르게 되는 것이다. 그러므로 법적으로는 拘束力이 없는 판례가 사실상으로는 구속력을 갖게 되며, 따라서 법의 적용은 법원을 통해서 법을 정립하는 결과가 되는 것이다.

물론 재판의 구속력은 성문법의 구속력에 비교하여 일반적일 수는 없지만 그것은 결국 특정한 구체적 사실관계에 관한 것이니, 폭은 넓지 않으나 깊이에 있어서는 그 이상이라고 볼 수 있다. 다시 말하면 기본적인 관계에서의 판례법의 구속력은 성문법의 구속력보다 높은 예민성을 갖는 것이다. 또한 판례는 성문법과 같은 추상적인 형식으로 나타나는 것이 아니고 그 자체가 하나의 구체적 사실관계와 결합하여 나타나는 것이므로, 그의 형성과정에서 볼 때 일종의 입법적 기능을 하는 것이라고 볼 수 있다. 대체로 '法院의 立法行爲'라는 말 자체가 기이한 감을 주기는 하나 司法과 立法이 결국 국가의 동일한 작용이라는 점을 생각할 때 그다지 이상한 것만은 아니다.

우리나라에서도 유럽대륙식 法典主義를 수용하였지만, 해방 후 영미법적 요소도 가미되고 있어 판례법의 중요성은 점점 크게 인정되고 있다. 그러나 법적 안정성 및 사법부의 독립과 관련하여 한국판례법은 아직도 진통을 겪으며 발전을 추구하고 있다.[3]

---

3) 한국법학교수회 편, 韓國判例形成의 諸問題, 동국대학교 출판부, 1989.

V. 조   리

條理 또는 事物의 本性(nature of things, Natur der Sache)이란 국가가 법적 규범의식으로서 승인한 사회생활의 원리를 말한다. 조리와 성문법과의 형식적 관련에 관하여는 민법 제103조에 "선량한 풍속 기타 사회질서에 위반한 사항을 내용으로 하는 법률행위는 무효로 한다"고 규정하였다. 이 경우에 '善良한 풍속 기타 사회질서'라는 관념은 도덕이라든가 종교 등의 사회규범에 의한 평가를 말하는 것이 아니고 법적 규범에 의한 평가를 말한다. 다시 말해 어떤 만고불변의 理法을 뜻하는 것이 아니고, 국가에 의하여 현행법질서를 유지하도록 현실적으로 사회생활을 규율하는 법적 규범의식으로서의 평가를 받고 동시에 국가에 의하여 지지를 받고 있는 것을 말한다.

민법 제103조는 '公序良俗'이 법적 규범의식으로서 어떠한 의미내용의 것인가에 관하여는 적극적으로 규정하지 않고, 다만 건전한 규범의식에 의해서 나타나는 것에 대하여 원조한다는 태도를 취하고 있다. 사회생활의 현상들은 복잡한 것이며 동시에 항상 변화하는 것이기 때문에 아무리 정밀하게 법을 제정한다 하더라도, 그리고 관습법이 발달한다 하더라도 사회가 요청하는 모든 법률관계를 완전히 망라하여 규정할 수는 없다. 그런데 法院은 특정한 구체적 사건에서 이에 적용할 법규가 없다 하여 재판을 거부할 수는 없으므로, 이러한 경우 法院은 그 법의 결함(법률의 흠결, Lücken des Rechts)을 보충하여 판결할 수밖에 없다.

이러한 예는 외국의 입법에서도 볼 수 있는 일이다. 오스트리아민법 제 9 조에 '자연적 법원리'(die natürlichen Rechtsgrundsätze)라든가, 스위스 민법 제 1 조에 '입법자로서 제정함직한 규칙'(die Regel, die der Gesetzgeber aufstellen würde)이라는 표현이 있는데, 이러한 것은 모두 법의 흠결을 조리로 보충하려는 것을 규정한 것이다.

조리로 재판할 때에는 '正義衡平'이라든가, '信義誠實' 또는 '公序良俗'·'社會通念' 등의 말을 종종 사용한다. 그렇다면 조리를 法源의 하나로 보아야 할 것인가? 만일 재판은 법에만 준거하는 것이라고 한다면, 조리도 법이라고 보아야 할 것이다. 그러나 재판이 조리에 의한다는 이유에서 '조리에 의한 재판'이 '법률에 의한 재판'이라고 함으로써 조리의 法源性을 긍정한다는 것은 비약된 결론이라고 하지 않을 수 없다. '법률에 의한 재판'이란 기존의 법으로 재판을 한다는 뜻이지, 그것에만 의하지 않으면 안 된다는 것을 의미하는 것은 아니다.

이미 말한 바와 같이 재판은 반드시 법률에 의하지 않으면 할 수 없는 것이 아니고, 그 법률의 흠결이 있는 경우에도 재판은 법률 이외의 다른 준거에 의해서라도 있어야 하는 것이며, 재판이 조리에 의한다는 것은 다시 말하면 정의·형평 등, 즉 법이 원래 따라야 할 원리 그 자체에 의거한다는 것을 의미한다. 조리는 그것이 정당하고 합리적인 것을 의미하는 것이니 법도 그 자체가 의거해야 할 원리이기는 하지만, 법은 반드시 그 원리와 합치되어 있는 것은 아니며, 따라서 조리는 법 그 자체는 아닌 것이고 조리에 法源性을 인정하는 이론은 긍정하기 어렵다.

조리는 정확히 말하자면 재판의 기준은 되지만 법 그 자체는 아니다. 그러나 조리에 의한 재판일지라도 그 판례가 판례법이 될 수 있음은 당연한 일이다.

참고문헌

비노그라도프/서돈각 역, 法學槪論(法에 있어서 常識), 육법사, 1984; 치펠리우스/金亨培 역, 法學方法論, 삼영사, 1981; 켈젠/黃山德 역, 法과 國家의 一般理論, 백영사, 1956.

W. Geldart, *Elements of English Law,* 7th ed., 1996; H. W. Goldschmidt, *English Law from the Foreign Standpoint,* Pitman, 1937; G Radbruch, *Die Natur der Sache als juristische Form,* 1952; Helen Silving, *Sources of Low,* New York, 1968; Chongko Choi, "Ancient and New Sources of Law : An East Asian Perspective," *Challenges to Law at End of 20th Century,* Bologna, 1995; Chongko Choi, Law and Custom in Korean Society, <법학>(서울대) 47권 2호, 2006, pp. 220−252.

연습문제

1. 法源(Rechtsquelle)을 설명하라.
2. 법은 어떤 형태로 존재하는가?
3. 慣習法의 법원성을 논하라.
4. 慣習과 慣習法의 異同을 논하라.
5. 條理란 무엇인가?

제6장

실정법과 자연법

하고 많은 소리, 하고 많은 말이 있지만 서로를 이해하기란 거의 불가능하다. 예리한 눈은 있지만 섬세한 감각의 섬광, 즉 사람을 놀라게 하고 기쁘게 하는, 사물의 밑바닥까지 통찰하는 눈은 드물다. 그리고 단순히 자기 자신을 보증하는 도장을 누르는 고전적 소박성을 가진 것은 가장 드물다.

―라드브루흐(G. Radbruch)

I. 서   론

實定法學을 열심히 공부해도 법과대학을 졸업할 때가 되어서조차 '自然法'이 무엇인지 머리에 분명히 떠오르지 않는 것이 사실이다. 실정법은 이해하고 암기하면 되지만, 자연법은 발견하고 감지해야 하기 때문이다. 그러나 법의 역사를 본다거나 오늘날에도 고차원적인 법의 문제가 등장하면, '자연법'의 문제가 종종 등장한다. 법 내지 법학의 역사는 곧 자연법과 실정법의 긴장과 대립 혹은 自然法思想과 法實證主義(legal positivism, Rechts-positivismus)의 대립의 역사라고 해도 과언이 아닐 것이다. 그러므로 우리는 자연법과 실정법의 개념과 그 관계를 파악해야 할 필요가 있다.

Ⅱ. 실 정 법

실정법이란 특정한 시대와 특정한 사회에서의 효력을 가지고 있는 법규범을 말한다. 실정법은 성문법이 보통이지만, 예외적으로 관습법·판례법·조리법 등과 같은 불문법도 있다.

실정법의 법형식에는 성문법으로 헌법·법률·명령·규칙 등이 있다. 헌법은 국가의 최고상위의 실정법으로서 기본권규정과 같이 자연법을 實定化한 규정들을 담고 있다. 법률은 국회에서 제정되는 법규범이다. 법률은 헌법의 범위 안에서 제정되어야 하고, 헌법에 위배되는 내용의 법률은 효력을 상실하게 된다. 법률은 국회에서 제정하고 개정하며, 국민의 권리를 보장하고 의무를 부과한 것이다. 명령에는 委任命令과 執行命令이 있다. 위임명령은 법률에서 구체적으로 범위를 정하여 위임받은 사항을 규정한 명령이며, 집행명령은 법률을 집행하기 위하여 필요한 사항을 규정한 명령이다(헌법 제75조). 명령에는 대통령령·총리령·部令 등이 있다. 규칙에는 국회규칙·대법원규칙·중앙선거관리위원회규칙·감사원규칙·행정규칙 등이 있다. 대법원규칙은 법률보다는 하위이지만, 법률에 저촉되지 않는 범위 안에서 소송에 관한 절차, 법원의 내부규율과 사무처리에 관한 것을 규정하여 명령에 우월하거나 같은 효력을 가진다고 하겠다. 행정규칙에는 행정각부의 규칙과 지방자치단체의 條例와 規程이 있다. 행정규칙은 법령의 범위 안에서 정하는 것이므로 명령보다도 하위의 규범이다.

이와 같이 국내법은 헌법을 정점으로 하여 법률·명령·규칙·처분 등의 순서로 상하의 위계구조(Hierarchie)를 이루고 있다. 이에 대하여 자세히는 제5장의 法源에 관한 설명에서 언급하였다.

Ⅲ. 자 연 법

아무리 실정법의 체계가 거대하게 짜여져 있다 하더라도 그것이 정당한 것인가를 실정법 그 자체로 가늠할 수는 없다. 물론 실정법을 제정할 때에 그 주체인 인간이 지식과 가치를 기울여 되도록 정당한 법질서를 만들려고 노력하겠지만, 이 세상의 모든 법질서가 정당하다고는 말할 수 없고, 이 정당성 여부에 대한 평가의 기준은 그것을 초월한 어떤 영원한 객관적 질서에 의하여 행하지 않으면 아니 될 것이다. 그 표현에는 무리가 있지만, 그 기준을 법학에서는 自然法(natural law, Naturrecht)이라고 부른다.

그런데 '자연법'이 무엇이냐고 물으면, 그것 또한 간단히 답할 수 있는 것이 아니다. 그것은 일반적으로 국가가 만든 법이 아니라 오히려 국가의 법이 준수하여야 할 규범으로 이해되고 있다. 이러한 자연법의 관념은 고대 그리스·로마시대에서뿐만 아니라 중국이나 한국 등에서도 존재하였고, 그 후 수많은 철학자와 사상가들이 이론화하여 이른바 自然法論(Naturrechtslehre)을 구축하여 왔다. 자세히는 '법철학'에서 배울 것이겠지만, 대체로 보면 고대 그리스시대의 자연법은 삼라만상의 우주질서의 원리에서 연역된 개념이었고, 중세에는 神의 뜻에 따라 바르게 사는 원리라는 관념이 강하였다. 근세에 들어와 법학이 신학에서 분리되면서 자연법은 신과는 관계없이 인간의 본성과 이성에 기초한 합리적 질서라는 사상으로 전개되었다. 이러한 생각은 현대에까지 확대되어 오늘날에도 일반적으로 자연법이라고 하면 人間의 本性(Natur des Menschen)과 事物의 本性(Natur der Sache)에 근거하여 시대와 민족, 국가와 사회를 초월하여 보편타당하게 적용되는 객관적 질서라고 의식되고 있다. 다만 현대의 자연법론자는 자연법의 永久不變性을 강조하면 융통성이 없는 형이상학적인 것으로 오해될 것이라고 하여 歷史性 혹은 '內容可變性'(R. Stammler)·具體性을 강조하여 여러 가지 이론을 전개하고 있다.

그래서 자연법론은 자연법론자의 수만큼 각양각색의 내용을 보이고 있다고 해도 과언이 아니다. 롬멘(Heinrich Rommen, 1897~1967)은 「자연법의 久遠回歸」(*Die ewige Wiederkehr des Naturrechts*)라는 책을 써서 자연법론의 현대적 부활을 지적하였고, 질송(Etienne Gilson, 1884~1978)도 "자연법은 자기를 매장하려는 자를 매장시키고 만다"는 표현을 하여 자연법의 중요성을 환기시켰다. 독일의 법사상가 에릭 볼프(Erik Wolf, 1902~1977)는 '自然'(Natur)이란 말과 '法'(Recht)이란 말이 각각 다양한 의미를 갖기 때문에 '自然法'(Naturrecht)이란 다음과 같이 수많은 의미를 지닐 수 있다고 흥미 있게 서술하고 있다.

1. 볼프는 우선 '자연'이란 개념의 의미변화에 얼마나 다양한 자연법의 개념이 가능한가를 아래와 같은 열두 가지 命題로 분류한다.[1]

(1) '자연'은 존재하는 것의 通約 불가능성(Inkommensurabilität) 내지 유일성(Einzigartigkeit) 혹은 양립불가능성(Inkompatibilität), 따라서 다른 어떤 것과도 비교할 수 없는 것(Inkommensurabilität 혹은 Unvergleichlichkeit)이라는 의미를 가진다. 이러한 '자연'의 의미에서 보면 '자연성'이란 개념은 하나의 법적 존재의 총체(ein Inbegriff rechtlicher Existenz)로서 파악되어 개별성과 집단성, 種과 屬, 유형과 예외의 自存의 법(Recht des Selbstseins von Individualität und Kollektivität, *Genus und Species*, Typus und Ausnahme), 다시 말하면 '존재법'(Daseinsrecht)이라는 뜻을 갖게 된다.

(2) '자연'은 존재하는 것의 시원성(Originalität) 내지 원초성(Ursprünglichkeit) 혹은 역사성(Historizität 혹은 Geschichtlichkeit), 아니면 유기성(Organität) 내지 成長性(Gewachsenheit)이라는 의미를 가진다. 이러한 '자연'의 의미에서 보면 '자연법'이란 신화론적 법창설(mythlogische Rechtstiftung), 아니면 사회학적 법발전(soziologische Rechtsentwicklung)으로 이해되는 하나의 원초질서(eine Ursprung), 말하자면 發展性(Entwicklungsrecht)이라는 뜻을 갖게 된다.

(3) '자연'은 존재하는 것의 순진성(Veritabilität) 내지 순정성(Echtheit) 혹은 무결성(Integerität) 내지 불타락성(Unverdorbenheit)이라는 의미를 가진다. 이러한 '자연'의 의미에서 보면 '자연법'이란 비인위적인 자연상태의 前 문명적 질서(die vorzivilisatorische Ordnung des *status naturalis*) 혹은 타락하지 않는 무결상태의 질서(die praelapsarische Ordnung des *status incorruptus sive integratitatis*), 말하자면 純正法(Echtheitsrecht)이라는 뜻을 갖게 된다.

(4) '자연'은 존재하는 것의 본능성(Instinktivität) 내지 천부성(Angeborenheit) 혹은 직관성(Intuitivität) 내지 직접성(Unmittelbarkeit)이라는 의미를 가진다. 이러한 '자연'의 의미에서 보면 '자연법'이란 非반성적인 직접적으로 인식되는 질서(eine unreflektivierte, unmittelbar empfundene Ordnung), 말하자면 '直觀法'(Intuitionsrecht)이라는 뜻을 갖게 된다.

(5) '자연'은 존재하는 것의 인과성(Kausalität) 내지 필연성(Notwendigkeit) 혹은 조건성(Konditionalität) 내지 제약성(Bedingtheit)이라는 의미를 가진다. 이러한 '자연'의 의미에서 보면 '자연법'이란 경험적인 체험법칙성(eine empirische Erfahrungsgesetxlichkeit) 혹은 논리적인 사고법칙성(eine logi- sche Denkgesetzlichkeit)을 의미하는 '存在法則性을 가진 어떤 것'(eins mit dem

---
1) Erik Wolf, *Das Problem der Naturrechtslehre*, Karlsruhe, 1952.

Seinsgesetz)이라는 뜻을 갖게 된다.

(6) '자연'은 존재하는 것의 목적성(Finalität) 내지 합목적성(Zweckmä-bißkeit) 혹은 의도성(Intentionalität) 내지 목표지향성(Zielgerichtetheit)이라는 의미를 가진다. 이러한 '자연'의 의미에서 보면 '자연법'이란 하나의 목적론적 행위법칙성(eine teleologische Handlungsgeserzlichkeit)을 의미하는 '當爲法則을 가진 어떤 것'(eins mit dem Sollensgesetz)이라는 뜻을 갖게 된다.

(7) '자연'은 존재하는 것의 합리성(Rationalität) 내지 조리성(Vernün-ftigkeit) 혹은 지각성(Intelligibilität) 내지 이해성(Verständigkeit＝Verstan-dlichkeit)이라는 의미를 가진다. 이러한 '자연'의 의미에서 보면 '자연법'이란 하나의 일상적 자명성(eine alltägliche Selbstverständlichkeit)의 생활지혜의 법(das Recht der Lebensklugheit), 말하자면 '因習法'(Konventionsrecht)이라는 뜻을 갖게 된다.

(8) '자연'은 존재하는 것의 現想性(Idealität) 내지 정신성(Geistigkeit)이라는 의미를 가진다. 이러한 '자연'의 의미에서 보면 '자연법'이란 일종의 철학적 이상으로서 절대적인 것의 법(das Recht des Absoluten) 내지 절대법(Absolutesrecht), 말하자면 '理想法'(Idealrecht)이라는 뜻을 갖게 된다.

(9) '자연'은 존재하는 것의 피조물성(Kreatürlichkeit) 내지 피창조성(Geschöfflichkeit)이라는 의미를 가진다. 이러한 '자연'의 의미에서 보면 '자연법'이란 하나의 신학적 이론으로서 타락한 자연의 상대적 법(das relative Recht der natura corruptia), 말하자면 '善隣法'(Nächstenrecht)이라는 뜻을 갖게 된다.

(10) '자연'은 존재하는 것의 현실성(Realität) 내지 所與性(Gegebenheit) 혹은 卽物性(Sachlichkeit) 내지 對象性(Gegenständlichkeit)이라는 의미를 가진다. 이러한 '자연'의 의미에서 보면 '자연법'이란 하나의 事物正義의 존재론적 발견(ein ontologischer Befund der Sachgerechtigkeit), 말하자면 '事物의 本性의 法'(Recht der Natur der Sache)이라는 뜻을 갖게 된다.

(11) '자연'은 존재하는 것의 활력성(Vitalität) 내지 충동성(Triebnatur)이라는 의미를 가진다. 이러한 '자연'의 의미에서 보면 '자연법'이란 하나의 권력의지의 자기질서(eine Selbstordnung des Machtwillens), 말하자면 '强者의法'(Recht des Stärkens)이라는 뜻을 갖게 된다.

(12) '자연'은 존재하는 것의 자발성(Spontaneität) 내지 自意性(Freiwil-ligkeit) 혹은 일시성(Momentaneität) 내지 순간성(Augenblicklichkeit)이라는 의미를 갖는다. 이러한 '자연'의 의미에서 보면 '자연법'이란 '非因習法인 혁명적 질서개선'(unkonventionel－revolutionäre Ordnungsbesserung) 내지 '반전

통적인 更新意志'(antitraditionalistischer Erneuerungswille)의 뜻을 갖게 된다.

2. 볼프는 다시 '법'(Recht)이라는 개념의 의미변화에 따라 다음과 같은 열 가지의 자연법의 개념이 가능하다고 본다.

(1) '법'은 사회적 존재의 객관적 질서(objektive Ordnung), 즉 자연스런 法(lex naturae)이라는 의미를 가진다(objektives Recht). 이러한 '法'의 의미에서 보면 '자연법'이란 법적 혹은 관습적 방식의 기본질서(Grundordnung gesetzlicher oder brauchlicher Art)로 이해되어 사회적 규범과 의무의 체계(ein System sozialer Normen und Pflichten)를 의미한다.

(2) '법'은 사회적 존재의 주관적 질서(subjektive Ordnung), 즉 자연스런 權利(ius naturae)라는 의미를 가진다(subjektives Recht). 이러한 '법'의 의미에서 보면 '자연법'은 일반인적인 혹은 최고인격적인 방식의 기본적 요구(Grundanspruch allgemeinmenschlicher oder höchstenpersönlicher Art)로 파악되어 기본권 혹은 인권의 카탈로그(ein Katalog von Grund−oder Menschenrecht)를 의미한다.

(3) '법'은 사회적 존재의 공평적 질서(Kommutative Ordnung), 즉 衡平(aequitas 혹은 ius aequiem)이라는 의미를 가진다(Billigkeit). 이러한 '법'의 의미에서 보면 '자연법'은 정당한 것과 공정한 것의 기본적 확신(Grundüberzeugung von Rechten und Billigen, consensus 혹은 omnium)으로 파악되어 前學問的인 대중적 법률관의 총체(ein Inbegriff von vorwissenschaft-licher populärer Rechtsanschauung)를 의미한다.

(4) '법'은 사회적 존재의 감정적 질서(emotionale Ordnung), 즉 法感情(sensus juridicus)이라는 의미를 가진다(Rechtsgefühl). 이러한 '법'의 의미에서 보면 '자연법'은 日常事의 기본적 경험(Grunderlebnis des eninen Jegli-chen Zukommenden 혹은 Rechtsemfindung)으로 파악되어 개별적 혹은 집단적인 권리상태와 權利所持의 감정적 전체(ein gefühltes Ganzes individu-ellen oder kollektiven Imrechtseins und Rechthabens)를 의미한다.

(5) '법'은 사회적 존재에 있어서 이상적 질서(ideale Ordnung), 즉 正義(justitia)라는 의미를 가진다(Gerechtigkeit). 이러한 '법'의 의미에서 보면 '자연법'은 실정법의 기초(Grundlegung des positiven Rechts, 즉 Rechtsidee)로 파악되어 사회질서를 위한 指示體系(ein System von Direktiven für die Sozialordnung)를 의미한다.

(6) '법'은 사회적 존재의 유용한 질서(brauchbare Ordnung), 즉 有用性 (*utilitas*)이라는 의미를 가진다(Nützlichkeit). 이러한 '법'의 의미에서 보면 '자연법'은 하나의 목적질서(Zweckordnung), 즉 행복을 위한 법(Recht auf Glück)으로 파악되어 복지국가적 규율의 체계(ein System wolfahrtsstaat-licher Regelung)를 의미한다.

(7) '법'은 사회적 존재의 보호적 질서(schützende Ordnung), 즉 安定性 (*securitas*)이라는 의미를 가진다(Sicherheit). 이러한 '법'의 의미에서 보면 '자연법'은 하나의 보호질서(Schutzordnung), 즉 안정을 위한 법(Recht auf Sicherheit)으로 파악되어 법치국가적 보장의 체계(ein System rechtsstaat-licher Garantie)를 의미한다.

(8) '법'은 사회적 존재의 유지적 질서(bewahrende Ordnung), 즉 維持力 (*probitas*)이라는 의미를 가진다(Bewährtheit). 이러한 '법'의 의미에서 보면 '자연법'은 유지되면서 스스로 유지하는 질서(bewährte und bewährende Ordnung)로 파악되어 하나의 歷史法(historisches Recht)을 의미한다.

(9) '법'은 사회적 존재의 집단적 질서(gruppliche Ordnung), 즉 社會性 (*socialitas*)이라는 의미를 가진다(Typizität). 이러한 '법'의 의미에서 보면 '자연법'은 인과적 혹은 목적적으로 결정된 사회질서(Kausal oder final deter-minierte Gesellschaftsordnung), 즉 작용질서 내지 反射秩序(Spiel – oder Spiegelordnung)로 파악되어 하나의 사회학적 권력요소의 체계(ein System soziologischer Machtfaktoren)를 의미한다.

(10) '법'은 사회적 존재의 인간적 질서(humanitäre Ordnung), 즉 人間 性(*humanitas*)이라는 의미를 가진다(Menschlichkeit). 이러한 '법'의 의미에서 보면 '자연법'은 경험적·인류학적 혹은 윤리적·정치적 보장질서(empirisch-anthropologische oder ethisch – politische Garantienordnung), 즉 자연적 기본권(natürliche Grundrechte)으로 파악되어 人權의 체계(ein System der Menschenrechte)를 의미한다.

3. 이와 같이 자연법의 개념은 120가지의 의미변화로 구별되었지만, 볼프는 자연법론에서 자연법이란 관념은 다음 세 가지 명제로 포괄할 수 있다고 본다.

첫 번째 명제는 우선 자연법에 있어서 "자연개념은 다의적이다"(Der Naturbegriff ist mehrdeutig)라는 것이다. 모든 세계관의 시대적·객관적 혹은 실천적·이론적 형식화(Formulierung)는 사상가들의 사고방식의 무한한 가능성에 의존하지 않을 수 없다. 어떤 자연법사상을 구상한 사람은 동시에 결합할 수 없는 이론적 대립물 혹은 실천적·배타적인 목적설정에 서게 되지 않으면 안 되며, 따라서 스스로 그 변증법의 역설을 감수하지 않으면 안 되는 것이다. 이러한 문제성(Problematik)에 대한 인식이 없이는 자연법의 참다운 이해는 불가능하다고 말한다. 그리고 이것이 바로 자연법개념의 양극적 혹은 선동적 오용을 낳는 원인이라고 설명한다.

　　두 번째 명제는 그러나 "자연법사상의 기능은 一義的이다"(Die Funktion des Naturrechtsdenkens ist eindeutig)라는 것이다. 自然法은 두 가지 방향의 기능을 가지는데, 그 하나는 모든 실정법의 正當化의 기초(legitimierender Grund 혹은 Rechtfertigungsgrund)로서의 기능이요, 하나는 모든 경험적·역사적 법의 규범화의 표준(normierendes Richtmaß 혹은 Regulativ)으로서의 기능이다. 자연법사상의 이러한 이중적 기능은 한편으로는 보수적, 한편으로는 혁명적 성격을 띠게 하고, 한편으로는 제도론적, 한편으로는 실존론적 성격을 띠게 한다. 그러나 자연법이 이처럼 사회적 목적에 구속된다는 사실은 이러한 目的論理(Teleologik)로서만은 자연법의 더 깊은 의미가 파악되지 않는다는 사실을 가리켜 주는 것이라고 말한다. 그는 자연법의 진정한 임무를 플라톤이 말한 의미의 파수꾼(Wächter)의 역할이라고 본다. 따라서 그것은 단순히 기술적·실천적인 것이 되어서도 안 되고, 사변적·이론적인 것이 되어서도 안 된다. 자연법사상은 현실적으로 실천화될 수도 없고, 환상적으로 발견될 수도 없으며, 다만 주의 깊게 경계되어지지 않으면 안 되는 것이다. 자연법론은 언제나 법을 지키는 일을 자기의 본질로 간직하고 있는 것이다. 자연법사상은 궁극에서 오직 하나의 요구(그리고 무제한의 진지성을 가진!)를 가지고 있는데, 그것은 법이 '거기'(da) 있어야 할 지속적인 준비성(dauernde Bereitschaft)에 대한 의무이다. 이것은 참으로 '법을 위한 투쟁'(Kampf für das Recht!)이라고 표현할 수 있을 것이다. 이처럼 법이 '거기' 있어야 할 근거를 묻는 法思考는 근본적으로 神學的이지 않을 수 없다고 그는 생각한다. 그에 의하면 자연법사상은 특수한 신학적 문제로서 그의 法神學(Rechtstheologie)의 장을 구성하는 것이다.

　　세 번째 명제는 "자연법론은 존재의 근본문제를 추구한다"(Die Naturrechtslehre folgt den Grundfragen des Seins)는 것이다. 즉 볼프에 의하면 존재론적 자연법(ontologisches Naturrenncht)은 법(현실법)에 관한 존재성(Dasein von Recht)을 묻는다. 윤리적 자연법(ethisches Naturrecht)은 법(현실법)에 관한 當爲性(Gesolltsein von Recht)을 묻는다. 이론적 자연법(logisches Naturrecht)은 법(개념법)에 관한 의식(Bewußtsein von Recht)을 묻는다. 형이

상학적   자연법(metaphysisches   Naturrecht)은   법(理想法)에   관한   正當性 (Gerechtfertigtsein von Recht)을 묻는다.

위에서 서양의 자연법개념을 분석하였는데, 이러한 다소 '혼란을 야기 시키는 지나치게 분석적인 설명'을 하지 않더라도[2] 한국인을 포함한 동양 인에게는 '자연법' 사상을 간직하고 있다고 하겠다. 우리는 조상대대로 나쁜 짓을 하는 사람을 보고 "하늘이 무섭지 않느냐?"라고 하였고, '경위'(經緯 혹 은 涇渭)를 존중하였으며, '나쁜 법'(惡法)에 대하여는 참을 수 없는 義憤心 을 가져왔다. 이러한 사상은 春香傳과 같은 문학작품을 통하여서도 나타났 다.[3] 다만 이러한 '자연법' 사상을 서양에서처럼 법제도와 법학과 관련지어 보다 이론화하고 실천해야 할 과제를 크게 안고 있다고 하겠다.

Ⅳ. 악법의 문제

자연법 혹은 정당한 법에 관한 논의를 할 때마다 그에 위배되는 이른 바 惡法에 관하여 얘기하지 않을 수 없다. 惡法이란 무엇이며, 惡法에 대하 여 어떻게 대처해야 할 것인가?

악법이란 말을 많이 쓰면서도 우리는 그 개념을 정확히 검토하지 않고 있는 것처럼 보인다. 엄격히 서양에 '惡法'이란 말은 없고, Unrecht란 말을 그대로 옮기면 '不法'이다. 동양에는 좋은 법·나쁜 법의 개념, 즉 良法과 惡法이란 개념이 서양의 正法(Recht)·不法(Unrecht)의 개념보다 친밀하게 느 껴지기 때문에 惡法이란 말을 즐겨(?) 사용하는 것 같다. 다소 감정적이고 주관적·심정적인 뉘앙스가 섞여 惡法이란 말은 종종 오해를 불러올 수 있 기도 하다. 악법이란 내용적으로 악한 법인가, 악한 사람이 만든 법인가, 악한 절차로 만든 법인가?

법적 안정성을 강조하고 자연법을 부정하는 법실증주의의 관점에서는 정당한 절차만 밟아서 제정된 법이면 악법도 법이라고 본다. 그러나 법적 안정성이라는 형식적 이념이 내용적 이념인 正義보다 우위에 설 수 있을

---

2) 자세히는 박은정, 자연법사상, 민음사, 1987.
3) 장경학, 法律春香傳, 을유문화사, 1970.

것인가가 문제된다. 자연법론의 관점에서 보면 정의의 원리에 반하는 법은 법이 될 수 없고, 악법이라고 하지 않을 수 없는 것이다. 여기에서 나치스의 악법을 경험한 라드브루흐가 생생한 증언으로서의 주장을 제공한다. 그는 종래 정의·합목적성·법적 안정성을 同列의 법이념으로 설명하였던 태도를 바꾸어 만년에는 정의를 上位의 이념으로 설명하였다. 즉 법이 정의를 부정하면 '법률의 모습을 띠고 있으나 불법'(gesetziches Unrecht)이라고 불렀던 것이다. 오늘날 학자들이 '라드브루흐 公式'(Radbruchsche Formel)[4]이라고 부르는 악법에 대한 그의 표현은 이러하다. "법률적 불법(악법)의 경우와 부정당한 내용에도 불구하고 효력을 가진 법률 사이에 예리한 線을 긋기란 불가능하다. 그러나 다른 경계를 예민하게 다음과 같이 그려 볼 수 있을 것이다. 즉 正義가 한 번도 추구되지 않는 곳, 正義의 핵심을 이루는 平等이 실정법의 제정에서 의식적으로 거부되는 곳에서는 그 법률은 단지 '부정의로운 법'(unrichtiges Recht)만이 아니라 오히려 전혀 법적 성격을 결여하고 있는 것이다."[5] 이렇게 본다면 라드브루흐에게는 ① 정당한 법률, ② 부정당하지만 효력을 갖고 있는 법률, 그리고 ③ 법적 성격을 갖지 못하는 법(즉 악법)의 세 가지 개념이 설정되고 있다. ①과 ②는 법으로서의 성격을 갖고 있기 때문에 저항권의 대상은 아니라 할 것이다. 여기에서 알 수 있는 것은 악법은 객관적으로 내용적으로 正義를 포기하고 절차적으로 불평등하게 제정된 법률을 말하기 때문에 주관적으로 '나쁜 법'이라는 생각만으로는 규정될 수 없다는 것이다. 부정당한 요소, 즉 몇 가지 毒素條項들이 들어 있다고 해서 한꺼번에 악법이라고 매도하는 것은 악법이란 용어의 지나친 확장과 남용이라고 할 것이다. 부정당한 법은 저항이 아니라 비판으로서 일단은 준수해 주면서 국회 등 입법기관을 통하여 정당한 절차를 밟아 개선해 나가면 되는 것이다.

라드브루흐의 악법공식의 인용에서는 나타나지 않았지만, 그의 만년의 사상의 강조점으로 보아 악법은 또한 인권과 전통적 가치(민주주의·자유·평등·박애)를 부정하는 법률임을 시사하였다. 헌법학자들은 기본권을 침해하

---

4) 라드브루흐 公式에 관하여는 ßjörn Schumacher, *Rezeption und Kritik Die Radbruchschen Formel*, Göttingen, 1985; Walter Ott, "Die Radbruchsche Formel : Pro und Contra," *Zeitschrift für Schweizerisches Recht*, Bd. 107, 1988.

5) 라드브루흐/최종고 역, 법철학, 삼영사, 2007, 290면.

는 헌법과 법률, 즉 인간을 차별하여 생명·재산·자유를 박탈하며, 언론·출판의 자유를 탄압하는 법률을 악법이라고 규정한다. 그러나 이러한 '악법'의 정의는 처음부터 분명하게 공표되는 것이 아니고, 비판과 저항의 결과로 이루어지는 개념이기 때문에 어디까지가 악법이라고 더 구체적으로 말하기는 힘들다. 어떤 통치자나 입법가가 처음부터 악법이라고 더 구체적으로 말하기는 힘들다. 어떤 통치자나 입법가가 처음부터 악법을 제정하려고 하겠는가? 오히려 법의 시행과정이 정의와 평등을 부정하고 극단적인 부정의의 방향으로 몰고 갈 때, 악법이 '형성'되는 것이라고 할 수 있을 것이다. 그래서 '악법도 법'이라는 대전제도 서서히 저항권에 의해 부정되는 것이다.

[악법·불법·비법·위법·탈법]

바른 법에 위배되고 부정되는 개념으로 일반적으로 惡法·不法·非法·違法·脫法 등의 표현들이 분명한 구별 없이 사용되고 있다. 서양의 un-richttiges Recht(unjust law)나 Unrecht(lawlessness) 같은 표현보다 동양의 한자식 표현이 편리하게 이런 말들을 창조하는 것 같다. 그래서 동양의 법이론을 그대로 빌려 쓸 수는 없지만, 대체로 다음과 같이 이런 개념들을 이해하는 것이 좋을 것이다.

1) 惡法이란 법 자체가 법적 성격과 권위를 갖지 못하고, 오히려 불법적 결과를 끼칠 잘못된 법을 말한다.

2) 不法이란 문자 그대로 해석하면 법이 아닌 것이지만, 법적이지 못한 행위와 결과를 말한다. 민법에서 不法行爲를 연상해 보자.

3) 非法이란 표현도 문자 그대로 하면 법이 아닌 것이지만, 법에 거슬리는 잘못된 행위와 결과를 말한다.

4) 違法이란 어떤 법의 존재를 전제로 하고, 그에 위반되는 행위와 결과를 말한다.

5) 脫法이란 정당한 법의 존재를 전제로 하고, 그럼에도 불구하고 그것을 교묘히 빠져 나가 법을 지키지 않는 행위를 말한다.

Ⅴ. 저항권의 문제

저항권의 역사를 살펴보면 사상적으로는 孟子의 易性革命論, 중세의
暴君放伐論(Monarchomachie), 근세의 사회계약론에서 찾아볼 수 있고, 실정
헌법상의 규정으로는 18세기에 들어와 1776~1784년 사이에 市民權利宣言
의 형식으로 나타난 미국의 각주 헌법(버지니아·펜실베니아·매사추세츠·버몬
트·뉴햄프셔), 1793년 프랑스의 쟈코방헌법, 제 2 차 대전 후에는 1946년 프
랑스의 헌법초안(국민투표에서 부결), 독일 헤센주헌법, 1947년 서독 브레멘
주헌법, 1950년 베를린헌법, 1968년 서독연방기본법(Grundgesetz) 등에서 찾
아볼 수 있다. 규정의 표현을 보면 "헌법에 규정된 기본권이 현저하게 침
해될 때에는 모든 국민은 저항할 권리가 있다"(베를린헌법 제23조 3 항)는 것
이 있고, 미국독립선언에는 "어떤 정부라도 생명·자유·행복추구의 권리를
보장하는 목적을 훼손하기에 이를 경우, 인민은 이를 변경하거나 폐지하
고…"라는 것이 있다.

그렇다면 저항권(Widerstandsrecht)이란 무엇이며, 언제 어떻게 저항해야
하는가? 자연법과 악법의 문제와 관련하여 우리는 이러한 질문을 던지지
않을 수 없다. 저항권은 자연법에 위배되어 잘못된 권력행사에 의해 헌법
적 가치질서가 완전히 무너지는 것을 저지하기 위한 예비적 헌법보호 수
단[6]이라고 설명된다. 다시 말하면 국가권력에 의한 헌법침해에 대한 최후
적·초실정법적 보호수단이다.[7] 저항권은 이처럼 기본권적 성격과 헌법보호
수단으로서의 성격을 함께 가지고 있어 이른바 兩面的인 것이다. 저항권을
둘러싼 논쟁의 초점은 초실정법적인 저항권을 인정하는 것인가의 문제와
저항권의 행사요건에 관한 문제이다.

---

6) 아래의 설명은 주로 許營, 헌법이론과 헌법(上), 박영사, 1985, 119면 이하; 같은 책(中)
(중판), 1986, 169~71면 참조.
7) 자세히는 A. Kaufmann(hrsg), *Widerstandsrecht*, Darmstatt, 1972; J. Isensee, *Das
legalisierte Widerstandsrecht*, 1969; H. Schneider, *Widerstand im Rechstaat*, 1969.

1. 저항권의 초실정법성

홉스와 칸트가 超실정법적 저항권을 부인한 이후 법실증주의에서는 이른바 '자연법적' 저항권을 인정하지 않는다. 홉스는 인간의 性惡說에서 출발하여 국가란 인간 각자가 타인에 대한 자기보호의 필요에서 만들어진 것으로 인간은 국가를 통해서만 보호된다는 국가철학을 가졌기 때문에 국가에 대한 저항권은 처음부터 생각할 수 없다. 칸트는 인간의 理性(Vernunft)을 강조하여 性善說을 바탕으로 하기 때문에 국가는 마땅히 法治國家일 수밖에 없고, 따라서 저항권이란 無用한 것이다.

하지만 마찬가지로 낙관적 인간상을 가진 로크(John Locke, 1632~1704)가 저항권을 인정한 것처럼 저항권의 문제는 인간성에 대한 세계관과 반드시 비례하는 것은 아니다. 로크는 '국가를 통한 보호' 외에 '국가에 대한 보호'(Schutz vor dem Staat)를 강조하였던 것이다. 어쨌든 超실정법적(자연법적) 저항권을 부인하는 논리의 저변에는 저항권행사의 정당성 여부에 대한 권위적 심사기관이 없는 한 저항권을 인정한다면 결국 무질서를 초래하는 수밖에 없다는 생각이 깔려 있다.

그러나 초실정법적(자연법적) 저항권을 인정하는 통설적 견해에 따르면 권위적인 심사기관을 상정할 수 없는 것이 바로 예비성·최후수단성에 의해 상징되는 저항권의 특징이며, 실정법을 따라서 자연법적으로 저항권을 인정하지 않을 수 없는 이유도 바로 이 때문이라 한다. 따라서 이 자연적 견해에 의하면 저항권은 본질적으로 초실정법적으로만 인정될 수 있는 것이며, 저항권을 헌법전 속에 실정법화하는 것은 규범화될 수 없는 것을 규범화시키는 무리한 시도라고 할 수밖에 없다. 자유로운 인간양심의 결정을 법조문이 명령할 수 없는 것처럼 국가에 대한 저항권의 행사도 국가가 헌법조문으로 이래라 저래라 조정할 수 있는 성질의 것이 아니다.

저항권을 반드시 어떤 힘의 행사와 결부시키지 않고, 독일의 법철학자 카우프만(Arthur Kaufmann)처럼 저항권을 정신적 영역으로 끌어들여 일종의 국가권력에 대한 '복종의 자세'(staatsbürgerliche Haltung)로 이해하는 경우에도 자연법적 저항권을 부정할 수 없을 것이다. 즉 저항권의 행사란 火山의 폭발과 같은 것은 아니고 국가권력에 임하는 일정한 자세를 뜻하는 것으로

서, 권력에 대한 회의적 자세, 공공연히 비판할 수 있는 용기, 불법적 권력
행사에 대한 단호한 거부태도들을 총괄하는 것이라 할 것이다. 결국 권력
에 대한 '비판적 복종'(kritischer Gehorsam)을 통해서 권력행사를 수시로 통
제하는 것이 저항권의 행사라 볼 때에는 그것은 革命權과는 구별된다. 이
와 같은 의미의 저항권도 실정법상의 규정 유무를 떠나서 모든 인간이 마
땅히 가져야 할 자연법적 권리가 아닐 수 없는 것이다.

2. 저항권의 행사요건

저항권을 언제 행사할 수 있느냐는 문제는 주로 저항권을 힘의 행사와
결부시켜 그것을 일시적인 현상으로 파악하는 전통적 관점에서 자주 논의
되어 왔다. 독일기본법 제20조 4항에서 "헌법에 규정된 기본권이 현저하게
침해될 때에는 모든 국민은 저항할 권리가 있다"라고 한 규정처럼 저항권
을 실정법적으로 규정하고 있는 경우에는 저항권의 행사가 일정한 전제조
건 아래서만 가능하게 규정되어 있기 때문에 그 실정법적인 행사요건의 해
석문제로 논의되게 마련이다.

저항권을 일시적인 힘의 행사로 이해하려는 전통적인 관념에 따르거
나, 실정법이 저항권을 규정하는 경우에는 대체로 저항권의 행사요건으로
다음과 같은 세 가지를 든다. ① 저항권의 보충성(예비성), ② 최후수단성,
③ 성공가능성의 요청이 그것이다. 이에 따르면 저항권은 다른 모든 헌법적
수단을 총동원해서도 국가권력에 의한 헌법침해를 막을 길이 없는 경우에
보충적·예비적으로만 행사되어야 하고, 저항권의 행사는 헌법적 자치질서
가 무너지기 시작하는 초기에는 허용되어서는 안 되고, 최후순간까지 기다
려 보고 헌법적 가치질서가 완전히 무너지기 직전에 그것을 구제하기 위한
최후수단으로 허용돼야 한다고 한다. 또 저항권의 행사는 성공의 가능성
(Erfolgsaussicht)이 있는 경우에만 허용되어야 한다고 한다. 이와 같은 세 가
지 요건을 충족하지 못하는 저항권의 행사는 결국 부정당한 저항권의 행사
로 간주되게 된다.

저항권의 남용으로 인한 무질서를 방지하기 위해서라도 그 행사요건을
엄격하게 하는 것은 일응 그 타당성을 인정할 수 있을 것이나, 앞서 언급

한 모든 요건이 충족될 수 있는 저항권의 행사란 사실상 불가능하다. 왜냐하면 그 성공가능성을 담보하기 위해서는 헌법침해의 초기에 시작되어야 할 것인바, 이러한 경우에는 최후수단성을 충족하기 어려우며, 최후수단성을 충족하는 경우에는 현실적으로 성공가능성이 희박하기 때문이다. 따라서 성공가능성이라는 요건을 요구하는 것은 부당하다는 주장도 제기되고 있다.

저항권을 위헌적인 권력행사에 대한 힘의 도전이라고 이해하는 경우에는 저항권의 남용에 의한 무질서를 방지하기 위해서라도 그 행사요건을 되도록 엄격하게 정하는 것이 당연할 것이다. 그러나 카우프만이 지적한 것처럼 이 세 가지 요건이 전부 충족될 수 있는 저항권의 행사란 사실상 무의미하다고 볼 수밖에 없을 것이다. 저항권의 행사가 성공하기 위해서는 대부분 헌법침해의 초기에 시작되어야 될 것이지만 이 단계에서는 아직 최후수단성의 요건이 충족되지 않는 것이 보통이고, 반대로 최후수단성의 요건이 충족될 때에는 이미 불법권력이 뿌리를 깊이 내리고 있기 때문에 성공가능성이 희박하게 될 것이다. 저항권을 국가권력에 대한 비판적 복종의 자세로 인식하고, 이를 수시적이고 계속적인 현상이라고 이해하려는 의도는 여기에 있다 하겠다.

그러나 저항권을 예방적인 기본권보장 또는 편의적인 기본권보장의 방법으로 행사하여서는 안 된다. 또 저항권은 정치적 선전과 선동의 도구로 악용되어서도 아니 된다. 저항권이 기본권을 포함한 헌법적 가치질서를 보호하기 위한 국민의 최후수단적 自救行爲(Nothilfe des Bürgers)으로서의 궤도를 이탈해서, 이른바 '인간의 생존' 내지 '인류의 敵'에 대한 정당방위적 수단으로 탈바꿈하는 경우에는 대의민주적 정책결정의 메커니즘은 중대한 위협을 받게 된다. 기술문명의 발달을 추진시키고 이를 인간생활에 유익하게 활용하려는 정부의 미래지향적 정책결정에 반대하며, '자연보호', '핵공포로부터의 해방', '무기경쟁의 중단', '미사일배치 반대' 등 각종 구호를 외치며 언필칭 '저항권'을 들고 나오는 경우 대의민주주의에 입각한 정책결정은 마침내 설 땅이 없게 될 것이다.

오늘날 민주주의는 대의민주주의일 수밖에 없으며, 그것은 참여와 복종의 메커니즘에 바탕을 둔 통치질서이다. 정책결정에 참여할 수 있는 여

러 가지 채널이 헌법상[8] 개방되어 있는 경우, 이 채널을 통해 정책결정에
적극적으로 참여해서 의사표시를 하고, 일정한 정책결정이 내려진 후에는
좋든 싫든 그에 복종해야만 민주주의는 그 명맥을 유지해 나갈 수 있는 것
이다. 따라서 정책결정에 반대하는 수단으로서 저항권을 내세우는 것은 저
항권의 중대한 궤도이탈이라고 할 것이다.[9]

저항권을 힘의 행사로 이해하는 전통적인 학설에 따르는 한 저항권이
아무리 평화적 방법으로 행사되더라도 공공의 안녕질서를 보장하기 위한
실정법과 충돌이 생기고, 경우에 따라서는 그 행사요건의 충족 여부에 대한
심각한 의견대립이 생기고, 심지어 국가권력에 의해 불법적 행위로 낙인찍
히게 될 것이다. 바로 여기에 힘의 행사로서의 저항권 행사의 현실적 딜레
마가 있다. "성공하지 못한 저항권의 행사는 저항권이 아니고 범죄이다"라
는 표현이 그것을 말한다. 따라서 저항권을 '힘의 행사'로만 이해하는 고정
관념에서 벗어나 계속적인 저항, 즉 비판적 복종의 자세로 이해하는 것이
중요시되어야 할 것이다. 국민의 일상생활에서 정치적 의사표시를 최대한
으로 보장함으로써 言路의 경색 때문에 쌓여가는 불만과 폭발가능성을 줄
여 가는 정치인의 슬기는 기본권의 보장뿐 아니라 저항권의 순화를 위해서
도 매우 중요하다.

Ⅵ. 양심의 문제

행해진 저항의 합헌성 여부는 후일 법원에서 판정한다. 따라서 저항 자
체가 급박한 결정의 압박 밑에서 이루어졌던 것과는 달리 법원이 차후적으
로 상황판단을 하는 위험을 저항하는 자는 감수해야 한다. 또한 합헌적인
저항임에도 불구하고 헌법 對敵者가 국가권력을 완전히 장악했을 때는 저
항행위 자체가 처벌되는 위험도 있다. 따라서 저항시 수반되는 위험은 저
항하는 자에게 위험부담을 감당할 수 있는 용기, 즉 앙가쥬망(Engage-

---

8) 기본권보장의 최후수단으로서 저항권을 인정할 것인지에 대해 국내학자의 의견은 일치
되지 않고 있다. 명시적으로 인정하는 학자는 권영성·허영 등이고, 명시적으로 부정하는
학자는 문홍주·박일경 등이다.
9) J. Isensee, *Das legalisierte Widerstandsrecht*, S. 32.

ment)을 요구한다.

여기에서 양심의 자유(Gewissensfreiheit)가 저항권의 마지막 근거로 다시 등장하게 된다. 문제는 양심의 자유를 근거로 자기에게만 어떤 법률의 적용의 예외를 인정해 줄 것을 요구할 수 있는지, 아니면 더 나아가 자기의 양심과 상충되는 법률의 개정을 목적으로 여론에 영향을 끼치는 행위까지도 할 수 있는지 여부이다.

이에 대해 부정적 견해는 양심의 자유를 이유로 법에 대한 준수를 거부하는 것도 개인적 허용과 금지의 일이지 법의 일반적 유효성을 부정하는 것은 아니라고 설명한다.10) 양심에 의한 준법거부는 개인적 사항이고 정치적 헌법의 가치관념과는 무관하다고 설명되기도 하고, 모순을 지적하기 위한 목적의 수단이 아니고 그 자체가 목적이라는 견해도 있다. 이러한 다수설에 대해 양심의 자유를 개인적 양심의 결정의 침해에 대한 방어뿐만 아니라 양심에 위배되는 법의 개정을 위해 동조자를 얻기 위한 목적으로 하는 행위까지도 보호되어야 한다고 보는 소수설도 있다.

저항하는 자가 저항하기 전에 실질적으로 저항권의 구성요건이 충족되었는가를 법원에 묻는 것은 가능하지 않다. 따라서 언제 어떻게 이 권리를 행사할 수 있는지는 저항자 스스로 양심에 의해 결정할 수밖에 없다. 이에 반해 저항의 합헌성 여부판단은 객관적 기준에 따라 행해지기 때문에 개인적 책임이 없이 위헌적인 저항권을 행사할 경우를 예상해 볼 수 있다. 예컨대 저항을 정당화하는 상황의 존재 여부를 명확하게 확정할 수 없는 경우이다. 여기에 한 질문이 남게 되는데, 즉 가만히 있음으로써 상황에 따라서는 자유민주적 기본질서의 침해를 방관하는 것을 택할 것인가, 아니면 자유민주적 기본질서를 위해 경우에 따라서는 위헌적인 저항까지도 감수할 것인가 하는 것이다. 이 양자택일의 결정은 개인적 양심의 문제로서 어느 누구도 대신해 줄 수 없다. 민주주의는 다수의 의견에 따라 운영되는 국가영역이기 때문에 양심의 자유와 민주주의 원칙의 충돌은 '실천적 조화의 원칙'(der Grundsatz der praktischen Konkordanz)에 따라 해결할 수 있다.11) 이 원칙을 적용하면 양심의 자유는 국가영역에서는 단지 부수적이고 사소

---

10) Preuß, *Politische Verantwortung und Bürgerloyalität*, 1984, S. 34.
11) K. Hesse, *Grundzüge des Verfassungsrecht der Bundesrepublik Deutschland*, 1980, 계희열 역, 西獨憲法原論, 삼영사, 1985.

한 문제에 한해서만 인정될 뿐이고, 원칙적으로 민주주의의 원칙이 양심의
자유보다 우선한다고 볼 것이다.

어쨌든 저항권에 대한 최근의 한계론은 혼란과 무질서로 헌정 자체를
파괴할 염려가 있다는 점에 집중된다. 현재로는 명문으로 규정하지 않는
것이 상례인데, 그 이유는 초기의 권리조항에서 요청된 바와 같은 자유민
주적 정치체제가 실현되었다는 점이고, 그 밖에도 본질상 실정법으로 제도
화하기가 부적합하다는 것이다. 요컨대 국가가 저항을 받아야 할 법과 정
치체제를 만들지 않는 것이 근원적으로 요청된다 할 것이다.

참고문헌 ───────────────────────────

베키오 · 마리땡/張光秀 역, 人權과 自然法·正義의 問題, 양영각, 1983; 崔鍾庫,
"에릭 볼프의 自然法思想," 法史와 法思想, 박영사, 1983; 吳經態/서돈각 역, 正義의
源泉 : 自然法의 研究, 박영사, 1980; 李太載, 法哲學史와 自然法論, 법문사, 1984;
마틴 크릴레/국순옥 역, 民主的 憲政國家의 歷史的 展開, 종로서적, 1983; 마틴 골
딩/張榮敏 역, 法哲學, 제일출판사, 1982; 朴恩正, 자연법사상, 민음사, 1987; 마이호
퍼/심재우 역, 저항권, 고려대 출판부, 2000; 벨첼/박은정 역, 자연법과 실질적 정
의, 삼영사, 2001.

Erik Wolf, *Das Problem der Naturrechtslehre,* Karlsruhe, 1952; Hans Welzel,
Naturrecht und materiale Gerechtigkeit, 1963.

연습문제 ───────────────────────────

1. '自然法'이란 무엇인가?
2. 자연법과 실정법의 관계를 논하라.
3. '자연법의 영원회귀'란 무슨 뜻인가?
4. 實定法主義의 기능과 한계를 논하라.
5. 惡法도 지켜야 하는가?
6. 抵抗權의 근거와 한계를 설명하여라.
7. 우리는 언제 法을 지키고, 언제 저항해야 하는가?

제 7 장

법의 체계

> 법률가에게는 언젠가 한번은 풍부한 색
> 채의 세계를 일곱 가지 기본색 속으로
> 던져 버리지 않으면 안 된다는 것을 의
> 식할 때가 올 것이다.
>
> ―라드브루흐(G. Radbruch)

I. 서   론

인간생활을 규율하는 법률은 단순한 조문의 집합체가 아니라 법규범의 통일체로 이루어졌는데, 이것을 法의 體系(legal system, Rechtssystem)라고 한다. 법학에서 체계가 중요하며, 법률가를 가리켜 '체계병자'라고 부를 만한 이유도 있다. 법은 물론 시대에 따라 정치적·사회적 현실에 기초하여 제정되지만, 그 내면에서는 모순과 대립되는 요소를 간직하면서도 통일성을 갖추고 있다.

그렇지 않으면 해석과 적용에 혼란을 초래함은 물론 법의 일관된 발전을 기대하기 힘들 것이다. 법의 체계는 관찰의 방법에 따라 여러 가지로 설명할 수 있지만, 대체로 국내법과 국제법의 구별문제, 국내법에서 公法과 私法, 그리고 社會法의 구별문제가 중요한 논의의 대상이 된다. 이에 따라 법학도 체계적으로 구성되어 있는데, 그럼으로써 복잡하면서도 정연한 모습을 보여 준다.

Ⅱ. 국내법과 국제법

국내법은 한 국가에 의하여 인정되어 그 국가에 적용되는 국가와 국민 또는 상호간의 권리·의무관계를 규정하는 법인 데 반해, 國際法(international law, Völkerrecht)은 국제사회에 통용되는 국가 상호간의 권리·의무와 국제기구에 관한 법을 가리킨다.

여기에서 국내법과 국제법을 一元的으로 보느냐 二元的으로 보느냐, 이원적이라면 국내법이 우위에 있느냐 국제법이 우위에 있느냐에 대하여 학자들의 이론이 분분하다. 이에 대하여는 국제법 시간에 상세히 배우겠고, 다만 여기에서 지적해야 할 것은 國際公法과 國際私法(Internationales Privatrecht)이 있는데, 국제사법은 국제법이 아니라 국내법에 속한다는 점이다. 국제사법(혹은 涉外私法)은 국가 상호관계를 정하는 것이 아니라, 한 국가 안에서의 국민과 외국인과의 법률관계를 정함에 있어서 自國法을 적용하느냐 그 외국인의 本國法을 적용하느냐를 정하는 법이 대부분이다. 모두 자국법을 적용해도 좋겠지만, 사정에 따라 그렇게 할 수 없는 때도 있으므로 각 경우에 준거해야 할 법을 지정해 두는 것이다.

Ⅲ. 공법과 사법

로마법은 일찍부터 법을 공법과 사법으로 구별하여 체계화하였다. 그로부터 법학에서는 집요하게 공법과 사법의 二分體系가 논의되어 왔다. 그렇지만 무엇이 공법이고 무엇이 사법이냐를 어떤 표준에 의하여 구별하느냐 하는 문제는 간단하지 않으며, 따라서 구구한 학설들이 등장하였다.

1) 이 익 설　　　법이 公益의 보호를 목적으로 하는 것을 公法, 私益의 보호를 목적으로 하는 것을 私法이라고 하는 견해이다. 그러나 실제로 국가의 實定法은 利益說이 주장하는 바와 같이 공익만을 위하고 사익의 보호만을 규정한 것은 거의 없다. 법은 원래 국가·사회생활에 관한 규범이므로 공익의 실현과 함께 공익에 반하지 않는 범위에서 사익의 보호를 위한 규정이 있겠고,

반면 사익의 보호와 아울러 공익의 실현도 목적으로 하고 있음이 사실이다. 예를 들면 대표적 공법인 헌법이 보장하는 각종의 自由權 등은 국가적 이익과 불가분의 관계에 있는 반면 개인적 이익의 기본이 된다. 그리고 민법상의 등기제도·친족·상속 등에 관한 법규는 개인적 이익의 보호에 관한 것인 동시에 국가적 이익에도 깊이 관련된다.

2) 주 체 설   법률관계의 주체를 표준으로 公法과 私法을 구별하려고 하는 설인데, 국가 기타 公法人이 법률관계의 주체로서 규율하는 법을 公法이라고 하고, 私人 상호간의 관계를 규정하는 것을 私法이라고 한다. 옐리네크(Georg Jellinek, 1851~1911)가 주장한 견해이다. 그러나 이 說은 왜 국가 기타의 公法人에 대하여 法人 상호간의 관계와 다른 취급을 하는가를 명확히 설명하지 않고 있다. 가령 국가 기타 공법인과 사인 간에 매매·임대차 등의 사적 거래를 맺을 경우에도 사법인 민법의 규정에 의하여 규율되는 것은 일반적으로 인정되어 있다.

3) 신주체설   위와 같은 내용의 종래의 주체설과 달리 공권력의 담당자인 행정주체에 대해서만 권리와 권한을 부여하거나 의무를 부과하는 경우에는 공법이고, 모든 권리주체에게 권리를 부여하고 의무를 부과하는 법률은 사법이라는 견해도 주장되고 있는바, 이를 신주체설 또는 귀속설이라고 한다.

4) **법률관계설**   법률관계의 성질을 표준으로 하여 公法과 私法을 구별하려고 하는 설인데, 권력·복종의 관계, 상하평등의 관계, 즉 종적·수직적인 생활관계를 규율하는 법이 公法이고, 사인간의 평등·대등의 관계, 횡적·수평적인 생활관계를 규율하는 법은 私法이라 한다. 그러나 이 說에 의하면 국제법은 공법인 데도 국가간의 평등한 관례를 규율하는 것이기 때문에 사법으로 간주되는 모습이 생긴다. 또 민법의 가족관계는 평등·대등한 관계로 볼 수 없기 때문에 친족법을 공법이라 해야 할 모순이 나타난다.

5) **생활관계설**   인간의 생활을 국가생활관계와 사회생활관계로 나누고, 전자를 규율하는 法을 公法이라고 하고, 후자를 규율하는 법을 사법이라 한다. "인간이 국가의 구성원으로서의 자격에서 이용하는 법규범이 私法이다"라고 푸흐타(G. F. Puchta)는 말하였다.

종래 생활관계설이 지지를 받기도 하였으나 현재의 통설은 주체설을 중심으로 성질설이나 이익설을 가미하여 구분하는 방법을 취하고 있으며, 판례[1]도 행정청이 사경제주체로서 상대방과 대등한 지위에서 하는 행위는 사법행위이고, 공권력의 주체로서 상대방의 의사에도 불구하고 일방적으로

---

1) 대법원 2001. 2. 27. 선고, 99두6842 판결 등.

행하는 행위는 공법행위라고 보아 대체로 통설과 같은 입장에서 판단하고 있다.

그러나 이러한 많은 표준들에 의하여 공·사법을 구별하려고 하는 實益이 무엇인가 하는 물음이 제기되기도 한다. 그래서 공·사법의 구별을 부정하는 학설도 등장하는데, 예컨대 프랑스의 공법학자인 레온 뒤기(Leon Duguit, 1859~1928)는 권리부인설, 개인주의법 비판과 함께 공·사법의 구별을 부정하였다. 또한 켈젠 역시 공·사법의 구별은 근대법학에 대한 정치의 침입을 옹호하는 이론이며, 법학의 순수성 또는 과학성을 해치는 것이라 하여 배격하였다. 그렇지만 복잡한 근대법체계를 무엇인가 구분·설명해야 할 필요는 점점 더 절실해진다. 라드브루흐는 공법과 사법의 구별은 '先驗的'(a priori)으로 이루어진다고 하였다. 그러나 이러한 선험적이라는 설명으로는 불충분하며, 오히려 아래와 같이 역사적·경험적 법의 발달과정에서 법의 체계를 이해해야 할 것이다.

Ⅳ. 공·사법과 법발전

로마인들이 공·사법을 구별한 것은 소송을 합리적으로 수행하기 위해서였다. 로마법의 영향을 받기 이전의 게르만법에서는 공·사법의 구별을 몰랐다. 동양법에서도 공법에서 분리된 독립된 私法을 알지 못하였고, 사생활까지도 공법이 지배하는 것으로 받아들여졌다.

서양에서도 공·사법의 구별이 크게 부각된 것은 자본주의가 생성된 18·19세기의 개인주의적·자유주의적 사회경제체제 아래에서였다. 이 체제에서는 인간의 私的 自治(Privatautonomie)가 최대한 인정되고, 국가는 최소한 개인생활에 간섭을 해야 하는 것으로 생각되었다. 이리하여 법질서도 국가적 공법질서 외에 개인적 私法秩序가 엄연히 존재하는 것으로 인식되었다.

그러나 자본주의가 고도화되면서 여러 가지 사회병리현상이 속출하게 되었다. 부익부 빈익빈의 부조리가 근대시민법의 私的 自治라는 미명 아래 팽배해 갔다. 그래서 20세기에 들어서면서 국가가 다시금 적극성을 띠고,

사회적 강자는 누르고 약자는 떠받치는 법적 조치를 취하지 않으면 안 되었다. 이것을 일반적으로 私法의 公法化 경향이라고도 하고, 전통적인 공·사법의 구별이 불분명하게 된 제3의 法域으로서의 社會法(Sozialrecht)의 등장이라고도 말한다. 이에 대하여는 뒤에 설명하겠다.

공법과 사법을 구별해야 할 필요성은 현실적으로 사법제도에서도 남아 있다. 프랑스나 독일 등 이른바 大陸法系의 국가에서는 司法裁判所(Tribunal judiciare)와 계통을 달리하는 行政裁判所(Tribunal administrative, Verwaltungsgericht)가 있어서 민사사건과 형사사건 이외의 다른 행정사건을 관할하게 되어 있기 때문에 이 法院들의 관할권을 배분하기 위하여도 공법과 사법의 구별이 필요하다. "관할권의 배분 외에도 적용법규의 결정, 공법상 원리에 의한 수정의 가능성 등이 공법과 사법을 구별하는 실익으로 일컬어진다."

그런데 영국·미국과 같은 英美法系의 국가에서는 이러한 의미의 행정재판제도는 원칙적으로 두지 않으며, 모든 법률상의 쟁송은 종국적으로 사법재판소의 관할에 속하기 때문에 대륙법계 국가에서처럼 공·사법의 구별이 절실하게 요청되지 않는다.

우리나라의 법은 대체로는 대륙법계에 속한다고 할 수 있지만 영미법계처럼 행정재판제도를 실시하고 있지 아니하고, 행정사건도 사법재판소에서 재판하게 되어 있으며, 고등법원이 제1심 법원이 된다. 그러나 행정소송사건의 범위는 정해야 하기 때문에 우리나라 행정소송사건에 속한다고 규정하고 있다. 이것은 공법과 사법의 구별을 전제로 하고 있다고 할 것이다. 이렇게 볼 때 우리나라 법학에서 공·사법의 구별은 그 이론적 복잡성에도 불구하고 논해야 할 필요성이 있다고 하겠다.

Ⅴ. 제3의 법역

라드브루흐는 근대법에서 현대법에로의 발전을 '개인주의법에서 사회법에로'(vom individualistischen zum sozialen Recht)라는 표어로 설명한 바 있다. 자본주의사회는 사회주의자들이 예언하듯이 붕괴되는 것이 아니라, '황금을 낳는 오리'로서 자체 속에 수정원리와 代替財를 포괄하면서 계속 발전해 가고 있다. 국가가 福祉國家(Wohlfahrtsstaat)를 이념으로 기업과 근로자의 利害를 조절하며, '소유와 이용의 조화'를 꾀하고, 독점기업의 횡포를 억제하려고 애쓰게 되었다.

이러한 사명을 띠고 나타난 社會法은 그러므로 어디까지나 자본주의의 부분적 모순을 수정하기 위한 법이지 자본주의의 否定을 의미하는 社會主義法은 아니다. 사회법은 근로자들에게 '인간다운 生存'(menschenwürdiges Dasein)을 보장하기 위하여 私法 중에서 일부를 특별히 분리하여 발전시킨 것이다. 사회법이란 개념도 넓은 것이기 때문에 일반적으로 그 속에 노동법(Arbeitsrecht)·경제법(Wirtschaftsrecht)·사회보장법(Sozialversicherungsrecht)을 포함하는 것으로 이해한다. 물론 이에 대하여 경제법은 사회법과 그 원리가 다른 독립영역이라고 설명하는 학자들도 없지 않다. 그러나 우리는 광의의 사회법과 협의의 사회법의 개념을 그때그때 적절히 구별하여 사용하면 될 것이다.

이렇게 본다면, 우리는 법의 체계를 대체로 다음과 같이 구분하여 체계화해 볼 수 있을 것이다(국내법).

이렇게 법을 三分體系化하는 것이 오늘날의 통설이라고 하겠지만, 이 3분체계 안에 구체적인 법역들을 어디에 소속시켜야 하는가 하는 문제가 또한 간단치 않다. 예컨대 稅法이나 著作權法을 포함한 無體財産法(Immaterialgüterrecht)·환경법 등을 어떻게 이해해야 할 것인가? 우리는 이러한 세부까지 공·사법의 구별을 논해야 할 필요는 없으며, 오늘날은 과거에

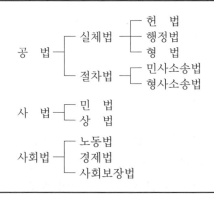

상상치도 못한 영역에까지 법이 규율하여 法域을 형성하고 있다고 하겠다.

이상과 같은 법체계론은 자본주의체제에서의 법체계론이고, 사회주의적 법체계에서는 근본적으로 부정된다. 레닌은 "모든 법은 공법적이다"라고 말하였듯이 공사법의 구별 자체가 부정된다. 그렇지만 사회주의법의 '붕괴'를 보고 있는 오늘날 법체계는 새로운 의의를 갖는다고 하겠다.

Ⅵ. 법학의 체계

이처럼 복잡다기한 법의 체계를 어디에서 가장 쉽게 볼 수 있을까? 무엇보다도 도서관에 가서 分類法(Katalog)을 보면 가장 빠르다. 그런데 한국에는 법학에 관하여 제대로 정리된 도서관이 없어서 실제로 정리된 實物을 볼 수 없었는데, 최근 로스쿨 논의와 함께 각 대학이 법학도서관을 설립하게 되었다. 법학 전체의 체계와 구성을 알고 어느 분야에 무슨 책이 있는가, 그 저자가 누구인가를 알아 두는 것만도 중요한 지식이다. 그러므로 학생들은 시간이 있을 때마다 특정한 목적이 없더라도 도서관에 가서 목록만 뒤적이는 것도 공부가 된다고 하겠고, 그런 가운데 무언가 얻는 것이 있을 것이다.

참고문헌

최종고, 한국법입문, 박영사, 1994; 張庚鶴, 法學通論, 법문사, 1985; 라드브루흐/崔鍾庫 역, 法哲學, 삼영사, 2006; 金哲洙, "憲法이 지배하는 社會를 위하여," 고시계, 1986.

E. Jenks, *Digest of English Civil Law,* 4th ed., Butterworth, 1947; K. Engisch, *Die Einheit der Rechtsordnung,* Heidelberg, 1935; R. David, *Major Legal Systems in the World Today,* London, 1978.

연습문제

1. 법의 체계를 논하라.
2. 公法과 私法의 구별을 논하라.
3. 社會法의 성립배경과 내용을 논하라.
4. '현대법'의 체계를 논하라.

제8장

법의 효력

Ⅰ. 서 론

法의 效力(Rechtsgeltung)의 문제는 두 가지 측면으로 나누어 생각할 수
있다. 하나는 "법이 현실생활 속에 실현되는 근거는 무엇이냐"를 규명하는
문제이다. 이것은 규범이 실현하려는 이념과 현재 사실로서 실현되고 있는
상태가 합치되느냐의 문제인데, 이것을 實質的 效力이라고 한다.

한편 실정법은 시간적·공간적·인적으로 한정된 범위 안에서 효력을
가지는데, 이것을 법의 形式的 效力이라고 한다.

Ⅱ. 법의 실질적 효력

법의 실질적 효력은 이론적으로 법이 왜 '지금 여기에'(*hic et nunc*) 적
용되고 있는가를 설명하는 것인데, 상당히 법철학적인 문제이기 때문에 간

단치 않다. 법의 효력이란 말과 관련하여 법의 妥當性(Validity), 實效性 (Gültigkeit) 등의 말을 쓰기도 하는데, 타당성이란 법이 구속력을 가질 수 있는 정당한 자격 내지 권능을 의미하고, 실효성이란 법이 현실로 지켜져 실현되는 근거를 말하는 것이다. 이렇게 본다면 법의 효력은 타당성과 실 효성이 합치될 때 비로소 발휘되는 것이라고 할 수 있다.

그러나 이처럼 용어를 엄밀히 구별하지 않는다 하더라도 법의 효력이 라고 하면 법이 어떻게 현실 속에 실현되느냐를 묻는 것인데, 사람의 행위 와 관련되고 있는 하나의 규범이 '효력'이 있다는 것은 그것이 拘束性 (Verbindlichkeit)을 갖는다는 것, 즉 사람은 규범이 정한 방법대로 행위한다 는 것을 의미한다. 즉 효력을 가지면 拘束力을 갖는다는 것이다.[1] 라드브 루흐는 법효력의 문제란 복종에의 요청, 그 義務賦課力(Verpflichtungskraft) 에 관한 문제라고 하였고,[2] 벨첼(Hans Welzel, 1904~1977)도 "법의무와 법효 력은 말하자면 법을 통한 규범적 구속력(normative Bindung)이라는 동일한 사태의 두 개의 서로 다른 국면에 불과하다"[3]라고 하였다. 그러면 이러한 의미의 효력이 법에 있어서 발생하는 근거는 무엇인가?

1. 법학적 효력론

이러한 물음에 법학적으로 대답을 제시하는 것은 무엇보다도 켈젠(H. Kelsen)의 순수법학적 효력론이라고 하겠다. 이에 따르면 법의 효력은 당해 국가와 사회의 법질서 속에서 상위의 형식적 및 실질적 授權規範에서 위임 받는 것이며, 이런 의미에서 법의 단계구조에서처럼 효력의 위계질서도 성 립되는 것이다. 우리가 법의 효력을 순전히 법률적 효력, 즉 合法性(Legalität) 으로만 파악한다면, 이러한 설명은 완벽하다고 말할 수 있을 것이다. 그러나 순수법학의 이론 자체가 한계를 안고 있듯이 법률적 효력론은 최상위 수권 규범인 헌법이 어떻게 효력을 갖는가를 설명하기 위하여 根本規範(basic norm, Grundnorm)이라는 개념을 창안하지 않으면 안 되었다. 이 근본규범은

---

1) H. Kelsen, *Reine Rechtslehre*, 제2판, Wien, 1960, S. 196.
2) 라드브루흐/최종고 역, 법철학, 117~126면.
3) H. Welzel, "Macht und Recht," *Abhandlungen zum Strafrecht und zur Rechtsphi- losophie*, Berlin, 1975, S. 291.

칸트의 先驗哲學에서 말하는 '論理的 前提'(logische Vorausetzung)에 의거한 것으로 켈젠 자신은 이렇게 설명하였다.

> 하나의 규범의 효력근거에 대한 모색이 결과에 대한 원인을 찾는 것처럼 끝없이 갈 수는 없다. 이 모색은 최후·최고의 규범으로 전제된 하나의 규범에서 끝나지 않으면 안 된다. 이 규범은 최고의 규범으로 '前提'되어 있지 않으면 안 된다. 왜냐하면 이 규범은 —— 또 다른 더 높은 규범으로부터 그 권한을 얻어야 하는 —— 하나의 권위에 '制定'되어 없기 때문이다. 이 규범의 효력은 더 이상 더 높은 규범에서 이끌어 내어질 수 없으며, 그 효력의 근거는 더 이상 문제될 수 없다. 이와 같은 최고의 것으로 전제된 하나의 규범이 根本規範이다. … 근본규범은 동일한 질서에 속하는 모든 규범의 효력에 대한 공통적인 원천이며, 공통적인 효력근거인 것이다.[4]

그러나 이 근본규범이 무엇인가에 대한 설명에 켈젠의 선험적·논리적 전제니 '假說'(Hypothese)이니, '실정법적 의미의 헌법이 아니라 논리적 의미에서의 헌법'이라느니 하는 표현으로는 충분하지 못하다. 켈젠은 "사람은 헌법이 규정하는 대로 행위해야 한다"라고 하는 근본규범을 전제로 하는 조건 아래서 마치 神의 명령에 따라야 한다는 종교적 근본규범이 神의 개개의 명령과 그것에 의거한 명령들에 正當性을 부여하듯이, '법적' 근본규범은 그것이 관련된 실정법질서에 正當性(合法性)과 객관적 효력을 부여한다고 보았다. 실로 켈젠에게 실정법질서는 이미 주어진 것이고, 근본규범도 단지 효력의 기초로서 '덤으로 생각된' 것과 같았다.[5] 그래서 근본규범에 대하여 그것을 순전히 동적 원리로 파악하여 어떠한 헌법에도 그것이 실효적이기만 하면 내용에 관계없이 축복을 내리어 법효력의 문제를 '너무 많이' 해결해 준다는 비판이 있다.[6] 사실 켈젠은 "어떠한 실정법질서도 … 특히 규범의 내용이 어떤 이유로 不正當하다고 평가될 수 있기 때문에 효력이 박탈될 수는 없다[7]고 말하고 있는 것이다. 따라서 모든 실효적인 강제질서는 '마치' 객관적으로 효력 있는 것'처럼'(als ob) 해석할 수 있게 되고,

---

4) H. Kelsen, *Reine Rechtslehre*, S. 197.

5) K. Engisch, *Auf der Suche nach der Gerechtigkeit,* Hauptprobleme der Rechts-Philosophie, München, 1971, S. 61.

6) H. Henkel, *Einführung in die Rechtsphilosphie*, München, 1964, S. 451.

7) H. Kelsen, "Vom Geltungsgrund des Rechts," *Die Wiener rechtstheoretishe Schule*, Bd. Ⅱ, 1968, S. 1423.

그 결과 그야말로 '사실적'인 것의 전문이데올로기적 上部構造(fachideolo-gischer Überbau des Faktischen)가 아니냐는 비판도 면할 수 없게 되었다.[8]

2. 사회학적(역사적) 효력론

순수한 법률적 효력론으로서는 법효력의 문제를 해결할 수 없다면, 오히려 사회학적 내지 역사적 효력의 개념으로 설명하려는 태도를 주목하게 된다. 사회학적 효력론으로서 다음과 같은 몇 가지 주장방향들을 들수 있다.

1) **사실의 규범력설**   이 설은 법의 타당성의 근거를 '힘'에서 찾으려는 것이다. '事實의 規範力'(normative Kraft des Faktischen)이란 사실 속에 규범으로 바뀔 힘이 내재하고 있다는 사상에 근거하는데, 이것을 강조한 사람은 옐리네크(Georg Jellinek)이다. 그는 慣行이라는 사실로부터 관습, 더 나아가서 관습법이라고 하는 규범이 생기는 것, 또 革命이라는 사실에 의하여 종래의 규범체제가 부정되고 새로이 창설된 규범체계가 효력을 가지게 되는 것 등을 '사실의 규범력'으로 설명한다. 법과 사실의 연관성의 문제에 관하여 시사하여 주는 바 많지만, 그것이 法存立의 기초를 오직 사실의 힘에서만 구한다면 法實力說과 결합하게 된다.

2) **실 력 설**   법을 만들고, 법을 움직이고, 법에 효력을 부여하는 것은 強者의 實力이라고 하는 학설인데, 그 역사는 소피스트(Sophist)에서 비롯된다. 극단적인 실력설은 법은 실력 자체라고 하며, "실력이 법이다"(Macht ist Recht)라고 주장한다. 마르크스주의(Marxism)에서는 "법은 사회의 물질적 生産力에 대응하는 생산관계를 토대로 하면서 그 위에 구축된 上部構造이며, 또 계급적 지배의 수단이고, 지배계급이 국가권력과 결합하여 규범화한 것이다"라고 주장하면서 "법은 곧 權力이다"라고 본다. 실력설은 왜 지배자가 법의 효력을 지지할 수 있을 만한 실력을 가지느냐의 이유를 밝히지 못한다. 라드브루흐는 實力說을 비판하기를 "명령과 힘은 의욕과 능력을 의미할 뿐이며, 따라서 명령자에 대해서 기껏해야 필연을 생기게 할 뿐이지 당위를 생기게 할수는 없으며, 아마도 복종을 낳을 수는 있지만 그러나 결코 복종에의 의무를 낳게 할 수는 없다"라고 하였다.[9] 루소(JeanJacques Rousseau, 1712~1778)도

---

8) H. Welzel, *Die Frage nach der Rechtsgeltung,* S. 28.
9) 라드브루흐/최종고 역, 法哲學, 119면.

"아무리 강한 자라도 만약 그가 자기의 힘을 권리로, 그리고 복종을 의무로 변경시키지 않는다면 항상 最强者일 만큼 충분히 강한 것은 못된다"라고 하였다.[10)

　3) 여 론 설　　영국의 다이시(Albert Venn Dicey, 1835~1922)는 여론 (Public opinion, öffentliche Meinung)이야말로 법의 효력의 근거이며, 또 법 창설의 연원이라고 주장했다. 그러나 여론을 어떻게 파악할 수 있을까? 그는 "여론이란 일정한 법을 유익하다고 인정하고, 다른 법을 해롭다고 인정하는 사회에 널리 통용되는 신념이다"라고 말했다. 그러나 '다수'의 신념도 '소수'의 신념에 의해 배제되어 법을 창조할 힘을 상실하게 될 때, 그것은 법을 창조하여 지지하는 최후의 힘이 될 수 없다.

　4) 승 인 설　　이것은 법의 효력을 발휘하는 것은 다수인이 법규범을 준수할 행동의 준칙으로 '승인'(anerkennen)하고, 이를 지키기 때문이라는 주장이다. 이 설의 대표자는 독일학자 비얼링(R. Bierling, 1841~1919)이다. 그러나 이 견해가 "법의 효력의 근거가 사회에서 생활하는 일반인의 법에 대하여 인정하는 정신적 지지에 있다"라고 지적한 것은 일리가 있으나, 법의 효력근거에 대한 설명으로는 충분하지 못하다. 즉 무정부주의자는 현존의 실정법을 승인하지 않지만, 법은 이런 자들에게도 효력을 미친다. 또 이 기존의 설은 법의 효력을 설명할 수는 있으나, 새로 법이 성립하는 근거는 설명할 수 없다.

3. 법철학적 효력론

사회학적 이론만으로도 법효력의 문제가 충분히 해결되지 않는다면, 결국 법철학의 문제로 돌아와 법의 효력을 모색하지 않을 수 없다. '철학적 효력론'(philosophische Geltungslehre)이라는 이름으로 라드브루흐에 의하여 개척된 이 효력론은 한 마디로 법의 효력을 法理念 내지 가치와 관련지어 설명하려는 일종의 法理念說 내지 正當性說이라고 할 수 있다. "효력은 언제나 價値效力이다"[11)라는 리케르트(Heinrich Rickert, 1863~1936)의 대명제처럼 라드브루흐는 "법의 효력은 實定法規에도 힘이나 승인과 같은 사실에도 의거할 수 없고 오로지 더 높은 또는 가장 높은 당위, 즉 하나의 超實定的인 가치(überpositive Wert)에만 의거할 수 있다"[12)라고 하였다. 또 법을 '文化對

---

10) J.J. Rousseau, *Du Contrat Social,* 제 1 권 제 3 장, 238면.

11) H. Rickert, *System der Philosophie* Ⅰ, Tübingen, 1972, S. 122.

12) G. Radbruch, *Vorschule der Rechtsphilosophie,* Göttingen, 1959, S. 36.

象'(Kulturgegenstand)·'意味形成物'(Sinngebilde)로 보는 빈더(Julius Binder, 1870
~1939)나 라렌츠(Karl Larenz, 1903~)도 마찬가지였고, 현대 독일의 법철학계
에 법이념설로 법의 효력을 설명하려고 하는 학자들로 벨첼·카우프만(Arthur
Kaufmann) 등을 들 수 있다. 벨첼은 "힘으로서의 법은 强制할 뿐이며, 가치
로서의 법은 의무를 부과시킨다"[13]라고 하고, 카우프만은 "법이념이란 법이
법으로서 효력을 갖기 위하여 지향해야만 하는 법의 목적이다"[14]라고 하였
다. 라렌츠도 "법은 의미현실(Sinn-Wirklichkeit)이며, 그리고 말하자면 이념의
실현으로서 효력 있는 것이다"[15]라고 하였다. 마이어(Max Ernst Mayer, 1875
~1923)는 "마치 둥지에서 쫓겨난 새처럼 효력의 개념은 가는 곳마다 자리잡
으나 어느 곳에도 안정을 찾지 못하고 법철학의 여기저기를 날아다닌다"[16]
라고 말하였는데, 법철학에서 이 문제를 완전히 해결했다고는 볼 수 없을
것이다.

　　법이념과 결부시켜 법효력을 설명한다고 하지만, 위에 지적한 법의 타
당성과 실효성의 양면으로 나누어 보면 철학적 효력만으로는 충분하지 못
한 감이 있다. 그래서 사회학적 효력론과 다시 결부시켜 생각해 보자면 承
認說(Anerkennungstheorie)에 대한 새로운 해석이 주목되기도 한다. 그러나
어떤 說이 맞다 틀리다를 따지기보다도 법의 효력의 문제는 법의 이념과
결부시켜 생각하면서도 현실적으로 그것이 국민이나 아니면 法制定當局에
의하여서만이라도 '승인'이 되어야 한다는 사실(혹은 擬制)이 있어야 할 것
이다.

Ⅲ. 법의 형식적 효력

　　실정법은 구체적 사실에 적용된다. 적용되는 사실이 어떠한 시기에 발
생하였는가, 어떤 장소에서 발생하였는가, 또 어떠한 사람에 의하여 발생되

---

13) H. Welzel, "Naturrecht und Rechtspositivismus," *Abhandlngen zum Strafrecht und
　　zur Rechtsphilosophie,* Berlin, 1975, S. 286.
14) A. Kaufmann, *Rechtsphilosophie im Wandel,* Frankfurt, 1972, S. 230. 이 책에 대한 소
　　개로는 現代思想 100권, 新東亞, 1986년 1월호 부록.
15) K. Larenz, *Das Problem der Rechtsgeltung,* S. 31.
16) M. E. Mayer, *Rechtsphilosophie,* 2. Aufl., Berlin, 1926, S. 56.

었는가가 문제되는데, 이것을 법의 時에 관한 효력, 장소에 관한 효력, 사람에 관한 효력이라고 한다.

1. 법의 시간적 효력

(1) 법의 시행

제정법효력은 시행일로부터 폐지일까지 계속된다. 이 기간을 법의 施行期間 또는 有效期間이라 한다. 법은 이 기간 안에 발생한 사항에 대해서만 적용되는 것이 원칙이다. 법은 시행에 앞서 '公布'하여야 한다. 공포는 법의 성립과 그 내용을 국민에게 주지시키기 위한 것이다. 특별한 규정이 없는 한 법은 공포한 날로부터 20일을 경과함으로써 효력이 발생한다(헌법 제53조 7 항).

공포일로부터 시행일까지의 기간을 법의 周知期間이라 한다. 그러나 법에 따라서는 따로 시행일을 정하는 경우도 있다. 민법(법률 제471호)은 1958년 2월 22일에 공포되어 1960년 1 월 1 일부터 시행되었으므로 거의 2 년간의 주지기간을 두었다. 재산 및 가족생활에 걸친 중요하고 방대한 법률이므로 국민 일반에게 충분히 주지시킬 필요가 있었기 때문이다. 이에 반하여 공포한 날부터 시행한다고 규정한 법도 있다. 1961년 12월 4 일 개정된 근로기준법은 그 부칙에 공포일부터 시행한다고 규정하였다. 또 시행은 그 시행지역 전반에 걸쳐 동시에 시행하는 것이 원칙이나(同時施行), 때로는 지방에서는 중앙으로부터의 거리를 참작하여 시행일을 달리할 수 있다(異時施行). 가령 울릉도 같은 섬에서는 법의 전달과 周知에 시일이 많이 걸리므로 異時에 시행되는 경우도 있을 수 있다.

(2) 법의 폐지

법이 구속력을 잃는 것을 폐지라고 한다. 법의 폐지에는 다음의 두 가지가 있다.

1) **명시적 폐지**   첫째, 법령이 그 시행기간(유효기간)을 정해 놓을 경우에는 그 기간의 종료로 그 법령은 당연히 폐지되고, 폐지 후에는 폐지 전의 사실에 대하여 제재를 가할 수 없다. 여기에 중요한 예외로서 限時法

(Zeitgesetz)이란 것이 있다. 둘째, 新法에서 명시규정으로 舊法의 일부 또는 전부를 폐지한다고 규정한 때에는 구법은 당연히 폐지된다.

고유한 의미에서의 限時法이란 폐지 전에 미리 그 시행기간, 즉 일반적 유효기간을 예정하여 그 기간의 경과로 당연 실효할 것을 정하고 있는 법규를 말한다. 다만 유효기간을 법규제정의 당초에 정하건 폐지에 앞서서 정하건 묻지 않는다. 한시법은 그 폐지 후에도 효력이 상실되지 아니하고 폐지 전의 행위에 대하여 追及效를 가지는 것이나, 입법예에서는 명문으로서 폐지 전의 행위에 대하여 벌칙에 관여하는 효력을 가진다는 것을 특별히 규정하고 있으므로 특별규정 없이 형벌법규의 폐지가 있는 경우에 한하여 그 법이 한시법인가의 여부를 논할 필요가 있다. 한시법의 의미에 관하여는 그 법이 한시법인가의 여부를 논할 필요가 있다. 한시법의 의미에 관하여는 훨씬 넓게 이해하려는 견해가 있다. 유효기간의 예정이 없더라도 법률의 내용이 일시적(필요적) 사정에 대응하기 위한 것이면 모두 한시법이라는 견해가 있고, 또 당해 법규의 입법정신을 기초로 하여 한시법의 범위를 한정하려는 견해가 있다. 법은 그 정신에 입각하여 합목적적으로 해석하여야 할 것은 법해석상의 대원칙인 이상 법의 입법동기도 참작하여 그 취지에 알맞도록 해석하는 것은 조금도 부당하지 아니하다. 물론 법의 명문이 없는데 追及效를 인정하는 것은 罪刑法定主義에 반한다는 견해(다수설)도 있으나 타당하지 아니하다. 왜냐하면 행위시에 그 행위를 벌하는 법규는 명백히 존재하고 있었고, 행위 당시에 적법이었던 행위를 事後의 입법에 의하여 처벌하려는 것과는 근본취지가 다르기 때문이다.

2) 묵시적 폐지   동일한 사항에 관하여 신법과 구법이 모순·저촉될 때에는 그 저촉의 한도에서 구법은 묵시적으로 당연히 폐지된 것으로 본다. 국가의사는 통일적이어야 하기 때문이다. 여기에서는 "신법은 구법을 깨뜨린다"는 원칙이 지배한다.

(3) 법률불소급의 원칙

새로 제정된 법률은 그 이전에 발생한 사실에 소급하여 적용되지 아니한다는 원칙, 즉 형사에 관하여는 법률의 遡及效는 엄격하게 금지되어 있다. 그 밖의 경우에는 旣得權의 존중 내지 법적 안정성의 입장에서 일반적으로 이 원칙이 인정되고 있지만 반드시 절대적인 것은 아니며, 신법이 관계자에게 유리한 경우, 또는 기득권을 어느 정도 침해해서라도 신법을 소급시킬 도덕적 내지 정책적 필요가 있는 경우에는 예외로서 소급효가 인정된다. 혁명은 그 현저한 경우이지만, 새로운 이념으로 제도를 개혁하는 경우 등에도 이러한 예가 있다. 民法 附則 제 2 조, 商法施行法 제 2 조 등에서 신법의 소급효를 인정하였으며, 법률불소급의 원칙이 가장 엄격히 적용되는 형법에서도 신법이 구법보다 형사피고인에게 유리한 경우에는 예외적으로 신법이 소급하여 적용된다고 규정한다(형법 제 1 조 2 항).

  1) 사후법 제정금지의 원칙   이것은 행위시에는 범죄로 되지 않는 것이 사후에 제정된 법률에 의하여 범죄가 될 수 없다는 이유에서 事後法의 제정이 금지된다는 원칙이다. 이것은 罪刑法定主義의 내용을 이룬다.

  2) 기득권존중의 원칙   구법에 의하여 취득한 기득권은 신법의 시행으로 소급하여 박탈하지 못한다는 원칙이다. 자연법론자들이 개인의 재산권에 관하여 주장한 데서 유래한 것이며, 역사적으로 私有財産의 확립에 이바지한 이론이다. 그러나 이 원칙도 절대적인 것은 아니며 입법에서 제한할 수 있다.

(4) 경 과 법

  법령의 제정, 개·폐가 있었을 때 구법시행시의 사항에는 구법을 그대로 적용하고, 신법시행 후의 사항에 대하여서는 신법을 적용하는 것이 원칙이다. 다만 구법시행시에 발생한 사항으로서 신법시행 뒤에도 계속 진행되고 있는 사항에 관하여는 구법과 신법 중 어느 것을 적용하는가가 문제가 된다. 이것을 해결하기 위하여 규정된 것이 經過法이며, 법령을 개·폐할 때 명문으로 규정한다. 이것은 대개 본법의 부칙에서 규정하는 것이 보통이나(민법 부칙 제 5 조), 상법시행법과 같이 별도로 규정하는 경우도 있다.

2. 법의 장소적 효력

  한 나라의 법은 원칙적으로 그 국가의 모든 영역에 걸쳐 적용될 뿐 그 영역 밖에서는 미치지 않는다. 국가의 영역이란 그 나라의 주권이 미치는 범위로서 영토·영해·영공을 포함하며, 이러한 영역 안에서는 내국인·외국인을 불문하고 모든 사람에게 일률적으로 적용된다. 대한민국의 영토는 한반도와 그 부속도서로 하기 때문에(헌법 제3조), 대한민국의 법은 한반도와 그 부속도서, 그 영해 및 영공에 한하여 미침이 원칙이다. 다만 위의 원칙에 대하여는 약간의 예외가 인정되는데, 지방자치단체가 제정한 조례와 규칙은 그 목적상 그 지방에 한하여 적용되고, 도시계획법은 도시에 한하여 적용되며, 제주특별자치도설치 및 국제자유도시조성을위한특별법은 제주특별자치도의 관할구역에 한하여 적용된다(동법 제3조).

한편 형법의 경우에 해외도피범의 처벌, 각국의 입법태도의 상이에 따른 처벌공백의 방지 등을 위해 다음에서 보는 바와 같이 속인주의와 보호주의 등을 가미하고 있다.

1) 속지주의　　이것은 범죄인의 국적 여하(내국인이건 외국인이건)를 불문하고 자국영토 안에서 발생한 일체의 범죄에 대하여 우리나라 법을 적용할 수 있다는 원칙이다. 헌법 제3조에 따르면 우리나라의 주권은 북한에도 당연히 미쳐야 하지만, 사실상으로 현행법이 적용되지 못한다(형법 제2조 및 제4조).

2) 속인주의　　이것은 犯罪地 여하를 불문하고(외국에서의 행위라도) 자국민의 범죄에 대하여 우리나라 법을 적용한다는 원칙이다(제3조).

3) 보호주의　　이것은 범죄지 및 범죄인의 여하를 불문하고, 자국 또는 자국민의 법익을 침해하는 범죄에 대하여 우리나라 법을 적용할 수 있다는 원칙이다(제5조 및 제6조).

4) 세계주의　　이것은 범죄에 대한 사회방위의 국제적 連帶性이라는 견지에서 범죄인 및 범죄지 여하를 불문하고, 일체의 反人類的 범죄에 대하여 우리나라의 법을 적용하여야 한다는 원칙이다.

우리나라 현행법은 속지주의를 기본원칙으로 하고, 속인주의 및 보호주의를 가미하고 있다. 속지주의의 소극면을 철저하게 주장한다면, 국외에서 발생한 일체의 범죄에 대하여 우리나라 법을 적용할 수 없으므로 속지주의원칙을 보충하기 위하여 속인주의·보호주의를 가미하였다.

세계 각국이 채용하고 있는 주의는 일치하지 않고, 또 우리나라 현행법은 전술한 바와 같은 주의들을 채용하고 있으므로 외국에서 행한 범죄에 대하여 외국의 법과 우리나라의 법이 경합되는 경우가 있을 것이다. 이 경우 외국에서 동일한 행위에 대하여 확정재판을 받은 자라 할지라도 다시 우리나라의 형법으로 처벌할 수 있다.

3. 법의 인적 효력

'사람에 관한 효력'은 법이 어떠한 사람에게 적용되는가 하는 문제다. 법은 전술한 '장소' 및 '시'에 관한 효력이 미치는 범위 안에서는 원칙적으로 모든 사람에 대하여 적용된다.

따라서 법의 사람에 관한 효력의 문제는 결국 예외로서 법률의 적용을 받지 않는 사람에 관한 문제에 귀착된다. 이 예외로서는 국내법상의 관계로서 적용을 받지 아니하는 자와 국제법상의 관계로서 그 적용을 받지 아니하는 자를 구별하여 논할 수 있다.

1) 국내법상의 예외　　　대통령은 내란 또는 외환의 죄를 범한 경우가 아니고는 재직중 형사상의 소추를 받지 아니한다(헌법 제84조). 국회의원은 불체포의 특권이 있고(헌법 제44조), 또 국회에서 직무상 행한 발언과 표결에 관하여 외부에서 책임을 지지 아니한다(헌법 제45조). 이것은 대통령이나 국회의원이 임기 중에 안심하고 직무를 수행할 수 있도록 하기 위한 것이다. 법은 모든 국민에게 평등하게 제한 없이 적용되어야 할 터이지만, 特別法은 일정한 범위의 사람에게만 적용되는 경우가 있다.

가령 국가공무원법(법률 제15857호)은 국가공무원에게만, 勤勞基準法(법률 제16270호)은 사용자 및 근로자에게만, 청소년보호법(법률 제15987호)은 미성년자 및 그 친권자에게만 적용된다.

2) 국제법상의 예외　　　일정한 자의 경우 국제법상 현재 체류하는 나라의 과세권 및 경찰권에 복종하지 않는 특권이 있는데, 이러한 특권자로는 외국원수, 대통령, 국왕, 외교사절(대사·공사 기타) 및 그 가족과 수행원, 외국에 주재하는 군대, 외국 領海上의 군함의 승무원 등이 이에 속한다. 종래에는 이를 설명하기 위해 治外法權이라는 개념을 사용하였으나, 치외법권은 국제법상 인정되는 개념이 아니며, 외교관계에 관한 비엔나협약, 영사관계에 관한 비엔나협약 기타 국제법의 법원 및 관련국 국내법에 의해 법적용이 면제되는 것일 뿐이다.

이때에는 속지법주의가 배척되고 속인법주의가 적용된다. 한국에 주둔하고 있는 美軍의 지위에 관하여는 가령 대한민국과 미국 사이의 상호방위조약 제 4 조에 의한 시설과 구역 및 대한민국에서의 합중국군대의 지위에 관한 협정(1967년 조약 232)에서 상세히 규정하고 있으며, 어느 정도 속지주의를 채택하고 있다. 또 참정권·청원권·병역의무 등 '헌법상'의 권리의무는 외국에게는 인정되지 아니한다.

참고문헌

라드브루흐/최종고 역, 法哲學, 삼영사, 2011; 沈憲燮, 法哲學Ⅰ, 법문사, 1982, 62~102면; 金曾漢, 民法總則, 박영사, 1986; H. L. Schreiber, "Was heißt geltendes Recht? Zum Problem der Rechtsgeltung," 法哲學과 刑法(황산덕박사회갑기념), 법문사, 1979; 라렌츠/양창수 역, 正當한 法의 原理, 박영사, 1986; 심헌섭, "法의 效力에 관한 연구," 法學 제21권 제 1 호, 서울대, 1980.

Hans Welzel, *Frage nach der Rechtsgeltung,* 1966; H. Hoffmann, *Legitimität und Rechtsgeltung,* 1977; H. Kelsen, *General Theory of Law and State,* 1973; K. Larenz, *Das Problem der Rechtsgeltung,* 1929.

연습문제

1. 법의 효력의 근거를 논하라.
2. 법의 사회학적 효력과 법률적 효력을 논하라.
3. 법의 시간적 효력을 논하라.
4. 법의 장소적 효력을 논하라.
5. 治外法權의 효력을 논하라.

제 9 장

법의 적용과 해석

> 文字는 죽이는 것이요, 精神은 살리는 것이다.
>
> —신약성서 고린도후서 3장 6절
>
> 법학적 해석은 앞서 생각된 것을 追考하는 것(Nachdenken eines Vorgeda-chten)이 아니라 생각된 것을 마지막까지 생각하는 것(Zuendedenken eines Ge-dachten)이다.
>
> —라드브루흐(G. Radbruch)

Ⅰ. 법의 적용

입법부에서는 법률을 제정하고, 행정부에서는 법률을 집행하며, 사법부에서는 법률을 적용(anwenden)한다. 오늘날 법규가 적용된다는 것은 재판과정에서 더욱 명확히 표시된다. 재판과정을 살펴보면 적용될 추상적 법규를 대전제로 하고, 사회에서 일어나는 구체적 사건을 소전제로 하며, 거기에서 판결이라는 결론을 이끌어 내는 '三段論法'(Syllogism)의 형식을 밟아서 법이 적용된다.

가령 "타인의 재물을 절취한 자는 6년 이하의 징역 또는 1천만원 이하의 벌금에 처한다"(형법 제329조)는 법규를 대전제로 하고, A가 B의 재물을 절취했다는 사실을 소전제로 하여 거기에서 판결로써 A를 3년 징역에 처한다는 결론을 이끌어 내는 것이 竊盜罪에 관한 형법 제329조를 적용하는 것이 된다.

1. 사실의 확정

법규를 적용하려면 먼저 소전제가 되는 사실을 확정해야 한다. 바꾸어 말하면 '竊盜'행위를 했다는 사실을(위에서 A의 절도행위) 확정하지 못하면, 어떠한 법규를 적용할 것인지 결정하지 못할 것이다. 사실을 확정하는 데는 다음과 같은 방법이 있다.

(1) 입   증

사실의 확정은 증거(Beweis)에 따른다. 재판에서 사실의 존부에 관하여 확신을 얻게 하는 자료가 증거이며, 재판관의 사실인정의 객관성을 담보한다. 특히 刑事訴訟法上의 절차에서 당사자주의에 철저한 法廷에서는 오로지 주장하는 당사자에게 거증책임이 있고, 직권주의 법제에서는 법관도 입증에 개입할 수 있다. 이것을 '立證責任'(Beweislast) 또는 '擧證責任'이라고도 한다.

(2) 추   정

증거로 확정하지 못한 사실을 우선 있는 사실대로 확정하여 법률효과를 발생시키는 것을 '事實의 推定'(Vermutung)이라 한다. 가령 민법 제844조 1항에서 "아내가 혼인 중에 임신한 자녀는 남편의 자녀로 추정한다"라고 규정한다. 그러나 만약 사실은 그 子가 처의 불륜행위로 인한 타인의 子라는 것이 입증된다면, 추정된 효과는 생기지 아니한다. 이것은 입증의 번거로움을 면하기 위해 우선 사실대로 확정하여 보자는 것이다.

(3) 의   제(간주)

민법 제28조에서 "실종선고를 받은 자는 실종기간이 만료한 때 사망한 것으로 본다"라고 규정한 것이 한 예인데, 그것은 실종자의 법률관계에 결말을 지어 주기 위하여 실종신고를 사망으로 同視하여 혼인의 해소, 상속의 개시 등의 효과를 생기게 하는 것이다. '看做 또는 擬制'(Fiktion)는 '추정'과 달라서 반증을 들어서 당장에 그 효과를 전복시키지 못하는 데 그 차이가 있다. 가령 실종선고를 받아서 사망으로 간주된 자가 생존하고 있음을 입증하더라도 그것만으로 당장에 선고의 효과가 전복되는 것은 아니며, 따로 선고의 취소를 위한 판결절차를 밟아야 한다(민법 제29조). 이렇게 볼 때 사실의 확정에 있어서 추정보다 간주의 효력이 더 강함을 알 수 있다.

2. 법의 발견

위에서 본 A의 절도 사실이 증거로 확정되면, 다음에는 그 사실에다 '적용'할 법을 발견해야 한다. 그런데 "法을 발견한다"(Rechtsfindung)는 것은 쉬운 일이 아니다. 私法上의 생활관계에서도 어떤 물건을 "빌려 준다," "빌린다"는 경우 빌리는 물건이 금전이나 미곡이면 소비대차가 되고, 대지나 가옥이면 임대차가 되며, 임대료를 물면 有償貸借로 되고, 물지 않으면 使用貸借로 된다.

법을 발견하려면 먼저 법의 의미내용을 분명히 알아야 한다. 그 의미내용이 분명하지 못한 법은 현실의 생활관계에 그대로 적용하기 어렵다. 그러므로 법의 의미내용을 명백히 할 필요가 있으며, 그것이 바로 法의 '解釋'(interpretation, Auslegung)이다. 이리하여 법관은 한편에서 사실을 확정한 다음에, 또 한편에서 법을 찾아내어 해석한 법을 사실에 적용하게 된다. 그러므로 사실의 확정과 법의 해석은 법의 적용을 통하여 연결되는 일련의 과정이다.

Ⅱ. 법의 해석

1. 의   의

법은 언어로 표현되어 있고, 쯔바이크(Arnold Zweig)의 표현대로 "언어는 우리를 위해 생각하고 시를 짓는다." 언어철학자들이 '언어는 존재의 집'

이라고 했듯이 인간은 언어를 떠나 살 수 없을 뿐 아니라 思考가 그에 구속된다.

법의 의미내용을 밝혀내는 것, 즉 법의 구체적 적용을 위해 법규의 의미를 체계적으로 이해하고 법의 목적에 따라서 규범의 의미를 명확히 하는 이론적·기술적 조작을 법의 해석이라 한다. 그러므로 해석으로 규명해야 할 법규의 의사내용은 입법자의 의사에만 국한될 것도 아니고, 법규의 물리적 의미나 논리적 의미에만 한할 것도 아니다. 물론 법해석의 대상이 언어로 표현된 입법자의 의사인 한 그 대상에 대한 인식에는 입법자의 意思·文理解釋·論理解釋 등의 검토가 전단계적으로 행해질 것이지만, 이러한 것은 어디까지나 법의 객관적 의미를 밝혀내는 데 필요한 준비단계로서의 자료 내지 조건이 될 수 있을 따름이다. 법의 해석은 법에 내재된 이념과 정신을 객관화하는 데 있는 것이며, 그것은 단순한 형식론적 방법을 넘어서 目的論的으로 해석할 것을 요구한다. 그러므로 각 법규가 가지고 있는 객관적 목적과 그 시대의 사회적 실정들을 고려해서 목적적·가치관계적으로 그 의미내용을 밝혀 내지 않으면 안 된다.

2. 해석의 방법

해석에는 有權解釋과 學理解釋이 있다. 유권해석이란 관청이 유권적으로 내리는 해석이고, 문제가 되는 것은 학리해석인데, 이는 私人에 의한 해석 특히 법학자가 학설로서 전개한 법해석을 가리킨다. 이 해석은 국가권력의 뒷받침이 없으므로 그 자체로서는 하등 구속력이 없다. 그러나 시대의 권력으로 좌우되지 않고 순수한 학문적 견지에서 하는 해석이므로 일반여론에 대한 설득력도 그만큼 강하며, 유권해석에 대하여도 영향력을 가지고 있다. 즉 학자의 법해석이 재판과 입법의 기초가 된다. 종래의 법학은 이런 종류의 해석에 주력을 기울여 왔으며, 학리해석은 법학의 발전에 커다란 공헌을 했다.

로마의 제정시대에는 트리보니아누스(Tribonianus)·울피아누스(Ulpianus)·파울루스(Paulus)·파피니아누스(Papinianus)·가이우스(Gaius) 등 5인의 법학자의 법해석이 학설로서 구속력이 있었다. 6세기 전반 동로마제국 중흥의

황제 유스티니아누스가 「市民法大全」(*Corpus Iuris Civilis*)을 편찬할 때 법학자 트리보니아누스가 크게 활약했고, 「市民法大全」 중에서 「學說彙纂」(*Digesta, Pandectae*)은 울피아누스·파울루스·파피아누스 등을 비롯하여 고전시대의 법학자의 저서에서 발췌한 것으로 성립되었으며, 또한 「法學提要」(*Institutiones*)는 가이우스의 저서를 주요 자료로 하여 편찬하였다. 우리나라에서도 해방 후 학문의 공백기를 거쳐 1960년대 이후에 와서 법학교수들에 의하여 학설들이 형성되었다. 이처럼 법학자의 학설이 입법의 근간이 되고, 재판의 기준이 되는 것을 보고 이를 法源으로 인정하여 '學說法'이라고 하는 견해도 있다. 아래에서 문리해석을 논리해석으로 분류하여 설명한다.

(1) 문리해석

이것은 법규의 문자 및 문장의 의미를 밝힌 후에 다시 조문 전체문장의 구성을 검토하여 그 의미내용을 파악하는 해석방법이다. 위에서 예시한 절도죄의 규정(형법 제329조)을 해석할 때, 먼저 '타인의 재물'이란 무슨 뜻인가, '…의'는 무엇을 의미하는가를 따지는 방법이 그것이다. 이것은 주로 조문의 국어학적 해석 또는 문법적 해석(philologische Auslegung)을 꾀하는 것인데, 법해석의 기초작업이며 제1단계의 해석이다. 그러나 조문의 문자에만 사로잡혀 법에 내재하는 목적이념을 살피지 않는다면, 그런 법해석은 무의미한 것이 되고 말 것이다.

1) 축소해석   법조문의 文句를 문리적으로 해석하여 법조문의 언어적 표현 자체보다 더 좁게 해석하는 것이다. 이것은 법조문의 언어적 표현을 제한하는 해석이므로 制限解釋이라고도 한다. 가령 민법 제109조 1항에서 "意思表示는 법률행위의 내용의 중요 부분에 착오가 있을 때에는 취소할 수 있다"라고 규정하고, 동조 2항에서는 "前項의 의사표시의 취소는 선의의 제3자에게 대항하지 못한다"라고 규정하는데, 이 경우의 '제3자'는 법조문의 언어적 표현대로 해석한다면 당사자 이외의 모든 제3자를 가리키는 것으로 되겠으나, 이 조문의 의미내용을 정확히 이해한다면 제3자의 범위를 한정하여 '당사자와 그 包括承繼人 이외의 자로서 착오에 의한 의사표시로 생긴 법률관계에 의거하여 새로운 이해관계를 가지게 된 者'로

좁게 해석되는 것이다. 또 형법 제329조의 절도죄의 객체인 '財物'에는 부동산은 포함되지 않는다고 하여 축소해석을 한다.

　　2) 확장해석　　　　법규의 문장의 의미를 확장하여 널리 이해하는 법의 해석의 한 방법이다. 문리해석에 의한 법문의 단순한 해석이 너무 좁아서 법규의 진정한 의도를 실현할 수 없을 때, 논리해석에 의한 논리적 방법으로 법문의 의미를 확장하여 널리 해석하는 태도이다. 예를 들면 형법 제257조의 '傷害'에서 법문의 의미로만 보아 생리적 절단에 국한하지 않고, 여성의 머리칼을 절단함으로써 외관상 손상을 초래한 경우에도 상해죄를 적용하도록 '상해'의 의미를 확장하여 널리 이해하는 경우가 그것이다.

　　3) 유추해석　　　　어떤 사항을 직접 규정한 법규가 없는 경우에 이와 가장 비슷한 사항을 규정한 법규를 적용하는 것, 즉 비슷한 甲·乙 두 개의 사실 중 甲에 관해서만 규정이 있는 경우에 乙에 관해서도 될 수 있는 대로 甲에 근사한 결과를 인정하는 것이 類推(analogy, Analogie)이다. 예컨대 '권리능력 없는 사단'의 법률관계에 관해서는 민법에 규정이 없으므로 법인의 규정을 유추적용해야 한다고 해석되고 있다. 유추를 인정할 수 있는 실질적 근거는 동일한 법이유가 존재하는 점에 있다.

　　　　(개) 확장해석과의 차이　　　　事例의 성질이 같지만, 전혀 다른 사례에 관하여 규정된 법규를 가져다 문제되는 사례에 적용한다는 점에서 유추는 확장해석과는 다르다. 즉 확장해석의 경우에는 법조문의 언어적 표현 자체의 의미보다 확장하여 해석하지만, 그것은 당해 사례에 관하여 규정된 법규를 해석하는 것이다.

　　　　(내) 반대해석과의 차이　　　　반대해석은 법조문의 언어적 표현과는 반대의 의미로 해석하므로, 그 법조문에 근거를 두고서 해석한다. 이에 반하여 유추는 문제가 되는 사례에 관하여 법규가 존재하지 않을 때에 다른 법규를 가져다가 적용하는 방법이므로 반대해석과는 다르다.

　　　　(대) 준용과의 차이　　　　유추와 준용은 비슷하지만 역시 다르다. 가령 민법 제12조 2항은 "한정후견개시의 경우에 제9조 제2항을 준용한다"라고 규정하였다. 이는 한정후견의 개시의 경우에 성년후견개시의 경우와 마찬가지로 가정법원은 본인의 의사를 고려하여야 한다는 것을 의미한다. 이렇게 비슷한 사항에 관하여 법규를 제정할 때, 법률을 간결하게 할 목

적으로 다른 유사한 법규를 유추 적용할 것을 준용이라 한다. 한정후견
의 경우에 성년후견의 경우와 동일한 입법이 필요한 경우 이를 다시 중
복하지 않고 간단하게 입법할 수 있으므로, 준용은 입법경제상의 도움이
되는 장점이 있으나, 그 반면 법규의 檢索을 번잡하게 할 뿐만 아니라
때로는 해석의 의문을 가져오는 등 단점이 있다. 이처럼 준용은 명문의
규정이 있는 경우에 하는 것인 데 반하여, 유추는 명문의 법규로 인정하
지 않는 사례에 그와 비슷한 예에 관한 법규를 적용한다는 점에서 다르
다. 유추는 법해석상의 방법인 데 반하여, 준용은 입법기술상의 방법이라
할 수 있다.

  ㈃ 형법에서 유추해석의 금지   형법에서는 유추를 허용하지
않는다는 것이 해석상의 원칙이다. 형법에서는 罪刑法定主義가 지켜지고
있으므로 피고인의 이익을 해하지 않기 위해 함부로 유추를 허용하지 못
하는 것은 당연하다. 그런데 형법에서 "의심스러울 때는 被告人에게 유리
하게"(*in dubio, pro reo*)라는 원칙이 인정되고 있다.

(2) 논리해석

  1) 의   의   법규의 문자나 문장의 문법적 의미에 구애받지 않고, 또
입법자의 심리적 의사에 관계없이 법문의 논리적 의미에 관심을 두는 해석
이다. 법규의 발생적·심리적·주관적 의의를 초월한 객관성의 보장에 이바
지하기는 하지만, 과도한 형식논리의 편중은 '概念法學'(*Begriffsjurisprudenz*)
의 폐단에서 보는 바와 같이 실제사회에 적합치 않은 모순을 발생시킨다.

  2) 비교해석   법규를 구법·외국법 등과 비교대조하면서 해석하는
방법이다. 이때에는 입법론적 판단이 해석이라는 이름 밑에 주입되는 수가
있다. 특히 외국법을 많이 수용한 나라에서는 그 母法과의 비교해석이 중
요하다. 두 개 이상의 나라의 법을 비교하는 학문을 比較解釋(Comparative
law, Rechtsvergleichung)이라고 하는데, 이것은 19세기 말부터 법의 사회화·
세계화의 현상에서 유래하는 것이지만, 1900년에 살레이유(Salleilles)가 제창
하여 조직된 '파리 比較法學會'를 계기로 본격적으로 성장하여 오늘날 거대
한 연구분야를 이루고 있다.

  3) 목적해석   법의 목적에 따라 행하는 해석의 한 방법으로 목적론

적 해석(teleologische Auslegung)이라고도 한다. 개개의 법규의 목적뿐만 아니라 널리 법의 목적이 고려되지 않으면 안 되며, 또한 법의 성립 당시의 목적뿐만 아니라 법의 적용시에 요청되는 법의 목적도 고려되지 않으면 안 된다. 논리해석이 막다른 골목에 부딪쳤을 때 헤어날 수 있는 방법이지만, 자칫하면 목적을 앞세워 본래 의미를 왜곡할 위험도 있다.

4) 의사해석　　　입법 당시의 자료를 보고 입법자의 의사를 탐구하여 법규의 의미내용을 해명하는 해석이다. 그러나 입법에서는 다수인이 참여하며, 때로는 그 의사가 서로 대립하는 경우가 있고, 입법 당시와 그 법을 적용할 사회상은 다르므로 입법자의 의사해석으로 법해석을 해서는 아니 된다고 반대하면서, 법조문의 독자적인 의미내용을 객관적으로 해명하는 것만이 옳은 해석방법이라고 주장하는 학자도 있다. 그러나 법안과 그 이유서, 국회의사록 등은 법해석의 중요한 자료가 될 수 있다.

5) 보정해석　　　법문의 字句가 잘못되었다거나 표현이 부정확하다고 인정되는 경우에 그 자구를 보정한다거나 변경하는 해석인데, 때로는 '變更解釋'이라고도 한다. 가령 민법 제 7 조에서 "法定代理人은 미성년자가 아직 법률행위를 하기 전에는 전 2 조의 同意와 承諾을 취소할 수 있다"고 규정하였으나, 여기의 '取消'는 '撤回'라고 보정하여 해석함이 좋을 것이다. 왜냐하면 '취소'는 일정한 원인에 의하여 의사표시의 효과를 소급적으로 소멸시키는데, 여기서는 법정대리인이 미성년자에게 준 '同意'나 '承諾'이 장래에 대해서만 그 효력이 생기지 않도록 막는 데 불과하기 때문에 '철회'라고 해석해야 한다. 보정해석을 인정하느냐 않느냐에 관하여는 학설의 대립이 있다. 입법자가 자구의 표현을 잘못하였느냐의 여부는 일반적으로 확실하지 못할 뿐만 아니라, 만약 보정을 인정한다면 법의 안정성을 해치게 된다는 이유에서 이런 해석을 부인하는 견해도 있다. 이에 반하여 自由法運動이나 目的法學의 입장에서 보듯이 법관의 법해석에 많은 自由裁量(discretion, freies Ermessen)을 허용하려는 학자들은 보정해석을 인정하려 한다. 그러나 보정해석도 법의 안정성을 해치지 않는 범위 안에서 해야 하므로 물론 일정한 한계가 있어야 할 것이다. 즉 입법자의 법문의 표현이 명백히 잘못되었을 때, 확정적 학설에 명백히 위배될 때, 또는 명백히 사회적 수요에 확실히 반하는 때에 한하여 허용될 것이다.

6) **물론해석**　　　　법조문이 일정한 사례를 규정하고 있을 경우에 다른 사례에 관하여도 사물의 성질상 당연히 그 규정에 포함되는 것으로 판단하는 해석방법이다. 가령 자전거의 통행을 금지하는 게시판이 세워져 있는 경우에는 물론 오토바이도 통행하지 못한다고 해석할 수 있다. 또 민법 제396조 過失相計의 규정에서 "債務不履行에 관하여 채권자에게 과실이 있는 때에는 法院은 손해배상의 책임 및 그 금액을 정함에 이를 참작하여야 한다"고 하였다. 이 규정 속에는 '過失'보다 더 중요한 주관적 귀책사유인 '故意'는 물론 포함되는 것으로 물론 해석을 할 수 있다. 그리고 물론해석은 법조문의 자구 속에 다른 사례가 당연히 포함되어 있다고 해석되는 데 반하여, 확장해석은 법조문의 자구 '밖에' 확장하여 해석한다는 점에서 서로 다르다.

7) **반대해석**　　　　법문에 명시되지 않은 경우에는 그와 반대로 된다고 해석하는 방법으로 유추해석에 대립한다. 夫婦의 일방이 일상의 家事에 관하여 부담한 채무에 대하여 다른 일방은 연대책임을 진다고 하는 규정(민법 제832조)으로부터 딸이 일상의 가사에 관하여 부담한 채무에 대하여는 父는 책임을 지지 않는다고 함과 같다. 반대해석은 현실적으로는 당연한 것처럼 보이지만 반드시 절대적인 것은 아니며, 반대해석의 당부의 판단은 법의 일반적 목적에 의한 목적론적 해석에 맡기지 않으면 안 된다.

(3) 유권해석

1) **입법해석**　　　　민법 제98조에서 '物件'이란 용어를 풀이하여 "本法에서 물건이라 함은 有體物 및 전기 기타 관리할 수 있는 자연력을 말한다"라고 규정하는데, 이것은 동일한 법률 중에 법의 '해석규정'을 두는 예이다. 이것은 입법기관이 법을 제정하는 권한으로 해석규정을 두어서 해석을 꾀하는 것이다. 또 어느 경우에는 부속법규 같은 다른 법령에서 해석규정을 두는 예도 있다. 그것은 독립된 법규를 이루고 있으므로 '법규해석' 또는 '법정해석'이라 한다. 최근의 입법경향은 특히 선행하는 사회적 지반을 갖지 않은 新立法을 할 때 해석규정을 마련하는 경우가 있다. 또 입법기술적 조작상의 해석규정을 마련하는 경우도 있다. 가령 노동조합 및 노동관계조정법 제 2 조 4호에서 '노동조합', 동법 제 2 조 제1호에서 '근로자', 동법 제

2조 2호에서 '사용자'의 의의 등을 각각 규정하고 있다. 입법해석은 법령 중에 해석규정을 설정하는 것이므로 본래적 의미의 법해석 방법과는 다르다. 해석규정도 역시 하나의 법규정이므로 이것도 또한 해석의 기준이 된다. 가령 민법 제18조 1항에 "生活의 근거가 되는 곳을 주소로 한다"라고 규정한다. 이것은 주소에 관한 해석규정인데, 이것도 역시 하나의 규정이므로 그 자체도 또한 해석의 대상이 된다. 즉 어느 곳을 '생활의 근거'로 하고 있다는 '定住의 사실'(家體)로 주소로 보느냐(이것은 객관주의·실질주의), 혹은 그 외에 다시 그 곳을 생활의 근거로 한다는 '定住의 의사'(心素)가 있어야 주소로 보느냐(이것은 주관주의·의사주의)의 해석이 문제가 된다. 여기에서 학설과 판례가 형성된다.

　　2) **사법해석**　　사법기관인 법원에서 형사절차에는 檢事의 공소제기가, 민사절차에서는 원고의 提訴가 있은 후에 구체적 소송사건의 해결을 위해 내리는 해석이며, 法院은 오직 판결의 형식으로만 법을 해석하여 당사자의 다툼에 답하고 판결 전에는 구체적 사건에 관하여 유권해석을 얻을 수 없다. 개별적으로 취급하는 당해 사건에 관한 한 원칙적으로 최종적인 구속력을 가지므로 법해석으로 중요한 의의를 가진다. 그러나 법원에는 審級이 있고, 하급심의 판결이 상급심에서 파기되는 수도 있으며, 또 최고심의 판결에 法源性이 인정되지 않기 때문에 그대로 답습되는 것도 아니므로, 법원의 판결에서 표시되는 법해석이 절대부동할 것이라고는 할 수 없지만 대법원의 해석은 사실상 시민생활의 길잡이가 된다. 또한 사법해석은 법원에서 하는 것이므로 '裁判解釋'이라고도 부른다.

　　3) **행정해석**　　행정관청에서 법을 집행할 때, 또는 상급관청이 하급관청에 대한 훈령·지령 등을 내리면서 법을 해석하는 것을 말한다. 물론 행정관청은 최종구속력이 있는 해석은 하지 못하며, 그릇된 해석에 따른 법집행으로 위법한 행정처분이 행해졌을 때는 최종적으로 法院의 해석으로 교정된다. 그러나 상급관청의 회답 등은 같은 계통의 하급관청에 대하여 사실상 구속력을 가지므로 역시 행정해석도 유권해석이라 할 수 있다.

Ⅲ. 해석과 해석자

지금까지의 법의 적용과 해석의 방법에 대하여 여러 가지 종류들을 살펴보았지만, 어느 경우에 어느 해석을 적용시킬 것인가에 관하여는 어떤 원칙이 수립되어 있지 아니하다. 라드브루흐는 이에 대하여 다음과 같이 흥미 있게 설명하고 있다.

우리의 시대에 이르러서도 불명확하고 모순에 찬 입법자의 작품 중에서, 모순 없는 해결을 스스로 창조작용을 더함이 없이 모든 경우에 내릴 수 있는 신비한 능력이 법관에게 갖추어져 있다는 신앙은 가시지 않고 있다. 법학자는 여러 가지 해석기술이 꽉 들어차 있는 拷問室을 가지고 있고, 이것을 이용하여 입을 다문 法을 강제로 이야기시키려고 한다. 文理解釋, 擴大解釋, 縮小解釋, 類推·反對解釋(argumentum e contrario) 등이 그것이다. 그러나 유감스러운 일로는 어느 경우에 어느 해석을 적용할 것인가에 관하여는 일반적 준칙이 전혀 정해져 있지 아니하다. 어느 대합실에 "개는 데리고 들어오지 말라"는 게시가 있었다. 어느 날 곰 곡예사가 나타나서 그가 그의 털많은 동반자를 데리고 들어가도 좋을 것인가 자문했다. 그는 개에 관해 한 말을 곰에게도 합당할 것이라고 생각했다. 만일 그가 법학자였다면 그는 아마도 이 결론을 게시의 내용으로부터 유추하여 얻었다고 주장할 것이다. 즉 곰도 개와 같이 동물이므로 들어가서는 아니 된다고. 그러나 왜 그는 반대해석을 하지 않고 특히 유추를 한 것일까. 만일 반대해석을 쓴다면, 곰은 곰이지 개는 아닌 고로 들어가도 좋다는 결론에 도달하게 된다. 그가 전자를 택한 것은 말할 것도 없이 후자가 불합리한 결과를 가져오기 때문이다. 그러므로 해석은 그 결과의 결과이다. 해석의 방법은 결론이 이미 확정된 후에 비로소 선택된다. 이른바 해석방법이라는 것은 실제로는 법문의 창조적 보충에 의하여 이미 발견된 결론을 후에 법문상의 근거를 얻기 위한 방법에 지나지 않는다. 그리고 이러한 창조적인 보충이 어떠한 결론을 가져오든지 간에 항상 유추와 반대해석이라는 두 해석수단의 어느 것인가가 그 이유설명에 이용되는 것이다. 만일 곰 곡예사가 법학자였다면, 그는 자기가 게시 중에서 읽어 알아 낸 내용을 반대로 게시에서 그가 끌어 낸 결론이라고 말할 것이다.[1]

그러나 법률가는 법이 不在하다는 이유로 판단을 보류할 수는 없고,

---

1) 라드브루흐/鄭熙喆 역, 法學原論, 196면.

구스타프 라드브루흐(Gustav Radbruch, 1878 – 1949)

1878년 11월 21일 독일 뤼벡에서 태어나 뮌헨대학·라이프찌히대학·베를린대학에서 법학을 공부하였다. 1902년 베를린대학에서 박사학위, 1903년에 하이델베르크대학에서 교수자격을 얻고, 1919년에 키일대학 교수가 되었다. 1921년에 바이마르공화국 법무장관이 되어 형법개정에 노력하였다. 1926년에 하이델베르크대학 형법 및 법철학 교수가 되었다가 1933년에 히틀러정권에 의하여 파면되었다. 12년간 수난의 시기를 보내고 1945년에 복직되어 하이델베르크 법과대학장이 되어 1948년에 정년 퇴직하였다. 1949년 11월 23일 하이델베르크에서 서거하였다. 저서로 「법철학」 (*Rechtsphilosophie*, 1932) 등이 있다. 그의 자서전 「마음의 길」(*Der Innere Weg*, 1961)이 번역되어 생애를 잘 알 수 있으며, 독일에서 「라드브루흐숲集」이 총 20권으로 출간되었다.

에릭 볼프(Erik Wolf, 1902 – 1977)

1902년 5월 13일 독일 비스바덴(Wiesbaden) 근교에서 태어났다. 예나대학과 하이델베르크대학에서 공부하였고, 라드브루흐의 조수가 되어 그 밑에서 교수자격을 받았다. 1928년에 로스톡대학 교수가 되었다가 1930년에 프라이부르크대학으로 옮겨 1966년에 은퇴할 때까지 형법 · 교회법 · 법철학 · 법학사 등을 강의하였다. 동 대학에 '법철학 및 교회법연구소'를 창설하였고, 「독일법사상가전」(*Große Rechtsden- ker der deutschen Geistesgeschichte*, 1939), 「교회의 질서」(*Ordnung der Kirche,* 1961), 「자연법론의 문제」(*Das Problem der Naturrechtslehre,* 1952) 등 20여 권의 저서와 200여 편의 논문을 발표하였다. 1977년 10월 13일 프라이부르크에서 사망하였다. 독일의 법철학 및 법사상사의 대표적 학자인 그는 특히 프로테스탄트法神學의 주장자로 알려졌고, 그의 후계자 홀러바흐(A. Hollerbach) 교수에 의해 「法哲學研究」(*Rechtsphilosophische Studien*), 「法神學研究」(*Rechtstheologische Studien*), 「法思想史研究」(*Studien zur Geschichte der Rechtsdenken*)의 세 권으로 유고집이 출판되었다.

주어진 법문을 치밀하고 바르게 해석하여 정당한 결론을 내려야 할 책임을 지고 있다. 쉴러(Schiller)는 "왜 법률가가 법학을 싫어하는가"에 대하여 "법학자는 자기의 활동을 우주의 위대한 전체에 연관시키는 일을 게을리하기 때문에 자기가 事物의 상호관련에서 절단되어 고립하고 있다고 느낀다"고 하였다. 어쨌든 법률가는 한편으로는 현실세계를 명확히 보되, 한편으로는 법문에 기초하여 머릿속으로 치밀한 논리를 구성하여 서로 일치시키는 가운데서 적합한 해석을 발견해 나가야 할 것이다.

참고문헌 ────────────────────────────

치펠리우스/金亨培 역, 法學方法論, 삼영사, 1976; 라드브루흐, "해석의 종류," 法學의 精神, 종로서적, 1982; 라드브루흐/崔鍾庫 역, 法哲學, 삼영사, 2011, 156~157면.

K. Engisch, *Einführung in das juristische Denken,* 4. Aufl., 1957; J. Frank, *Law and the Modern Mind,* 1930; U. Klug, *Juritische Logik,* 3. Aufl., 1966; H. Isay, *Rechtsnorm und Entscheidung,* 1929.

연습문제 ────────────────────────────

1. 法의 適用原理를 논하라.
2. 法의 해석의 종류를 노하라.
3. 法은 어떻게 해석해야 하는가?
4. 바른 해석이란 어떤 것인가?

제10장

법계와 법문화

> 풍토의 변천에 의하여 성질이 변하지
> 않는 正義도 不正義도 없다. 極에서 3
> 도 떠나면 모든 법학이 무너진다. 한 줄
> 의 子午線이 진리를 결정하고, 몇 년의
> 세월이 소유를 결정한다. 근본법규는 변
> 한다. 법은 그 시대를 가진다. 강과 산
> 맥이 경계짓는 正義! 피레네 이 쪽에
> 서의 진리가 저쪽에서는 오류이다.
> ─파스칼(B. Pascal), 「빵세」 No. 319

I. 서 론

法系(legal system 혹은 legal family, Rechtssystem 혹은 Rechtsfamilie)란 어떤 국가의 법질서가 어떤 法系譜에 속하는가 하는 것이고, 法文化(legal culture, Rechtskultur)란 그 법계 속에서 당해 국가가 어떠한 특성 혹은 체취의 법제도·법학·법사상을 구성하여 운영하고 있는가를 총체적으로 지칭하는 개념이다. 이 지구 위의 수많은 국가들을 지리적·역사적 연유로 저마다 다른 법계와 법문화를 갖고, 상당히 그에 제한되어 기능하면서 존속하고 있다. 현대의 법학도라면 이러한 세계적 법문화의 좌표와 분위기를 알아야 국제적 안목을 갖고 법을 운영해 나갈 수 있을 것이다. 여기에서 比較法學(Rechtsvergleichung, comparative law)의 중요성이 더욱 부각되는 것이다.

[법 계 론]

법계론은 1900년을 전후로 출발하여 오늘날까지 비교법학의 중요한 부분을 이룬다. 에스멩(A. Esmein), 레비-울만(Lévy-Ullmann), 홀(Sauer Hall), 사르파티(Sarfati), 파쯔(Martinez Paz), 위그모어(John Wigmore), 슈니처(A. Schnitzer), 볼프(Martin Wolff), 다비드(René David), 쯔바이게르트(K. Zweigert)와 쾨츠(H. Kötz)의 법계론이 유명하다. 각각 분류기준을 제시하고 그에 따라 5대법계·6대법계 등 특이하게 나누어 이론을 구성한다. 최근에는 쯔바이게르트와 쾨츠가 법의 역사적 발전, 특수한 법학적 사고, 특징적인 법적 제도, 法源의 종류와 해석방법, 이데올로기적 요인 등을 종합하여 라틴법권·독일법권·북구법권·영미법권·사회주의법원·극동법권·이슬람법권·힌두법권의 여덟 개 法圈(Rechtskreis)으로 나누는 것이 많이 인용되고 있다.[1]

II. 로마·게르만법계(대륙법계)

현대세계의 法系 중에서 가장 광범한 분포를 갖고 있는 것은 로마·게르만법계(römisch-germanische Rechtsfamilie)이다. 과거에는 로마·게르만법계가 주로 유럽대륙에서 시행되고 있었기 때문에 大陸法系라는 표현을 썼는데, 오늘날 우리나라를 비롯하여 세계 대부분의 국가들이 이 계통에 속하기 때문에 로마·게르만법계라고 부른다.

로마·게르만법계는 로마법을 기초로 발달하여 온 법계이다. 이 법계에서는 대체로 법을 올바른 행위규칙으로 생각하며, 따라서 정의·도덕관념과 깊은 연관을 맺고 있다. 이런 의미에서 이 법계는 법실무자보다는 주로 법학자들이 이루어 온 특징을 갖고 있다. 로마·게르만법계의 또 한 가지 특징은 주로 시민간의 관계를 규율하기 위하여 私法 중심으로 발전하여 왔다는 데 있다. 법의 다른 분야는 훨씬 늦게서야 私法의 원리에 따라 발전하였다.

로마·게르만법계는 12세기부터 유럽대학에서 유스티니아누스 황제(483~565)가 편찬한 「市民法大典」(Copus Juris Civilis)을 기초로 연구한 데서

---

1) 자세히는 최종고, 한국법과 세계법, 교육과학사, 1989, 11~23면.

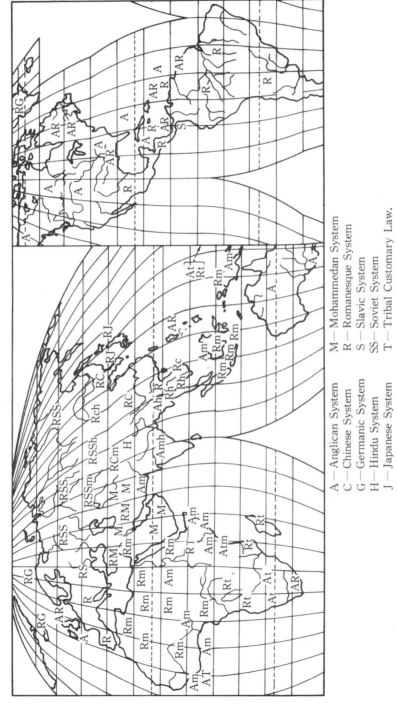

〈세계의 법계지도〉(World-Map of Legal Systems)

A — Anglican System
C — Chinese System
G — Germanic System
H — Hindu System
J — Japanese System

M — Mohammedan System
R — Romanesque System
S — Slavic System
SS — Soviet System
T — Tribal Customary Law.

자료 : John H. Wigmore, A Panorama of the World Legal Systems(Washington, 1935).

형성되었다. 로마·게르만법이라고 부르는 것은 로마법을 주축으로 게르만
族의 관습을 많이 포함한 관습법을 첨가하여 이룩한 점, 그리고 라틴지역
대학과 게르만지역대학에서 동시에 연구하여 형성된 데 기인한다. 이어서
19세기 나폴레옹법전(Code Napoléon, 1804) 이후 모든 나라들은 성문법전의
제정을 통하여 법체계를 정립하였다. 따라서 成文法主義가 이 법계의 특징
이라 하겠다. 그 후 유럽국가들의 식민지정책을 통하여 이 로마·게르만법계
는 전 세계로 퍼져 나갔다. 그뿐 아니라 한국·일본 등의 지역에서는 유럽
법의 受容(Rezeption)을 통하여 이 법계를 대폭 수용하였다.[2]

Ⅲ. 코몬 로법계(영미법계)

또 하나의 중요한 법계는 영국에서 형성되어 발전한 코몬 로(Common
law)系이다. 코몬 로를 普通法 혹은 一般法이라고 부르고, 우리나라에서는
흔히 英美法系라고 부르지만, 이 법계는 영국에서 형성되어 그 식민지였던
미국·캐나다·오스트레일리아·뉴질랜드 등 여러 나라에 퍼져 나갔다.

코몬 로는 로마·게르만법계와는 달리 법학자들이 아니라 법관들이 법
실무에서 개인들간의 분쟁을 해결하는 판결을 통하여 형성한 것이 특징이
다. 따라서 오늘날에도 코몬 로는 로마·게르만법계처럼 추상적인 일반 법
규칙을 제정하기보다는 구체적인 분쟁소송에서 해결책을 주는 데 중점을
두고 있다. 그러므로 코몬 로에서는 소송절차·증거절차 등에 관련된 절차
법규가 법률관계의 내용을 규정하는 실체법규 이상으로 중요시되고 있다.
이런 점에서 법을 발견하고(law finding), 이를 위하여 法的 推理(legal rea-
soning)를 하는 것이 중요하다.

코몬 로는 원래 왕권과 연결되어 있다. 영국왕국의 평화가 위협되거나,
기타 다른 이유로 왕권의 개입이 요구되거나, 정당화되는 경우에 발달하여
왔기 때문에 본질적으로 공법적 성격을 띠고 있다. 개인간의 분쟁은 왕권
의 이해에 관계되는 경우가 아니면 코몬 로法廷의 관심 밖이었다. 이같이

---

2) 자세히는 玄勝鍾, 比較法入門, 박영사, 1972; 최종고, 韓國法과 世界法, 교육과학사,
1989.

소송절차에서 유래하는 공법인 코몬 로의 형성과 발전에 로마·게르만법계 학자들이 세운 법이론은 큰 영향을 주지 못했다. 그 법용어나 개념이 서로 다르기 때문이었다. 이런 배경을 갖고 코몬 로는 不文法主義의 원리 아래에서 발달하여 왔다. 코몬 로도 식민지정책이나 자발적인 법의 계수를 통하여 전세계로 퍼져 나갔다. 그런데 로마·게르만법계와는 달리 코몬 로는 불법주의이기 때문에 영국 이외의 나라에서는 상당한 변화를 일으켰다. 그 사회의 가치요소들이 로마·게르만법계의 경우보다 훨씬 강하게 작용하기 때문이다. 그러므로 미국이나 캐나다의 코몬 로는 영국의 그것과 상당한 차이를 갖게 된다. 이러한 과정에 대하여는 西洋法制史 강의, 특히 英美法史를 통하여 자세히 배우게 된다.[3]

Ⅳ. 사회주의법계

社會主義法系(Socialistic legal family)란 구 소련을 위시하여 동구권국가들의 법계이다. 원래 이들은 로마·게르만법계의 국가들이었으므로 로마·게르만법의 요소들을 상당히 간직하고 있다. 예를 들면 법규칙을 행위규칙으로 보는 점, 법의 분류, 각종 법률용어 등이 거의 로마·게르만법계에서 유래된 것이다. 그러나 공산주의라는 전혀 차원이 다른 이념을 기초로 하기 때문에 이러한 피상적 유사성에도 불구하고 그 근본에서는 매우 차이가 있다. 마르크스주의를 기초로 하는 새로운 경제구조를 목표로 생산수단을 國有化함에 따라 개인간의 관계는 퇴색하여 私法 자체가 크게 위축되었다. 그러므로 로마·게르만法系와는 달리 철저하게 공법이 주도하고 있다. 또한 법규정이 정의 혹은 도덕관념에 결부되기보다도 집권계급의 지배수단(도구)으로 간주되고 있다. 이러한 이념적 차이는 법규정의 제정·적용·해석에서 상당한 차이를 가져올 수밖에 없는 것이다.

그런데 동유럽에서 시작된 사회주의체제의 붕괴는 법에도 커다란 변화를 몰고 왔다. 정통 마르크시즘의 법이론에 수정이 가해지고, 실정법의 입

---

3) 자세히는 L. 프리드맨/안경환 역, 미국법역사, 대한교과서주식회사, 1988; 崔鍾庫, 西洋法制史, 박영사, 2005, 397~492면.

법에서도 자본주의적 요소들이 가미되고 있다. 구 소련에서는 페레스트로이카(개혁)와 글라스노스트(개방) 정책 이후 1990년 3월에 대통령제를 도입하였고, "소유권에 관한 법률"(1990년 3월 6일)을 제정하여 私所有權을 인정하였으며, '임차에 관한 입법의 기본원리'를 제정하기도 하였다. 이러한 '사회주의법'의 붕괴는 자본주의의 승리처럼 보이지만, 수정원리로서의 존재의의는 완전히 사라지지 않고 있다.

중국·북한은 사정이 좀 특수하다. 아직도 개방의 폭을 좁히고 있어 그 법제의 내용을 잘 알 수조차 없다. 통일을 향하여 북한법연구의 필요성이 고조되고 있지만, 아직도 자료가 불충분한 상태에 있다. 그러나 입수된 자료에 의하면 북한은 마르크스적 공산주의 법이론에 주체사상을 가미하여 사회주의 법무이론 등 독특한 법제도와 이론을 구축하고 있다. 이것이 법과 법학의 '변질'인지는 평가되어야 하겠지만, 이것이 북한법의 특색이라면 특색이라고 하겠다.[4]

V. 법계의 교섭

오랜 세월을 지나는 동안 로마·게르만법계와 코몬 로법계 사이에 많은 접촉이 있었으며, 그 결과 서로 영향을 주고받게 되었다. 두 가지 법계가 모두 그리스도교 윤리의 영향을 크게 받았으며, 르네상스 이후에는 개인주의와 인권개념이 깊이 침투되었다. 그뿐 아니라 코몬 로법계에서도 현대사회의 복잡한 생활관계를 규율하기 위하여 점차 법규칙제정이 일반화되어 가고 있다. 그 결과 코몬 로에서도 절차적 해결뿐 아니라 실체적 해결을 중요시하게 되고, 따라서 유럽대륙의 법학과 비슷하게 총론적 법학이론이 형성되고 있다. 이렇게 나아가면 법학에서도 收斂理論(convergence theory)이 논의될 수 있지 않을까 하는 생각이 든다. 그래서 심지어는 이 두 법계를 합쳐서 西歐法(Western law)이라는 명칭을 쓰기도 한다. 두 법계

---

4) 최종고 외, 북한의 법과 법이론, 경남대 극동문제연구소, 1987; 최달곤·정경모 편, 북한법령집, 전 5 권, 대륙연구소, 1990; 최종고, 북한법(증보신판), 박영사, 2001; 최달곤·신영호, 북한법입문, 세창출판사, 1998.

가 서로 영향을 주고받을 때 母法(Mutterrecht)과 子法(Tochterrecht)의 관계
가 성립된다고 부른다.

　　이와 같은 흐름에 따라 로마·게르만법계와 코몬 로법계의 중간형태까
지 나타난다. 이스라엘·남아공화국·캐나다의 퀘벡·필리핀 등이 그 대표적
예이다. 한편 사회주의법과 서구법 간의 상호영향도 무시할 수 없는데, 서
구법에 나타난 주요 기업의 국영화, 주요 서비스업의 公營化 등이 그 예라
고 하겠다.

Ⅵ. 현대세계의 법문화

　　이러한 법계들이 모여 현대세계의 法文化(Rechtskultur)를 이루고 있다.
위에서 지적한 바와 같이 현대세계의 가장 중요한 法系는 로마·게르만법계
이다. 유럽에서는 공산권과 영국·아일랜드를 제외하면 대부분이 이 법계에
속한다. 그뿐 아니라 전세계에 걸쳐 있던 과거 프랑스·스페인·포르투갈·
네덜란드의 식민지 국가들은 거의 모두 로마·게르만법계에 속한다.

　　한편 이들 식민지였던 지역 중에서 그 뒤 코몬 로의 영향권으로 바뀐
지역은 일정하지 않다. 과거 스페인식민지였던 미국의 플로리다·캘리포니
아·뉴멕시코·아리조나·텍사스 등은 일정한 옛 전통을 유지하기는 했지만
코몬 로에 속한다. 파나마와 기아나도 마찬가지다. 반대로 미국의 루이지애
나주, 캐나다의 퀘벡, 그리고 푸에르토 리코는 코몬 로의 상당한 영향을 받
았지만, 로마·게르만법계에 속한다.

　　아프리카 및 인도양의 섬나라들은 대체로 과거 식민지 종주국의 영향
을 받았다. 즉 프랑스·스페인·포르투갈·벨지움 식민지들은 로마·게르만법
계이고, 영국 식민지들은 코몬 로법계이다. 다만 중간에 지배권이 바뀐 지
역은 일정하지 않다. 에티오피아는 식민지와 관계없이 대체로 로마·게르만
법계이나 소송절차에 코몬 로의 영향이 크다. 남아공화국은 처음에 네덜란
드의 지배 아래 있다가 영국의 지배로 바뀌었는데, 그 법제도는 두 가지
법계의 혼합형이다. 북아프리카국가들은 프랑스법의 영향으로 로마·게르만
법계에 속하나 이슬람법의 영향이 크다.

터키는 처음에는 이슬람법의 영향이 컸으나 제1차 대전 후 개혁을 통하여 로마·게르만법계에 충실했다. 터키의 영향을 받던 이집트 및 근동의 아랍국가들은 프랑스의 영향 아래 로마·게르만법계가 주류를 이루나 터키처럼 완전히 이슬람법의 영향을 벗어나지는 못하였다. 이스라엘은 원래 프랑스법의 영향 아래 있었으나 영국의 위임통치로 혼합형이 되어 있다. 이라크와 요르단도 비슷한 운명이었으나 영국의 위임통치가 끝나면서 다시 로마·게르만법계로 돌아왔다. 페르시아만 지역의 아랍국가들은 법제도가 현대화되는 중이며, 아직 어느 계통에 속한다고 말할 수 없다. 한국·일본·대만 등 극동국가들은 유럽법의 계수를 통하여 로마·게르만법계에 속한다. 타일랜드도 대체로 마찬가지라고 할 수 있다.

필리핀은 스페인 식민지로 로마·게르만법계에 속하였으나 50년간의 미국지배로 영미법계와 혼합이 되었다. 인도네시아는 네덜란드 식민지로 로마·게르만법계에 속하나 이슬람법 및 전통적 관습법이 상당히 지배하고 있다.

Ⅶ. 결   론

법의 역사는 불문법에서 성문법으로 발전하여 왔다고 하나 성문법주의와 불문법주의가 절대적으로 대립하는 것은 아니다. 성문법주의를 택하는 국가에서도 불문법을 법원으로 가지고 있으며, 불문법주의를 택하는 국가에서도 성문법을 法源으로 인정하고 있다. 다만 성문법과 불문법 중에서 어느 쪽에 더 큰 비중을 두고 있느냐의 차이가 있을 뿐이다.

성문법주의는 법의 내용을 명확히 해 주고 국가의 법체계를 통일적으로 정하기 쉬우며, 법질서의 안정(법적 안정성)을 확보할 수 있다는 장점이 있다. 그러나 법의 내용을 법조문에 고정시켜 사회현실과 거리가 멀어져서 사회발전에 신속히 대응하지 못하는 단점이 있다. 한편 불문법주의는 법이 문자로 고정되지 아니하여 변천하는 사회현실에 적응하기 쉬운 장점이 있는 반면에, 국가의 법을 통일적으로 정비하기 어렵고 법질서의 안정성을 확보하기 어려우며, 법의 존재가 명확하지 못한 단점이 있다.

근대법체계가 완비되지 못한 후진국에서는 선진국의 발달된 법제를 통해 짧은 시일 안에 근대적 법체계를 수용하는 방법이 효과적이므로 대체로 성문법주의를 취하게 된다. 그 대신 후진국에서는 계수한 근대적 법제도와 봉건잔재를 탈피하지 못한 전통적 法意識(legal consciousness, Rechtbewußtsein)과의 거리를 어떻게 조정하여 성문법의 實效性을 거두느냐 하는 문제가 제기된다.

성서에 "사마리아와 땅끝까지 이르러 내 복음의 증인이 되리라"는 말씀이 있지만, 선진된 법문화와 이론은 물이 높은 곳에서 낮은 곳으로 흐르듯 세계 방방곡곡으로 전파되어 가고 만다. 이런 면에서 법은 빛이요 복음이다. 그러나 이론과 법전만이 선진화된다고 그 사회가 곧 선진국으로 바뀌는 것은 아니고, 그 과정 속에서 무수히 많은 시도와 좌절의 역사가 깃들어 있다. 이런 면에서 세계의 법문화와 법계를 정확히 관찰하여 他山之石으로 삼으며, 현명한 국민으로서 법문화의 향상을 위해 명민한 노력을 기울여 나가야 할 것이다.

요즘은 법뿐만 아니라 정치·경제·문화의 모든 영역에서 세계화(Globalization)의 추세에 놓여 있다. 어느 정도까지 세계적 기준에서 통일화해야 할 것인지, 각국의 법체계는 새로운 과제 앞에 서 있다.

참고문헌 ─────

玄勝鍾, 比較法入門, 박영사, 1972; 崔鍾庫, 西洋法制史, 박영사, 2005; 崔鍾庫, 韓國의 西洋法受容史, 박영사, 1982; E. 알랜 파론즈워드/서돈각·박길준 역, 英美法, 법문사, 1986; H.J. 버어먼 편/이병조 역, 美國法入門(*Talks on American Law*, rev., ed., 1971), 탐구당, 1964; 崔大權, 英美法, 동성사, 1986; 黃迪仁·李銀榮, 獨逸法, 박영사, 1987; 崔鍾庫, 韓國法과 世界法, 교육과학사, 1989; 버틀러/이윤영 역, 소비에트法. 대륙연구소, 1990; 버틀러/박홍규 역, 자본주의법과 사회주의법, 일월서각, 1988; 김 철, 러시아소비에트法, 민음사, 1989; 고광림, 동서양의 法文化, 법학교양총서 11, 교육과학사, 1990; 메리멘/윤대규 역, 시민법전통, 1990; 법제처, 북한법제개요, 한국법제연구원, 1992; 최종고, 북한법(증보신판), 박영사, 2001; 프레데릭 로슨/양창수·전원열 역, 大陸法入門(*A Common Lawyer Looks at the Civil*

Law, 1953), 박영사, 1994; 최달곤·신영호, 북한법입문, 세창출판사, 1998; 한인섭·최종고·김도균, 남북한 법의 비교와 통일법의 모색, 서울대학교 통일연구소, 2008; 김정오, 한국의 법문화, 나남, 2006.

John H. Wigmore, *A Panorama of the World Legal Systems,* 1928; René David/Brierley, *Major Legal Systems of the World Today,* 1978; Various European Authors, *A General Survey of Events, Sources, Persons and Movements in Continental Legal History,* 1912; K. Zweigert/Kötz, *Einführung in die Rechtsvergleichung,* 1971; W. Fikentscher, *Methoden des Rechts,* 4. Bde., 1975; Rudolf Schlesinger, *Comparative Law,* New York, 1988; William Twining, *Globalization and Legal Theory,* Northwestern University Press, 2000; Klaus A. Ziegest, *Law and Legal Culture in Comparative Perspective,* Steiner, 2004.

연습문제

1. 세계의 法系는 어떻게 구성되어 있는가?
2. 大陸法과 英美法의 형성과정을 구별하라.
3. 한국법의 세계적 좌표를 논하라.
4. 大陸法文化와 英美法文化의 특징을 논하라.
5. 成文法主義와 判例法主義의 장단점을 논하라.

제11장

권리·의무와 법률관계

권리를 위한 투쟁(der Kampf ums Re-
cht)은 도덕적 의무이다.

－루돌프 폰 예링(Rudolf von Jhering)

의무의 존재는 가치 있는 기회들을 창조
하고, 가치 있는 선택을 계속하게 한다.

－조셉 라즈(Joseph Raz)

I. 서 론

법학에서 권리와 의무란 표현만큼 자주 쓰이는 말은 없을 것이다. 어쩌면 법학은 권리의무의 개념 위에 세워진 건축물이라고 할 수 있을 것이다. 권리란 말은 영어의 right을 번역한 말인데, 중국에서 선교사 마아틴(William A. P. Martin)이 휘이턴(Henry Wheaton)의 저서 「Elements of International Law」(1836)를 萬國公法(1864)으로 번역·출판할 때 처음 사용한 것으로 알려져 있다.[1] 일본에서도 처음에는 '通義'라 번역하였다가 '權利'라고 번역하였는데, 兪吉濬의 「西遊見聞」(1895)에도 '通義'라는 용어가 사용되고 있었다.

그러나 현대인은 자칫하면 자기 권리에 대해서는 110% 요구하고, 의무는 10%도 안 지키려고 하는 얌체성을 보이는 면도 있을 정도로 권리란

---

1) 자세히는 최종고, 韓國의 西洋法受容史, 박영사, 1982, 309~311면. 权利라는 말은 동양 전통에도 권세와 이익이란 뜻으로, 일찍 司馬遷(BC145~86)이 사용하였고, 秋史 金正喜(1786~1856)도 「歲寒圖」(1844) 序言에서 사용하고 있다.

말이 유행되고 있다. 어쨌든 건전한 법률생활을 위해서는 권리와 의무를 바르게 이해하여야 할 것이다.

Ⅱ. 권리의 학설

권리의 본질이 무엇이냐에 대하여는 여러 가지 학설이 있는데, 이를 권리학설이라고 부른다.

1) **의사설**(Willenstheorie)　　　이 설은 권리의 본질을 의사의 자유 또는 의사의 지배라고 보는 학설인데, 사비니·푸흐타·빈트샤이트 등이 주장하였다. 그런데 권리실현에 의사는 필요하다고 하겠지만, 가령 의사무능력자의 권리향유의 경우와 같이 의사가 권리실현에 반드시 수반되지 않는 경우도 있다. 따라서 의사의 존재를 권리의 본질이라고 볼 수는 없다.

2) **이익설**(Interessentheorie)　　　권리의 본질을 법률상 보호되는 이익 또는 법률에 의하여 개인에 귀속되는 生活財貨라고 하는 이 설은 예링이 주장하였다. 이 설은 권리의 주체가 항상 수익주체와 동일주체일 것을 전제로 한다. 그러나 법률에 의한 이익보호는 반드시 권리라는 형태를 통하는 것만이 아니고, 법률에 대한 준수가 어느 특정인에게 권리가 되지는 않지만 그 사람에게 이익이 되는 수가 있으니(교통규칙에 대한 일반인의 준수는 어느 사람에게도 이익이 되는 일이지만, 그렇다고 해서 그 이익의 향유자에게 주어진 권리는 아니다) 권리를 이익과 혼동할 수는 없다. 권리의 목적과 권리의 본질을 이 설은 혼동하고 있다. 이익은 권리의 목적이며 권리는 분명히 이익을 위해서 존재하는 것이지만, 이익은 권리 자체는 아니고 법률에 의하여 이익을 실현케 하여 주는 힘이 권리이다.

3) **법력설**(rechtliche Machttheorie)　　　이 설은 권리의 본질을 인간이익의 충족을 위해서 법률에 의해서 주어진 힘이라고 하는 설이다. 의사설과 이익설을 절충·결합한 이론이라고 볼 수 있는데, 이익을 향유할 수 있는 의사의 지배가 곧 권리라고 보는 것이다. 독일의 민법학자 에넥케루스(Ludwig Enneccerus, 1843~1928)에 의하여 주장되었다. 적어도 권리라는 것이 자연법적인 것이 아니라 실정법적인 것을 가리킬 때에는 이 법력설이

타당하다고 볼 수 있겠다.

　　권리의 본질은 오늘날 특히 영미법학에서 논의되는 핵심문제의 하나이다. 파운드(R. Pound)는 이익(interest)·요구(claim)·능력(capacity)·자유(liberty)·정의(justice)의 다섯 개념으로 구별하여 설명하였다.[2]

Ⅲ. 권리와 구별되는 개념들

　　1) 권　능(Befugnis)　　　　권리 속에 포함된 개개의 작용을 말한다. 즉 한 개의 권리가 있으면, 그로부터 여러 가지 권능이 나오는 것이다. 그렇다고 해서 반드시 몇 개의 권능이 합쳐져 한 개의 권리를 이루는 것은 아니다. 예컨대 소유권이라는 권리로부터 사용의 권능, 수익의 권능, 처분의 권능 등이 나오는 것이다. 이러한 권능도 흔히 …권이라 불린다(사용권·수익권·처분권 등).

　　2) 권　한(Zuständigkeit, Kompetenz)　　　　공법상 또는 사법상의 법인 또는 단체의 기관이 법령·정관 등에 의하여 행할 수 있는 일의 범위 내지 자격을 말한다. 예컨대 공무원의 권한, 단체간부의 권한, 회사 이사의 권한 등이 이것이다.

　　3) 반사이익(objektives Reflexrecht)　　　　법의 규정의 결과로 각 사람이 저절로 받게 되는 이익을 말한다. 적극적으로 어떤 힘이 부여되어 있는 것이 아니기 때문에 타인이 그 향유를 방해하더라도 권리를 주장하여 보호를 청구하지 못한다.

　　예컨대 생활보호법의 결과로 보호대상자들이 받는 이익은 반사이익이다. 만약에 관계관청이 그 규정을 충실하게 이행치 않아서 보호대상자들이 받을 이익이 감소되더라도 그 권리를 주장하지 못한다.

　　이상이 종래의 일반적 설명이지만, 오늘날 실질적 법치주의 내지 인권보장을 강조하게 됨에 따라 반사이익의 公權化 또는 保護利益化 경향이 대두하고 있다.

---

　　2) R. Pound, *Jurisprudence,* 1959.

IV. 권리의 종류

권리는 公權과 私權의 둘로 크게 나눌 수 있다. 공권은 공법상 부여된 권리이고, 사권은 사법상 인정된 권리이다.

1. 공권의 종류

공권은 국가 기타 공공단체가 가지는 공권과 국민이 가지는 공권으로 나눌 수 있다. 국가가 가지는 공권은 바로 통치권이며, 국가 이외의 공공단체가 가지는 공권은 국가의 통치권으로부터 나뉘어 나온다. 따라서 이 두 가지의 공권을 포괄하여 國家公權이라고 부르고, 이에 人民公權을 대립시키는 학자도 있다. 인민공권은 국민이 국가와 기타 공공단체에 대하여 가지는 공권이다. 인민공권은 보통 이를 자유권·수익권(국가행위요구권)·참정권의 셋으로 나눈다. 그 각각에 관하여는 헌법학에서 배운다.

2. 사권의 종류

(1) 권리의 내용에 의한 분류

1) 인 격 권   권리자 자신을 객체로 하는 권리를 말한다. 따라서 인격권은 그 인격과 분리될 수 없다. 생명권·신체권·성명권·정조권 등이 그것이다.

2) 신 분 권   친족권과 상속권을 통틀어 신분권이라 한다. 친족권은 호주권·친권·후견권·부양청구권 등과 같이 일정한 신분을 기초로 하는 권리이다. 상속권은 타인의 인격 또는 타인의 재산을 상속할 권리이다. 신분권은 一身專屬權임을 원칙으로 한다.

3) 재 산 권   경제적 이익을 내용으로 하는 권리이다. 物權·債權 및 無體財産權은 이에 속한다. 물권은 물건을 직접 지배하여 이익을 받는 권리이고, 채권은 특정인에 대하여 특정한 행위를 할 것을 요구할 권리이다. 이에 대하여 무체재산권은 발명·저작 등 지능적 제작물에 대한 권리이다.

(2) 권리의 작용에 의한 분류

1) 지배권(Herrschaftsrecht)　　　권리의 객체를 직접 지배하는 권리이다. 물권·무체재산권(특허권·저작권·상표권 등) 및 친족권의 대부분은 이에 속한다. 지배권은 타인의 침해를 배척할 수 있는 효력, 즉 배타성을 가지는 것이 원칙이다.

2) 청구권(Anspruch)　　　타인의 作爲·不作爲(하지 않는 것) 또는 認容 (참고 받는 것)을 요구할 권리이다. 채권은 모두 청구권이다. 그 밖에도 물권·무체재산권·친족권·상속권 등으로부터도 청구권이 발생할 수 있다. 청구권에도 물권적 청구권과 채권적 청구권이 있는데, 전자는 누구에게나 주장할 수 있는 것이고, 후자는 특정인에게만 주장할 수 있는 것이다.

3) 형성권(Gestaltungsrecht)　　　권리자의 일방적 의사표시로 어떤 권리의 발생·변경·소멸 기타의 법률상의 효과를 발생시키는 권리이다. 取消權 (민법 제140조, 제141조)·追認權(민법 제130조, 제133조, 제139조, 제143조)·解除權(민법 제544조) 등이 이것이다.

4) 항변권(Einrede)　　　타인의 청구권의 행사를 거절할 수 있는 권리이다. 항변권은 상대방에게 청구권이 있음을 부인하는 것이 아니라, 도리어 그것을 전제하고 다만 그 행사를 배척하는 것이다. 同時履行의 항변권(민법 제536조).

　　예컨대 매매계약을 한 경우에 매수인은 매도인이 채무를 이행할 때까지는 대금채무를 이행하지 않아도 되고, 매도인은 매수인이 대금채무를 이행할 때까지는 목적물 이전의 채무를 이행하지 않아도 된다. 만약 매수인이 대금은 내지 않고 목적물을 이전해 달라고 청구하는 경우에는 매도인은 매수인이 채무를 이행할 때까지 자기의 채무의 이행을 거절할 수 있다. 이것이 동시이행의 항변권이다.

(3) 기타의 분류

1) 절대권(대세권)**과 상대권**(대인권)　　　절대권은 누구에게나 주장할 수 있는 권리이고, 상대권은 특정인에게 대해서만 주장할 수 있는 권리이다. 절대권은 배타성이 있고, 상대권에는 배타성이 없다. 물권은 절대권의

예이고, 채권은 상대권의 예이다. 다만 채권보호수단이 절대권에 가깝게 확장되고 있기 때문에 오늘날 이러한 구별은 절대적 의미를 잃어 가고 있다.

　　2) 일신전속권과 비전속권　　　일신전속권은 성질상 권리자에게만 전속하여 양도나 상속으로 타인에게 이전할 수 없는 권리이고, 비전속권은 이전할 수 있는 권리이다. 인격권·신분권은 대체로 일신전속권이고, 재산권은 대체로 비전속권이다.

V. 의무의 개념

의무는 일정한 행위를 해야 할, 또는 해서는 안 될 법률상의 구속이다. 해야 할 의무(duty, Pflicht)를 作爲義務, 해서는 안 될 의무를 不作爲義務라고 부른다. 부작위의무 중에서 특히 타인의 일정한 행위를 참고 받아야 할 의무를 忍容義務라고 한다. 의무도 또한 공법상 의무와 사법상 의무로 구별된다.

권리와 의무는 마치 하나의 물건의 양면처럼 서로 대응하는 것이 보통이다. 이 대응은 채권과 채무의 대응에서 가장 잘 알 수 있다. 그러나 언제나 반드시 그러한 것은 아니다. 권리가 대응하지 않는 의무도 있고, 의무가 대응하지 않는 권리도 있다. 법인의 등기나 무능력자의 영업의 등기를 해야 할 의무(민법 제49조, 제51조; 상법 제 6 조)·공고의무(민법 제88조, 제93조)·감독의무(민법 제755조) 등은 전자의 예이고, 민법상의 취소권·동의권·해제권 등의 형성권은 후자의 예이다. 또 친권자가 미성년자인 子를 보호·교양할 권리를 가지는 동시에 의무를 지는 예와 같이(민법 제913조) 동일한 사람의 권리이며 동시에 의무인 경우도 종종 있다.

VI. 권리의무의 주체·객체

권리는 특정인에게 부여되는 것인데, 권리를 가지는 그 특정인을 권리의 主體라고 부른다. 또 의무를 부담하는 자를 의무의 주체라고 부른다. 권리의 주체가 될 수 있는 자만이 의무의 주체가 될 수 있고, 의무의 주체가 될 수 있는 자만이 권리의 주체가 될 수 있다. 권리·의무의 주체가 될 수 있는 것은 자연인과 법인에 한하는데, 자연인은 누구나 당연히 권리·의무의 주체가 되지만 법인은 관청의 허가를 얻고 등기를 해야 비로소 권리·의무의 주체가 된다.

권리는 특정한 생활이익을 그 내용으로 한다는 것은 앞에서 말했다. 권리의 내용인 그 특정한 생활이익을 권리의 목적이라고 하고, 이 내용, 즉 목적이 성립하기 위하여 필요한 일정한 대상을 권리의 객체라고 부른다. 예컨대 물권에서는 일정한 물건을 직접 배타적으로 지배하는 것이 물권의 목적이며, 그 일정한 물건이 바로 물권의 객체이다. 채권에서는 특정인으로부터 특정한 행위를 요구하는 것이 채권의 목적이므로 채무를 지는 그 특정인의 행위가 채권의 객체이다.

권리의 객체는 권리의 종류에 따라서 다르다. 물권에서는 물건이고, 채권에서는 사람의 행위이며, 또 친족권에서는 일정한 친족관계에 서는 사람의 지위가 권리의 객체이다. 또 생명·신체·자유·명예 등 그 주체와 분리될 수 없는 이익을 내용으로 하는 인격권에서는 권리의 주체 자신이 동시에 권리의 객체이다.

Ⅶ. 법률관계

인간의 사회생활관계를 법적으로 관찰해 보면, 그것은 복잡다양한 권리와 의무의 관계로 엉켜져 있다. 이 권리와 의무의 관계를 法律關係(Rechtsverhältnis)라고 부른다.[3]

어떤 법학교수가 학생들을 데리고 높은 빌딩에 올라가 "저 아래에 무엇이 보이느냐?"라고 물었다. 학생들이 다소 의아해하며 머뭇거리자 교수는 "권리의 주체와 객체가 보이지 않느냐!"라고 하였다는 얘기가 있다.

---

3) 아래의 서술은 李英俊, 民法總則, 博英社, 1987, 31면 이하.

1. 의의와 내용

법률관계의 내용은 구체적인 권리와 의무이다. 예컨대 매매관계에 의하여 매도인은 소유권이전의무를 지고 매수인은 이를 청구할 수 있는 權利를 가지며, 반면에 매도인은 매매대금을 청구할 수 있는 권리를 갖고 매수인은 이를 지급할 의무를 진다. 이것이 매매관계로부터 발생하는 본체적 권리·의무이다. 이처럼 법률관계는 권리·의무를 내용으로 하는 것이고 양자는 표리관계에 있는 것이나, 근대민법은 권리본위로 구성되어 있으므로 법률관계는 흔히 권리에 의하여 표현되는 수가 많다.

2. 인간관계

법률관계와 존재의 평면을 달리하는 것에 인간관계와 호의관계가 있다. 이들은 원칙적으로 법의 규율을 받지 않고 관습·도덕·종교의 규율을 받는 생활관계이다.

인간관계(menschliche Beziehung)란 가족·애정·우의·예의관계와 같은 생활관계이다. 예컨대 父가 子에게 생일선물을 하기로 약정하는 것, 친구간에 서로 여행을 함께 떠나기로 약정하는 것, 특정한 날 스승을 찾아뵙기로 약정하는 것, 결혼식을 특정한 종교방식에 따라서 하기로 약정하는 것, 멀리 떨어져 있는 부인에게 다달이 법률이 규정하는 부양료 외에 상당한 금액을 보내 주기로 약정하는 것 등은 모두 인간관계에 기한 약속으로서, 이로부터 법률관계는 발생치 않는다. 그러므로 이러한 약속을 어겨도 그 이행을 청구한다든가, 損害賠償을 청구할 수는 없다. 이러한 청구권을 인정하면 바로 위와 같은 약속을 한 의미가 파괴되기 때문에 이를 법률관계로 하지 않는 것이다.

순수한 인간관계와 법률관계의 한계를 짓는 것이 쉽지 않은 수도 있다. 예컨대 여러 사람이 여행할 때 일정한 금액을 거두어 숙박비용 등 여행비에 충당하기로 약정하고도 한 사람이 여행에 참여하지 않아 다른 사람이 손해를 입은 경우, 그 사람이 이 손해를 배상하는 것이 타당한가? 이 문제는 후술하는 好意關係와도 관련된다. 또한 혼인할 것을 전제로 하여 혼수를 授受했는데, 혼인이 이루어지지 않을 때에는 이를 반환하도록 하는 것이 타당한가. 생각건대 원상회복케 하는 것이 형평에 맞으므로 이 경우에는 不當利得返還에 기한 법률관계가 발생한다고 할 것이다. 요컨대 인간관계인가, 법률관계인가의 구별은 법의 보호를 줄 이익이 있는가를 고려하여 이를 결정해야 할 것이다.

3. 호의관계

好意關係(Gefälligkeitsverhältnisse)란 호의로 어떤 이익을 주고 받는 생활관계를 말한다. 호의관계는 법률관계 밖에서 시작하여 이에서 끝나는 수가 많고, 이러한 경우에는 아무런 법률문제가 생기지 않는다.

그러나 호의관계에 수반하여 손해가 발생한 경우, 그 손해를 누구로 하여금 부담케 하는 것이 타당한가의 문제가 일어난다. 예컨대 주유소에서 단골에게 휘발유를 거저 주었으나 그 휘발유의 질이 조악하여 케브레타에 고장이 생긴 경우, 이웃집 부인들이 외출할 때에 서로 상대방의 아이를 보아 주기로 약속하여 이를 실천하던 중 부주의로 아이가 다친 경우, 지나가던 행인이 자동차의 후진을 도와 신호를 보냈으나 잘못 신호하여 사고가 발생한 경우, 특히 근래에 이르러 반발하게 된 好意同乘, 즉 호의로 자동차를 무료로 태워 주고 가다가 과실로 사고가 발생하여 탄 사람에게 傷害·死亡이 발생한 경우, 이러한 생활관계를 호의관계라 하여 이에 대한 법적 규율을 거부하는 것이 타당한가가 문제로 되는 것이다.

이러한 호의관계와 법률관계를 구별하는 기준은 법적 구속의사의 존부, 즉 당사자의 구체적인 의사와 거래관행에 비추어 당해 관계에 법적으로 구속될 것을 의도했는지 여부이다. 하지만 실제 양자를 일도양단으로 명확히 구별하기는 어려우며, 특히 근래에 이르러 사고보험이 많이 이뤄지고 있는바, 호의관계에 의한 동승의 경우 사고가 발생하게 되면 호의관계라는 이유만으로 불법행위로 인한 배상책임이 면제되는 것은 아니며, 또한 이러한 손해는 보험회사에 의하여 전보된 후에 가해자에게 구상되므로 결국은 법률문제화되게 된다.

4. 기타 법률관계

外樣으로는 인간관계나 호의관계와 대단히 유사하나 언제나 법률관계인 것이 있다.

(1) 신사약정

그 전형적인 것이 이른바 신사협정(gentleman's agreement)이다. 이것은 당사자가 어떤 약정을 하면서도 그 약정에 대한 법적 구속을 배제하기로 특약하는 것을 말한다. 이것은 특히 카르텔법분야에서 중요한 기능을 담당하고 있다. 이러한 특약이 있는 경우에는 상대방이 그 약정에 기한 의무를 이행하지 않는다 하더라도 그 給付를 청구하거나 그 불이행으로 인한 손해배상을 청구할 수 없다.

그러나 일단 당사자 쌍방이 그 의무를 이행한 경우에는 그 약정이 법적 구속을 받지 않는다는 것을 이유로 하여 이행한 것의 반환을 청구할 수는 없다. 따라서 법적 구속을 받지 않는 약정이라 하더라도 이행된 급부를 정당하게 보유할 수 있게 한다고 하는 점에서 이러한 約定關係는 법률관계이고, 단순한 인간관계나 호의관계가 아니라 할 것이다.

(2) 무효사유를 알고 한 계약체결

이에 대하여 당사자가 無效事由가 있음을 알면서 계약을 체결하는 것은 상술한 법적 구속을 배제하는 약정과 성질을 달리한다. 예컨대 당사자가 약정의 내용이 강행법규 또는 선량한 풍속 기타 사회질서에 반하여 무효라는 것을 알면서도 이러한 약정을 하는 것은 그 약정의 법적 구속을 포기하는 것이 아니라 오히려 무효가 되는 것을 피할 수 있다고 의욕하고 하는 것이므로, 이러한 약정의 효과는 대체로 신사약정에서와 같이 취급하여야 할 것이다. 당사자가 무효사유가 없음에도 불구하고 이것이 있다고 착오하고 있는 경우에도 동일하게 해석하여야 할 것이다.

(3) 호의지급의 상여금

법적 청구권을 배제하면서 지급하는 特別賞與金도 문제로 된다. 예컨대 고용주가 근로자에게 특별상여금 또는 휴가비 등을 지급하면서 "이것은 好意로서 지급하는 것으로서 고용주에 대하여 여하한 *法的 請求權*도 존재하지 않는다"라고 명백히 의사표시를 한 경우, 그 의사표시는 어떠한 법적 의미를 갖는가? 생각건대 이러한 상여금 또는 휴가비는 실질적으로는 근로의 대가이고, 특히 그 지급이 반복되면 근로자는 이에 대한 기대를 갖게 되므로, 이러한 임금지급에 대한 기대는 보호되어야 할 것이다. 따라서 근로자는 이 경우 특별상여금 또는 휴가비 등에 관한 법적 청구권을 갖는 것이므로, 이에 의하여 정상적인 법률관계가 발생한다고 할 것이다.

5. 법률관계의 변동

위에 말한 바와 같이 법률에 의하여 규율되는 생활관계를 법률관계라고 하는데, 근대법체계는 권리본위로 구성되어 있으므로 법률관계는 어떤 사람이 다른 사람에 대하여 권리를 가지고 있다는 모습으로 나타나게 된다. 그런데 생활관계가 발전함에 따라 법률관계도 변동한다. 즉 권리는 발생·변경·소멸한다. 권리의 발생·변경·소멸을 법률효과라고 한다. 그리고 法律效果를 발생하게 하는 원인을 법률요건이라 하고, 법률요건을 구성하는 사실을 法律事實이라고 한다.

법률관계·권리관계·법률효과·법률요건·법률사실의 예를 들면 다음과 같다. 甲이 乙에게 자동차를 100만원에 사라고 請約하고, 乙이 이를 承諾하면 매매계약이 성립한다. 이에 의하여 매도인 甲은 매수인 乙에 대하여 자동차대금 100만원을 청구할 수 있는 권리를 갖게 되고, 乙은 甲에 대하여 자동차 이전을 청구할 수 있는 권리를 갖게 된다. 여기서 甲·乙간의 매매관계는 민법 제563조 이하의 규율을 받게 되는 전형적인 법률관계이다. 여기서 매매라고 하는 것은 법률요건이고, 매매를 구성하는 甲의 청약의 의사표시와 乙의 승낙의 의사표시는 각 법률사실이다. 그리고 매매에 기하여 甲의 매매대금지급청구권과 乙의 소유권이전청구권이 각각 발생하게 되는데, 이것이 법률효과이다.

권리의 발생·변경·소멸은 이를 권리의 주체를 중심으로 보면, 권리의 득실·변경으로 나타난다. 권리의 得失에는 절대적(원시적 또는 객관적)인 것과 상대적(승계적 또는 주관적)인 것이 있다. 상대적인 경우에는 취득과 상실이 상호 각 원인이 되고 결과로 된다. 예컨대 甲이 乙에게 소유권을 이전

하면 甲은 소유권을 상실하고, 乙은 이에 기하여 소유권을 취득한다. 그러
나 절대적 득실의 경우에는 그렇지 않다.

　　톨스토이(L. Tolstoi)는 "인간과 인간의 관계가 사랑 없이 권리의무관계
로 규정될 수 있다고 믿는 것이 법률가의 죄악이다"라고 하였고, 라드브루
흐는 "법률가는 미묘한 빛깔의 영롱한 세계상을 오직 무지개의 일곱 색으
로만 바라본 것을 후회할 날이 올 것이다"라고 하였다. 그렇지만 법을 통
한 분쟁해결이 불가피한 이상, 이렇게 인간관계를 법률관계로 파악하면서
탐구해 나가는 것은 어쩔 수 없는 일이다.

참고문헌

　　예링/沈在宇 역, 權利를 위한 鬪爭(Der Kampg ums Recht), 박영문고, 1980;
金曾漢, 民法總則, 박영사, 1983; 李英俊, 民法總則, 박영사, 1987; 張庚鶴, 法律春香
傳, 을유문고, 1975; 유네스코 편/李克燦 역, 人間의 權利, 청구출판사, 1958; 러셀
갤로웨이/安京煥 역, 法은 누구 편인가, 교육과학사, 1992; G. 옐리네크/E. 부뜨미
저, 김효전 역, 인권선언논쟁, 법문사, 1991; 최종고, 법과 윤리, 경세원, 2002; 김도
균, 권리의 문법, 박영사, 2008.

　　R. Dworkin, *Taking Rights Seriously,* Havard Univ., Press, 1977; Chongko
Choi, *The Asian Conception of Right and Duty,* 동서의 법철학과 사회철학, 법문
사, 1990; Alan Gewirth, *The Community of Rights,* Univ., of Chicago Press,
1996.

연습문제

1. 법과 권리·의무의 관계를 논하라.
2. 권리의 종류와 의무의 종류를 논하라.
3. 법에서 권리가 중요한가, 의무가 더 중요한가?
4. 法律關係의 성질을 논하라.

제12장

법의 변동

법은 안정되어야 하지만 결코 정지되어
서는 안 된다.

-파운드(R. Pound)

처음에 법철학의 변화가 있었고 나중에
혁명이 있었다.

-라드브루흐(G. Radbruch)

Ⅰ. 서   론

지금까지 주로 법의 규범적 측면을 많이 논해 왔지만, 법은 당위적 규
범만이 아니라 역사 속에서 작용하는 현실이라는 사실을 또한 잊어서는 안
될 것이다. 현실로서의 법은 여러 가지 요인과 사정에 따라서 변화한다. 이
러한 법의 변동(dynamics)의 면모, 즉 그 생성·발전·쇠퇴·소멸의 과정에
사실적으로 접근하는 분야가 法史學·法社會學 등이다. 이에 대하여는 '기초
법학'에서 상론하기로 하고, 여기서는 법의 변동에 큰 요인을 이루는 정치·
경제·혁명·발전의 문제를 요점중심으로 다루어 보자.

Ⅱ. 법과 사회력

법규범은 일반적으로 고정적·보수적 성격을 가진다고 할 수 있다. 더

욱이 추상적·일반적인 형식으로 제정되는 입법(법률)은 사회에 다소 변동이 생기더라도 충분히 이에 대응할 수 있는 탄력성을 갖기 때문에 쉽사리 개폐되지 않는 지속성을 자체 안에 가지고 있다. 프랑스의 나폴레옹 法典(1804)이 많은 수정을 받아 가면서도 생명력을 유지해 오고 있음이 좋은 예가 된다. 만약 법이 입법자의 恣意로 '朝令暮改'된다면 법관이나 일반인은 법을 준수할 수 없을 것이며, 사회질서와 법적 안정을 바랄 수 없을 것이다. 따라서 실정법의 규정은 사회경제사정에 다소 변동이 생기더라도 곧 이에 따라 변경될 수는 없는 것이며, 그것은 또한 법의 작용을 살리기 위해서도 필요한 것이다.

그러나 법의 固定性이나 彈力性에도 한계가 있다. 사회의 새로운 진전에 적응하지 않는 낡은 법률도 법이기 때문에 지킬 것을 강요한다면, 그 결과는 사회생활을 해칠 뿐 아니라 법 자체의 권위를 떨어뜨리고 준법정신을 감퇴시킬 것이다. 설령 권력이나 위력으로 강제한다고 할지라도 법의 실효성을 확보하기 어렵게 될 것이다. 보통의 경우에는 일반적·추상적인 법규는 법의 해석과정을 통하여 유동적인 사회현실에 맞추어 나갈 수 있으나, 법과 사회현실의 간격이 한층 확대되면 무리한 법규의 준수를 강요당하는 피치자쪽으로부터 당연히 저항을 받게 된다. 이와 같은 저항이 소극적으로 나타날 때에는 법의 경시나 탈법행위로 되고, 적극적으로 표현되면 극단적인 경우 법체제 전체를 뒤엎는 혁명으로까지 치닫게 된다. 물론 수 없는 비극과 희생을 지불하는 혁명보다도 법질서 자체가 끊임없는 사회진화에 대응함으로써 언제나 정의와 구체적 타당성을 실현해 갈 수 있다면 가장 바람직하다 할 것이다.

그러자면 지배자가 현명해야 한다거나 여론이 건전해야 하는 것 외에 무엇보다도 정치체제 자체가 독재적인 恣意나 부당한 利害에 의하여 왜곡되지 않는 공정성과 풍부한 탄력성을 가져야 할 필요가 있다. 근대 민주주의의 정치기구, 특히 국민대표제에 입각한 입법부는 법체제 전체의 탄력성을 될 수 있는 한 보장할 수 있도록 고안된 역사적 소산이다. 따라서 근대법의 변동은 입법부의 활동에 의한 평화적 변천을 원칙으로 한다.

법의 변동을 가져오게 하는 것은 무엇이며, 낡은 법을 폐지하고 새로운 법을 만드는 원동력은 어디에서 나오는가? 종전에는 시대정신(Zeitgeist)

이라든가, 사회적 요구라고 하는 막연한 이름으로 설명되었다. 그것은 한 마디로 '社會力'(social forces, soziale Macht)이라 불러도 좋을 것이다. 그러나 한층 더 깊이 분석하면 사회력이라고 하는 말의 내용을 일의적으로 규정할 수 없는 복잡한 상황이 있다. 즉 어떤 경우에는 군사력이나 정치력이, 어떤 경우에는 사상의 힘이, 또 어떤 경우에는 경제력이 법의 변동을 촉구하는 중요한 원동력이 되어 왔다. 따라서 법을 만들고 움직이고 파괴하는 원동력을 초역사적으로 규정하고, 구체적 현실을 보지 않는 경우에는 독단적 편견에 빠질 위험이 있다. 그러므로 법의 변동을 추진하는 것이나 법을 움직이는 것을 탐구하기 위하여는 역사적인 구체적 조건들을 분석하고 검토하는 일이 필요하다.

　　법의 변동요인을 탐구하려면 정치·경제·사상 등의 여러 영역에 깊이 파고 들어가지 않으면 안 된다. 그러나 그것은 결국 법의 본질에 대한 근본적인 고찰방법, 나아가서는 세계관과 역사관, 그리고 인생관의 차이에 의한 관찰방법에 따라 해석이 매우 다르게 나올 수 있다. 여기에서 필요한 것은 무엇보다도 특정한 '이데올로기'적 편견을 배제하고 구체적 조건들을 역사적·기능적으로 고찰하는 태도라고 할 수 있다. 이러한 태도에서 볼 때 변동은 일정한 역사적 조건 밑에서 정치·경제·사상 등의 요인들이 각기 특유한 역할을 하면서 이루어져 나간다고 할 수 있을 것이다. 따라서 법변동의 궁극적 원인(*causa finalis*)을 탐구하기 위하여는 구체적 조건 밑에서 상호작용하는 여러 가지 힘의 동태를 파악하는 것이 중요하다고 할 수 있다. 아래에서는 법의 변동요인으로 가장 큰 정치·경제·혁명의 문제를 분석해 보고, 법과 발전의 문제를 고찰해 보고자 한다.

Ⅲ. 법과 정치

　　법은 사회의 질서를 유지하기 위한 것이며, 따라서 정치생활도 규제한다. 즉 법은 정치와 함께 국민을 복종케 하여 자기의 목적을 달성시키려고 한다.

　　그런데 법과 정치 둘 중에 법이 우위에 있느냐, 또는 정치가 우위에 있느냐 하는 문제가 제기된다. 법의 우위를 주장하는 것이 法治主義인데, 이에 따르면 아무리 법이 정치에서 발생하였다고 하더라도 정치는 그 법의 구속을 피할 수 없다고 한다. 그런데 정치가 법에 구속된다는 것은 바로 국가도 구속된다는 말이나 마찬가지이다. 여기에서 법치주의는 민주주의와 통하며, 治者와 被治者는 동일체가 된다. 법에 의하지 않는 정치는 불법이며, 또 법에 의하지 않는 권력은 폭력이 된다. 이에 반하여 政治主義에 의하면 법은 어디까지나 정치의 수단에 불과하여야 하고 정치가 법의 구속을 받아서는 안 되며, 법이 정치에 추종하여야 한다고 한다. 즉 이런 논리는 법의 가치를 과소평가하고, 정치의 만능을 믿어서 모든 것을 '操作'(manipulation)하면 된다는 독재주의사상을 이끌어 내게 된다.

　　법이 정치의 우위에 있음으로써 정치가 법의 규범에 의하여 움직이는 질서 있는 사회 아래서만 법과 정치가 일치될 것이며, 통일성과 안전성이 확고하게 되는 것이다. 그러므로 정치는 어디까지나 법의 테두리를 벗어나지 말아야 하며, 법에 의하지 않는 정치란 그것이 아무리 국민복지를 위한 선의의 정치라고 하더라도 진정한 민주정치라고는 할 수 없고 主權在民의 근본이념도 잘못 해석한 것이다.

　　이런 면에서 政治와 法治는 본질적으로 긴장관계이면서 서로 협력해야 할 관계라고 할 것이다. 정치에서는 또한 정치지도자의 역할이 중요한데, 라드브루흐가 1931년 독일헌법기념일에 국회연설에서 말한 다음과 같은 표현은 깊은 시사를 주는 바 있다.

　　　정치적 지도자란 그때그때의 상황을 편견 없이 경직한 綱領의 깨어진 안경을 통하여 보지 아니하는 자를 말한다. 정치적 지도자는 누군가가 그에 대하여 "저 사람이 믿는 것은 아무도 알 수 없다"라고 말하는 것을 찾아야 하며, 그러면서도 스스로는 "너희들은 아직도 나를 두려워해야 할 것이다"라고 말할 수 있어야 한다.[1]

---

1) 라드브루흐/최종고 역, 法學의 精神(4쇄), 종로서적, 1986, 55면.

Ⅳ. 법과 경제

'법과 정치'에 못지않게 '법과 경제'도 간단치 않은 문제이다. 이에 대해서는 다음 두 가지 접근방법을 살펴볼 필요가 있다. 하나는 역사적 유물론 내지 유물사관(materialistische Geschichtsauffassung, historical materialism)이다. 우선 칼 마르크스의 말을 직접 들어 보기로 한다.

> 인간들이 영위하고 있는 사회적 생산에서 그들은 불가피할 뿐만 아니라, 자기들의 의지와는 독립된 특정의 관계들 속에 들어간다. 즉 그들의 물질적 생산력들의 일정한 발전단계에 알맞은 생산관계에 들어간다. 이러한 생산계들의 총체가 사회의 경제구조를 형성한다. 이것이 실제적 기초인데, 이 기초 위에 하나의 법률적 및 정치적 상부구조가 세워지고, 또한 이 기초에 대응하여 일정한 사회의식의 형태가 존재하게 된다. 물질적 생활의 생산양식이 사회적·정치적 및 정신적 생활과정 일반을 제약한다. 인간의 의식이 그들의 존재를 규정하는 것이 아니라, 반대로 그들의 사회적 존재가 그들의 의식을 규정하는 것이다. 사회의 물질적 생산력들이 일정한 발전단계에 이를 경우, 이때의 생산력들은 기존의 생산관계 및 그 법률적 표현에 불과한 소유관계 —— 이것들은 다름 아닌 생산력내부에서 이제까지 운동해 온 것이지만 —— 와 모순되기에 이른다. 생산력의 발전형태들로부터 이러한 생산관계는 생산을 구속하는 질곡으로 변한다. 이리하여 하나의 사회혁명의 시기가 도래한다. 경제적 기초의 변화와 더불어 거대한 상부구조 전체가 다소간 급격하게 변혁된다.[2]

이처럼 마르크스는 경제에 우선적 의미를 부여하고 법 자체를 본질적인 실체로 파악하는 견해, 즉 法物神主義(legal fetishism)를 비판한다. "법은 종교와 같이 독자적인 역사를 가지지 않는다"라고 그는 말한다. 이러한 방법은 오랫동안 경제결정론이라는 오명을 쓰고 있었는데, 마르크스의 참 의도는 물질적·경제적 토대야말로 역사와 사회에 대한 객관적·과학적 인식을 가능하게 하는 제 1 의 소재임을 밝히는 데 있었다고 보아야 한다. 인간은 그가 놓인 객관적 상황을 왜곡 없이 똑바로 인식할 때 올바르게 실천할 수 있다. 그러므로 마르크스는 인간의 주체성을 제대로 확보하기 위한 '과

---

2) 마르크스/김호균 역, "정치경제학 비판에 부쳐," 경제학노트(이론과 실천) 1988, 11면.

학적' 전제로서 사적 유물론을 제시하는 것이다.

그렇지만 경제에 대한 지나친 강조는 마르크스주의 법이론을 황폐하게 만들었다. 엥겔스가 「反뒤링」(*Anti-Düring*)론에서 사회주의 사회의 도래로 국가와 법은 枯死하리라고 말한 것도 '선언'의 의미 이상을 넘지 못한다. 따라서 마르크스주의 법이론을 확립하는 일은 마르크스 이후의 '후계자'들에게 맡겨졌고, 지금까지도 논란이 많다.[3]

오늘날까지의 역사와 현실은 법과 경제에 관한 마르크스의 명제에 몇 가지 한계가 있음을 밝혀 주었다. 토대/상부구조의 비유에는 그 메커니즘에 관한 상세한 논증이 부족하고, 미래에 대한 마르크스의 예측도 설득력을 잃어 가고 있는 듯이 보인다. 그러나 마르크스가 우리들에게 일깨워 준 교훈, 즉 법의 물질적 기초에 대한 인식의 중요성은 결코 버릴 수 없는 유산이다. 우리가 비록 사적 유물론의 모든 명제에는 동의하지 않는다 할지라도, 우리의 삶이 물질적으로 조건지어져 있다는 역사인식과 경제적 불평등은 극복되어져야 한다는 문제제기만은 늘 경청할 가치가 있다.

다른 하나의 접근방법은 미국을 중심으로 전개되고 있는 '법의 경제적 분석'(economic analysis of law) 내지 法經濟學이다.[4] 이 방법의 창시자는 노벨 경제학 수상자 코어스(Ronald H. Coase)로, 1960년에 발표된 "사회비용의 문제"(The Problem of Social Cost)는 법에서 효율(efficiency)의 문제를 처음으로 제기한 논문이다. 여기서는 사적 유물론과는 다른 뜻에서 법의 독자적 의미가 과소평가된다.

이른바 코어스 공식(Coase's theorem)은 효율성을 가늠하는 데에 법이 관여할 영역이 그리 크지 않음을 주장하고 있다. 이후 포스너(Rihard Posner) 등에 의하여 발전한 법경제학도 이 효율이라는 관념에서 벗어나지 못하고 있는 것 같다. 법경제학을 둘러싼 논의의 핵심은 효율이 과연 모든 법영역을 위하여 타당한 기준이 될 수 있는가, 다시 말해 正義를 대신할 만한 척도가 될 수 있는가로 모아지는 듯하다.[5]

---

3) 콜린즈/홍준형 역, 마르크스주의와 법, 한울, 1986; 梁 建, 法社會學, 민음사, 1986, 135~147면; 조성민 편역, 자본주의국가와 법이론, 태백, 1987; 케인·헌트 편/민주주의법학연구회 역, 맑스와 엥겔스는 법을 어떻게 보았는가, 터, 1991.

4) Kuperberg & Beitz(ed.), *Law, Economics, and Philosophy : A Critical Introduction, with Applications to the Law of Torts*, Rowman & Allanheld, 1983; 폴린스키/宋相現·鄭相朝 역, 法經濟學入門, 경문사, 1984.

V. 법과 혁명

革命(revolution)이란 정치체제나 법질서가 실력에 의하여 급격하고 근본적인 변혁을 하는 것을 말한다. 혁명은 적법한 절차에 따르지 않는 기본질서의 변혁으로서 보통 비합법적인 폭력적 수단의 발동으로 행하여진다. 따라서 폭력을 행사하지 않고 적법하게 법을 개혁하는 改革(reform) 혹은 점진적 進步(evolution)와 의미를 달리한다.

본래의 혁명과 비슷하나 다른 것으로는 '쿠데타'(coup d'état)가 있다. 쿠데타는 비합법적인 폭력수단에 의한 정치적 변혁인 점에서는 혁명과 유사하나, 정치체제 또는 지배권력 그 자체의 변혁이 아니고 지배층 내부에서의 권력의 상대적 이동에 그치는 점에서 본래의 혁명과는 질적으로 다르다. 또 혁명은 피치자층에 의한 밑으로부터의 지배관계나 통치체제의 변혁인 데 대하여, 쿠데타는 위로부터의 혁명이라고 불리우는 바와 같이 정치의 기본조직이나 체제에는 변함이 없이 통치기관이나 지배권자의 비합법적인 교체가 행하여질 뿐이다.

혁명의 본래 유형은 법질서의 기본체제의 변혁으로서 법을 만들어 내는 最高淵源(憲法制定權力)의 변혁에서 구하여진다. 봉건적 신분지배나 절대군주제를 타파한 근대 市民革命이나 자본주의 사적 소유제도를 철폐한 현대의 社會主義革命 등은 정치사회의 기본조직과 헌법제정권력의 소재를 근본적으로 바꾸어 놓은 대표적인 혁명들이다.

혁명은 舊法秩序에 대한 가장 급격하고 극단적인 도전이요 파괴이다. 즉 制憲權이 지배자로부터 피치자에게로 서서히 이행하는 改良과는 달리 기존의 체제를 뿌리째 뒤집어 놓는 것을 의미한다. 혁명에 성공한 세력은 전적으로 새로운 이념에 의하여 새로운 체제를 구축하게 된다. 거기에는 구법질서의 철저한 파괴가 따른다. 무혈혁명이라 할지라도 실력에 의한 비합법적인 법의 파괴가 행하여지는 점에서는 다를 바 없다. 따라서 혁명은 기존의 법질서에 의한다면 위법성을 그 자체 속에 가지고 있다. 다시 말하면 법을 파괴하는 비합법적인 힘이 혁명의 추진력이라고 보아도 좋을 것이

---

5) 자세히는 朴世逸, 법경제학, 박영사, 2003.

다. 이 비합법적인 힘(力)은 기존 실정법의 관점에서 불법 혹은 위법의 낙인이 찍혀도 그것이 동시에 부정당하다는 것을 의미하지는 않은 것이다.

혁명은 대개 기성질서의 부패에 대하여 새로운 正義의 깃발을 들고 변혁을 단행한다. 그것은 한편으로는 지배권력에 대한 신흥세력의 실력투쟁인 동시에, 다른 한편으로는 정당성을 둘러싼 이념의 투쟁이다. 구 지배질서가 실정법의 內在的 正義에 비추어 법을 파괴하는 실력을 불법이라고 단속하면, 새로운 질서를 지향하는 혁명세력은 그 탄압을 실정법의 超越的 正義의 관점에서 不正이라고 비판할 것이다. 혁명은 단지 가치이념의 대립이나 이데올로기의 투쟁에 그치지 않고, 동시에 실력의 투쟁이다. 지배권력이나 실정법규의 처지에서는 혁명이 최대의 불법이요 반역이다. 권력이 가지고 있는 물리적 강제수단(군대·경찰)으로 이것을 탄압하는 것도 한편 당연한 것이라 할 수 있다. 다른 한편에서는 권력의 위협과 억압에 눌려 있는 혁명세력이 비합법적인 대항수단으로서 권력에 대항하고 극한적인 무력투쟁을 기도하는 것도 자연스러운 일임에는 틀림없다. 인간의 평등이나 피치자의 해방이 낡은 지배관계의 타파를 요구할 때 혁명은 새로운 건설을 의미한다. 자연법의 관점에서 혁명권을 인정하려는 견해는 고루한 지배질서를 타파하고, 자유와 정의를 세우려는 실정법을 초월한 자연권을 승인하는 것에 지나지 않는다.

기존 실정법의 견지에서 혁명을 단죄할 것인가, 미래사회의 관점에 비추어 혁명권을 정당한 것으로 볼 것인가 하는 문제보다 더 중요한 것은 혁명이 어떠한 조건으로 말미암아 일어나는가 하는 문제이다. 혁명이 일어나는 것은 기존의 법질서가 구체적 타당성을 상실하고, 그 정당성에 대한 밑으로부터의 認定이 없어진 때문이다. 법질서가 고루한 硬化現象을 일으켜 그 부패에도 불구하고 밑으로부터의 비판이나 여론에 귀를 기울이지 않고, 오직 권력이나 억압에 의존하여 스스로를 유지하려고 할 때에 위기적인 조건이 가하여지는 것이다. 물론 이런 경우에도 혁명이 간단히 일어나는 것은 아니다. 民意를 끊임없이 입법부에 반영시키도록 조직된 현대민주주의에서는 탄력적인 기구들이 건전하게 움직여 가는 한 혁명은 일어나기 어렵다고 할 것이다. 그러나 민주적인 기구가 민의나 여론을 쉽게 받아들이지 않을 때에는 법의 평화적 변천은 불가능하게 된다.

이처럼 법과 혁명의 관계는 실로 한 마디로 뭐라 하기 어려운 주제라 할 것이다. 우리나라에도 '지면 역적이요, 이기면 功臣'이란 말이 있듯이 혁명에 실패하면 국가전복 내지 내란의 罪名으로 중벌을 면치 못하지만, 혁명에 성공하면 새로운 법을 창조하는 주체가 되는 것이다.[6)]

Ⅵ. 법의 발전

法은 발전하는가? 이렇게 묻는다면 대부분의 사람들은 그러리라고 대답할 것이다. 왜냐하면 소박하게나마 법을 인간의 사회생활을 규율하는 규범이라고 볼 때, 고대나 중세, 근세를 거쳐 인간이 만든 지혜의 결집으로서 뭔가 발전이 없지 않을 것이라고 추론되기 때문이다. 사실 법만큼 땅 위의 인간들이 꾸준하게 이성적이고 합리적으로 발전시켜 온 노력의 결정물도 드물 것이다. 그러면서도 과연 법은 발전하는 것일까? 이렇게 되물어 본다면 우리는 무엇이 발전인가, 도대체 무엇을 법이라고 생각하는가 하는 어려운 문제에 부딪치게 될 것이다. 법도 혁명과 전쟁에 의하여 얼마든지 파괴되는 데다 이른바 惡法처럼 인간들의 간악한 지혜의 산물을 발전이라고 볼 수 있을 것인가 하는 의문이 제기되는 것이다. 發展(development), 進步(progress)니, 進化(evolution)니, 成長(growth)이니, 近代化(modernization)니 하는 비슷한 개념들을 줄잡아 생각한다 하더라도 법의 발전의 문제는 간단히 대답할 수 없는 어려운 물음에 속한다고 아니할 수 없다. 그리고 '법과 발전'이냐 아니면 '법(자체)의 발전'이냐 하는 문제가 근원적으로 제기되는데, 법과 발전의 문제에 대하여는 법학자뿐만 아니라 사회학자·정치학자 등이 참여하여 광범하게 논의할 수 있을 것이다. 그러나 법의 발전 자체에 대하여는 일차적으로는 법학자 자신이 그것을 어떻게 이해하는가 하는 문제가 해명되어져야 할 것이다.

여기에서는 법학에서 지금까지 법의 발전을 어떻게 이해하고 있는가를 검토해 보려고 한다. 그것도 엄격히 따지면 법철학적 이해·법사회학적 이해·법사학적 이해로 나누어 논의해야겠지만, 여기서는 그런 엄격한 구별

---

6) 자세히는 沈憲燮, "法과 힘," 法哲學, 법문사, 1983, 137~162면.

없이 몇몇 학자들의 견해를 분석해 보자.[7]

1. 막스 베버(M. Weber)의 견해

법의 발전문제에 가장 집중적으로 관심을 기울인 학자는 역시 막스 베버(1864~1920)라고 할 것이다. 베버에게 법이란 강제할 수 있는 '현실적 인간행동의 사실적 결정근거의 복합'을 의미한다. 이러한 의미의 법은 '흠없는 단계 사다리'를 이루어 관습이나 도덕 등 사회질서와 결합되어 있다. 그런데 베버에 따르면 법은 역사 속에서 점차 合理性(Rationalität)의 증진을 통하여 발전되어 간다. 그에 따르면 법의 形式的 資質(Qualität)은 원시적 법과정에서는 마술적으로 제약된 형식주의와 계시적으로 제약된 비합리성의 결합 속에서 나타나고, 그것이 과도적으로는 실질적 혹은 가부장적으로 제약된 실질적 혹은 비형식적 目的合理性(Zweckrationalität)의 우회로를 거쳐 점점 전문적으로 법률적·논리적 합리성과 체계성으로 발전하는 것이다. 그리하여 외관적으로 본다면 법은 시간의 진전에 따라 논리적으로 순화되고 연역적으로 엄격화되며, 법과정은 합리적 기술이 강화되는 방향으로 발전한다. 이러한 발전단계를 베버는 다음과 같이 좀 더 자세한 '合理性의 理念型'을 통하여 설명하고 있다. 즉 법은 다음 네 가지 합리성의 종류에 따라 서로 다른 법구조와 형태를 취하는 것이다.[8]

1) 형식적 비합리성의 법   여기서는 예컨대 呪術이나 그와 비슷한 것들의 전적으로 비합리적인 통제수단이 지배한다.

2) 실질적 비합리성의 법   개별적 경우의 구체적인 원리적·감정적 혹은 정치적 평가가 각각 지배한다. 여기서도 추상적 규율이 적용되지 않고, 구체적인 합리성과 정의가 모색될 뿐이다.

---

7) Robert B. Seidmann, "Law and Development : A General Model," *Law and Society Review* 6, 1972; David M. Trubek, "Toward a Social Theory of Law : An Essay on the Study of Law and Development," *Yale Law Journal* 82, 1, 1972; David M. Trubek and Marc Galanter, "Scholars in Self—Estrangement; Some Reflections on the Crisis in Law and Development Studies in the United States," *Wisconsin Law Review,* 1974. 이 논문은 한인섭·이철우 엮음, 법·국가·저발전, 이성과 현실사, 1986, 123~174면에 번역되어 있다 : Lawrence M. Friedman, "On Legal Development," *Rutgers Law Review* 24, 14, 1969; 崔大權, 법과 사회개발, 고려대 아세아문제연구소, 1983, 181면 이하.

8) Max Weber, *Rechtssoziologie,* S. 70.

3) 형식적 합리성의 법　　　　여기서는 철저히 一義的인 구성요건과 기준이 요구된다. 그것은 사인이나 특정한 언어의 선택 혹은 상징적 행위 같은 내용적 가시성을 통하여 나타낼 수도 있고, 개념의 체계화를 통하여 얻어진 일반 개념으로서 추상적인 의미해석의 논리적 일반화를 통하여 나타낼 수도 있다.

4) 실질적 합리성의 법　　　　내용적으로 일반적인 명령, 예컨대 윤리적 혹은 公理的 命題나 格率이 형식적 판단을 깨뜨리는 법체계를 말한다. 말하자면 형식적으로 합리적인 절차를 밟지 않더라도 합리적 목적을 향하여 동원될 수 있는 법을 뜻한다. 베버는 예컨대 동양의 전통법이 여기에 속한다고 보았다.

베버는 한편으로 법이 마르크시즘에서 주장하듯이 순전히 경제적으로 제약되는 上部構造가 아니라는 것을 보여 주기 위하여, 다른 한편 슈탐러(R. Stammler, 1856~1938)가 생각했듯이 경제적 내용을 담는 단순한 형식에 지나지 않는 것이 아니라는 사실을 보여 주기 위하여 이처럼 법이 합리성에로 발전하는 것은 법기술에 의존한다는 점을 논증하려고 하였다. 그리고 법기술의 형식은 매우 간접적으로만 경제적 발전에 의존한다는 것을 강조하려고 하였다. 이것을 검증하기 위하여 그는 에를리히(E. Ehrlich, 1862~1922)와 마찬가지로 주로 '경제적으로 적합한 법'인 私法에 연구를 집중하였고, 그 결과로서 위에 제시한 법발전의 유형들을 끌어 낸 것이다. 그런데 베버가 생각한 합리적 법의 발달은 자본주의의 발달과 함께 이루어지는 것이라는 데에 문제점이 있다. 베버가 생각한 네 가지 합리성의 이념형에도 불구하고, 그의 머릿속에는 당시 독일법학계를 풍미하던 槪念法學(Begriffs-jurisprudenz)의 개념화 지상주의적 사고방식이 지배하고 있었다는 것은 지적되는 사실이다.[9] 과연 비유럽적 법을 일률적으로 개념법학적 합리성의 척도에 의해서만 발전의 여부를 평가할 수 있을까 하는 문제가 여기에서 생긴다. 어떻게 보면 베버가 그렇게 법과 사회를 연결시켜 생각하면서도 법의 발전의 문제를 너무 추상적으로, 관념적으로 취급하지 않았나 생각된다.

---

9) M. 레빈더/李永熙·崔鍾庫 역, 法社會學, 법문사, 1981, 140면.

2. 라드브루흐(G. Radbruch)의 견해

형법학자요 법철학자인 라드브루흐는 주저 「法哲學」(*Rechtsphilosophie*, 1932)에서 법의 발전의 문제를 본격적으로 논하고 있지는 않지만, 우리에게 상당히 시사성 있는 언급을 하고 있다. 라드브루흐는 법은 '法理念에 봉사하는 의미 있는 現實'(die Wirklichkeit, die den Sinn hat, der Rechtsidee zu dienen)이라고 파악하고, 근본적으로 법은 하나의 文化槪念이라고 본다.[10] 따라서 그것은 현실 속에서 이념이 실현되어 가는 과정 속의 산물이다. 그의 표현을 빌리면 법의 범주론적 개념은 법의 실재적 문화형식 속에서 현실로서 표현된다. 이러한 법의 개념을 가지고 라드브루흐는 법의 歷史哲學 내지 法史(Rechtsgeschichte)의 철학에 관한 문제에 대하여 사려깊게 설명하고 있다. 그는 역사철학의 주제는 가치실현의 관점에서 본 역사, 즉 가치에서 멀어지는 길로서의 역사를 뜻하는데, 그 때문에 법의 역사철학 내지 法史의 철학의 임무는 법의 개념과 이념 및 효력이 현실의 역사적 사건 속에서 어떻게 실현되는가를 추구하는 것이라고 파악한다. 여기에서 법의 素材와 形式의 관계, 즉 법형식의 형성력과 법소재의 저항력에 관한 여러 가지 평가가 생긴다고 한다.

自然法論은 소재의 이념에 대한 저항력을 '제로'(Null)와 같이 놓을 수 있다고 믿는 관점이다. 즉 그것은 법이념의 자료로서 일정하나 역사적 상태인 자연상태를 생각하고, 이 자연상태는 사회적인 관계가 아니라 오히려 고립된 개인의 병존이라고 설명하여 이 개인 사이에 현존하는 사회학적 구속을 전적으로 무시하고 따로 따로 사회관계를 창출하는 것이 법이념의 임무라고 한다. 또 자연법론은 역사학적·사회학적 소재의 저항을 인정하지 않기 때문에 법이념의 可變性을 부정한다. 이러한 법형식의 全能을 주장하는 자연법론을 극복한 것이 歷史法學派(Historische Rechtsschule)이다. 여기서는 民族精神(Volksgeist)이라는 所與가 이성의 형성력을 희생시켜 가면서까지도 강조된다. 실제로 소재의 저항력이 제로와 같은 것으로 생각될 수 없다고 하는 것은 사회에 결정적인 운동들은 법의 영향을 받지 않는다는 사실을 잠깐만 생각해 보면 알 수 있다. 법질서는 오직 개개인에 대해서만

---

10) 라드브루흐/최종고 역, 法哲學(3 판), 삼영사, 2007, 63면.

명령하며, 사회적 현상에 대하여는 개인을 통한다고 하는 迂路로만 영향을 줄 수 있기 때문에 그 영향은 매우 제한된다. 예컨대 군중심리적인 현상은 법질서에 의하여는 지배되지 않는다. 또 법질서는 자연현상에 대하여는 어떠한 작용도 미치지 않는다. 그 때문에 자연현상인 동시에 사회현상이며 기술인 동시에 경제(Wirtschaft)는 본질적으로는 법에 영향받기보다는 그 반대로 법에 대하여 작용하는 데 적합하다. 이렇게 생각하면 법형식의 전능론과 무능론이 대립하게 된다. 라드브루흐는 法形式은 法素材의 現象形式에 지나지 않는다고 보는 극단적인 견해로 또 유물사관을 든다. 법은 유물사관에서는 형성적 형식이 아니라 피형성적 형식이고, 소재가 그 가운데 들어 박히는 형식이 아니라 소재가 채용하는 한 형식이며, 또 핵심적 본질이 아니라 외부적 현상이다. 법은 철저히 역사학적·사회학적으로 제약되며, 보편타당한 형식적 구성부분을 조금도 가지지 않는다. 마르크스는 "법은 종교와 마찬가지로 독자적인 역사를 가지지 않는다는 것을 잊어서는 안 된다"라고 말한다. 이처럼 극단적인 法形式만을 주장하는 자연법론과 法素材의 면을 강조하는 역사법학파와 유물사관을 소개하고, 라드브루흐는 법의 발전에 관한 자신의 견해를 표명한다.

역사 속에서 법이념이 실현되는 데에는 두 가지 방법이 있다. 다시 말하면 법은 두 가지 방법으로 발전의 가능성을 발견할 수 있다.

첫번째는 어떤 世界觀과 政黨이 가진 법이념에서 출발하여 역사가 어느 정도까지 그들 각 이념의 실현에 봉사하는가를 탐구하는 것이다. 즉 어떤 세계관과 정당의 이념의 역사 속에서 법의 이념을 발전시켜 나갈 수 있다. 자유주의적 역사철학의 예로서는 칸트의 세계시민적 의도에서 출발한 普遍史의 이념을, 사회주의적 역사철학의 예로서는 공산당선언을, 초개인주의적 역사철학의 예로서는 랑케(L. von Ranke)가 바이에른王 막스(Max von Bayern) 앞에서 행한 연설과 정치문답을, 또 마지막으로 초인격적 역사철학의 예로서는 야콥 부르크하르트(Jacob Burckhardt)의 세계사적 고찰을 들 수 있다.

두 번째 방법은 일반적으로 理念, 특히 法理念이 어떠한 방법으로 역사에 영향을 주는가, 그것이 개개인의 의식적인 목적설정이라고 하는 형태로인가, 아니면 무의식적인 사회과정이라고 하는 형식적으로인가 하는 문제를 추구한다. 이 두 번째 문제는 이미 헤겔과 사비니(F. C. von Savigny)와의 대립의 기초가 되고 있는 것이지만, 라드브루흐는 이에 대한 대답은 법이념은 끊임없이 점점 더 의식적으로 되고, 더 목적적으로 되는 역사상 하나의 추진력으로 되어 왔다는 사실이라고 한다. 라드브루흐는 이러한 법의 발전은 여러 가지 표어로 나타낼 수 있다고 하면서 民族精神에서 國家意志에로의 발전이라든가, 慣習法에서 制定法에로의 발전이라든가, 유기적인 법의 성장에서 법에 있어서 목적 및 '권리를 위한 투쟁'(Jhering)에로의 발전이라든가, 혹은 규범을 정립하는 사회구조를 생각하는 경우에는 공동사회에서 이익사회(Tönnies)에로의 발전이라든가, 혹은 개개인의 법적 지위의 형성을 생각하는 경우에는 신분에서 계약으로(H. Maine)의 발전이라든가 상당히 개방적으로 나타내고 있다.

라드브루흐는 충동적 행위 대신에 하는 목적설정이라는 것도 반드시 절대적인 목적이념에 일치될 수는 없고, 순전히 이기적이며 자의적인 것일 수도 있다고 말한다. 그렇기 때문에 충동적 행위와 마찬가지로 의식적으로 이기적인 목적정립도 보편타당한 목적이념의 무의식적인 도구로 되는 수가 종종 있다고 본다. 심리학자 분트(W. Wundt, 1832~1910)는 이것은 '목적의 변질'(Heterogenie des Zwecks)이라 하였고, 헤겔은 '理性의 狡智'(List der Vernunft)라고 설명하였다. 그래서 충동적 법형성에서 목적적 법형성에로의, 또는 비합리적 법형성에서 목적합리적 법형성에로의 불가피한 발전은 서로 다른 가치판단 아래 놓일 수 있다고 라드브루흐는 말한다. 사물들과 관계들이 가지는 이성이 모든 개인이성보다 높은 것이라고 하는 견해는 필연적으로 文化悲觀主義的 태도를 가지고, 이 자연필연적인 발전에 답하지 않으면 안 된다고 그는 말한다. 다른 한편 이에 반하여 사물들과 관계들 속에 존재하는 理性은 모두 이성적인 개인이 그것에 부여한 것이라고 하는 견해는 이 자연필연적인 발전 속에 역사를 통한 이성의 개선행진, 즉 무한한 진보의 존재를 문화낙관주의적으로 받아들이지 않으면 안 된다고 한다. 그렇기 때문에 여기서 확립하여야 하는 것은 공동사회의 위대한 이론가는 공동사회에서 이익사회에로의 부단한 발전에서 문화비관주의적 결론을 결코 이끌어 낼 수 없다고 하는 점이다.

이렇게 라드브루흐는 역사 속에서의 법적 발전에 대한 의미해석에 개방적 태도를 보여 준다. 그러나 근본적으로 그 자신은 법의 발전을 긍정적으로 보고 있다는 것이 만년의 저서 「法哲學入門」(*Vorschule der Rechts-philosophie*)에서 은연중에 드러난다. 그는 "법은 역사현상에 관한 완전한 지배를 요구하지 않으면 안 된다. 모든 새로운 법률상태는 종전의 법률상태로부터 법적인 방법으로 스스로 발전하여야 할 것이며, 역사의 과정에는 결코 법의 중단이 있어서는 안 된다. 그것이 정통성(Legitimität)이라는 표어의 의미이다"[11]라고 말한다.

　역사의 다이나믹한 성질은 파국들(Katastrophe)에 따른 법의 파괴에 의한 법의 끊임없는 새로운 재발생(자연발생)으로 발전한다고 라드브루흐는 말한다. 이것이 곧 옐리네크(G. Jellinek)가 말한 '사실적인 것의 규범력'(Normativität des Faktischen)이라는 말의 의미라고 라드브루흐는 설명한다. 그러나 법의 완전지배는 역사에서 그 한계가 있다. 그 한계는 한편으로는 전쟁과 다른 혁명에 존재한다. 그러나 이와 같은 역사의 불연속성에 대하여 법이 역사의 완전한 지배를 요구하면 평온한 시대는 몇 번이고 원하지 않는 것으로서 받아들이게 된다고 라드브르흐는 말한다. 몰트게(Moltke)는 영원한 평화를 "하나의 꿈이다. 결코 아름다운 꿈은 아니다"라고 말하였고, 니체(F. W. Nietzsche, 1844~1900)는 오히려 '위험한 생활'(das gefährliche Leben)을 찬양하였던 것이다. 라드브루흐가 시사하는 것은 역사의 불연속적인 사건들 속에서도 발전은 있으며, 그에 대응하는 법의 발전도 불연속적이나마 계속되고 있다는 점이다. 라드브루흐의 설명은 법의 발전에 대한 사실과학적인 설명이라기보다는 법의 역사철학 내지 *法史*의 철학이기 때문에 매우 추상적이지만, 역사라는 것 자체가 무엇이라고 사실적으로 파악하기 어려운 개념이라고 한다면, 깊은 의미를 깨우쳐 준다.

3. 델 베키오(Del Vecchio)의 견해

　이탈리아의 로마대학 총장을 지낸 법철학자 쫄지오 델 베키오(1878~1970)는 법의 발달 내지 진화에 대하여 상당히 관심을 가졌다. 그는 근본적으로 법의 진보를 인정하고 있으며, 다만 그것이 목적의식으로 인한 독단

---

11) 라드브루흐/엄민영 · 서돈각 역, *法哲學入門*, 육법사, 1982, 173면.

적 견해에 빠지지 않도록 주의해야 한다고 지적한다.

> 우리는 인류의 역사를 그 유기적 발달에 포함된 終局目的의 전개로 보아야 한다. 인간의 정신에는 단계적으로만 나타나는 소질과 능력이 내재한다. 법의 영역에서도 인간적 인격의 본질적 특성이 개인에서와 마찬가지로 각 민족의 경우에도 시대의 경과 속에서 비로소 전개하며, 점차적으로 인정되고 실현된다. 더욱이 理性이 발달된 정도에 따라 실현된다. 이것이 법의 진화를 나타낸다.12)

이렇게 근본적으로 법의 발달 내지 진보를 긍정적으로 전제하고, 베키오는 법의 발달의 특징을 다음과 같이 설명한다.

첫째, 법은 무의식적인 것에서 의식적인 것으로 발전한다. 법은 직접적·非思惟的인 법형성으로부터 사유적이며 자각적인 완성에로 발전한다. 관습과 같은 포괄적 사회규범 속에 들어 있던 법이 사회의 진보와 함께 인간의 이성적 활동을 통하여 成文化의 방향으로 나아가는데, 이때 법을 지지하는 힘은 개인의 양심에 기초하는 '공통의 확신'이다.

둘째, 법은 특수적인 것에서 보편적인 것으로 발전한다. 원시적 법은 특정국민의 역사적 운명에 크게 제약되지만, 점점 하나의 보편성을 향하여 구심적 경향을 나타낸다. 여기에는 전쟁과 거래 같은 외부적 원인도 있고, 보편성을 지향하는 인간적 정신의 내부적 원인도 있다.

셋째, 법은 열등한 심리적 동기에서 우등한 심리적 동기로 발전한다. 베키오는 법이 처음에는 不可知의 공포, 공동방위의 필요, 개인종족의 보호 등 본능적 충동에서 발생했으나, 차차로 공동생활의 다른 동기, 자유의 요구 등에 의해서 지배된다고 설명한다. 그는 이와 같이 법의 발전을 심리적 면에서 보기 때문에 역사적 유물주의를 날카롭게 비판한다. 유물주의는 경제적 숙명주의이므로, 법은 외부적·피상적 파생물로서 부수현상으로 떨어진다고 생각하기 때문이다.

넷째, 법은 강제적 결합에서 임의적 결합으로 발전한다. 초기에는 개인의 자유로운 결정이 허용되지 않았지만, 역사적 발전으로 개인의 재산이 인정되면서 책임이 개별화되고 신분이 파괴되었다.

---

12) G. Del Vecchio, *Lehrbuch der Rechtsphilosophie,* S. 429.

이것이 베키오의 법발달의 특징에 관한 서술인데, 그러면서도 이러한 변화를 초월하여 항상 불변하는 요소가 있다고 한다. 그것은 법이 다수 인격자의 행위의 객관적 조절이라는 데서 필연적으로 생기는 것으로, 첫째는 인격의 보장이고, 둘째는 개인의 恣意의 금지라고 한다.[13]

4. 갈란터(M. Galanter)의 견해

시카고대학과 스탠포드대학에서 비교법학을 가르쳤고, 특히 인도와 남아시아 법에 관하여 깊이 연구한 마르크 갈란터 교수는 법의 近代化에 관하여 매우 흥미 있는 명제를 제시하였다.[14] 즉 그는 근대 법체제에 공통되는 현저한 특색으로서 다음 몇 가지를 지적하고 있다.

첫째, 근대법은 그 적용에 있어 균일하고 일정불변한 법으로서 구성된다. 이러한 법의 적용은 대인적이기보다는 지역적이다. 즉 같은 법이 온갖 종교·중족·계급·카스트·지역의 성원과 남녀 양성에게 적용된다. 법적으로 인정되는 개인간의 차이는 귀족과 농노 또는 브라만과 카스트 간의 차이와 같은 고유한 종류나 속성의 차이가 아니라, 세속적인 직업에서의 기능·조건 및 업적의 차이이다.

둘째, 근대법은 거래로 성립된다. 권리와 의무는 그것들이 특정거래 이외의 결정요인 때문에 법주체에 수반하는 불변하는 연속적 결정으로서 집계하기보다는 당사자간의 거래에 연유하기 때문에 배당된다. 즉 법적 권리와 의무는 특정거래와는 상관없는 연령·계급·종교·성과 같은 요인들에 의하여 결정되지 않는다. 실제 존재하는 권리와 의무의 이와 같은 결정화된 지위는 선천적인 가치나 신성한 명예보다는 세속적인 기능이나 조건(예컨대 고용주·기업가)에 터잡고 있다.

셋째, 근대법은 普遍主義的이다. 규제를 위한 실례들은 독특하고 직관적인 것을 표시하기보다는 일반적 적용의 타당한 기준을 예증하기 위해 고안된 것이다. 이리하여 법의 적용은 재현할 수 있고 예견할 수 있다.

---

13) G. del Vecchio, *a.a.O.*, S. 414.
14) Myron Wiener, *Modernization: The Dynamics of Growth,* 1966, 車基壁 外 역, 近代化, 세계사, 1967, 195~209면.

넷째, 근대법의 제도는 階層的이다. 법을 적용하기 위한 제1심 법원의 정규적인 網狀組織이 있고, 그리고 지방적 소송이 전국적 기준에 부합하도록 보장하기 위한 抗訴와 再審의 일정한 상층구조가 있다. 이는 그 제도로 하여금 일률적이며 예측할 수 있게 한다.

다섯째, 그 제도는 官僚制的으로 조직되어 있다. 통일성을 이룩하기 위하여 각 소송마다 정해진 절차에 따르며, 각 소송을 성문법에 부합하도록 판결하면서 공평무사하게 운용하지 않으면 안 된다.

여섯째, 그 제도는 合理的이다. 소송절차는 특수한 비합리적 자질 없이도 배울 수 있고, 전해질 수 있는 기술에 의해서 성문화된 자료로부터 확인할 수 있다.

일곱째, 그 제도는 전문가들에 의해 운용된다. 세속적인 자격시험을 통해 선택된 사람들이 그 일을 담당하고 있다. 영주나 고위성직자는 훈련된 직업적 법률전문가·경찰·증인신문인 및 기타 법률집행인에 의해 대치된다.

여덟째, 그 제도가 더욱 전문적이고 복잡하게 됨에 따라 법원과 그리고 법원과 거래해야 하는 사람들 간에 전문화된 직업적인 仲介者가 나타난다. 변호사가 단순한 비전문적 중개인을 대치하게 된다.

아홉째, 그 제도는 개정할 수 있다. 그 제도에는 신성한 불변성은 없다. 그것은 변하는 필요에 대응하거나 변하는 선호를 표시하기 위해 법과 절차를 명시적으로 개정하는 일정하고도 공공연한 방법을 포함하고 있다. 이리하여 특수한 목적의 달성을 위해 신중하고도 사려깊은 혁신이 가능하다.

열 번째, 그 제도는 政治的이다. 법이 국가와 밀접히 관련되고 있으므로 국가는 그 관할권 내의 분쟁에 대한 독점권을 누리고 있다.

열한 번째, 구체적 訴訟事件에 해당하는 법률을 찾아내어 그것을 적용하는 일은 다른 통치기능과 직원 및 기술에서 구별된다.

갈란터에 따르면 법의 근대화는 이상의 열한 가지 특징들의 발전 또는 그런 특징들이 지향하는 끊임없는 움직임을 의미한다. 이러한 움직임은 유럽에서는 1세기에 시작된 로마법의 受容에서부터 알 수 있으나, 본격적으로 18세기 말에 활기를 띠어 19세기 초에 유럽의 대부분 지역으로 퍼져 나갔다. 비유럽국가들에서 근대화는 유럽법의 도입과 밀접하게 관련되어 있으며, 이런 종류의 근대화는 오늘날 모든 나라에서 진행되고 있다고 본다.

5. 레빈더(M. Rehbinder)의 견해

스위스 츄리히대학의 법사회학 교수 만프레드 레빈더는 그의 「법사회학」(Rechtssoziologie)에서 현대사회에서 법의 발전경향을 다음과 같은 다섯 가지 특징으로 제시하고 있다.[15] 여기서 그는 법의 변화현상을 서술할 뿐 發展(Entwicklung)의 의미를 논하지는 않고 있지만, 현대법의 발전추세를 가리켜 주는 흥미 있는 진단이라 여겨진다.

첫째, 법의 統一化 경향을 들 수 있다. 교통의 발달, 매스 미디어의 보급에 따라 공간적·시간적으로 축소된 세계 속에서 법은 점점 통일화되고 있다. 미국의 통일상법전(Uniform Commercial Code), 독일의 普通去來約款(Allgemine Geschäftsbedingungen, AGBG) 및 연방공화국에서 연방에 대한 강력한 입법권의 부여 등 법통일화의 경향은 현저하게 나타나고 있다. 이것은 국내법에서만이 아니라 국제조약을 통한 국제화에로까지 전개되고 있고, 각 국가들이 외국법의 受容(Rezeption)과 法比較(Rechtsvergleichung)의 방향으로 나아가고 있는 데서도 드러난다.

둘째, 법의 社會化 경향을 들 수 있다. 19세기의 시민법질서가 보장한 사적 자치의 원리(Prinzip der Privatautonomie)는 실질적으로는 불평등과 부자유를 초래하였다. 또 이러한 사실적 불평등은 사법에 종사하는 전문가들의 맨탈리티에 의하여(본의 아니게) 강화되어 이른바 階級司法(Klassenjus－tiz)의 문제가 대두하게 되었다. 이러한 문제상황에서 법은 라드브루흐가 적절히 표현한 바와 같이 '個人主義法에서 社會法에로'(vom individualistischen zum sozialen Recht)의 경향을 나타내지 않을 수 없게 되었다. 여기서는 국가가 福祉國家(Wohlfahrtsstaat)의 이념을 내걸고 더욱 적극적으로 국민의 生存配慮(Daseinsvorsorge)에 의하여 법을 제정해 나가지 않으면 안 되게 된다. 그리하여 노동법·경제법·사회보장법 등 이른바 社會法(Sozialrecht)의 법역을 대표로 하여 나아가 경영참가 및 환경보호 등 광범하게 법의 사회화가 추진되고 있다.

셋째, 法資料의 增大化 경향이다. 국가임무의 확대, 사회생활의 복잡화·

---

15) M. 레빈더/이영희·최종고 역, 法社會學, 법문사, 1981, 123~142면.

관료화는 법률의 폭발 혹은 법의 인플레이션을 불러오기 마련이다. 사회발전법칙에 따라 법은 枯死한다느니, 법은 되도록 단순해야 한다느니 하는 주장은 社會的 浪漫主義者(Sozialromantiker)들이나 하는 소리로 되어 버렸다. 법자료의 증대로 문화는 침체되는 것이라고 볼 것이 아니라, 개인과 사회의 활동이 법의 수단을 통하여 더욱 진보하는 것으로 파악되어져야 할 것이다. 어쨌든 지나친 법증대는 혼란을 야기하는 수도 있으므로 오늘날 '立法의 召命'에 대하여 논란이 되고 있다.

넷째, 法機關의 專門化와 官僚化 경향을 들 수 있다. 권력분립은 국민의 자유를 보장하기 위하여 서로 견제와 균형을 유지해야 하는 것이 대명제이지만, 법의 문제는 전문가가 아니면 다룰 수 없는 사항으로 취급되고 있다. 판사·검사·공증인·행정법률가·경제법률가에 이르기까지 법률가들이 전문적으로 생계를 유지하면서 활동하고 있다. 그리고 독일의 경우 법원제도는 일곱 가지의 서로 다른 체계를 이루어 전문화되고 있다(헌법재판소·보통법원·노동법원·재정법원·사회법원·특허법원). 또 보통재판제도 속에도 民事와 刑事의 구별은 물론 각종 分科(후견과·등기과·증명과)가 있고, 특별위원회(상사위원회·토지위원회)나 심의회(카르텔심의회·저작권심의회)들이 있다. 이러한 과정 속에도 증거력을 갖기 위하여 모든 판결절차는 문서화되고 광범하게 형식화된다. 이렇게 본다면 현대인은 法治國家(Rechtsstaat) 속에 살고 있다기보다도 法手段國家(Rechtsmittelstaat)에 살고 있다는 표현이 더 적절한지도 모르겠으며, 그러면서도 법은 더욱 지켜지지 않고 無規律化로서의 아노미(Anomie) 현상이 일어난다고 하겠다.

다섯째, 법의 科學化 경향을 지적할 수 있다. 현대사회는 集團多元主義(Gruppenpluralismus)에 입각한 사회로서 寬容(Toleranz)의 원리와 다수결의 원리를 불가피하게 신봉하고 있다. 또 사회적 집단화와 그에 따른 수단의 합목적성은 민주주의사회에서는 헌법에 맞추어 다수에 의하여 결정함으로써 정당화된다(합법성에 의한 正當性, Legitimation durch Legalität). 그러나 이러한 다수결에 의한 법규범의 의미와 목적에 대하여도 질문은 광범하게 제기된다. 즉 다수에 의해 결정되었다. 하더라도 사실적 작용력을 얻으려면 규범을 받는 자들(Normenadressaten)에게 수긍이 가도록 보여야 하는 것이다. 그래서 세속화된 사회에서 가장 신빙할 만한 기준은 과학이며, 법기관은 점점 더 과학적 정보들을 필요로 하고 있다. 막스 베버가 분석한 대로 법에서 합리성의 요청은 더 높아가고, 이를 위한 과학화의 작업은 많은 시간과 예산을 들여서 이뤄지고 있다. 국회·정부·법원에서 행하는 각종 계획 (Planung)과 자료처리(Datenverarbeitung), 사무의 프로그래밍(예컨대 컴퓨터로 처리된 입법, 판결의 문서처리, 기계적 조세결정, 행정의 자료은행, 토지등기부에서부터 공증인서류까지의 전산처리화) 등이 이것을 말하여 준다. 앞으로는 법정에 판사를 대신하여 컴퓨터가 앉을 것이라는 미래학적인 예언을 그대로 받아들일 수는 없지만, 상당한 영역에까지 과학의 손길이 확대될 것은 부인할 수 없는 사실이다. 그러나 한편으로는 그렇게 됨으로써 법률당사자는 법률경과(소송)를 몰이해하고, 법에 대한 인식과 존경을 갖지 못하여 권리를 남용하게 될 부작용도 따른다. 그러므로 이러한 과학적 발전을 규제하는 법의 영역이 대두하지 않으면 안 되는 것이다(예컨대 자료보호법).

6. 노네(P. Nonet)와 젤츠닉(P. Selznick)의 견해

버클리대학의 필립 노네 교수와 필립 젤츠닉 교수는 공저 「전환 속의 법과 사회」에서, 법은 억압적 법(repressive law)의 단계에서 자율적 법(autnomous law)의 단계로, 자율적 법의 단계에서 대응적 법(responsive law)의 3단계로 발전한다고 설명한다.[16]

첫째, 抑壓的 法의 단계는 다음과 같은 특징을 가진다.

1) 법제도들은 직접적으로 정치권력에 밀착되어 있다. 법은 국가와 동일시되고, 국가의 목적(raison d'état) 아래 놓여 있다.

2) 권위의 유지는 법적 관청에 先占되어 있다. '공식적 관점'들이 지배하고, 의문이 있을 때 체제측에 유리하게 판단이 이루어지며, 행정적 편의가 큰 비중을 차지한다.

3) 경찰과 같은 전문통제기관들이 권력의 독립적 중심을 이룬다. 그것들은 중재적·사회적 사정에서 유리되고, 정치적 권위에 저항할 수 없게 된다.

---

16) P. Nonet & P. Selznick, *Law and Society in Transition : Toward Responsive Law,* Harper & Row, 1978, p. 15; 鄭東鎬·申榮鎬 공역, 法과 社會變動, 나남, 1986.

4) '이중적 법'(dual law)의 체제가 사회적 복종의 패턴을 강화하고 정당화함으로써 계급적 정의를 제도화한다.

5) 刑法典은 지배적인 習俗(mores)을 반영한다. 그리고 法的 道德主義(legal moralism)가 풍미한다.

둘째, 自律的 法의 특징은 다음과 같이 요약된다.

1) 법은 정치로부터 분리되어 있다. 특히 체제는 사법의 독립성을 선언하고, 입법과 사법기능 사이에 뚜렷한 경계를 설정한다.

2) 법질서는 고정된 '규율의 모델'(model of rules)을 신봉한다. 공식적 예견가능성의 정도를 증대시키는 데 규율의 초점이 놓여 있다. 동시에 그것은 법제도의 창조성과 정치영역으로의 침투위험을 제약한다.

3) 절차가 법의 가장 중요한 핵심이다. 실질적 정의(substantive justice)가 아닌 規則性(regularity)과 公正性(fairness)이 법질서의 제일의 목적이고 주된 권능이다.

4) '법에 대한 忠實'(fidelity to law)은 실정법의 규율에 대한 엄격한 복종으로 이해된다. 기존의 법에 대한 비판은 정치적 과정을 거쳐야 한다.

셋째, 對應的 法의 특징은 다음과 같이 요약된다.

1) 법적 발전의 다이나믹스는 법적 추론에서 목적의 권위를 증대시킨다.

2) 목적은 법적 의무를 자명한 것으로 받아들이지 않고, 이에 대해 문제를 제기한다. 그럼으로써 복종에 대한 법의 요구를 완화하고, 공공질서에 대하여 덜 엄격하고, 더 시민적인 관념을 개방한다.

3) 법의 개방성과 신축성을 획득함에 따라 법적 주장은 정치적 차원을 띠게 되며, 법제도를 교정하고 변화하는 데 공헌할 힘을 산출해 내지만, 제도의 고결성을 동요하게끔 위협한다.

4) '압력의 환경'(environment of pressure) 속에서 법적 자치의 지속적 권위와 법질서의 고결성은 더 적절한 법제도에 대한 구상(design)에 의존한다.

이러한 3단계 법발전의 특징을 다시 한 번 요약해 보면 다음 표와 같은 도식으로 나타낼 수 있다.

〈노네와 젤츠닉의 3 단계적 법발전〉

	抑壓的 法	自律的 法	對應的 法
목 적	질 서	정당성	권능(competence)
정당성의 근 거	사회방위·국가이성	절차적 공정성	실질적 정의
규율의 성격	조야하고 자세함. 다만 법정립주체에 대한 구속력은 약하다	정련되어 있고, 피치자와 마찬가지로 치자도 구속하도록 되어 있다	원칙과 정책에 복종
법적 추론	수시로 편의에 좌우되며 개별적(특수주의적)	법적 권위에 엄격히 결속(집착), 형식주의와 법률주의로 되기 쉽다	목적지향적·인식권능
재 량	기회에 따라서 널리 행해진다	규율에 의해 제약됨. 위임의 여지는 좁다	널리 행해지지만 목적에 대해 책임이 있다
억 압	널리 행해지며, 그에 대한 규제는 약하다	법적 규제에 의해 통제된다	그것을 대치할 수 있는 대안에 대한 적극적 추구, 예컨대 인센티브, 의무의 자기 지지적 체계
도덕성	공동체적 도덕성, 법도덕주의, 억제의 도덕성	제도적 도덕성, 예컨대 법적 절차의 통합성에 크게 선점	시민적 도덕성, 협동의 도덕성
정 치	법이 권력·정치에 종속	법이 정치로부터 독립, 권력의 분립	법적 지향성과 정치적 지향성의 통합, 권력의 융합
복종에 대한 기 대	무조건적 불복종은 그 자체 도전으로 간주되어 처벌된다	법적으로 정당화된 규율의 일탈, 예컨대 법률과 명령의 유무효를 심사	실질적으로 해가 되는가에 따라 불복종을 평가, 정당성에 대한 논쟁을 일으키는 것으로 생각됨
참 여	맹종·비판은 不忠으로 간주된다	기존절차에 의해 접근도 제한되어 있다. 법적 비판의 대두	법적 주장과 사회적 주장의 통합에 의해 접근이 확장된다

노네와 젤츠닉은 이 3 단계는 법의 분명한 유형(distinct types of law)일
뿐만 아니라 어느 정도 법과 정치적·사회적 질서와의 관계에서 進化의 段
階(stages of evolution in the relation of law to the political and social order)라

고 주장한다. 여기서 진화의 단계란 말을 썼지만, 그것은 곧 발전의 모델 (developmental model)과 같은 의미로 사용하고 있음이 그 다음 설명에서 곧 드러난다. 이들은 발전이란 말이 19세기 진화주의(evolutionism)가 시들 어짐과 함께 비판을 받아 왔다고 지적하면서, 그러면서도 제도사를 이해 하기 위하여는 방향성(directionality), 성장(growth)과 패망(decay)을 파악하 지 않을 수 없다고 주장한다. 법학에서도 어떤 법분야는 다른 법분야보다 더 발전되었다거나 법적 변화가 성장의 패턴을 보여 주거나 폐망의 패턴 을 보여 줄 수 있다고 말할 수 있다고 한다. 이들은 로스코 파운드(Roscoe Pound, 1870~1964)를 법의 成熟度(maturity)에 따라 법의 발전의 정도를 생 각하는 것이 편리하다고 생각한 학자라고 지적한다. 노네와 젤츠닉은 발전 이론에 대한 비판은 지성적으로 너무 나갈 수 있으며, 오히려 발전이론의 근본관점이 결실을 거둘 수 있고 심지어 불가피한 것이라고 한다.

이상에서 법의 발전에 관한 베버·라드브루흐·델 베키오·갈란터·레빈 더, 그리고 노네와 젤츠닉의 견해들을 살펴보았는데, 물론 이로써 이 방면 의 학문적 업적을 골고루 섭렵한 것은 아니다. 여기에는 법의 발전을 '身分 에서 契約으로'라고 표현한 고대법연구가 헨리 메인(Henry S. Maine, 1822~ 1888)에서부터,[17] 인간의 法意識과 도덕의 발달도를 측정하려 했던 로렌스 코올버그(Lawrence Kohlberg, 1927~1987)[18]까지 추가돼야 할 사람이 적지 않 을 것이다. 또 좀 더 시야를 넓히면 형사적 법(repressive law)에서 회복적 법 (restitutive law)에로의 발전을 생각한 에밀 뒤르깽(Emil Durkheim)이나,[19] 생 산수단으로서 경제구조의 발전 속에서 법의 발전문제를 생각한 마르크스와 그 추종자들도 포함해야 할 것이다.

그러나 우리의 목적은 학자들의 이론 그 자체를 배우려 하기보다도 법 의 발전이란 무엇인가를 알아보는 데에 있는 것이다.

---

17) Robert Redield, "Maine's Ancient Law in the Light of Primitive Societies," *Western Political Quarterly,* vol. 3, 1950, p. 57.
18) Jane Tapp & L. Kohlberg, "Developing Sense of Law and Legal Justice," *Journal of Social Issue,* vol. 27, No. 2, 1971, p. 65; L. 코올버그/김민남 역, 도덕발달의 철학, 교육 과학사, 1990.
19) Leon S. Sheleff, "From Restitutive Law to Repressive Law : Durkheim's Division of Labour in Society Revistited," *Archives Europeens de Sociologie* 16, No. 1, 1975, p. 16; Richard D. Schwartz & James Miller, "Legal Evolution and Social Complexity," *American Journal of Sociology* 70, 1964, p. 15~99.

법의 발전을 이야기할 때 법을 무엇으로 보는가 하는 근원적인 물음이 제기된다고 서론에서 비쳤듯이, 법의 발전에 관하여 수많은 학자들의 관심 영역에 따라 (법)철학적으로, (법)사회학적으로, (법)역사학적으로 각양각색 으로 설명하고 있음을 보았다. 그러면서도 그들은 대체로 법에서 발전의 계기를 긍정적으로 받아들이고 있음을 알 수 있다. 물론 법에서도 量的인 증가냐, 質的인 발전이냐 하는 문제가 되풀이되어 물어질 수 있다. 법사학 자들은 법의 양적 증가의 추세를 분석하고 그것을 발전이라고 보는가 하면, 법철학자의 법의 내용적 단절에도 불구하고 법이념의 창조적 발전의 계기를 긍정적으로 받아들이는 법의 역사철학을 전개한다. 사실 이러한 논의는 모두 역사 속에서의 법이라고 하는 被制約的 현실에 관한 논의로서, 역사란 것 자체가 신비한 것인 한 불완전한 논의에 불과하다고 아니할 수 없다. 아무리 현대의 법이라 하더라도 그 현실과 적용에서 고대의 단순한 법만큼 '발전'의 질을 못느낄 수도 있을 것이다.

그렇지만 법은 한편으로는 제도요 기술이면서, 다른 한편으로는 사상과 정신의 산물로서 무엇보다도 그 체계성과 합리성, 보편성과 문화성을 강하게 추구하는 규범이다. 이러한 법의 발전을 긍정적으로 전제함은 어쩌면 역사 속에서 인간이 더 낫게 살려는, 아니 그렇게 살아야 한다는 역사적 책임의식을 표현하는 것이라고 할 수도 있을 것이다. 법은 법사학자 아돌프 라우프스(Adolf Laufs, 1935~)[20]가 지적한 바와 같이 경제적 성장, 종교적 충동, 정신적·문화적 자극, 정치적 목적 등 다양한 요인의 복합에 의하여 발전하는 것이 사실이다. 이 발전의 사실을 어떻게 이론적으로 정리하는가 하는 문제가 남아 있을 뿐이다.

참고문헌

라드브루흐/엄민영·서돈각 역, 法哲學入門, 육법사, 1983; A. M. 폴린스키/宋相現·丁相朝 역, 法經濟學入門, 경문사, 1984; L. 프리드만/朴楠珪 역, 法과 社會, 법문사, 1984; 켈젠/張庚鶴 역, 共産主義 法理論, 명지사, 1984; 휴 콜린즈/홍준형 역,

---

20) Adolf Laufs, *Rechtsentwicklungen in Deutschland,* Berlin, 1978.

마르크스주의와 法, 한울, 1986; 한인섭·이철우 엮음, 법·국가·저발전, 이성과 현실사, 1986; 조성민 편역, 자본주의국가와 법이론, 태백, 1987; 藤田勇/이경주 역, 마르크스주의 법학입문, 이성과 현실사, 1990; 모린 케인·알란 헌트 편저/민주주의 법학연구회 역, 맑스와 엥겔스는 법을 어떻게 보았는가, 터, 1991; 최대권, 法과 社會, 서울대 출판부, 1992; 러셀 겔로웨이/안경환 역, 法은 누구 편인가, 교육과학사, 1992

   Harold J. Berman, *Law and Revolution : The Formation of Western Legal Tradition,* Harvard Univ., Press, 1983; Paul Hirst, *On Law and Ideology,* Humenities Press, 1979; R. Stammler, *Wirtschaft und Recht nach materialistischer Geschichtsauffassung,* 1896.

연습문제

1. 법의 변동요인을 논하라.
2. 법과 정치의 관계를 논하라.
3. 법과 경제의 관계를 논하라.
4. 법과 혁명의 관계를 논하라.
5. 唯物史觀的 法理解를 논평하라.
6. 법은 발전하는가?
7. 低開發國家에서의 법과 사회변동을 논하라.

제13장

국가와 법치주의

卿들이여, 국가의 有用性이 正義라고 생
각하지 않도록 자기를 신뢰하지 마시오.
　　　　　　　　　　　-쉴러(F. Shiller)

국가가 자기 스스로를 법의 척도로 삼
고, 국가 자신의 의사를 正義와 혼동할
때에는 이미 법은 존재하지 않는다.
　　　　　　-자끄 엘룰(Jacques Ellul)

Ⅰ. 서　　론

　　법학도뿐만 아니라 지식인들은 민주주의는 法의 支配(rule of law) 혹은
法治國家(Rechtsstaat)에 의해서만 이루어질 수 있다고 믿고, 그것을 실현하
기 위하여 법학을 배운다고 말할 수 있다. 법이 무엇이기에 그것으로 하여
금 국가와 사회를 다스리게 하는가를 가만히 생각해 보면 어딘지 허구 같
은 느낌이 없지 않기에 그것을 物神崇拜(Fetischismus)라고 냉소할 수 있을
지도 모르겠지만, 생각하기에 따라서는 인간이 인간존재의 불완전성을 솔
직히 인식함으로써 이룩한 고도의 정신적 결론이라고 볼 수도 있다. 법을
무시하고 잘된 일이 역사적으로 거의 없다고 본다면, 법치주의를 추상적으
로 논하기보다도 그것을 어떻게 구현하느냐 하는 방법의 문제를 추구하는
일이 중요할 것이다.

Ⅱ. 국가의 개념

국가란 일정한 지역과 그것에 정주하는 사람을 지배하는 최고권력에 의하여 결합된 조직체이다. 동양고전에는 '나라'(國)와 집(家)이란 표현이 빈번히 사용되면서도 막상 국가란 말은 존재하지 아니하였다. 영어의 state, 독일어의 Staat를 1860년대에 중국과 일본에서 처음 '國家'라고 번역하여 사용했다.

1) **지역적 사회**　　국가는 일정 地域과 그 주변 領海 및 그들의 上空인 領空을 그 존립의 기초로 한다.

2) **통치적 사회**　　국가는 강제력으로써 그 구성원의 의사 및 행위를 통제하고, 그에 복종시켜 국가의 목적을 달성하는 지배적 권력을 가지고 있다. 이와 같은 지배권을 統治權이라 하는데, 국가는 통치권에 의하여 조직된 사회, 즉 통치조직을 가지는 사회이다.

3) **최고독립적 사회**　　통치조직을 가지는 지역적 사회의 특질은 국가이외에 연방의 주, 식민지도 원칙적으로 구비하고 있다. 국가와 이들과의 차이는 국가가 대내적으로는 최고이며, 대외적으로는 독립이라는 점에 있다.

Ⅲ. 국가의 형태

1. 국체에 의한 구분

법적 의미에서의 國體는 국가권력의 최후적 귀속자를 표준으로 하는 국가형태의 분류이다.

1) **군주국체**　　국가권력이 국가구성원 속의 한 자연인에게 최후적으로 귀속하는 국체이다. 이 자연인을 군주라고 하며, 기타의 국가구성원을 臣民이라고 한다. 따라서 이 국체에서는 군주의 의사가 곧 국가의 의사이며, 국가의 활동은 모두 군주에서 비롯되고, 모든 政事는 궁극적으로 군주가 판단한다.

2) **귀족국체**   국민 가운데서 일부 특권신분층인 귀족에게 국가권력이 귀속하는 국체이다. 그러나 이 국체는 근대국가의 성립과 더불어 쇠퇴하였으며, 현대국가에서는 찾아볼 수 없다.

3) **계급국체**   국가권력이 국민 중의 한 계급(예컨대 노동계급)에게 귀속하는 국체인데, 소련 및 그 위성국가의 근본을 이루고 있었다.

4) **민주국체**   국민 전체가 국가권력의 귀속자 내지 보유자라고 생각되는 국민주권의 국체를 말한다. 이 국체에서는 피치자가 동시에 치자로서 기능하는 이른바 '治者와 被治者의 同一性'의 원리가 지배하고 있다.

2. 정체에 의한 구분

법적 의미에서의 政體는 국가권력의 행사방법, 즉 통치권을 행사하는 형식절차를 기준으로 하는 국가형태를 말한다.

(1) 군주정체와 공화정체

1) **군주정체**   군주정체는 통치권의 행사에 있어서 군주가 최고통치권행사자인 정체인데, 다른 국가기관에 의하여 어떠한 제한도 받지 않는 專制君主政과 통치권의 행사에 있어서 군주의 의사를 제한할 수 있는 국가기관을 가진 制限君主政이 있다. 이 제한군주정은 다시 等族君主政과 立憲君主政으로 분류된다.

2) **공화정체**   통치권의 행사에 군주가 관여하지 않고 군주라는 것이 없는 정체이다. 즉 ① 立憲共和政(미국·프랑스), ② 階級獨裁共和政(소련), ③ 貴族的 共和政(고대), ④ 行政府獨裁的 共和政(나치스독일) 등이 그것이다.

(2) 간접민주정치와 직접민주정치

1) **간접민주정치**   국민은 다만 대통령 내지 국회의원과 같은 공무원을 선거할 권리 내지 피선거권 및 공무담임권을 가질 뿐이고, 입법·행정·사법과 같은 통치권은 대통령, 국회 등의 민간기관 기타의 통치기관에 의하여 행사되는 제도를 말한다.

2) **직접민주정치**　　　　국민이 직접 헌법 또는 법률을 제정·개정한다든가, 외국과의 선전·강화를 결정한다든가, 예산을 편성한다든가, 공무원을 파면하는 등 국가기관의 형성관여권과 그 밖에 직접 통치권을 행사할 수 있는 제도를 말한다.

직접민주정치의 주요한 제도로는 다음과 같은 세 가지가 있다.

㈎ 국민표결(referendum)　　　　국민에게 의안 기타에 대하여 최종적 결정권을 주는 제도이다.

㈏ 국민발안(initiative)　　　　국민에게 능동적으로 어떤 의안을 발의할 수 있도록 하는 제도로 國民創案이라고도 한다.

㈐ 국민소환(recall)　　　　국민이 대통령 기타의 정부직원, 국회의원 기타 공무원을 파면할 수 있는 제도로 國民罷免이라고도 한다. 현대 자유민주국가에서 국민주권의 근본정신을 실정법상으로도 충실히 구현하기 위하여 통상적인 국무는 일반국가기관에 의하여 수행케 하되 국가운명을 좌우할 중대사항에 관해서만은 주권자인 국민에게 법상의 발언권 내지 최종결정권을 부여하려는 취지에서 이른바 혼합민주정치의 채택이 요청된다.

(3) 연방제와 단일제

통치권이 원칙적으로 중앙정부에 의하여 통일적으로 행사되고 지방정부는 중앙정부가 그에게 수권한 범위 안에서만 통치권을 행사할 수 있는 국가를 단일제라 하고, 통치권이 처음부터 중앙정부와 지방정부 사이에 분할되는 국가를 연방제라 한다. 특히 연방제에서는 외교·군사·화폐 등 전국을 통하여 통일을 요하는 사항만을 上邦(聯邦政府)이 관할하고, 기타의 일반사무는 下邦(州政府·支邦)이 관할하는 점에 그 특징이 있다. 미국과 독일이 연방제의 예를 보여 준다.

Ⅳ. 국가의 구성

국가는 일정한 지역을 성립요건으로 하고, 나아가 주민을 지배하는 통치단체이다. 이러한 국가의 기원에는 여러 가지 설이 있다. 즉 ① 국가는

神의 의사에 따라 성립된 것이라는 神意說, ② 국가는 가족의 결합 내지 가족을 확대한 것이라는 家族說, ③ 국가는 재산, 특히 토지의 영유로부터 시작된 것이라는 財産說, ④ 국가는 약자에 대한 강자의 지배에 의하여 성립된 것이라는 實力說, ⑤ 국가는 인간 상호간의 계약에 의하여 성립되었다는 契約說, ⑥ 국가는 민족의식을 바탕으로 성립되었다는 心理說 등이 있다.

　　옐리네크(G. Jellinek, 1851~1911)는 국가는 국민·주권·영토의 3요소로 구성된다는 설을 주장하여 널리 알려졌다. 그러나 옐리네크의 국가 3요소설로서 국가가 저절로 이루어지는 것이 아니고, 오히려 국가를 국가로서 운영해 나가기 위하여는 스멘트(Rudolf Smend, 1882~1975)가 주장하듯 社會的 統合(Integration)이 계속 이루어져야 할 것이다.

　　[스멘트의 **統合理論**(Integrationslehre)]

　　스멘트의 법사상의 핵심을 이루는 것은 무엇보다도 統合理論이라고 하겠다. 통합이론은 국가 및 헌법을 형식주의적·실증주의적으로 파악하는 데 반대하여 生活過程(Lebensprozeß), 개인의 秩序와 參與, 인격적 삶의 통합으로 파악하려는 그의 독특한 이론이다. 이에 따르면 국가는 개인의 자유로운 생존을 계속적으로 가능하게 하고 고양시키는 하나의 '정신과학적으로 이해되는 사건'을 의미한다. 이처럼 통합이론은 국가를 사회적 생활 속에서 발견하는데, 스멘트 자신의 표현에 따르면 이 이론은 하나의 사회학적 이론이 아니라 헌법을 정당하고도 완전하게 해석하는 하나의 법이론이다. 스멘트는 당시 독일의 헌법생활에서 점증하는 붕괴(Disintegration)의 조짐들을 보면서 특히 바이마르헌법 제48조의 독재자조항의 위협을 미리 간파한 데서 통합이론이 구성되었다고 밝히고 있다. 이렇게 본다면 통합이론은 개인을 앞세우고 그 속에 국가의 헌법생활을 질서지우려고 하는 점에서 철저히 민주주의적인 사고방식이라고 할 수 있다.

　　통합이론은 "社會가 어떻게 하여 국가로 변형되는가?"(die Transformation der Gesellschaft in den Staat)라는 문제에 직접적으로 답하려고 한다. 종래의 옐레네크류의 국가 3요소설은 공간적·정태적 사고에로 오도하였으며, 켈젠(H. Kelsen)의 純粹法學的 段階說은 국가를 내용이 공허한 규범체계로 용해시키는 결과를 낳았다고 스멘트는 비판하고 있다.

　　다른 한편 스멘트는 국가를 개인의 집합으로 보는 인과적·목적론적 사고방식도 거부한다. 오히려 통합이론은 국가를 그 사회적·법적 관계의 전체성(Totalität) 속에서 경험적으로 인식할 수 있다는 관점에 서 있다. 국가는 내재적인 自己更新(Selbsterneuerung)과 自己創造(Selbsterzeugung) 속에서 理念的

意味領域(ideelle Sinnsphäre)을 발견할 수 있다고 본다.

이러한 스멘트의 발상은 그의 논문 "憲法國家에서 政治權力과 國家形態의 問題"(Die politische Gewalt im Verfassungsstaat und das Problem der Staatsformen, 1923)에서 출발하여 주저 「憲法과 憲法律」(Verfassung und Verfassungsrecht, 1928)에서 절정을 이루었다. 스멘트의 통합이론에 따르면 통합에는 인격적 통합·기능적 통합·사물적 통합의 세 종류가 있다.

(1) **인격적 통합**(persönliche Intergration)   스멘트는 인격(예컨대 군주·대통령·엘리트·공무원 등)의 指導力 없이 통합은 불가능하다고 본다. 그렇다고 지도를 받는 국민 일반의 자발성과 생산성을 무시해서도 안 된다. 스멘트는 지도자(Führer)는 객관화된 목적설정의 技術者(Techniker objekti-vierter Zwecksetzung)로서 사물적 기능 속에서 항상 피지도자를 보호하고, 그들의 자극을 받지 않으면 안 된다고 설명한다.

(2) **기능적 통합**(funktionelle Integration)   기능적 통합이란 여러 가지의 통합적인 기능이나 혹은 절차, 다시 말하면 集合 내지 社會的 統合(soziale Synthese)을 가능하게 하는 생활형식을 가리킨다(예컨대 의회의 활동, 선거, 국민투표 등). 이것은 막스 베버의 支配形式(Formen der Herr- schaft)을 연상하게 한다.

(3) **사물적 통합**(sachliche Integration)   스멘트는 인격적 통합과 기능적 통합 이 두 가지 모두 궁극적으로 사물적 통합이라는 상위관념 아래서 가능하다고 본다. 이 '事物的 價値共同體'(sachliche Wertgemeinschaft)라는 개념으로부터의 발상이 스멘트의 통합이론을 종래의 국가목적이론과 구별시키는 출발점이라고 할 수 있다. 스멘트에게 국가는 국가 밖에 있는 목적을 실현하려는 어떤 수단으로서의 現實體(reales Wesen)가 아니라 그 자체가 하나의 意味實現(Sinnverwirklichung), 즉 價値實現으로 이해된다. 이 국가의 價値全體性(Werttotalität)을 경험함으로써 인간은 국가적으로 통합된다고 본다. 한 국가에서 사물적 통합의 구체적 요소는 그 국가가 국민의 이름으로 하나로 통합하려고 하는 가치들을 의미한다. 이러한 가치들은 부분적으로 헌법의 기본권의 형식으로 고정되기도 하고, 대표적·정치적 상징, 의식 등은 국민축제 등으로 표현되기도 한다.

이와 같이 볼 때, 통합은 스멘트에게도 다양한 의미를 띠고 있다고 할 수 있다. 즉 그것은 '過程'(Prozeß) 혹은 그 과정을 산출하는 요소들의 共同作用(Zusammenwirkung) 혹은 국가의 정신적·초경험적 형태의 항구적 실현 등···. 여기에 스멘트이론의 깊이와 불명확성이 병존한다 하겠다.[1]

---

1) 스멘트와 통합이론에 관하여는 許營, 憲法理論과 憲法(上), 박영사, 1983; 崔鍾庫, "루돌프 스멘트," 위대한 法思想家들 Ⅱ, 학연사, 1985, 187~218면.

1. 주   권

主權(Souveränität)이란 개념은 최고독립성, 국가권력 자체, 국가의사결정의 최고원동력, 정치형태의 최종결정권 등 여러 가지 의미로 사용되고 있다. 국가를 다른 사회와 구별하는 그 특질을 명백하게 하기 위하여 "국가에는 주권이 있다"든가 "국가는 주권적이다"라고 할 경우에는 국가권력의 최고독립성을 의미한다.

주권개념은 근대적 전제군주정을 변호하기 위하여 성립하였고 뒤에 왕권에 대항하는 부르주아혁명의 이념으로 발전한 개념으로서, 옐리네크가 말한 바와 같이 '처음에는 방어적인, 그러나 후에는 공격적인 성질을 가지게 된 투쟁적 개념'이었다. 이러한 역사적 배경 속에서 이데올로기적 성격을 가지고 등장한 것이 유명한 보댕(J. Bodin, 1530~1596)의 主權論이다. 원래 주권이론에서 중요한 문제는 국가권력이 누구에게 귀속하느냐, 국가권력의 保有者 내지 주권의 담당자가 누구인가의 문제였다.

(1) 주권에 관한 학설

1) 군주주권설   고대 전제군주국가에서는 국가권력이 최후적으로 군주에게 귀속한다는 군주주권의 사상이 지배하였다. 보댕 이외에도 영국의 스튜어트(Stuart) 왕조의 王權神授說, 프랑스의 루이 14세(Louis ⅩⅣ)의 "朕이 국가이다"라는 사상은 이것을 표명한 것이다.

2) 국민주권설   근세 초의 전제군주정에 대한 대항적 개념으로서 주장된 이 사상은 근대적 중앙집권적 전제군주정에 대한 반동세력의 일종이라고 볼 수 있는 16세기 프랑스의 '暴君放伐論'(Monarchomachie)의 이론에 그 맹아를 찾아볼 수 있다. 그 후 국가계약설의 창시자라 할 수 있는 독일의 알투지우스(J. Althusius, 1557~1638)를 경유하여 많은 계몽적 합리주의 자연법론자에 의하여 주장되었으며, 루소(J. J. Rousseau, 1712~1778)에 이르러 근대적 의미에서의 國民主權說로서 확립되었다.

[국민(Nation) 주권과 인민(People) 주권]

國民主權도 그 국민이 어떠한 국민이냐에 따라 그 의미가 달라진다. 즉

'국민'(Nation) 주권에서는 주권자를 Nation으로 보는데, 이는 理念的·抽象的인 실체로서 그 구성원으로부터 독립되는 法人格을 구성하며 스스로의 固有意思 를 가진다. 따라서 이는 그 성질상 주권의 주체와 그 행사자가 분리되어 無羈 束委任의 代議制를 내용으로 하고, 권력분립을 전제로 하며, 제한선거를 인정 한다. 한편 '인민'(People) 주권에서는 주권자를 people로 보며, 이는 현실적· 구체적인 有權的 市民의 총체로서 이른바 自動性의 원리에 근거한 直接民主制 와 羈束的 委任을 그 내용으로 하고, 권력분립과 제한선거를 인정하지 않는다. 그러나 오늘날은 순수하게 nation 주권이나 people 주권을 고집하지 않고 양자 의 조화를 기본원리로 하고 있다.

3) 국가주권설   이 학설은 역사적·정치적 배경에서 보면 전제군 주정과 극단적 민주정의 타협인 입헌군주정의 이론으로 19세기 후반기의 독 일 普通法學에서 많이 주장되었고, 게르버(Carl F. von Gerber, 1823~1881)·라 반트(Paul Laband, 1838~1918)·옐리네크 등의 유력한 지지자를 가지고 있었 다.[2] 그러나 國民主權說은 국가구성원 중 국가권력의 보유자가 누구인가를 묻는 주권의 귀속문제에 대한 해답이 되지 않으므로 채택하기 곤란하다.

(2) 대한민국의 주권

우리나라의 주권에 관하여는 헌법 제 1 조 2 항에서 "大韓民國의 主權 은 국민에게 있고, 모든 권력은 국민으로부터 나온다"라고 규정하고 있다. 이 내용은 우리 헌법이 國民主權主義를 채택하고 있음을 천명한 것이다.

2. 국   민

(1) 국민의 개념

국가의 항구적 소속원으로서 영토 안에 있거나 영토 밖에 있거나 국가 의 통치권에 복종할 의무를 가진 자를 국민이라고 한다. 그리고 국민이 되 는 자격을 國籍(nationality)이라 한다. 국적은 사람의 신분·자격을 말하는 것이고, 그 자체가 권리는 아니다. 국적을 가지는 것은 국민의 한 권리이다.

---

2) 자세히는 최종고, 法思想史(전정판), 박영사, 2006, 223~232면.

(2) 국민의 요건

1) 국적의 취득　　　국민이 국적을 가지는 데는 선천적인 것과 후천적인 것이 있고, 또 국적을 상실하였다가 회복하는 경우가 있다.

　　㈎ 선천적 취득　　　출생으로 인하여 국적을 취득하는 경우로 血統主義(屬人主義)와 出生地主義(屬地主義)가 있다. 혈통주의는 부모의 국적에 따라서 국적을 결정하는 주의인데, 일본 같은 단일민족 내지 소수민족국가에서 채택하고 있다. 出生地主義는 부모의 국적을 묻지 않고 출생한 곳에 의하여 국적이 결정되는 주의인데, 영국 및 미국과 같은 복수민족국가에서 보통 채택하고 있다. 우리나라는 단일민족국가이므로 혈통주의가 원칙이며, 다만 부모가 분명하지 않을 때 또 부모가 모두 무국적일 경우에 대한민국에서 출생한 자 및 대한민국에서 발견한 棄兒에 대하여 예외적으로 출생지주의를 채택하고 있는 것이다(국적법 제 2 조).

　　㈏ 후천적 취득　　　배우자가 대한민국의 국민인 외국인은 귀화절차를 거쳐 대한민국의 국적을 취득한다. 대한민국의 국적을 가진 부 또는 모가 認知한 외국인은 일정한 요건 아래 대한민국 국적을 취득할 수 있다. 歸化는 일정한 요건을 갖춘 외국인이 타국가의 국적을 취득하려는 의사에 의하여 타국가의 허가를 얻어 국적을 취득함을 말한다. 귀화는 그 조건 여하에 따라 普通歸化와 特別歸化의 두 가지가 있다. 그 밖에 후천적 취득으로서 타인의 국적취득에 수반하는 국적취득과 국적회복이 있다.

2) 국적의 상실　　　국적상실의 원인으로서는 婚姻, 養子, 婚姻의 취소 또는 離婚, 二重國籍, 認知 등이 있다. 그 밖에 영토의 변경에 의하여도 국적의 취득 및 상실이 발생한다.

(3) 국민의 지위

1) 헌법상 국민의 지위　　　국민의 헌법상의 지위는 다음과 같다.

　　㈎ 주권자로서의 국민　　　헌법 前文의 국민은 憲法制定權者로서의 국민을 말하며, 헌법 제 1 조 2 항과 제 7 조 및 제 8 조 2항의 국민은 主權者로서의 국민을 말한다. 헌법제정권 내지 주권의 주체로서의 국민은 국민 전체를 하나의 이념적 통일체로서 파악한 것이다. 이것은 개개의 국민과는

그 개념이 다르며, 성별·연령에 관계없이 선거권자는 물론이고 선거권이 없는 국민도 모두 포함된 것이다. 주권이 국민에게 있다고 할 때 국가의사를 최종적으로 결정하는 원동력이 국민 전체에게 있다는 것을 말하며, 또 국민이 헌법제정권력을 가진다고 할 때 실제로 헌법제정은 제헌국회에서 할지라도 그 헌법은 국민 전체의 의사에 따라서 국민 전체를 위하여 제정되어야 함을 의미한다. 이런 의미에서 모든 국가권력의 정당성에 있어서의 계기가 국민 전체에 있음을 말하기도 한다.

(ㄴ) 헌법상 국가기관으로서의 국민　　　국가기관으로서의 국민은 주권자로서의 전체국민과는 다르며, 주권자인 전체국민 중에서 일정한 연령에 도달하고 특별한 결격사유가 없는 개개 국민이 국가기관으로서의 국민을 구성한다. 우리 헌법상 국가기관으로서의 국민에 부여되어 있는 권한은 대통령선거권, 국회의원선거권, 국가의 중요 정책에 대한 국민투표권, 헌법개정안에 대한 국민투표권 등이다. 이러한 의미의 국민은 유권자의 집합체, 즉 선거인단으로서 국민의 의사형성에 참여한다.

(ㄷ) 기본적 인권의 주체로서의 국민　　　이것은 國家構成員으로서의 개개의 모든 국민을 말하며, 헌법 제 2 장의 국민이 이에 해당된다. 여기에서 국민이라 할 때 원칙적으로 우리나라 국적을 가진 국민만을 말하나, 경우에 따라서는 우리나라 국적을 가지지 않은 외국인에 대하여도 일부 기본권이 보장된다. 또 기본권보장의 대상으로서의 국민개념 중에는 法人도 포함되는 수가 있다. 이와 같이 헌법 제 2 장의 基本的 人權의 주체로서의 국민은 그 조항마다 내용이 다르므로 조항에 따라 구체적으로 결정할 필요가 있다.

(ㄹ) 통치대상으로서의 국민　　　國家構成員으로서의 국민과 같은 것이다. 민주주의에서는 주권자인 국민과 통치대상으로서의 국민이 동일성을 가진다. 그러나 엄격히 말하면 통치대상으로서의 국민에는 모든 자연인은 물론이고 법인도 포함되며, 또 국외에 있는 국민도 포함된다. 통치대상으로서의 국민의 지위에 있는 국민에는 국가에 대한 의무가 생기며, 그 밖에도 헌법에 위배되지 않는 범위 안에서 법률로써 규정하는 국민의 여러 가지 의무가 있을 수도 있다.

2) 국가에서의 개인의 지위　　　法實證主義者로서 국가법인설·국가주

권설을 주장한 옐리네크는 국가에서의 개인의 지위를 개개 국민이 국가에
대하여 갖는 지위 내지 상태를 기준으로 하여 다음과 같이 네 가지로 분류
하고 있다.[3]

　　㈎ 소극적 지위　　　　국민이 국가권력으로부터 침해를 받지 아니하는
자유로운 영역이다. 이 지위에서 自由權이 발생한다.

　　㈏ 적극적 지위　　　　국민이 자신의 이익을 위하여 적극적으로 국가에
대하여 어떤 것을 청구할 수 있는 지위이며, 이로부터 受益權이 발생한다.

　　㈐ 능동적 지위　　　　국민이 국가기관으로서 능동적으로 국가의사의
형성에 참여할 수 있는 지위이며, 이로부터 參政權이 발생한다.

　　㈑ 수동적 지위　　　　국민이 국가의 통치권에 복종하는 지위이며, 이
로부터 국민의 公義務가 발생한다.

3. 영　토

(1) 영역의 개념

　　영역은 국가의 통치권이 행사되는 공간을 말하며, 영토·영해 및 영공
을 포함한다. 그러나 領海는 영토의 주변해역이며, 領空도 영토·영해의 상
공이므로, 영역의 기본은 領土이다. 우리나라 헌법 제3조는 "大韓民國의
영토는 韓半島와 그 附屬島嶼로 한다"라고 규정하고 있으므로, 우리나라의
통치권이 원칙적으로 행사되는 지역은 한반도와 그에 딸린 섬들이며, 북한
도 규범적으로는 대한민국의 영토 속에 포함된다. 따라서 일부에서는 이
조문을 國家保安法의 헌법적 근거로 제시하기도 한다.

(2) 영토의 변경

　　국가의 영토는 불변하는 것이 아니고 새로운 영토의 취득 또는 영토의
상실로 변경이 생길 수 있다. 그러나 영토가 일부 변경되더라도 국가의 동
일성에는 영향이 없고, 다만 통치권행사의 범위에 신축이 있을 뿐이다. 無
主地의 점령은 통치권의 원시취득이며, 타국영토를 할양받을 경우에는 통
치권의 승계취득이다.

---

　　3) 옐리네크/金孝全 역, 一般國家學, 태극출판사, 1981.

(3) 영토변경의 원인

1) 국제조약에 의한 변경   국제조약에 의한 새 영토의 취득에는 타국으로부터 영토의 일부를 할양받을 경우와 타국을 병합할 경우가 있다. 평화시에는 매매·교환·병합 등에 의하며, 전쟁시에는 강화조약에 의하여 새 영토를 취득한다. 그리고 국제조약으로 인한 영토의 상실에는 타국에 영토의 일부를 할양하는 경우와 국내의 지역이 독립하여 새 국가를 형성함을 승인하는 경우가 있다.

2) 자연조건 내지 사실행위로 인한 변경   자연조건 내지 사실행위로 인한 새로운 영토의 취득에는 無主地의 선점, 자연적 영토형성 등이 있고, 영토상실의 원인으로서는 화산의 폭발 등으로 지역의 일부가 바다 속에 몰입하는 경우 등이 있다.

(4) 영토변경의 효과

국가병합의 경우에 모든 주민은 당연히 병합국의 국적을 취득하게 된다. 그러나 일부 할양의 경우에는 할양지의 주민은 당연히 국적의 변경을 일으키는 것이 아니고 할양조약에 의해 결정된다. 보통의 예로서는 주민에게 일정한 기한을 주어서 국적을 자유선택하도록 한다. 할양지의 법은 영토의 변경에 의해 당연히 그 효력을 상실하는 것은 아니고, 신법에 의해 변경될 때까지 그대로 계속 시행된다. 그리고 이것은 舊領有國의 법으로서 시행되는 것이 아니고, 新領有國의 법으로서 인계·시행되는 것이다.

V. 법치주의

1. 법치주의의 의의

法治主義가 근대국가에 통치원리의 하나임에는 틀림이 없지만, 각국의 역사적 상황에 따라 그 내용은 반드시 일정하지 않았다. 그러나 법치주의라고 할 때 그것은 대체로 '人의 支配'(rule of man)가 아닌 '法의 支配'(rule of law)를 의미하며, 국가권력은 국민의 의사를 대표하는 의회가 제정한 법률에 따라 발동되어야 한다는 원리로 이해되고 있다. 이렇게 볼 때 법치주의란 국가가 국민의 자유와 권리를 제한하거나, 국민에게 새로운 의무를 부과하려고 할 때에는 반드시 의회가 제정한 법률에 의하거나 그에 근거가 있어야 한다는 원리라고 할 수 있다. 법치주의의 목적은 국민의 자유와 권리의 보장이고, 그 기초는 권력분립(seperation of power)이며, 그 내용은 법률의 우위, 법률에 의한 행정, 법률에 의한 재판이다. 다시 말하면 국민의 자유와 권리를 제한하거나 새로운 의무를 부과하려 할 때에는 반드시 의회가 제정한 법률로서 하여야 하며(議會主義와 法律의 우위), 행정은 이러한 법률의 존재를 전제로 그에 의거하여 행해져야 하고(법률에 의한 行政, 즉 행정의 合法律性), 司法도 법률의 존재를 전제로 법률에 따라 행해져야 한다는 것(법률에 의한 재판)이 법치주의이다.

법치주의가 '法에 의한 통치'를 의미한다고 할 때, 그 법은 두 가지 기능을 수행한다. 적극적으로는 국가권력발동의 근거로서의 기능(법의 제1차적 기능)을 수행하고, 소극적으로는 국가권력을 제한하고 통제하는 기능(법의 제2차적 기능)을 수행한다. 법이 국가권력발동의 근거로서 기능한다는 의미에서의 법치주의는 전제군주국가나 전체주의국가를 포함한 모든 국가에서 볼 수 있다. 이에 대해 법이 국가권력을 제한하고 통제한다는 의미에서의 법치주의는 자유주의국가에서만 볼 수 있다. 자유민주주의 국가에서 법치주의는 후자의 의미에 더욱더 비중이 주어진다. 여기에 법치주의가 자유민주주의를 그 불가결의 전제로 하여야 할 이유가 있다.

법치주의의 구성요소로는 최소한 ① 成文憲法主義, ② 헌법에서 기본권보장의 宣言, ③ 權力分立의 확립, ④ 違憲法律審査制의 채택, ⑤ 執行府에 대한 包括的 委任立法의 금지, ⑥ 행정의 合法律性과 행정의 司法的 統制, ⑦ 國家權力行使에 대한 예측가능성의 보장 등을 들 수 있다.[4]

---

4) 權寧星, 憲法學原論, 법문사, 1986, 124~130면. 법치주의를 구성하는 요소가 무엇이냐에 관해서는 견해가 다양하다. ① 丘秉朔 교수(憲法學 Ⅰ, 박영사, 1983, 113면)는 성문헌법의 최고법규성, 기본권보장제도, 권력분립주의, 적법절차에 의한 실현, 사법권의 보장(위헌법률심사제), 포괄적 위임입법의 금지, 국가권력행사의 예측가능성 보장, 사회민주제와 법의 지배, 법의 지배의 현대적 의의에 대한 비판 등을 들고, ② 金哲洙 교수(憲法學概論, 박영사, 158면)는 기본권의 보장, 권력의 분리와 분할, 형식적 법률의 개념, 집행의 적법률성, 국가권력의 가능성, 사법적 권리보장, 성문헌법의 존재와 헌법의 민주적인 형

2. 법치주의의 이론

17세기 이후 푸펜도르프(S. Pufendorf, 1632~1694) 등에 의하여 근대 합리주의적 자연법론이 전개되고 천부인권사상이 시민혁명과 결부되자, 여기에 개인적 자유의 보장과 더불어 권력분립에 의한 국가권력의 제한을 그 내용으로 하는 근대적 의미의 법치주의가 확립되었다. 물론 이와 같은 법치주의는 각국의 역사적·정치적 상황에 대응하여 다양한 성격과 내용을 가지게 되었지만, 그 기본적 유형은 영국에서 '法의 支配'(rule of law)의 원리와 독일에서 '法治國家'(Rechtsstaat)의 이론으로 전개되었다.

(1) 영국에서의 '법의 지배'

영국에서 '法의 支配'는 '法의 優位'(supremacy of law)라고도 한다. '법의 우위'는 지배자의 전단적인 권력행사를 억제할 목적으로 중세 이래 영국헌법을 일관하고 있는 법이념이었다. 이것이 17세기에 와서 군주적 대권의 절대성에 반대하여 코먼 로(common law)의 우위성을 주장한 에드워드 코크(E. Coke, 1552~1634) 경에 의하여 '법의 지배'라는 형식으로 주장되고, 명예혁명에 의하여 제도적으로 확립되며, 다이시(A. v. Dicey, 1835~1922)에 의하여 이론적으로 체계화되었다.

다이시는 그의 「憲法學入門」(Introduction to the Study of the Constituion, 1885)에서 영국헌법의 기본원리로서 의회주권 및 헌법적 관습과 더불어 법의 지배의 원칙을 들고, 이것들이 영국헌법 아래서 개인의 자유와 권리를 보장하는 것이라고 하였다.[5] 아무튼 영국에서 법의 지배는 왕권에 대한 법의 우위에서 출발하여 보통법 法院의 우위로 발전하고, 그것이 결국 의회

성, 입법의 헌법에 의한 구속과 위임입법의 제한 등을 들고, ③ 許營 교수(憲法理論과 憲法(上), 박영사, 1980, 273면 이하)는 법치국가의 내용을 그 실질적 내용, 구조적 원리, 절차적·형식적 내용 등으로 나누어 설명하고 있다.

5) Dicey에 의하면 法의 지배가 영국헌법에서 갖는 의미는 다음과 같다고 한다. ① 보통법원이 통상의 법적 절차에 따라 확정한 판결에 의하지 아니하고는 누구도 처벌받거나 재산을 박탈당하지 아니한다. ② 법 앞에는 누구나 평등하다. 신분의 여하를 막론하고 누구나 보통법과 보통법원의 재판권에 복종하며, 행정법이라든가 행정법원과 같은 제도는 인정되지 아니한다. ③ 개인의 권리는 헌법을 근거로 발생하는 것이 아니고, 憲法規範이라는 것은 개개의 사건에서 법원이 확인한 개인의 권리의 집적이다(A. v. Dicey, Introduction to the Study of the Constitution, 10th ed., 1961, p. 184).

주권주의에 도달하였다. 프랑스의 법제도와는 대조적으로 다이시가 영국헌법의 특질이라 주장한 법의 지배는 오로지 개인의 자유와 권리를 확보하기 위한 '절차법적'인 측면에 중점이 놓여져 있다. 그리고 영국에서 발달한 법의 지배의 원리는 미국에서 法院에 의한 違憲法律審査制 내지 司法權의 우위로 전개되었다.

(2) 독일에서의 법치국가론

근대적 法治國家의 개념은 적어도 19세기까지는 다른 나라의 헌법질서에서는 그 예를 발견할 수 없는 독일특유의 개념이었다. 법치국가의 개념은 경찰국가나 관료국가에 대립하는 개념으로 성립하였다. 고전적 법치국가론을 의미하는 시민적·형식적 법치국가론은 18세기 말에 모올(R. v. Mohl)·슈타인(L. v. Stein)·벨커(K. T. Welcker)·베르(O. Bähr)·오토 마이어(O. Mayer)·슈타알(F. J. Stahl) 등에 의하여 다양하게 전개되었다. 슈타알은 법치국가를 시민적 자유를 보장하기 위한 방법 내지 법기술로 이해하였다. 이에 대하여 마이어는 법치국가를 '法律優位의 원칙', 특히 행정의 法律適合性을 바탕으로 하는 국가로 이해하였다. 오토 마이어의 견해가 19세기 말의 지배적 견해가 되었고, 이것이 그 후 칼 슈미트(Carl Schmitt, 1888~1985)에 의하여 "법치국가의 구성요소는 국가권력의 제한과 통제의 원리이며, 시민적 자유의 보장과 국가권력의 상대화체계이다"라고 하는 이론으로 발전하였다.[6]

3. 법치주의의 위기와 실질적 법치주의

市民的 法治國家에서 形式的 法治主義는 '행정과 재판이 의회가 제정한 법률에 적합하도록 행해질 것을 요청할 뿐, 그 법률의 목적이나 내용을 문제로 삼지 아니하는 형식적 합법주의'를 의미하는 것이었다. 형식적 법치주의는 법치주의에 대한 치명적인 위기를 의미하는 독재체제가 출현하자, 법률을 개인의 권익보호를 위한 수단에서 억압의 수단으로 악용하게 되었다. 이 경우에 법치주의는 '法의 支配'가 아니라 법률을 도구로 이용한 '合

---

6) 칼 슈미트/金箕範 역, 法治理論, 교문사, 1977, 147~178면.

法的 獨裁'(tyranny through law)를 의미할 뿐이었다.[7] 제 2 차 대전에서 독일
등 독재국가들의 패배로 이와 같은 형식적 법치주의는 자취를 감추고, 실
질적 법치주의가 그것을 대신하게 되었다.

　　오늘날에는 국가가 국민의 자유와 권리를 제한하거나 국민에게 새로운
의무를 부과하려 할 때에는 반드시 의회가 제정한 법률에 의하거나 그에
근거가 있어야 한다는 형식적 법치주의뿐만 아니라, 법률의 목적과 내용도
正義에 합치되는 정당한 것이 아니면 안 된다고 하는 실질적 법치주의가
요청되고 있다. 이러한 의미에서 실질적 법치주의라 함은 법적 안정성의
유지와 더불어 인간의 존엄이라든가, 실질적 평등과 같은 정의의 실천을
내용으로 하는 그러한 법에 의한 통치원리를 말한다. 형식적 법치주의가
통치의 합법성을 특징으로 하는 것이라면, 실질적 법치주의는 통치의 正當
性을 특징으로 하는 것이다. 실질적 법치주의가 확립되려면 최소한 국민이
참여하는 행정통제와 사법적 권리구제 제도가 완비되어야 한다.

4. 한국헌법에서 법치주의의 구현

　　현행헌법에는 법치주의에 관한 직접적 명문규정이 없지만, 여러 헌법
조항에서 이미 법치주의의 구성요소와 그 구현방법이 규정되고 있음을 엿
볼 수 있다.

(1) 법치주의의 구성요소와 구현방법

　　1) 성문헌법주의　　　헌법의 개정곤란성과 더불어 형식적 의미의 헌법
을 국가의 최고법규로 간주하는 성문헌법주의에서는 헌법규정은 국가기관
의 조직과 국가권력발동의 근거가 되며, 국가권력을 제한하고 통제하는 기
능을 한다. 이런 점에서 성문헌법주의는 법치주의를 제도적으로 보장하는
것이 된다. 한국헌법에서 성문헌법주의도 바로 이러한 의미를 갖는다.

---

　　7) 독재제에서는 독재적인 집행권력의 극대화로 말미암아 법치주의와 입헌주의체제 그 자
　체가 전면 부인된다. 법의 제한을 벗어난 권력이 거대한 권력장치를 동원하여 개인의 자
　유와 인권을 가차 없이 말살한 예를 우리는 파시즘의 역사에서 목격한 바 있다. 특히 독
　재국가의 출현은 국제긴장을 초래하여 그 밖의 자유주의국가들의 법치주의까지도 위협하
　는 현상을 연쇄반응적으로 불러일으켰다. 제 2 차 대전도 어떤 의미에서는 법치주의와 反
　法治主義의 대결이었다고 할 수 있다.

2) 기본권보장의 선언　　　　한국헌법에서 기본권보장의 선언은 법치주의의 목적을 선언한 것이다. 특히 모든 영역에서 기회균등의 보장과 균등한 생활향상을 규정한 헌법 前文, "모든 국민은 인간으로서의 尊嚴과 價値를 가지며, 행복을 추구할 권리를 가진다. 국가는 개인이 가지는 不可侵의 基本的 人權을 확인하고 이를 보장할 의무를 진다"라고 한 헌법 제10조, "모든 국민은 法 앞에 평등하다"라고 한 제11조, '인간다운 생활을 할 權利'를 규정한 제34조 1항 등은 특히 실질적 법치주의에 관한 규정이라고 할 수 있다. 또 제37조 2항에서는 "국민의 모든 자유와 권리는 國家安全保障·秩序維持 또는 公共福利를 위하여 필요한 경우에 한하여 법률로서 제한할 수 있으며, 제한하는 경우에도 자유와 권리의 본질적인 내용을 침해할 수 없다"라고 하여 기본권제한에 관한 일반원칙을 명시함과 동시에 자유와 권리의 본질적 내용을 훼손하지 못하게 함으로써 형식적 법치주의와 더불어 실질적 법치주의를 구현하려 하고 있다.

3) 권력분립주의의 채택　　　　현행헌법은 權力分立主義를 채택하여 입법권은 국회에(헌법 제40조), 행정권은 대통령을 수반으로 하는 정부에(헌법 제66조 4항), 사법권은 법원에(헌법 제101조 1항) 속하게 하고 있다. 권력의 분립뿐만 아니라 권력 상호간의 억제와 균형에 관해서도 여러 규정을 두고 있다. 이와 같은 권력의 분립이야말로 법치주의의 기초라 할 것이다.

4) 위헌법률심사제의 채택　　　　행정과 재판뿐만 아니라 법률도 그 내용과 목적이 정당한 것이 되도록 하기 위하여 위헌법률심사권을 법원(전심권)과 헌법재판소(종심권)에 부여하고 있다. 헌법 제107조 1항의 "法律이 헌법에 위반되는 여부가 재판의 전제가 된 경우에는 法院은 憲法裁判所에 提請하여 그 심판에 의하여 裁判한다"라고 하는 것이 바로 그것이다.

5) 집행부에 대한 포괄적 위임입법의 금지　　　　현행헌법은 현대국가의 행정국가화 경향에 따라 집행부에 광범한 행정입법권을 부여하고 있지만, 그러나 그것은 '법률에서 구체적으로 범위를 정하여 위임받은 사항'에 관해서만 명령을 발하게 하는 것일 뿐(헌법 제75조) 법치주의의 원칙에 반하는 포괄적 위임입법은 금지하고 있다.

6) 행정의 합법률성과 행정의 사법적 통제　　　　현행헌법은 제107조 2항에서 "命令·規則·處分이 헌법이나 법률에 위반되는 여부가 재판의 전제

가 된 경우에는 대법원은 이를 최종적으로 심사할 권한을 가진다"라고 하여 독립적 지위를 가진 법원이 행정행위의 합헌성·합법률성을 심사하게 함으로써 이를 통제하도록 하고 있다.

　　7) 국가권력행사의 예측가능성의 보장　　　　모든 국가권력행사의 주체와 권력행사의 방법 및 그 범위가 성문법규로써 규정되어야만, 국민은 그 권력행사에 관하여 예측할 수 있다. 이와 같은 예측가능성이 민주사회에서는 법적 안정성을 위하여 매우 중요하다. 헌법 제96조는 "行政各部의 설치·조직과 직무범위는 법률로 정한다"라고 하고, 제89조에서는 국무회의의 審議事項의 형식으로 규정되고 있기는 하지만 집행부의 권한사항을 열거하고 있을 뿐 아니라, 제102조 3항은 "大法院과 각급 法院의 조직은 법률로 정한다"라고 함으로써 집행권과 사법권의 발동에 관한 예측을 어느 정도 가능하게 하고 있다.

(2) 법치주의의 제한

　　한국헌법은 법치주의 내지 법치국가의 원리를 광범하게 채택하고 있지만, 국가가 위기나 비상사태에 처한 경우에는 일정한 범위 안에서 법치주의가 제한적으로 적용될 뿐이다. 헌법은 국가가 위기나 비상사태에 처할 경우에는 대통령에게 긴급명령권 등(형법 제76조)과 戒嚴宣布權(형법 제77조)을 인정하고 있다. 이와 같이 국가적 위기나 비상사태 아래서는 대통령으로 하여금 긴급명령이나 계엄선포를 할 수 있게 함으로써 일정한 범위 안에서 법치주의가 제한될 수 있다고 하고 있다. 그러나 비상사태 아래서의 법치주의 실현의 제한은 매우 한정된 경우에 국한되어야 하고, 그것도 헌법적 질서를 유지하기 위한 최소한에 그쳐야 한다.

VI. 법치국가의 철학

　　국가가 법에 따라 통치된다는 것은 무엇을 의미하는가? 국가가 법에 구속된다는 근거는 어디에 있는가? 이것은 일찍부터 법이 국가에 우선하는가(vorangehen), 아니면 국가가 법에 우선하는가 하는 법철학의 문제와 관련되는 어려운 테마이다. 국가는 그 명령권의 범위와 한계를 법에서 위임 받는 것인가, 아니면 그것과 반대로 법의 효력은 국가의사로 규정되고 제약되는가 하는 문제이다.[8]

국가가 법에 우선한다고 하는 견해에 대하여는 국가는 법의 근원에 지나지 않고 그것 자신이 법적 형상(Rechtsgebilde)이기도 하며, 국가는 국가법의 소산이라는 사실이 가로막는다. 그러나 법이 국가에 우선한다고 하는 반대주장에 대하여는 국가 이전의 법이란 자연법 내지 관습법에 지나지 않는 것이지 적어도 실정법은 아니라고 할 것이다. 이에 대해 켈젠은 국가와 법의 동일성(Identitätstheorie)을 주장한다. 이에 따르면 국가와 법은 동일하기 때문에 어느 쪽이 우선하는가를 물을 수 없다. 국가는 항상 법 속에 있고, 불법을 행하는 국가는 더 이상 국가가 아니라고 한다. 국가가 법에 의하여 구속된다고 하는 문제는 참으로 해결되는 것이 아니라 소멸되는 것이다. 왜냐하면 국가가 항상 법 속에 있다고 하는 확인 속에 警察國家(Polizeistaat)에 대한 신앙이 고백되고 있다고 보는 것도 허락되지 않고, 또 불법을 행하는 국가는 더 이상 국가가 아니라고 하는 주장 속에 법치국가에 대한 신앙이 고백되고 있다고 보는 것도 허락되지 않기 때문이다. 모든 국가가 법치국가라고 하는 의미에서는 다르지만, 국가와 법의 동일성설은 순수히 개념적·분석적 의미는 가지지만 법철학적·정치적 내용은 가지지 못하는 것이다.

국가의 우위와 국가에 대한 법의 구속력을 조화시키려는 또 하나의 시도는 옐리네크의 이른바 '법에 의한 국가의 自己拘束의 이론'(Selbstbindungstheorie)이다. 그러나 구속하는 자와 구속되는 자는 서로 다르며, 구속되는 자기는 법현실로서의 국가이고, 구속하는 자기는 국가의 법의 총체로서의 국가이다. 따라서 어떤 國家外的 規範이 국가를 법에 구속시키는가 하는 문제에 다시 부딪치게 된다. '사실적인 것의 규범력'(die normative Kraft des Faktischen)은 하나의 파라독스이다. 어떤 일정한 시대의 견해라고 하는 사실은 어떤 규범이 이것에 규범력을 부여했을 때에만 규범력을 가지는 것이다.

그래서 우리는 국가의 법적 구속력은 사실의 세계로서가 아닌 규범의

---

8) 아래의 논의는 라드브루흐/최종고 역, 法哲學 제26장, 삼영사, 2005에 상론.

한스 켈젠(Hans Kelsen, 1881－1973)

1881년 10월 11일 당시 오스트리아 소속의 프라하에서 태어났다. 1905년에 빈 (Wien)대학에서 법학박사학위를 취득하고, 1911년에 같은 대학 강사에 취임하여 1919년에 정교수가 되었다. 1918년에 오스트리아 공화국이 탄생되자 헌법기초에 참여하였다. 1930년에 쾰른대학 교수로 옮겨 왕성한 학문활동을 하다 1933년에 나치스정권 장악으로 교수직을 잃고 고향 프라하로 돌아갔다가 1940년에 미국으로 망명하였다. 1942년부터 캘리포니아대학 교수로 활동하다가 1957년에 은퇴하였고, 1973년 4월 19일에 서거하였다. 저서로는 「법과 국가의 일반이론」(*General Theory of Law and State*, 1945) 등 다수가 있고, 순수법학(reine Rechtslehre)의 창시자로 전세계 법학계에 영향을 미쳤다. 오스트리아 빈 대학에 '켈젠연구소'가 설립되어 있다.

제레미 벤담(Jeremy Bentham, 1748-1832)

1748년 2 월 15일 런던에서 태어났다. 12세에 옥스퍼드대학에 입학하여 1763년에 문학사, 1766년에 문학석사가 되었고, 1767년에 링컨법학원(Lincoln's Inn)으로부터 변호사자격을 얻었다. 블랙스톤(W. Blackstone, 1723~1780)에게서 배웠으나 그의 자연법예찬을 비판하면서 점차 급진적으로 영국 법개혁운동을 전개하였다. '최대다수의 최대행복'(the greatest happiness of the greatest numbers)을 보장해 주는 법이 좋은 법이라고 주장하고, 공리주의적 원리에서 입법학과 의회개혁, 行刑改善에 관하여 많은 저술을 하였다. 평생 결혼도 하지 않고 은자적 생활을 하다가 1832년 6 월 6 일 런던에서 사망하였다. 저서로는 「입법론」(*Theory of Legislation*, 1780), 「도덕과 입법의 원리」(*An Introduction to the Principles of Morals and Legislation*, 1789) 등이 있고, 「벤담 全集」(*The Works of Jeremy Bentham*, 11 vols., 1838~1843)이 출판되었다.

세계, 즉 국가적 실정법이 아니라 자연법적으로만 존재하는 규범으로 설명할 수 있다. 다시 말하면 초실정적 법에 의하여 국가도 법도 구속되며, 그것을 위하여 국가와 법은 존재한다고 해석할 수밖에 없다. 이런 뜻에서 라드브루흐의 다음과 같은 표현은 법치국가의 본질을 깊이 생각하게 하는 명언이라 하겠다. "법치국가는 우리에게 있어서 하나의 정치적 개념일 뿐만 아니라 문화적 개념이기도 하다. 그것은 질서에 대하여 자유를, 이성에 대하여 생명을, 규칙에 관하여 우연을, 형식에 대하여 실질을 지키는 것, 요컨대 목적과 가치 자체를 단지 목적과 가치를 위한 수단에 대항하여 지키는 것을 의미한다.[9]

참고문헌

라드브루흐/崔鍾庫 역, 法哲學, 삼영사, 2005; 文仁龜, 韓國法의 實相과 虛相, 삼영사, 1985; 켈젠/黃山德 역, 法과 國家의 一般理論, 백영사, 1956; 마르틴 크릴레/국순옥 역, 민주적 헌정국가의 역사적 전개(헌법학 입문), 종로서적, 1983; 켈젠/閔俊基 역, 일반 국가학, 민음사, 1990; 김효전, 근대한국의 국가사상, 철학과 현실사, 2000; 최종고/최병조/김도균, 법치주의, 서울대 출판부, 2006.

A. Dicey, *Introduction to the Study of the Constitution*, 10th ed.,1961; H. Kelsen, *Allgemeine Staatslehre*, 1925; K. Loewenstein, *Political Power and Governmental Process*, 1960; H. Nawiasky, *Allgemeine Staatslehre*, 1958.

연습문제

1. '法의 支配'의 원리의 발전과정을 논하라.
2. '法治國家'의 개념을 논하라.
3. 法治主義와 人治主義를 논하라.
4. 民主主義와 法治主義의 관계를 논하라.
5. 우리나라의 법치주의적 지향과 현실을 논하라.

---

9) 라드브루흐/최종고 옮김, 法學의 精神, 종로서적, 1986, 45면.

제14장

기초법학

哲學 없는 法學은 出口 없는 迷宮이다.
　　　　　　　－라이프니츠(G. W. Leibniz)

法史學은 사람들을 슬로건의 강제에서
해방시키며, 법학도를 기능공이나 숙련
공으로 타락시키지 않도록 지켜 준다.
　　　　　　－미타이스(Heinrich Mitteis)

Ⅰ. 기초법학이란 무엇인가?

　　基礎法學이란 용어는 학술용어라기보다는 講學上 편의적인 개념이라고
말할 수 있다. 즉 헌법학·민법학·형법학 등 이른바 실정법학에 대하여 어
느 특정한 법역에 국한되지 않고 법학의 기초를 이루는 이론법학을 지칭하
는 개념이다. 기초법학 내지 이론법학에는 어떤 분야가 내포되는가?

　　아래에서 상론하는 法哲學(Rechtsphilosophie)·法史學(Rechtsgeschichte)·
法社會學(Rechtssoziologie) 외에도 法人類學(Rechtsethnologie)·法民俗學
(Rechtsvolkskunde)·法考古學(Rechtsarchäologie)·法心理學(Rechtspsychologie)·
法經濟學(law and economics)·法言語學(Rechtssprachwissenschaft)·立法學
(Gesetzgebungslehre)·法計量學(Jurimetrik)·法神學(Rechtstheologie) 등의 수많
은 분야가 있다.

　　우리나라에서는 아직도 학문으로서의 법학의 연구역사가 일천하여 기
초법학의 연구가 매우 부족한 상태인데, 기초법학의 튼튼한 토대 위에서

건전한 실정법학이 발전될 수 있음은 두 말할 여지도 없다.

Ⅱ. 법 철 학

1. 법철학의 의의

법철학(legal philosophy, Rechtsphilosophie)은 법의 본질을 모색하고, 그 목적과 이념을 추구하며, 법학의 방법론을 확립할 것을 임무로 하는 기초법학의 대표적 분야이다. 원래는 法理學(jurisprudence)이라 불렀으나, 法律哲學이라 하다가 오늘날에는 法哲學이라고 부르고 있다.

법에 대하여 단편지식을 갖는다 하더라도 이러한 지식을 바르게 종합하고, 그것을 바른 방향으로 쓰려면 법철학적 안목이 필요하다. 아니 그보다 법철학이 없으면 실정법학의 지식마저도 바르게 가질 수 없다. 법철학은 철학의 일부분이면서 동시에 법학의 일부분이다. 그러므로 법철학을 파악하려면 법학의 지혜와 철학의 성찰을 동시에 갖고 노력하여야 한다.

2. 법철학의 임무

그러면 법철학이 하는 일, 즉 법철학의 임무는 무엇일까? 일반적으로 철학의 과제를 첫째로 존재대상의 본질을 파헤치는 '存在論的 課題', 둘째로 대상인식의 방법과 가능 성을 탐구하는 '認識論的 課題,' 셋째로 삶과 세계의 의미와 목적가치를 포함한 일체의 '있어야 할 것'을 평가를 통해 얻으려는 '價値論的 課題', 그리고 역사 속에서 이 모든 과제의 생동적인 생성의 흐름을 고찰하는 '哲學史的 課題'로 나눈다. 일반철학의 과제가 이렇다면 이에 따라 법철학의 과제도 밝혀진다. 즉 법철학은 일반철학이 해결해야 할 모든 과제를 그 특수한 탐구의 대상인 법적 근본문제들과 관련하여 수행해야 한다고 하겠다. 따라서 법철학의 과제도 다음과 같은 네 가지 차원에서 살펴볼 수 있을 것이다.[1]

---

1) 沈憲燮, 法哲學 Ⅰ, 법문사, 1982, 18~20면; 최종고, 법철학(3판), 박영사, 2007, 2~16면.

첫째, 존재론적 차원에서의 법철학의 과제, 즉 法存在論(Rechtsontolo-gie)이다. 여기에서는 법 그 자체의 '본질', 다시 말해서 (효력이 있어야 할 법규범의 총체로서의) 그 특수한 존재형태에서의 법 그 자체의 모습을 파악한다. 즉 법의 개념적 징표들은 어떻게 규정되어야 할까? 법은 어떠한 구성부분으로 이루어져 있으며, 그것들의 상호관계는 어떠한가? 또 법은 어떻게 구분될 수 있는가? 법은 누구에 대해서 구속력을 갖는가?(법효력과 법의무의 문제) 등등 …. 이 모든 문제들은 '法의 一般理論'(allegemein Rechts-lehre)과 '法理論'(Rechtstheorie)[2]의 일부에서 다루어진다. 다시 말하면 법 그 자체를 놓고 그 내면을 파헤치는 과제라 하겠다.

둘째, 인식론적·방법론적 차원에서의 법철학의 과제이다. 이는 법인식(Rechtserkennung)의 방법과 가능성, 즉 法思考(Rechtsdenken) 일반에 관한 과제이다. 주지하듯이 법적 사고도 판단을 통해서 이루어진다. 이러한 판단은 어떤 것으로 구성되어 있는가? 그것의 중심이 법규범이라면 이의 성질은 어떠하며(법과 진리의 문제), 또 이는 완결적인지(보완의 문제), 그리고 그 내용은 어떻게 밝혀야 하는지(법해석의 문제), 그리고 그 적용의 과정과 구조는 어떠한지(법논리학의 문제)? 이러한 문제들은 '法學方法論'[3](juristische Methodenlehre) 또는 '法論理學'(Rechtslogik)의 과제로 다루어진다.

셋째, 가치론적 차원에서의 법철학의 과제이다. 여기에서는 가치론적·규범적 관점에서 법과 법규범을 문제삼는다. 도대체 법질서의 존재는 어떻게 정당화되는 것인가? 법질서는 어떠한 목적가치에 이바지하여야 하는가? 그리고 정당한 법질서를 어떻게 형성하여야 할까? 이 모든 문제들은 '法理念論'(Rechtsideenlehre) 또는 '正法論'(Lehre des richtigen Rechts)의 문제이다.[4]

넷째, 철학사적 차원에서의 법철학의 과제이다. 이상과 같은 (법)철학의 근본문제들은 실질적으로 똑같은 것들은 아니지만 궁극적으로 따지고 들면 모두 상호관련되어 있고, 하나는 다른 하나에로 이끌어지고, 따라서 하나의 전체를 이룬다. 이를 가장 잘 보여 주는 것이 (법)철학사이다. 법철

---

2) 법이론에 대해서는 이상돈, 법이론, 박영사, 1997.
3) 치펠리우스/金亨培 역, 法學方法論, 삼영사, 1976.
4) 자세히는 라드브루흐/崔鍾庫 역, 法哲學(5 版), 삼영사, 1985, 56면; 칼 라렌츠/梁彰洙 역, 正當한 法의 原理, 박영사, 1986, 1~35면.

학사는 법철학적 문제들의 역사적 관련을 그 정신적 발전과정 속에서 밝혀 주는 것이어서 그것은 무엇이 법철학인가를 가르쳐 주는 장소이기도 하다. 따라서 '하나의 歷史的 全體'로서의 법철학에 대해 연구하는 것이 법철학사 (Geschichte der Rechtsphilosophie)의 과제라고도 할 수 있다.

3. 법철학의 역사

(1) 고대의 법철학

"모든 길은 로마로 통한다"라는 말이 있듯이 법학이라고 이름붙일 수 있는 것은 로마에서 비롯되었다. 게르만족에는 전문적인 법률가가 없었기 때문에 법학이 형성되지 않은 데 반해, 로마에서는 이미 공화정시대에서 법학자(jurisprudentes)들이 활발하게 활동하였고, 帝政期에 들어서는 가이우스(Gaius)·파피니아누스(Papinianus)·울피아누스(Ulpianus) 등의 법학자가 나타나 2세기 반 동안은 法學全盛時代(klassische Zeit)라고 불리기까지 하였다. 法學(jurisprudentia)이라는 개념도 로마에서 시작하였는데, 여기서 prudentia 라는 것은 '총명의 덕'을 일컬었고 실천을 위한 지식을 뜻하였다. 법학자도 법이론가라기보다는 實際家 내지 실천가였으며, 그들의 관심사는 학문적 체계가 아니라 구체적 사건을 타당하게 해결하는 데 있었으므로 오늘날의 實踐法學 내지 解釋法學(Rechtsdogmatik)의 시초가 되었다.

영국은 로마법을 많이 계수하지는 않았으나 한편으로는 불문법·관습법적인 게르만법이 영국으로 흘러들어가 이 둘이 서로 조화되어 로마법학의 실제 장소는 오히려 英美法에 살아남았다고 할 수 있다. 이에 반해 로마법 전체는 북이탈리아 볼로냐(Bologna) 대학을 중심으로 하는 註釋學派(Glossatoren)나 後記註釋學派(Kommentatoren)의 연구를 통하여 유럽대륙의 여러 나라에 전파되어 이른바 受容(Rezeption)이라는 형식으로 로마법학이 유럽을 지배하게 되었다.[5]

독일에서는 로마법이 普通法(das gemeines Recht)으로 되어 普通法學(판덱텐법학, Pandektenwissenschaft)이라는 것이 생기게 되었다. 그러나 이것은

---

[5] 자세히는 崔鍾庫, 서양법제사(전정신판), 박영사, 2003, 27~29면; 최종고, 법사상사(3판), 박영사, 2006, 67~71면.

너무나 개념적·추상적 경향으로 기울어 로마법의 실제적인 정신과는 상당히 동떨어져 '개념법학'(Begriffsjurispredenz)이라는 비난을 받게 되었다. 이것은 로마법의 계수가 민중의 요망에 따른 것이 아니라 당시의 지배계급의 이익을 위해서 이루어졌다는 점과도 관련이 있다. 그 뒤 이탈리아에서 일어난 휴머니즘운동의 영향을 받아 문예부흥정신에서 고전 로마법의 연구도 성행하고, 한편으로는 게르만 고유법을 강조하는 풍조도 일어났다. 19세기 후반에 이르러 기르케(Otto F. von Gierke, 1841~1921)[6]를 위시한 이른바 게르마니스텐(Germanisten)들이 로마니스텐(Romanisten)들에 대항하여 게르만법의 연구를 촉진하였다. 예링이 '로마법을 통하여 로마법 위로'(durch das römische Recht, über das selbe hinaus)라고 「로마法의 精神」(*Der Geist des Römischen Rechts*)에서 부르짖은 것도 이러한 이유에서 였다.

로마는 武力과 그리스도교와 법으로 세 번 세계를 지배하였다고 하는데, 이 로마법 내지 로마법학과 체계는 특히 민법의 영역에서 오늘날도 그 영향을 크게 미치고 있다.

그리스에서는 법학의 학문화가 이루어지지는 않았지만, 소크라테스·플라톤·아리스토텔레스 등의 철학에서 법의 문제와 정의의 문제가 심도깊게 다루어져 법철학의 모티브를 제공하고 있다. '철학의 천재'인 그리스인의 철학적 개념들은 로마법에 영향을 주어 로마법학을 학문화시키는 데에 크게 기여하였다. 즉 決疑論(Kasuistik)의 단계에 머물러 있던 법학을 類와 種의 개념과 체계로 추상화시킴으로써 학문으로 발전시킨 것이다.

(2) 자연법론

1) 스콜라학파　　　　로마법에서는 人法(jus)과 神法(*fas*)을 갈라놓았기 때문에 종교적 요소는 법학에 큰 영향을 주지 않았다. 이것과 뚜렷하게 대조되는 것이 토마스 아퀴나스(Thomas Aquinas, 1235~1274)를 대표로 하는 유럽 중세의 스콜라學(Scholastik)이다. 토마스는 아리스토텔레스의 철학을 가톨릭신학과 결부시켜 발전시켰다. 그에 따르면 永久法(*lex aeterna*)·自然法(*lex naturalis*)·人定法(*lex humana*)은 서로 연관된 것인데, 인정법은 자연법을 적용한 것이고, 자연법은 영구법에 참가한다. 이 스콜라적 법학은 중세

---

6) 자세히는 최종고, "오토 폰 기르케," 위대한 法思想家들 Ⅰ, 학연사, 1984, 215~260면.

에 교회와 밀착하여 '신학의 시녀'로 전락하였지만, 중세의 토마스철학은 후세에까지 면면히 이어져 내려왔다.

　2) 신토마스주의　　　자연법론에 대한 반발로서 19세기는 法實證主義가 풍미한 시대라고 하겠는데, 19세기 말에서 금세기 초에 걸쳐 이른바 '자연법의 부활'이 일어났다. 카트라인(Victor Carthrein, 1845~1931)은 神法(lex divina)에서 자연법을 끌어내고, 자연법을 실정법의 기초라고 하여 반자연법적인 실정법은 무효라고 주장하였다. 주목할 것은 독일에서의 나치스의 폭정을 경험한 이래 악법논의가 활발해지면서 '자연법의 재생'이 크게 자극된 사실이다. 예컨대 카우프만(Arthur Kaufmann, 1923~2001)[7]의 抵抗權에 관한 견해는 스승인 라드브루흐의 상대주의를 넘어 자연법사상에로 접근하였고, 홀러바흐(Alexander Hollerbach, 1931~)는 강력한 신토마스주의자로 자연법을 주장하고 있다. 신토마스주의자들 사이에서도 다벵(Jean Dabin, 1889~)과 같은 도덕적·정치적 자연법의 존재는 인정하면서 법률적 자연법은 인정하지 않았던 사람, 리뻬르(Jeorges Ripert, 1800~1858)와 같이 카톨릭윤리를 강조하면서도 자연법론을 취하지 않았던 사람도 있다.

　3) 합리주의적 자연법론　　　중세가 神으로 특징지워진다고 한다면, 근세는 인간의 理性으로 특징지어진다. 이리하여 자연법도 근세에 이르러서는 신에서 분리된 인간의 이성에 바탕을 두게 된다. 그 최초로 나타난 법사상가가 그로티우스(Hugo Grotius, 1583~1645)[8]이다. 그는 인간에는 사교적 본능(appetitus societatis)이 있고, 이 사교적 본능이 인간의 이성과 일치한다는 전제에서 자연법을 올바른 이성의 명령이라고 하였다.

　이와 반대로 홉스(Thomas Hobbes, 1580~1679)는 그로티우스가 性善說의 견지에서 "계약은 지켜져야 한다"(pacta sunt servanda)는 전제에 터잡아 지배자에 대한 인민의 절대적 복종의무를 社會契約의 이론으로 설명하고 있는 데 대하여, 性惡說의 견지에서 '사람은 사람에 대하여 이리'(homo homini lupus), '만인의 만인에 대한 투쟁'(bellum omnium contra omnes)이라는 자연상태를 상정하고, 여기서 사람을 보호하고 평화를 유지하기 위한

---

7) 자세히는 최종고, "아르투어 카우프만," 위대한 法思想家들 Ⅲ, 학연사, 1985, 322~413면; A. 카우프만/김영환 역, 법철학, 아카넷, 2007.

8) 자세히는 최종고, "후고 그로티우스," 위대한 法思想家들 Ⅰ, 학연사, 1984, 36~64면.

강력한 수단으로서 국가와 그 국가에 의한 법이 있다고 하여 자연법을 객관적 질서의 면에서보다 인간성에 따른 주관적 요구라는 면에서 고찰하였다. 또 그는 국가는 어디까지나 수단이고, 주권자에 대한 국민의 복종의무는 주권자가 그들을 보호할 수 있는 권력을 가진 한에서 인정되는 것이라고 하여 功利主義의 관점에 서기도 하였다.

로크(John Locke, 1631~1704)는 플라톤·데카르트·스콜라학파를 부정하고, 지식의 근원을 감각적 경험에서 구함으로써 영국 경험주의철학의 대표자로 손꼽히게 되었으나, 정치적으로는 자연법론자였다. 그는 실정법으로 움직여지지 않는 자연법을 인정하고, 그 한에서는 중세적인 자연법의 관념을 부활시켰다고 하나, 그가 자연법이나 사회계약의 이론을 인정한 것은 인권을 옹호하기 위한 것이었다. 홉스의 사상은 절대주의적 요소가 엿보이는 데 대하여, 로크는 자연상태를 평화와 선의가 찬 것으로 상정하고 소유권 기타의 권리는 사회계약 이전의 것이라고 주장하였다.

合理主義的 自然法論은 계몽사상을 통하여 근대헌법의 골격을 이루고, 자연권적 인권의 토대로서 현대적 의미를 갖고 있다고 하겠다.

4) 역사적 자연법론　　　제 2 차 대전 후가 되면서 자연법을 역사성과 관련시켜 고찰하고자 하는 법철학이 대두하였다. 미타이스(Heinrich Mitteis, 1889~1952)[9]와 코잉(Hellmut Coing, 1912~2000)[10]이 그 대표적 인물로 손꼽힌다. 나치스의 폭정을 경험한 카우프만의 抵抗權思想과 일맥상통하면서 그들의 자연법론은 권력의 恣意的 支配에 대한 저항의 정신으로 가득차 있다. 그들의 자연법론의 핵심은 인권이다. 이 현대자연법론은 자연법과 실정법의 끊임없는 대결 속에서 법이 발전되어 왔으며, 이러한 역사적 사실을 구명하는 것이 法史學의 과제라고 한다.

이렇듯 그들은 자연법의 역사성을 인정함으로써 자연법의 시간·공간을 초월한 보편타당성을 부정하는 방향으로 나아가고 있다. 요컨대 실정법을 실정법으로만 보는 것이 아니라 그 속에 숨은 더 근원적인 것을 인정하여 이것에 실정법을 보충·수정하는 기능을 인정하고자 한다. 이것은 슈탐

---

9) 자세히는 최종고, "하인리히 미타이스," 위대한 法思想家들 Ⅱ, 학연사, 1985, 315~341면.
10) 자세히는 최종고, "헬무트 코잉," 위대한 法思想家들 Ⅲ, 학연사, 1985, 225~251면.

러(R. Stammler)의 '可變的 內容의 自然法'(Naturrecht mit wechselndem Inhalt)을 발전시킨 것이라고 할 수 있다. 즉 사회의 역사적 발전 안에서 자연법의 객관적 실현을 찾고자 하는 것이다.

(3) 관념주의 법철학

데카르트(René Descartes, 1596~1650)는 존재라는 것을 끝까지 좇아 "나는 생각한다. 그러므로 나는 존재한다"(Cogito, ergo sum)라고 하여 주체적 자아를 발견함으로써 근대철학의 아버지라고 불리게 되었다.

이에 대하여 칸트는 인간의 이성을 비판적·선험적으로 구명함으로써 인식론에서 '코페르니쿠스적 전환'을 하였다고 자처한다. 즉 대상이 처음부터 존재하여 이를 인식하는 것이 아니라 인식함으로써 인식대상이 가능해진다고 한다. 그의 법철학은 도덕적 형이상학의 일부를 이루고 있으며, 자유가 도덕법칙의 존재근거이고, 도덕법칙은 자유의 인식근거가 된다고 한다. 그는 법칙에 대한 존경이라는 의무의식이 동기가 되어 법칙에 일치하게 행위를 할 때에 도덕성(Moralität)을 갖는 것이며, 단순히 법칙에 일치하게 행위할 때에는 합법성(Legalität)에 지나지 않는다고 하여 법과 도덕을 준별하였다. 칸트가 주장하는 법과 도덕의 구별, 各人의 恣意(Willkür)의 긍정과 그 한계, 인격의 絕對性, 죄형의 균형과 같은 여러 원리는 모두 오늘날 시민법원리와 부합되는 것이다. 시민사회의 출현을 기반으로 하는 계몽사상은 칸트를 통해서 최고의 철학적 표현을 얻을 수 있었고, 칸트철학이 이룩한 이론체계는 사회적 요청과 일치함으로써 많은 공명을 받았다. 그뿐만 아니라 칸트철학은 그 후에 여러 갈래의 新칸트학파(NeoKantianismus)로 이어져 현대에서도 매우 중요한 뜻을 가지고 있다.

칸트가 확립한 독일관념철학은 그 후 피히테(Johann G. Fichte, 1762~1814)를 거쳐 헤겔(Georg W. F. Hegel, 1770~1831)의 철학으로 발전하였다. 헤겔은 「法哲學綱要」(*Grundlinien der Philosophie des Rechts*, 1821)의 서문에서 "이성적인 것은 현실적이고, 현실적인 것은 이성적이다"라고 말하였듯이 모든 事象을 변증법적인 발전 속에서 파악한다. 이러한 그의 변증법철학은 법학에도 많은 영향을 미쳐 오늘날까지 新헤겔주의(Neo-Hegelianismus) 법

철학을 형성하고 있다.[11]

(4) 공리주의 법철학

영국 공리주의의 창설자로 꼽히는 사람은 벤담(Jeremy Bentham, 1748~1832)[12]이다. 그는 흄(David Hume, 1711~1776)으로부터 효용(utility)이라는 관념을 이어받아 효용의 분배에 '최대다수의 최대행복'(the greatest happiness of the greatest numbers)이라는 원리를 내세웠다. 사상적으로 계몽주의의 바탕에 서면서 이론적으로는 그의 학설에 입각한 입법학의 수립, 법 전체의 체계화를 통하여 실제로 여러 나라의 입법에 직접·간접으로 영향을 미친 것은 그의 공적의 하나라고 하겠다. 功利主義的 法思想은 독일에서는 예링(Rudolf von Jhering, 1818~1892)에게 영향을 미쳤고, 그를 통하여 현대의 여러 가지 법사상으로 이어지고 있다.

(5) 역사법학파

법을 역사적 관점에서, 다시 말하면 역사적 발전의 산물이라고 보고자하는 학파가 歷史法學派(historische Rechtsschule)이다. 위에서 본 역사적 자연법론도 여기에 포함시킬 수 있으며, 사회의 발전을 과학으로 조명하고자한 進化論, 법을 계급투쟁의 산물로 보는 唯物史觀, 헤겔의 역사철학에서의 변증법적 발전의 파악방법을 계승한 新헤겔학파나 '만능의 코올러'(aller Kohler)라고 불리는 코올러(Joseph Kohler, 1849~1911)[13]의 比較民族學的인 고찰도 넓은 의미에서 역사법학파의 한 조류라고 볼 수 있다.

역사법학파의 창시자이자 대표자는 사비니(Friedrich Karl von Savigny, 1779~1861)이다. 이 학파가 형성된 것은 19세기 초 독일에서의 法典論爭(Kodifikationsstreit)을 계기로 한다. 당시 하이델베르크대학 교수 티보(Anton Friedrich Justus Thibaut, 1772~1840)가 "독일에서 일반 민법전의 필요성에 관하여"(Über die Notwendigkeit eines allgemeinen bürgerlichen Rechts für Deutschland, 1914)라는 논문을 발표하여 이를 추진하려고 하자, 베를린대학

---

11) 자세히는 최종고, 法思想史(증보중판), 박영사, 1990, 274~284면.
12) 자세히는 최종고, "제레미 벤담," 위대한 法思想家들 Ⅰ, 학연사, 1984, 116~147면.
13) 자세히는 최종고, "요셉 코올러," 위대한 法思想家들 Ⅰ, 학연사, 1984, 300~315면.

교수 사비니는 이것을 논박하는 "입법과 법학에 관한 우리 시대의 사명" (Vom Beruf unserer Zeit für Gesetzgebung und Rechtswissenschaft)이라는 논문을 발표하였다.[14] 이 논문은 역사법학파의 강령이 되었는데, 사비니는 법을 언어에 대비하여 민족에 고유한 성격을 갖는 민족공동의 확신이며 우연적·인위적으로 만들어진 것이 아니라고 강조하였다. 즉 법은 언어와 같이 민족과 더불어 성장하고, 민족과 더불어 자기를 형성하며, 그리고 민족이 특질을 잃을 때는 멸망한다고 하였다.

그는 법전편찬을 부정하는 것은 아니지만 베이컨(Francis Bacon, 1561~1626)의 이론을 원용하여 그것은 긴급한 필요가 있는 경우에 한하고, 그것을 인정하는 경우에도 종래부터 있던 법을 특히 중시하여야 한다고 하였다.

독일의 역사법학파에는 로마니스텐과 게르마니스텐의 대립이 있었다. 사비니나 푸흐타(Georg F. Puchta, 1798~1846)는 로마니스텐이고, 이에 대하여 독일고유법의 연구를 추진한 게르마니스텐은 베젤러(Georg Beseler, 1809~1888)와 기르케를 대표로 하였다. 로마니스텐은 로마법을 지나치게 존중하였다는 비판을 받기는 하지만 그 섬세한 논리적 분석은 후일 개념법학의 터전을 닦았다고 할 수 있다. 게르마니스텐은 로마니스텐의 시민법적 사상을 사회학적 방법론을 통하여 사회법적 견지로 돌리는 데에 공로가 있었다.

역사법학파로서 잊지 못할 학자로 영국의 메인(Henry Summer Maine, 1822~1888)이 있다. 그는 영국 역사법학파의 태두이며, 저서 「고대법」(The Ancient Law, 1861)은 고전적 의미를 갖고 있다. 그는 사비니·예링·다윈 등으로부터 영향을 받으면서 비교법적 연구를 바탕으로 하여 법의 역사적 진화를 설명하였다.

(6) 법실증주의

1) **독일보통법학과 프랑스주석학파**　　독일에서는 로마법을 수용하여 이를 이론적으로 체계화함으로써 普通法學을 수립하였고, 특히 19세기 후반에 들어서서는 이른바 판덱텐법학으로 이론체계의 정교함을 자랑하였다. 대표자로는 빈트샤이트(Bernhard Windscheid, 1817~1892)를 들 수 있는데,

---

14) 자세히는 최종고, 法思想史(全訂版), 박영사, 2007, 182~190면.

그는 그로티우스의 자연법론을 버린 사비니, 사비니의 민족정신을 버린 푸흐타 등의 방법론으로 일관하여 입법에서 고려되는 윤리·정치·경제의 모든 요소를 배제함으로써 판덱텐법학을 法實證主義(Rechtspositivismus)로서의 뚜렷한 모습을 갖게 하였다.

독일의 판덱텐法學에 대응하는 것이 프랑스의 註釋學派(Ecole de l'exé - gese)이다. 이것은 프랑스민법전(나폴레옹법전)이 공포된 1804년부터 19세기 말까지 계속된 것으로 특히 그 중간 50년이 전성기였다. 이 학파는 중요한 법전의 주석을 하는 데 전력을 기울이고 성문법, 특히 법률을 절대시하여 조문의 엄격한 해석을 위주로 하였다. 따라서 그들은 관습법을 法源으로 보기를 꺼려했는데, 프랑스혁명 이전의 관습이 혼란하여 이것을 법원으로 보면 법적 안정성을 해친다고 생각하였기 때문이다.

2) 분석법학과 순수법학　　　엄밀한 방법론적 반성을 한 끝에 법실증주의의 견지에서 법학체계를 이룩한 것으로서 分析法學(analytical juris - prudence)과 純粹法學(pure theory of law, Reine Rechtslehre)을 들 수 있다. 이 둘은 서로 계통을 달리하고 창도된 시기나 사회적 배경도 다르지만, 많은 점에서 서로 부합되는 점이 있어 아직도 현대적 의의를 잃지 않고 있다.

分析法學의 창시자는 오스틴(John Austin, 1790~1859)이다. 그는 벤담의 문하로서 독일에 유학하여 사비니·티보 등과 교류하여 독일 보통법학을 배웠다. 오스틴은 자연법을 배척하는 법실증주의의 견지에서 법의 기초를 주권자의 명령에서 구하고, 법을 命令(command)·制裁(sanction)·義務(duty)에 의하여 설명하였다. 그리고 그 중에서 '엄격하게 법이라고 불리는 법'(law as strictly so called)이 實定法이며, 이것이 法理學의 대상이 된다고 하여 실정법의 논리적 분석에 힘을 기울였다. 그의 학설은 현대 법실증주의에 커다란 영향을 미쳤다.

純粹法學은 켈젠이 창도한 것이다. 켈젠은 신칸트학파인 코헨(Hermann Cohen, 1842~1918)과 現象學派인 후셀(Edmund Husserl, 1859~1938)의 영향을 받아 법학에 대한 이데올로기나 정치의 혼입을 배척하는 동시에, 한편으로는 존재와 당위를 확연히 갈라놓는 견지에서 사회학적 방법을 거부함으로써 실정법규범의 순수한 체계적 파악을 꾀하였다. 法段階說(Rechtliche Stufentheorie)

도 그 체계의 일부분이다. 그를 중심으로 하여 오스트리아의 비인에 순수법학의 동조자들이 모였기 때문에 이를 빈학파(Wiener Schule)라고 한다. 그러나 순수법학은 법을 너무 당위(Sollen)로만 보고 존재(Sein)의 측면을 무시하여 법철학적으로 비판을 받게 되었다.

(7) 자유법론

법실증주의의 주류였던 독일 보통법학과 프랑스 주석학파에 대하여 예링은 '槪念法學'(Begriffsjurisprudenz)이라는 별명을 붙임으로써 개념법학에 대한 경종을 울렸다. 이때를 전후하여 自由法論(freie Jurisprudenz)의 사상을 주장한 사람이 오프너(Julius Ofner)이다. 그러나 법학을 개념에서 해방시켜야 한다는 自由法論(Freirechtslehre) 또는 自由法運動을 정면으로 주장하고 나선 것은 금세기에 들어와 에를리히(Eugen Ehrlich, 1862~1922)·칸토로비츠 (Hermann Kantorowicz, 1877~1940)·푹스(Ernst Fuchs, 1859~1929) 등이다.

개념으로부터의 해방이라는 자유법운동의 주장은 그 자체로서는 소극적인 것이며, 적극적인 기준을 내세운 것이 없었다. 그리하여 재판도 법관의 주관적·감정적인 것이 되어버리므로 感情法學(Gefühlsjurisprudenz)·人情法學(Affektionsjurisprudenz)이라는 비난을 면치 못하였다. 개념법학의 고루함에 반항하는 운동으로서는 이해가 안 가는 것은 아니지만 여러 가지 어려운 문제점을 안고 있으며, 이것은 다음의 법사회학이나 미국의 法現實主義 (legal realism)에서 그 학문적 결실을 찾을 수 있을 것이다.

(8) 현상학적 법철학

실증주의 철학사상과 결별한 최초의 현대 철학사상으로서는 生의 哲學 (Lebensphilosophie)과 함께 現象學(Phänomenologie)이 꼽히고 있다. 이것은 브렌타노(L. Brentano)의 제자였던 후셀이 제창하였고, 오늘날까지 상당한 후계자를 가지고 있다.

후셀의 현상학은 다음 두 가지 점에서 19세기적 사유와 결별한 철학이라고 말할 수 있다. 첫째, 그것은 所與를 관념론과 같이 원리에서 직접 연역하든가, 또는 실증주의와 같이 법칙을 가지고 설명하려고 하지 않고 소여를 직접 記述하려는 데서부터 시작한다. 이와 같이 경험의 직접적 기술을 강조하는 데에 현상학의 특색이 있다. 둘째, 현상학은 있는 그대로의 소여를 직접 기술함으로써 대상의 본질을 직관(Wesensanschau)하려고 한다.

현상학적 방법을 법학에 적용시켜 국가·조합·소유·가족 등 법적 현상을 설명하고, 그 자체의 의미를 조명하려고 애쓴 학자는 에드문트 후셀의 아들인 게르하르트 후셀(Gerhart Husserl, 1893~1973)·라이나흐(Adolf Reinach, 1883~1919) 등이다.

(9) 실질적 가치론의 법철학

현상학은 데카르트에까지 소급해 올라가 의식과 존재와의 관계를 엄밀하게 검토함으로써 근대철학의 전제가 되어 있던 '존재에 대한 意識의 우위'를 근본적으로 반성하고, 이렇게 함으로써 '의식의 우위'를 떠나 '객관에로의 전향'을 꾀하였다. 그러나 그 객관은 주관과의 관계에서만 문제가 되었고, 따라서 존재는 의식에 대한 相關者로서의 존재에 지나지 않았다. 이것은 비록 독일에서 관념론이 붕괴되었다고 할지라도 여전히 주관과의 대비 속에서만 객관은 문제될 수 있다고 생각하던 당시의 문제상황이 후셀을 제약하고 있었기 때문이다. 그렇기 때문에 현상학에서의 존재는 항상 의식에 대한 대응적 존재에 지나지 않았던 것이며, 그러한 점에서 여전히 관념론으로서의 티를 벗어나지 못하였다는 비판이 가해졌던 것이다. 이리하여 현상학의 진영으로부터 현상학의 영역을 현실존재의 면에까지 확장하여 한층 더 존재론적인 경향에로 전향해 보려는 노력이 생겨나게 되었다. 쉘러(Max Scheler, 1874~1928)의 실질적 가치론(materiale Werttheorie)이 바로 이것이며, 하르트만(Nicolai Hartmann, 1882~1950)에 의하여 더욱 발전되어 갔다.

실질적 가치론을 법철학에 응용시켜서 이론화한 학자로는 벨첼(Hans Welzel, 1904~1977)[15]·코잉 등이 대표적 인물이다.

(10) 실존주의의 법철학

고대 희랍시대에서부터 유럽의 전통으로 된 主知主義的 사고방식에서는 인간과 세계를 파악함에 있어서 우선 그것을 대상화하고, 그 속에서 일

---

15) 자세히는 최종고, "한스 벨첼," 위대한 法思想家들 Ⅲ, 학연사, 1985, 65~96면.

반적 원리와 본질을 찾아내려고 하였다. 아니면 주관에서부터 끌어 낸 법칙을 가지고 대상을 설명하려고 하였다. 근대의 관념론이나 실증주의에서도 그 점은 다를 바 없다. 그런데 實存主義(Existenzialismus)는 이와 같이 본질이나 법칙으로서 인간과 세계를 파악하려는 데에 반대하고, 어디까지나 구체적·개인적인 체험을 통해서 본 인간의 現存在를 유일한 토대로 삼고서 현대의 위기에 처하여 상실된 인간의 주체성을 회복하려고 하였다. 실존주의자들의 이론들이 다소 다르기는 하지만 일반성·본질 또는 법칙으로부터 인간을 파악하려 하지 않고 실존적 체험에서부터 출발하여 現存在인 인간이 그때그때 '존재하고 있다는 것'(Dasein)을 중심문제로 삼고 있다는 점에서 공통된다고 할 수 있다.

후셀이 '存在論에로의 전향'을 시작한 이래로 현대철학은 쉘러의 哲學的 人間學을 거쳐 하르트만의 實在的 存在論으로 발전되어 갔다. 그러나 이러한 발전과정에서 실존주의는 쉘러·하르트만의 노선을 계속 추진하려고 하지 않고, 도리어 직접 후셀에게로 돌아가 여기에서 재출발하여 새로이 歷史的 存在論이라고 부를 수 있는 새 길을 개척한 것이라고 말할 수 있다. 대표적인 실존주의 철학자로서 하이데거(Martin Heidegger, 1889~1976)·야스퍼스(Karl Jaspers, 1873~1969)·샤르트르(Jean Paul Sartre, 1905~1977)·마르셀(Gerbriel Marcel, 1877~1975) 등을 들 수 있다. 그런데 이들은 인간의 실존성을 강조하다 보니 세계와 법제도에 대하여는 부차적인 의미밖에 부여할 수 없었다. 그렇지만 이들의 진지한 사상적 모색을 토대로 하여 법철학에서도 이를 응용하여 실존주의 법사상의 경향이 대두하게 된 것은 당연한 현상이었다. 실존주의 법철학을 형성한 학자로는 코온(Georg Cohn)·페히너(Erich Fechner)·마이호퍼(Werner Maihofer) 등을 들 수 있다.[16]

(11) 실용주의 법철학

미국의 법철학은 대체로 判例法主義와 영국에서 이어받은 근대 초기의 自然法論 및 功利主義 철학 위에 성립한다. 그러나 최근에 와서 미국의 독특한 철학을 기반으로 하는 實用主義 法哲學·現實主義 法哲學이 발전하였다.

---

16) Erich Fechner, *Rechtsphilosophie*, 1962; W. Maihofer, *Recht und Sein*, 1954.

실용주의(Pragmatism)를 맨 먼저 법학에 채용하여 체계화한 사람은 파운드(R. Pound, 1870~1964)[17]인데, 그는 사회의 이익들의 조정이 법학의 임무라 하고, 법학을 '社會工學'(social engineering)이라 불렀다. 그의 법학지식은 매우 광범하며, 분석법학·사회심리학·역사법학 등의 영향을 받아 법의 역사적 발달의 유래를 존중하고, 사회적 사실에 나타나는 법현상의 연구를 중시하는 동시에 미래에 대한 법의 개선 또는 발달을 꾀할 필요를 역설하고, 사실에 입각한 법의 목적론적 고찰을 꾀한 점에서 예링의 영향도 받고 있다.

그 밖에 30년간 재판관을 지낸 '위대한 반대의견자'(the great dissenter)로서 진보적 법해석을 내린 홈즈(O. W. Holmes, 1841~1935) 등도 그 주장자들이다. 홈즈는 자연법론에 반대하고, 실정법의 근거를 법원의 판결에서 구하면서, 법은 판사가 법정에서 말하는 것이라 하여 法豫言說을 주장하였다. 주저 「보통법」(*Common Law*, 1881)에서 "법의 생명은 논리가 아니고 경험에 있다"라고 하였다.

미국에서 '홈즈숭배'(Holmes-worship)는 거의 신앙에 가까울 정도인데, 그의 드물게 보는 성품은 귀족적 품성에다가 용기와 모험심이 잘 결합된 데 그 매력이 있다.[18] 그는 의회의 입법을 신뢰하고, 새로운 사회적 입법이 절대적 자연권을 침해한다는 이유에서 위헌성을 주장한 법원의 다수설과 대립하여 위헌이 아니라 하는 소수의견을 주장하였다. 카도조도 홈즈 및 파운드와 같은 계통의 프라그마티즘 법철학의 법률가이며, "법은 현실과 타협할 것이며, 진보를 방해하는 때에는 법적 논리도 先例도 양보해야 한다"라고 말했다. 그의 저서는 오랜 변호사 및 법관생활을 통한 경험이 풍부하게 채용되어 법사상이 전개되었기 때문에 높이 평가받고 있다.

(12) 법현실주의

實用主義法學을 다시 진전시킨 것은 르웰린(K. Llewellyn, 1893~1962)·프랑크(Jerome Frank, 1889~1957) 등을 대표로 하는 法現實主義(legal realism)였

---

17) 자세히는 최종고, "로스코 파운드," 위대한 法思想家들 Ⅰ, 학연사, 1984, 447~469면; 梁承斗, "로스코 파운드의 法思想," 法律硏究 제 3 집, 연세대, 1984.

18) 자세히는 최종고, "올리버 W. 호움즈," 위대한 法思想家들 Ⅰ, 학연사, 1984, 261~299면.

다. 법현실주의가 나오게 된 동기는 1930년대에 경제부흥과 복지증진정책을 담은 뉴딜(New Deal) 입법이 연방대법원에서 계속 위헌이라는 판결이 내려진 데 있다. 단지 위헌판결을 내렸다는 것뿐이 아니라, 대개가 5 대 4 의 매우 긴박한 의견대립을 보이면서 결정되었기 때문이다. 이것을 보고 많은 사람들은 어째서 같은 사건에 대하여 같은 법, 같은 논리를 가지고 적용할 법관이 이처럼 전혀 상반된 결론에 도달하게 되는 것일까, 만약 소수의견이 잘못이라면 그런 잘못을 법관 중의 법관인 대법원의 반수에 가까운 법관이 옳다고 믿는 것은 무슨 까닭인가, 거기에는 어떤 잘못이 있기 때문이 아닐까 하는 의문을 품었다.

그래서 법현실주의자들은 종래의 기계적 법적용설에 대하여 의문을 갖고, 객관적으로 명확하고 확실한 법규범의 존재에 대하여 회의를 품게 되었다. 프랑크는 프로이드(S. Freud, 1856~1939)의 精神分析學(Psychoanalysis)을 법학에 도입하여 법적 안정성에 회의를 표명하면서 기존 법학에 대하여 날카로운 비판을 꾀했다. 그는 어른들이 법의 확실성을 믿는 것은 아이들이 부모의 전지전능의 권위를 믿는 것과 마찬가지로 터무니없는 신화라고 말했다. 프랑크는 법 및 재판의 불확실성을 입증하기 위해 형사사건 중 36개의 誤判例를 들어서 오판의 원인을 분석·해설하였다. 특히 事實認定에 공정을 기하기 어려운 점을 지적하면서 미국의 陪審制度를 비판한 것은 주목된다.[19]

예일대 법대학장 로델(F. Rodell, 1907~1980)은 오늘의 법률가는 고대의 呪術師와 같다고 했고,[20] 아놀드(T. Arnold, 1891~1969)는 자본주의가 신화라 하여 모두 기존의 법학을 비판하며 새로운 법학의 길을 모색하였다.

실용주의법학과 현실주의법학은 매우 실증적인 태도를 표방하여 사람들의 관심을 집중시켰으나, 실제로는 불가지론·회의론의 심연에 빠져 버린 채 학문의 체계로서는 아직 미완성상태에 있다.

근대 초기 자연법사상의 영향은 美國獨立宣言에서 뚜렷이 표시되었다. 이러한 전통을 계승한 것이 미국의 理想主義 法哲學이다. 헤이스팅스대학의 홀(Jerome Hall, 1901~2000), 하버드대학의 론 풀러(Lon Fuller, 1902~1973),

---

19) Jerome Frank의 저서로 *Law and Modern Mind*(1930), *Not Guilty*(1957) 등이 있다.
20) 로델/박홍규 역, 저주받으리라 법률가여, 물레, 1986.

뉴욕대학의 에드몬드 칸(Edmond Cahn) 등이 대표자로 알려지고 있다. 홀교수
는 「민주사회의 살아 있는 법」(*Living Law of Democratic Society*, 1946)[21]에서
統合法學(Integrative Jurisprudence)의 이론을 전개하였고, 풀러는 「法의 道
德性」(*The Morality of Law*, 1964)[22]에서 '法의 內面的 道德'(internal morality
of law)에 관한 이론을 전개하였으며, 칸은 그의 「道德的 判決」(*Moral
Decision*, 1955)에서 법과 도덕의 중복을 주장하면서 미국의 판결이 상업
주의에 물들고 있음을 비판하였다. 롤즈(John Rawls)의 「正義論」(*A
Theory of Justice*, 1971)[23]도 역시 미국 이상주의 철학의 성과라고 할 수 있다.

(13) 비판이론과 비판법학

현대 서구사회철학에서 프랑크푸르트학파의 批判理論(kritische Theorie)
은 네오 마르크시즘을 전제로 하여 칼 포퍼(Karl Popper, 1902~1994)·한스
알베르트(Hans Albert, 1921~)가 주도하는 비판적 합리주의(critical ration-
alism)와 논쟁을 거듭하면서 주목을 끌고 있다. 批判理論이라는 명칭은 호
르크하이머(Marx Horkheimer, 1895~1973)의 논문 "전통적 이론과 비판적 이
론"(Traditioenelle und Kritische Theorie, 1937)에서 비롯되었다.

대표자로서는 호르크하이머 외에 아도르노(Theodor Adorno, 1903~1969)
·마르쿠제(Herbert Marcuse, 1893~1980)·하버마스(Jürgen Habermas, 1927~)
등이 있다. 비판이론은 辨證法(Dialektik)을 기초로 과학의 解放的 關心
(emanzipatorische Interesse)에 의한 지도를 주장한다. 비판이론은 분석과학과
정신과학의 불완전성을 변증법적으로 극복하기 위해서 개별현상을 總體性
(Totalität)에서 파악하고, 기술적 인식관심과 실천적 인식관심을 해방적 인
식관심 속에서 변증법적으로 止揚(Aufhebung)하려고 한다.

호르크하이머에 따르면, 플라톤─아리스토텔레스적 '이론'(*theoria*)은 이
세상의 불변하는 것, 영원히 회귀하는 것만을 파악하는 것이었다. 이에 대
하여 비판이론은 반대로 가변적인 것, 일회적인 것, 그리고 이론적 과학의

---

21) 홀/張庚鶴 역, 民主社會의 法, 민중서관, 1957.
22) 풀러/姜求眞 역, 法의 道德性, 법문사, 1972.
23) 한국에는 황경식 역, 正義論, 이학사, 2003으로 번역되어 있다. 롤즈의 논문을 묶은 책으
  로는 황경식 편역, 공정으로서의 정의, 서광사, 1985; 연구로서는 황경식, 社會正義의 哲學
  的 基礎, 문학과 지성사, 1987.

대상이 될 수 없다고 생각한 것까지도 해명하려고 한다. 비판이론은 하나의 전문과학이 아니라 전체성을 추구하는 하나의 철학, 더 적절히 표현하면 역사철학이다. 全體(das Ganze)는 그 전체를 고찰하는 주체까지도 포함하지 않으면 전체가 아니다. 그 때문에 지금까지의 전통적 이론은 단순히 순수이론, 즉 단순한 假想(Schein)에 지나지 않고 전체를 파악할 수 없기 때문에 참된 자연존재론이 아니다. 그리고 전통적 이론은 가능했던 존재의 觀照(Schau)에 지나지 않기 때문에 단순히 回顧的 觀照(Rückschau)에 그칠 뿐이며, 豫見的 觀照(Vorschau)까지 될 수는 없다. 왜냐하면 이 경우에는 관조하는 자의 생활을 뛰어넘어 실천적 앙가쥬망(사회참여)에 의하여 성취되어야 할 것에 대한 고찰이 결여되어 있기 때문이다.

비판이론의 기능은 '사회 전체의 변혁'(Transformation des gesellschaftlichen Ganzen)이며, 그 목표는 아리스토텔레스가 말하는 '행복한 생활'과 같다. 행복한 생활은 사회 속에서 실천되지 않으면 안 된다. 노동에 의하여 우리가 자연을 의사에 복종시킬 수 있는 영역은 확대된다. 비판이론도 노동과정에서 떨어진 것이 아니다. 이 노동과정은 자유를 목표로 하고 있으며, 그 자유는 우리의 안과 밖에 있는 자연을 지배함을 의미한다.

비판이론이 마르크시즘의 영향을 받은 것은 분명하다. 그렇다고 그것을 추종하고 있는 것은 아니다. 마르쿠제(K. Marcuse, 1898~1979)는 마르크스가 주장한 착취자와 피착취자의 생산관계가 사회구조와 경제구조를 규정하는 것이 아니고 기술과 과학이, 즉 기술관료주의가 사회적 존재 전체를 규정한다고 하여 현대 사회구조에서 기술은 새로운 형태의 지배와 인간통제를 시도함으로써 인간의 자유와 권리 및 인간성을 억압하고 있다고 주장한다. 그리고 이러한 억압상태는 혁명으로만 해결할 수 있다고 역설한다.

비판이론에 관하여는 미카엘 토이니센(Michael Theunissen)이 간단하지만 함축적인 저서를 통하여 비판하고 있다.[24] 그러나 비판이론은 그에 대한 비판에도 불구하고 꾸준히 발전·전개되어 가고 있는데, 이는 부정변증법 그 자체의 논리이기도 하다. 사회체제 내에서의 인간해방의 정당화에 주력하는 비판이론은 解釋學(Hermeneutik)을 중요시함으로써 법철학과 법이론을 서로 접합시키는 계기를 형성하고 있다고도 할 수 있다. 비판이론에

---

24) M. Theunissen, *Gesellschaft und Geschichte : Zur Kritik der kritischen Theorie*, Berlin.

입각한 법이론 내지 법사상은 아직도 분명히 형성된 것이 보이지 않기 때문에 무어라 더 이상 말할 수 없는 단계이지만, 이 관점에 선 대표적 법철학자로는 뵐러(Böhler)를 들 수 있다.

1977년 미국에서 발족된 비판법학회의(Conference on Critical Legal Studies)를 공식적 출발점으로 삼는 비판법학운동은 미국법학의 주류를 이루는 기존의 자유주의적 법관념들을 근본에서부터 비판하고 '脫神話化'함으로써 여러 가지의 법적 문제들의 참된 모습을 드러내 보여 주는 일을 기본 과제로 삼고 있다.[25]

비판법학은 법적 추론의 궁극적 불확정성, 가치선택에서 나타나는 '근본적 모순' 등을 지적함으로써 기존 자유주의 법관념을 비판한다. 이에 터 잡아 본 법의 참 모습은 기존의 질서를 정당화하는 수단이다. 비판법학은 '사회적 우연성'을 강조한다는 점에서 마르크스주의에 대하여도 비판적이다. 비판법학은 아직 발전단계에 있는 이론이고 미국의 법적 상황을 나름대로 반영하고 있지만, 우리가 음미해 볼 대목도 적지 않다.

4. 결   론

법철학이란 어떤 완결된 이론으로 암기할 것이 아니다. 오히려 법을 실천해 나가면서 끊임없이 바른 법의 원리와 이론을 분석해 나가는 것이 과제라고 할 수 있다. 특히 동양인에게는 서양적 의미의 법집행이 낳는 여러 가지 문제점 때문에 동양적 법철학·한국적 법철학의 수립이 큰 과제로 대두된다.[26]

---

25) 자세한 것은 梁 建, 法社會學, 민음사, 1986, 147~157면; 비판법학자들로는 케네디(Duncan Kennedy)·호르비츠(Morton Horwitz)·웅거(Roberto Unger)·가벨(Peter Gabel)·클레어(Karl Klare)·고든(Robert Gorden)·튀슈넷(Mark Tushnet) 등이 있다.

26) 최종고, 법철학(3판), 2007은 근본적으로 이러한 시각에 입각한 연구서 내지 교과서이다.

Ⅲ. 법 사 학

法史學(legal history, Rechtsgeschichte)은 인간생활을 법적 측면에서 사실적·역사적으로 고찰하는 학문이다. 그래서 법사학은 한편으로 법학의 한 분야인 동시에, 다른 한편으로 역사학의 한 분야를 이룬다. 이런 면에서 두 학문영역에 속하는 종합과학의 성격을 띤다고 할 수 있지만, 그러면서도 법학이나 역사학의 광범한 영역들 가운데서 하나의 독립된 특수한 연구분야를 이룬다고 하겠다.[27]

1. 법학으로서의 법사학

법사학은 우선 법의 현상을 사실적으로 연구하는 것을 본래의 과제로 삼는 학문으로서 법학의 한 분야를 이룬다. 다시 말하면 한 국가 혹은 민족의 법질서와 법사상이 어떻게 생성·발전·소멸되어 왔는가를 역사적·사실적으로 분석·파악함으로써 현재의 법질서와 법사상을 입체적·動的으로 이해하고, 나아가서 미래적인 전망까지 가늠해 보는 것이 법사학의 내용이요 과제이다. 법사학은 역사에서 법의 변동이 어떠한 動因에 의하여 발전적 방향으로 이끌어져 왔는가를 궁극적으로 구명하려고 한다. 따라서 법사학은 법을 살아 있는 발전의 역사적 흐름 속에서 보여 주며, 법을 단순히 존재한 것(Gewesenes)으로서가 아니라 생성한 것(Gewordenes)으로서 파악한다. 이런 점에서 법사학은 法規範學(Rechtsdogmatik)과 法政策學(Rechts- politik) 및 기타의 法事實學(Rechtstatsachenforschung)과 함께 법학에서 빼놓을 수 없는 기초학문이다.

2. 역사학으로서의 법사학

광범한 역사학의 연구분야 가운데서 法史學은 한 特殊史學의 장르로서 정치사·경제사·사회사·문화사·사상사 등의 분야들과 구별되면서도 서로 밀

---

27) 최종고, 法史와 法思想, 박영사, 1981, 31~40면.

접한 관계를 맺고 있다. 독일의 법사학자 미타이스(Heinrich Mitteis)의 말을 빌면, 법사학의 방법은 역사학의 다른 분야들보다도 역사적 상호연관성을 더욱 예리하게 느끼게 한다.

법사학이란 역사적 현상으로서의 법적 기초를 탐구하는 학문으로 실제에 있어 법이라는 시각에서 본 역사학인 것이다. 미타이스는 역사학으로서의 법사학의 성격을 다음과 같이 설명한다.

> 법사학은 어떠한 정치적·경제적·사회적 조건 밑에서 법규들이 생성되었는가, 그 법규가 어떻게 다시 역사적 흐름에서 반작용하였는가, 또 역사라는 것이 얼마나 자주 법의 실현에 지나지 않는 것이었는가를 밝혀준다. 위대한 역사적 사실은 대부분이 동시에 법적 사실이기도 하다. 법사학은 어떻게 권력이 법으로 통제되는가를 가르쳐 주고, 법 그 자체는 어떠한 사람이라도 벌을 받지 않고는 거역할 수 없는 하나의 정신력이라는 사실을 가르쳐 준다. 법사학은 개인생활과 민족생활에서 작용하는 법이념의 인식을 추구하고, 그 법이념이 역사를 통하여 어떠한 걸음을 걸어 왔는가를 가르쳐 주는 동시에 개인 인격과 공동체 사이의 상호제약적 관계를 밝혀주는 것이다.[28]

그러므로 법사학은 단순한 법제도만 기술하는 것이 아니고, 법의 이념이 역사 속에서 실현되어 가는 과정을 총체적으로 다룬다.

법사학이 이처럼 한편으로는 법학이요, 한편으로는 역사학이라는 兩面性 내지 二重性을 갖고 있기 때문에 역사학에 관심을 갖는 법학도에게는 매력적인 학문분야로 느껴지기도 하지만, 실제로 이러한 요구에 적합한 법사학자를 배출한다는 것은 쉬운 일이 아니다. 현대법학은 복잡한 법생활에 대처하기 위하여 백화난만의 실정법 분야들로 갈기갈기 나누어져 있고, 각 분야마다 유능한 전문가들을 필요로 하고 있는데, 법학적 사고와 법률적 기술을 넘어서 역사가로서의 무장까지 요구하는 이 분야를 기피하는 열성 있는 법학도를 누가 비난하겠는가! 그러나 법학이 학문으로서의 양심을 수호해 나가기 위해서는 소수라도 법사학의 聖域을 지켜야 할 것이고, 그들이 법과 법학의 바른 견해와 자세를 법학도들에게 알려 주어야 할 것이다.[29]

---

28) Mitteis/Lieberich, *Deutsche Rechtschichte*, 12. Aufl., 1971, S. 2.
29) Karl S. Bader, *Aufgaben und Methoden des Rechtshisrotikers*(法史學者의 課題와 方法); 崔鍾庫·金相容 편저, 法史學入門, 법문사, 1985, 98~116면.

3. 법사학의 연구분야

법사학은 대체로 다음과 같은 연구분야를 포괄하는 학문이다.

1) 헌정기초의 연구　　　법사학의 연구대상은 첫째로 민족 및 국가의 기초적 생활질서인 憲政(Verfassung)의 역사이다. 국가의 형식을 통하여 비로소 한 민족은 형태를 취하고 충분한 발전을 기할 수 있는 것이다. 이러한 법사의 측면을 연구하는 분야로 憲政史(Verfassungsgeschichte), 官制史(Beamtentumsgeschichte), 그리고 합하여 公法史(öffentliche Rechtsgeschichte)라고 부르는 장르들이 있다.

2) 경제적·사회적 기초의 연구　　　국가의 질서는 그 자체가 또한 경제적·사회적 기초에 근거하고 있는데, 이러한 기초의 법적 형성이 결코 경제의 종속적 기능이 아니라 경제의 규범(Norm)이요, 규준(Richtmaß)이라고 보는 점에서 경제사(Wirtschaftsgeschichte)와 구별되는 법사의 관점이 있다. 경제는 원시적 수요공급의 단계를 넘어서는 한 항상 법적으로 규제되지 않을 수 없는 것이다. 경제와 법은 끊임없는 교호작용의 관계에 선다. 여기에서 私法史(Privatrechtsgeschichte), 즉 民法史(Zivilrechtsgeschichte)·商法史(Handelsrechtsgeschichte)와 社會法史(Sozialrechtsgeschichte)의 고유한 연구분야가 형성된다.

3) 사법과 형벌제도의 연구　　　국가의 여러 활동 가운데서 司法(Justiz)의 활동이 법사학자의 특별한 주목을 끄는 것은 설명할 필요도 없다. 위법행위에 대하여는 개인이나 전체의 반응이 법의 보호의 형태로 나타난다. 여기에 刑法史(Strafrechtsgeschichte) 또는 刑事訴訟法史(Strafprozeß-rechtsgeschichte)의 임무가 있다. 이들 소재는 단순히 법적 기술의 요소가 아니라 한 문화현상이며, 따라서 각 시대의 고유한 의미와 현상으로 이해하지 않으면 안 된다. 이와 함께 법적 正義를 실현하는 담당기관의 제도적 변천, 즉 司法史(Rechtspflegengeschichte)·辯護士史(Geschichte des Anwaltstandes)·公證人史(Geschichte der Notariat) 등도 빼놓을 수 없는 법사학의 연구분야이다.

4) 법의 정신적 기초에 관한 연구　　　법은 제도만이 아니라 인간의 이념이며 '價値關係的'(G. Radbruch) 사항이므로, 법사학 또한 법제도만이

아니라 法思想史(Geschichte der Rechtsgedanken)도 포함한다. 법사상사는 法哲學史(Geschichte der Rechtsphilosophie)와도 관련이 있으나, 그보다 광범위하게 각 시대의 법체제와 법학의 정신적 배경을 추구하는 학문영역이다. 따라서 法學史(Geschichte der Rechtswissenschaft)와 宗敎法史(Religionsrechtgeschichte) —— 서양에서는 敎會法史(Kirchenrechtsgeschichte) —— 의 강한 지원을 받는다.

　　이상과 같이 법사학은 실정법분야와도 직접 연결되는 각 연구분야를 갖고 있는 광범한 연구영역이다. 법사학적 방법이 정립되어야 각 실정법분야들이 토착화되고 학문적으로 성숙되는 것이다.

4. 서양법사와 동양법사

　　법사학의 영역에서는 예컨대 법철학이나 법사회학의 영역에서보다 더 예리하게 西洋法史니 東洋法史니 하는 구분이 생기게 되는데, 그것은 물론 한 학자의 역량이나 교과목의 편의를 위하여 생긴 개념이다. 물론 엄격히 말하자면 법철학에서도 서양법철학이 구별되어야 하겠지만, 그보다 법사학의 영역에서 더욱 분명히 구별되는 것은 사실과학으로서의 역사학의 본질에서 나오는 당연한 귀결이라 하겠다.

　　그러나 서양법사와 동양법사를 연구하는 학자가 어쩔 수 없이 서양이나 동양의 지역적 제한에 종속되는 이상 양자 중 어느 한쪽을 주로 하고, 다른 한쪽을 보조로 하지 않을 수 없다. 그러나 주니 보조니 하는 것도 현실적인 편의개념이요, 궁극적으로 학문의 地平에서는 공평히 지적 추구의 대상이 됨은 부인할 수 없다. 따라서 독일의 법사학자 바아더(Karl S. Bader) 교수의 다음과 같은 지적은 적절하다 하겠다.

　　　　모든 학문은 다른 분야에 대하여 보조학문으로 될 수 있다. 학문은 모름지기 다른 학문으로부터 요구할 뿐만 아니라, 또한 스스로 봉사할 수 있다는 것이 바로 학문의 본질에 속한다고 믿는다.[30]

　　우리나라에는 법과대학 강의과목에 西洋法制史·東洋法制史·韓國法制

30) 칼 바아더, "법사학자의 과제와 방법," 崔鍾庫·金相容 편저, 法史學入門, 98~116면.

史가 있고, 법사상사도 西洋法思想史·東洋法思想史·韓國法思想史로 서서히 전문화되어 가는 단계에 있다. 종래에는 법학교육이 시험위주의 실정법 중심에서 벗어나지 못했지만, 이제 근대법학이 수용된 지 1세기를 넘기고, 해방 후 60년에 이른 단계에서 학문으로서의 법학도 성숙의 단계로 발돋움하고 있는 현상의 하나라고 하겠다. 그러나 아직까지도 법사학을 포함한 기초법학의 분야에는 연구인구와 전문학자가 현저히 부족한 실정이며, 젊은 학도들의 학문적 정열을 기대하는 미개척지로 남아 있다고 함이 솔직한 관찰일 것이다.

5. 법사와 사관의 문제

우리는 法史를 어떻게 보아야 하는가? 일반적으로 역사를 보는 눈 혹은 방법을 史觀이라고 부른다. 史觀(historical view, Geschichtsanschauung 혹은 Geschichtsauffassung)이란 말은 역사에 대한 견해·해석·관념·사상 등의 의미를 갖고, 때로는 역사철학 혹은 역사이론까지를 포함하며, 막연히 '역사를 보는 눈', 역사에 대한 식견 혹은 역사의식이란 광범한 의미로 사용된다.[31]   歷史主義史觀·實證主義史觀·植民主義史觀·基督敎史觀·唯物史觀   등 역사를 전체적으로 보는 안목과 방법은 수없이 많이 있고 있을 수 있다. 이러한 사관들에서 볼 때 법사를 어떻게 이해하느냐 하는 문제는 간단한 문제가 아니며, 하나의 法史哲學(Philosophie der Rechtsgeschichte)을 이룬다 하겠다.

우리가 역사를 공부하면서 史觀을 바르게 가져야 한다고 입버릇처럼 말하지만, 사관 자체가 객관적 타당성을 갖는가 하는 문제도 생각해 보아야 할 것이다.

사관이란 마치 사진기의 뷰 파인더(view-finder)와 같이 자체로서 완결되어 있는 하나의 테두리이며, 들여다보는 사람의 의도에 따라 시야를 결정해 주는 그런 것이다. 그러므로 史觀은 주관적이며, 자기 폐쇄적이다. 만일 사관이 건전한 수준과 조직적 체계를 유지하려면, 타당성과 설득력을 가져야 한다.

---

31) 車河淳 편, 史觀이란 무엇인가, 청람사, 1984, 9면.

史觀은 역사연구의 범위를 벗어난다. 사관은 수립자가 의도하든 않든 간에 역사철학분야에서 점차 벗어나 종교나 윤리에 관한 설교 혹은 형이상학이나 세계관의 문제 또는 정치적 선전이나 구호의 역할로 떨어지고 마는 경향이 있다. 이 중에서도 특히 특정사관이 정치적 선전수단으로 쓰이게 되는 것은 정치가들이 그 야심을 합리화하는 데 역사를 차용하려고 한 경우로서 그 해독은 매우 컸다. 슈펭글러(O. Spengler, 1880~1936)는 나치즘의 대두를 스스로 합리화하지는 않았지만 그의 사관은 전체주의를 위한 선전용으로 이용되었고, 헤르더(J. G. Herder, 1744~1803)의 民族文化觀은 히틀러와 로젠베르크(A. Rosenberg)의 극단적인 國粹主義와 人種主義를 부채질했던 것이다. 이처럼 사관은 역사이해에 중요하면서도 경험론적 기초가 약하기 때문에 사변적이고 추상적인 하나의 사유형식으로 되고 말 위험이 있다.

우리는 법사를 이해하는 데에 미리 어떤 史觀을 전제할 필요는 없다. 오히려 역사 속에서 법의 모습, 그것이 인류문화에 —— 긍정적이든 부정적이든 —— 어떤 측면으로 작용하는 생생한 구실을 직시하고 분석·서술하면 되는 것이다. 바람직한 것은 법사의 흐름들을 있는 그대로, 생성되는 것 그대로 보고, 여기에서 출발하여 우리 나름대로 일반화를 하여 이해해 나가는 태도이다. 어차피 역사가는 특수한 것들로부터 일반화(generalization)의 작업을 해 나가야 한다. 많은 탁월한 역사가들은 어떤 고정관념이나 역사관같은 것을 갖지 않은 채 훌륭한 업적을 산출해 낸다. 오히려 분석과 종합에서 일관성 있고 체계적으로 되려고만 애쓰면서 자신의 —— 어쩌면 자신만이 아는 —— 독특한 歷史性을 갖게 된다. 역사가 랑케(L. Ranke)는 역사연구의 방법은 일차적으로는 '진실에 대한 순수한 사랑'이며, 궁극적으로는 외부적 현상에 끝나지 않고 본질(Wesen)과 내용(Inhalt) 같은 정신적 단위들(geistige Einheiten)을 파악하는 데 있다고 하였다. 이렇게 보면 역사적 사건의 외적 양상들의 배후에는 하나의 전체성(Totalität), 즉 통합된 精神的 實相이 있는 것이다. 법사에서도 각국마다 시대마다 수많은 법제들이 있다가 사라지고 다시 복구되고 하는 명멸이 있다. 그렇지만 법사를 깊이 연구하면 할수록 이러한 법제의 배후에 움직이는 법사의 본질과 의미를 어렴풋이 이해하게 될 것이다. 이런 의미에서 학생들은 법사의 본질이나 눈에 보이는 확증 같

은 것을 너무 성급히 기대할 필요가 없으며, 착실히 공부하여 나가면 될
것이다.

6. 비교법사학의 방법

위의 설명이 너무 독일법사학적인 용어와 서술을 면치 못하였지만, 궁
극적으로 법사학에서 비교법사학의 사명이 중요하다고 생각된다. 오늘날
법사학에서 비교법적 방법이 크게 대두되고 있음은 법사학자 코잉(Helmut
Coing)이 프랑크푸르트대학 학술회에서 발표한 "法史學者의 課題"(Aufgaben
des Rechtshistorikers)[32]라는 강연에서 잘 지적하고 있다. 사실 법사학에서
비교법적 방법은 자칫하면 각국의 특수한 역사적 전개를 무시하거나 단순
화할 위험성이 있기 때문에 1950년대까지만 해도 상당한 조심성을 보여 왔
다. 쾰른대학의 레펠트(Bernhard Rehfeldt)만 해도 법사학적 연구에서 비교법
적 방법의 한계성을 지적했던 것이다. 그러나 바아더는 주장하기를

> 법사학적 비교는 스스로 커다란 위험, 즉 각 민족마다 상이한 성격의 생
> 활로 충만한 개념들을 일반화시켜 버린다는 위험성을 안고 있다고들 지적하고
> 있는데, 내가 보기에는 이들은 너무 생물학적 기초를 과대평가하고 있는 것같
> 다. 평행으로 발전하는 법제도들을 신중하게 설명함으로써 가장 가치 있는 결
> 과를 얻을 수 있다고 하는 것은 논란의 여지도 없다

라고 하였고, 미타이스와 퀸스베르크(Frhr. v. Künβ berg)도 비교법사학적 방
법으로 높은 성과를 이룬 학자로 꼽히고 있다. 이에 앞서 라벨이나 코올러
같은 선구적 업적은 굳이 설명할 필요가 없다. 역사학의 의의와 기능은 다
양하지만, 현대 역사학의 강력한 방법과 기능으로 비교법사학적 경향이 대
두되고 있는 것이다.

비교법사학은 사실 다른 분야, 예컨대 美術史 같은 분야에서보다는 비
교적 용이하고 가능성이 넓은 분야라고 하겠다. 예를 들면 매매계약이나
소송에서의 증거제도 같은 것을 법사학적으로 각국의 법사를 비교하면 상
당한 공통점과 차이점을 발견하여 史學的으로 큰 성과를 얻는 것이 될 뿐

---

32) 崔鍾庫·金相容 편저, 法史學入門, 법문사, 1983, 117~162면.

만 아니라 현대 비교법학과도 연결되는 것이다. 라벨(Ernst Rabel, 1874~ 1955)[33]이 이미 이런 歷史的 法比較(historische Rechtsvergleichung)를 현행법과 연결시키려는 시도를 하였는데, 코잉은 이런 방법을 問題解決的 比較(Lösungsvergleich)라고 부른다. 테오 마이어-말리(Theo Mayer-Maly)도 이러한 방법을 동원하고 있다.

비교에는 個別化的 比較(individualisierendes Vergleich)와 綜合化的 比較(synthetisches Vergleich)가 있다. 개별화적 특수성을 무시한 종합화와 일반화는 항상 무리한 오류를 가져온다. 따라서 비교법사학에서 법제도와 법현상의 평등성과 유사성은 그 原因(Ursache)와 差異(Variante)를 면밀히 고려하지 않으면 안 된다.

각 국가의 법제도는 이런 관점에서 본다면, 크게 세 가지 모델이 있을 수 있다. 첫째는 완전히 별개로 평행적으로 발전된 모델(Pararellentwick-lung)이요, 둘째는 동일한 원인(gemeinsamer Ursprung)에 의하여 각각 발전한 모델이요, 셋째는 한 법체계가 다른 법체계에 수용된 모델이다. 이 비교의 폭이 넓을수록 비교는 힘들고 복잡해진다.

사실 유럽의 법사학자들은 게르만법사·로마법사·프랑스법사·영국법사·독일법사 상호간에 상당한 양의 比較法史的 研究를 이룩해 놓았다. 언어적으로도 라틴어라는 공동재를 소유함으로써 별반 어려움 없이 행할 수 있다. 그러나 유럽법사 이외의 법사와 어떻게 연결시킬 수 있느냐 하는 아직 커다란 과제가 거의 황무지로 남아 있다. 이 과제는 우선 언어문제에서 장애를 받게 되는데, 동양어를 배운 서양학자의 수가 적을 뿐만 아니라 동양의 법세계에 별반 흥미를 느끼지 않는다. 결국 세계법문화의 공동과제와 학문의 세계성을 의식한 동양학자가 자기의 법전통을 존중하고 서양어로 소개하는 수밖에 없는데, 동양법률가치고 또 이러한 관심이 있는 전문가도 많지는 않은 것 같다.

서양법률서 심지어 비교법에 관한 서적에서도 한국법에 관한 언급은 눈을 닦고 봐도 보이지 않을 정도로 극소하거나 몇 군데 언급이 있더라도 잘못 설명하고들 있는데, 이것은 서양학자들에게 책임을 돌리기 이전에 한국학자들이 한국법을 서양어로 발표하여 바르게 전달해야 해결될

---

33) 자세히는 최종고, "에른스트 라벨," 위대한 法思想家들 Ⅲ, 학연사, 1985, 9~19면.

문제이다.[34]

7. 법사상사의 방법

법이란 가치와 관념의 세계에 속하는 것이 아니라, 어디까지나 현실에 발을 붙이고 있는 실체이다. 따라서 법은 정치·경제·사회, 그리고 문화의 모든 생활관계가 일정한 규범의미로 표현된 것이라고도 할 수 있으며, 또한 그 사회 구성원의 규범의식의 지지 또는 반대에 의하여 존속·발전되는 것이다. 이와 같은 규범의식을 일반적으로 법사상이라고 부른다면, 법은 법사상에 의하여 지지 혹은 비판됨으로써 발전·변동되는 것이라고 할 수 있다. 이렇게 본다면 현실의 법형성에 작용하는 법사상은 법학자나 법철학자의 법학설이나 법철학의 이론 그 자체가 아니라, 그러한 법학설·법철학의 이론이 법의 형성·진화·소멸에 영향을 미치는 사상으로 구실할 때에 비로소 형성되는 것이라고 하겠다.

法思想史란 법을 형성·발전 또는 파괴시키는 사상을 역사적으로 연구하는 분야이다. 따라서 그것은 法學史(Geschichte der Rechtswissenschaft)나 法哲學史(Geschichte der Rechtsphilosophie)와도 다르고, 法制(度)史(institutionelle Rechtsgeschichte)와도 다르다. 법사상사야말로 법철학과 법사학의 접경학문으로 그만큼 미묘하면서도 중대한 사명과 매력을 가진 분야라고 할 수 있겠다.[35]

법사상은 각 시대에 살아 있는 법의 진정한 모습을 탐구하여야 한다. 인간의 의식을 통하여 형성되면서도 외부로 객관적으로 표현되어 시대관념으로서 법질서의 한 요인을 이루는 법사상을 그 대상으로 삼아야 한다. 정태적인 제도사가 되어서도 안 되고, 법철학사가 되어서도 안 된다는 양면으로의 경계는 법사상사의 연구를 실제 상당히 어렵게 만드는 면도 있다. 법학자의 학설의 배경이나 법철학자의 법철학을 법사상으로 평가하려고 해도 학설 자체의 사상성 혹은 법철학의 배경과 이념성을 정확히 구명한다는

---

34) Chongko Choi, "Western Jurists on Korea Law," in : *Law and Justice in Korea : South and North*, Seoul National University Press, 2005, pp. 15~33.

35) 자세히는 崔鍾庫, 法思想史(증보중판), 박영사, 2007, 2~11면.

일이 여간 어렵지 아니하다. 법사상은 법철학적 혹은 법학적 사유나 이론 체계 이전의 것이므로 풍부한 역사지식을 갖고 사료를 정확히 다룸으로써만 어느 정도 수준의 법사상에 접근할 수 있을 것이다.[36)]

Ⅳ. 법사회학

1. 법사회학의 의의

법사회학(sociology of law, Rechtssoziologie)은 법현상을 사회학적으로 연구하는 법학 내지 사회과학이다. 법사회학은 실정법질서의 '규범' 내용을 객관적으로 인식하는 법해석과는 달리 '사실'의 문제를 다룬다. 다시 말해 같은 법현상을 인식대상으로 할지라도 법사회학에서 바라보는 법현상은 누구에게 권리가 있고, 누구에게 의무가 있으며, 그 권리·의무의 내용은 무엇인가에 관심을 기울이기보다는 그러한 법현상이 나타나게 된 사회적 배경이나 또는 그 법현상이 사회관계에 미치는 영향 등에 주로 관심을 기울인다. 예를 들면 住宅賃貸借라는 법현상에 대하여 법해석학은 임차인과 임대인 사이의 권리·의무관계나 주택의 소유권이 이전하는 경우 임차인의 법적 지위 등이 주된 관심사이지만, 법사회학에서는 주택임대차의 사회적 실태나 임차인의 사회적 지위가 낮은 이유 또는 주택임대차에 관계되는 법규정이 현실적으로 어떠한 적용을 하고 있는지, 법규정 이외에 현실적으로 임대차에 관한 관습 등이 주된 관심사가 되는 것이다.

또한 법사회학은 해석법학과 달리 경험과학의 일부분이라는 점이 중요하다. 법사회학은 규범질서 그 자체의 인식보다는 그 규범이 사회질서 속에서 어떠한 위치를 차지하고 있느냐에 주목하며, 다시 말해 '法典 속의 法'(law-in-book)보다는 '現實 속의 法'(law-in-action)에 주목하며, 인식 방법으로 경험과학적 방법을 동원한다. 그러므로 법사회학의 색채는 사회과학적이라고 하는 편이 옳을 것이다. 그러나 법현상을 대상으로 하고 있

---

36) 法思想史의 연구문헌에 관하여는 崔鍾庫·金相容 편저, 法史學入門, 법문사, 1984, 293~323면.

다는 점에서 법학의 일부분임을 부정할 수는 없다.

결국 법사회학은 법현상을 '법과 사회의 상호작용'이라는 관점에서 연구하는 법학과 사회(과)학의 중간분야라고 말할 수 있다. 여기서 말하는 사회과학이 반드시 사회학에 한정되는 것은 아니다. 법사회학이라는 명칭이 마치 사회학이어야 할 것처럼 보이지만, 사회학 이외에도 인류학·정치학·심리학·경제학 등의 사회과학의 여러 분야가 포괄될 수 있다. 그러므로 넓은 의미의 법사회학의 테두리 안에는 법인류학·법심리학·법정치학·법경제학 등을 포함시킬 수도 있다. 그러나 현대학문의 경향은 점점 이런 분야들로 특수화·전문화되어 가고 있는 실정이다.

법사회학은 다른 기초법학의 분야에 비해 비교적 최근대에 체계화되었다고 할 수 있다. 그 기원으로 보자면 몽테스키외(Montesquieu)의 「법의 정신」을 꼽을 수 있겠으나 체계화된 오늘날의 법사회학의 모습은 뒤르깽(E. Durkheim)과 베버(M. Weber)에 의해서 가능해졌다. 법사회학의 시작은 유럽 대륙이었으나 꽃을 피운 것은 미국에서였다. 1950년대 이후의 미국에서는 사회학의 발전과 미국전통의 법현실주의(Legal Realism) 운동을 토대로 하여 전세계 법사회학을 이끌어 나가게 되었다. 현재는 영미법적 또는 대륙법적 전통을 가졌느냐에 관계없이 법현상을 바라보는 데 필수적 시각의 하나로 자리잡고 있다.

우리나라의 경우는 1980년대에 들어 법사회학에 대한 논의가 시작되었고, 본격적인 논의로 들어간 것은 1990년대에 들어서면서였다.[37] 그러나 아직은 법학 내부의 인식부족과 연구인력의 부족 등으로 걸음마 단계에 머물러 있다고 볼 수 있다. 학문적으로 세계학계와 대화하기 위하여 한국의 법사회학의 필요성이 고조되고, 학생들도 법해석학만이 아니라 법사회학적 시각을 갖기를 갈망하고 있는 것처럼 보인다.

2. 법사회학의 경향

꽁트(A. Comte) 이후 사회학의 관심과 방법이 다양하게 발전하여 왔듯이 법사회학도 상당한 변화를 겪어 왔다. 법사회학의 접근방식이나 태도를

---

37) 최종고, 韓國法學史, 박영사, 1991.

크게 네 가지로 분류해 볼 수 있다. 주의할 것은 아래의 구분은 전체적인 경향만을 파악한 것이며, 하나의 법사회학자는 대개는 한두 가지 이상의 여러 경향을 보이고 있다.[38]

(1) 역사주의적 경향

역사주의(historicism)적 경향은 법제도의 역사적 기원의 추구를 강조한 다든지, 법의 진화를 역사적 산물로 보는 입장이다. 법의 발달 또는 진화는 사회세력들의 작용(예컨대 사회의 발달 또는 진화)의 결과이지 계획의 산물은 아니라는 무언의 전제를 가지고 있다. 메인(H. Maine)의 「고대법」(*Ancient Law*), 홈즈(O. W. Holmes)의 「보통법」(*Common Law*), 뒤르깽의 「사회분업론」(*Division of Labor in Society*)에서 보여 준 사회진화와 법분류의 관련성, 베버가 「법사회학」(*Rechtssoziologie*)에서 보여 준 역사적 설명 등이 그 예이다. 유물사관의 입장에서 마르크스(Marx)가 법현상에 관하여 설명한 방법도 역사주의적 입장일 것이다. 그리고 사회형태와의 관련 속에서 파악된 관습법(Customary or interaction law), 관료 또는 규제법(bureaucratic of regulatory law), 법질서 또는 법체계(legal system)가 각각 등장하게 된 역사적 조건, 특히 서양근대법의 등장의 역사적 조건을 논하는 웅거(R. Unger)의 이론도 역사주의적 경향으로 볼 수 있다.[39]

(2) 법의 수단성을 강조하는 경향

법의 목적에 대한 수단으로서의 기능을 중시하여 법은 일정한 사회적 목적에 비추어 평가할 것을 주장한 벤담(J. Bentham)과 예링(R. Jhering), 그리고 파운드(Roscoe Pound)의 입장을 들 수 있다. 이러한 수단론의 입장에서는 법은 실제로 무엇이며 무엇을 하는지를 살피게 되고, 나아가 사회적 지식을 '법'에 주입시킨다. 왜냐하면 법이 수단이라면 변화하는 사회사정에 비추어 해석하고 개정도 해야 할 것이기 때문이다. 마르크스주의자들이 프롤레타리아독재나 공산사회의 건설을 위한 법의 수단성을 강조하고 있는 것도 이러한 경향이라고 볼 수 있다. 또한 제 3 세계에 속하는 나라의 근대

---

38) 자세히는 양 건, 法社會學, 민음사, 1986.

39) 자세히는 최종고, 法思想史, 박영사, 2007.

화나 경제개발을 생각하는 사람들도 예외 없이 법을 그러한 목적을 위한 중요한 수단의 하나로 생각하고 있고, 나아가 계획된 사회변화(planned social change)를 말하는 사람들도 거의가 이러한 생각을 가지고 있다.

(3) 반형식주의적 경향

반형식주의(antiformalism)의 경향은 전통적인 법학이 중시하는 형식적인 법규정이나 원칙이 가지게 마련인 비현실성·비실제성에 공격의 화살을 퍼붓는 특징을 지니고 있다. 법규범이란 결국 사람이 시행하는 까닭에 법과 현실 사이에는 틈이 존재하게 마련인데, 전통적 법학은 이 틈을 설명해 주는 역사적·사회적·문화적 요인을 보지 못한다. 그러한 까닭에 현실을 왜곡하고 법에 대하여 지나친 권위를 부여하며, 나아가 사회변화에 적절히 대응하지 못한다. 그러므로 반형식주의적 경향은 형식적 법제도와는 별개로 생동하는 사회적 세력과 사회조직에 눈을 돌린다. 반형식주의의 대표적인 예는 에를리히(E. Ehrich)의 '살아 있는 법'(das lebende Recht)에 대한 논의와 미국의 법현실주의자들(Legal Realists)을 들 수 있으나, 대개의 법사회학자들은 이러한 경향을 거의 공통적으로 가지고 있다.[40]

(4) 다원주의적 경향

다원주의(Pluralism)의 경향은 국가가 제정한 법에 대한 일정한 회의와 함께 법의 궁극적인 연원을 사회에서 찾는 특징을 보여 준다. 법은 국가에 의해서만 생성되는 것이 아니고 관습과 사회조직 속의 어디에나 존재하며, 따라서 단체생활의 규칙성 속에서 '살아 있는 법'을 발견한다. 에를리히에 따르면 法典의 法은 재판규범에 불과하고, '살아 있는 법'은 단체의 내부질서 속에 존재한다. 이러한 경향은 기르케(O. Gierke)의 단체법(Genossenscha-ftsrecht)의 연구에도 어느 정도 드러난다. 이 같은 다원주의적 경향은 법인류학자들 사이에 두드러지게 나타난다. 보하난(Bohannan)의 '이중제도화'(double institutionalization), 포스피실(Pospisil)의 '법률적 수준과 법체계의 다층성' 등의 논의가 그것이다.[41]

---

40) E. 에를리히/장경학 역, 법률사회학의 기초이론, 원기사, 1955.
41) L. 포스피실/이문웅 역, 법인류학, 민음사, 1992.

3. 법사회학의 연구방법

다른 사회과학의 분야에서와 마찬가지로 법현상에 관한 사회과학으로
서의 법사회학 역시 그 연구방법이 다양하다. 법사회학의 연구방법은 우선
일반적인 이론연구와 개별적인 조사연구로 나누어 볼 수 있는데, 종래 주
류를 이루던 것은 개별적인 조사연구였으나 1970년대 이후에는 일반적인
이론연구도 활발히 진행되고 있다.[42]

법사회학에 대한 기본적인 접근방식은 일반적인 사회과학과 마찬가지
로 경험주의적 방법론에 따른다. 즉 경험에 근거하여 여러 사실을 관찰하
고 관찰된 사실을 정리하며, 여기에 기초하여 경험적 사실 상호간의 관계
에 대한 가설을 설정하고 이를 경험적 사실을 통해 검증하며, 이러한 절차
를 통해서 보편적인 경험법칙을 발견해 가는 것이다. 법사회학연구의 주류
를 차지하는 경험주의적인 개별적 조사연구의 방법은 '법사실조사'(Rechts-
tatsachenforschung)라고 불리기도 한다. 법사실조사 가운데에서도 특히 법규
범과 법현실 사이의 괴리에 주목하여 법현실에 대한 경험적 조사를 행하는
것이 법사회학연구의 대명사처럼 불리어진다. 구체적인 법사실조사의 방법
에는 ① 면접(interview), ② 설문지에 의한 조사(questionare), ③ 참여관찰
(participant observation)·비참여관찰(nonparticipant observation), ④ 문서분석
(material analysis), ⑤ 사례조사(case study), ⑥ 통계조사(statistic calcu- lation)
등이 있다. 개개의 방법은 각자의 장점과 한계가 있기 때문에 조사하려는
법현실의 성질을 정확히 파악하여 거기에 알맞은 방법으로 조사에 임해야
한다.

최근에는 경험주의적 방법론에 대한 비판이 일어나고 있는데, 그것은
법사회학연구가 법규범과 법현실의 괴리현상만을 드러내는 데 그치는 것이
아니라, 이를 조건지우는 사회경제적·문화적·이데올로기적 요인과의 관련
을 함께 고찰해야 한다는 반성에서 비롯된다. 특히 법과 사회의 역사적 상
황까지 분석을 심화해야 한다는 비판이 일고 있다. 이러한 새로운 경향
은 자칫 미시적인 법현상의 관찰·분석에 매몰되기 쉬운 경험주의적 방법론
의 한계를 극복할 수 있게 해 주며, 미시적 고찰의 토대 위에서 거시이론의

---

42) 자세히는 양건, 법사회학, 민음사, 1986.

형성을 시도할 수 있게 해 준다. 반대로 거시이론을 부분적으로 증명하는 데 경험주의적인 미시적 관찰이 효과적으로 이용될 수 있다.

4. 법의 사회학적 인식

법사회학은 전통적인 법학(해석법학)과는 달리 법을 사회적 문맥(social context)에서 파악한다. 법을 사회적 문맥에서 파악할 때, 무엇이 법으로 파악될 수 있을까? 다시 말해 법은 여러 '사회관계' 가운데에서 어떻게 표현되는가? 이 문제는 법현상이 어떠한 형식으로 나타나고 있느냐를 보는 것으로 법사회학의 인식대상이 되는 법현상이 무엇을 말하느냐의 문제이다. 우리가 흔히 생각할 수 있는 법의 표현방식은 성문법규이다. 그러나 법사회학은 반드시 성문법규에 국한하지 않고 사회의 구성원이 실제로 '법'이라고 인식하고, 그에 따라 행동하는 것이 무엇이냐에 관심을 기울인다.

우리가 한 문화의 법적인 문제를 파악하는 데에는 세 가지의 중요한 길이 있다.

첫째로 '추상적인 규칙'으로서의 법으로 오늘날 법전편찬, 즉 성문법규의 주된 내용을 이루고 있다. 추상적인 규칙이 반드시 문자로서 표현되는 것은 아니다. 문자를 갖지 않은 사회(그러므로 성문법규를 가질 수 없는 사회)에서도 지식이 있는 사람들의 마음 속 창고에는 일련의 말로서 나타낼 수 있는 典範(ideals)이 발견되고 있다. 이 典範은 개개의 사건에 공통적으로 적용되는 추상적인 규칙인 셈이다. 일반적으로 "사람은 이렇게 해야 한다"는 것으로 표현된다.

둘째로 한 사회의 구성원들이 실제적인 행위의 유형들로 파악된 법이다. 흔히 '관습'이나 '살아 있는 법'으로 불리는 것을 말한다. 살아 있는 법이 의미 있는 것은 사회구성원이 성문법규를 무시하고 자기 집단의 행동규칙을 따를 때이다. 경우에 따라 사회구성원은 살아 있는 법을 가장 중요하게 생각한다.

셋째로 집단 안에서의 분쟁을 해결하는 과정에서 내려진 법적인 권위자들의 결정으로부터 추출된 원리들로 파악된 법이다. 분쟁이 하나하나 해결되면서 개개의 분쟁해결의 결과가 있게 되는데, 그 결정이 법적 권위자에 의해서 내려진 것이라면 지난번 분쟁과 유사한 분쟁에서는 그 권위자는 같은 결론을 내리려고 할 것이다. 이렇게 분쟁과 결정이 반복되면서 이러한 분쟁은 이렇게 해결된다는 식의 원리가 추출되고 사회적으로 정착하게 된다. 영미의 보통법(common law)이 바로 이러한 과정을 통해서 오늘날의 법체계를 이룩하였다. 그리고 대륙법적 전통에서도 판례법의 형성이 이러한 과정을 거친다.

대부분의 법사회학자 또는 사회과학자들은 이러한 세 가지의 방식으로 법의 형식을 파악한다. 물론 이 가운데 어느 한 가지를 더욱 중요하게 생각하는 경향이 있지만, 이것은 법의 표현(또는 형식)을 파악하는 세 가지의 가능한 길이라고 할 수 있다.

5. 법과 사회의 상호작용

(1) 사회변화와 법의 변화

법사회학의 가장 중요한 연구대상은 법이 사회의 상호작용을 파악하는 일이다. 사회변화(social change)는 전통사회에서 근대사회로, 농촌사회에서 도시사회로, 농업사회에서 산업사회로, 신분사회에서 평등사회로의 양상을 보이고 있다. 법현상도 크게는 사회현상의 일부분이라고 본다면, 사회변화의 영향을 받지 않을 수 없다.

이렇게 보는 것은 사회변화를 독립변수로 보고, 법을 종속변수로 보는 입장이다. 그러므로 법의 변화(legal change)는 사회변화에 종속해서 일어나는 현상으로 보게 되는 것이다. 이렇게 보면 전통적인 농촌사회의 법과 오늘날의 현대화 · 도시화 · 산업화된 사회의 법과 분명히 다르게 파악될 것이다.

사회변화의 종속변수로 법을 바라볼 때, 중요한 것은 사회변화에 법이 어떠한 영향을 받았느냐가 될 것이다. 특히 전근대사회에서 근대사회로의 변화에서 법이 어떠한 변화를 보이느냐가 주된 탐구대상이 된다. 베버가 말하는 실질적 · 합리적인 법에서 형식적 · 합리적인 법으로의 변화, 뒤르깽이 말하는 기계적 연대에서 유기적 연대로의 변화, 노네 – 젤즈닉(Nonet & Selznick)이 말하는 억압적 법에서 자율적 법, 그리고 응답적 법에로의 변

화 등이 이러한 논의의 중요한 예가 될 것이다.[43]

법을 사회변화의 종속되는 현상으로 보게 되면, 법현상을 올바르게 이해하기 위해서는 사회현상을 올바르게 이해해야 한다는 명제가 도출된다. 그러므로 그 사회에서 법이 자리잡고 있는 독특한 현상인 '법문화'(legal culture, Rechtskultur)에 특별한 관심을 기울이게 된다. 법문화에 대한 이해는 똑같은 법이 각 사회에 따라 다르게 나타나는 현상을 설명해 준다. 특히 우리나라와 같이 고유법이 아니라 외국법(특히 독일법)을 계수하여 법체계를 형성하고 있는 경우에는 법문화의 고려가 법의 해석·적용과 법제도의 운영에 있어서 매우 중요한 의미를 가지게 된다.[44] 어떤 특정한 법제도는 그것이 형성된 사회의 독특한 법문화를 배경으로 하고 있다. 서양사회나름의 사회·문화적인 배경이 제거된 채 우리나라에 법규정만 도입한다고 할 때, 배후에서 작용하는 법문화는 서양의 그것이 아니라 우리 사회의 법문화가 작용하게 될 것이므로 그 법제도가 원래 의도하는 결과가 현실적으로 거의 발생하지 않는 경우가 대부분이다. 그러므로 법문화에 대한 이해는 비교문화론적 시각을 넘어서 수용된 법제도가 제 기능을 다할 수 있도록 하는 데 중요한 역할을 한다.[45]

(2) 법을 통한 사회변화

법과 사회의 상호작용을 파악할 때 법을 독립변수로, 사회현상을 종속 변수로 볼 수 있다. 이렇게 보는 시각은 법제도로 인해서 어떠한 사회변화가 일어나느냐에 관심을 기울이는 것이다. 법이 사회변화에 영향을 준다는 점은 특히 근대화론과 같이 법에 대하여 수단적인 측면을 중시하는 입장에서 강조되고 있다. 법을 사회변화의 단순한 부산물이 아니라 사회변화에 영향을 주고, 나아가 사회변화를 불러일으키는 중요한 원인이 된다고 보기도 한다. 흔히 개혁이나 변혁을 주장하는 사회세력이 무엇보다도 법의 변화를 먼저 주장하는 것은 이러한 입장에서 이해할 수 있다.

하위체계로서의 법체계가 전체적 사회체계에 대하여 미치는 영향 또는

---

43) 자세히는 본서 제12장 법의 변동, 151~176면 참조.
44) 최종고, 韓國의 西洋法受容史, 박영사, 1982.
45) E. Hirsch, *Rezeption als sozialer Prozeß*, Berlin, 1981.

작용을 법의 사회적 기능이라 부른다. 이것은 법체계가 사회의 요구에 응하여 낳는 개개의 작용들을 일반적으로 총칭한 것이다.

일반적으로 법의 기능은 다음의 세 가지를 들 수 있다.

첫째로 사회통제(social control)의 기능이다. 사회통제란 개인이나 하위집단이 상위집단의 기대에 일치하는 행동을 하도록 영향받는 과정이라고 말할 수 있다. 사회통제의 수단에는 여러 유형이 있으며 법은 그 중에 하나인데, 법이 사회통제의 수단으로서 가지는 특징은 制裁(sanction)를 수반한다는 데 있다. 형법규정을 집행하는 과정이 전형적인 예이다. 그러나 법의 사회통제기능은 반드시 법의 집행을 통한 경우에 국한되지 않으며, 일정한 규범에 따르도록 설득하고 교육하는 기능을 통해 이루어지기도 한다. 예컨대 법정에 끌려 온 절도범은 단지 법의 집행을 통하여 통제되고 있을 뿐만 아니라 교육을 받고 있다는 의미도 있다.

둘째, 분쟁해결(dispute settlement)의 기능이다. 사회관계 속에서 발생하는 갈등이나 분쟁에 대하여 법체계는 종국적인 해결을 내린다. 법에 의한 분쟁해결이 종국적인 것은 법체계에 의한 결정은 그 실현이 국가에 의해 강제되고 분쟁당사자나 국가가 그 결정을 법이 예정하고 있는 예외가 아닌 이상 임의로 뒤집을 수 없기 때문이다. 재판에 의한 분쟁해결이 법에 의한 분쟁해결의 대표적인 예로 들 수 있다. 그러나 사회의 갈등·분쟁이 반드시 법체계를 통한 해결이 주를 이루고 있지만, 재판제도가 가지는 단점(가령 오랜 시간, 많은 비용, yes or no식의 문제해결) 때문에 최근에 와서는 조정(conciliation)이나 중재(arbitration)와 같은 재판 이외의 분쟁해결(Alter- native Dispute Resolution : ADR) 또는 협상(negotiation)과 같은 분쟁해결방식이 주목되고 있다.[46]

셋째, 한 사회에서의 여러 가치를 분배하는 배분적 기능이다. 특히 이러한 가치배분이 일정한 사회변화의 도구로서 작용할 때, 이를 혁신적(innovative) 기능이라 부르기도 한다. 법의 가치배분적 기능은 사회통제나 분쟁해결과 별개의 것이 아니라, 바로 사회통제·분쟁해결 그것을 통해 수행된다.

---

46) Linda Lewis, *Settling Disputes*, 1989; 린다 루이스/박찬우 역, "갈등해결의 제도," 한국의 정치갈등, 한배호·박찬욱 공편, 법문사, 1992, 135~158면.

이상에서 살펴본 법의 여러 가지 사회기능들을 한 마디로 줄인다면, 사회통합(social integration)의 기능이라 부를 수 있다. 사회학자들은 여러 가지로 사회통합을 설명하지만, 법의 기능을 빼고 사회통합을 논하기는 어려울 것이다.

6. 법사회학과 비교법학

어느 사회의 법을 법사회학적으로 생생하고 바르게 파악하기 위하여는 다른 사회와 법체계와의 비교를 행하여야 함은 자연스런 일이다. 비교법학은 150년 전 포이에르바흐(A. Feuerbach)에서부터 시작하여 오랜 역사를 갖고 있지만, 현대에는 법해석과의 관련에서만이 아니라 법사회학과 밀접한 관련을 맺고 발전되고 있다.[47] 비교법학은 독자적 학문영역이라기보다는 법학연구의 방법이라고 파악되고 있다. 각 분야에 걸친 비교법학적 안목으로 새로운 법학연구가 전세계적 스케일로 진행되고 있는 것이 오늘날 세계법학계의 현상이라고 하겠다.[48] 「세계비교법백과사전」(*International Encyclopedia of Comparative Law*)이 1983년부터 17권으로 계획되어 출간되고 있다.

비교법학에서는 수용된 법제도라 하더라도 점점 당해 사회에서 토착화(indegenization)되고 상황화(contextualization)되는 사실을 중요시한다. 이러한 과정이 바로 법사회학적 연구의 대상이 되고, 비교법학이 법사회학의 도움을 받아야 할 필요성이 여기에 있는 것이다. 비교에는 미시적 비교(Mikrovergleichung)와 거시적 비교(Makrovergleichung)가 있다. 미크로 법비교는 각국법에서의 제도들(계약·혼인·형벌 등)을 비교하는데, 마크로는 법의 정치적·윤리적·종교적·사회문화적 배경을 감안하여 보다 폭넓은 법문화의 비교를 지향한다. 비교에도 형식적 비교·기능적 비교·해석학적 비교·입법적 비교·체계적 비교·역사적 비교들이 있다. 이 모든 방법들이 법사회학 연구에 도움을 준다.

---

47) M. Rehbinder/V. Drobnig(Hrg.), *Rechtssoziologie und Rechtsvergleichung*, 1985.
48) R. Schlesinger, *Comparative Law*, 5th ed., 1988; K. Zweigert/H. Kötz, *Einführung in die Rechtsvergleichung*, 1971.

7. 법사회학의 응용

사실 따지고 보면 법사회학이란 그렇게 고답적이거나 추상적인 이론연구가 아니고 사회현상을 생동감 있게 접근하여 조사하는 연구방법에 지나지 않는다고 할 수 있다. 그러므로 법사회학에 관심 있는 사람은 책상 앞에 앉아 이론을 캐기보다도 발로 뛰고 현장을 사랑하여야 한다. 이렇게 얻은 산지식이야말로 자칫 도그마화한 법이론이 가진 허구성을 폭로하고, 법갱신의 추진력으로 작용할 수 있다. 법사회학적 연구의 토대 위에서 바른 입법이 가능하고, 법해석과 판결이 정당한 방향을 찾는 데에 큰 도움을 얻게 되는 것이다. 그러므로 한국사회를 살면서 법학을 공부하는 사람은 법사회학적 안목을 가지는 만큼 바르게 법을 적용해야 한다는 책임감을 강하게 가지게 될 것이다.

예를 들면 충청도와 어느 지방에서는 鄕約을 현대화하여 실시하고 있다는 신문보도가 났는데, 법사회학적 관심을 가진 학생이라면 방학 때나 주말을 이용하여 직접 그 마을에 가서 현대사회에 왜 향약을 다시 재현시키는지, 그 결과가 어떤 긍정적·부정적 현상으로 나타나는지를 조사해 보아야 할 것이다. 법률가들은 대체로 이처럼 현장에 뛰어다니기를 싫어하고 모든 것을 머리로 판단하려 하는 버릇이 있지만, 법사회학은 결코 안이한 자세로 이루어질 수 있는 것이 아니다. 피와 힘과 시간, 돈이 투입되어야만 결과가 나오는 연구이다. 개인이 하기에는 한계가 있기 때문에 기관이나 단체가 행해야 할 면도 있고, 이를 위해 국가예산이나 기업체의 지원이 필요한 경우도 있다.[49] 아무리 서양식 법제도와 법이론을 실시하려 해도 한국인의 법의식과 법문화를 바르게 파악하지 않으면 '모래 위에 집짓기'가 되고 말 것이다.

---

49) 근년 한국법제연구원과 한국형사정책연구원 등에서 행한 한국인의 법의식조사와 각종 법률관계 여론조사 등이 좋은 예이다. 자세히는 Chongko Choi, "Traditional Legal Culture and Contemporary Legal Consciousness in Korea," in : *Law and Justice in Korea : South and North*, Seoul National University Press, 2005, pp. 296~306.

참고문헌 ————————————————————————————————

I. 법 철 학

이항령, 법철학개론(3 정판), 박영사, 2004; 최종고, 법철학(4 판), 박영사, 2009; 黃山德, 法哲學講義(四訂版), 방문사, 1986; 沈憲燮, 法哲學 I, 법문사, 1982; 柳炳華, 法哲學, 박영사 1984; 라드브루흐/崔鍾庫 역, 法哲學(3 판), 삼영사, 2007; M. 골딩/張榮敏 역, 法哲學, 제일출판사, 1982; 라드브루흐/서돈각·엄민영 역, 法哲學入門, 육법사, 1982; 코잉/鄭熙喆 역, 法哲學概論, 동신출판사, 1958; 칼라렌츠/양창수 역, 正當한 法의 原理, 박영사, 1986; 金秉圭, 法哲學의 根本問題, 법문사, 1988; 켈젠/沈憲燮 편역, 켈젠 法理論選集, 법문사, 1990; 박은정, 현대의 사회문제와 법철학, 교육과학사, 1995; 한국법철학회 편, 현대법철학의 흐름, 법문사, 1996; 이상돈, 법이론, 박영사, 1997; 호세 욤파르트/정종휴 역, 법철학의 길잡이, 경세원, 2000; 오세철, 법철학사, 세창출판사, 2004; 최봉철, 현대법철학, 박영사, 2006; A. 카우프만/김영환 역, 법철학, 아카넷, 2007; 김대휘, 법철학과 법이론 입문(2 판), 성안당, 2023.

Helmut Coing, *Grundzüge der Rechtsphilosophie*, Berlin, 1950; Gustav Radbruch, *Rechtsphilosophie*, 9. Aufl., Stuttgart, 1983; Gustav Radbruch, *Vorschule der Rechtsphilosophie*, 2. Aufl., Göttingen, 1959; Erich Fechner, *Rechtsphilosophie*, 2. Aufl., Tübingen, 1962; Heinrich Henkel, *Einführung in die Rechtsphilosophie*, München, 1964; J. W. Harris, *Legal Philosophies*, 1980; Chongko Choi, *East Asian Jurisprudence*, Seoul National University Press, 2009.

II. 법 사 학

[一 般]: 崔鍾庫·金相容 편저, 法史學入門, 법문사, 1985; 崔鍾庫, 法史와 法思想, 박영사, 1981; 朴光緖, 法制史大要, 일우사, 1962; 한국법제연구원, 韓國法史學論者目錄, 1992.

「西洋法史」: 玄勝鍾, 西洋法制史, 박영사, 1964; 金曾漢, 西洋法制史, 박영사, 1956; 崔鍾庫, 西洋法制史, 박영사, 2008; 李太載, 西洋法制史概說, 진명문화사, 1981; 코잉/崔鍾庫·鄭鍾休 역, 獨逸法制史, 박영사, 1982 현승종·조규창, 게르만法, 박영사, 1989; 박상기, 독일형법사, 율곡출판사, 1993; 막스 카저/윤철홍 역, 로마法制史, 법문사, 1998.

[法思想史]: 崔鍾庫, 法思想史, 박영사, 1983; 同人, 韓國法思想史(3 판), 서울대출판부, 2006; 李大載, 法哲學史와 自然法論, 법문사, 1984; 崔鍾庫, 위대한 法思想家들 I·II·III, 학연사, 1984/1985.

[韓國法史] : 朴秉濠, 한국의 법, 세종대왕기념사업회, 1974; 同人, 韓國法制史, 민속원, 2012; 同人, 韓國의 傳統社會와 法, 서울대 출판부, 1985; 田鳳德, 韓國近代法思想史, 일조각, 1980; 文仁龜, 韓國法의 實相과 虛相, 삼지원, 1985; 崔鍾庫, 韓國法과 世界法, 교육과학사, 1989; 同人, 韓國法學史, 박영사, 1990; 심희기, 韓國法制史講義, 삼영사, 1997; 최종고, 한국의 법률가, 서울대 출판부, 2007; 최종고, 한국의 법학자, 서울대 출판부, 2007.

[東洋法史] : 시마다 마사오(島田正郎)/임대희 역, 아시아법사, 서경문화사, 2000; 范忠信/이인철 역, 中國法律文化探究, 일조각, 1996; 박건주, 中國 古代의 法律과 判例史, 백산자료원, 1999; 니시다 다이이찌로/임대희 역, 중국형법사연구, 신서원, 1995; 張國華/임대희 역, 중국법률사상사, 아카넷, 2004.

[獨逸法史] : Hans Hattenhauer, *Europäische Rechtsgeschichte*, 3. Aufl., Heidelberg, 1999; Hans Fehr, *Deutsche Rechtsgeschichte*, 6. Aufl, Berlin, 1962; v. Schwerin−Thieme, *Grundzüge der deutschen Rechts- geschichte*, 4. Aufl., Berlin, 1950; Mitteis/Liberich, *Deutsche Rechtsgeschichte*, 10. Aufl., München, 1966; Fritz Hartung, *Deutsche Verfassungsgeschichte vom 15. Jahrhundert bis zur Gegenwart*, 9. Aufl., Stuttgart, 1969; Ernst Forsthoff, *Deutsche Verfassungsgeschichte der Neuzeit*, 3. Aufl., Stuttgart, 1967; Eberhard Schmidt, *Einführung in die Geschichte der deutschen Strafrechtspflege*, 3. Aufl., Göttingen, 1965; Franz Wieacker, *Privatrechtsgeschichte der Neuzeit, Unter besonderer Berücksichtigung der deutschen Entwicklung*, 2. Aufl., Göttingen, 1967; Erik Wolf, *Groβ e Rechtsdenker der deutschen Geistesgeschichte*, 4. Aufl., Tübingen, 1963.

[로마法史] : Wolfgang Kunkel, *Römische Rechtsgeschichte*, 4. Aufl., Köln, 1964; Dulckeit−Schwarz, *Römische Rechtsgeschichte*, 4. Aufl., München, 1966; Max Kaser, *Römische Rechtsgeschichte*, 2. Aufl., Göttingen, 1967.

[英美法史] : T. F. Pluckentt, *Concise History of the Common Law*, 5th ed., 1956; E. Jenks, *A Short History of English Law*, Methuem, 1925; M. Radin, *Handbooks of Anglo−American Legal History*, West, 1936; Pollock & Maitland, *The History of English Law*, 2nd ed., 1968.

Ⅲ. 법사회학

崔大權, 法社會學, 서울대 출판부, 1983; 梁 建, 法社會學, 민음사, 1986; 막스베버/최식 역, 法과 社會, 박영사, 1959; 레빈더/李永熙·崔鍾庫 역, 法社會學, 법문사, 1981; 로렌스 M. 프리드만/朴楠珪 역, 法과 社會, 법문사, 1984; E. 에를리히/張庚鶴 역, 法律社會學의 基礎理論, 원기사, 1955; G. 귀르비치/李恒寧 外 역, 法社會學,

법문사, 1959; 제롬 홀/崔達坤·鄭東鎬 역, 比較法과 社會理論, 고려대 출판부, 1983; 최대권 외 공저, 법사회학의 이론과 방법, 일신사, 1995; 최대권, 법과 사회, 서울대학교 출판부, 1992; 이상돈·홍성수, 법사회학, 박영사, 2000.

Eugen Ehrlich, *Grundlegung der Soziologie des Rechts*, 3. Aufl., 1967; Lawrence M. Friedman and Stewart Macaulay, *Law and the Behavioral Sciences*, 1977; Lawrence M. Friedman, *The Legal System : A Social Science Perspective*, 1975; Thomas Raiser, *Einführung in die Rechtssoziologie*, 2. Aufl., 1973; Hans Ryffel, *Rechtssoziologie*, 1974; Geoffrey Sawer, *Law in Society*, 1965; Julius Stone, *Lehrbuch der Rechtssoziologie*, 3. Bde., 1976; Nicholas S. Timasheff, *An Introduction to the Sociology of Law*, 1939; Max Weber, *Rechtssoziologie*, hrsg., von J. Winckelmann, 3. Aufl., 1973; Hans Wüstendörfer, *Zur Methode soziolo‐gischer Rechtsfindung*, hrsg., von M. Rehbinder, 1971; Roger Cotterrell, *The Sociology of Law : An Introduction*, 1984.

Ⅳ. 기타 기초법학

L. 포스피실/이문웅 역, 법인류학(*Anthropology of Law*), 민음사, 1992; 윤현섭, 法의 심리학, 학지사, 1995; J. 엘룰/한상범·장인석 역, 법의 신학적 기초(*The Theological Foundation of Law*, 1969), 현대사상사, 1985; A. 폴린스키/송상현·정상조 역, 법경제학입문, 1984; 박세일, 법경제학(증보판), 박영사, 2000; 이상돈, 법문학, 세창출판사, 2005.

연습문제

1. 基礎法學이란 무엇인가?
2. 法哲學은 어떤 학문이며 왜 필요한가?
3. 法史學의 내용은 무엇인가?
4. 法制史와 法思想史의 방법을 논하라.
5. 法社會學의 방법은 어떠한 것인가?
6. 基礎法學과 實定法學의 관계를 논하라.

제15장

헌법학

Ⅰ. 헌법의 개념과 분류

1. 헌법의 개념

憲法(constitutional law, Verfassungsrecht)은 국민의 基本權을 보장하고 국가의 통치조직과 통치작용의 원리를 정하는 根本法으로서, 정치적 사실로서의 측면과 법규범으로서의 측면이라는 二重性을 갖는다. 헤겔은 동양에는 헌법이란 관념이 없다고 지적했지만, 동양고전에는 없는 '憲法'이란 용어는 영어의 constitution을 번역한 말로 처음에는 根本律例·朝鋼·國憲·國制 등으로 번역하다 1870년대에 일본에서 憲法이라고 바뀌었다.[1]

---

1) 자세히는 최종고, 한국의 서양법수용사, 박영사, 1982, 293~295면.

(1) 고유의 의미의 헌법

헌법이란 원래 국가의 領土·國民·統治權에 관한 기초적인 사항을 규정하는 법을 말한다. 국가의 근본법인 고유한 의미의 헌법은 국가가 있는 이상 어떤 국가도 가지고 있다.

(2) 근대입헌주의적 헌법

근대입헌주의적 헌법이란 국가권력의 조직에 관한 근본적 규범과 국민의 국가권력으로부터의 지위보장에 관한 근본적 규범도 갖추고 있는 헌법인데, 그것은 전통적인 根本法(*lex fundamentalis*)의 사상에서 유래한다. 1776년의 버지니아헌법을 비롯하여 1787년의 미국연방헌법, 1791년의 프랑스헌법 등이 대표적 근대입헌주의헌법이며, 그 뒤에 제정된 모든 헌법은 모두 이와 같은 특성을 가지고 있는 헌법들이다.

근대입헌주의적 헌법의 특성은 자유권보장·삼권분립·의회제도·법치주의·성문주의 등을 들 수 있다.

(3) 현대복지국가적 헌법

현대 자유민주주의적 헌법은 근대 입헌주의적 헌법의 특성에다가 實質的 國民主權·生存權的 基本權·國際平和主義의 요소들을 갖춘 20세기의 헌법을 말한다. 자유주의는 국민주권사상과 결합하여 정치적으로는 자유민주주의로 발전하였으나, 20세기에 이르러서는 1919년의 바이마르헌법을 시초로 국민의 기본권은 자본주의 경제제도의 모순으로 야기된 사회적·경제적 약자의 생활문제를 해결하기 위해서 자유권 이외에 生存權이라는 기본권이 등장하였다. 그리고 제1·2차 대전을 경험한 후 국민의 기본권도 국제적 평화 없이는 유지될 수 없다는 사실을 알게 되었다.

(4) 실질적 의미의 헌법

헌법의 형식이나 효력과 무관하게 그 내용에 있어서 국가의 조직·작용 등의 근본원칙을 정하는 법규범의 전체를 실질적 의미의 헌법이라 한다. 이와 같은 실질적 의미의 헌법은 국가가 있는 곳에는 언제나 존재하는 것이며, 성문법으로 되어 있든지 불문법으로 되어 있든지 상관없다. 이는 고유의 의미의 헌법과 국가가 있는 이상 존재한다는 점에서 볼 때 공통되나, 후자는 기본권보장을 중요한 내용으로 하는 입헌주의적 의미의 헌법개념에 대응해서 사용되는 것이고, 실질적 의미의 헌법개념은 형식적 의미의 헌법개념과 대응해서 사용된다.

(5) 형식적 의미의 헌법

실질적 의미의 헌법이 입헌주의의 요청에 의해서 성문화되어 憲法典이라는 법전의 형식을 갖추고 있는 것을 말한다. 영국에는 실질적 의미의 헌법은 있으나, 형식적 의미의 헌법은 없다. 형식적 의미의 헌법인 헌법전은 일반법률과 형식·효력·개정방법 등에 있어서 다르다. 대체로 실질적 의미의 헌법이 그대로 형식적 의미의 헌법으로 성문화되어 있는 상태가 가장 순수한 상태라 보겠으나, 입법기술 및 시대의 변천에 따라 반드시 일치하는 것은 아니다.

2. 헌법의 특성

(1) 헌법의 정치성·역사성·이념성

헌법은 현실적 정치상황의 산물로서 그 制定·改正 등 중요한 헌법현상은 정치 그 자체이기도 하다. 그러나 이는 歷史條件이나 支配狀況에 의하여 제약되는 일정한 이념이나 가치를 추구하고, 이를 그 내용으로 한다.

(2) 최고규범성

헌법은 국가의 기본법으로서 법체계 중에서 최고이며, 가장 강력한 형식적 효력을 갖는다. 따라서 모든 법규범의 근거이며 해석기준이 된다.

(3) 수권적 조직규범성

헌법은 국가기관을 조직하며, 이들에게 국가권력을 위임하여 그 권한의 소재와 절차, 타당범위 등을 정하여 憲法的 正當性을 부여하고 있다.

(4) 기본권보장(권력제한규범성)

授權規範으로서의 헌법은 수임한 기관의 권한을 법적으로 한정하여 그 행사요건을 제한하며, 권력을 분립시키고 서로 억제하게 하며, 기본권을 보장하고 있다.

(5) 생활규범성

국민 모두 헌법이 요구하는 행동방식에 따라 생활해 나갈 때, 헌법은 죽은 문자가 아니라 살아 있는 규범으로서 그 본래의 기능을 발휘할 수 있다.

3. 헌법의 분류

(1) 존재형식에 따른 분류

헌법은 그 존재형식 또는 법형태가 성문이냐 불문이냐에 따라 성문헌법과 불문헌법으로 나뉘는데, 영국, 1978년 이전의 스페인, 이스라엘헌법 등이 불문헌법이고, 나머지 대부분은 성문헌법이다.

(2) 개정절차에 따른 분류

軟性憲法은 그 개정절차가 일반법률과 동일하거나 유사한 헌법으로서, 영국, 1948년 이탈리아, 1947년 뉴질랜드헌법 등이 이에 속하며, 硬性憲法은 그 개정절차가 일반법률보다 엄격하고 까다로운 헌법으로서 대부분의 성문헌법이 이에 속한다.

(3) 제정주체에 따른 분류

헌법은 그 제정주체가 군주이냐, 군주와 국민 또는 그 대표기관의 협약이냐, 혹은 국민이나 그 대표기관인 국회냐에 따라서 欽定憲法·協約憲法·民定憲法으로 나뉘는데, 1814년 프랑스, 1889년 일본 메이지헌법 등이 흠정헌법에 속하고, 1689년 권리장전(Bill of Rights), 1830년 프랑스헌법 등이 협약헌법에 속하며, 미국의 各州, 1791년의 프랑스헌법 등 오늘날의 대부분의 헌법들이 민정헌법에 속한다.

(4) 새로운 분류방법

위의 고전적인 분류방법은 형식적이고 비현실적인 것이어서 현대국가의 헌법에는 그 중요성이 없음을 지적하면서 새로운 분류방법이 등장하였다.

1) 독창적 헌법과 모방적 헌법   독창적 헌법이란 새로 창조되고 다른 것에서 유래되지 아니한 원천적인 헌법으로서, 영국의 議會主權主義憲法, 미국의 大統領制憲法, 프랑스 나폴레옹헌법, 1918년 勞農소비에트 연방헌법, 1931년 중화민국의 5權分立憲法 등이 이에 속한다. 모방적 헌법이란 규정의 대부분을 국내외의 기존 헌법을 그 국가의 정치적 현실에 맞게 재구성한 헌법으로서, 우리나라를 비롯한 아시아국가와 남미국가의 대부분의 헌법이 이에 속한다고 하겠다.

2) 존재론적 분류   뢰벤슈타인(K. Leowenstein)은 헌법규범이 헌법현실을 규율하고 있는 정도에 따라 헌법을 분류하였다. 즉 영국·미국 등과 같이 헌법규정과 권력행사의 현실이 일치하는 헌법을 規範的 憲法이라 하고, 아시아·남미헌법과 같이 헌법규범이 아직까지 현실을 규율하지 못하고 교육적인 효과만을 갖는 헌법을 名目的 憲法이라 하며, 공산주의나 독재주의의 헌법처럼 헌법이 현실을 규율하는 것이 아니라 단지 이를 과시하기 위하여 형성된 형식적 헌법을 假飾的 憲法이라고도 한다.

Ⅱ. 헌법의 제정과 개정

1. 헌법의 제정

헌법의 제정이란 정치적 통일체의 종류와 형태의 관하여 헌법제정권력자가 내린 근본적인 결단을 規範化하는 것으로서, 형식적으로는 이를 法典化하는 것을 의미한다.

(1) 헌법제정권력의 의의와 성격

헌법제정권력이란 국가법질서의 根本法인 헌법을 창조하는 힘과 권위로서 현대민주국가에서는 국민이 그 주체이며, 始原的인 창조성과 자율성·항구성을 가지며, 單一不可分性·不可讓的 性格을 갖는다.

(2) 헌법제정의 한계

헌법제정권력은 절대적이 아니라 일정한 한계를 가지는데, 자연법적 근본규범에 의한 제한을 받는데, 구체적으로는 인격불가침의 기본가치, 자치국가의 원리, 민주주의 등이 그것이다.

2. 헌법의 개정

(1) 헌법개정의 개념

헌법개정이란 헌법에 규정된 개정절차에 따라 그 기본적 동일성을 유지하면서 특정조항을 의식적으로 수정·삭제하거나 새로운 사항을 증보하는 것으로서, 헌법의 제정·파괴·폐지·파훼·정지·변천 등과 구별된다.

(2) 헌법개정의 한계

헌법을 개정함에 있어 헌법이 규정하는 개정조항의 절차에 따르기만 하면 헌법의 어떠한 조항도 개정할 수 있느냐, 또는 개정할 수 없는 어떠한 한계가 있느냐 하는 문제가 있다. 성문헌법이 규정하는 憲法改正權은 헌법의 동일성과 계속성을 해치지 않는다는 것을 전제로 하고 헌법의 어떤 조항을 수정·변경하는 권한이므로, 헌법의 自同性을 잃게 하는 정도의 개정은 헌법의 자살행위로서 법논리적으로 불가능한 것이므로 한계를 인정하는 것이 타당하다고 할 것이다. 즉 대한민국의 기본성격(국가형태)을 규정하는 民主共和國과 國民主權主義, 전문의 기본원리, 자유주의적 기본질서, 개정조항의 軟性으로의 개정 등은 허용되지 아니한다. 다만 대통령의 重任變更에 관한 개정(헌법 제128조 2항)은 헌법개정효력의 소급적용의 제한이라고 하겠다.

(3) 우리 헌법의 개정절차

우리나라 헌법은 硬性憲法에 속하며, 그 개정에는 다음과 같은 절차를 밟아야 한다.

헌법개정의 제안권자는 국회재적의원 과반수 또는 대통령이다. 헌법 제128조 1 항에 헌법개정은 국회재적의원 과반수 또는 대통령의 발의로 제한한다고 규정되어 있다. 국회의원의 발의를 재적의원 과반수로 한 것은 事案의 중대성에 비추어 그 발의정족수를 높인 것이다. 제안된 헌법개정은 대통령이 20일 이상의 기간 동안 공고하여야 한다(헌법 제129조). 이 헌법개정안은 공고된 날로부터 60일 이내에 국회에서 의결하여야 하며, 국회의 의결에는 재적의원 3 분의 2 이상의 찬성을 얻어야 한다(헌법 제130조 1 항). 이러한 헌법개정안에 대한 시간적 제약은 공고 후 2 개월 안에 헌법개정 여부를 확정하여 법적 안정성을 확보하기 위한 것이다. 즉 국회의 의결을 거친 헌법개정안은 국회가 의결한 후 20일 이상 30일 이내에 국민투표에 붙여야 하며, 국민투표에 붙여진 헌법개정안은 국회의원선거권자 과반수의 투표와 투표자 과반수의 찬성을 얻으면 헌법개정이 확정된다.

이와 같이 헌법개정안이 확정되면, 대통령은 즉시 이를 공포하여야 한다.

Ⅲ. 대한민국 헌법

1. 헌법제정과 개정경과

헌법만큼 역사성을 띠고 있는 국법도 없다고 하겠는데, 우리나라 헌법의 변천과정도 그 역사적 흐름을 파악할 필요가 있다. 역사 속에서의 헌법의 진실된 모습을 파악하는 것이 현명한 국민의 태도이다.

우리나라는 1948년 5·10 총선거에 의하여 최초로 국회가 개원되어 근대적 의미의 헌법을 제정하였다. 즉 制憲國會는 6 월 3 일 헌법기초위원을 선출하여 세칭 '兪鎭午案'을 중심으로 하여 헌법을 제정, 7월 17일 공포하였다. 이 제헌헌법은 기본권의 보장, 권력분립, 대통령중심제, 단원제 국회, 통제경제정책 등을 그 내용으로 하였다.

우리나라 헌법은 그 후 9차에 걸친 개정을 거치면서 많은 변화를 겪었다. 왜 이러한 수많은 개정을 하지 않으면 안 되었는지 역사를 돌이켜 살펴보면 다음과 같다.

(1) **제1차 개정〈발췌개헌〉**　　제1차 개헌은 1952년 4월 당시의 국회가 내각책임제를 골자로 한 개헌안을 제출하였고, 이에 대하여 정부에서도 동년 5월에 정·부통령 직접선거·양원제 등을 중심으로 한 개헌안을 제출함에 따라 이 두 안이 절충되어 이른바 발췌안이 1952년 7월 4일에 국회를 통과하여 그 해 7월 7일에 공포된 것이다. 그 주요한 개정내용은 국회의 양원제, 정·부통령 직접선거제, 국무원책임제 등이다.

(2) **제2차 개정**　　제2차 개헌은 1954년 11월 27일에 통과하여 그 해 11월 29일에 공포된 4捨5入改憲이다. 그 주요한 내용은 주권제한·영토변경에 관한 국민투표제의 채택, 국무총리제 및 국무위원 연대책임의 폐지와 국무위원의 개별적 불신임제의 채택, 초대대통령 중임제한의 철폐, 군법회의에 관한 헌법적 근거의 설정, 자유경제체제로의 전환 등이다.

(3) **제3차 개정〈제2공화국〉**　　제3차 개헌은 4·19를 계기로 하여 1960년 6월 15일에 국회를 통과하여 동일자로 공포된 것이다. 이 제3차 개헌의 주요한 골자는 기본권의 보장강화, 내각책임제의 채택, 헌법재판소의 신설, 대법관의 선거제, 중앙선거관리위원회의 헌법상 기관화 등이다.

(4) **제4차 개정**　　제4차 개헌은 4·19혁명 이후 3·15부정선거 관련자들에 대한 특별법제정을 위한 개헌으로서, 1960년 11월 23일에 민의원, 동년 11월 28일에 참의원을 각각 통과하여 그 다음 날 대통령에게 이송, 동일로 공포된 것이다. 그 주요 내용은 부정선거관련자와 반민주행위자의 공민권제한 및 부정축재자의 처벌에 관한 소급입법권의 부여, 이에 관한 형사사건을 처리하기 위한 특별재판부와 특별검찰부의 설치 등이다.

(5) **제5차 개정〈제3공화국〉**　　제5차 개헌은 5·16군사쿠데타 후 국가재건비상조치법이 헌법적 효력을 가지게 되자 헌법은 일부 그 효력이 정지되었다. 그러다가 군사정부는 민정이양의 전 단계로서 구 헌법의 개정을 기도하여 그 개헌안을 1962년 12월 6일에 국가재건최고회의를 통과시켰고, 그 해 12월 17일에는 다시 국민투표에 이를 붙여 통과되어 동년 12월 26일에 공포된 것이다. 이것은 전면적인 개정이었으므로 사실상 신헌법의 제정이라고 볼

수 있다. 그 주요 내용은 정당국가에의 지향, 대통령중심제, 법관추천회의제
도, 법원의 위헌법률심사권, 대법원의 정당해산권, 기본권규정의 상세화 등
이다.

(6) **제 6 차 개정〈3 선개헌〉**   제 6 차 개헌은 1969년 9 월 14일에 국
회에서 통과된 후 동년 10월 17일의 국민투표에서 가결, 동 21일에 공포된 것
이다. 그 주요 골자는 국회의원 정수의 증가, 국회의원의 국무총리 및 국무위
원의 겸임허용, 대통령에 대한 탄핵소추의 신중화, 대통령의 3 기 계속재임의
허용 등으로 되어 있다.

(7) **제 7 차 개정〈유신헌법〉**   제 7 차 개정안은 1972년 10월 27일 비
상국무회의에 의하여 공고된 후 동년 11월 21일의 국민투표에서 가결되어 확
정되었으며, 대통령은 12월 27일자로 이를 공포, 즉일로 시행된 것이다. 여기
서 제 4 공화국이 발족하게 된 것이다. 그 주요 내용은 평화통일의 이념과 통일
주체국민회의의 설치, 대통령의 권한강화와 국회의 권한약화, 국민의 권리현실
과의 조정, 정당국가적 경향의 지양, 헌법위원회의 신설, 경제조항의 보강, 헌
법개정절차의 이원화 등으로 이른바 維新憲法이었다.

(8) **제 8 차 개정〈제 5 공화국〉**   제 8 차 개헌은 10·26사태, 5·17사태
이후 헌법심의위원회가 만든 헌법개정안을 국무회의의 의결을 거쳐 1980년
9 월 29일에 공고되었으며, 10월 22일에 실시된 국민투표에 의해 확정되었
다. 정부는 동년 10월 27일에 이를 공포하여 즉일 실시하게 되었다. 그 주
요 내용은 기본권보장의 강화, 대통령간선제와 7 년 단임제, 국회의 권한회복
등이다.

(9) **제 9 차 개정〈제 6 공화국〉**   제 9 차 개헌은 1987년 10월 12일 국
회의 의결 및 동 27일 국민투표에 의해 확정되었고, 동 29일에 공포되어 1988
년 2 월 25일부터 시행되었다(부칙 제 1 조). 이 헌법은 성숙된 국민의 민주주
의에의 여망에 따라 헌정사상 최초로 여·야의 합의로 이루어진 것이며, 무엇
보다도 대통령직선제를 채택하였다는 데 그 의의가 있다. 대략 그 외의 특색
을 살펴보면 우선 통치기구에서는 대통령의 비상조치권·국회해산권의 폐지,
국회의 국정감사권의 부활, 법관의 임명절차 개선, 헌법재판소의 신설, 사법권
의 독립의 실질적 보장 등을 들 수 있고, 기본권에서는 신체의 자유와 표현의
자유의 강화, 노동 3 권의 보장 및 최저임금제 실시 등을 통하여 기본적 인권
을 대폭 신장하였음을 지적할 수 있다. 이 헌법개정은 형식적으로는 제 9 차
헌법개정이라고 할 것이나, 실질적으로는 새로운 헌법의 제정이라고 할 것이
다. 그 이유는 대통령직선제, 의회의 복권 등을 통하여 권위주의적인 정부형태
가 민주화되었기 때문이다. 그러므로 이 헌법개정에 의해서 제 6 공화국이 탄

생된 것으로 보아야 할 것이다.

우리나라 헌법은 경성헌법임에도 정치적 목적에 의하여 자주 개정되었고, 특히 같은 시기에 제정된 이웃 일본헌법이 50년이 지나도록 한 번도 개정된 일이 없다는 사실과 비교할 때 헌법의 권위와 護憲意識을 심각히 생각케 한다.

2. 우리 헌법의 기본원리

우리나라 현행헌법은 전문과 본문 10장 130조 및 부칙 6 조로 되어 있다. 前文은 단순한 정치적 또는 수사적 문장이 아니라 헌법본문의 각 조항과 일체가 되어 憲法典의 일부를 구성하며, 그 자체가 직접으로 법적 의미를 가지는 것이다. 따라서 여기에는 헌법제정의 유래와 목적, 또 헌법의 제정주체와 헌법의 기본원리 등 헌법의 특징을 집약적으로 표현하고 있다.

(1) 국민주권주의

국민주권이란 국가의 정치적인 최고·최종적인 결정권이 국민에게 있다는 것을 말한다. 우리 헌법은 제 1 조 2 항에서 "대한민국의 주권은 국민에게 있고, 모든 권력은 국민으로부터 나온다"라고 하여 國民主權主義를 선언하고, 헌법 전문과 제 1 조 1 항의 "대한민국은 민주공화국이다"라는 규정으로 이를 간접적으로 표현하고 있다. 따라서 주권자인 국민은 참정권과 공무원선거권을 가지며, 이와 함께 국민투표권도 가진다. 우리나라는 간접민주정치적 대의제도를 원칙으로 하면서 직접민주적 요소를 가미하고 있다.

(2) 기본권존중주의

기본권보장은 근대입헌국가의 이념이며 그 내용적 기본요소인데, 우리 헌법은 기본권보장주의를 그 전문에서 선언하고 제 2 장에서 이를 개별적으로 규정하고 있다. 특히 헌법 제10조의 인간의 존엄·가치, 행복추구권의 대원칙 아래 平等權·自由權·生存權·參政權·請求權 등으로 분화하고 있으며, 제37조 2 항에서 기본권제한의 방법과 한계를 규정함으로써 기본권보장의 일반원칙을 선언하고 있다.

(3) 권력분립주의

권력분립주의는 국민의 자유를 확보하고 국가권력의 남용을 방지하기 위하여 立法·行政·司法의 각 작용을 분리시켜 각각의 독립된 기관에 담당케 함으로써 기관 상호간의 견제와 균형으로 권력을 통제하는 統治組織에 관한 원리로서, 우리나라 헌법도 이에 따르고 있다.

(4) 평화통일주의

우리 헌법은 그 전문에서 "조국의 …평화적 통일에 입각하여"라고 하고, 제 4 조에서 "대한민국은 통일을 지향하며, 自由民主的 基本秩序에 입각한 평화적 통일정책을 수립하고 이를 추진한다"라고 하여 조국의 평화적 통일주의에 입각하고 있다.

(5) 문화국가원리

우리 헌법은 제 9 조에서 국가에 대하여 전통문화의 계승·발전과 민족문화의 창달에 노력할 의무를 부과하고, 헌법 전문과 대통령의 취임선서에도 이를 요구하고, 또 평생교육을 통한 국가의 文化責任을 강조하고 있다. 이들을 종합해 볼 때 우리나라는 文化國家를 기본원리로서 지향하고 있다 하겠다.

(6) 사회국가원리

우리 헌법은 정의사회를 구현하기 위해 사회적 기본권의 폭넓은 보장을 통해서 사회국가원리를 그 기본원리로 수용하고 있는바,[2] "국가는 사회보장·사회복지의 증진에 노력할 의무가 있다(제34조 2 항)"라고 선언하면서 국가에게 모성의 보호와 여자의 복지 및 권익향상의무, 그리고 노인과 청소년의 복지향상 등의 정책실시의무를 지우고, 국가의 재해예방대책과 국민보호의무를 강조하며, 국가의 주택개발정책에 의한 쾌적한 주거생활환경 조성을 정책지표

---

2) 이러한 사회국가원리는 국가의 개입의 보충성이 요청된다는 점에서 복지국가원리와 개념적으로 구별된다.

로 제시하고 있는 것도 이러한 측면에서 이해할 수 있다(제34조 3 항 내지 6 항, 제35조 3 항, 제36조 2 항).

(7) 국제평화주의

헌법 제 5 조에서는 "대한민국은 국제평화의 유지에 노력하고 침략적 전쟁을 부인한다"라고 규정하고, 또 전문에서 "밖으로는 항구적인 세계평화에 이바지한다"라고 하여 국제평화의 유지에 노력하고 침략적 전쟁을 하지 않을 것을 선언하였다.

헌법 제 6 조 1항에 "이 헌법에 의하여 체결·공포된 조약과 일반적으로 승인된 국제법규는 국내법과 같은 효력을 가진다"라고 규정하여 국제평화주의와 국제법과 국내법의 효력관계를 규정하였다. 그리고 헌법 제 6 조 2 항에 "외국인은 국제법과 조약이 정하는 바에 의하여 그 지위가 보장된다"라고 규정하고 있다.

3. 우리 헌법의 기본질서

(1) 민주적 기본질서

민주적 기본질서란 모든 폭력적 지배와 자의적 지배를 배제하고, 그때그때 다수의 의사에 따른 법치국가적 통치질서로서 자유·평등 및 정의를 이념으로 하는 법치국가적 기본질서라고 할 수 있겠다.

그리고 우리 헌법은 전문에서 "자유민주적 기본질서를 더욱 확고히"한다고 하며, 自由民主的 基本秩序에 입각한 통일을 지향하며(제4조), 제 8 조 4 항에서 정당의 목적이나 활동이 민주적 기본질서에 위배되면 해산할 수 있게 하였다. 또한 이를 위하여 우리 헌법은 기본권존중, 국민주권주의, 권력분립, 법치주의, 사법권의 독립, 복수정당제도, 정부의 책임성 등을 보장하고 있다.

(2) 정당제도

1) **정당의 의의**   근대국가에 있어서 민주정치와 의회제도의 발달은 근대적 정당정치의 발달을 그 내용으로 하고 있으며, 政黨政治는 대의정치

에 있어서 불가결한 원칙으로 인정되고 있다. 역사적으로 보아 정당(political party, politische Partei)에 대한 헌법의 태도는 ① 적대시하는 단계, ② 무시하는 소극적 단계, ③ 승인과 합법화의 단계, ④ 헌법적 편입의 단계로 발달하였다.

우리나라는 제2공화국 이래 헌법에 규정하였는데, 헌법 제8조 2항에는 "정당은 국민의 정치적 의사형성에 참여하는 데 필요한 조직을 가져야 한다"라고 규정하고, 政黨法 제2조는 이를 구체적으로 규정하여 "정당이라 함은 국민의 이익을 위하여 책임 있는 정치적 주장이나 정책을 추진하고 공직선거의 후보자를 추천 또는 지지함으로써 국민의 정치적 의사형성에 참여함을 목적으로 하는 국민의 자발적 조직"이라고 정의하고 있다.

2) 정당의 헌법상 지위　　정당의 헌법상 지위에 관하여는 憲法(國家)機關說·制度的 保障說·私法的 結社說 등 학설대립이 있으나, 우리 헌법에서는 정당설립의 자유가 보장되고, 복수정당제가 보장되며, 국가에 의한 특별한 보호가 인정된다는 면에서 헌법적 기능을 가진 憲法上 制度保障이라고 하겠다.

3) 정당설립의 자유와 복수정당제도　　의회정치에 있어서는 정당의 존재가 반드시 전제되므로 정당의 보호육성을 위하여 헌법에서는 정당의 설립의 자유를 보장하고 있다(제8조 1항 전단). 따라서 정당의 설립에 있어서 사전의 허가제는 위헌이다. 그러나 질서유지를 위하여 필요한 최소한의 등록제는 헌법상의 설립의 자유와 양립될 수 없는 것은 아니다. 특히 複數政黨制를 명시하고 있는 것은 비록 정당설립의 자유는 보장되나 적어도 1당 이상의 정당은 있어야 한다는 것을 강조한 것이라고 볼 수 있다(동항 후단).

4) 정당의 목적·조직·활동에 대한 제한　　정당은 그 목적, 조직과 활동이 민주적이어야 하며, 정당의 목적이나 활동이 민주적 기본질서에 위배될 때에는 헌법재판소의 심판에 의하여 해산된다(제8조 2항 및 4항). 여기서 '民主的'이라는 의미는 우리 헌법의 기본이념인 자유민주주의를 의미하는 것으로 해석된다.

5) 헌법재판소의 심판에 의한 해산　　정당의 목적이나 활동이 민주적 기본질서에 위배될 경우에 정부는 일반결사와 같이 해산할 수 없고, 정

부는 헌법재판소에 그 해산을 제소하여 심판에 의하여만 해산할 수 있다.

(3) 선거제도

1) 선거의 의의   선거란 다수의 선거인에 의한 공무원의 선임행위로 국민 자신의 대표기관의 선출을 통하여 參政權을 행사하고, 정부의 책임을 묻고 그 正當性을 부여하는 기능을 한다. 그러나 현대의 정당국가화 경향으로 그 의미가 많이 변하였다.

2) 선거제도의 기본원리   우리나라는 보통·평등·직접·비밀·자유 선거를 기본원칙으로 하는데(헌법 제41조 1항 및 제67조 1항), 보통선거란 제한선거에 대한 개념으로 누구든지 제한 없이 선거권을 인정하는 것이고, 평등선거란 차등선거에 대한 개념으로 선거인의 투표가치가 평등하게 취급되어지는 선거를 말한다. 직접선거란 간접선거에 대한 개념으로 선거인이 직접선거하는 것이며, 비밀선거란 공개선거에 대한 개념으로 선거인이 누구에게 투표하였나를 외부에서 알 수 없도록 하는 것이며, 자유선거는 강제선거에 대한 것으로 직접·간접적인 압력 없이 자유롭게 투표가 행해지는 선거를 말한다.

3) 대표제(다수대표제·소수대표제·비례대표제)   ① 다수대표제란 1 선거구에서 다수의 득표자만을 당선자로 하는 제도를 말한다. 다수대표제는 소선거구제와 결탁하여 다수당에게 유리한 결과를 가져온다. ② 소수대표제는 1 선거구제에서 2 인 이상의 당선자를 내는 제도로서, 이를 대선거구제에 사용하면 소수당에 유리하다. ③ 비례대표제는 정당의 존재를 전제로 하고, 각 정당의 득표수에 비례하여 당선자를 결정하는 선거제도이다. 이것은 한 선거구에서 다수인을 선출하는 대선거구제와 결탁된다. 비례대표제의 방법에는 單記移讓式과 名簿式이 있다. 단기이양식은 영국계통에서 시행되고 있으며 단기투표제의 일종인데, 이것은 대선거구를 전제로 하고 거기에다 이양을 인정한다. 투표가 제 1 후보자만으로서는 불충분하다고 생각될 때에는 이것을 다른 후보자에게 이양하기 위해서 자기가 원하는 순위에 따라 제2·제3의 후보자를 지명하는 제도이다. 다음에 명부식이란 주로 유럽대륙에서 사용되는 방법이다. 선거인의 개인의사를 존중한다는 의미에서는 단기이양식이 적합하다고 할 수 있으나, 정당본위로 생각할 때

에는 명부식이 타당하다고 하겠다.

비례대표후보자를 유권자들이 직접 선택할 수 있는 이른바 자유명부식이나 가변명부식과 달리 고정명부식에서는 후보자와 그 순위가 전적으로 정당에 의하여 결정되므로 직접선거의 원칙에 위반되는 것이 아닌지가 문제될 수 있다. 그러나 비례대표 후보자명단과 그 순위, 의석배분방식은 선거시에 이미 확정되어 있고, 투표 후 후보자명부의 순위를 변경하는 것과 같은 사후개입은 허용되지 않는다. 그러므로 비록 후보자 각자에 대한 것은 아니지만 선거권자가 종국적인 결정권을 가지고 있으며, 선거결과가 선거행위로 표출된 선거권자의 의사표시에만 달려 있다고 할 수 있다. 따라서 고정명부식을 채택한 것 자체가 직접선거원칙에 위반된다고는 할 수 없다(헌법재판소 2001. 7. 19. 선고, 00헌마91·112·134 결정).

4) 선거구제도(소선거구제와 대선거구제)   ① 소선거구제도는 선거구에서 1인의 당선자를 선출하므로 선거인은 반드시 후보자 중의 1인에게만 투표하고, 투표의 다수를 얻은 자가 당선자가 된다. 이에는 단기투표법과 다수대표제가 적용된다. 소선거구제도는 다수당에게 절대유리하다는 단점이 있는 반면에 지역이 협소하므로 선거운동이 쉽고, 경비가 절약되며, 입후보자의 적부에 일반선거인이 정통하다는 장점이 있다. ② 대선거구제도는 1선거구에서 다수인을 선출하는 제도인데, 이에는 투표방법에 따라 다수당이 유리하기도 하고 또는 소수당이 유리하기도 하다. 각 선거인이 정수만큼 연기투표할 수 있다면, 이는 다수당에 절대적으로 유리하다. 그러나 연기를 제한하면 소수당에 유리하다. 대선거구제는 선거구역이 광대하므로 선거운동과 그 경비에 막대한 비용과 불편이 수반되고, 또 입후보자에 대한 적부판단이 어려운 단점이 있다. 그러나 제한연기법을 채택하면 소수당에 유리한 장점이 있다. 대선거구제도는 선거구성을 전국으로 하지 않고 도단위 정도로 하여 이를 중선거구제도라고도 한다.

(4) 직업공무원제도

1) 직업공무원제도의 의의   직업공무원제도란 정당국가에서의 정권교체에 관계 없이 行政의 독자성을 유지하기 위하여 공무원의 신분이 보장되는 공무원제도로서 이를 위하여 공무원의 과학적 직급제, 성적주의, 인사

의 공정성 등이 필요하다.

　　2) 공무원의 신분보장　　　공무원의 신분은 법률이 정하는 바에 의하여 보장된다(헌법 제7조 2항). 엽관주의의 폐단을 없애고, 공무원이 정권교체에 관계 없이 국민 전체에 대한 봉사자로서의 의무를 다할 수 있게 하려면 공무원의 신분은 보장되어야 한다.

　　3) 공무원의 정치적 중립성　　　공무원의 政治的 中立性(politische Neutralität)은 법률이 정한 바에 따라 보장된다(헌법 제7조 2항). 이것은 공무원이 국민 전체에 대한 봉사자이지 일부의 봉사자가 아니라는 규정에서 나오는 결론이다. 여기서 공무원이란 공무를 담당하는 모든 국가공무원과 지방공무원은 물론이고, 공무에 종사하는 공공단체의 직원과 공법·사법상의 계약에 의하여 공무를 집행하는 자를 모두 포함한다. 이것은 직업공무원제도를 확립하며, 정권교체에 따른 국가행정의 혼란을 방지하고 공무의 계속성과 능률화를 기하려는 것이다. 여기서 政治的 中立性이란 정치적 활동의 금지를 말하며, 구체적으로 정당가입, 정당활동의 금지 및 공무 이외의 집단행동의 금지를 포함한다.

　　4) 국민에 대한 책임　　　헌법 제7조 1항에서 "공무원은 국민 전체에 대한 봉사자이며 국민에 대하여 책임을 진다"라고 규정하고 있는데, 공무원은 주권자인 국민에 대한 봉사자라는 것을 의미한다. 이것은 이념적 책임이지 법적 책임은 아니다. 법적 책임이 되려면 헌법과 법률상에 구체적 규정이 있어야 하는데, 國民召喚과 같은 규정이 없다.

　　공무원의 국민에 대한 책임이 이념적으로 발현되어 있다고 볼 수 있는 것은 첫째는 선거직공무원의 任期制, 둘째는 국회가 가진 고급공무원에 대한 彈劾訴追權, 셋째는 임명권자가 가지고 있는 공무원의 解任權, 넷째는 불법행위를 한 공무원의 損害賠償責任이다. 또한 국민은 청원권을 통해서 국가기관에 대하여 공무원의 파면을 청원할 수 있다.

(5) 사회적 시장경제질서

　　1) 경제헌법　　　우리 헌법 제119조에서 "대한민국의 경제질서는 개인과 기업의 경제상의 자유와 창의를 존중함을 기본으로 한다"라고 하여 財産權의 보장, 私有財産制의 보장과 함께 자유주의 경제제도를 원칙으로 하

면서도 실질적 평등과 자유를 확보하기 위하여 재산권의 相對化, 經濟에 대한 규제와 조정을 인정하는 社會的 市場經濟主義를 채택하고 있다. 이러한 실질적인 평등의 보장을 위한 헌법적 기능이 20세기 헌법의 특색이며, 이를 經濟憲法(Wirschaftsverfassung)이라고도 한다.

2) 우리 헌법에서의 경제조항   우리 헌법은 전문에서 "국민생활의 균등한 향상을 기하고"라고 선언하고 있으며, 헌법 제1조의 인간의 존엄·가치 및 행복추구권과 제34조의 인간다운 생활권 등 생존권적 기본권에 관하여 규정하고 있다. 또한 經濟的 自由를 인정하면서도 제119조 2항에서 국가는 균형 있는 국민경제의 성장 및 안정과 적정한 소득의 분배를 유지하고, 시장의 지배와 경제력의 남용을 방지하며, 경제주체간의 조화를 통한 경제의 민주화를 위하여 경제에 관한 규제와 조정을 하게 하였다.

경제질서에 관한 구체적 규정으로는 ① 재산권의 보장(헌법 제120조), ② 천연자원의 개발이용(헌법 제120조 1항), ③ 국토개발계획의 수립(헌법 제120조 2항), ④ 농지 등 국토의 효율적 이용(헌법 제122조), ⑤ 농지소작제 금지(헌법 제121조), ⑥ 농어촌개발, 지역사회의 균형 있는 발전, 농수산물의 수급균형, 유통구조의 개선, 가격안정, 중소기업의 보호·육성과 경제적 약자의 自助組織의 육성(헌법 제123조), ⑦ 소비자보호운동의 보장(헌법 제124조), ⑧ 대외무역의 육성과 규제·조정(헌법 제125조), ⑨ 私營企業의 국·공유화와 통제·관리의 금지(헌법 제126조), ⑩ 국민경제의 발전과 과학기술의 혁신(헌법 제127조) 등이 있다.

이러한 헌법적 경제조항의 목표를 실현하기 위하여 수많은 경제법이 제정되었는데, 이에 대하여는 경제법 분야에서 다룬다.

(6) 지방자치제도

1) 자치제도   지방자치란 일정한 지역을 기반으로 하는 지방자치단체가 지방적 이해에 관한 행정을 자기의 책임 아래서 자기의 기관으로 처리하는 것을 말한다. 원래 자치란 관념은 자기 일은 자기가 처리한다는 사회적·원리적 개념인데 오늘날에 있어서 지방자치는 민주정치의 교실로 간주되고 있으며, '풀뿌리 민주정치'(grassroots democracy)라고도 말하여진다.

지방자치의 본질에 관한 학설로는 ① 固有權說설, 즉 지방자치는 지역주민이 국가성립 이전부터 가지고 있는 고유의 권리라고 보는 설이 있고, ② 自治委任說, 즉 지방자치권은 국가가 위임한 것이며, 국가가 승인하는 한도 안에서만 행사할 수 있다는 설(다수설)이 있다.

지방자치제도에는 주민자치와 단체자치가 있다. ① 住民自治는 영국에서 발달한 자치제도인데, 민주주의의 원리에 따라 지방적인 국가행정사무를 지방주민으로 하여금 담당시키는 제도로서 발달된 것이다. ② 團體自治는 대륙법계, 즉 독일·프랑스에서 발달한 것으로서 국가 안에 일정한 지역을 토대로 하는 독립된 단체가 존재하는 것을 전제로 하여 그 단체의 의사와 기관으로 그 단체의 사무를 처리하는 것이다.

지방자치에 관한 국가의 감독방법은 ① 立法的 統制를 하는 것으로 국회가 제정하는 법률에 의하여 지방자치단체의 조직·권한·운영을 통제하는 방법이 있고, ② 司法的 統制를 하는 경우는 입법적 통제를 전제로 하여 지방자치단체가 법률에 위배되는 권한행사를 할 때에 재판을 통하여 통제하는 방법이다. ③ 行政的 統制는 지방자치단체의 일반적 권한만을 법률로 정하고, 지방자치단체의 권한행사를 중앙행정기관이 명령·인가·허가·검사·취소·임명·파면 등의 방법으로 통제하는 방법이다.

2) 지방자치에 관한 헌법규정　　지방자치단체의 종류는 법률로 정한다(헌법 제117조 2 항). 지방자치법 및 지방자치에 관한 임시조치법에 의하면 서울특별시·광역시(부산·대구·인천·광주·대전)·제주특별자치도·도·시·군이 지방자치단체로 인정되고 있다. 지방자치단체에는 의결기관인 地方議會와 집행기관인 지방자치단체의 長의 2 원적인 자치기구를 두고, 지방의회의 조직·권한·의원선거와 지방자치단체의 장의 선임방법 기타 지방자치단체의 조직과 운영에 관한 사항은 법률로 정하여야 하는바(헌법 제118조 2 항), 지방의회의원은 주민이 보통·평등·직접·비밀선거에 따라 선출한다(지방자치법 제31조). 지방자치단체의 장은 종래 대통령이 임명하였으나, 지방자치제의 정착을 위해 직선제를 도입하였다(제94조).

지방자치단체의 권한에는 ① 고유사무처리권, ② 위임사무처리권, ③ 자치입법권(조례)·규칙제정권, ④ 자치재정권·재산관리권 등이 있다.

Ⅳ. 국민의 기본권과 의무

1. 기본권의 일반이론

(1) 기본권의 발전과정

1) 고전적 기본권   근대헌법의 기본권보장의 원전은 1215년의 영국의 마그나 카르타(Magna Charta)에서 찾아볼 수 있고, 1628년의 權利請願(Petition of Right), 1679년의 人身保護法(Habeas Corpus), 1689년의 權利章典(Bill of Rights) 등에서도 국민의 권리를 규정하였다. 이와 같은 권리장전들은 국가권력(군주권력)에 대하여 군주의 양해 밑에서 일정한 제약을 하려는 것에 그쳤다.

2) 근대적 기본권   국민의 기본권이 국가권력 그 자체를 제한함으로써 국민의 주관적 권리로 인정된 것은 18세기 후반에 미국·프랑스에서 일어난 개인주의·자유주의사상을 배경으로 한 자유획득의 투쟁결과 이루어진 몇 가지 권리선언에서 발견되는 것이다. 즉 1776년 버지니아주의 권리장전 및 미국독립선언과 1789년 프랑스의 '인간과 시민의 權利宣言' 등이다. 이 선언들은 자연법사상을 기반으로 하여 사람은 天賦不可讓의 권리를 가졌다고 하고, 국가는 自然法的 國家契約說의 영향을 입어 천부불가양의 권리를 보장하기 위하여 국민이 조직했다고 한다. 이 시대의 헌법에는 국민의 기본권과 국가권력조직에 관한 두 가지의 중심점이 뚜렷이 나타나 있다.

3) 현대적 기본권   근대 자유주의사상에 의한 자유는 정치적 자유를 기초로 하여 특히 經濟社會에 있어서의 자유경쟁을 육성하였기 때문에 극도의 자본주의사회로 발달하였다. 그리하여 자본의 일부 독점으로 자기 생활을 유지하지 못하는 근로자의 발생이란 중대한 사회문제가 일어나 종래와 같은 국가로부터의 자유와 아울러 국가의 적극적 관여에 의한 근로자의 인간다운 생활의 보장을 요구하는 권리도 국민의 기본권의 하나로 인정되게 되었다. 이와 같이 기본권의 성격에 대한 변화는 자유권적 기본권으로부터 생존권적 기본권으로, 또는 '19세기적 기본권으로부터 20세기적 기본

권으로'라는 큰 변화를 가져왔다.

20세기 헌법을 經濟憲法이라고도 하지만, 그렇다고 해서 자유권적 기본권의 의의가 상실되는 것은 아니다. 이 두 기본권은 서로 상호보완관계에 있는 것이고, 앞으로의 기본권의 문제는 자유권적 기본권과 생존권적 기본권의 조화에 있다고 할 수 있다. 현대적 기본권의 연원은 1919년의 바이마르(Weimar) 헌법에서 찾아볼 수 있다.

(2) 기본권의 법적 성격

基本權은 국민 개개인이 자기 자신을 위하여 주장할 수 있는 主觀的 公權으로서 국가권력을 제한하는 超國家的·自然權的 性格을 갖는다. 특히 제 2 차 대전 후 세계각국은 독재국가·전체주의의 억압으로부터의 교훈으로 기본권의 자연권성을 헌법에 규정하는 경향이다. 우리 헌법도 제10조와 제37조 1 항의 해석에 비추어 볼 때 기본권을 자연권으로 인정하고 있다 하겠다. 그리고 헌법에 규정된 기본권은 개인의 주관적 권리일 뿐 아니라 공동사회의 객관적 질서로서 二重的 性格(Doppelcharakter)을 가지며, 객관적 법규범으로서의 制度的 保障과는 구별된다고 하겠다.

(3) 기본권의 주체

기본권의 주체란 헌법상 보장된 기본적 인권의 향유자를 말하는데, 원칙상 모든 국민이 그 주체이며, 성질에 따라 法人·外國人의 경우에는 제한할 수가 있으며, 특별권력관계에 의하여 예외적으로 합리적인 범위 내에서 제한되는 경우가 있다.

(4) 기본권의 효력

1) 대국가적 효력   기본권은 원칙적으로 모든 국가권력을 직접 구속하는 직접적 효력을 갖는다. 따라서 立法府는 기본권보장에 위배되는 법률을 제정할 수 없고, 行政府도 권력행위는 물론 관리행위·국고행위도 기본권에 구속되며, 司法府도 재판절차나 판결내용으로 기본권을 침해할 수가 없다.

2) 대사인적 효력   현대에 와서 국민의 기본권은 국가권력뿐만 아

니라 개인 또는 사회적 집단에 의한 침해의 가능성이 커지게 됨에 따라 기본권의 효력확장이 주장되었다. 독일에서는 기본권의 제3자에 대한 適用否認說·直接適用說·間接適用說로 나뉘고, 미국에서는 國家類似論(theory of lookslike government)으로 이론을 구성하고 있다. 우리나라의 경우에는 기본권의 성질상 직접 제3자에 대한 효력을 전제로 하는 경우(인간의 존엄과 가치, 행복추구권, 노동3권 등)를 제외하고는 간접적용설에 따라 私法上 一般原則(민법 제103조 등)을 통하여 간접적으로 적용된다고 할 것이다.

　　3) 기본권의 경합과 충돌　　　동일한 기본권의 주체가 둘 이상의 기본권을 주장하거나 상이한 기본권의 주체가 상충하는 기본권을 주장하는 경우를 각각 기본권의 경합과 충돌이라 하는데, 이때에는 基本權의 실질적 보장의 측면에서 가장 효과적이고 규범조화적으로 판단하여야 한다.

(5) 기본권의 제한

　　국민의 기본권은 절대적으로 보장되는 것이 아니고 일정한 제한이 가해질 수 있는데, 憲法直接的인 제한(헌법 제21조 4항, 제29조 2항), 法律留保에 의한 제한(헌법 제37조 2항), 憲法內在的 限界 등이 그것이다. 이 중 중요한 것은 헌법 제37조 2항의 일반적 법률유보조항인데, 여기서는 절대적 기본권을 제외한 "국민의 모든 자유와 권리"는 "국가의 안전보장·질서유지·공공복리를 위하며," "필요한 경우에 한하여" 법률로써 제한할 수 있다고 규정한다.

　　이 때 법률은 國會에 의하여 제정된 일반적·구체적·형식적인 법률을 의미하며, 그 제한이 불가피한 경우에만(必要性의 원칙) 최소한으로(比例의 원칙) 제한되어야 한다. 또한 제한하는 경우에도 자유와 권리의 본질적인 내용을 침해할 수 없게 하고 있다. 예외적인 제한으로는 緊急命令, 緊急財政·經濟命令에 의한 경우(헌법 제76조 1항·2항), 非常戒嚴에 의한 경우(헌법 제77조), 特別權力關係에 의한 경우가 있다.

(6) 기본권의 침해와 구제

　　기본권의 실질적 보장을 위해서는 기본권의 침해에 대한 사전적인 예방조치와 현실적인 침해의 경우에 침해의 배제와 사후의 구제절차가 충분히 뒷받침되어야 한다.

기본권의 침해는 立法·行政·司法의 각 국가기관에 의한 경우와 私人에 의한 경우가 있으며, 기본권의 구제절차로서는 입법기관에 의한 경우, 행정기관에 의한 경우, 사법기관에 의한 경우 등으로 분류할 수 있고, 예외적으로 自救行爲에 의한 구제와 저항권의 행사를 들 수 있겠다.

2. 인간으로서의 존엄과 가치 및 행복추구권

헌법 제10조는 "모든 국민은 인간으로서의 존엄과 가치를 가지며, 행복추구의 권리를 갖는다. 국가는 개인이 가지는 불가침의 기본적 인권을 확인하고 이를 보장할 의무를 진다"라고 규정하여 反全體主義的인 인격체로서의 존엄과 가치를 헌법이 확인·선언함과 동시에 인간의 존엄과 가치에서 도출되는 총괄적 인권개념인 행복추구권을 규정하였으며, 이러한 근본원리에 입각하여 국가는 개인이 가지는 불가침의 기본적 인권을 확인하고 보장할 의무를 선언하였다. 이것은 기본적 인권의 근원을 밝힌 일반원칙이며, 주된 기본권을 밝힌 것으로서 前國家的 自然權으로서의 국가의 근본규범을 이룬다고 하겠다.

한편 새로운 인권으로서 생명권, 평화적 생존권·휴식권·건강권·日照權·알 권리·악세스(access) 권 등을 들 수 있으나, 이런 권리는 제10조에 근거하여 해석할 수 있을 것이다.[3]

3. 평 등 권

헌법 제11조 1 항은 "모든 국민은 법 앞에 평등하다"라고 규정하고 있어 법 앞의 평등(equality under law, Gleichheit vor dem Gesetz)을 보장하고 있다.

1) 의   의   본래 근대의 평등사상은 주로 神 앞에 평등이란 중세 그리스도교의 교리와 봉건사회에서의 신분적·계급적 권력지배를 부정하고, 인간의 본성에 따른 생래의 자유와 평등을 주장한 자연법적 사상에 근거를 두고 있다. 이것은 다시 근대민주주의와 결합되어 국가의사형성에 평등한

---

3) 기본권에 관하여 자세히는 金哲洙, 憲法學新論(17전정신판), 박영사, 2007, 245~811면.

참가를 요구하는 정치적 평등으로 발전하였다. 현대의 평등사상은 配分的 正義에 입각한 實質的 平等을 지향하고 있어 사회현실 속의 구체적 불평등 과 경제생활에서의 생활약자를 보호하여 모든 사람에게 인간다운 생활을 보장하려는 의미를 가지고 있다.

　2) 성　　질　　　평등권은 前國家的 自然權的인 주관적 공권으로서 이에 터잡아 불평등한 입법에 대하여 위헌심사를 요청하고, 불평등한 행정처분이나 재판에 대하여 행정소송 또는 상소를 할 수 있다.

　3) 내　　용　　　"모든 국민은 법 앞에 평등"이란 것은 법의 정립·집행 및 적용에 있어서 불평등하여서는 안 된다는 뜻이다. 따라서 이것은 행정·사법기관뿐만 아니라 입법기관까지도 구속한다. 여기에서 '법'이란 국회에서 제정된 법률뿐만 아니라 自然法의 원리까지도 포함하고, '국민'이라 함은 本條가 인권의 하나로서 그 유래가 자연인인 개인의 천부불가양의 권리를 전제로 한 것이며, 법인에 대한 불평등은 결국 자연인에 대한 불평등을 가져올 것이므로 법인도 포함시킴이 타당하다.

　　그리고 '平等'이란 것은 絕對的 平等이 아닌 '같은 것은 같게, 같지 않은 것은 같지 않게' 하는 恣意의 금지, 혹은 합리적인 차별을 뜻하는 相對的 平等을 의미한다. 따라서 같은 조 후단에 "성별·종교 또는 사회적 신분에 의하여 정치적·경제적·사회적·문화적 생활의 모든 영역에 있어서 차별을 받지 아니한다"라고 규정하여 법 앞의 평등의 내용을 구체적으로 예시하고 있다. 대학입학시험에 성적이 좋은 순서대로 입학시킨다거나, 부녀자에 대한 근로시간을 단축해 준다거나, 업무상 특별한 주의가 요청되는 자의 범죄행위에 대하여 重刑을 가하거나, 누범자를 중벌한다거나, 다액소득자에 대하여 累進稅를 과하는 것 등은 합리적 차별대우이므로 무방하다 할 것이다.

　4) 특권제도의 금지와 평등권의 구체화　　　헌법 제11조 2항은 "사회적 특수계급의 제도는 인정되지 아니하며, 어떠한 형태로도 이를 창설할 수 없다"라고 하고, 제11조 3항은 "훈장 등의 영전은 이를 받은 자에게만 효력이 있고, 어떠한 특권도 이에 따르지 아니한다"라고 하여 계급제도의 부인과 榮典一代의 원칙을 선언하고 있다. 헌법은 이외에도 평등권에 대하여 개별화하여 평등선거의 원칙(헌법 제41조 1항, 제67조 1항), 敎育의 기회

균등(헌법 제31조 1 항), 혼인과 가족생활에서의 兩性平等(헌법 제36조), 여성 근로자의 차별대우금지(헌법 제32조 4 항), 경제적 복지의 평등(헌법 전문 제 9 장) 등을 규정하고 있다.

4. 자유권적 기본권

(1) 자유권적 기본권의 성질

자유권(Freiheitsrecht)이란 국민의 일정한 범위 안에서 국가의 간섭을 받지 아니할 수 있는 권리이며, 국민의 기본권 가운데 가장 기본적인 것이다. 역사적으로 보면 절대군주권에 항거하여 개인의 자유와 권리를 최초로 획득한 것이 바로 自由權的 基本權이다. 이론적으로 보면 먼저 국가권력으로부터의 자유를 획득함으로써 개인의 가치와 자유독립성이 확인되며, 그것을 전제로 하여 더 고차적인 개인의 권리, 즉 생존권적 기본권이 확보되고 발전될 수 있는 것이다.

이러한 자유권은 인류보편의 원리와 국법의 최고가치로서 超國家的인 自然法的 權利 내지 인간의 권리인 동시에 국가로부터의 자유, 국가권력에 대한 방어적·소극적 권리이며, 헌법에 열거되지 아니한 이유로 경시되지 아니하는(헌법 제37조 1 항) 포괄적인 권리이면서 直接的 效力을 갖는 基本權이라 하겠다.

(2) 신체의 자유

모든 국민은 신체의 자유를 가진다. 누구든지 법률에 의하지 아니하고는 체포·구속·압수·수색 또는 심문을 받지 아니하며, 법률과 적법절차에 의하지 아니하고는 처벌·보안처분 또는 강제노역을 받지 아니한다. 원래 신체의 자유는 모든 자유권 가운데 기초가 되는 것이며, 자유권의 맨 처음에 규정한 것도 이 때문이다.

1) **법률주의와 적법절차**　　신체의 자유를 제한하는 경우에는 형식적 의미의 법률에 의하여 한다. '법률에 의하지 아니하고는'이라는 것은 이를 의미한다. 처벌의 법률주의는 罪刑法定主義(*principle of nulla poena sine lege*)를 의미한다. 또 미국헌법의 적법절차조항이 도입되어서 '적정한 *法律*'

올리버 홈즈(Oliver W. Holmes, 1841-1935)

1841년 3 월 8 일 보스톤에서 태어나 하버드대학에서 공부하고, 매사추세츠 최고법원 판사를 지내고 하버드 로스쿨에서 강의하였다. 1902년에 미국 연방대법원 판사로 임명되어 30여 년간 "위대한 반대자"(the great dissenter)로 활동하였다. 1935년 3 월 8 일 워싱턴에서 서거하였다. 저서로 「보통법」(*Common Law*, 1881), 「사법의견」(*The Judicial Opinions*, 1940) 등이 있다. "법의 생명은 논리에 있는 것이 아니라 경험에 있다"라고 갈파한 그의 생애와 사상에 대하여 많은 연구저서와 논문들이 있고, 미국에서는 '홈즈숭배'(Holmes-Worship)라는 표현까지 나오고 있다.

로스코 파운드(Roscoe Pound, 1870-1964)

1870년 10월 27일 미국 네브라스카주의 링컨시에서 태어났다. 네브라스카대학을 졸업하고 식물학박사 학위를 받았다. 1890년에 하버드 로스쿨을 졸업하고, 1913년에 이 대학 교수가 되었다. 1916년에 학장이 되어 25년간 재직하였다. 학장을 은퇴한 후 중국정부의 법률고문이 되기도 하였다. 만년에 하버드에서 지내다가 1964년 7월 1일 캠브리지에서 사망하였다. 사회학적 법학(sociological jurisprudence)의 주장자로 널리 알려진 그는 유럽법학에도 정통하였고, 「영미법의 정신」(The Spirit ot Common Law, 1921), 「법철학입문」(An Introduction to the Philosophy of Law, 1922), 「법률사관」(Interpretation of Legal History, 1922), 「법철학」(Jurisprudence, 1968) 등 많은 저서를 남겼다.

에 의한 '적정한 節次'의 원칙을 인정하고 있다(헌법 제12조 1 항).

2) 영장제도 체포·구속·압수·수색에는 적법한 절차에 따라 검사의 신청에 의하여 법관이 발부한 영장을 제시하여야 한다. 불법한 체포로부터 개인의 신체의 자유를 보호하기 위한 것이다. 헌법은 事前令狀을 원칙으로 하나 ① 현행범인 경우, ② 장기 3 년 이상의 형에 해당하는 죄를 범하고 도피 또는 증거인멸의 염려가 있는 자의 경우에는 영장 없이 체포·구속·수색·압수하고, 사후에 영장을 받아도 좋다는 예외규정을 두었다(헌법 제12조 3 항).

3) 변호인의 조력 누구든지 체포·구속을 당한 때에는 즉시 辯護人의 조력을 받을 권리를 가지며, 형사피고인이 스스로 변호인을 구할 수 없을 때에는 법률이 정하는 바에 따라 변호인을 붙인다(헌법 제12조 4 항). 또한 拘束適否審査에 있어서도 일정한 경우에는 국선변호사를 선임한다(형법 제214조의 2 6 항).

4) 체포·구속에 대한 통지의무 제 6 공화국헌법은 누구든지 체포·구속의 이유와 변호인의 조력을 받을 권리가 있음을 告知받으며, 또한 가족 등에게 그 이유와 일시·장소가 지체 없이 통지되어야 한다는 조항을 신설하였다(헌법 제12조 5 항).

5) 적부심사청구권 체포·구속을 당한 자는 그 적부의 심사를 법원에 청구할 수 있다(헌법 제12조 6 항). 구속적부심제도는 잘못된 인신구속에 대한 시정을 통하여 불법체포·인신불법구속을 방지하여 신체의 자유를 확보하는 데에 그 목적이 있다.

6) 고문금지 모든 국민은 고문을 받지 아니한다. 자백에 증거로서 가장 유력한 가치를 인정하는 이상 고문을 근절하기 어렵다. 따라서 고문 등의 방법으로 얻은 자백에 대하여 證據能力을 제한하고 또 자백이 유일하게 불리한 증거일 때에는 이를 이유로 처벌하지 못한다(헌법 제12조 7 항).

7) 불리진술거부권 모든 국민은 형사상 자기에게 불리한 진술을 강요당하지 아니한다(헌법 제12조 2 항). 이것을 不利陳述拒否權 또는 默祕權(Verschweigerungsrecht)이라 한다.

8) 형벌불소급의 원칙과 일사부재리의 원칙 모든 국민은 행위시의 법률에 의하여 범죄를 구성하지 아니하는 행위로 사후입법에 의하여 소추

되지 아니한다. 이를 형벌불소급의 원칙(Prinzip der Nichtrückwirkung)이라 한다. 또 동일한 범죄에 거듭하여 처벌되지 아니하는 헌법상의 보장이 있 는데, 이것을 일사부재리의 원칙이라고 한다(헌법 제13조 1항).

　　9) **연좌제의 금지**　　자기행위가 아닌 친족의 행위로 인하여 불이익 한 처우를 받지 아니한다는 규정을 두어 연좌제(Sippenhaft)를 금지하고 있 다(헌법 제13조 3항).

　　10) **무죄추정의 원칙**　　형사피고인은 유죄의 판결이 확정될 때까지 무죄로 추정된다(헌법 제27조 4항).

(3) 사회적 · 경제적 자유

　　1) **거주 · 이전의 자유**　　모든 국민은 居住 · 移轉의 자유를 가지는데 (헌법 제14조), 이는 국내에서의 거주 · 이전의 자유뿐만 아니라 국외로의 거주 · 이전의 자유나 國籍離說의 자유까지도 포함한다. 단 無國籍의 자유까지 보 장하는 것은 아니다.

　　2) **직업의 자유**　　모든 국민은 법률에 의하지 아니하고는 職業選擇 (Berufswahl)의 자유를 제한받지 아니한다(제15조). 이것은 바이마르헌법에서 시작하여 세계각국 헌법에 규정되었으며, 우리 헌법도 제3공화국헌법에서 처음으로 규정하였다. 직업의 자유에는 자기가 종사할 직업을 스스로 선택 할 수 있는 자유와 선택한 직업에 종사하는 자유, 즉 영업의 자유가 포함 되며, 轉職의 자유 및 무직업의 자유도 포함된다.

　　3) **주거의 자유**　　모든 국민은 법률에 의하지 아니하고는 주거의 자 유를 침해받지 아니한다. 주거에 대한 수색이나 압수에는 검사의 요구에 의하여 법관이 발부한 영장을 제시하여야 한다(제16조). 다만 단순한 행정 상의 목적을 위하여 주거에 들어갈 때나 방화 · 위생 등의 이유로 법률에 근거가 있을 때에는 영장 없이 들어갈 수 있다.

　　4) **사생활의 비밀과 자유**　　제6공화국헌법은 모든 국민은 私生活 (Privacy)의 비밀과 자유를 침해받지 아니한다는 규정을 두고 있다(제17조). 이는 첫째로 프라이버시의 비밀을 보장하는 것으로,[4] 이에는 도청 · 비밀녹

---

4) 프라이버시의 자유는 1890년 S. D. Warren과 L. D. Brandeis의 저서 *The Right to Privacy*, 1890에 의해 독립된 권리로 인정되었다.

음·비밀촬영·肖像盜用 등으로 사생활을 본인의 의사에 반하여 파악하는 것과 파악한 사생활의 내용을 공개하는 것을 금지한다는 것이 포함된다. 둘째로 사생활의 자유의 침해란 본인이 私的으로 행하고 싶은 것을 못하게 하는 것으로, 결혼·이혼·불임·장발 등의 자유는 본인이 원하면 사생활의 자유에 해당한다.

5) **통신의 자유**　　모든 국민은 법률에 의하지 아니하고는 通信 (Korrespondenz)의 비밀을 침해받지 아니한다(제18조). 통신이란 서신·전신· 전화·소포, 그 밖의 모든 우편물을 말한다. 통신의 비밀보장이란 첫째는 통신사무에 종사하는 국가기관이 우편물의 내용을 뜯어보지 못한다는 것을 의미하고, 둘째는 관계공무원이 직무상 취득한 사항을 타인에게 누설하지 못한다는 것을 의미한다.

6) **재산권의 보장과 제한**　　모든 국민의 財産權(Eigentum)은 보장된 다. 그 내용과 한계를 법률로 정한다(제23조 1 항). 재산권의 행사는 公共福 利(Gemeinwohl)에 적합하도록 하여야 하며, 공공의 필요에 의한 재산권의 수용·사용 또는 제한 및 그 보상은 법률로써 하되 정당한 보상을 지급하 여야 한다(동조 2 항 및 3 항). 이는 근대 초기의 所有權絶對의 원칙에서 20 세기의 사회국가화의 경향으로 그 원칙이 수정되면서 재산권의 相對化에 따른 것이다.

(4) 정신적 자유

1) **양심(사상)의 자유**　　모든 국민은 양심의 자유(Gewissensfreiheit)를 가진다(제19조). 양심이란 인간의 내심을 포함한 사상의 자유(Gedanken‒ sfreiheit)로서 종교·학문·언론·출판의 자유의 전제가 되며, 양심의 형성 및 이것을 강제당하지 않는 자유와 또 마음 속 의사의 발표를 강제당하지 않 는 자유와 자기의 양심과 사상에 반하는 행위를 강제당하지 않는 자유를 포함한다. 양심의 자유와 관련하여 이른바 '양심적 병역거부'(conscientious objection)가 문제되는데, 우리나라에서는 인정되지 않는다.

2) **종교의 자유**　　모든 국민은 종교의 자유(Religionsfreiheit)를 가진다. 국교는 인정되지 아니하며, 종교와 정치는 분리된다(제20조 1 항 및 2 항). 종 교의 자유는 신앙의 자유, 종교선택의 자유, 무신앙의 자유와 改宗의 자유

를 비롯하여 종교적 고백·행위의 자유, 종교교육·선전의 자유, 종교적 집회·결사의 자유 등을 포함한다. 그러나 公序良俗을 파괴하는 행위, 국민의 기본적 의무를 회피하는 행위, 미신적 치료행위는 종교의 자유에 포함되지 아니한다.[5)]

3) 학문·예술의 자유 　　모든 국민은 학문과 예술의 자유를 가지며, 저작자·발명가·과학기술자·예술가의 권리는 법률로 보호한다(헌법 제22조),[6)] 學問의 자유는 창조적 인간정신의 귀중한 성과로서 문화발전의 선구적 역할을 할 뿐만 아니라, 특수한 전문가로서 새로운 지식을 개척하는 학문활동의 기본조건이자 국가기관으로부터 독립성의 요청이 특히 강한 학문활동의 필요조건이므로 사상·양심의 자유와 별도로 헌법이 규정하고 있는 것이다.

학문의 자유는 연구의 자유, 연구성과의 발표의 자유, 敎授의 자유 및 이를 위한 集會·結社의 자유와 대학의 自治를 포함하며, 예술이란 美의 추구의 자유로서 예술창작의 자유, 예술표현의 자유, 예술적 집회·결사의 자유를 내포하는데, 우리 헌법은 학문·예술의 자유를 실질적으로 보장하기 위하여 저작자·발명가·과학기술자·예술가의 보호를 도모하고 있다(헌법 제22조 2 항).

특히 대학의 자치는 制度保障(Institutionengarantie)의 성격이 강한 데 그 헌법적 근거는 학문의 자유규정, 대학의 自律性의 규정(헌법 제31조 4 항)에서 찾을 수 있다. 대학의 자치에 학생의 자치가 포함되는가에 대하여 견해의 대립이 있으나 일률적으로 말할 수는 없고, 교수회의 지도 아래 과외활동·공동생활의 자치는 인정하여야 할 것이다. 또한 대학의 자치와 경찰권에 대하여는 1 차적으로 대학당국이 처리하고, 그래도 안 되는 경우 경찰권이 2 차적으로 개입되어야 할 것이다. 그러나 그 한계는 시대적·사회적 환경에 따라 일정하지 않으며, 국법질서를 크게 문란하게 하거나 공공복리를 현저하게 해치는 행위까지 대학자치에서 인정되는 것은 아니라 할 것이다

---

5) 자세히는 Chongko Choi, "Staat und Religion in Korea : Zur Grundlegung eines koreanischen Religionsrechts," Freiburg, 1979; 崔鍾庫, 國家와 宗敎, 현대사상사, 1983.

6) 학문의 자유는 독일의 대학의 자유(akademische Freiheit)에서 유래되었고, 1848년 프랑크푸르트헌법에서 학문의 자유를 최초로 규정한 후 1919년 바이마르헌법에서 예술의 자유로 규정하였다.

(헌법 제37조 2항).

(5) 표현의 자유

모든 국민은 언론·출판의 자유와 집회·결사의 자유를 가진다(제22조 1항). 언론·출판은 개인의 명예와 권리 또는 공중도덕을 침해하여서는 아니 되며, 언론·출판이 타인의 명예나 권리를 침해할 때에는 피해자는 이에 대한 피해의 배상을 청구할 수 있다(동조 4항). 표현의 자유는 현대 대중민주정치에서 필수불가결한 정치적 자유로서, 특히 경제적 자유권에 비하여 그 優越的 地位가 보장되는데, 즉 사전검열·허가제의 금지, 명확성의 원리(void for vagueness), 명백하고 현존하는 위험의 원칙(clear and present danger)에 따라 그 제한을 엄격한 요건 아래에서만 인정하고 있다.

1) 언론·출판의 자유　　　　언론·출판의 자유(Pressefreiheit)는 사상표현의 자유를 말하며, 외부적 표현의 자유를 보장하는 것이다. 言論이란 담화·토론·연설·연극·방송·음악·영화 등 口頭를 통한 사상의 발표를 말하고, 出版이란 문서·도서·사진·조각 등 문자 및 象形에 의한 사상의 발표를 말한다. 특히 신문·잡지·방송·텔레비전 등이 주요한 매스컴의 수단으로 등장하고 있는 점에서 언론·출판의 자유에는 알 권리·악세스권 등 정보의 권리와 언론기관의 자유, 특히 보도의 자유(freedom of information)가 포함된다고 할 수 있다. 그리고 언론·출판은 타인의 명예나 권리 또는 공중도덕이나 사회윤리를 침해할 수 없고, 침해한 경우 피해의 배상을 규정한 것은 언론·출판의 사회적 책임과 제3자적 책임 및 한계를 설정하고 있는 것이다.

2) 집회·결사의 자유　　　　언론·출판이 개인적 권리의 성질을 가지는데 비하여 단체적 성질을 가지는 것이 집회·결사의 자유이다. 集會란 일정한 공동목적을 위한 일시적 회합을 말하는데 시위도 움직이는 집회로서 여기에 포함되며, 結社란 일정한 공동목적을 위하여 다수인이 계속적인 단체를 조직하는 것을 말한다. 집회 및 결사의 자유의 제한은 구체적으로 "집회 및 시위에 관한 법률"에 의하여 시행된다.

5. 생존권적 기본권

生存權的 基本權이란 국민이 인간다운 생존을 누리기 위해서 국가의 배려·시책·봉사 등을 요구할 수 있는 적극적인 성질을 가지는 권리이다. 이런 의미의 기본권은 자유권적 기본권과 이율배반적인 성질을 가지며, 생존권의 보장은 불가피적으로 자유권의 제한을 수반하게 된다.

생존권적 기본권의 법적 성격에 관하여 ① 프로그램적 규정으로 보는 견해와 ② 법적 권리로 보는 견해로 나누어지고, 후자는 다시 법률의 규정을 필요로 하는 抽象的 權利說과 직접효력을 인정하는 具體的 權利說로 나누어지는데, 生存權의 실현은 재정적 고려에 의하여 보장되므로 이는 추상적인 권리라고 할 것이다.

다만 국가가 국민의 생존권을 침해하는 경우에는 그 배제를 청구할 수 있으므로 具體的 權利로서의 성격도 갖는다고 하겠다.

(1) 교육을 받을 권리

헌법 제31조는 "모든 국민은 능력에 따라 균등하게 교육을 받을 권리를 가진다"라고 규정하여 교육을 받을 권리를 보장하는 한편, 교육의 의무, 의무교육의 무상, 교육의 자주성과 정치적 중립성, 대학의 자율성, 교육제도의 법률주의를 규정하고 있다. 균등하게 교육을 받을 권리라 함은 헌법 전문에서 명시한 '모든 면에 있어서 기회의 균등'이라는 정신과 같이 국가는 계급·인종·종교·성별 또는 사회적·경제적 신분 등에 의하여 교육을 받을 기회에 차별을 두지 않고 국민을 교육하는 의무를 지며, 국민은 능력에 따라 국가에 대하여 교육을 받을 권리를 가지는 것을 인정하는 것이다. 그리고 초등교육에 관한 의무자는 의무교육을 받아야 할 어린이의 보호자를 말하며, 어린이 자신은 아니라고 할 수 있다.

또 헌법은 외부로부터 독립성을 보장하기 위하여 교육의 專門性을 보장하고, 정규적인 학교교육 외에 사회교육·직업교육 등 평생교육을 위한 국가의 문화책임을 부과하고 있다. 이러한 교육을 받을 권리는 동시에 교육을 받게 할 의무이기도 하다.

(2) 근로의 권리

근로의 권리는 좁은 의미로 해석하면 就業權만을 말하지만, 넓은 의미로 해석하면 근로에 관한 모든 권리를 의미할 것이다. 19세기 후반부터 사회주의사상의 대두와 생존권적 기본권의 요구로 1919년 바이마르헌법에서 최초로 규정되었다.

1) 성   질   근로권에 관해서는 자유권적 기본권이라는 해석과 생존권적 기본권이라는 해석이 있다. 우리 헌법은 이에 관한 일련의 규정 등으로 미루어 보아 근로의 권리가 단순한 19세기적 자유권이 아니고 20세기적 생존권에 속한다고 해석된다.

2) 내   용   모든 국민은 근로의 권리를 가진다고 할 때, 근로능력을 가진 자가 취업하지 못할 때 국가 또는 공공단체에 대하여 근로의 기회의 제공을 요구하고, 그것이 불가능할 때에는 상당한 생활비를 청구할 수 있는 권리를 말한다고 해석할 수는 없다. 우리 헌법에서 근로권이란 생존권적 기본권으로서의 근로권을 그 사상기반으로 하며, 국가는 근로기회의 확보에 필요한 강력한 조치를 해서 완전고용을 기한다는 헌법상의 책임을 지는 것을 말하는 것이다. 헌법 제32조 1항에 "국가는 사회적·경제적 방법으로 근로자의 고용증진과 적정임금의 보장에 노력하여야 하며"라고 한 규정은 이것을 입증하는 것이다.

3) 근로조건기준의 법정   勤勞條件이란 근로계약의 내용을 이루는 여러 가지 조건을 말하며, 보수와 그 지급방법·노동시간·휴식시간·고용기간 및 해고방법 등이 중요한 내용이다. 근로조건을 근로자와 기업주의 자유계약에 방임하면 경제적 약자인 근로자는 대단히 불리한 조건에도 굴복하게 되므로, 이 근로자의 인간다운 생활을 최소한도로 보장해 줄 수 있는 근로조건의 기준을 국가가 법률로 규정하는 것이다. 특히 근로자의 '인간다운 생존'(menschenwürdiges Dasein)을 보장하기 위하여 헌법 제32조 1항에서 국가는 적정임금의 보장에 노력할 것과 최저임금제를 시행할 것을 규정하고 있다. 이를 구체화하기 위하여 勤勞基準法이 제정되어 있다.

4) 여자·연소자의 근로보호   여자의 근로는 특별한 보호를 받으며, 고용·임금 및 근로조건에 있어서 부당한 차별을 받지 아니한다. 年少者

의 근로는 특별한 보호를 받는다(헌법 제32조 4항·5항). 생리적 약자의 혹사를 막기 위해 특별히 강하게 규정된 것이라고 할 수 있다.

(3) 근로자의 단결권·단체교섭권·단체행동권

근로자(Arbeiter)란 사용주에 대하여 근로의 의사와 능력을 가지면서 자기의 생산수단을 가지지 않기 때문에 피용자로서 임금·급료에 의하여 생활하는 자를 말한다. 단결이란 사용주와 대등한 입장에서 조합을 조직하는 것을 말하며, 團體交涉(collective bargain)이란 단체의 대표자가 단체를 배경으로 하여 사용주와 교섭하는 것을 말하며, 團體行動이란 근로자가 근로조건을 유지·개선하기 위하여 단체적으로 파업·태업·시위운동을 함을 말한다. 위의 근로자의 단결권·단체교섭권·단체행동권을 노동 3 권 또는 노동기본권이라고 한다(제33조 1 항).

공무원은 국법상 특별한 지위에 있으므로 법률로 인정된 자에 한하여 노동 3 권이 인정된다(동조 2 항). 그러므로 권리의 성질상 단순한 노무에 종사하는 공무원인 근로자에게는 이와 같은 권리가 인정되는 것이다. 또한 법률이 정하는 주요 방위산업체에 종사하는 근로자는 법률에 의하여 이를 제한하거나 인정하지 아니할 수도 있다(동조 3 항). 노동 3 권을 보장하기 위하여 勞動組合法·勞動爭議調整法 등이 있다.

(4) 인간다운 생활을 위한 권리

역사적 유래는 오래지만 헌법상에 나타난 것은 바이마르헌법 제151조의 '인간다운 생존'(menschenwürdiges Dasein)에서부터 유래한 것이며, 생존권적 기본권의 이념적 기초이기도 하다. 우리 헌법은 제34조에 이러한 권리를 선언하고 있는바, 국가는 이를 위하여 구체적으로 노력하여야 하며, 생활능력이 없는 국민은 법률이 정하는 바에 의하여 국가의 보호를 받도록 규정하고 그 구체적 내용은 법률로 결정되는데, 이에 관한 법률로서 생활보호법이 있다. 제 9 차 개헌시 여자·노인·청소년·신체장애자 등의 보호를 명시했으며, 재해를 예방하고 그 위험으로부터 국민을 보호하기 위하여 노력할 국가의 의무를 규정하였다.

(5) 환 경 권

헌법 제35조는 "모든 국민은 건강하고 쾌적한 환경에서 생활할 권리를 가지며, 국가와 국민은 환경보전을 위하여 노력하여야 한다"라고 규정하고 있다. 이것이 이른바 환경권(environmental right, Recht auf eine menschenwürdige Umwelt)이다. 환경권의 범위에는 자연권환경·인공적 환경·사회적 환경 등이 포함된다. 제 9 차 개헌시 환경권의 내용과 행사에 관해서는 법률로 정하도록 했으며, 모든 국민이 쾌적한 주거생활을 할 수 있도록 노력할 국가의 의무를 규정했다.

(6) 혼인의 순결과 보건을 보호받을 권리

모든 국민은 婚姻의 순결과 보건에 관하여 국가의 보호를 받는다(제36조). 국민의 인간다운 생활을 구체화하기 위하여 그 혼인의 순결과 보건에 관해서도 국가의 보호를 받을 권리를 규정한 것이다. 혼인의 순결이란 남녀평등을 기본으로 하고, 남녀의 자유로운 합의에 의한 일부일처를 원칙으로 한 혼인을 의미하며, 축첩제도·강제결혼·차별적 부부재산제도 등은 인정되지 아니한다. 다만 미성년자의 혼인에 부모의 동의를 요하게 한 것, 近親婚의 제한, 여자에 대한 재혼금지기간을 정한 것들은 합리적 이유가 있기 때문에 위헌이 아니라고 본다. 국가는 모성의 보호를 위하여 노력하여야 한다. 보건에 관해서도 국가의 보호를 받을 수 있는데, 관계법률로는 식품위생법·의료법·환경보전법·전염병예방법 등이 있다.

6. 참 정 권

(1) 의   의

헌법 제24조는 "모든 국민은 법률이 정하는 바에 의하여 選擧權을 가진다"라고 규정하고, 또 제25조는 "모든 국민은 법률이 정하는 바에 의하여 공무담임권을 가진다"라고 규정하고 있고, 그리고 일정한 경우에 國民投票制를 인정하고 있다.

참정권은 민주정치에 있어서 필수불가결한 권리이기 때문에 민주적·정치적 권리이며, 개별적인 국민의 능력적인 公權의 성격을 갖는다. 참정권은 遡及立法에 의하여 제한당하지 아니한다. 4·19혁명과 5·16쿠데타 이후 소급입법에 의하여 국민의 참정권을 제한하던 사례에 비추어 이를 금지하였다(헌법 제13조 2항).

(2) 내   용

1) **공무원선거권**   모든 국민은 20세가 되면 법률이 정하는 바에 의하여 공무원선거권을 가지는데, 이는 개개의 투표권을 가진 국민의 기본권이 아니고 국가기관으로서의 국민이라는 선거인단에 당연히 참여하는 국민의 기본권으로, 우리나라는 대통령과 국회의원, 地方議會議員과 地方自治團體長의 선거권을 인정하고 있다.

2) **공무담임권**   모든 국민은 법률이 정하는 바에 의하여 공무담임권을 가지는데, 이는 개개의 국민이 공무집행권을 가진다는 것이 아니라 국민은 정부라는 국가기관에 참여할 수 있는 기본권을 가진다는 것을 의미하는데, 법률에 의하여 피선거권자의 거주요건·연령요건 등의 제한이 있다.

3) **국민투표권**   우리 헌법은 직접민주주의의 한 형태로 대통령이 회부한 국가안위에 관한 중요 정책과 헌법개정안에 대하여 國民投票權을 인정하고 있다(헌법 제72조, 제130조 2항).

7. 기본권을 보장하기 위한 기본권

평등권·자유권적 기본권·생존권적 기본권 및 정치권을 보장하기 위하여 헌법상 인정된 기본권을 '基本權을 보장하기 위한 기본권'이라 부른다. 이것은 종래에는 受益權이라고 불러 왔던 것으로 모든 기본권을 확보하는 사명을 가지고 있다.

(1) 청 원 권

모든 국민은 법률이 정하는 바에 따라 국가기관에 문서로 청원할 권리를 가진다. 청원이란 국가기관에 대하여 의견이나 희망을 진술할 권리이며,

여기서 국가기관이라 함은 立法·行政·司法은 물론이고 지방자치단체의 기관까지 포함한다.

청원은 반드시 문서로 하여야 하며, 국가는 청원에 대하여 심사하여야 할 의무를 지며, 국가기관은 청원에 대하여 성실·공정·신속히 검사·처리하고, 그 결과를 청원인에게 통지하여야 한다(헌법 제26조 및 청원법 제9조). 청원에 대한 내용과 제한은 請願法에 규정되어 있다.

(2) 사법절차에 있어서의 기본권

1) 법관에 의한 공정한 재판을 받을 권리　　모든 국민은 헌법과 법률이 정한 법관에 의하여 법률에 의한 재판을 받을 권리를 가진다(제27조 1항). 그런데 이와 관련하여 문제되는 것은 ① 陪審裁判인데, 배심원이 재판에 관여하는 정도가 사실의 판단에 그치는 정도는 위헌이 아니다. 한편 사법개혁추진위원회가 사법제도 개혁방안의 하나로 추진하여 2007년 4월 30일 "국민의형사재판참여에관한법률"을 제정하고, 동 법률이 2008년 1월 1일자로 시행됨에 따라 전국법원에서 국민참여재판이 실시되었다.

동법에 따르면 국민참여재판제도는 배심제와 참심제의 요소가 복합된 독특한 제도인바, 배심원은 원칙적으로 법관의 관여 없이 평결하고, 배심원의 평결은 권고적 효력만을 갖게 되어 법원에 대한 법적 구속력이 인정되지 않으나 사실상의 구속력을 지니게 될 것으로 예상된다. 동법의 적용대상이 되는 사건은 강도·강간·살인 등 중죄에 대한 형사사건에 한정되며, 피고인이 원하는 경우에만 당해 제도를 활용할 수 있게 되어 있다. ② 財政犯에 대한 국세청장·세무서장·전매서장·세관장 등의 벌금 또는 과료의 통고처분도 본인이 이에 응하지 않으면 일반범죄와 같은 절차가 시작되므로 헌법위반이 아니다. ③ 行政審判前置主義에 의한 소원, 각종 행정위원회의 사전규정 내지 결정이 비록 준사법적 처분일지라도 헌법과 법률에 의하여 재판을 받을 권리가 보장되어 있으면 위헌이 아니다. ④ 헌법은 되도록 일반국민은 정상적인 법원에서 재판을 받도록 하기 위하여 軍事法院의 관할권이 일반국민에게 미치는 것을 제한하였다.

재판절차는 반드시 법률로써 정하고, 그 내용과 절차에 의해서만 재판을 받을 권리를 말한다. 그러므로 그 내용과 소송절차를 정하는 형사소송법·민법·상법·민사소송법·행정소송법 등의 법률에 위반되는 재판은 국민이 거부할 수 있다.

2) 신속한 공개재판을 받을 권리　　모든 국민은 신속한 재판을 받을 권리를 가진다. 형사피고인은 상당한 이유가 없는 한 지체 없이 공개재판을 받을 권리를 가진다(제27조 3항). 전자는 모든 재판의 피고 또는 소송당사자를 위한 것이고, 후자는 형사피고인의 신체의 자유를 보장하기 위한 기본권이다. 公開裁判이란 공정한 재판을 보장하기 위하여 재판의 심리와 판결을 공개하는 것을 말한다. 그러나 국가의 안전보장 또는 안녕질서를 방해하거나 선량한 풍속을 해할 염려가 있을 때에는 법원의 결정으로 재판의 심리만은 공개하지 아니할 수 있다.

3) 형사보상청구권　　형사피의자 또는 형사피고인으로서 구금되었던 자가 법률이 정하는 불기소처분을 받거나 무죄판결을 받은 경우에는 법률이 정하는 바에 의하여 국가에 보상을 청구할 수 있다(제28항). 이는 신체의 자유에 대한 자유권적 기본권을 보장하기 위한 기본권으로 국가의 무과실손실보상책임을 인정한 것이다. 무죄판결이란 당해 절차에 의한 무죄판결뿐만 아니고 再審·非常上告에 의한 무죄판결도 포함된다. 형사보상의 대상이 될 수 있는 불기소처분으로는 협의의 不起訴處分 중에서 형사보상이 인정되는 무죄·면소 또는 공소기각의 판결의 경우에 준하는 경우가 해당될 수 있을 것이다.

4) 형사피해자의 권리　　제9차 개헌시 신설된 것으로 형사피해자는 법률이 정하는 바에 의하여 당해 사건의 재판절차에서 진술할 수 있다(헌법 제27조 5항). 또 헌법 제30조에서는 타인의 범죄행위로 인하여 생명·신체에 대한 피해를 받은 국민은 법률이 정하는 바에 의하여 국가로부터 구조를 받을 수 있다고 규정하여 국가에 의한 犯罪被害者補償制度를 신설하고 있다. 이는 범죄에 대한 투쟁의무와 형사소추권을 가진 국가는 피해를 보상할 책임이 있고, 국가가 잠정적으로 피해보상을 맡음에 의하여 행위자의 사회복귀에 도움이 된다는 형사정책적 고려를 근거로 하고 있다.

(3) 공무원의 불법행위로 인한 손해배상청구

1) 법적 성질　　근대국가 초기에 있어서는 국가는 책임을 지지 아니

하고, 공무원 자신만이 일반법원에서 개인적 책임을 진다는 것이 지배적 원칙이었다. 그러나 이것은 공무원이 국가기관인데 국가기관원의 행위로 인한 손해를 국가가 책임을 지지 않는다는 것은 정의의 관념에 어긋나며, 국가측의 입장에서 공무원의 공무집행을 보장하려는 생각으로 점차 국가가 책임을 지는 방향으로 변해 갔다.[7)]

　우리나라는 프랑스법체계를 따랐다고 볼 수 있는데, 국가 또는 공공단체에 대하여 손해배상을 청구할 수 있다고 규정하였으나 그 단서에 공무원 자신의 책임은 면제되는 것이 아니라고 하였다. 이것은 단순히 공무원의 국가 또는 공공단체에 대한 내부적 구상책임의 규정이라고만 볼 수 없으므로 피해자는 국가 또는 공공단체에 대해서는 물론 당해 공무원에 대해서도 선택적으로 손해배상을 청구할 수 있다고 보아야 할 것이다.

　2) 성립조건　　　첫째는 公務員의 행위이어야 하고, 둘째는 職務上의 행위로서, 내용은 공권력행위와 비권력적 관리행위와 직무에 관련된 私法行爲도 포함되며, 소극적 부작위도 고의·과실이 있으면 배상책임이 생긴다(제29조 1 항). 셋째는 불법행위로서 공무원의 고의 또는 과실이 있어야 하며, 이것은 헌법 제28조의 형사피고인에 대한 무죄판결 등에 대하여 손실보상청구권을 인정한 경우에서와는 다르다.

　3) 피해자에 따른 특례　　　헌법 제29조 2 항은 군인·군무원·경찰공무원 기타 법률로 정한 자가 전투·훈련 등 직무집행과 관련하여 받은 손해에 대하여는 법률에 정한 배상 이외에 국가 또는 공공단체에 공무원의 직무상 불법행위로 인하여 일어난 배상은 청구할 수 없다고 제한하고 있다. 이 헌법규정을 구체화하는 국가배상법은 향토예비군대원에게도 국가배상청구권을 확장하고 있다.

　위와 같이 국가배상청구권을 제한하는 것은 이들 직종에 종사하는 사람에게 국가보상제도에 따른 보상이 있으면 되고, 따로이 국가배상청구권을 인정할 필요가 없다는 이중배상금지원칙 및 재정상의 이유에서 비롯된 것이다. 하지만 이들 직업에 종사하는 사람이 전사·순직 및 公傷을 입은

---

7) 프랑스에서는 參事院(Conseil d'Etat)의 판례를 통하여 발전되었고, 독일에서는 1919년 바이마르헌법 이래로 서독기본법에서 계승되었고, 미국에서는 1946년 연방불법행위배상청구법에 의해 인정되었다.

경우에 본인 또는 그 유가족이 "국가유공자예우등에관한법률" 등의 규정에 의해서 받는 재해보상금·유족연금 및 상이연금 등은 어디까지나 사회보장적인 성격의 것이고, 국가배상청구권은 일종의 불법행위책임적 성격의 것이기 때문에 國家報償과 國家賠償은 그 성질이 전혀 다른바, 이는 평등권을 침해하는 것으로 위헌의 소지가 있다.[8]

8. 국민의 기본의무

(1) 납세의 의무

모든 국민은 법률이 정하는 대로 납세의 의무를 진다(제38조). 납세의 의무는 국방의 의무와 같이 국민의 고전적인 2 대 의무의 하나로서,[9] 병역이 국방을 위한 신체의 제공인 데 대하여, 납세는 국가경비를 조달하기 위한 재산의 제공이다. 납세의 의무는 모든 국민에게 그 능력에 따라 공평하여야 하며, 행정부의 일방적인 恣意로 세금을 부과하는 것을 금하며, 이에는 반드시 국회가 제정하는 법률에 의하여야 한다는 租稅法律主義의 원칙이 있다.

(2) 국방의 의무

모든 국민은 법률이 정하는 바에 의하여 국방의 의무를 지며, 누구든지 병역의무의 이행으로 인하여 불이익한 처우를 받지 아니한다(제39조 1 항 및 2 항).

국방의 의무는 다음과 같은 두 가지 내용을 가지고 있다. 첫째, 국방의 의무는 국방의 이름 밑에서 국민에게 각종 의무를 부과하는 것을 금하고 반드시 법률로 규정하여야 된다는 法律主義를 채택하고 있는 것이다. 둘째, 국방의 의무란 종전에는 단순한 병역제공의 의무만을 의미하였으나,

---

8) 하지만 헌법재판소는 헌법의 개별 규정이 헌법소원심판의 대상이 될 수 없다 하여 헌법 제29조 2 항의 위헌성에 대한 판단을 유보하였으며, 그와 실질적으로 내용을 같이 하는 국가배상법 제 2 조 1 항 단서는 헌법에 위반되지 않는다고 판시하였다(헌법재판소 1995. 12. 28. 선고, 95헌바 3 결정).

9) 1791년 프랑스헌법에 최초로 납세·병역의 의무가 규정되었고, 20세기에 들어서 생존권에 대응한 의무로서 교육의 의무와 근로의 의무가 추가되었다. 의무와 책임의 사상에 관하여는 최종고, "의무와 책임," 법과 윤리, 경세원, 2000, 55~76면.

현대와 같은 고도로 복잡한 전쟁에 있어서는 병력의 제공만으로는 도저히 국방을 완수할 수 없으므로 이에 필수적으로 따르는 방공·방첩·전시근로 등도 포함된다.

(3) 교육의 의무

모든 국민은 보호하는 어린이에게 초등교육과 법률이 정하는 교육을 받게 할 의무를 진다(제31조 2항). 義務敎育은 무상으로 한다. 납세의 의무와 국방의 의무는 고전적인 국민의 의무에 해당되나, 교육의 의무는 현대 헌법의 생존권적 기본권으로서 교육을 받을 권리를 인정해 줌과 동시에 문화국가를 지향하는 현대국가가 어린이를 보호하는 친권자 또는 후견자에게 초등교육만은 취학케 할 의무를 부과한 것이다.

(4) 근로의 의무

모든 국민은 근로의 의무를 진다. 우리 헌법에서는 근로의무의 내용과 조건을 민주주의원칙에 따라 법률로 정하도록 하였다(제32조 2항). 근로의 의무는 민주주의원칙을 전제로 하고 있으므로 그 내용과 조건이 사회주의국가에서와 같은 강제노동의 의미를 가질 수는 없다.

(5) 환경보전의 의무

국민은 환경보전을 위하여 노력해야 한다(제35조 1항 후단). 따라서 국민은 환경을 오염시키지 아니하고 공해방지시설을 설치할 의무를 지며, 이를 위반한 경우에는 행정적·사법적 제재를 받게 된다.

(6) 재산권행사의 공공복리적합의무

우리 헌법은 재산권의 사회적 의무성을 규정하여 "재산권의 행사는 공공복리에 적합하도록 하여야 한다"라고 하였다(제23조 2항). 따라서 국가는 공공복리를 위하여 법률로써 재산권의 행사를 제한할 수 있다.

V. 통치구조

1. 권력분립의 원리

현대 국민주권국가는 국가권력을 정부에만 허락하지 않고, 정부에 대립되는 국민 자신들의 국가기관을 창설하였다. 이것이 바로 국가기관으로서의 국민이란 지위이다.

따라서 국민주권국가에서는 국가권력을 제1차적으로 양분하여 국가기관으로서의 국민과 정부에 부여하고, 통치권을 받은 정부는 다시 이 권한을 제2차적으로 입법부·행정부·사법부 및 헌법재판소에 부여한다. 그러므로 국민주권국가에서 국가권력은 국가기능기관으로서의 국민·입법부·행정부·사법부·헌법재판소의 5기관에 분장된다고 하겠다.

(1) 삼권분립제도

1) 의 의 　　權力分立(separation of powers, Gewaltenteilung)의 이론은 존 로크와 몽테스키외에 의하여 완성되었다. 몽테스키외의 권력분립론은 국가권력의 합리화를 위한 조직원리가 아니고, 당시의 자유주의사상을 기반으로 시민의 정치적 자유를 보장하기 위한 정치기술적 원리였다.

2) 내 용 　　권력분립론은 적극적으로 국가권력을 구성하는 조직원리가 아니고, 소극적으로 국가권력의 일방적 집중을 방지하고 권력의 남용을 방지하려는 소극적 원리였다. 그것은 입법권·행정권·사법권의 분리를 전제로 하고, 이를 각각 독립기관에 분담시키는 동시에 권력담당기관의 상호견제를 도모하여 권력균형을 그 중대한 수단으로 삼는다. 따라서 권력분립론에 반드시 따르는 '牽制와 均衡의 원칙'(principle of checks and balances)은 인간의 심리를 이용한 교묘한 정치기술인 것이다. 이와 같은 몽테스키외의 권력의 억제와 권력 상호간의 균형의 원칙은 근대 자유주의국가 및 입헌주의국가의 모든 헌법의 기본적 구조원리로서 채택되었다.

3) 현대적 변용 　　이러한 권력분립론은 현대국가에 오면서 많은 공명과 함께 비판도 받았는데, 특히 국민주권사상과 복지국가적 적극국가화,

그리고 정당국가화의 경향에 따라 그 실질적인 기능을 제대로 발휘하지 못하게 되자, 뢰벤슈타인은 국가기능의 분리로서 정책결정·정책집행·정책통제의 분리를 주장하였다.

(2) 정부형태

정부형태란 권력분립의 원리가 권력구조에 어떻게 적용되는가 하는 것을 말한다. 전통적으로 입법부와 행정부의 관계를 중심으로 하여 대통령제·의원내각제·제3의 유형으로 분류하였으나, 오늘날에는 주로 권력통제의 여부에 따라 전제주의적 정부형태와 입헌주의적 정부형태로 분류된다.

1) **대통령제**   대통령제는 1787년 미국 필라델피아의 헌법회의에서 유래한다. 그 제도적 내용은 ① 입법부와 행정부를 서로 독립시켜 국무위원의 국회위원 겸직이 금지되고, 국무위원의 국회출석발언권과 행정부의 법률안제출권이 없으며, 대통령의 法律案拒否權이 인정된다. ② 행정부의 一元性인데, 대통령은 국가원수인 동시에 행정부의 수반이며, 국무회의는 자문기관이다. ③ 兩院制가 대부분이고, 부통령제가 있는 것이 원칙이다.

대통령의 장점은 ① 임기 중 정국의 안정, ② 정책의 계속성 보장, ③ 소수자의 이익보호, ④ 국회의 졸속입법방지 등을 들 수 있고, 단점으로는 ① 대통령 독재의 위험성, ② 국정의 통일적 수행의 방해, ③ 입법부와 행정부의 충돌시 그 해소방법을 찾기 어렵다는 것 등이다.

2) **의원내각제**   내각책임제는 1688년 영국의 명예혁명 후 특수한 상황에서 제도적으로 성립되었다. 그 후 의원내각제로서 프랑스의 제3·4공화국의 정부형태가 이에 속한다. 의원내각제의 제도적 내용은 ① 국가원수의 국정에 대한 超然性, 정부의 二元性, ② 내각의 성립과 존속의 국회의존, ③ 국회의 내각불신임권과 정부의 국회해산권, ④ 閣員의 의원겸직, ⑤ 내각의 의결기관성 등을 들 수가 있다.

그 장점은 ① 민주적 요청에 적합하다는 것, ② 책임정치의 구현, ③ 내각과 국회의 二元一體的 국정수행과, ④ 내각과 국회의 대립이 신속히 해결된다는 점이다. 그러나 단점으로 ① 국회와 내각이 같은 정당에 의해 독점될 경우에 이에 대한 견제장치가 없다는 점이고, ② 다수정당이 난립될 때에는 정국의 불안정이 우려되며, ③ 국회가 정권획득을 위한 정쟁장소로 될 우려가 있다는 점이다.

3) 이원정부제   이원정부제는 1919년 바이마르헌법과 1958년 드골헌법의 정부형태가 여기에 속하며, 그 제도적 내용은 의원내각제의 요소와 대통령제의 요소가 결합되어 있고, 평시에는 내각수상이 행정권을 행사하고 국회에 대하여 책임을 지지만, 위기에 있어서는 대통령이 행정권을 행사한다. 대통령은 의회에서 독립하고, 위기시에는 대통령에게 국정의 영도자적 지위가 부여된다.

이의 장점은 ① 평시에는 의원내각제적으로 운영되므로 국회와 행정부의 마찰을 회피할 수 있고, ② 국가가 위기에 처한 때 대통령의 강력한 통치로 신속·안정된 국정처리를 할 수 있는 점이다. 그러나 단점은 내각과 국회의 대통령에 대한 견제권이 약화되어 독재화될 우려가 있는 점이다.

4) 의회제정부형태   입법부가 모든 권력을 독점하고, 집행부는 입법부에 종속되어 있는 정부형태를 의미하는데, 국회는 단원제가 원칙이고, 국가에 원수를 두지 않는 것이 보통이다. 스위스헌법, 1936년 스탈린헌법 이래 1990년 이전의 소련헌법이 여기에 속한다.

(3) 우리나라의 정부형태

우리나라의 정부형태는 엄격히 말하면 大統領制·議員內閣制·二元政府制의 절충적 형태이지만, 국정이 대통령 중심으로 행해지고 행정부의 수반과 국가원수가 동일인격인 대통령인 점에 비추어 현실적으로는 대통령제라고 하는 것이 좋을 것이다. 즉 국가의 중요 권력을 국가원수로서의 대통령에게 집중시키는 권력집중의 원리와 견제·균형의 원리에 입각한 입법·행정·사법의 3권분립의 원리를 동시에 채택하여 절충하고 있다.

정부형태의 문제는 각국의 정치환경 등 역사적 조건에 의하여, 특히 권력담당자와 국민의 민주적 운용 여부에 따라 그 성패가 좌우되므로 그 제도적 장·단점은 상대적인 의미를 갖는 것이라 하겠다.

2. 국　　회

(1) 국회의 지위

1) 국민대표기관으로서의 국회　　　보통 국회는 국민의 대표기관이라고 한다. 그러나 이것을 헌법상으로 볼 때 대표기관이라는 데에 관해서 네가지 견해가 있다. 첫째는 국민과 국회 간의 대표관계를 법적 위임관계라하고(법적 위임관계설), 둘째는 法定代表關係라 하며(법정대표설), 셋째는 국민과 국회 간에 법적인 대표·대리를 인정하지 않고 정치적 대표관계라 하고(정치적 국민대표설), 넷째는 국민과 국회와의 관계를 헌법대표관계라고 한다(헌법적 국민대표설). 그런데 헌법에서 국민을 대표한다고 할 때, 이 헌법의 규정은 어떻게 해석해야 할 것인가? 헌법의 규정을 솔직히 그대로 받아들이고, 또 실제적으로 관념되어 온 국민대표의 관념과 일치시키는 의미에서우리나라 학자들은 우리 헌법에는 그와 같은 명문규정은 없으나 전체적 헌법질서에서 대표관계가 인정되는 이상 엄연한 헌법상의 국민대표기관이라 설명한다.

2) 입법기관으로서의 국회　　　국회의 가장 본질적이고 역사적인 권한은 입법에 관한 권한이다. 그러나 국회가 입법부라고 하지만 입법권이 국회에 전속되고 다른 기관은 입법에 관여하지 못함을 말하는 것은 아니며, 또 국회가 입법권 이외에 다른 권한을 가지지 않는 것을 말하는 것도 아니다. 국가의 사회적·경제적 기능의 확대에 따른 국가행정의 고도의 기술화로 인하여 실질적인 입법권은 국회로부터 행정부에로 옮아가고 있다고 볼수 있다.

3) 국정감시·비판기관으로서의 국회　　　정당국가화·행정국가화의경향에 따라 국회의 國民代表機關性·立法機關性이 약화되면서 국회의 국정감시·비판기능이 실제 정치운용상 국회의 중대한 기능으로 나타나고 있다. 그것은 국회가 국민의 대표기관으로 민의를 반영시켜 입법 기타 중요한 국가의사구성에 참여하는 동시에, 행정부가 운영하는 데에 있어서 진실한 의미에서 주권자인 국민의 의사에 따른 정치를 하는가를 감시하는 권한을 가지고 있기 때문이다.

(2) 국회의 구성

1) 양원제와 단원제 　　우리나라 헌법은 단원제를 채택하고 있다. 양원제가 좋으냐, 단원제가 좋으냐에 관해서는 여러 가지 의론이 있다. 우리나라 헌법에서도 최초에 단원제를 채택하였다가 제 1 차 헌법개정에 의하여 양원제로 되고, 제 3 공화국 이후부터 다시 단원제로 환원하였다. 군주국이나 연방국가에 있어서의 양원제는 사회구조상 또는 합리적 목적에 그 제도적 가치를 발견할 수 있는데, 기타의 국가에 있어서의 양원제는 이와 같은 절대적인 이유를 발견할 수 없으므로 양원제를 채택하기도 하고, 단원제를 채택하기도 한다.

　　국회의 구성에 있어서 양원제의 장점으로는 ① 권력분립주의의 구현으로서 행정부에 대한 입법부의 지나친 우월을 견제할 수 있고, ② 국회의 심의를 신중히 하여 경솔한 의결과 과오를 방지할 수 있으며, ③ 上院은 국회와 정부 간의 충돌을 완화하는 장소가 될 수 있다는 점을 들 수 있다. 단점으로는 ① 국회기능이 지연되고 막대한 비용을 필요로 하고, ② 국회의 책임소재가 불분명하고 국회를 양원에 분리하므로 행정부에 대한 국회의 지위가 저하된다. 이론적으로 볼 때 양원의 의견이 일치되면 한 쪽은 불필요한 존재이고, 만일 양원의 의견이 불일치되면 국민의사의 정치적 대표에 있어 모순을 의미하게 된다는 점 등을 들 수 있다. 단원제의 장·단점으로는 위에 설명한 양원제의 장점에 표리되는 장·단점을 가졌다.

2) 국회의원의 선거 　　국민주권국가에서는 직접민주정치 국가를 제외하고는 주권자인 국민의 의사를 될 수 있는 대로 반영시켜야 한다는 요청에 의하여 중요한 국가기관을 선거에 의하여 선출한다. 어느 국가기관을 선거에 의하여 결정할 것인가의 문제는 국가에 따라 다르다. 그러나 국회의원, 특히 하원의원만은 선거에 의하여 선출한다는 것은 공통된 현상이다.

　　㈎ 선거와 선거권 　　선거는 다수인의 복수의사에 의하여 국가기관에 취임할 사람을 결정하는 합성행위이다. 따라서 선거는 다수인이 하는 합성적 행위를 말하며, 개개인의 선거인단구성분자의 개개의 투표행위를 말하는 것은 아니다. 개개의 선거인은 선거인단이라는 국가기관에 참가하여 그 부분기관으로서 합성행위의 일부인 투표를 하는 데 불과하다. 선거

권은 국민이 법률의 규정에 의하여 누구든지 선거인단이란 국가기관에 당연히 참가할 수 있는 권리이다. 이것은 선거인단의 부분기관으로서 개개 국민이 직접 투표에 참가하는 권리와는 구별된다,

　　㈕ 선거제도　　　　국회는 국민의 보통·평등·직접·비밀선거에 의하여 선출된 의원으로 구성되며, 국회의원의 임기는 4년이다(제41조 1항 및 제42조). 우리나라의 선거제도는 소선거구제·다수대표제와 비례대표제를 병행하고 있다(제47조 2항).

(3) 국회의 운영

1) 회기 및 집회·개회·폐회·휴회

　　㈎ 회　　기　　　　국회가 활동능력을 가진 기간을 회기라고 한다. 회기는 집회당일부터 시작된다. 회기가 만료되면 국회는 당연히 스스로 폐회된다.

　　㈕ 국회의 회의종류

　　a) 定期會　　　　매년 1회 정기적으로 소집되는 국회를 정기회라 한다. 국회의 정기회는 매년 1회 집회하는데, 정기회의 회기는 100일을 초과할 수 없도록 규정하고 있다(제47조 1항).

　　b) 臨時會　　　　국회의 임시회는 임시 긴급한 필요가 있을 경우에 집회되는 회로서, 대통령 또는 국회의 재적의원 4분의 1이상의 요구에 의하여 집회한다. 임시회는 30일을 초과할 수 없다(동조 1항 및 2항).

　　㈐ 휴회·폐회　　　　국회는 의결로 기간을 정하여 폐회할 수 있다. 휴회란 회기중 일시 국회의 활동을 중지하는 것을 말한다. 국회의 회기는 정기회이건 임시회이건 집회 후 즉시 정하여야 하는데, 폐회는 회기의 종료에 따라 스스로 행한다.

2) 의사절차

　　㈎ 정족수　　　　정족수에는 의사능력에 관한 정족수와 의결능력에 관한 정족수의 두 가지가 있다. 전자는 국회가 의사를 하는 데 필요한 수를 말하고, 후자는 의결을 하는 데 필요한 수를 말한다. 우리나라 헌법은 세계대세에 따라서 국회는 헌법 또는 법률에 특별한 규정이 없는 한 재적의원 과반수의 출석과 출석의원 과반수의 찬성으로 의결한다. 또한 가부동수인

때에는 부결된 것으로 본다(헌법 제49조 및 국회법 제109조).

헌법상 특별정족수를 규정한 예로서는 ① 헌법개정안의 의결(재적의원 3 분의 2 이상의 찬성, 제130조 1 항), ② 국회의원의 제명처분(재적의원 3 분의 2 이상의 찬성, 제64조 3 항), ③ 탄핵소추의결(재적의원 과반수 또는 재적의원 3 분의 2 이상의 찬성(대통령의 경우), 제65조 2 항), ④ 국무총리, 국무위원 해임 건의(재적의원 과반수의 찬성, 제63조 2 항), ⑤ 계엄의 해제요구(재적의원 과반수의 찬성, 제77조 5 항), ⑥ 거부된 법률안의 재의결(재적의원 과반수 출석과 출석의원 3 분의 2 이상의 찬성, 제53조 4 항) 등이 있다.

(ㄴ) 의사공개의 원칙   국회의 의사공개는 국회제도의 본질의 하나로서 요청되는 국사의 공개토론과 국민의 국사비판에 절대로 필요한 것이다. 그러므로 우리 헌법도 국회의 회의는 공개한다는 의사공개의 원칙을 선언하였다(제50조 1 항). 그러나 의사의 공개는 비밀정치의 배제와 국민의 국사비판의 정신에 위반되지 않는 한도 안에서 국가의 안전보장을 위하여 필요하다고 인정될 경우에는 국회의 의결에 의하여 비밀회도 할 수 있다. 비밀회의 의결은 출석의원 과반수의 찬성으로 한다.

(ㄷ) 회기계속의 원칙   회기중에 의결하지 아니한 의안은 다음 회기에 계속하지 아니하는 것을 會期不繼續의 원칙이라 한다. 우리나라에 있어서는 회기불계속의 원칙을 인정하지 않고 국회에 제출된 법률안 기타의 의안은 회기중에 의결되지 못한 이유로 폐기되지 아니한다. 다만 국회의원의 임기가 만료된 때에는 예외로 하고 있다(제51조).

(ㄹ) 일사부재의의 원칙   회기중에 부결된 안건은 그 회기중에 다시 제출하지 못하는 것을 일사부재의의 원칙이라고 한다(국회법 제92조). 이것은 국회의 의사가 일단 확정되었으므로 이것을 再議함은 아무런 실리가 없고, 의사진행에 많은 장애를 가져오기 때문이다. 이 원칙은 소수파의 의사방해를 방지하는 데 효과가 있다.

(4) 국회의 권한

1) 입법에 관한 권한

(ㄱ) 입법권의 개념   헌법 제40조는 "입법권은 국회에 속한다"라고 하여 국회가 입법권을 가진다는 것을 규정하고 있다. 입법권은 의회제

도 하에서 국회가 가지는 가장 본질적이며 전통적인 권한이다. 원래 국가권력을 입법권·행정권·사법권의 셋으로 분류하여 이를 각각 상이한 독립기관에 부여한 것은 국민의 자유와 권리를 보장하려는 자유주의적·입헌주의적 정치상의 기술요청에서 유래한 것이지, 국가권력의 이론적·본질적인 분류가 아니었다. 따라서 입법권·행정권·사법권의 개념 및 3권의 명백한 구별은 어려우며, 국회의 입법권의 개념에 대하여서도 견해가 대립하고 있다.

입법에 관한 권한에 대하여는 실질설과 형식설이 있다.

實質說은 입법이란 실질적 의미의 법률을 제정하는 것이라는 주장이다. 즉 실질적 의미의 법률이란 국민의 권리·의무를 규정하는 법규를 말한다.

形式說은 입법이란 형식적 의미의 법률을 제정하는 것이라는 주장이다. 즉 형식적 의미의 법률은 실질적 의미의 법률에 대응하는 개념으로서, 법률의 내용 여하를 막론하고 다만 법률정립에 있어서 일정한 형식에 따라서 개정되는 법률을 말한다.

그런데 현대국가에 있어서 헌법 밑에 있는 최고헌법기관인 국회의 입법권의 내용은 특히 헌법규정에 위반되지 않는 한 모든 것이 그 대상이 될 수 있다. 그리고 명령은 법률보다 하위법규범이므로 이 하위법규범을 구속하기 위한 법률제정이 포함된다. 헌법 제40조의 입법은 실질적 의미의 법률제정으로 보는 것보다 오히려 법률의 형식으로서 제정되는 형식적 의미의 법률제정을 그 내용으로 하고 있다고 해석하는 것이 타당할 것이다.

국회가 입법권을 가진다는 것은 국회만이 입법에 관한 모든 행위를 배타적으로 할 수 있다는 의미가 아니며, 따라서 입법과정에서는 다소간 행정부의 관여를 인정할 수 있다. 특히 의원내각제의 국가에 있어서는 이러한 경향이 많다는 것을 지적할 수 있다. 우리나라 헌법에서는 대통령의 법률안거부권, 정부의 법률안제출권, 국회출석발언권을 인정함과 동시에 헌법이 인정한 예외로서 대통령의 긴급명령권 등과 위임명령·집행명령을 발할 수 있게 하였는데, 이는 국회의 입법권에 행정부가 관여할 수 있음을 인정한 중요한 경우이다. 기타 법률 이외의 입법에 관한 권한으로는 헌법개정에 관한 권한, 조약체결비준에 관한 동의권이 있다.

㈏ 입법절차

a) 법률안 제출　　　법률안의 제안권은 국회의원과 정부에 있다(제52

조). 미국과는 달라서 변형된 대통령제를 채택하고 있는 우리나라에서는 정부에게도 법률안제출권을 주고 있다. 국회의원이 법률안을 제출하려면 발의의원과 찬성의원을 구분·명기하되(법안실명제) 10인 이상의 찬성을 얻어 찬성자의 連署로 의장에게 제출하여야 하는데, 특히 예산상의 조치가 수반되는 법률안의 경우에는 예산명세서를 함께 제출하여야 한다(국회법 제79조). 정부가 법률안을 제출하려면 국무회의의 심의를 거쳐(제89조 3 호) 국무총리와 관계국무위원의 副署를 받은 후(제82조) 대통령이 文書로 국회의장에게 제출하여야 한다.

　　b) 법률안의 심의　　　법률안이 제출되면 의장이 이를 인쇄하여 의원에게 배부하고 국회에 보고하며, 소관 상임위원회에 회부한다(국회법 제81조). 위원회의 심사가 끝난 법률안은 본회의에 회부된다. 법률안의 의결은 보통 의결정족수, 즉 재적의원 과반수의 출석과 출석의원 과반수의 찬성으로 의결한다.

　㈐ 법률의 성립

　　a) 대통령의 서명·공포　　　국회에서 의결된 법률안이 정부에 이송되면 대통령은 국무회의의 심의를 거쳐 이에 서명함으로써 법률로 성립되며, 대통령은 15일 이내에 이를 공포하여야 한다(제53조 1 항). 대통령의 서명은 법률의 성립요건이고, 공포는 법률의 효력발생요건이다. 대통령은 확정된 법률을 지체 없이 공포해야 할 헌법상의 의무를 지고 있으나, 이를 이행하지 않을 경우에는 국회의장이 법률을 공포한다(동조 6 항).

　　b) 법률의 효력발생시기　　　법률 자체에 시행일자에 관한 특별한 규정이 없을 경우에는 공포한 날로부터 20일이 경과함으로써 효력이 발생한다고 헌법은 규정하고 있다(동조 7 항).

　　c) 대통령의 법률안거부권　　　대통령의 법률안거부권이란 국회에서 의결되어 정부에 이송해 온 법률안에 대하여 대통령이 이의가 있을 때 이것을 국회의 재의에 붙이는 대통령의 권한이다. 이와 같이 대통령이 법률안을 거부함에는 두 가지 경우로 나눌 수 있다. 첫째는 還付拒否(direct veto)로 대통령이 국회에서 의결된 법률안에 대하여 이의가 있을 때에 국무회의의 심의를 거쳐 15일 이내에 이의서를 붙여 국회로 환부하고, 그 재의를 요구하는 경우를 말한다. 환부거부에 있어서 대통령이 일부거부 또는 수정거

부를 할 수 있느냐에 대해서 현행헌법은 제53조 3항에서 대통령은 법률안의 일부에 대하여 또는 법률안을 수정하여 재의를 요구할 수 없다고 규정하고 있다. 둘째는 保留拒否(pocket veto)로 이송되어 온 후 15일 이내에 법률안을 의결한 의원의 임기가 끝나서 폐회되었을 경우에는 국회에 환부하여도 당해 의원의 임기가 완전히 종료하였으므로 환부할 수 없는 경우를 말한다. 이러한 경우에는 그 법률안은 폐기된다. 우리나라는 會期繼續의 원칙을 취하고, 국회가 폐회중인 때도 환부하여야 한다고 하며 保留拒否는 인정하지 않고 있다.

(라) 입법권의 한계   국회에 立法裁量權을 부여했다 하여도 이는 무조건적인 것이 아니라, 이는 일반적·구체적 법률의 제정으로서 헌법에 위반되거나 헌법개정의 내재적 한계를 벗어난 입법은 할 수가 없다.

2) 재정에 관한 권한

(가) 조세법률주의   조세의 종목과 세율을 법률로써 정한다(제59조). 조세란 국가 또는 공공단체가 그 경비에 충당하기 위하여 국민으로부터 무상으로 강제적으로 징수하는 재화를 말하며, 반드시 조세라는 형식의 명칭은 사용하지 않아도 이에 속한다. 조세에 대해서는 매년 국회의 의결을 요하는 一年稅主義도 있으나, 우리나라 헌법은 일단 국회의 의결이 있으면 이를 변경할 경우를 제외하고는 다시 국회에 부의하지 않고 부과·징수할 수 있는 永久稅主義를 채택하고 있다.

(나) 예산심의확정권   국회는 국가의 예산을 심의·확정하는바(제54조 1항), 이러한 권한은 국회의 재정기능 중에서도 가장 핵심적인 기능으로서 국가생활에 미치는 영향이 매우 크다.

a) 예산의 개념   예산이란 한 회계연도에 있어서 국가의 세입·세출의 예산준칙을 내용으로 하고, 국회의 의결에 의하여 성립하는 국법형식이다. 예산은 국가기관만을 구속하며, 법률과 같이 일반국민을 구속하는 것은 아니다.

b) 예산의 심의

aa) 예산안의 제출   예산은 정부가 매 회계연도마다 편성하여 매년 개시 90일 전까지 국회에 제출해야 한다(제54조 2항 전단). 예산안의 제출권은 정부에만 있고 국회에는 없다. 이 예산은 국가의 총수입과 총지출을 계산하고, 이것을 통합하여 단일예산으로 편성해야 한다. 즉 總計單一豫算主義이다.

bb) 예산안의 심의 및 수정 정부가 제출한 예산안은 국회의 의결로 성립된다. 이 의결은 회계연도 개시 30일 전까지 하여야 한다(제54조 2항 후단). 국회는 정부안에 대한 폐지·삭감(소극적 수정)은 할 수 있으나, 원안의 증액·수정 또는 신항목설치(적극적 수정)는 정부의 동의 없이는 할 수 없다(제57조).

cc) 준 예 산 예산은 정부가 회계연도 개시 90일 전까지 국회에 제출하는데, 국회가 회계연도가 개시되기 30일 전까지 이것을 의결하지 못한 때에는 정부는 국회에서 예산이 의결될 때까지 공무원의 보수와 사무처리에 필요한 기본경비, 헌법 및 법률에 의하여 설치된 기관 또는 시설의 유지비와 법률상 지출의 의무 있는 경비와 이미 예산상 승인된 계속비에 대해서는 전년도 예산에 준하여 세입의 범위 안에서 지출할 수 있다(제54조 3항).

dd) 계속비의 의결 헌법은 매년 예산안을 편성하여 국회에 제출해야 한다는 예산 1년주의의 원칙을 채택하고 있다(제54조 2항). 그러나 정부는 특별히 한 회계연도를 넘어 계속하여 지출할 필요가 있을 때에는 연한을 정하여 계속비로서 국회의 의결을 얻어야 한다(제54조 1항). 다만 그 기간이 5년을 넘을 수 없다(국가재정법 제23조 2항).

ee) 추가경정예산안 예산이 성립한 뒤에 생긴 사유로 인하여 예산에 변경을 가할 필요가 있을 때에는 정부가 추가경정예산안을 편성하여 국회에 제출할 수 있다(제56조).

c) 예산의 효력 예산은 1 회계연도에 한하여 효력을 가진다. 예산은 법률과 달라서 일반국민은 구속하지 않고 국가기관만 구속한다.

d) 기채동의권 예산 외에 국가부담이 될 계약체결에 대한 동의권, 예비비의 설치에 대한 의결권과 그 지출에 대한 승인권, 결산심사권, 국가 또는 국민에게 재정적 부담을 지우는 조약체결·비준에 대한 동의권 등은 국회의 기타 재정에 관한 권한에 속한다(제60조 1항).

3) 일반국정에 관한 권한

㈎ 국무총리·국무위원해임건의권 국회는 국무총리 또는 국무위

원의 해임을 대통령에게 건의할 수 있다. 대통령의 국회해산권폐지와 균형을 맞추기 위한 것이다. 해임건의는 국회재적의원 3분의 1이상의 발의에 의하여 국회재적의원 과반수의 찬성이 있어야 한다(제63조).

　　(ㄴ) 탄핵소추권　　헌법 제65조에 의하면 국회는 대통령을 비롯한 고급공무원이 그 직무집행에 있어서 헌법이나 법률을 위배한 때 탄핵소추를 할 수 있다고 규정하고 있다.

　　a) 탄핵대상자　　헌법은 탄핵대상자로서 대통령·국무총리·국무위원·행정각부의 장·헌법재판소 재판관·법관·중앙선거관리위원회 위원·감사원장·감사위원 기타 법률이 정한 공무원으로 규정하고 있다. 우리 헌정사상 최초로 대통령에 대한 헌법재판소의 탄핵심판이 인용된 바 있다(헌법재판소 2017.3.10. 선고, 2016헌나1 결정).

　　b) 탄핵사유　　탄핵대상자가 그 직무집행에 있어서 헌법이나 법률을 위배한 경우를 탄핵사유로 하고 있다. 직무에 관계없는 행위, 취임 전·퇴임 후 행위 등은 탄핵사유가 되지 않는다.

　　c) 탄핵절차　　탄핵소추는 국회가 하고, 탄핵심판은 별도로 구성되어 있는 헌법재판소가 담당한다. 국회의 탄핵소추의 발의는 국회재적의원 3분의 1이상의 찬성이 있어야 하고, 그 의결은 재적의원 과반수의 찬성이 있어야 한다. 다만 대통령에 대한 탄핵소추는 국회재적의원 과반수의 발의와 재적의원 3분의 2이상의 찬성이 있어야 한다. 탄핵심판은 헌법재판소가 관장한다.

　　d) 탄핵심판의 효과　　탄핵소추의 의결이 국회에서 성립하면 의결을 받은 자는 탄핵심판이 있을 때까지 일단 그 권한행사가 정지된다. 그리고 탄핵심판의 효과는 공직으로부터 파면에 그친다. 그러나 탄핵심판에 의하여 파면된 자는 민·형사의 책임이 면제되는 것이 아니고, 일반 재판기관에서 심판을 받는 것은 별개의 문제이다.

　　(ㄷ) 기타 일반국정에 관한 권한　　국회출석요구권 및 질문권, 선전포고, 국군외국파견, 외국군 국내주둔에 대한 동의권, 一般赦免에 대한 동의권, 대법원장임명에 대한 동의권, 긴급명령권 등에 대한 승인권, 계엄해제요구권, 중앙선거관리위원회 위원의 일부선출권 등이 있다.

　　4) 국정조사·감사권　　制憲憲法과 제3공화국헌법은 국정감사권을

규정하였으나 제 4 공화국헌법은 이를 삭제하였다. 제 5 공화국헌법 제97조는 "국회는 특정한 國政事案에 관하여 조사할 수 있다"라고 하여 국정조사권만을 규정하고 있었다. 제 6 공화국헌법은 "① 국회는 국정을 감사하거나 특정한 國政事案에 대하여 조사할 수 있으며, 이에 필요한 서류의 제출 또는 증인의 출석과 증언이나 의결의 진술을 요구할 수 있다. ② 국정감사 및 조사에 관한 절차 기타 필요한 사항은 법률로 정한다"라고 규정하여 國政監査權을 부활하고 있다(헌법 제61조).

   5) 국회내부사항에 대한 자율적 권한   의사규칙제정권, 의사진행에 관한 자율권, 내부경찰권, 國會家宅權, 내부조직권, 의원신분에 관한 권한 등을 국회는 가진다.

(5) 국회의원의 지위

   1) 의원의 헌법상의 지위   우리 헌법에는 국회의원의 지위에 대하여 바이마르헌법과 같이 의원은 전국민의 대표자라는 표현은 없다. 그러나 우리 헌법에서는 의원이 누구에게도 구속당하지 않고 표결을 자유로이 할 수 있다는 제45조의 규정과 국회의원도 공무원의 한 사람으로서 국민 전체에 대한 봉사자라는 제 7 조의 규정은 의원이 국민 전체의 대표자라는 헌법 전체구조상의 원리를 뒷받침하기도 한다. 그러므로 국회가 헌법상 국민의 대표기관인 것과 같이 국회의원도 헌법상 국민의 대표기관이다.

   2) 의원자격의 발생과 소멸   직선이건 비례대표제에 의하건 당선되면 헌법과 법률이 정한 임기개시와 동시에 의원자격이 발생한다. 의원자격의 소멸은 임기만료·사직·퇴직·제명·자격심사 등의 다섯 가지 사유가 있다.

   3) 의원의 임기   국회의원의 임기는 4 년이다.

   4) 의원의 임무   첫째, 국회의원은 넓은 의미의 국가공무원에 속한다. 따라서 국회의원이 가진 권한은 공무원으로서 국민의 권리를 위해 행동하여야 할 의무를 당연히 진다. 둘째, 국회의원은 청렴의 의무가 있다. 이 청렴의 의무를 보장하기 위하여 국회의원은 국가이익을 우선하여 양심에 따라 직무를 행하며, 그 지위를 남용하여 국가·공공단체 또는 기업체와의 계약이나 그 처분에 의하여 재산상의 권리·이익 또는 직위를 취득하거나 타인을 위하여 그 취득을 알선할 수 없다. 셋째, 국회의원은 법률이 정

하는 직을 겸할 수 없다.

5) 의원의 특권

(가) 발언·표결의 자유　　국회의원은 국회에서 직무상 행한 발언과 표결에 관하여 국회 밖에서 책임을 지지 아니한다. 이것을 의원의 발언·표결의 면책특권이라 한다(제45조).

(나) 불체포특권　　국회의원은 현행범인인 경우를 제외하고는 회기 중 국회의 동의 없이 체포 또는 구금되지 아니한다. 국회의원이 회기 전에 체포·구금된 때에는 현행범인이 아닌 한 국회의 요구가 있으면 회기중 석방된다. 이것을 의원의 불체포특권이라 한다(제44조 1 항).

3. 행 정 부

(1) 대 통 령

1) 대통령의 지위

(가) 국가원수로서의 지위　　헌법 제66조 1 항은 "대통령은 국가의 원수이며, 외국에 대하여 국가를 대표한다"라고 규정하고 있다. 대통령이 국가원수로서 헌법상 갖는 지위는 ① 외국에 대하여 국가를 대표한다. ② 국내외에서 국민을 대표한다. ③ 국가와 헌법의 수호자이다(헌법 제66조 2 항). ④ 평화적 통일의 책임자이다(헌법 제66조 3 항). ⑤ 국정조정자로서의 지위이다. 대외적으로 국가를 대표하고, 대내적으로는 국가기관의 기능을 중립적 입장에서 조정한다.

(나) 행정부수반으로서의 지위

a) 행정권의 실질적 수반　　우리 헌법이 행정권은 대통령을 수반으로 하는 정부에 있다고 규정하고 있는 것은 결국 대통령이 행정권의 실질적 수반이라는 뜻이다. 행정권의 수반이라는 것은 행정권을 가진 정부의 최고책임자이며, 고유한 행정권행사는 물론이고 모든 행정기관을 지휘·감독하는 지위에 있는 자라는 뜻이다.

b) 헌법상 정부기관의 조직권자　　대통령은 국무총리·국무위원·행정각부의 장을 임명하여 중앙행정기관을 조직한다. 또 감사원장·감사위원을 임명하여 감사원을 조직한다.

c) 국무회의의 의장　　　우리 헌법은 미국식 대통령제와는 다르게 헌법상 심의기관으로서의 국무회의를 두었다. 대통령은 이와 같은 국무회의의 의장이 된다.

d) 입법부·사법부의 수반과 병립적 지위　　　수반으로서의 대통령은 입법권·사법권을 장악하고 있는 입법부·사법부의 수반과 병립적 지위에 있다.

e) 특권과 겸직금지　　　대통령은 내란 또는 외환의 죄를 범한 경우를 제외하고는 재직중 형사상의 소추를 받지 아니한다. 그러나 직무수행에 있어서 헌법과 법률에 위배된 행위를 하면 탄핵소추의 대상이 된다. 그리고 대통령은 국무총리·국무위원·행정각부의 장 기타 법률이 정하는 公私의 직을 겸할 수 없다.

2) 대통령의 선거

㈎ 선거기관　　　대통령은 국민의 직접선거에 의하여 선출된다. 이는 국민의 정부선택권을 보장하기 위한 것이다(제67조 1항).

㈏ 피선자격　　　대통령으로 선거될 수 있는 자는 국회의원의 피선거자격이 있고, 선거일 현재 40세에 달하여야 한다(제67조 4항).

㈐ 선거절차

a) 입 후 보　　　대통령선거에 입후보하려면 정당의 추천을 받거나, 선거권자 3,500인 이상 6,000인 이하의 추천을 받아야 한다(공직선거법 제47조 및 제48조 2항 1호). 헌법은 입후보에 특별한 조건을 붙이지 아니하였다. 입후보를 용이하게 하여 자유경쟁을 노린 것이다.

b) 선　　거　　　대통령선거권자의 투표 중 최고득표자를 당선자로 한다. 최고득표자가 2인 이상인 때에는 국회의 재적의원 과반수가 출석한 공개회의에서 다수표를 얻은 자를 당선자로 한다. 대통령후보가 1인일 때에는 그 득표수가 선거권자 총수의 3분의 1 이상이 아니면 대통령으로 당선될 수 없다(제67조 2항 및 3항).

c) 선거기일　　　임기만료 70일 내지 40일 전에 후임자를 선거한다.

d) 보궐선거제도의 폐지　　　현행헌법에는 보궐선거제도가 없다. 따라서 대통령이 궐위된 때 또는 대통령당선자가 사망하거나 판결 기타의 사유로 그 자격을 상실한 때에는 60일 이내에 후임자를 선거하고, 임기는 그

때부터 5 년이 시작된다.

㈑ 대통령의 임기　　　대통령의 임기는 5 년이며 중임할 수 없다(제70조). 즉 5 년 단임제이다. 이는 우리 헌정사에 있어서 오점인 장기집권을 근본적으로 방지하기 위하여 연임은 물론 중임까지 금하여 평생 두 번 다시 못하게 한 것이다. 하지만 최근 민주화의 진척, 직무수행의 연속성, 국정수행에 대한 평가, 민주적 정당성 등의 차원에서 중임을 허용해야 하는 것인지에 대해 논의가 이뤄지고 있다. 그리고 임기연장 또는 중임변경을 위한 헌법개정은 그 헌법개정안 당시의 대통령에 대해서는 효력이 없음을 명문으로 규정하였다(제128조 2 항).

㈐ 권한대행　　　대통령이 궐위되거나 사고로 인하여 직무를 수행할 수 없을 때에는 1 차적으로 국무총리가 그 권한을 대행하고, 2 차적으로는 법률이 정한 국무위원의 순서로 그 권한을 대행한다(제71조).

3) 대통령의 권한　　　대통령의 권한은 ① 국가원수·행정권의 수반으로서 행정에 관한 권한, ② 입법에 관한 권한, ③ 사법에 관한 권한으로 분류할 수 있다.

㈎ 행정에 관한 권한

a) 행정의 최고결정권　　　대통령은 행정권의 주체인 정부의 수반으로서 행정의 최고결정권을 가지고 있다. 행정은 대통령의 책임 아래 수행된다. 따라서 대통령은 하부행정기관에 대한 지휘·감독권을 가진다.

b) 법률집행권　　　대통령은 국회가 의결한 법률에 대하여 서명·공포할 뿐만 아니라, 행정권의 수반으로서 집행하는 권한을 당연히 가진다.

c) 외 교 권　　　대통령은 외국에 대하여 국가를 대표하는 국가원수로서의 지위를 가지고 있다. 그리하여 대통령은 조약을 체결·비준하고, 외교사절을 신임·접수 또는 파견하며, 선전포고와 강화를 하는 권한을 가지고 있는데, 국무회의의 심의를 거쳐야 한다.

d) 군통수권　　　대통령은 헌법과 더불어 법률이 정하는 바에 의하여 국군을 통수한다. 이것은 대통령의 국군통수권을 규정한 것인데, 이것은 국가의 원수로서의 지위에서 오는 권한이며, 국군최고사령관으로서 국군을 지휘·통솔하는 것을 말한다. 우리나라는 통수권독립의 원칙을 배척하고, 軍令의 독립을 허용하지 않는다.

e) 긴급명령권, 긴급재정·경제처분명령권　　　헌법 제76조는 "대통령은 내우·외환·천재·지변 또는 중대한 재정·경제상의 위기에 있어서 국가의 안전보장 또는 공공의 안녕질서를 유지하기 위하여 긴급한 조치가 필요하고, 국회의 집회를 기다릴 여유가 없을 때에 한하여 최소한으로 필요한 재정·경제상의 처분을 하거나 이에 관하여 법률의 효력을 가지는 명령을 발할 수 있다"(동조 1항). "대통령은 국가의 안위에 관계되는 중대한 교전상태에 있어서 국가를 보위하기 위하여 긴급한 조치가 필요하고, 국회의 집회가 불가능한 때에 한하여 법률의 효력을 가지는 명령을 발할 수 있다"(동조 2항)라고 규정하고 있다. 이 긴급명령권과 긴급재정·경제명령권·처분권제도는 제1공화국헌법과 제3공화국헌법에 규정되어 있었던 것을 제5공화국헌법의 비상조치권을 폐지하고, 제6공화국헌법에서 부활한 것이다. 이 긴급명령은 국회의 승인을 얻은 경우에는 법률의 효력을 가지기 때문에 국회입법권에 대한 침해가 될 수 있고, 국민의 기본권을 제한할 수 있는 점에서 국가긴급권의 하나이다. 긴급재정·경제명령권이나 처분권도 국회의 집회를 기다릴 여유가 없는 경우에 한하여 인정되는 국가긴급권이다. 그러나 이 국가긴급권은 제4공화국의 긴급조치권이나 제5공화국의 비상조치권이 헌법을 정지하는 권한까지 있었던 데 비하여, 법률대체적인 효력을 가지는 데 불과하므로 훨씬 약화되었다고 하겠다.

f) 계엄선포권　　　대통령은 전시·사변 또는 이에 준하는 국가비상사태에 있어서 병력으로 군사상의 필요 또는 공공의 안녕질서를 유지할 필요가 있을 때에는 계엄을 선포할 수 있다. 대통령은 계엄을 선포한 때에는 지체없이 국회에 통고하여야 하며, 국회가 계엄의 해제를 요구한 때에는 해체하여야 한다.

g) 공무원임명권　　　대통령은 헌법과 법률이 정하는 바에 의하여 공무원을 임명한다.

h) 영전수여권　　　대통령은 법률이 정하는 바에 의하여 훈장 기타의 영전을 수여한다. 대통령의 영전수여권은 국가원수로서의 지위에서부터 가지는 권한이다.

i) 정당해산제소권　　　대통령은 정부를 대표하여 그 정당이 그 목적이나 활동에 있어서 민주적 기본질서에 위배되거나 국가의 존립에 위해가

된다고 생각되는 경우에는 헌법재판소에 그 정당의 해산을 제소할 수 있다.

j) 재정에 관한 권한   정부는 국가운영에 필요한 예산을 편성하여 이를 국회에 제출하고, 그 의결을 거쳐 집행한다. 그 외에 계속비·예비비·추가경정예산안·기채 및 예산의 국가부담계약 등에 관해서도 정부가 발안하여 국회의 동의를 얻어서 집행하게 된다.

㈏ 입법에 관한 권한

a) 법률안제출권   우리나라는 정부에 대하여 법률안제출권을 인정하고 있다. 이것은 정부의 수반으로서의 대통령이 가지는 권한이라 할 수 있다.

b) 법률공포권   대통령은 국회에서 의결된 법률안을 이송된 날로부터 15일 이내에 공포하여야 한다. 그런데 대통령은 그 법률안에 이의가 있으면 국회에 환부할 수 있으나, 국회에서 재의결하면 법률로서 확정된다. 또 15일 이내에 재의를 요구하지 않을 경우에도 법률안은 법률로서 확정된다. 만일 확정된 법률안을 대통령이 5일 이내에 공포하지 않으면 대통령의 법률공포권에 대한 예외로서 국회의장이 그 법률을 공포한다.

c) 법률안거부권   대통령은 법률안에 이의가 있을 때에는 법률안이 정부에 이송된 후 15일 이내에 異議書를 붙여 국회로 환부하여 그 재의를 요구할 수 있다.

d) 헌법개정에 관한 권한   대통령은 헌법개정의 제안권을 가지며, 제안된 헌법개정안을 20일 이상 공고하여야 한다. 헌법개정이 국민투표로 확정되면, 대통령은 즉시 이를 공포하여야 한다.

e) 임시국회집회요구권   대통령은 기간과 집회요구의 이유를 명시하여 임시국회의 집회를 요구할 수 있다. 대통령의 요구가 있으면 국회의장은 임시국회의 집회를 공고하여야 한다.

f) 명령제정권   대통령은 법률에서 구체적으로 범위를 정하여 위임받은 사항과 법률을 집행하기 위하여 필요한 사항에 관하여 대통령령을 발할 수 있다. 이것이 대통령령의 발포권인데, 전자의 대통령령을 위임명령이라 하고 후자의 대통령령을 집행명령이라 한다. 이는 국무회의의 심의를 거쳐서 대통령이 발한다.

g) 국회에 대한 의견발표권   대통령은 국회에 출석하여 발언하거

나 서한으로 의견표시할 수 있다. 이것이 대통령의 국회에 대한 의견발표권이다.

(2) 행 정 부

1) 국무회의의 지위　　국무회의는 정부의 권한에 속하는 중요한 정책을 심의하는 헌법상의 기관이다(제88조 1항). 우리 헌법상의 국무회의는 의결기관도 자문기관도 아닌 심의기관이므로 의원내각제의 내각과 다르며, 또 대통령제의 내각과도 다르다. 이러한 국무회의의 지위는 다음과 같이 설명될 수 있다.

　　(가) 행정부의 최고심의기관　　국무회의는 정부의 중요한 정책을 심의하는 기관이므로 행정권을 담당하고 있는 정부의 최고심의기관이다. 따라서 정부의 권한에 속하는 중요한 정책은 반드시 이 심의기관의 심의를 거쳐야만 수립될 수 있고, 이에 따라 행정권의 행사도 가능하다. 이러한 국무회의가 심의할 수 있는 사항은 헌법 제89조에서 17개 항목에 걸쳐 구체적으로 규정하고 있다.

　　(나) 헌법상의 필수기관　　국무회의는 헌법상 필수적으로 요구되는 국가기관이며, 정부의 중요 정책에 대한 심의기관이다. 이것이 헌법상의 기관인 점에서 미국의 내각과 커다란 차이점이 있다. 미국의 내각은 헌법이 요구하는 국가기관이 아니라, 대통령이 필요에 따라 임의적으로 소집하게 되는 자문기관에 지나지 않는다.

　　(다) 정부의 중요 정책심의기관　　정부에 속하는 권한에는 헌법상 대통령에게 속하는 권한과 기타 정부에 속하는 권한을 포함한다.

2) 국무회의의 구성　　국무회의는 대통령 및 국무총리와 15인 이상 30인 이하의 국무위원으로 구성한다. 대통령은 국무회의의 의장이 되고, 국무총리는 대통령을 보좌하며, 국무회의의 부의장이 된다(제88조 2항 및 3항).

3) 국무총리·국무위원

　　(가) 국무총리의 지위와 권한　　국무총리는 대통령에 의하여 국회의 동의를 얻어 임명되며, 국무회의구성원으로서의 지위와 행정기관으로서의 지위를 가진다(제86조 1항).

　　a) 국무위원임면에 관한 권한　　국무총리는 대통령의 국무위원 임

명에 대한 제청권을 가지며, 또 국무위원의 해임을 대통령에게 건의할 수
있는 권한도 가진다(제94조 및 제87조 3 항).

　　　b) 대통령권한대행권　　　국무총리는 대통령이 궐위되거나 사고로
인하여 직무를 수행할 수 없을 때에는 제 1 차적으로 그 권한을 대행한다.

　　　c) 그 외 국무회의에서의 심의권·부서권·국회출석발언권·행정각부
통할권·총리령을 발하는 권한 등도 국무총리의 권한에 속한다.

　　　(나) 국무위원의 지위와 권한

　　　a) 국무위원의 임면　　　국무위원은 국무총리의 재청에 의하여 대통
령이 임명하며, 대통령에 의하여 언제든지 해임되는 지위에 있다. 다만 국
무총리는 국무위원의 해임을 대통령에게 건의할 수 있으나, 그 건의는 법적
구속력을 갖는 것이 아니다.

　　　b) 권　　한　　　국무위원은 국무회의에서의 심의권, 대통령의 권한
대행권, 부서권, 국회출석발언권 등을 가진다.

　　　c) 국무총리와 국무위원의 책임　　　국무총리와 국무위원은 국회나
위원회의 요구가 있을 때에는 출석하여 답변하고, 대통령의 국법상의 행위
를 위한 문서에 부서하여야 한다. 국회는 국무총리 또는 국무위원의 해임을
대통령에게 건의할 수 있다.

　4) 대통령의 자문기관　　　국가안전보장에 관련되는 대외정책·군사
정책과 국내정책의 수립에 관하여 대통령의 자문에 응하기 위하여 국가안전
보장회의를 두고 있다. 또한 국정의 중요한 사항에 관해서 대통령의 자문에
응하기 위하여 국가원로로 구성되는 국가원로자문회의를 둘 수 있고, 평화통
일정책수립의 자문을 위한 민주평화통일정책자문회의와 국민경제의 발전을
위한 중요 정책의 수립에 관하여 대통령의 자문에 응하기 위해서는 국민경제
자문회의를 둘 수도 있다.

(3) 행정각부

　1) 성　　질　　　대통령은 행정권을 담당하는 최고기관이며, 대통령의
통할 아래 행정각부를 둔다. 행정각부는 대통령에 속하는 행정권을 그 하
부기관으로서 헌법과 법률이 정하는 바에 의하여 집행하는 기관이다.

　2) 행정각부장관의 지위　　　행정각부의 장은 국무위원이어야 하며,

국무총리의 제청으로 대통령이 임명한다. 국무위원이 아닌 자는 행정각부의 장이 될 수 없다(제94조). 그러나 행정각부의 장이 아닌 자라도 국무위원은 될 수 있다. 행정각부의 장이 아닌 국무위원을 무임소국무위원이라 한다.

　3) 행정각부의 조직 및 직무범위　　행정각부의 설치·조직과 직무범위는 법률로 정하게 되어 있는데, 이에 관한 법률이 政府組織法이다. 행정각부의 장은 소관사무에 관하여 법률이나 대통령령의 위임 또는 직권으로 部슈을 발할 수 있다(제95조).

(4) 감 사 원

　1) 감사원의 지위　　국가의 세입·세출의 결산, 국가 및 법률이 정한 단체의 회계검사와 행정기관 및 공무원의 직무에 관하여 감찰을 하기 위하여 대통령소속 아래 감사원을 둔다(제97조). 감사원은 첫째, 국가의 세입·세출의 결산과 국가 및 법률이 정한 단체의 회계검사라는 두 가지 점에서 국가 또는 법률이 정한 단체에 대한 재정적 감사를 하는 기관이며, 둘째로 감사원은 행정기관 및 공무원의 직무에 관한 감찰을 담당하는 대통령에 직속하는 기관이다.

　2) 조직과 권한　　감사원은 원장을 포함한 5 인 이상 11인 이하의 감사위원으로 구성된다. 감사원의 원장은 대통령이 국회의 동의를 얻어 임명하며, 그 임기는 4 년이다. 감사위원은 원장의 제청에 의하여 대통령이 임명하며, 그 임기는 원장과 같이 4 년인데 1 차에 한하여 중임할 수 있다(제98조 1 항 내지 3 항). 이 감사원장과 감사위원이 그 직무집행에 있어서 헌법이나 법률을 위배한 때에는 국회의 탄핵소추의 대상이 된다. 감사원은 국가의 세입·세출의 결산과 국가 및 법률이 정한 단체의 회계검사를 하는 권한과 행정기관 및 공무원의 직무에 관한 감찰을 하는 권한의 두 가지가 있는데, 구체적인 권한은 법률로써 정하여진다. 그리고 감사원은 세입·세출의 결산을 매년 검사하여 대통령과 차년도 국회에 그 결과를 보고하여야 한다.

(5) 선거관리위원회

1) 선거관리위원회의 의의   우리 헌법은 선거와 국민투표의 공정한 관리 및 정당에 관한 사무를 처리하기 위하여 선거관리위원회를 설치하여 그 獨立性과 政治的 中立性을 보장하고 있다(헌법 제114조). 그리고 중앙선거관리위원회는 헌법기관으로 하지만, 각급 선거관리위원회의 조직과 직무범위는 法律에 위임하고 있다.

2) 선거관리위원회의 조직   중앙선거관리위원회는 대통령이 임명하는 3인, 국회가 선출하는 3인, 대법원장이 지명하는 3인의 위원으로 구성하며, 위원장은 위원 중에서 互選한다. 委員은 6년의 임기로 탄핵 또는 금고 이상의 형의 선고에 의하지 아니하고는 파면되지 아니하며, 또한 정당에 가입하거나 정치에 관여할 수가 없다(헌법 제114조 3항~5항).

3) 선거관리위원회의 권한   중앙선거관리위원회는 ① 법령에 정하는 범위 안에서 그 직무에 관한 自治立法權, ② 투표와 개표 등에 관한 선거 및 국민투표관리권, 그리고 ③ 정당의 등록·공고·등록취소 등 정당사무관리권을 갖는다.

4) 선거운동의 원칙   선거운동은 각급 선거관리위원회의 관리 하에 법률이 정하는 범위 안에서 하되 균등한 기회가 보장되어야 하며, 선거에 관한 경비는 법률이 정하는 경우를 제외하고는 정당 또는 후보자에게 부담시킬 수 없게 하여(헌법 제116조) 선거운동에 있어서 기회균등과 선거경비의 원칙적인 국가부담을 내용으로 하는 選擧公營制를 규정하고 있다.

4. 법 원

(1) 사 법 권

1) 권력분립과 사법   헌법 제101조는 "사법권은 법관으로 구성된 법원에 속한다"라고 규정하고 있다. 이것은 우리나라가 3권분립원칙을 채택하고 있는 것을 표명하는 것이며, 따라서 본조는 사법권의 독립(Selbständigkeit der Justiz)을 표현하는 것이다.

2) **사법의 실질적 개념과 형식적 개념**   실질적 개념으로서의 사법이란 법규에 의한 민사 및 형사의 재판작용을 말한다. 사법의 형식적 개념이란 신분이 보장된 법관으로 구성된 법원이 행하는 법적용작용, 즉 재판작용을 말한다. 헌법 제101조의 사법을 형식적 개념으로서 이해할 때 법원이 행하는 민사·형사의 재판권은 물론이고, 그 밖에도 헌법이 법원에 부여한 행정재판권, 법률이 부여한 선거에 관한 재판권 등도 이에 포함된다.

3) **사법권과 행정재판**   행정재판을 사법법원의 관할사항으로 하느냐, 독립한 행정재판소를 설치하여 이에 그 재판권을 부여하느냐에 관해서는 후자를 택하는 대륙법계와 전자를 택하는 영미법계의 두 종류가 있다. 대륙법계의 제도를 行政型國家라고 하고, 영미법계를 司法型國家라고도 한다. 우리나라 헌법은 행정재판을 사법법원의 관할사항으로 하는 영미법계의 제도를 채택하고 있다.

(2) 사법권의 독립

사법권의 독립이라 함은 공정한 재판을 보장하기 위하여 첫째는 사법기관인 법원을 입법부와 행정부로부터 독립시키고, 둘째는 법관의 심판을 독립시켜 사법부 밖의 압력은 물론이고 사법부 안의 간섭으로부터의 독립을 말하고, 셋째는 법관의 신분보장과 인사의 독립을 말한다.

1) **법원의 지위**   우리 헌법은 권력분립의 원칙에 의하여 司法府는 입법부와 행정부로부터 독립하여야 하며, 상호견제와 균형을 유지하여야 한다. 이를 위하여 대법원은 법원의 내부규율 및 사무처리에 관한 規則制定權을 갖는다.

2) **법관의 재판상의 독립**   이는 物的 獨立이라고도 하며, 법관은 재판을 함에 있어서 일체의 외부적 영향에서 독립하여 "헌법과 법률에 의하여 그 양심에 따라" 재판해야 한다(제103조). 따라서 立法·行政은 물론 司法府 內部와 當事者 및 사회적 압력으로부터의 독립이 요청된다.

3) **법관의 신분보장**   법관에게 재판의 독립을 보장하기 위해서는 법관의 신분보장, 즉 人的 獨立이 요구되는데, 법관의 罷免·停職·減俸·休職의 원칙적인 금지를 그 내용으로 한다(제106조 1항). 이를 위해서 법관인사의 독립, 임기와 정년제 등이 요구되며, 사법부의 자주성과 용기도

필요하다.

(3) 법원의 조직

법원은 최고법원인 대법원과 각급법원으로 조직된다. 그 상세한 것은 법률에 위임하였다. 법원조직법에 따르면 법원에는 대법원·고등법원·지방법원 및 가정법원·행정법원·특허법원·회생법원의 7종이 있다. 그 밖에 특별법원으로서 군사법원법상의 군사법원이 있다.

1) 대 법 원　　대법원은 최고법원이며, 서울특별시에 둔다(법원조직법 제11조, 제12조). 대법원에 대법관을 두며, 그 수는 대법원장을 포함하여 14명으로 한다(동법 제14조). 대법원은 다음의 사건을 종심(終審)으로 심판한다. 즉 ① 고등법원 또는 항소법원, 특허법원의 판결에 대한 상고사건, ② 항고법원·고등법원 또는 항소법원·특허법원의 결정·명령에 대한 재항고사건, ③ 다른 법률에 의하여 대법원의 권한에 속하는 사건이다.

2) 고등법원　　고등법원에서는 판사를 두며, 그 정수는 법률로 정한다. 고등법원은 다음의 사건을 심판한다. 즉 ① 지방법원 합의부·가정법원 합의부 또는 행정법원의 제1심 판결에 대한 항소사건, ② 지방법원 합의부·가정법원 합의부 또는 행정법원의 제1심 심판·결정·명령 등에 대한 항고사건, ③ 법률에 의하여 고등법원의 권한에 속하는 사건 등이다.

3) 지방법원　　지방법원의 심판은 단독판사가 행하며, 합의재판을 요할 때에는 판사 3인으로 구성된 합의부에서 행한다. 다음 사건은 지방법원합의부에서 제1심으로 한다. 즉 ① 합의부에서 심판할 것을 합의부가 스스로 결정한 사건, ② 대법원규칙으로 정한 민사사건, ③ 사형·무기 또는 단기 1년 이상의 징역 또는 금고에 해당하는 사건 등이다.

4) 가정법원　　가정법원 및 가정법원지원의 합의부는 다음의 사건을 제1심으로 심판한다. 즉 ① 가사소송법에서 정한 가사소송사건, ② 가정법원판사에 대한 제척·기피사건, ③ 법률에 의하여 합의부의 권한에 속하는 사건 등이다.

5) 특별법원(군사법원)　　군사재판을 관할하기 위하여 특별법원으로서 군사법원을 둘 수 있다. 군사법원의 관할상고심은 대법원이다. 비상계엄하의 군사재판은 일정한 경우 單審으로 하는 특례가 인정된다.

(4) 법관의 자격과 임명

법관의 자격은 법률로 정하게 되어 있다(헌법 제101조 3항). 따라서 법원조직법에 법관의 임용자격이 규정되어 있다(법원조직법 제42조). 대법원장은 국회의 동의를 얻어 대통령이 임명하고, 대법관은 대법원장의 제청으로 국회의 동의를 얻어 대통령이 임명한다. 그리고 대법원장과 대법관이 아닌 법관은 대법관회의의 동의를 얻어 대법원장이 임명한다(헌법 제104조). 대법원장의 임기는 6년으로 하며 연임할 수 없고, 대법관의 임기는 6년으로 하며 법률이 정하는 바에 의하여 연임할 수 있다. 그리고 일반법관의 임기는 10년이며, 법률이 정하는 바에 의하여 연임할 수 있다(헌법 제105조 1항~3항). 법관의 정년은 법률로 정하고 있다(헌법 제105조 4항). 따라서 법원조직법에 의하여 대법원장과 대법관의 정년은 각각 70세, 그 외의 판사의 정년은 65세로 되어 있다(법원조직법 제45조 4항).

(5) 법원의 명령심사권

대법원은 법률이 정하는 바에 따라 명령·규칙이 헌법과 법률에 위반되는지 여부를 최종적으로 심사할 권한이 있다. 법원은 법률의 위헌 여부가 재판의 전제가 될 경우에 헌법재판소에 제청하도록 되어 있다.

(6) 재판의 공개주의

헌법은 재판의 공개주의를 채택하였다. 즉 재판의 심리와 판결은 공개한다. 그러나 국민 전체의 행복, 국가안전보장 또는 안녕질서의 방해, 선량한 풍속을 해할 염려가 있을 때에는 심리에 한하여 법원의 결정으로 공개하지 아니할 수 있다.

5. 헌법재판소와 헌법보장

(1) 헌법재판소의 지위

제6공화국 신헌법은 제2공화국에서 잠시 있다가 사라진 헌법재판소 제도를 신설하였다. 헌법재판소는 프랑스의 憲法評議會(憲法院), 오스트리아, 독일의 헌법재판소(Bundesverfassungsgericht) 같은 예에서 보는 제도이며, 헌법사항도 대법원에서 관장하는 영미법과는 대조를 이룬다. 헌법재판소는 최고의 헌법보장기관이며, 기본권보장기관으로서 정치적 사법기관이라 하겠다. 헌법재판소는 법관의 자격을 가진 9인의 재판관으로 구성되며 대통령이 임명한다(헌법 제111조 2항). 그러나 재판관 중 3인은 국회에서 선출하는 자를, 3인은 대법원장이 지명하는 자를 임명하도록 되어 있다(헌법 제111조 3항). 재판관의 임기는 6년이며, 탄핵 또는 금고 이상의 刑의 선고에 의하지 아니하고는 파면되지 아니한다(헌법 제112조 3항). 그리고 재판관은 정당에 가입하거나 정치에 관여할 수 없다(헌법 제112조 2항, 헌재법 제9조). 헌법재판소의 조직과 운영 기타 필요한 사항을 정하기 위하여 헌법재판소법이 제정되었다. 동법은 전문 76조 부칙 8조로 되어 있고, 1988년 9월 1일부터 시행되었다.

(2) 헌법재판소의 권한

1) 위헌법률심판권   헌법재판소가 법률이 헌법에 위반되느냐의 여부를 심판하는 권한으로서 입법권에 대한 통제이며, 동시에 헌법보장제도이다. 위헌심판의 제청은 헌법재판소법에서 크게 간소화되었는데, 즉 법률이 헌법에 위반되는 여부가 재판의 전제가 된 경우에는 법원은 헌법재판소에 심판을 제청한다(헌법 제107조 1항). 당해 사건을 담당하는 법원은 직권 또는 당사자의 신청에 의한 결정으로 헌법재판소에 위헌 여부의 심판을 제청한다(헌재법 제41조). 실질적 의미의 법률은 모두 위헌심사의 대상이 된다.

2) 탄핵심판권   국회의 탄핵소추가 있으면 헌법재판소는 헌법재판관 9인 중 6인 이상의 찬성으로 탄핵의 결정을 한다(헌법 제113조 1항). 탄핵결정의 효력은 공직으로부터의 파면에 그친다. 그러나 민사상·형사상의 책임을 면제하는 것은 아니다. 탄핵결정을 받은 자는 그 선고를 받은 날로부터 5년이 경과하지 아니하면 공무원이 될 수 없다(헌재법 제54조).

3) 정당해산심판권   정부는 정당의 목적이나 활동이 민주적 기본질서에 위배될 때에는 국무회의의 심의를 거쳐 헌법재판소에 그 해산을 제소할 수 있다. 해산결정의 효력은 ① 당해 정당은 해산되고, 대체정당의 구성이 금지된다. ② 중앙선거관리위원회는 그 정당의 등록을 말소한다. ③ 그

정당의 당원은 당원자격과 신분을 상실한다. ④ 그 정당소속의 국회의원이
그 직을 상실하는가에 대해서는 규정이 없어서 문제가 되었으나, 헌법재판
소는 통합진보당 해산 사건에서 의원직을 상실시켰다(헌법재판소 2014.12.19.
선고, 2013헌다1 결정). ⑤ 그 정당의 재산은 국고에 귀속된다. 정당해산은
우리 헌법이 방어적·전투적 민주주의를 택하여 헌법질서를 보장하기 위한
제도이다.

4) 기관별 권한쟁의심판권   국가기관 상호간, 국가기관과 지방자치
단체 간 및 지방자치단체 상호간에 권한쟁의가 있는 경우에는 헌법재판소
에 제소하여 심판을 받을 수 있다.

5) 헌법소원심판권   憲法訴願은 공권력에 의하여 국민의 기본권이
침해된 경우에 헌법재판소에 제기하는 기본권구제수단이다. 이는 오스트리
아와 독일헌법재판소에서 인정되어 현재 헌법재판소를 가지고 있는 나라에
서 대부분 인정되고 있다. 우리나라에서는 헌법상 처음으로 인정된 것이며,
그 내용과 절차에 대해서는 헌법재판소법이 규정하고 있다.

(3) 헌법보장

헌법은 국가권력 자체를 규제하는 법이고, 국가권력에 의하여 헌법질
서가 확보되는 것이다. 헌법질서는 정치적 세력들의 상호관계에 의하여 항
상 동적으로 전개되는 것이므로 그 실효성이 동요되기 쉽다. 따라서 헌법
에 강력한 연속성을 부여하는 동시에 정치사회변화에 헌법이 적응하면서
그 실효성을 확보하려는 것이 헌법보장(Verfassungsgarantie)이다.

헌법보장의 방법으로서는 첫째, 政治的 保障方法으로 ① 권력분립제도,
② 양원제, ③ 의원내각제, ④ 정부불신임제, ⑤ 공무원의 정치적 중립성
보장, ⑥ 법치행정의 원칙, ⑦ 헌법개정의 국민투표, ⑧ 비상사태에 있어서
의 헌법보장 등이 있다. 둘째, 司法的 保障方法에는 ① 위헌법률심사제, ②
탄핵심판제, ③ 위헌정당해산제 ④ 위헌인물의 기본권상실제, ⑤ 위헌명령·
규칙·처분심사제 등이 있다. 셋째, 宣言的 保障方法에는 ① 헌법의 최고법
규성의 선언, ② 헌법준수의무의 선언, ③ 헌법개정을 어렵게 하는 것, ④
헌법정지나 헌법파괴 등을 금지하는 것 등이 있다. 넷째, 未組織的 方法에
는 ① 국가긴급권의 행사, ② 저항권의 행사 등이 있다.

참고문헌 ──────────────────

金哲洙, 憲法學新論(제17판), 박영사, 2007; 權寧星, 憲法學原論, 법문사, 1990; 許營, 韓國憲法論, 박영사, 1990; 계희열, 헌법학, 박영사, 2004; 칼 슈미트/金箕範 역, 憲法理論, 교문사, 1974; K. 헤세/桂禧悅 역, 西獨憲法理論, 삼영사, 1985; 洪井善, 憲法과 政治, 법문사, 1986; 金哲洙, 憲法改正, 回顧와 展望, 대학출판사, 1986; 金哲洙, 헌법이 지배하는 社會를 위하여, 고시계사, 1986; 성낙인, 헌법학입문(초판), 법문사, 2012; 성낙인, 헌법학(초판), 법문사, 2013; 정종섭, 헌법학원론(초판), 박영사, 2013; 정종섭, 헌법재판강의, 박영사, 2006; 한수웅, 헌법학, 법문사 2011; 장영수, 헌법학, 홍문사, 2012.

연습문제 ──────────────────

1. 憲法이란 무엇인가?
2. 우리나라 헌법의 기본정신을 논하라.
3. 우리나라 헌법의 제정과 개정과정을 논하라.
4. 우리나라 헌법은 왜 많이 개정되었는가?
5. 우리나라 政府形態를 논평하라.
6. 大統領中心制와 內閣責任制를 비교·논평하라.
7. 議院內閣制에 있어서 국회와 정부의 관계를 논하라.
8. 기본권의 내용을 설명하라.
9. 국민의 基本的 義務를 논하라.
10. 政黨의 헌법상 지위를 논하라.
11. 헌법개정의 한계를 논하라.
12. 우리 헌법의 경제질서를 논하라.
13. 憲法裁判所의 지위와 역할을 논하라.

제16장

행정법학

I. 행정법의 의의

1. 행정법의 개념

行政法은 행정에 관한 법이다. 行政(Verwaltung, administration)이란 말이 처음 동양에 소개될 때는 立法·司法과 마찬가지로 行法이라고 번역되었다.[1] 행정의 관념은 형식적 의미와 실질적 의미로 파악될 수 있다. 형식적 의미의 행정이란 행정부에 의해 행해지는 국가작용을 의미하는 것으로서, 그 실질에서는 입법에 속하거나 司法에 속하는 것도 행정이라고 할 수 있다. 실질적 의미의 행정이란 입법부가 행하거나 사법부가 행하느냐를 구별하지 않고 실질적으로 법을 집행하는 작용을 말한다. 따라서 실질적 의미

---

1) 최종고, 韓國의 西洋法受容史, 박영사, 1982, 296면.

의 행정은 입법부의 행위에도, 사법부의 행위에도 포함되어 있다고 할 수 있다.

그러므로 행정에 관한 법으로서 행정법은 국가 또는 공공단체의 조직, 권한 및 기관 상호간의 관계를 규율하거나, 국가 또는 공공단체라는 행정주체와 개인인 행정객체 사이에 생기는 행정상의 법률관계를 규율하는 법규범의 총체를 말한다.

그런데 행정법에는 民法과 같이 행정조직과 작용에 관한 일반총칙으로서 행정법이라는 형식적 法典이 있는 것이 아니다. 이는 행정법의 규정형식이 다양하다는 의미와도 통한다.

[행정법의 발달]

행정법의 생성은 말할 것도 없고, 학문적으로 자리를 잡고 연구되어 온 것도 다른 법학분야에 비해서 그 역사가 짧다. 그럼에도 불구하고 행정법이 어떠한 역사적 과정을 통해서 성립·발전되어 왔는가 하는 점을 알아보는 行政法史의 문제는 행정법의 올바른 이해와 인식을 위하여 중요한 의의를 가지고 있다.

행정법의 성립과 역사는 각 나라의 정치적·사회적 및 역사적 상황에 따라서도 다르게 나타난다. 따라서 각 나라의 행정법에 대한 역사적 이해는 우리나라의 행정법이 서구의 繼受法을 바탕으로 이루고 있다는 점을 생각하면, 그 의의가 더욱 크다고 하겠다. 우리나라 행정법의 繼受 경로를 살펴보면, 행정법의 발상지라고 일컬어지는 프랑스를 시발점으로 해서 독일·영국·미국, 그리고 일본의 행정제도와 이론의 영향을 많이 받아 왔다고 하겠다. 따라서 서구 여러 나라의 행정법 생성과 발달에 대한 정확한 이해는 그것이 바로 우리나라 행정법발전과 직결되는 문제임을 인식하게 될 것이다.

먼저 대륙법의 행정법 생성과 발달은 법치국가사상과 더불어 1799년 프랑스 國事院(le Conseil d'Etat)의 설치 및 1860년 독일 행정법원의 설치 등에서 비롯된다. 그러나 영미법국가에서는 법의 지배(rule of law)와 보통법(common law) 사상에 바탕을 두고 행정법이 발달해 왔다고 하겠다.

2. 행정법의 법원

행정법의 법원이란 '행정법의 법규범으로 형성되는 방식'으로 이해된다. 법규범을 형성하는 절차에는 여러 가지가 있을 수 있다. 입법적 공권력기관에 의하여 의도적으로 형성되는 성문법규범을 비롯해서 자발적으로 형성되는 관습규범과 법관에 의해서 이루어지는 판례 등과 같은 不文法規範을 들 수 있다.

3. 행정법의 기초이론

행정법의 기초이론이란 행정법을 공부하고 이해하는 데 필요한 이론적 시초지식을 정리하기 위한 것과 행정법 전체에 걸쳐서 공통적이고 핵심적인 이론들을 말한다. 특히 행정법이 헌법의 구체화법으로서 헌법적 이념들을 구체적으로 실현하는 역할을 한다고 할 때, 그러한 헌법적 이념들이 어떻게 행정법에서 구현되는지를 행정법적 차원에서 다시 설명하려는 노력도 담겨져 있다. 따라서 그 동안 헌법에서 잘 공부해 온 여러 가지 이론들을 다시 한 번 정리하고 회상하면서 행정법이론에 적응하려는 노력이 있어야 할 것이다. 이러한 관점에서 우리는 다음의 사항들을 검토하기로 하겠다.

(1) 권력분립이론과 행정법

행정법의 대상으로서 행정의 관념은 근대국가의 성립, 특히 자유주의적 정치조직원리인 권력분립이론에서 비롯된 것이다. 권력분립이론에 관한 논의는 주로 헌법학에서도 상세히 다루게 된다. 그러나 행정법의 규율대상으로서 행정을 이해하기 위해서, 그리고 행정법의 성립 및 그 제도적 의의를 이해하는 데 있어서 권력분립이론에 관한 이야기는 많은 도움을 주고 있다. 행정이 입법·사법과의 관련에서 어떤 과정을 거쳐 성립·발전되었는지를 우리는 권력분립의 이론을 통해서 알 수 있게 될 것이다. 결국 행정관념의 출발점으로서의 권력분립이론은 통치기관의 구성원리인 동시에 法治國家의 원리를 구체적으로 실현시키기 위한 원리라고 할 수 있다.

또한 국가기능에 관해서 학문적으로 최초로 체계화한 것이 권력분립이론(separation of power, Gewaltenteilung)이다. 권력분립이론은 국민의 자유와 권리를 보호하기 위해서 국가권력을 그 성질에 따라 여러 국가기관에 분산시킨다. 이렇게 함으로써 권력 상호간의 견제와 균형, 즉 권력의 집중과 자의적인 권력행사를 억제하고자 하는 근대입헌국가의 자유주의적·정치적 조직원리이다.

전통적으로 권력분립이론은 국가권력을 그 성질에 따라 立法權·行政權·司法權의 셋으로 나눈다. 그리고 이러한 것들을 각각 의회(입법부)·행정부·법원(사법부)에 맡김으로써 이들 국가기관 상호간에 그 권력행사를 감시·통제하게 하는 것이다. 따라서 이러한 역사적 유래 때문에 '권력분립의 원칙'을 흔히 '3 권 분립의 원칙'이라고도 일컬어 왔다. 그러나 국가권력은 크게는 법을 만든다는 의미에서 '입법권'과 법을 집행한다는 의미에서' 집행권'의 둘 만으로 나눌 수도 있고, 작게는 '통치권'·'입법권'·'행정권'·'사법권' 혹은 '입법권'·'행정권'·'사법권'·'헌법재판권' 등의 넷으로도 나눌 수 있다. 또한 다섯으로도 나눌 수 있기 때문에 '3권분립'만으로 고집하는 것은 옳지 못하다. 이러한 고전적·조직적 권력분립이론은 선재하는 국가권력을 전제로, 그것을 분리·견제함으로써 기본적으로는 국가기능의 약화를 통한 국민의 자유와 권리를 보호하려는 소극적 국가작용의 원칙이다. 따라서 전통적인 권력분립이론은 권력의 기계적이고 조직적인 분리였지만 이제는 실효성 있는 권력통제장치가 요구되고 있다. 그러나 오늘날 기능적 권력통제이론은 국가권력을 민주적 정당성에 따라 창설하고 그 권력행사의 절차적 정당성을 보장함으로써 현대의 복리국가이념을 실현하는 적극적 국가작용의 원리이다. 결국 권력분립의 원리를 이해하는 데 있어서는 그 고전적 논리방식에 집착하기보다는 오히려 그 현대적 기능을 정확하게 파악하는 것이 필요하다.

(2) 행정에 관한 일반이론

행정법을 공부하려면 먼저 규율대상인 행정이란 개념을 정확히 파악할 필요가 있다. 그런데 이러한 행정의 관념은 역사적으로 성립·발전된 것으로서 그 역사성을 지니고 있다. 따라서 권력분립을 바탕으로 한 '행정'에 관한 의의를 정리한다는 것은 바로 행정법의 연구대상을 확정한다는 중요한 의미가 있다. 수많은 형태의 국가작용 중에서 근대국가국가의 출발과 더불어 새로운 모습으로 나타난 행정의 관념을 정의해 보고자 하는 노력의 표현이 바로 '행정의 개념에 관한 일반이론'이다. 따라서 오늘날 우리가 행정법의 연구대상으로 삼는 '행정'은 첫째가 역사성을 갖는 관념이다. 이 말의 뜻은 근대국가 이전의 자의적 국가권력의 행사에 대해서 이제 법적 구속을 가해 보겠다는 데 있다. 여기서 법적 구속이란 일반 私人의 행위에 대한 법적 구속과 같은 형태로 나타날 수도 있지만, 행정이 '公人'(행정청·행정주체)의 행위인 점을 고려해서 행정특유의 법적 규율도 가능하다. 바로 이러한 맥락에서 오늘날 행정법의 학문성이 태동하게 되었다고 하겠다.

그런데 행정의 개념에 관한 문제는 행정의 본질적·이론적인 관점에서 행정을 이해하려는 것이기 때문에 행정을 먼저 입법 및 사법으로부터 구별할 수 있는 본질상의 특성에 주목하게 된다. 이러한 입장에서 첫째는 국가작용의 성질상 차이를 인정하고 행정의 실질적 개념규정이 가능하다고 보는 견해(肯定說)와 둘째는 국가작용의 성질상 차이를 부인하고 행정의 실질적 개념규정이 불가능하다는 견해(否定說)로 크게 나뉜다.

긍정설은 입법·사법·행정이라는 국가작용의 성질상 차이가 있다는 것을 인정하는 관점으로서 종래의 전통적 견해이다. 이러한 견해에서는 국가작용에 관한 성질상 차이를 첫째는 입법은 '법정립작용'이고, 둘째는 사법은 '法宣言 작용'이며, 셋째는 행정은 '법집행작용'이라고 설명한다. 그런데 여기서 행정을 법집행작용이라고 할 때, 이것이 구체적으로 무엇을 의미하는지에 관해서 의문을 제기할 수 있다. 이 문제를 해결하기 위해서 또 한 차례 견해가 갈리게 된다. 이는 행정의 구체적인 개념정의를 어떠한 방법으로 할 것이냐에 관한 태도차이라고 하겠다. 소극적 방법에 의한 입장(소극설·공제설)과 적극적 방법에 의한 입장(적극설)으로 나뉜다. 적극적인 표지에 의하여 행정의 관념을 정의하려는 견해를 적극설이라고 부르게 되는데, 여기에도 무엇을 기준으로 하여 행정을 적극적으로 규정하느냐에 따라 견해가 나뉜다. 하나는 目的說이고, 다른 하나는 性質說이다.

否定說은 입법·사법·행정이라는 국가작용의 性質上 구별을 할 수 없다는 관점으로서 순수법학파의 견해이다. 따라서 입법·사법·행정의 구별은 오직 그 작용이 차지하는 실정법질서에서의 단계적 구조(法段階說)와 그 집행을 담당하는 기관의 양태상의 차이라는 형식적 기준에 의할 수밖에 없다는 주장이다(機關樣態說).

(3) 통치행위이론과 행정법

통치행위이론은 그 이름이 나타내 주는 것과 같이 근대국가 이전의 통치권과 유사한 성격을 가지고 있다. 권력분립이론에 의하여 입법·사법과 구별되는 의미에서 행정의 개념을 분리하기는 했지만, 권력분립으로 설명할 수 없는 국가작용의 영역이 남아 있다. 그것이 바로 통치행위이론이다. 통치행위이론은 행정의 개념을 더욱 뚜렷이 하기 위해 논해진다. 왜냐하면 넓은 의미의 행정은 좁은 의미의 행정과 통치행위로 이루어져 있다(넓은 의미의 행정=좁은 의미의 행정+통치행위)는 식으로 이해하는 경우가 있으므로 행정의 개념이 혼동될 수도 있기 때문이다.

자유주의 정치이념에 바탕을 둔 권력분립이론에도 불구하고 사전적으로 법의 지배를 받지 않고, 사후적으로 법의 통제를 받지 않는 국가의 작용이 존재한다는 것은 사실이다. 이러한 것들을 통틀어 우리는 국가작용 중에서 고도의 정치성을 띤 작용으로 이해하고, '통치행위'라 이름으로 부르게 된다. 따라서 통치행위란 오늘날 법치주의가 확립되고, 행정에 대한 사법적 통제가 일반적으로 인정된 체제 아래서 사법적 통제에서 제외된 일정한 행위로 이해된다.

이처럼 고도의 정치성을 띤 국가작용으로서의 통치행위라는 관념을 인정하는 이유를 다음 두 가지 측면에서 분석해 볼 수 있다.

첫째, 역사적으로 통치권의 잔재 혹은 재출현으로 이해하는 견해가 있다. 이러한 관점은 통치행위를 연혁적으로 이해하고, 통치행위이론을 전제군주국가에서 전제군주의 자의적인 권력행사를 합리화하기 위한 수단으로 보게 된다. 그렇기 때문에 통치행위이론은 오늘날 제3세계의 독재정권들이 그 독재권력을 유지하기 위하거나 국민의 자유와 권리를 유린하기 위한 도구이론으로 악용되기도 한다.

둘째, 통치행위를 법의 속성으로서 법의 양면성(규범성과 사실성)과 관련해서 이해하는 견해도 있다. 모든 국가작용을 법에 얽매이게 하면, 달리 말해서 법에 예속되게 되면 법의 속성인 경직성·엄격성 등으로 말미암아 바람직하지 못한 면이 나타날 때도 있다. 따라서 통치행위이론은 사회생활, 특히 정치생활에서 윤활유역할을 기대한 것이다. 이러한 관점에서 통치행

위를 다음과 같이 이야기한다. 통치행위란 입법의 하위에 위치한 단순한
법집행적 기능이 아니라, 국정의 기본방향을 정하는 것과 같이 고도의 정
치성을 가지는 고차원의 국가작용이라고 한다.

통치행위는 각국의 학설과 판례를 통해서 일반적으로 인정되어 왔으
며, 우리나라도 통치행위에 대해서 한때 활발하게 논의된 적이 있다. 오늘
날 우리나라 학설·판례는 통치행위를 일반적으로 인정하지만, 그 범위를
극히 제한적으로 해석함이 옳다.

[각국의 통치행위]

프랑스의 통치행위(l'acte de gouvernement)는 행정판례를 통해서 확립되
었다. 프랑스의 통치행위란 곧 '재판을 할 수 없는 행위'로 이해하고 있으나,
차츰 이들 행위에 대해서 사법통제를 넓혀 가는 추세에 있다. 오늘날 프랑스
판례는 통치행위의 목록을 크게 두 가지 부문에서만 인정하고 있다. ① 의회
와 관계해서 일어나는 행정작용, 예를 들면 법률발안권의 행사, 법률공포에 관
한 사항, 국민투표에 관한 사항 등이다. ② 국제관계에 있어서의 행위로서, 예
를 들면 국제조약의 체결, 외교사절의 파견, 전쟁에 관한 행위, 국제재판소의
소송 행위 등이다.

독일의 통치행위(Regierungsakt)는 주로 이론적 입장에서 인정되어 왔으
며, 그 유형으로는 선거 또는 국회에 의한 선거심사 등의 헌법보조활동(Hilf-
stätigkeiten)과 전쟁행위 등의 제4종 국가작용(eine vierte Staatstätigkeit), 국
가긴급권(Staatsnotrecht) 등이었다. 오늘날 독일에서 인정되는 통치행위로는
수상의 선거, 국회의 해산, 조약의 비준 등이 있다.

영국은 원칙적으로 통치행위(act of state)를 인정하지 않는다. 그것은 왜
냐하면 '보통법지배'의 전통 때문이다. 그런데 국사행위(act of state)·순정치적
문제(decision of pure policy)·대권행위(Royal Prerogative) 등의 이름으로 법
원의 심사에서 제외되는 경우가 있다. 영국에서 통치행위로 인정하는 예로서
외교관계에 관한 행위, 영토 밖의 외국인에 관한 행위 등이 있다.

미국의 통치행위(political question)는 엄격한 권력분립주의(형식적) 때문
에 인정된다고 하겠다. 원래 미국은 소위 사법국가로서 모든 행정작용에 대하
여 사법적 통제가 가능하다. 그런데 ① 권력분립(형식적) 원칙의 헌법정신에
충실하기 위해서, 입법부와 행정부의 專權에 속하는 성질의 사항은 법원이 관
여하지 않겠다는 뜻과, ② 정치 싸움의 소용돌이에 법원이 휘말리지 않겠다는
이유로 정치문제는 사법부가 관여하지 않게 되었다. 미국에서 정치문제라고
하여 통치행위를 인정한 예로서는 대통령의 외교정책에 관한 결정, 대통령의

군사상의 결정 등이 있다.

(4) 법치주의이론과 행정법

국민주권의 이념에 따라 국민의 정치적 합의에 바탕을 두고 창설된 국가권력의 악용 내지 남용을 방지하기 위한 제도적 보장이 권력분립이론이다. 이러한 권력분립의 소산으로서 근대국가의 성립과 더불어 생겨난 것이 행정이란 관념이다. 법치주의이념도 또한 권력분립에 바탕을 두고 있다. 따라서 행정을 학문, 특히 법학의 연구대상으로 한다는 것은 종국적으로 법치행정을 이룩하기 위한 것이다. 이러한 의미에서 헌법상 기본원리로서 논의되어 온 법치주의이론은 행정법에서도 중추적 원리로 작용하게 된다.

법치주의이론을 일반적으로 우리는 "행정부가 법에 의해서 구속되고, 이러한 관계가 사후적으로 법관에 의해서 검증되고 보장받는 것"이라고 말한다. 이것이 바로 행정법영역에서 다루고 있는 행정작용과 행정통제에 관한 전통적 논의인 것이다. 이는 법치행정이 법치주의이념의 행정법영역에 있어서 구체적 적용을 의미할 뿐만 아니라, 법치주의의 중심적 내용을 이루고 있다는 것을 의미한다. 법치행정이 법치주의의 중심적 내용을 이루고 있는 이유는 국가기능 가운데 무엇보다 행정권이 국민과의 관계에서 가장 강력하고 밀접한 관련을 맺고 있기 때문이다.

행정법영역에서 법치주의의 표현을 '법치행정의 원리' 혹은 '법률에 의한 행정의 원리' 혹은 '행정의 법률적합성의 원리' 등으로 사용하고 있지만, 그 내용은 事前的으로 행정청이 행정행위를 할 때뿐만 아니라, 사후적으로 행정행위를 한 후에도 적용되는 행정법의 기본원리인 것이다.

따라서 법치행정의 중심적 내용은 다음과 같은 두 가지 측면으로 이해할 수 있다.

첫째, 행정주체가 행위를 할 때는 사전적으로 정해져 있는 법률에 의하여 행정권이 발동돼야 한다. 그 이유는 행정의 자의를 방지하고, 행정의 예측가능성을 기대하기 위한 것이다.

둘째, 행정주체가 행위를 한 후 사후적으로 보아 행정권이 똑바로 법률을 적용했는지를 통제할 수 있는 제도적 장치의 보장이라는 측면을 요구한다.

(5) 행정법의 일반법원칙

법치주의의 실현을 위해서 간과할 수 없는 것은 법치주의에 필요한 기준의 설정이다. 법치주의가 행정의 영역에서 이룩된 법치행정의 원리를 지탱하고 있는 것도 결국 法源의 문제에 귀착한다고 하겠다.

법분야에서 條理의 기능을 법해석의 기본원리, 최후의 보충적 법원이라고 일반적으로 인정한다. 그러나 행정법 영역에서는 이러한 재판의 준칙으로서 인정되는 조리는 가능한 한 법관의 주관에 기초한 판단이 아니라 객관성을 띨 수 있는 여러 가지 제도적 장치를 찾게 된다. 그것이 바로 '행정법의 일반법원칙'이다. 따라서 더 객관적 준칙인 일반원칙은 조리 이전에 적용돼야 할 법원으로 인식할 수 있다. 그런데 이러한 행정법의 일반원칙이라고 하는 것은 '법의 일반원칙'과 결코 무관한 것이 아니다. 법의 일반원칙은 모든 법에 공통으로 적용되는 기본원리를 의미한다고 하겠다. 따라서 행정법의 일반법원칙과 법의 일반원칙은 서로 중복되는 경우도 있지만, 각각 달리 인정될 때도 있다.

행정법의 일반법원칙은 학자의 학설과 법관의 판례에 의해서 형성된 행정법의 일반원칙이 소위 '행정법의 기본원리'라고 하겠다.

그 예로서 행정주체가 구체적인 행정목적을 실현함에 있어서 그 목적실현과 수단 사이에 합리적인 비례관계가 유지되어야 한다는 비례의 원칙, 행정주체가 행정작용을 함에 있어서는 합리적인 사유가 없는 한 그 상대방을 차별 없이 대우하여야 한다는 평등의 원칙, 행정주체의 일정한 행위에 대한 보호가치 있는 신뢰는 보호되어져야 한다는 신뢰보호의 원칙, 행정주체가 행정작용을 함에 있어 그것과 실질적인 관련성이 없는 상대방의 반대급부를 조건으로 발령하여서는 안 된다는 부당결부금지의 원칙 등을 들 수 있다.

Ⅱ. 행정조직

행정조직이란 국가 또는 공공단체와 같은 행정주체의 조직을 말한다.

행정조직의 개념은 행정주체를 대표하는 행정기관의 설치 · 직무범위 · 구성 · 상호관계 등에 관한 것과 함께 행정기관을 구성하는 일체의 인적 요소(公務員) 및 물적 요소(公物)를 포함하는 개념으로 사용될 수 있다. 이러한 개념이 바로 가장 넓은 뜻의 행정조직에 관한 개념정의이고, 이보다 좁은 뜻의 개념정의는 인적 요소와 물적 요소를 뺀 나머지로 이해된다.

이러한 행정주체의 조직 · 유지 및 관리를 목적으로 하는 행정을 組織行政이라고 한다. 조직행정은 행정객체인 국민을 향하여 대외적으로 행정작용을 수행하기 위한 내부적 준비로 이해되고 있다. 행정주체의 내부의 관계는 행정기관 상호간의 관계도 있고, 행정기관과 그 구성원과의 관계도 있다. 따라서 조직행정은 이러한 관계들을 규율하게 된다. 행정을 그 주체에 의해서 분류할 때, 일반적으로 국가행정 · 자치행정 · 위임행정으로 나누고 있다.

여기서 국가행정이란 국가가 직접 행하는 행정을 말하고, 자치행정이란 공공단체가 행하는 행정을 말한다. 공행정은 거의 전부가 국가에 원천을 두는 것이지만, 국가는 자기의 조직을 통해서 직접 행정을 하는 이외에 일정한 범위 안에서 이것을 공공단체에 일임한다.

그리고 위임행정이란 국가가 행정사무의 일부를 공공단체에 위임할 때 그 사무를 말한다. 예컨대 학교의 설립, 철로 · 교량의 가설 등과 같이 원래 국가사무인 것을 지방공공단체에 위임하여 그 경비를 부담시키는 것을 말한다. 따라서 위임행정사무는 성질상 국가행정사무에 속하는 것이다.

1. 국가행정조직

(1) 행정기관

국가의 행정을 행하는 기관을 행정기관이라 하며, 따라서 대통령은 국가최고의 행정기관이고, 대통령의 통할에 따라 각종의 행정을 분장시키는 것이 국가행정이다. 그리고 그 행정기관의 설치 · 조직 · 권한에 관한 규정의 총체를 國家行政組織法이라고 한다.

행정기관은 그 법률상의 지위 · 권한 · 사무의 종류 등을 표준으로 하여 구분하는데, 그 중 국가의 의사를 결정 · 표시할 수 있는 기관을 행정관청이라고 한다. 그리고 행정관청을 보조하는 기관을 보조기관이라고 하며, 행정관청의 자문에 응하든가 또는 자진하여 자기의견을 진술하는 기관을 자문기관이라고 한다.

또한 행정관청이 국가의사를 결정함에 있어서 단독으로 결정하는 것이 아니고, 다른 기관을 그에 참여시킬 때 그 기관을 참여기관이라고 한다. 그 밖에 행정관청의 명령을 받아 실력으로 집행하는 것을 임무로 하는 기관을 집행기관이라고 하고, 행정기관이 행하는 행정을 검사하여 그의 옳고 그름을 판단하는 것을 임무로 하는 기관을 감사기관이라고 한다. 내각이나 각 부장관이나 도지사는 행정관청이며, 각부의 차관·국장·과장 등은 보조기관이고, 각종의 위원회·심의회는 자문기관이다. 그리고 경찰공무원·세무공무원 등은 집행기관이고, 감사원은 감사기관이다.

(2) 행정관청의 종류

행정관청은 그 권한, 사무의 종류에 따라서 여러 가지로 구분된다.

첫째, 국가의 의사결정권이 단일인에게 있는 단독제관청과 의사결정권이 여러 사람의 합의체에 있는 합의제관청이 있다.

둘째, 그 관할구역이 전국적이냐 지방적이냐에 따라서 전국적인 중앙관청과 지방적인 지방관청이 있다. 예컨대 행정각부장관은 중앙관청이고 각 도지사는 지방관청이다.

(3) 행정관청의 권한

행정관청의 조직과 직무범위에는 일정한 한계가 있는데, 이를 행정관청의 관할 또는 권한이라고 한다. 행정관청의 설립·조직 및 그 직무범위에 관한 관할 또는 권한은 반드시 법률로 정하게 된다. 행정관청이 행한 행위의 법률적 효과는 그 권한 안에서 행한 경우에는 국가의 행위로서 효력이 발생한다. 이것을 권한의 적극적 효과라고 하는 반면, 행정관청의 권한 밖의 행위는 무권한을 이유로 무효가 되든가 또는 취소되게 된다는 의미에서 권한의 소극적 효과라고 한다.

행정청은 법률에 정해진 권한을 스스로 행사함을 원칙으로 하지만, 그 일부를 다른 행정청 또는 보조기관에 대리행사케 할 수 있다. 또한 정부조

〈정부기구도표〉

(2019년 5월 18일 현재 18부 5처 17청)

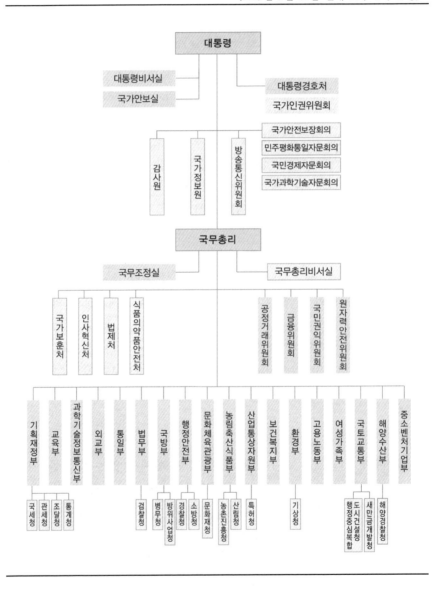

직법(제4조) 또는 개별법은 행정청으로 하여금 그 권한의 일부를 보조기관 또는 하급행정청 등에 위임할 수 있게 하고 있는데, 이러한 권한의 위임이

있게 되면 그 위임을 맡은 행정기관에 권한이 이전되어 그는 자기의 이름과 책임으로 위임받은 권한을 행사할 수 있다.

또한 각 관청의 관할 또는 권한은 법률로써 정해져 있기 때문에 서로가 다른 관청의 관할 또는 권한을 침범하지 못하게 되어 있다. 그럼에도 불구하고 관청 서로간에 관할의 한계에 관하여 의견의 대립이 있을 경우가 있다. 이것을 主管爭議라고 한다. 주관쟁의는 상급관청의 裁決에 의하거나 그것으로도 해결을 볼 수 없을 때에는 국무회의의 의결에 의해서 해결하는 행정적 방법도 있지만, 法院에 의한 사법적 방법 및 憲法裁判所에 의해서 해결하는 방법 등이 있다.

(4) 행정관청의 감독권

행정관청은 上命下服의 위계적 조직으로 되어 있으며, 상급관청은 하급관청을 지휘·감독하는 권한을 가진다. 상급관청의 하급관청에 대한 감독권의 범위는 관청의 종류와 성질에 따라서 반드시 일정하지는 않지만, 대체로 감시권·훈련권·취소권 및 인가권 등의 네 가지 기능을 포함하고 있다.

2. 자치행정조직

(1) 자치행정의 의의

자치행정이란 국가 이외의 공공단체가 행하는 행정을 말한다. 공공단체는 국가 밑에서 행정목적을 수행하는 공법상의 법인을 말한다. 공공단체를 '공법인' 혹은 '자치단체'라는 이름으로 부르기도 하며, 지방자치단체·공공조합(공사단)·영조물법인·공재단 등이 있다.

(2) 자치권의 내용

1) 자치행정권   지방자치단체에 의한 행정이란 지방자치단체가 주체가 되어 행하는 행정을 말한다. 지방자치단체의 행정을 종래 固有事務와 委任事務로 나누어 설명하고 있었다. 그러나 오늘날 지방자치의 의의에 따르면, 지방자치단체는 국가 이전의 고유한 생명체가 아니라 국가의 권위

안에서 그 존재가치가 있다. 그리고 자치권도 국가권력의 傳授物 내지 傳來物이라는 생각이 지배적이다.

오늘날 행정에서 자치행정과 위임행정의 구별은 이론상·실제상으로 명확한 선을 그을 수는 없지만, 우리나라 지방자치법은 이의 구별에 관하여 규정하고 있다. 자치사무란 지방자치단체의 존립목적이 되고 있는 지방적 복리사무를 말한다. 따라서 지방자치단체는 국가 또는 다른 자치단체의 전권에 속하는 사무를 제외하고는 그 지방주민의 복리에 관한 각종의 공공사무를 포괄적으로 처리하게 된다. 위임사무라 함은 지방자치단체가 법령에 의하여 국가 또는 자치단체로부터 위임을 받아 행하는 사무를 말한다.

2) **자치입법권**　　자치입법권이란 자치단체가 자치입법권에 의거하여 법령의 범위 안에서 정립하는 자치에 관한 규정을 말한다. 지방자치단체에 대하여 자치입법권을 인정하는 이유는 첫째는 자치단체로 하여금 스스로의 일을 스스로 정한 규범 내지 계획표에 따라 처리한다는 행정의 자율성 혹은 자주성의 보장과, 둘째는 행정의 전문성과 관련해서 지역적 특수성을 살리기 위한 것으로 인식되고 있다.

자치입법에 관한 근거규정은 헌법 제117조와 지방자치법 제22조 및 제23조를 들 수 있다. 이들에 의하면 지방의회가 제정하는 條例가 있고, 지방자치단체의 장인 집행기관이 행하는 규칙이 있다. 집행기관에는 일반사무의 집행기관과 교육·과학 및 체육에 관한 사무를 집행하는 기관의 두 종류가 있으므로 규칙에도 (일반) 규칙(지방자치법 제23조)과 교육 규칙(지방교육자치에 관한 법률 제25조)이 있다.

3. 공무원제도

(1) 공무원의 개념

공무원(Beamter)이란 국가·지방자치단체 또는 그 외의 公權力의 담당자의 기관구성원을 가리키는데, 과거에는 관리라 했으며 아직도 이러한 표현이 완전히 가시지 않은 면이 남아 있다. 공무원은 따라서 一般私人과는 구별되는 신분과 지위를 갖게 되며, 公權은 결국 국민으로부터 연원하는 것이고, 공무원에 대한 공권의 수임자가 국민이므로 공무원은 그 주권자인 국민에 대한 충성의 의무를 가지는 것이다.

(2) 공무원의 종류

1) **국가공무원과 지방공무원**　　국가의 공무와 지방자치단체의 그것으로 구별하여 전자를 담당·집행하는 자를 국가공무원, 후자를 담당하는 자를 지방공무원 이라고 하며, 각각 국가공무원법과 지방공무원법에 의해 그 법률관계가 규율된다.

2) **경력직공무원과 특수경력직공무원**　　국가공무원법과 지방공무원법은 공무원의 직무의 내용·임용자격 및 신분보장 등을 고려하여 공무원을 경력직과 특수경력직으로 대별하고, 경력직은 이를 다시 일반직·특정직으로 나누고, 특수경력직은 정무직·별정직으로 나누어 규정하고 있다(국가공무원법 제 2 조).

경력직공무원은 대체로 직업공무원의 부류에 속하는 것으로 그 중 일반직공무원은 기술·연구 또는 행정 일반에 관한 업무를 담당하여 직군·직렬별로 분류되는 공무원이며, 특정직공무원은 법관·검사·외무공무원·경찰공무원·교육공무원·군인 등과 같이 특수분야의 업무에 종사하는 공무원으로서 다른 법률이 특정직으로 지정하는 공무원을 말한다.

특수경력직공무원은 경력직공무원 이외의 공무원으로서 그 중 정무직공무원은 선거에 의하여 취업하거나 임명에 국회의 동의를 요하는 공무원 및 국무위원·차관 등과 같이 업무의 성질과 임면 등에 정치성이 강하게 나타나는 공무원이며, 별정직공무원은 국회전문위원·비서관 등을 말한다.

3) **고위공무원단**　　최근 국가의 고위공무원을 범정부적 차원에서 효율적으로 인사관리함으로써 정부의 경쟁력을 제고하기 위하여 고위공무원단을 구성하였는바, '고위공무원단'이라 함은 직무의 곤란성과 책임도가 높은 일정한 직위에 임용되어 재직중이거나 파견·휴직 등으로 인사관리되고 있는 일반직공무원·별정직공무원 및 특정직공무원의 群을 말한다.

(3) 공무원의 요건

공무원이 되는 데는 두 가지 요건이 필요하다. 그 하나가 능력요건,

그 둘째가 자격요건이다.

1) 능력요건   공무원이 될 수 있는 권리능력을 말하며, 자국인이어야 하고, 또한 법적 결격자(피성년후견인, 한정후견인, 파산자, 금고 이상의 형을 받은 자 기타)가 아니고, 또한 연령적 제한이 있을 때에는 그 제한에 해당되지 않을 것 등이 그것이다. 위와 같은 일정한 결격사유에 해당하는 자는 공무원으로 임명될 수 없으며, 재직중에 결격사유가 발생할 때에는 당연퇴직사유가 된다(국가공무원법 제33조, 지방공무원법 제31조).

2) 자격요건   경력직공무원 중 일반직공무원의 신규임용은 공개경쟁시험에 의한 고시임용이 원칙이나, 특정한 경우에는 특별채용에 의한 특별임용도 할 수 있다. 기타는 자유임용에 의하는데, 특수경력직공무원의 관직에서 이 방법이 이용된다. 그러나 자유임용은 법관·교원의 경우와 같이 자격요건이 엄격한 것도 있다(국가공무원법 제26조 및 제28조, 지방공무원법 제25조 및 제27조).

(4) 공무원의 권리·의무·책임

1) 공무원의 권리   공무원은 특히 신분보장을 하지 아니하는 자(1급 공무원과 고위공무원단)를 제외하고는 법령에 의한 사유가 있는 경우에 소정의 절차에 의하지 아니하고는 그 신분을 박탈당하지 아니하며, 직위를 상실하지 아니할 권리를 가진다(국가공무원법 제68조).

특정직공무원 중에는 특히 강력한 신분보장을 받는 경우가 있다. 즉 법관·검사 등은 국가공무원법에 정한 사유에 의한 휴직·정직은 그 적용을 받지 않고, 오로지 탄핵·형벌 또는 징계처분에 의해서만 파면·정직 또는 감봉될 수도 있다. 공무원은 또한 재산상의 권리로서 보수를 받는 권리를 가진다(국가공무원법 제46조, 제47조, 지방공무원법 제44조).

2) 공무원의 의무   첫째, 직무상의 의무로는 執務의 의무, 服從의 의무(동법 제57조), 親切·公正의 의무(동법 제59조) 등이 있다.

둘째, 직무의 내외를 막론하고 지켜야 할 의무로는 성실의무(동법 제56조), 機密嚴守의 의무(동법 제60조)가 있다.

셋째, 직무 외의 의무로는 방탕·주벽·경솔·축첩 등이 있어서는 안 된다는 품위유지의 의무가 있다.

3) 공무원의 책임   공무원의 직무행위에 대한 책임은 민법상의 책

임, 형법상의 책임, 공무원법상의 책임으로 구별된다.

(개) 민법상의 책임　　공무원이 국가에 대하여 재산상의 손해를 끼쳤을 때에는 그 공무원은 특히 지정된 공무원을 제외하고는 민법상의 배상책임을 지게 된다. 또한 공무원이 그 직무를 수행함에 있어서 고의 또는 과실로 타인의 권리를 침해했을 때에는 그 공무원은 개인의 자격으로서 피해자에 대하여 민사상의 배상책임을 진다(민법 제750조).

(나) 형사상의 책임　　공무원의 형사상 책임 중 중요한 것은 형법이 규정한 공무원의 직무에 관한 죄이며, 이는 직무범죄와 준직무범죄로 구별된다. 職務犯罪란 직권남용죄와 직무유기죄가 있는데, 타인의 권리행사방해죄·불법체포감금죄·폭행가혹행위죄·피의사실공표죄·공무상 비밀누설죄·선거방해죄 등이 전자이며, 정당한 이유 없이 공무원이 그 직무수행을 거부 또는 유기함이 후자이다. 準職務犯罪란 수뢰죄를 말하며, 사전수뢰죄·제3자 뇌물제공죄·수뢰후부정처사 및 사후수뢰죄·알선수뢰죄·증뇌물전달죄 등이 그것이다.

(다) 공무원법상의 책임　　공무원법상 공무원이 받는 제재를 징계벌이라 하는데, ① 국가공무원법 및 이 법에 의한 명령에 위반했을 때, ② 직무상 의무에 위반하거나 직무를 태만했을 때, ③ 직무의 내외를 불문하고 그 체면 또는 위신을 손상하는 행위를 한 때에는 징계처분을 받는다(국가공무원법 제78조). 징계처분에는 파면·해임·강등·정직·감봉·견책의 6가지가 있다(국가공무원법 제79조).

Ⅲ. 행정작용

1. 행정상 법률관계

행정상 법률관계란 행정에 사회생활관계를 행정법적으로 평가한 관계를 말한다. 이러한 행정법적 평가를 해 보면 행정상 법률관계의 當事者에 대한 권리와 의무로 되어 있음을 알 수 있다. 행정상 법률관계는 항상 고정되어 있는 것이 아니고, 여러 가지 외부적 요인에 의해서 변동을 하게 된다. 따라서 행정상 법률관계를 이해하기 위해서는 먼저 행정상 법률관계의 당사자의 문제와 행정상 법률관계의 내용 및 행정상 법률관계의 변동원인에 관한 이해가 있어야 한다.

(1) 행정상 법률관계의 당사자

행정상 법률관계에서도 한편으로는 행정을 하는 자와 다른 한편으로는 행정을 받는 자의 법주체가 존재하는데, 이러한 당사자를 행정상 법률관계의 당사자라고 한다. 행정상 법률관계의 당사자는 행정상 법률관계의 특질을 고려해서 행정주체와 행정객체로 나누어 설명하게 된다.

행정주체(행정권의 주체)란 행정상 법률관계에서 행정권을 행사하고, 그 법적 효과가 궁극적으로 귀속되는 당사자를 말한다. 행정상 법률관계에서 실제적으로 행정업무를 담당하는 자는 행정기관의 지위에 있는 공무원(자연인)이다. 그런데 행정기관의 지위에 있는 공무원의 행위이지만 그 법적 효과는 추상적 법인격체인 국가 또는 공공단체에 귀속된다. 이러한 점을 들어서 국가 또는 공공단체는 언제나 '형식상의 당사자'로 하여금 행정주체로서 임무를 수행하게 한다고 설명한다.

여기서 말하는 형식상의 당사자란 자기 자신의 권리를 주장하는 인격자로서가 아니고, 어느 단체의 기관으로서 다만 명의상 법률관계에 참가하는 당사자를 의미하게 된다. 행정주체가 누구인가의 문제는 법의 규정을 전제로 하여 결정되는 행정권행사에 관한 제도상의 문제이다. 이러한 점이 바로 행정조직법론에 관한 문제이다.

우리나라 헌법에는 근대국가의 권력분립을 명시하여 大統領을 최고의 행정기관으로 정하고, 그 아래 중앙관청 또는 지방관청을 두어 행정을 담당하게 하고 있다. 또한 지방적 혹은 직능적 특수행정에 관해서는 법률에 의하여 각종 공공단체로 하여금 이를 행하게 하고 있다. 따라서 행정주체는 원칙적으로 國家를 들 수 있으며, 그 밖에 특별한 목적을 위하여 국가가 어떤 종류의 단체에 대해서 공법상의 법인격을 부여하여 행정주체가 되게 하는 경우도 있다. 이러한 각종 공공단체로는 지방자치단체·공공조합·공법상 재단법인·영조물법인 등이 있고, 예외적으로 私人도 행정주체가 될 수 있다.

(2) 행정상 법률관계의 내용

행정상 법률관계(행정법관계)는 私法關係와 마찬가지로 법률에 의하여 규율되는 법률과제이다. 일반 사법관계에서는 법률관계를 주관적 측면으로 보아 권리·의무의 관계로 파악하게 된다. 이러한 權利와 義務를 법률관계의 내용이라고 한다. 그런데 행정상 법률관계가 공법적 규율을 받은 경우는 私法上 법률관계의 내용과 다른 특성을 인정하기 때문이다. 다른 특성이 인정된다는 것은 또한 다른 이름으로 불리게 된다는 의미이기도 하다. 여기서 공법상 권리·의무의 관계를 하나는 공법상 권리라는 의미로 '公權'이라 부르고, 또 다른 하나를 공법상 의무라는 뜻으로 '公義務'라고 부르게 된다.

공권과 공의무를 우선 私法上의 권리인 私權과 私法上의 의무인 私義務와 구별하는 것이 문제된다. 이러한 구별은 또한 公·私法의 구별과 밀접한 관계가 있다. 사법관계에서 사권과 사의무는 사적 자치의 원칙에 따라 개인의 자유의사에 의하여 권리·의무의 내용이 형성·변경·소멸된다. 그 반면 공권과 공의무는 그 내용이 일반적으로 법치행정의 원칙에 의하여 이뤄진다. 따라서 권력관계에 있어서 공권·공의무의 내용은 일반적으로 행정주체의 일방적 행위에 의하여 이뤄진다. 관리관계에 있어서 권리·의무도 물론 정형화되어 있는 경우가 있다.

(3) 행정상 법률관계의 변동원인

행정상 법률관계의 변동, 즉 그 발생·변경·소멸이라는 행정법상의 법률효과를 발생시키는 원인이 되는 사실을 행정법상 법률요건이라 한다. 이러한 법률요건은 하나 또는 여러 개의 사실로 구성되어 있는 경우도 있다. 예를 들면 행정법상 상계와 같이 한 개의 사실로 구성되어 있는 경우가 있는가 하면, 건축허가와 같이 신청과 허가처분이라는 두 개의 사실로 이뤄지는 경우도 있다. 여기서 법률요건을 구성하는 하나하나의 사실을 행정법상 법률사실이라 한다. 따라서 행정법상 법률요건과 법률사실은 민법상 법률요건과 법률사실에서 유추해서 만든 개념이다. 그러나 행정법상 법률요건과 법률사실에 관해서는 행정상 법률관계를 고려하면서 이해하고 인식해야 할 것이다.

민법상 법률사실의 분류에 유추해서 행정법상 법률사실을 구분하게 된다. 그런데 민법상의 법률사실에 대한 분류는 더 복잡하게 이야기하지만, 행정주체의 비인간성에 비추어 ① 행정법상 사건, ② 행정법상 용태로 나누어 설명된다. 그 구별기준도 역시 민법의 방법에 따라 사람의 정신작용을 요소로 하는지 여부에 따른 것이다.

1) **행정법상 사건**   행정법상 사건이란 사람의 정신작용을 요소로 하지 아니하는 행정법상의 법률사실을 말한다. 행정법상 사건에는 시간의 경과, 행정상 부당이득 등이 있다.

[행정상 부당이득]

민법상 부당이득이란 법률상 원인 없이 타인의 재산 또는 노무로 인하여 이익을 얻고, 이로 인하여 타인에 손해를 가한 자에게 그 이익을 반환시키는 제도를 말한다. 이러한 제도는 통상 정당한 이유가 없는 재산적 이득에 대하여 공평의 원칙에서 그 시정 내지 균형을 꾀하는 데 그 목적이 있다. 이러한 시각에서 행정법상 부당이득을 이야기하면 행정법상 원인에 의하여 일단 급부했지만, 그 원인이 무효이거나 취소됨으로써 법률상 원인 없는 급부가 된 경우에 재산상의 이익조절을 하기 위한 제도이다. 예를 들면 과오납이라든지, 봉급의 과오불, 연금받을 자격이 없는 자의 연금수령, 공공요금과납과 같은 행위 등이 있을 수 있다.

2) **행정법상 용태**   행정법상 용태란 정신작용을 요소로 하는 행정법상의 법률사실을 말한다. 이러한 행정법상 용태에는 행정상 사실행위와 행정상 법적 행위가 있다.

㈎ 행정상 사실행위   행정청의 행위에는 그것이 법적 효과를 발생하느냐 않느냐에 따라 크게 법적 행위와 사실행위로 나눌 수 있다. 행정법학에서 그동안 주로 다루어진 것은 전자의 경우이고, 후자는 다만 행정지도라고 지칭된 것에 한하여 주로 행정법학자의 관심의 대상이 되어 왔다. 따라서 행정상 사실행위란 행정주체가 직접적으로 사실상의 효과발생만을 목적으로 하는 일체의 행위를 말한다.

이러한 행정상 사실행위는 오래전부터 존재하여 온 것이 사실이며, 행정청의 행위 중 대부분이 사실행위라고 할 수 있다. 예컨대 도로·하천의 공사·관리, 학교·병원의 설치·경영, 세금징수, 금전출납, 재산압류 등 각종의 강제집행, 만취자의 檢束, 국공립학교의 수업, 위험한 건물의 파괴, 군중의 해산 등이다. 행정상 사실행위는 전혀 법적 효과를 발생하지 않는 사실상의 동작에 그칠 때도 있고, 그 행위의 결과에 어떤 법적 효과를 결부시킬 때도 있다.

여기서 법적 효과를 결부시킨다는 의미는 행정상 사실행위가 법적 효과의 발생을 직접적으로 목적하는 것이 아니라, 법적 효과를 간접적으로 발생하게 한다는 것이다. 예컨대 경찰관의 사실행위이지만 공무집행인 까닭에 한편으로 그것을 태만히 하면 직무상의 의무위반이 되고, 다른 한편으로 타인이 그것을 방해하면 공무집행방해죄가 된다. 도로공사에 의하여 국민의 권리를 침해하면 손해배상 또는 손실보상의 원인이 된다. 또한 행정지도와 같은 사실행위를 행정주체가 잘못 행함으로써 상대방이 손해를 입은 경우, 그에 대한 손해배상의무와 같은 법적 효과를 행정주체에게 발생시킬 수 있다. 그리고 행정상 강제집행에서 공무원이 고의 또는 과실로 법령에 위반하여 국민에게 손해를 입히는 경우에는 손해배상청구권이 발생한다. 이들의 경우에 발생하는 권리와 의무는 사실행위의 직접적 효과가 아니라, 그에 관한 법규정에 의한 효과라는 점에서 법적 행위와 구별된다.

[행정지도]

行政指導에 관한 정의는 학자들 사이에 다소 차이가 있으나, 대체로 행정주체가 일정한 행정목적의 실현을 위하여 상대방에 대하여 일정한 협력적 행위를 구하는 비권력적 사실행위라고 설명하고 있다. 그리고 이러한 행정지도라는 말은 실정법상의 용어가 아니라, 행정실무상의 용어에서 비롯된 것이다. 행정지도에 대해서 우선 그 개념을 이야기한다면, "행정주체가 스스로 의도하는 행정목적을 실현하기 위하여 상대편의 임의적 협력을 기대하여 행하는 비권력적인 사실행위"라고 정의하고 있다. 그리고 행정지도는 실무상 '권고'·'지도'·'요망'·'조언'이라는 이름으로 불리고 있다고 소개한다. 이에 관한 예로서 통일벼의 보급, 올림픽경기 때의 자동차 홀짝수 운행 등을 들 수 있다. 행정지도는 실제 우리들의 행정작용에 있어서 많은 양을 차지하고 있다. 그럼에도 불구하고 법적 규율을 받지 않는 점에서 사실행위라고 이야기한다.

루돌프 폰 예링(Rudolf von Jhering, 1819-1892)

예링은 1819년 8월 22일 독일의 아우리히에서 법률가의 가정에서 태어났다. 하이
델베르크·괴팅겐·뮌헨·베를린대학에서 법학을 공부하고 1842년에 베를린대학에서
법학박사학위를 받았다. 1843에 바젤대학, 1846년에 로스톡대학, 1849년에 키일대
학, 1852년에 기이센대학 교수로 전임하면서 로마법을 강의하였다. 1868년에 비인
대학으로 옮겼다가 1872년에 독일로 돌아왔다. 라이프찌히대학과 하이델베르크대학
에서의 초빙을 그의 저술활동에 방해를 받는다는 이유로 거절하였다. 1892년 9월
17일 괴팅겐에서 서거하였다. 「로마법의 정신」(*Gesit des römischen Rechts*, 3.
Bde., 1852/1865) 등 수많은 저서가 있는데, 역사법학파로 시작하여 이를 극복하고
목적법학(Zwecksjurisprudenz)을 창시한 학자로 명성이 높다.

프리드리히 폰 사비니(Friedrich Karl von Savigny, 1779－1861)

1779년 2월 21일 독일 프랑크푸르트 암 마인에의 부유한 귀족가문에서 태어났다. 1795년 마르부르크대학에 입학한 후 1800년에 법학박사학위를 받았다. 1808년에 란츠후트(Landshut) 대학 교수가 되어 1810년에 베를린대학 교수로 옮겨 로마私法을 가르치며 평생을 이곳에서 보냈다. 1812년에는 피히테의 후임으로 총장직을 맡았다. 그 후 프로이센 법무상, 추밀원 의장을 거쳤으나 1848년부터는 일체의 공직에서 물러나 학문연구에 전념하였다. 1861년 10월 25일 베를린에서 사망하였다. 저서로는 「중세로마법의 역사」(*Geschichte des römischen Rechts im Mittelalter*, 1815/1834), 「현대로마법의 체계」(*System des heuthigen römischen Rechts*, 1840/1849) 등이 있고, 티보(A. Thibaut)와의 논쟁을 야기한 「입법 및 법학에 대한 우리 시대의 사명」(*Vom Beruf unserer Zeit für Gesetzgebung und Rechtswissenschaft*, 1814)은 역사법학파(historische Rechtsschule)의 강령을 이루었다.

(나) 행정상 법적 행위(법률적 행위)   행정법상 법적 행위는 행정주체와 행정객체 사이에 법적 효과를 발생하게 하는 법률사실을 말한다. 따라서 이러한 법적 효과에는 행정상 법률관계를 공법적으로 평가해서 공법적 효과를 부여하는 경우도 있고, 사법적으로 평가해서 사법적 효과를 부여하는 경우도 있다. 전자를 公法行爲라고 하고, 후자를 私法行爲라고 부르게 된다.

a) 사법행위   행정상 사법행위는 행정상 법률관계에 있어서 사법적 효과가 발생·변경·소멸하는 행정주체와 행정객체의 관계를 말한다. 이러한 사법행위를 행정에서는 특히 '국고행정'이라고 한다. 국고행정이란 행정주체가 사법상 재산권의 주체로서 사법상의 행위형식을 통해서 행하는 행정이라고 정의할 수 있다.

b) 공법행위   공법행위란 행정주체와 행정객체의 관계에 있어서 공법적 효과를 발생·변경·소멸시키는 행위를 말한다. 따라서 공법행위는 그 행정상 법률관계의 작용성질에 따라 행정청의 입법적 작용과 행정청의 행정적 작용 및 행정청의 사법적 작용으로 구분될 수 있다.

aa) 행정상 입법행위(행정입법)   행정상 입법행위란 행정권에 의하여 행하는 입법적 작용을 말하며, '행정상 입법' 혹은 '행정입법'이라고도 한다. 권력분립이론에 의하면, 입법작용은 원칙적으로 국회에 전속한다. 이러한 생각은 19세기의 원론적인 이야기이고, 20세기에 와서는 행정기능의 확대·기술화·전문화 등으로 말미암아 전문화·기술화가 요구된다. 이러한 상황에서 국회가 담당할 수 없는 처지에 놓이게 됨으로써 행정부가 행정에 관한 입법기능을 담당할 필요성이 인정되었다. 이러한 행정상 입법적 작용은 어떻게 보면 원래 정부가 담당하던 기능의 복귀라고 할 수도 있다. 그러나 여기서 과거의 오류를 범하지 않으려면, 항상 그 통제에 중점을 두어야 할 것이다. 이러한 이유로 오늘날의 행정입법에 대한 통제가 중요한 논점으로 등장하고 있다.

bb) 행정계획   행정계획의 개념정의는 다양하지만, 행정기관이 일정한 행정활동을 수행하기 위하여 그 목적을 설정하고, 서로 관련된 행정수단의 종합·조정을 통하여 목표로 제시된 일정한 질서를 실현하기 위한 구상 또는 활동기준의 설정행위를 말한다. 오늘날 행정에서 경제계획·사회계

획·방위계획·국토계획·지역계획·도시계획 등 많은 부문에 걸쳐서 행정계
획이 이뤄지고 있다. 따라서 행정계획을 '현대행정의 총아' 혹은 '계획국가
야말로 행정국가의 최신모델'이라고 이야기하기도 한다. 이러한 행정계획은
물론 현대국가 이전에도 존재했지만, 그것은 오늘날 현대복지국가에서 보
는 행정계획과는 다른 성격을 가지고 있었다. 즉 제 2 차 대전 이전에 볼
수 있었던 행정계획은 주로 소극적인 것이었다. 그 반면 제 2 차 대전 이후
부터는 복지국가이념과 더불어 급부행정이 강조되면서 적극적 성격을 띠게
되었다. 현대국가는 복지국가이념에 따라 그만큼 더 행정수요의 증대와 국
가기능의 비약적 확대를 낳게 되었다. 따라서 이러한 행정의 종합적·능률
적 집행을 위하여 장기적·종합적 안목에서 행정의 목적·수단 및 기준의
설정을 계획적으로 할 필요가 있다. 이러한 계획의 필요성은 현대과학·기
술의 진보에 따라 더욱 촉진되었다. 자료의 수집·분석 및 지식의 활용과
장래에 대한 정확한 예측·판단 및 가정의 설정 등에서 전자기기의 활용은
계획의 성공적 실시에 결정적 구실을 하게 되었다.

cc) 집행행위(행정행위)　　집행행위란 법규를 실행하는 행위를 말
한다. 국회에 의해서 또는 행정부 자체에 의해서 정립된 법규를 실행하는
행위이다. 따라서 행정부에 의한 실질적 의미의 행정을 말한다. 이런 의미
에서 입법부·사법부가 담당하는 '실질적 의미의 행정'도 집행행위적 성질을
가지고 있다. 집행행위는 '행정처분'과 '행정계약'의 형태로 이뤄진다. 이들
둘은 행정주체와 행정객체의 법률상 지위가 어떻게 구성되어 있느냐에 따
라 근본적인 차이가 있다. 앞의 것은 불대등한 관계에서 출발하고, 뒤의 것
은 대등한 관계에서 법률행위가 이뤄진다. 따라서 이들 양자의 법률관계도
다르게 설명된다. ① 행정처분은 행정주체가 우월한 지위에서 공권력을 행
사하여 법의 집행작용을 하는 것을 말한다. ② 행정계약이란 행정청이 체
결하는 계약이라고 일단 생각할 수 있다. 그런데 이러한 행정청의 계약에
는 공법적 원리의 적용을 받는 경우도 있고, 사법적 원리의 적용을 받는
경우도 있다. 따라서 공법행위로서의 행정계약(공법상 계약)은 행정청이 행
하는 계약으로서 당사자의 의사합치에 의하여 공법적 법률효과를 발생하게
하는 것을 말한다.

dd) 행정상 사법행위　　법규적용에 관해서 분쟁이 있을 때, 그

법규의 해석적용을 통하여 일정한 결정을 내리는 행위를 사법작용이라고 한다. 이러한 행위는 원래 사법부, 즉 법원에 속하는 작용이다. 그러나 그 법규적용에 관한 다툼이 행정과 관계될 경우에 그 사법작용적 임무를 누구에게 맡길 것인가가 문제된다. 그 판단을 ① 사법부 자체의 일반법원에 맡기는 방법, ② 일반법원과 다른 특별법원을 인정하는 방법, 그리고 ③ 행정부 자체에 맡기는 방법 등이 있을 수 있다. 우리나라는 헌법 제101조의 '司法'개념을 실질적 의미로 이해하기 때문에 민사재판·형사재판은 물론이고, 행정사건에 관한 재판권도 고유한 司法의 일환으로서 사법부에 속한다는 입장이 지배적이다. 다만 행정소송의 전심절차로서 행정심판제도를 통한 사법적 작용은 행정부에게 인정하고 있다. 따라서 행정상 사법행위란 행정청이 법을 선언하는 사법적 작용을 말한다. 이러한 행위에는 가장 대표적인 것으로 '행정심판'이 있다.

2. 행정행위(행정처분)

(1) 행정행위의 개념

행정상 법률관계의 변동원인 중에서 가장 전통적이고 대표적인 형태가 행정행위(행정처분)에 관한 것이다. 행정행위의 관념은 일반민법상 법률행위의 관념과 유사한 개념으로 학문상 다루고 있다. 여기서 행정행위란 행정청의 행위 중에서 법집행행위로서 권력적 단독행위를 의미한다. 따라서 행정행위의 개념요소는 ① 행정청이 행하는 행위이며, ② 법적 행위이고, ③ 공법행위이며, ④ 구체적 법집행행위이고, ⑤ 권력적 단독행위이다.

(2) 행정행위의 내용

행정행위는 법률적 평가를 내리는 법적 행위로서 그 특징은 법적 효과를 발생·변경·소멸시키는 행위이다. 그런데 이러한 법적 효과를 발생시킴에 있어서 행정주체인 행정청의 의사에 좌우되는 것이 아니라, 법규에 의해서 이루어지는 경우가 있다. 이러한 맥락에서 민법상 법률행위와 준법률행위의 차이에 착안하여 행정행위를 법률행위적 행정행위와 준법률행위적 행정행위로 나누고 있다. 법률행위적 행정행위란 법집행을 위한 의사표시

(효과의사의 표시)를 구성요소로 하고, 그 효과의사의 내용에 따라 법률효과를 발생하는 행정행위를 말한다.

그 반면 준법률행위적 행정행위란 법집행행위를 위한 효과의사 이외의 정신작용의 표시를 요소로 하고, 그 법률효과는 행위자의 의사 여하를 묻지 않고 직접 법규가 정하는 바에 따라 발생하는 행정행위를 말한다. 따라서 법률행위적 행정행위와 준법률행위적 행정행위의 구별은 법률효과발생의 원인을 기준으로 행정행위를 구별한 개념이다.

1) **법률행위적 행정행위**　　　법률행위적 행정행위를 법률효과의 내용에 따라 명령적 행위와 형성적 행위로 구분하고 있다.

㈎ 명령적 행위　　　명령적 행위란 행정행위의 상대방에 대하여 국민의 자유와 관련된 일정한 의무를 과하거나 이미 과해진 의무를 해제하는 것을 내용으로 하는 행정행위를 말한다. 여기서 '국민의 자유와 관련이 있다'는 말은 일반국민에 대해서 이뤄진다는 것을 의미한다. 예컨대 세금을 내라고 하는 행정행위는 모든 국민과 관련이 있다. 또한 자동차운전면허와 관련해서 보면 일단 모든 국민으로 하여금 운전을 할 수 없도록 자유를 제한해 놓고, 일정한 기준에 의해서 일정한 사람에게만 그 자유의 제한을 해제해 주게 된다. 따라서 명령적 행위란 헌법상 보장되어 있는 국민의 권리, 즉 자유를 제한(=의무의 부과) 또는 회복(=의무의 해제)하는 행정행위를 말한다. 그 반면 뒤에 설명하는 형성적 행위는 권리의 발생·변경·소멸과 관련된 행정행위를 말한다. 그러므로 명령적 행위는 자유와 관련이 있고, 형성적 행위는 권리와 관련이 있다. 명령적 행위는 그 내용에 따라 다시 하명·허가 및 면제로 구분된다.

a) 하　　　명　　　하명이란 행정객체로 하여금 작위·부작위·수인·급부 등의 의무를 명하는 행정행위를 말한다. 하명 중에서 특히 부작위를 명하는 행정행위를 금지라고 부른다. 따라서 하명은 개인의 자유를 제한하거나 새로운 의무를 과하는 것을 내용으로 하기 때문에 이른바 *侵害的* 행정행위이다.

b) 허가와 면제　　　허가란 법규에 의한 일반적 금지(의무)를 특정한 경우에 해제하여 적법하게 사실상 또는 법률상 일정한 행위를 할 수 있도록 자유의 상태를 회복시켜 주는 행정행위를 말한다. 허가제도가 인정되

는 것은 모든 국민은 자연적 자유를 가지지만, 국가가 꼭 필요하다고 생각할 때는 법률에 근거를 두고 국민의 자유를 제한할 수 있다는 것을 전제로 한다. 따라서 허가는 국민의 자유에 대한 제한 혹은 부작위의무를 없애 주는 특징이 있다. 그리고 이러한 학문상 용어인 허가는 실정법상 이름이 여러 가지 존재한다. 허가와 면제는 행정행위의 성질은 같으나 회복되는 의무만이 다르다. 면제란 법령 또는 하명에 의하여 과해진 의무(작위의무·수인의무·급부의무)를 특정한 경우에 해제하는 행정행위를 말한다.

　　(나) 형성적 행위　　형성적 행위란 행정객체에게 특정한 권리·능력 또는 포괄적 법률관계 기타의 법률상의 힘을 형성(발생·변경·소멸)시키는 행정행위를 말한다. 이러한 형성적 행위를 다시 직접 상대방을 위한 행위와 타인을 위한 행위로 분류하기도 한다. 전자에 해당하는 것은 설권행위(특허)·변경행위·박권행위가 있고, 후자에 해당하는 것으로는 '인가'와 '공법상 대리'가 있다.

　　a) 특　　허　　광의의 특허개념이 있는데, 특정인에 대하여 새로운 권리·능력 또는 포괄적 법률관계를 설정하는 행정행위를 말한다. 그리고 협의의 특허개념은 광의의 특허 중 권리설정행위를 말한다. 이러한 특허의 개념은 어디까지나 학문상의 특허개념으로서 실정법상의 특허개념과 구별된다. 특허법상의 특허는 뒤에 설명하는 준법률행위적 행정행위로서 확인에 해당한다.

　　b) 인　　가　　인가란 행정주체와 직접 관계가 없는 다른 법률관계의 당사자의 법률행위를 보충하여 그 법률상 효력을 완성시켜 주는 행정행위를 말한다. 일반국민의 법률행위는 원래 국가 또는 공공단체 등 행정주체의 관여를 요함이 없이 효력을 발생하는 것이 원칙이다. 그러면 왜 인가가 필요한가? 개인의 법률행위가 공공의 이익과 깊은 관련을 맺고 있는 경우, 그 법률행위의 효력을 전적으로 개인의 의사에만 맡긴다면 공공의 이익에 반하는 경우가 생길 수 있다. 따라서 이러한 경우 행정주체는 공공이익의 증진이라는 행정목적달성을 위해서 개인의 법률행위에 관여할 수 있게 된다. 그 방법이 바로 법률행위의 완전한 효력발생을 위해서 보충적으로 행정주체의 의사를 첨가하도록 하는 인가제도이다. 인가는 설정법적으로 허가·승인 또는 특허 등의 이름으로 불리기도 한다.

c) 공법상 대리   행정주체의 공권력에 의거한 행위로서, 제 3 자가 해야 할 일을 행정주체가 행함으로써 제3자가 행한 것과 같은 효과를 일으키는 행정행위를 말한다. 따라서 공법상 대리는 법정대리라고 하겠다.

2) 준법률행위적 행정행위

⑺ 확   인   확인이란 특정한 법률사실 또는 법률관계에 관하여 의문이 있거나 다툼이 있는 경우, 행정청이 공적 권위를 가지고 판단·확정하는 행정행위를 말한다. 확인은 학문상 용어이기 때문에 실정법상 특허·결정·준공인가 등의 용어로 사용되고 한다. 확인은 일반적으로 특정한 법률사실 또는 법률관계의 존재나 정당성을 공권적으로 확정하는 효과를 발생한다. 따라서 유권적으로 확인한 것을 임의로 변경할 수 없는 不可變力이 생긴다. 이러한 일반적 확인의 효과 이외에 효과는 각개의 법률이 정하는 바에 의하여 결정된다. 예컨대 발명권의 특허와 같이 형성적 효과를 생기게 하는 경우도 있다.

⑷ 공   증   공증이란 특정한 사실 또는 법률관계의 존부를 공적으로 증명하는 행정행위를 말한다. 따라서 공증은 의문의 여지 또는 다툼의 여지가 없는 사항 또는 이미 확인된 사항에 관하여 공적 권위로서 형식적으로 이를 증명하는 행정행위이다. 공증은 효과의사의 표시가 아닌 점에서 앞에서 설명한 확인과 같으나, 판단의 표시가 아니라 인식의 표시인 점에서 양자는 구별된다. 공증의 효력 중에서 공통적인 것은 증명에 대한 반증이 없는 한 전복될 수 없는 公的 證據力을 발생하게 된다는 점에 있다. 따라서 행정청 또는 법원에 의한 취소를 기다릴 것 없이 누구든지 그에 대한 반증을 제시함으로써 그 증거력을 다투고 이를 번복할 수 있다. 그러나 이러한 증거력의 정도 및 그 증거력에 따른 다른 효과에 대한 구체적인 사항은 관계법령의 개별적 규정에 정한 바에 의하여 결정되게 될 것이다.

⑷ 통   지   통지란 특정인 또는 불특정다수인에 대하여 특정한 사실을 알리는 행정행위를 말한다. 통지의 형식에 관해서는 구술에 의한 경우도 있고, 통지서의 교부·송달의 방법에 의하여 이뤄지는 경우도 있다. 또한 불특정다수인을 상대로 통지하는 경우 또는 특정인에 대한 통지의 경우라도 통지받을 사람의 주소가 불분명한 경우는 공고의 방법으로 이

뤄지는 것이 원칙이다.

㈑ 수   리   행정객체의 행정청에 행위를 유효한 것으로 행정주체가 받아들이는 행위를 수리라고 한다. 수리는 타인의 행위인 신고·신청 등을 유효한 행위라는 판단 아래 수령한다는 인식표시행위인 점에서 단순한 도달이나 접수와는 구별된다. 행정청은 수리 여부를 결정함에 형식적 요건을 심사할 수 있을 뿐이고, 원칙적으로 실질적 심사권이 없다.

(3) 행정행위의 성립

일정한 행정목적 달성을 위하여 행하는 행정행위는 아무렇게나 성립하는 것이 아니다. 근대국가 이전의 절대왕권의 국가였을 때는 모르겠지만, 오늘날 행정행위는 항상 일정한 요건을 구비해야 한다. 이러한 요건은 제일 먼저 법치행정의 요청과 관련이 있다. 따라서 행정행위가 그 법률효과를 발생하려면 먼저 행위로서 '성립'하여 존재하여야 하고, 이어서 존재하는 행정행위가 '유효'한 것이어야 한다.

이와 같이 행정행위가 성립하기 위한 요건을 행정행위의 성립요건이라고 한다. 따라서 행정행위의 성립요건의 문제는 "행정행위가 아무렇게나 성립할 수 있느냐?" 하는 물음에서 출발해서 "도대체 행정행위는 어떻게 성립하느냐?" 하는 관점에서 살펴보아야 한다. 이런 시각에서 보면 "행정행위는 행정주체가/어떤 내용을/적절한 절차와/형식에 의해서 성립한다"고 요약해서 말할 수 있다. 따라서 행정행위의 성립요건과 관련해서 ① 행정행위의 주체에 관한 요건을 살펴보고, ② 행정행위의 내용에 관한 요건, ③ 행정행위의 절차에 관한 요건, ④ 행정행위의 형식에 관한 요건 등이 문제가 된다.

행정행위의 성립요건과 관련해서 효력요건(효력발생요건·발효요건)이 문제된다. 성립요건이란 행정행위가 성립하기 위한 법사실을 의미하는 것에 반해서, 효력요건이란 현실적으로 행정객체 또는 행정주체를 구속하는 효력을 발생하기 위한 법사실을 말한다.

1) 주체에 관한 요건   행정행위가 완전히 유효하게 성립하기 위해서는 행정행위의 주체가 ① 정당한 권한을 가진 행정기관이어야 하고, ② 자신의 권한 안에서 행정행위를 해야 하고, ③ 행정행위를 함에 있어서 정

상적인 상태 아래서 이뤄져야 한다.

2) **내용에 관한 요건**　　행정행위의 내용이라 함은 행정주체가 그 행정행위로 발생시키고자 하는 법률효과를 말한다. 따라서 행정행위가 제대로 성립해서 완전한 효력을 발생하기 위해서는 그 내용이 법률상·사실상 실현가능하고, 객관적으로 명확하고, 적법타당해야 한다.

3) **절차에 관한 요건**　　절차적 정의에 대한 중요성을 강조하면서, 오늘날 행정행위는 그것을 행하기 전에 일정한 절차를 거치도록 하는 경우가 많다. 따라서 행정행위에서 절차는 행정행위의 내부적 성립과정으로서 행정행위의 완성을 목표로 하여 서로 연속적으로 발전하는 일련의 법적 요건을 말한다.

4) **형식에 관한 요건**　　행정행위에는 특별히 형식이 필요 없는 경우가 많다. 그러나 행정행위의 내용을 객관적으로 분명하게 하고, 그에 관한 증거를 보전하기 위해서 요식행위로 하는 경우도 적지 않다. 이러한 요식행위에서는 소정의 형식에 관한 요건을 갖추어야 행정행위가 제대로 성립해서 유효하게 다루어진다.

(4) 행정행위의 효력

행정행위가 성립요건을 갖추어 성립한 후 그 효력(발생) 요건을 제대로 구비하면 행정행위로서 법률적 효력을 발생한다. 그러면 행정행위는 어떠한 효력이 발생하는가? 먼저 행정행위의 일반적 효력으로는 ① 구속력(기속력), ② 공정력, ③ 확정력(존속력), ④ 자력집행력(강제력) 등을 들 수 있다. 이러한 행정행위의 효력은 일반 *私法上* 행위인 법률행위의 효력과 비교해서 어떤 특수성이 있다는 의미에서 행정법학에서는 중요하게 논해지고 있다.

1) **행정행위의 구속력**　　행정행위가 법적 요건(성립요건과 효력발생요건)을 갖춤으로써 행정행위는 그 내용에 따라 법률적 효과가 발생한다. 법률적 행정행위의 경우는 효과의사가, 준법률적 행정행위의 경우는 법률의 규정에 의하여 법률적 효과가 발생한다. 행정행위가 이러한 효과를 받는 당사자(행정주체)·행정객체(상대방) 기타(이해관계인)를 구속하는 힘을 '행정행위의 구속력'이라고 한다.

2) **행정행위의 공정력**　　행정행위의 예선적 효력이란 일단 행정행

위가 행해지면, 상급행정청 그것이 처음부터 당연무효가 아닌 이상 권한 있는 기관(처분행정청·상급행정청·受訴法院)에 의하여 취소·변경되기까지 행정행위로서 효력이 있는 것으로 인정되는 것을 말한다. 여기서 '효력이 있는 것'이라는 의미가 무엇인지, 즉 '유효한 효력'을 의미하는지, '적법한 효력'을 의미하는지 한번 생각해 볼 필요가 있다. "적법해야 유효하다"라고 이야기하는 것이 논리적이겠지만, 적법이냐의 여부는 누구나 손쉽게 해결할 수 있는 문제가 아니다. 따라서 여기에 정책적 문제가 등장하게 된다.

   3) 행정행위의 확정력   행정행위의 효력을 다툴 수 없고(불가쟁력), 행정행위를 변경할 수 없는 힘(불가변력)을 행정행위의 확정력이라고 한다. 따라서 행정행위의 확정력이 있다는 것은 확실한 효과를 발생하는 행정행위로서 확정된다는 의미이다.

   첫째, 불가쟁력이란 행정행위의 상대방이 행정행위의 효력에 대하여 더 이상 다툴 수 없는 효력을 말한다. 이를 형식적 확정력이라고도 부른다. 행정행위의 효력을 다툴 수 없는 상태는 행정행위에 대한 출소기간이 경과했다든가, 또는 쟁소송수단을 다한 경우 등을 말한다. 이러한 상태는 마치 법원의 판결에 대해서 上訴의 수단이 그친 경우와 유사하다. 행정행위에 대한 행정불복의 제기기간을 정한 행정심판법과 제소기간을 정한 행정소송법에서 정한 기간 내에 행정심판 또는 행정소송을 제기하지 않으면, 행정행위가 위법 또는 부당하더라도 상대방은 그 효력을 다툴 수 없다. 이러한 상태를 우리는 불가쟁력이 생긴다고 한다.

   둘째, 행정행위는 행정청의 직권에 의하여 그 원시적 흠을 이유로 취소하거나, 후발적 사정을 이유로 철회할 수 있다. 이러한 행정청의 조처는 행정행위의 흠 또는 부적합성을 시정하게 함으로써 法治行政의 원리를 실현하고, 행정의 公益適合性과 情勢適合性의 요청을 이룩하기 위한 것으로 이해된다. 그런데 예외적인 행정행위 중에는 그 성질상 직권에 의한 취소·철회가 인정되지 않는 경우가 있다. 이러한 경우를 행정행위의 불가변력이 있다고 이야기한다. 따라서 행정행위의 불가변력은 행정행위의 일반적 효력은 아니다.

[취소와 철회의 민법과 행정법의 차이]

민법에서의 취소란 이미 효력이 발생하고 있는 행위에 대해서 그 효력을 소급적으로 소멸시키는 것을 의미하고, 철회란 아직 효력이 발생하지 않은 행위에 그 효력발생을 저지시키는 행위를 말한다. 반면 행정법에서 철회란 행정행위가 아무런 흠없이 완전히 유효하게 성립했으나 사후에 이르러서 그 효력을 더 존속시킬 수 없는 새로운 사정이 발생한 경우, 장래에 향하여 그 효력을 소멸하는 것을 의미한다(예 : 설렁탕 영업허가의 철회).

4) 행정행위의 자력집행력　　행정행위(행정처분)가 권력적 단독행위인 점에 비추어 행정처분을 할 때, 일반 私法關係와는 달리 상대방의 동의가 없이도 권리·의무를 설정할 수 있다고 했다. 이러한 권리·의무를 내용으로 하는 행정처분을 실현하는 데 있어서도 일반 사법관계에서와는 달리 司法權의 개입에 의해서 이뤄지는 것이 아니다. 행정권 자체의 힘에 의해서 행정처분의 목적을 실현할 수 있는 효력이 행정처분 안에 담겨져 있다고 생각해서 이를 행정행위의 자력집행력이라고 한다.

(5) 행정행위의 실행

행정행위가 일정한 법적 요선을 제대로 갖추게 되면, 행정행위는 유효한 행정행위로서 그 내용을 실행하는 단계에 이르게 된다. 행정행위의 내용이 행정객체에게 권리를 설정하거나 권한을 부여한 경우도 있고, 반대로 행정객체에 대해서 의무를 부과하는 경우도 있다. 행정행위의 양당사자간에 어떠한 다툼도 없이 권리의 행사나 의무의 이행이 잘 이루어진다면, 소기의 행정목적을 잘 달성하여 일반적 이익의 증진에 기여할 수 있을 것이다. 다툼이 없는 행정행위의 이행이란 전자의 경우에는 행정객체가 그의 권리를 제대로 행사할 수 있도록 행정주체는 방해를 초래해서는 안 되는 것을 말한다. 후자의 경우에는 행정객체가 그에게 부과된 의무를 순순히 잘 이행한다면, 별 문제 없이 행정목적을 달성할 수 있을 것이다.

그러나 행정행위는 권력적 단독행위로서 일반적으로 행정객체의 법률상 지위를 변화시키는 등 부담을 주는 것이기 때문에 행정객체의 거부반응을 항상 내포하고 있다. 즉 행정목적달성을 위해 행정주체가 일정한 내용의 행정행위를 실행에 옮기려 할 때 행정객체가 순순히 잘 따르지 않을 수도 있다. 그렇게 되면 행정목적의 실현은 어렵게 된다. 따라서 행정주체는 행정목적달성을 위해서 어떻게 행정객체를 제재할 것인가 하는 제도적 장치를 필요로 하게 된다. 이런 의미에서 행정행위의 실효성을 담보하기 위한 수단의 문제가 중요한 의의를 가지는바, 이에는 첫째로 직접적 강제수단(행정강제)으로 ① 행정상 강제집행과, ② 행정상 즉시강제가 있으며, 둘째로 간접적 강제수단으로 ① 행정벌과, ② 기타 수단으로서 과징금(여객자동차운수사업법 제88조), 전기 등의 공급거부권, 명단 또는 사실의 공표(고액국세체납자의 명단공표 등), 수익적 처분의 거부(국세징수법 제 7 조) 등이 있다.

1) 행정강제　　　행정강제란 행정주체가 한 행정행위의 내용의 실현 (행정목적의 실현)을 확보하기 위하여 행정객체의 신체 또는 재산에 실력을 행사하는 것을 말한다. 일반 사법체계에서는 의무이행을 확보하기 위해서 司法權에 의한 강제집행의 방법을 이용한다. 그러나 행정법체계에서는 행정의 특수성을 고려해서 행정상 의무이행을 행정청의 자력으로 강제하게 한다. 행정강제는 법적 행위인 행정행위를 실현하는 권력적인 실력행사로서의 사실행위이다. 강제집행의 전제가 되는 행정행위는 그 성립에서 행정청의 우월한 지위, 우월한 의사가 인정된다(권력적 단독행위). 행정처분의 실행에서도 그 우월한 지위, 우월한 의사가 인정된다는 의미에서 행정강제는 권력적 작용이다. 행정강제의 종류에는 행정상 강제집행·행정상 즉시강제 등이 있다.

2) 행 정 벌　　　행정벌이란 행정법상의 의무위반에 대하여 제재를 과하는 것이다. 여기서 행정법상 의무위반이란 행정행위와 관련된 경우도 있고, 법령의 준수와 관련된 경우도 있다. 따라서 행정벌을 실제 과하는 경우는 행정행위의 내용 및 법령의 준수에 따른 의무의 위반이 있을 때이다 (과거의 의무위반에 대한 제재). 또한 행정벌은 이러한 실제의 경우가 아니라도 행정행위 또는 법령상의 의무자에게 심리적 압박을 가함으로써 앞으로의 의무준수를 확보하는 기능도 가지고 있다. 이 점을 학자들은 행정벌의 간접적 의무이행 확보수단이라고 말한다. 이는 마치 형법상의 형벌과 같은 구실을 한다. 이러한 시각에서 행정벌과 형사벌의 구별에 관한 논의가 문제된다. 행정벌은 그 성질상 궁극적으로 처벌적인 성격을 가지고 있다. 그

럼에도 불구하고 그것을 과할 수 있는 권한을 형사법원과 같은 사법기관도 아닌 행정권에게 인정한 것은 분명히 하나의 특권을 인정한 셈이 된다. 따라서 행정벌의 행사에서 그 근거·절차·통제 혹은 구제방법 등이 문제되는 것이다.

행정벌의 권한을 행정주체에게 인정하는 특권을 비록 부여했더라도 행정벌은 그 성질상 처벌적 성격을 가지고 있다. 따라서 반드시 법률의 근거가 있어야 한다. 법치행정의 원리상 모든 행정작용이 원칙적으로 법률의 근거가 있어야 하지만, 특히 행정벌과 관련해서는 더 강한 成文性이 요구된다. 이는 마치 형법의 罪刑法定主義가 적용되는 한 예로 볼 수 있다. 행정벌에 관해서 규정하고 있는 법률로서는 국토의 계획 및 이용에 관한 법률·건축법·도로교통법·자동차관리법·여객자동차운수사업법·경찰관직무집행법·집회 및 시위에 관한 법률 등 400여 개의 단행법률이 있다.

행정벌의 종류는 행정의 각 분야와 관련된 실정법에 따라 질서행정벌(경찰벌)·규제벌·공기업벌·제정벌·군정벌 등으로 나눠볼 수도 있지만, 행정법상 중요한 분류는 성질에 의한 것이다. ① 행정형벌이란 형법의 刑名이 있는 행정벌이라는 뜻이다. 따라서 행정법상 의무위반에 대한 처벌로서 사형·징역·금고·자격상실·자격정지·벌금·구류·과료 및 몰수를 과하게 된다. 형법상의 형을 과하는 것이기 때문에 원칙적으로 형법총칙의 규정과 형사소송법의 절차에 따라 행한다. 그러나 행정목적의 특수성을 고려해서 형법총칙의 규정과 형사소송법의 절차에 대한 예외를 인정한다(통고처분·즉결심판). ② 행정질서벌이란 형법의 刑名에 없는 행정벌로서 과태료라고 한다. 이러한 행정벌은 非訟事件節次法에 따라 이뤄진다.

Ⅳ. 행정구제

1. 행정구제의 의의

근대국가의 출발과 더불어 국가작용 중 행정작용에 대한 법적 규제를 법치행정의 원리라는 대원칙을 확립해서 오늘날까지 발전해 오고 있다. 따라서 이러한 법치행정은 두 가지 측면의 중심적 내용을 이루고 있다. 여태까지 우리가 행정법에서 공부한 것은 行政主體가 행위를 할 때 따르도록 사전적으로 법규를 정립하는 것에 관한 것이었다. 그러나 이제부터 행정주체가 행위를 한 후, 사후적으로 보아 행정권이 똑바로 법률을 적용했는지를 통제할 수 있는 제도적 장치와 함께 행정객체의 권익구제에 중점을 두고 공부하게 된다.

행정법의 고유한 연구대상이 될 수 있는 현행 우리나라 행정구제제도는 첫째는 行政作用으로 인하여 피해를 입은 국민을 물질적으로 직접 구제하는 행정상 손해전보제도와, 둘째는 위법·부당한 行政作用을 시정함으로써 국민의 권익을 보장하는 행정쟁송제도를 들 수 있다. 이들 양자의 행정구제제도는 서로 밀접한 관련을 맺고 있다. 먼저 행정상 손해전보를 받기 위해서는 행정작용이 위법한가 적법한가의 판단을 받아야 한다. 이러한 판단은 권한 있는 기관, 즉 행정기관이나 법원에 의해서 이뤄지기 때문에 바로 행정쟁송절차를 통해서 이뤄진다고 하겠다. 또한 행정상 손해전보를 받는 절차도 최종적으로 행정심판절차와 행정소송절차를 통해서 이뤄지게 된다.

2. 행정상 손해전보

행정주체의 행정작용으로 말미암아 행정객체에게 손해를 발생시킨 경우, 그 손해를 행정주체가 전보할 책임이 있다는 것이 오늘날의 일반적 원칙이다. 그런데 이러한 塡補責任이 인정되기 위해서 몇 가지 해결해야 할 문제들이 있다. 그 첫째의 것은 "누가 그 책임을 질 것인가?" 하는 문제이고, 두 번째 문제는 "어느 정도의 범위까지 전보의 책임을 인정할 것인가?"이다. 이러한 책임의 개념은 행정법 영역에서만의 고유한 것이 아니라, 私法의 영역에서도 중요한 의의를 가지고 있다. 그런데 행정상 손해전보책임의 원칙은 하루아침에 이뤄진 것이 아니라 그 역사성을 가지고 있다.

나라마다 역사적 배경을 달리하기는 하지만 크게 나누어 국가무책임의 원칙에서 국가책임의 인정으로 이어진다고 하겠다. 행정작용으로 인하여 발생한 손해에 대해서 그 책임을 지지 않는다는 국가무책임의 원칙은 그 시작을 프랑스의 경우 대혁명 전까지 인정된 "왕은 잘못을 행할 수 없다"(Le roi ne peut mal faire.)는 옛날 격언에서 찾을 수 있다. 그리고 이러한 태도는 영국의 경우 제2차 대전 전까지도 적용되었던 "왕은 잘못을 행할 수 없다"(The King can do no wrong.)는 원리로 나타났다. 19세기를 지나면서 국가무책임의 원칙에서 부분적이고 약화된 의미의 국가책임을 인정하게 되었다.

이러한 경향은 국가경제의 발달과 함께 공권력행사의 확대 등으로 말미암아 그만큼 더 손해발생의 빈도수가 늘어나고, 그에 따른 행정객체의 다툼이 증가한 것과 흐름을 같이 한다.

(1) 행정상 손해배상

행정상 손해배상이란 공무원의 직무상 불법행위로 인하여 손해를 입은 국민에 대해서 국가 또는 공공단체가 그 손해를 배상해 주는 제도를 말한다. 행정상 손해배상제도는 앞에서 이미 설명한 바와 같이 국가무책임의 원칙에서 국가책임을 인정하는 방향으로 발전해 왔다. 이러한 발달의 밑바닥에는 행정기능의 확대·강화 등으로 말미암은 개인의 권리구제에 더욱더 충실하기 위한 정신이 깔려 있었다.

국가배상을 인정한 이러한 현대공법의 정신을 이어받아 우리나라 헌법도 제29조 1항에서 행정상 손해배상제도를 명문으로 규정하고 있다. 따라서 우리나라 헌법은 국가의 일반적 배상책임을 헌법적으로 보장함으로써 위법한 행정작용으로 인한 국민의 권리침해에 대한 구제의 길을 터놓고 있다고 하겠다. 그리고 국가의 배상책임을 인정한 헌법 제29조 1항의 규정에 따라 국가배상의 요건·내용 및 절차 등을 규율하는 국가배상법이 있다.

1) **공무원의 위법한 직무행위로 인한 손해배상**　　국가배상법 제2조는 공무원의 위법한 직무행위로 인한 국가의 배상책임을 명시하고 있다. 따라서 국가배상법의 규정대로 그 요건을 갖추게 되면 국가 또는 지방자치단체는 그 공무원의 선임·감독에 상당한 주의를 게을리하지 않았음에도 불구하고, 사용자의 배상책임에 관한 민법 제756조 1항 단서의 경우와는 달리 배상책임을 지게 된다.

국가 또는 지방자치단체가 국가배상법 제2조에 의하여 배상책임을 지는 경우는 공무원이 그 직무를 집행함에 있어서 고의 또는 과실로 법령에 위반하여 타인에게 손해를 가하거나 자동차손해배상보장법의 규정에 의하여 배상책임이 있는 경우이다. 따라서 공권력의 행사로 인한 손해배상책임의 요건은 ① 공무원의 직무행위, 즉 공권력의 행사와, ② 직무행위의 위법성, 즉 가해행위, ③ 타인에 대한 손해의 발생을 들 수 있다.

  2) **공공시설 등의 하자로 인한 손해배상**   국가배상법 제 5 조는 공공시설의 설치 또는 관리의 잘못으로 인한 국가 또는 공공단체의 배상책임을 규정하고 있다. 따라서 국가배상법에 규정한 배상요건이 충족되면, 국가 또는 지방자치단체는 공작물 등의 점유자의 배상책임에 관한 민법 제758조 1 항 단서의 경우와는 달리, 손해의 발생을 방지함에 필요한 주의를 게을리 하지 아니한 때에도 배상책임을 진다. 이러한 의미에서 공공시설의 설치·관리상의 잘못으로 인한 국가 또는 지방자치단체가 지는 손해배상책임은 일종의 무과실책임이라고 할 수 있다.

  국가 또는 지방자치단체가 국가배상법 제 5 조에 의해서 배상책임을 지는 경우는 도로·하천 기타 공공시설의 설치 또는 관리에 잘못이 있음으로 인해서 타인에게 손해가 발생한 경우이다. 따라서 영조물하자로 인한 행정상 손해배상의 요건은 ① 공공시설(공공의 영조물)의 존재와, ② 그 시설의 설치·관리의 하자, ③ 그로 인한 손해의 발생을 들 수 있다.

(2) 행정상의 손실보상

  1) **의   의**   행정상의 損失補償이란 적법한 공권력의 행사에 의해 가해진 사유재산상의 특별한 희생에 대하여 사유재산의 보장과 공평부담의 원칙에서 행정주체가 이를 조정하기 위하여 행하는 재산적 보상을 말한다. 손실보상은 재산권보장이라는 측면에서 요청된다.

  헌법 제23조 1 항은 국민의 재산권의 불가침을 보장하고, 3 항에서 "공공필요에 의한 재산권의 수용·사용 또는 제한 및 그에 대한 보상은 법률로써 하되 정당한 보상을 지급해야 한다"라고 규정하였다. 손실보상은 공적 부담에서의 평등이라는 측면에서도 필요하다. 이것은 평등원칙의 구체화를 의미하는 것으로서 공공의 목적을 위해 특정인에게 과해진 부담이 전체의 부담으로 전가될 것을 요구하는 것이다.

2) **손실보상의 원인**　　　행정상 손실보상의 원인은 적법한 공권력의 행사로 인하여 사유재산에 대하여 '특별한 희생'이 가해졌다고 하는 경우인데, 무엇이 '특별한 희생'인가, 즉 재산권에 내재하는 일반적·사회적 제약과 '특별한 희생'과의 한계에 관하여 학설의 대립이 있다.

침해행위가 일반적이냐 개별적이냐 하는 형식적 기준에 의해 구별하려는 것이 형식적 기준설이고, 침해행위의 본질 내지 정도라고 하는 실질적 표준에 그 기준을 구하는 것이 실질적 표준설이다. 다수설은 이 양성을 종합적으로 고찰한 절충설로 침해행위가 특정인 또는 비교적 한정된 범위의 사람들에 대한 것이고, 동시에 그것이 재산권의 본체에 대한 본질적인 침해인 때 '특별한 희생'으로 본다.

3) **손실보상의 기준과 방법**　　　보상의 기준에 관하여 손실의 시가나 거래가격에 의한 완전한 전보가 필요하다고 하는 完全補償說과 공익상 합리적 이유가 있을 때에는 시가나 거래가격을 낮출 수 있다고 하는 相當補償說이 있다. 헌법 제23조 3항이 '정당한 보상'이라고 규정하고 있는 점과 공익사업을 위한 토지 등의 취급 및 보상에 관한 법률(제40조~제48조) 및 기타 개별법(국토의 계획 및 이용에 관한 법률·도시 및 주거환경정비법·건축법) 등을 볼 때 완전보상을 원칙으로 하나, 국방·국토개발·환경조성 등 불가피한 경우에는 예외적으로 그것을 낮출 수 있다.

여기서 유의해야 할 것은 현대복지국가적 이념을 천명하고 있는 우리 헌법에서의 보상은 재산의 등가교환적 가치를 넘어선 종전의 유기체적 생활의 회복을 보장하는 생활보상이어야 한다는 것이다. 생활보상에는 주거의 종합적 가치, 영업상의 손실, 이사비용, 소수잔존자의 보상 등이 당연히 그 내용에 포함된다. 보상의 방법은 현금보상이 원칙이지만 특별한 경우에는 법률로 국채·증권 등에 의한 보상방법을 규정한 경우가 있고, 현물보상·매수보상의 경우도 있다. 보상에 대해 불복이 있는 경우에는 行政審判 또는 行政訴訟을 제기할 수 있다.

3. 행정심판

(1) 행정심판의 의의

行政審判이란 행정상 법률관계에 분쟁이 있는 경우 당사자의 청구에 의하여 행정청에서 이를 심판하는 행정쟁송절차를 총칭하여 말하는 것으로서, 이는 여러 가지 점에서 행정소송과 구별된다. 즉 행정심판은 행정조직의 내부에서 행정청 자신에 의해 적은 비용으로, 그리고 간이·신속한 절차에 따라 국민의 권리·이익의 구제를 도모함과 아울러 행정의 자율적 반성과 그 적정한 운영을 확보하는 것을 목적으로 하는 데 대하여, 행정소송은 공정·독립의 법원에 의한 정식의 소송절차에 의하여 국민의 권리구체를 도모함으로써 참다운 법치주의를 실현하려는 데 그 목적이 있다. 따라서 양자는 그 판단의 범위·절차 등에서 여러 가지 차이가 있게 된다.

(2) 행정심판의 종류

현행 행정심판법 제 5 조에서는 행정심판의 종류를 세 가지로 나열하고 있다. 취소심판·무효등확인심판·의무이행심판 등이 그것이다.

첫째, 取消審判이란 행정청의 위법 또는 부당한 공권력행사 또는 그 밖에 이에 준하는 행정작용으로 인하여 권익을 침해당한 자가 그 취소 또는 변경을 구하는 행정심판을 말한다. 취소심판은 행정심판의 가장 대표적인 형태이기 때문에 행정심판법의 여러 가지 절차에 관한 규정은 주로 취소심판을 중심으로 규정하고 있다. 그리고 취소심판은 행정소송에서 취소소송과 관련이 있는 행정심판의 유형이다.

둘째, 無效等確認審判이란 처분의 효력유무 또는 존재 여부에 대한 확인을 구하는 행정심판을 말한다. 무효인 처분은 무효선언 등 별도의 행위를 기다리지 않고도 처음부터 당연히 무효인 행위이다. 그러나 무효인 행정행위가 외관을 띠고 존재함으로써 유효한 것으로 오인될 염려가 있거나 행정행위로서 성립되지 못한 것이 존재하는 것으로 오인될 우려가 있는 경우가 있다. 이러한 경우 행정청에 의하여 집행될 가능성이 있을 수도 있기 때문에 처분의 상대방이나 이해관계인 특정한 처분의 효력유무나 존재 여부에 대한 공권적 판단·선언을 받아 둘 필요가 있다. 이러한 무효확인심판은 행정소송법상 무효등확인소송과 서로 관련이 있는 행정심판의 형태이다.

셋째, 義務履行審判이란 행정청의 위법 또는 부당한 거부처분 또는 부작위가 있는 경우, 그에 대해서 법률상 의무지워진 처분의 이행을 구하는 행정심판을 말한다. 행정청의 공권적 작용이 잘못 이루어지는 경우는 비단 적극적 행정행위뿐만 아니라 거부처분 또는 부작위와 같은 소극적 행위의 경우도 얼마든지 예상할 수 있다. 그런데 행정청이 어떤 행위를 잘못했을 때, 다툴 수 있는 행정심판의 유형은 일반적으로 취소심판이다. 그런데 "취소를 한다"는 것은 그 전제가 어떤 행위가 있었다는 것을 의미한다. 만약 행정청이 아무런 행동도 하지 않고 있다면, 도대체 무엇을 취소하겠는가? 이런 점을 착안하여 행정청이 어떠한 행위도 하지 않고 가만 있다고 생각할 때, 그 상태가 바로 잘못된 것임을 시정하기 위해서 인정된 것이 의무이행심판이라는 것이다. 의무이행심판은 행정소송법상 부작위위법확인소송과 관련이 있는 행정심판의 형태이다.

(3) 행정심판기관

행정심판은 심리·재결기관으로서의 행정심판위원회에서 행한다. 이러한 행정심판위원회는 해당 행정청 소속의 행정심판위원회와 중앙행정심판위원회, 그리고 시·도지사 소속 행정심판위원회로 나뉜다(행정심판법 제6조).

중앙행정심판위원회를 제외한 행정심판위원회는 위원장 1명을 포함하여 50명 이내의 위원으로 구성되나(동법 제7조 1항), 중앙행정심판위원회는 위원장 1명을 포함하여 70명 이내의 위원으로 구성되며, 위원 중 상임위원은 4명 이내로 정해진다(동법 제8조 1항).

중앙행정심판위원호의 비상임위원은 ① 변호사의 자격을 취득한 후 5년 이상의 실무경험이 있는 사람, ② 고등교육법 제2조 1호부터 6호까지의 규정에 따른 학교에서 조교수 이상으로 재직하거나 재직하였던 사람, ③ 행정기관의 4급 이상 공무원이었거나 고위공무원단에 속하는 공무원이었던 사람, ④ 박사학위를 취득한 후 해당 분야에서 5년 이상 근무한 경험이 있는 사람, ⑤ 그 밖에 행정심판과 관련된 분야의 지식과 경험이 풍부한 사람 중에서 위촉된다(동법 제8조 4항). 행정심판위원회의 위원은 중앙행정심

판위원회의 비상임위원의 자격을 가진 자 또는 그 소속공무원 중에서 위촉
하거나 지명하는 자로 구성된다(동법 제7조 4항).

(4) 행정심판의 절차

행정심판의 절차는 먼저 행정심판을 제기하는 절차, 다음으로 행정심
판을 심리하는 절차, 끝으로 행정심판을 재결하는 절차로 이루어져 있다.

1) **행정심판의 제기**　　행정심판의 제기에 필요한 일정한 요건이 있
다. 첫째는 당사자에 관한 요건, 둘째는 대상(목적물)에 관한 요건, 셋째는
절차에 관한 요건, 넷째는 형식에 관한 요건이 그것들이다.

첫째, 當事者(主體)에 관한 제기요건을 보면 다음과 같다. 행정심판절
차는 사법절차에 준하여 행해지기 때문에 행정심판의 당사자관계에서 원칙
적으로 대심구조를 취하고 있다. 따라서 행정심판에서는 청구인과 피청구
인이 서로 대립하여 심판을 진행하게 된다. 행정심판의 청구인이란 심판청
구의 대상인 처분 또는 부작위에 불복하여 그의 취소 또는 변경을 위하여
행정심판을 제기하는 자를 말한다. 청구인은 원칙적으로 권리능력자임을
요하기 때문에 자연인 또는 법인이 청구인이 된다. 그러나 법인격 없는 사
단 또는 재단으로서 대표자 또는 청구인이 될 수 있는 자는 당해 처분이나
부작위의 직접 상대방뿐만 아니라 제3자도 당해 행정심판을 청구할 법률
상 이익이 있으면 청구인이 될 수 있다(행정심판법 제13조). 행정심판의 피
청구인이란 심판청구를 제기받는 상대방당사자를 말한다. 피청구인은 당해
행정심판의 대상인 처분을 행한 처분청 또는 부작위를 한 부작위청이 되는
것이 원칙이다. 그리고 처분 또는 부작위에 관한 권한이 다른 행정청에 이
전되거나 승계된 경우에는 새로 그 권한을 양수하거나 승계한 행정청이 당
연히 피청구인이 된다(제17조).

둘째, 행정심판의 對象(객체·목적물)에 관한 제기요건을 보면 다음과
같다. 먼저 행정심판의 대상이란 행정심판 사항으로서 행정심판을 제기하
여 취소 또는 변경을 요구하며, 다투는 행정청의 작위·부작위 등을 말한다
(제3조). 행정청의 행위에는 수없이 많은 종류가 있기 때문에 행정심판의
대상을 어떻게 정할 것인가? 이러한 문제는 각 나라의 정치사회적 배경이
나 역사적 배경에 따라서 다르게 나타난다. 일반적으로 각 나라의 제도를

미루어 보면, 概括主義와 列記主義 두 가지 방법을 채택하고 있다. 행정쟁 송수단으로서 행정심판이 인정되는 제도적 취지는 더욱 올바른 행정문화의 정착에 있다. 이러한 뜻이 담긴 것이 바로 법치주의·법치행정의 원리이다. 따라서 행정심판의 사항을 어떤 방법으로 정할 것인가 하는 문제는 법치행 정을 얼마나 충실하게 실천할 것인가의 문제와 밀접한 관련이 있다. 이러 한 시각에서 오늘날 열기주의를 따르는 국가는 거의 없다고 하겠다. 우리 나라 행정심판법도 "행정청의 처분 또는 부작위에 대하여 다른 법률에 특 별한 규정이 있는 경우를 제외하고는 이 법에 의하여 행정심판을 제기할 수 있다"고 규정함으로써 개괄주의를 취하고 있다. 그러나 우리나라가 행 정심판의 대상에 관하여 개괄주의를 취한다고 해도 행정청의 행위를 모두 심판대상으로 한다는 의미는 아니다. 행정심판법이 규정하는 바와 같이 일 정한 개념적 특징을 가진 행정청의 행위만을 행정심판 사항으로 하게 된 다. ① 행정청의 처분, ② 행정청의 부작위가 그것이다.

　셋째, 節次에 관한 제기요건으로는 經由節次制度를 들 수 있다. 즉 심 판청구는 피청구인인 행정청을 거쳐서 제기할 것을 규정하고 있다. 따라서 심판청구의 경유청인 처분청 내지 부작위청은 청구인으로부터 심판청구서 를 접수하고 난 후 경우에 따라 다음의 조치를 취하게 된다. 먼저 심판청 구의 내용이 이유 있다고 인정될 때는 심판청구서를 받은 행정청이 심판청 구의 취지에 따른 처분이나 확인을 하게 된다. 그리고 심판청구의 내용이 이유 없다고 인정하는 경우, 경유청은 심판청구서를 받은 날로부터 10일 이내에 답변서를 첨부하여 재결청에 송부해야 한다(제17조).

　넷째, 形式에 관한 제기요건으로는 심판청구기간과 심판청구의 일정한 양식이 있다. 심판청구는 일정한 기간 내에 제기해야 한다. 심판청구기간의 제한을 인정하는 이유는 행정법관계의 조속한 안정을 기하려는 데 있다. 그러나 무효등확인심판은 취소심판의 경우와 달리 행정심판법에 규정한 청 구기간에 관한 규정의 적용을 받지 않는다. 의무이행심판의 경우도 소극적 행정작용을 대상으로 하기 때문에 심판청구기간의 제한을 받지 아니한다. 따라서 청구기간의 문제는 취소심판의 경우에만 해당한다고 하겠다. 그리 고 심판청구는 일정한 사항을 기재한 서면으로 해야 한다. 따라서 행정심 판법은 서면청구주의에 입각한 심판청구의 요식행위성을 인정하고 있다.

이와 같이 심판청구를 서면으로만 하게 한 것은 심판청구의 내용을 명확하게 하고, 심판청구의 방식을 획일적·통일적으로 함으로써 구술에 의한 심판청구를 하는 경우에 생길 수 있는 지체와 번잡을 피하자는 취지로 설명되고 있다(제28조).

2) **행정심판의 심리**   행정심판사건에서 사실관계와 법률관계를 명확하게 하여 행정심판재결의 기초가 되게 하는 절차를 행정심판의 심리라고 한다. 이를 위하여 행정심판이 제기되면 재결청은 사건을 소속 행정심판위원회로 회부하게 된다. 직권심리주의를 채택하고 있기 때문에 필요한 경우는 증거 기타의 자료를 제출받아 조사하기도 하고, 또한 당사자의 신청 또는 직원에 의하여 조사하기도 한다. 이는 위원회가 필요하다고 인정할 때는 당사자가 주장하지 아니한 사실에 대해서도 심리할 수 있다는 의미가 된다(제39조). 행정심판의 심리는 서면심리주의를 원칙으로 하지만, 당사자의신청이 있거나 위원회가 필요하다고 인정할 때는 구술심리도 할 수 있다(제40조 1항). 따라서 행정심판위원회는 심리절차에서 당사자 및 관계인의 주장과 반박을 듣기도 한다.

심리의 종류(내용)는 당해 행정심판청구의 수리 여부를 결정하기 위하여 행정심판제기 요건의 충족 여부를 심사하는 요건심리와 심판청구의 본안에 대하여 실체적으로 심리하는 본안심리가 있다. 그리고 이러한 행정심판의 심리범위에서 불고불리의 원칙이 적용되며, 법률문제와 사실문제의 심리가 동시에 이루어진다.

3) **행정심판의 재결**   재결이란 행정심판청구에 대한 심리의 결과를 판단(선언)하는 행위를 말한다. 재결의 종류에는 각하재결·기각재결·인용재결·사정재결 등이 있다(제43조, 제44조).

첫째, 却下裁決이란 요건심리의 결과 심판청구의 제기요건에 흠결이 있는 부적합한 심판청구라 하여 본안에 대한 심리를 거절하는 재결을 말한다.

둘째, 棄却裁決이란 본안심리의 결과 그 심판청구가 이유 없다고 인정하여 청구를 배척하고 원처분을 지지하는 재결을 말한다.

셋째, 認容裁決이란 본안심리의 결과 심판청구가 이유 있다고 받아들여지는 내용의 재결을 말한다.

넷째, 事情裁決이란 심판청구에 대한 본안심리의 결과 그 청구가 이유 있다고 인정되는 경우에도 그 처분을 취소·변경하는 것이 현저히 공공복리에 어긋난다고 인정되는 때, 그 심판청구를 기각하는 재결을 하는 것을 말한다.

4. 행정소송

(1) 행정소송의 의의

행정소송이란 행정상 법률관계에 관한 다툼이 있을 때, 그 해결을 법원이 재판절차에 의하여 행하는 쟁송절차를 말한다. 행정소송은 행정쟁송이라는 점에서 행정심판과 같으나 그 분쟁해결기관과 절차에서 결정적 차이가 있다. 따라서 행정심판과 비교해 보면 행정심판의 경우보다 더욱 공정성과 신중성이 보장되고 있다. 공정성은 재판기관이 행정부와 독립된 사법부의 기관에서 행한다는 점에서, 그리고 신중성은 정식재판절차에 의한다는 점에서 보장되고 있다.

행정소송의 기능은 행정통제적 기능과 권익구제적 기능으로 나누어 살펴볼 수 있다. 행정소송의 통제적 기능이란 행정사건에 대한 법적 판단을 통해서 행정의 합법성 및 합목적성을 보장하는 작용을 말한다. 이러한 기능은 법치주의의 형식적 목적을 위한 것으로 이해되고 있다. 한편 행정소송의 권익구제적 기능이란 행정작용을 법에 종속시켜 그 恣意를 불허함으로써 개인의 자유와 권리를 보장하는 기능을 말한다. 이러한 기능은 법치주의의 실질적 목적과 관련이 있다.

(2) 행정소송의 종류

행정소송의 종류에 관해서는 현행 행정소송법에 명문의 규정을 두고 있다(행정소송법 제3조, 제4조). 구 행정소송법에서 행정소송의 유형을 정하지 않았기 때문에 생겼던 각종의 소송상의 문제점을 시정하기 위한 것이었다. 예를 들면 각종의 소송에서 적용되는 요건·절차·적용법조 등의 애매모호성과 해석·운영상의 혼란을 방지하기 위하여 새 행정소송법에서는 그 유형을 법정하게 되었다. 이러한 여러 가지 행정소송에 관한 분류는 그 자체가 중요한 의미를 가지고 있다. 행정소송의 제기요건의 면에서 보면 제기요건의 충족 여부에 따른 소제기의 적합성판단에서 소송의 종류에 따라 달리 취급하게 되기 때문이다. 또한 재판관의 권한면에서도 소송종류에 따라 달리 나타난다고 하겠다.

1) 항고소송　　항고소송이란 행정소송법의 규정에 의하면, "행정청의 처분 등이나 부작위에 대하여 제기하는 소송"이라고 정의하고 있다(동법 제3조 1호). 우월한 행정의사의 발동으로 생긴 행정상 법률관계(행정청의 고권적 행위)와 관계해서 그 자체의 위법상태를 시정함으로써 행정의 직법성을 확보하겠다는 데 항고소송의 존재의의가 있다. 항고소송은 다시 다음과 같이 세 가지 유형으로 나뉘고 있다(동법 제4조). 이러한 분류는 원고가 구하는 판결의 종류 및 효력을 기준으로 한 것이다.

첫째, 취소소송이란 행정청의 위법한 처분이나 재결의 취소 또는 변경을 구하는 소송을 말한다(동법 제4조 1호). 취소소송은 행정소송의 가장 대표적인 것으로서 예선적 효력을 가지는 행정청의 행위를 소급적으로 소멸시키는 것을 내용으로 하는 소송형태이다.

둘째, 무효등확인소송이란 행정청의 처분이나 재결의 효력유무 또는 존재 여부의 확인을 구하는 소송을 말한다(동법 제4조 2호). 효력유무확인소송의 유형으로 유효확인소송·무효확인소송·실효확인소송 등이 있을 수 있고, 존재여부확인소송의 유형으로 존재확인소송·부존재확인소송 등이 있다.

셋째, 부작위위법확인소송이란 행정청의 부작위가 위법하다는 확인을 구하는 소송을 말한다(동법 제4조 3호). 행정청의 부작위를 행정소송의 대상으로 하는 것은 행정청이 개인의 법령에 의거한 신청을 방치하거나 사무처리를 지연시킴으로써 개인에게 불이익을 주는 것은 올바른 행정이라고 할 수 없기 때문이다. 따라서 한편으로는 올바른 행정사무를 위하여 사무처리를 촉진하고, 다른 한편으로는 행정청의 부작위로 인한 개인의 권익침해를 구제하겠다는 데 부작위위법확인소송의 의의가 있다.

위와 같은 세 가지 유형의 항고소송 외에 의무이행소송(상대방의 신청에 대하여 행정청이 일정한 처분을 하여야 할 법적 의무가 있음에도 불구하고 이를 하지 않거나 신청된 처분을 거부한 경우에 행정청에 대하여 당해 처분을 할 것을 명하는 내용의 판결을 구하는 소송), 예방적 부작위소송(행정청이 사인의 권리를 침해할 우려가 있는 처분을 할 것으로 판단되는 경우, 당해 처분을 하지 아니할 것을 명하거나 그러한 처분권한이 없는 것임으로 확인하는 판결을 구하는 소송) 등과 같은 이른바 무명항고소송(無名抗告訴訟)을 인정할 수 있는지가 권력분립의 원칙과의 관계에서 문제된다. 이와 관련하여 종래 학설과 판례(대법원 1989. 5. 23. 선고, 88누8135 판결 등)는 부정적인 입장을 취하여 왔으나, 행정소송법개정시 입법적으로 도입될 것으로 보인다.

2) **당사자소송**　　당사자소송이란 행정청의 처분 등을 원인으로 하는 법률관계에 관한 소송, 그 밖에 공법상의 법률관계에 관한 소송으로서 그 법률관계의 한쪽 당사자를 피고로 하는 소송을 말한다(동법 제3조 2호). 당사자소송은 크게 두 가지로 나누어 볼 수 있다.

첫째, 행정청의 처분 등을 원인으로 한 법률관계에 관한 소송이다. 행정청의 처분 등을 원인으로 한 법률관계란 공권력의 행사·불행사의 결과로서 생긴 법률관계를 말한다고 할 수 있다. 예를 들면 위법한 조세처분에 의하여 일단 납부한 금액을 반환청구할 수 있는 법률관계(조세과오납반환청구소송), 위법한 행정처분으로 인한 손해배상청구를 할 수 있는 법률관계(국가배상청구소송) 등이다.

둘째, 그 밖의 공법상의 법률관계에 관한 소송이다. 대표적인 것은 행정상 법률관계에서(서로 대립되는) 대등한 당사자 사이의 법률관계의 형성 또는 존부에 관한 소송을 들 수 있다. 예를 들면 공법상 행정계약상 법률관계에 관한 소송이다.

3) **민중소송**　　민중소송이란 국가 또는 공공단체의 기관이 법률에 위반되는 행위를 한 때, 직접 자기의 법률상 이익과 관계없이 그 시정을 구하는 소송을 말한다(동법 제3조 3호).

현행법상 민중소송은 행정소송법에 의하여 일반적으로 인정되고 있는 것도 아니고, 인정될 수 있는 문제도 아니다. 현행법상 민중소송의 예로서는 국민투표에 관한 것(국민투표법 제92조), 선거에 관한 것(공직선거법 제222조), 지방자치에 관한 것(지방자치법) 등이 있다.

4) **기관소송**　　기관소송이란 국가나 공공단체의 기관 상호간에 권한의 존부 또는 그 행사에 관한 다툼이 있을 때에 그에 관하여 제기하는 소송을 말한다(동법 제3조 4호).

(3) 행정소송의 절차

1) 행정소송의 제기 행정소송의 제기에는 소송을 제기하여 그 청구의 당부에 관한 법원의 본안판결을 구하기 위한 일정한 요건을 필요로 한다. 첫째는 주체(당사자)에 관한 요건, 둘째는 객체(대상)에 관한 요건, 셋째는 절차에 관한 요건, 넷째는 형식에 관한 요건이 그것이다.

첫째, 행정소송의 주체(당사자)에 관한 요건은 원고·피고라는 소송주체가 존재해야 한다는 것이다(행정소송법 제12조 및 제13조). 행정소송도 재판절차에 의한 것이기 때문에 대심주의를 취하고 있다. 따라서 일반 민사소송의 절차에서와 마찬가지로 원고·피고라는 소송주체가 존재하게 된다. 그러나 항고소송의 경우는 민사소송에서와 같이 당사자 사이의 권리·이익에 관한 대립관계에서 다투는 것이 아니고, 처분 등의 위법을 이유로 그 취소 등을 구하게 된다. 이 경우 원고는 처분 등을 행한 행정청을 상대방(피고)으로 하여 당해 처분 등의 위법을 주장하게 된다. 한편 피고로서의 행정청은 자기가 행한 행위가 위법이 아님을 주장하게 되는데, 여기서 원고·피고 어느 쪽도 자신의 권리를 주장하지는 않는다. 따라서 일반 민사소송과 같이 외형상 대심구조를 이루고 있기는 하지만, 따지고 보면 양 소송형태에서 원고와 피고의 개념은 달리 사용되고 있다고 하겠다. 당사자소송은 행정상 대등한 법률관계에서 양 당사자의 권리 또는 이익의 대립적 다툼에 대한 소송이다. 따라서 그러한 법률관계의 양 당사자가 바로 행정소송의 원고·피고가 된다. 민중소송과 기관소송에서는 그 소송형태가 법률로 인정되기 때문에 당연히 소송주체인 원고·피고도 법률이 정하는 바에 따라 존재하게 된다(제45조 및 제46조).

둘째, 행정소송의 객체(대상)에 관한 요건으로서, 행정소송의 객체란 행정심판사항으로서 행정심판을 제기하여 취소 또는 변경을 요구하며 다투는 행정청의 작위·부작위 등을 말한다. 행정청의 행위는 수없이 많은 종류가 있기 때문에 행정심판의 대상을 어떻게 정할 것인지가 문제된다. 일반적으로 각 나라의 제도를 미루어 보면, 概括主義와 列記主義, 그리고 양자의 중간형태인 개별적 개괄주의·개괄적 열기주의 등이 있다. 행정쟁송수단으로서 행정소송의 제도적 취지는 행정심판과 함께 보다 올바른 행정문화의 정착에 있다. 이러한 뜻이 담긴 것이 바로 법치주의·법치행정의 원리이다. 따라서 행정소송의 사항을 어떤 방법으로 정할 것인가 하는 문제는 법치행정을 얼마나 충실하게 실천할 것인가의 문제와 밀접한 관련이 있다. 이러한 시각에서 오늘날 열기주의를 따르는 국가는 거의 없다고 하겠다. 우리나라 행정소송법도 개괄주의를 취하고 있다고 하겠다. 그러나 우리나라가 행정소송의 대상에 관하여 개괄주의를 취한다고 해서 행정청의 아무 행위나 모두 소송의 대상으로 한다는 의미는 아니다. 먼저 행정소송의 대상은 행정소송의 종류에 따라 다르게 나타난다고 하겠다. 즉 행정소송법이 규정하는 바와 같이 일정한 개념적 특징을 가진 행정청의 행위만을 행정소송사항으로 하게 된다. 항고소송의 객체는 행정소송법이 규정하는 바와 같이 일정한 개념적 특징을 가진 행정청의 행위만을 소송사항으로 하게 된다. ① 행정청의 처분 등, ② 행정청의 不作爲가 그것이다(제19조 및 제 2 조 1 항 1 호). 당사자소송의 객체는 공법상 법률관계이며(제 3 조 2 호), 민중소송과 기관소송의 객체는 그 대상을 일률적으로 파악할 수 없고, 당해 법률이 정하는 바에 따라 개별적으로 판단하게 된다.

셋째, 행정소송의 節次에 관한 요건으로는 행정심판전치주의가 있다. 행정심판전치주의란 법령에 의하여 위법·부당한 처분에 대한 행정심판이 인정되고 있는 경우에 그 행정심판을 행정소송의 제기를 위한 일종의 전심절차로 하는 제도를 말한다. 종래 행정소송법은 필수적 전치주의를 채택하고 있었으나, 1994년 "취소소송은 법령의 규정에 의하여 당해 처분에 대한 행정심판을 제기할 수 있는 경우에도 이를 거치지 아니하고 제기할 수 있다. 다만 다른 법률에 당해 처분에 대한 행정심판의 재결을 거치지 아니하면 취소소송을 제기할 수 없다는 규정이 있는 때에는 그러하지 아니하다"라고 개정하여 임의적 전치주의로 전환하였다(제18조).

넷째, 행정소송의 形式에 관한 요건으로는 행정소송의 소장형식과 행정소송의 관할법원(행정소송법 제 9 조), 그리고 행정소송의 제소기간(제20조 등)을 들 수 있다. 종래 항고소송과 당사자소송의 관할법원은 제 1 심을 피고인 행정청의 소재지를 관할하는 고등법원으로 하고, 그의 재판에 불복이 있는 자는 대법원에 상고할 수 있게 하여 행정소송을 2 審制로 운영하고 있었다. 하지만 법원조직법은 지방법원급의 행정법원을 신설하여(동법 제 3

조 6 호) 당해 법원을 행정사건에 관한 제 1 심 관할법원으로 함으로써(행정소송법 제 9 조 1 항) 행정소송을 3 審制로 하였다. 이는 종래 취소소송 및 부작위위법확인소송의 경우 행정심판전치주의가 채택되고 있었는데, 이러한 행정심판절차도 하나의 심급으로 볼 수 있다는 점에 기인하여 2 심제를 채택하고 있었고, 당사자소송의 경우는 항고소송과의 심급조정이라는 실질적 고려에 입각한 것으로 보인다. 그러나 행정심판을 임의적 절차로 변경한 이상 행정소송을 2 심제로 할 이유가 없어졌다고 할 것인바, 이러한 변화는 국민의 재판을 받을 권리의 실질적 보장이라는 측면에서 긍정적으로 평가할 만하다.

민중소송과 기관소송은 법률에 특별한 규정이 있는 경우에 한하여 인정되는 것이기 때문에(행정소송법 제45조) 그에 관한 관할법원도 특별규정을 두는 경우가 보통이다.

행정소송의 제기기간은 당사자소송의 경우는 법령에 제소기간을 특별히 정하지 않는 한 제소기간의 제한이 없는 것이 원칙이다. 그리고 민중소송과 기관소송의 경우는 당해 소송을 특별히 인정하는 법률이 제소기간에 관해서도 따로이 정하고 있는 것이 보통이다.

그러므로 제기기간이 주로 문제되는 것은 항고소송의 경우이다. 취소소송의 경우, 제소기간은 행정심판의 재결을 거친 경우와 거치지 않은 경우로 나누어 볼 수 있다. 행정심판의 재결을 거친 경우는 그 재결서의 정본을 받은 날로부터 90일 이내에 행정소송을 제기해야 한다. 그리고 행정심판을 제기하지 아니했거나 그 재결을 거치지 아니한 경우에는 원칙적으로 처분을 안 날로부터 90일, 처분이 있는 날로부터 1년 이내에 원칙적으로 제기해야 한다(제20조). 부작위위법확인소송의 경우는 심판절차를 거쳤다면 취소소송의 경우와 같지만, 심판절차를 거치지 않은 경우는 심판청구기간의 제한이 없기 때문에 제소기간도 제한이 없다.

2) 행정소송의 심리　　訴가 제기되면 법원은 심리에 들어가게 된다. 소송의 심리는 訴에 대한 판결을 하기 위하여 그 기초가 될 소송자료를 수집하는 것으로서 소송절차의 가장 중심적 위치에 있다. 따라서 행정소송의 심리란 행정소송사건에서 사실관계와 법률관계를 명확하게 하여 행정소송판결을 기초되게 하는 절차를 말한다.

이러한 심리방법은 구술에 의한 경우(구술심리)와 서면에 의한 경우(서면심리)로 나눌 수 있지만, 현행 행정소송법은 원칙적으로 구술에 의한 변론을 통해서 심리를 행한다(행정소송법 제8조 2항, 민사소송법 제134조).

행정소송의 심리는 민사소송에 준하여 변론주의가 심리의 기본이 되지만, 행정소송의 특수성에 비추어 몇 가지 특칙을 인정하고 있다. 예를 들면 공공복리에 필요한 한도 안에서 행정소송은 민사소송보다 강한 직권심리주의를 인정하고 있다.

3) 행정소송의 판결   행정소송의 제기요건이 구비되지 못한 경우에는 訴却下判決을 내리고, 係爭行政處分이 적법하거나 소송계속중 訴의 목적이 소멸되거나 청구에 이유가 있으나 처분을 유지함이 공공복리에 적합한 경우 청구를 기각하며, 청구가 이유 있는 경우에는 행정처분의 무효 또는 不存在確認 및 不作爲違法確認(확인판결), 행정처분의 일부 또는 전부를 취소(형성판결)의 판결을 한다. 당사자소송에서는 일정한 행위를 할 것을 명하는 履行判決도 가능하다.

판결이 확정되면 不可變力과 不可爭力(형식적 확정력)이 생기며, 내용적 확정력으로서 기판력이 생겨서 어느 국가기관이나 사인이든지 그 내용과 배치되는 사실을 주장·인정할 수 없고, 동일사건이 제소되는 경우 一事不再理의 원칙에 의해 각하된다. 그러나 항고소송에는 이행판결이 없으므로 집행력은 생길 여지가 없겠으나, 당사자소송에서는 이행판결에 따른 집행력이 생길 수도 있다.

Ⅴ. 개별행정

부문별 개별행정작용이란 행정작용을 목적에 의해 분류한 행정을 말한다. 따라서 부문별 개별행정작용은 행정작용을 내용적으로 분류하는 것과 밀접한 관계가 있다. 왜냐하면 행정의 내용은 결국 행정목적달성을 위한 것이기 때문이다. 또한 목적에 의한 행정의 분류를 좀 더 세분해서 하게 되면, 행정의 영역대상에 의한 분류로서도 나타날 수 있다.

예컨대 경찰행정·교육행정·재무행정·조세행정·경제행정·교통행정·상공

행정·농림수산행정·보사행정·체육행정·의무행정·군사행정 등으로 분류할 수 있을 것이다.[2] 이러한 여러 분야의 행정작용을 일정한 내용에 의하여 분류해서 설명하면 다음과 같다.

[슈타인(Lorenz von Stein)의 행정 5 분설]

　　오스트리아의 행정법학자 로렌츠 폰 슈타인(1815－1890)은 행정을 내무행정·재무행정·군사행정·외무행정·사법행정 등 다섯 가지로 분류했다. 5 분된 행정 중 군사행정·외무행정·사법행정은 별도로 존재하는 행정이 아닌 주된 사무(군사·외교·재판) 밑에 있는 종된 사무에 불과하며 행정에서의 주변분야에 불과하고, 내무행정·재무행정만이 순수행정이며 행정의 중심부문이다.

1. 내무행정

내무행정은 그 문언상 외무행정과 대칭되는 개념이다. 따라서 내무행정은 국내에서 행하는 행정 혹은 국내와 관련해서 행하는 행정을 말한다. 내무행정은 여러 종류로 다시 분류할 수 있는데, 적극적 작용이냐 소극적 작용이냐에 따라서 전통적으로 질서행정과 복리행정으로 나누어 왔다. 그러나 오늘날 행정에서는 소극·적극이라는 구별의 의미는 별로 없고, 양자가 복합적으로 나타나는 경우가 많이 등장한다. 예를 들면 '유도행정' 혹은 '규제행정'이라는 것들은 단순히 소극이니 적극이니 하는 틀로서 설명할 수 없다고 생각한다. 아무튼 근대국가출발 이후의 행정은 그 내용에서 변모하고 있음을 알 수 있다.

(1) 질서행정

질서행정이란 공공의 안녕과 질서를 유지하는 것을 직접적 목적으로 하는 행정을 말한다. 과거에는 경찰행정이라는 이름으로 불리웠으나 오늘날 경찰행정이란 의미와 질서행정이라는 의미는 반드시 일치하는 개념이 아니다. 예컨대 보건·위생·영업과 같은 특수행정분야의 질서유지작용은 경찰행정이라는 이름으로 불리지는 않고 있다. 질서행정을 소극적이라고 이야기하는 것은 자유주의적 정치이념이 활발히 논의되었던 18~19세기의 야

---

2) 행정부의 정부기구도표 참조(322쪽).

경국가와 자유방임주의를 배경으로 깔고 있다.

(2) 복리행정

복리행정이란 사회공공의 복리증진을 목적으로 하는 행정을 말하며, 행정객체인 국민이 인간다운 생활을 할 수 있도록 배려하는 행정이다. 따라서 행정주체는 금전이나 물품을 생활무능력자에게 공급함으로써 생활을 보호한다든지, 도로·공원과 같은 공공시설에 의한 서비스의 제공 등을 들 수 있다. 이러한 개념이 등장하게 된 배경은 20세기 현대복지국가주의 이념의 등장으로 국민대중의 적극적 복리를 증진하고 국민경제의 발전을 기하기 위한 것이었다. 따라서 행정주체는 19세기의 자유주의적 야경국가에서와 같이 공권력의 행사를 되도록 억제하는 것이 아니라 국민생활의 경제적·사회적·문화적 영역에 적극적으로 개입하기도 하고, 장래를 향하여 바람직한 사회질서를 형성하기 위한 광범위한 활동을 하게 된다.

이러한 복리행정의 개념에서 처음으로 나타나는 것은 소위 '생활배려행정' 혹은 '給付行政'이다. 다음으로 등장하는 것이 유도행정(규제행정·개발행정·정서행정·개방정서행정)이라는 개념이다. 이러한 구별은 앞의 것이 주로 미시적 입장에서 복리행정을 수행했다고 한다면, 뒤의 것은 거시적 입장에서 행해진 것이라고 할 수 있다.

(3) 유도행정

유도행정(규제행정·개발행정·정서행정·개발정서행정)이란 국민의 경제적·사회적·지리적·환경적 생활을 보전하고 개선하기 위하여 국민생활을 일정한 방향으로 유도(보호조장·규제조정)하는 행정활동을 말한다. 정부에 의한 경제개발·지역개발·국토정비 등이 이에 해당한다.

2. 재무행정

재무행정이란 국가 또는 공공단체의 존립과 활동에 필요한 재력을 획득·관리하는 것을 목적으로 하는 행정을 말한다. 재무행정을 다시 재정권력작용과 재정관리작용으로 나누어 볼 수 있다. 재정권력작용이란 세금·분담금의 부과징수와 같이 행정에 필요한 자금을 조달하는 행정을 말하며, 公租 또는 公課行政이라고 한다.

한편 재정관리작용은 비권력적으로 재력을 취득하거나 취득한 재산을 관리하는 행정을 말하며, 調達 또는 需給行政이라고도 한다. 재력을 취득하는 것으로는 전매행정 등이 있고, 재력을 관리하는 행정으로서는 현금회계행정·동산(물품) 회계행정·부동산회계행정 등이 있다.

3. 사법행정

사법행정을 "재판에 필요한 인적·물적 설비의 취득·관리와 재판에 부수하여 필요한 사법적 질서의 유지·형성에 관한 작용"이라고 학자들은 정의하고 있다. 이러한 사법행정을 행정법의 연구대상으로 할 것인가에 대해서도 그것은 실질적 의미의 사법작용이기 때문에 결코 행정(법)에서 중심적인 내용이 될 수 없다고 이야기한다.

그러나 여기서 다음의 점을 다시 한 번 생각해 보아야 할 것이다. 첫째, '재판에 필요한 인적·물적 설비의 획득 및 관리'는 주로 법원행정처의 소관사항이다. 따라서 이러한 사법행정은 형식적 의미의 사법작용이고, 실질적 의미의 행정작용이다. 그런데 우리나라 현행법은 사법행정사무를 헌법의 권력분립정신과 사법부의 독립을 위하여 법원에 관장시키고 있다. 둘째, '사법적 질서의 형성·보호'에 관한 업무는 법무부·농수산부·재정경제부·문화관광부 등의 관할로 이뤄진다. 이러한 것은 결국 실질적 의미의 사법작용이나 형식적 의미의 행정작용이라고 할 수 있다. 그렇다면 우리가 행정법의 연구대상으로서의 행정의 종류를 분류할 때, 어느 것이 포함되는지는 쉽게 결론내릴수 있다.

4. 외무행정

외무행정이란 국가의 대외국관계에 관한 작용을 말한다. 이러한 대외국관계를 유지하기 위한 영역은 주로 국제법의 연구대상이 될 것이지만, 그에 관한 업무를 주로 외교통상부가 담당하고 있다는 점에서 형식적 의미의 행정이라고 볼 수 있다. 즉 국외관계에서 행하는 국외적 의미의 입법작용은 국제법의 연구영역이 되고, 국내적 의미의 입법작용은 헌법의 연구영역에 속한다. 그 집행작용과 관련된 국내적 영역은 행정법의 연구대상이 된다. 이러한 의미에서 의무행정조직·외무공무원인사관리·국내거주 외국인의 관리·출입국관리 등은 행정법의 영역에 속하는 사항이다.

5. 군사행정

군사행정이란 국방을 위하여 군사력의 취득·관리와 그 군사력을 사용하는 것을 말한다. 군사력의 취득·관리를 위해서는 일반행정상 법률관계에서 국민에게 명령·강제하고 부담을 과하는 경우도 있고, 군복무관계에서와 같이 특별권력관계에서 이뤄지는 경우가 있다. 또한 군사력을 사용하는 용병작전은 통치행위의 성질을 가지기도 한다.

참고문헌 ─────────────────────────

金道昶, 一般行政法論(上·下), 1990; 金南辰, 行政法의 基本問題, 박영사, 1989; 金南長, 行政法(Ⅰ), 1990; 徐元宇, 現代行政法論(上·下), 박영사, 1983; 박윤흔, 行政法講義(上·下), 1990; 韓國行政科學硏究所, 行政判例集(上·中·下), 1976; 李尙圭, 註譯判例 行政法(Ⅰ·Ⅱ), 삼영사, 1978; 金道昶·徐元宇·崔松和, 判例敎材 行政法, 서울대 출판부, 1985; P. Weil/金東熙 역, 프랑스行政法, 박영사, 1976; 卞在玉, 行政法講義(Ⅰ), 박영사, 1989; 洪井善, 行政法原論, 박영사, 1990; 洪井善, 行政法原論(上), 박영사, 1992; 김철용, 행정법 1−2, 박영사, 2010; 홍준형, 행정법, 법문사, 2011; 김철용, 행정법입문, 고시계사, 2014; 박정훈, 행정법의 체계와 방법론, 박영사, 2005, 박균성, 행정법강의, 박영사, 2013.

연습문제

1. 行政法의 법적 성격을 논하라.
2. 憲法과 行政法은 어떤 관계인가?
3. 현대행정법의 종류를 논하라.
4. 法治行政主義를 설명하라.
5. 행정기관의 종류를 논하라.
6. 國家行政組織과 自治行政組織을 논하라.
7. 행정행위의 중요성을 논하라.
8. 行政强制와 行政罰의 차이를 논하라.
9. 행정상의 損害賠償과 損失補償을 비교논평하라.
10. 行政訴訟을 논하라.
11. 경찰의 목적과 종류를 논하라.
12. 警察權의 한계를 논하라.
13. 행정소송은 行政作用인가 司法作用인가?
14. 行政訴訟事項을 논하라.

제17장

민법학

Ⅰ. 민법의 의의

흔히들 민법을 '법학의 王座'라고 부를 정도로 법학에서 민법학은 중요
하다. 民法은 burgerlyk regt라는 네덜란드어를 일본의 난학자(蘭學者) 니시
아마네(西周 助)가 번역한 말인데, 市民法(civil law)과 혼용할 때도 있다. 독
일어로는 Bürgerliches Recht라 하기도 하고, Zivilrecht라 하기도 한다. 그
러나 대체로 시민법이란 역사적 개념으로 사회법과 구별하여 사용하는 말
이 되어 민법과는 다른 개념이다.

(1) 민법은 사법이다

인간의 생활관계는 보통 국가나 공공단체의 구성원으로서의 생활관계와
인류로서의 생활관계로 나눌 수 있다. 전자를 규율하는 법을 公法(öffentliches
Recht)이라 하고, 후자를 규율하는 법을 私法(Privatrecht)이라 한다. 이 후자에
서도 가족생활관계와 경제생활관계가 있는데, 전자를 규율하는 것이 家族法
(親族法·相續法)이고, 후자를 규율하는 것이 財産法(物權法·債權法)이다.

(2) 민법은 일반사법이다

법을 일반법과 특별법으로 구별할 때, 사법도 일반법과 특별법으로 나눈다면 민법은 일반사법에 속한다. 이에 대하여 특별사법은 재산에 관한 법에 한한다. 그 중에서도 중요한 것이 商法이다.

(3) 민법은 실체법이다

실체법은 직접 권리·의무의 귀속, 변동 및 범위를 정하는 법을 말하고, 절차법은 실체법상의 권리·의무를 실현시키기 위한 방법과 절차를 정한 법을 말한다. 민법은 實體法에 속하며, 민사소송법은 節次法에 속한다.

형식적 의미의 민법은 성문화된 민법전을 뜻하지만, 실질적 의미의 민법에는 그뿐만 아니라 부동산등기법·호적법·이자제한법·유실물법·신원보증법·주민등록법 등의 단행법과 민사에 관한 관습법·판례법·조리 등이 포함된다.

II. 민법전의 체제

1. 근대민법전의 체제

근대민법전의 구성을 보면 인스티투치온체제(Institutionensystem)(또는 프랑스식)와 판덱텐체제(Pandektensystem)(또는 독일식)가 있다.

[인스티투치온체제와 판덱텐체제]

東로마의 유스티니아누스황제는 법전편찬사업을 펼쳐 「法學提要」(*Institutiones*)라는 법전을 가장 먼저 만들었는데, 이 책은 오늘날의 법학개론과 같은 성격을 띠고 있다. 「法學提要」는 로마의 유명한 법학자 가이우스(Gaius)의 같은 이름의 저서 「인스티투치오네스」를 모범으로 하였는데, '사람에 관한 법', '물건에 관한 法', '訴權에 관한 법'으로 3분하였다. 이와 같이 법전을 人事編·財産編·訴訟編으로 분류하는 編別法을 인스티투치온체제 또는 로마식이라고 부른다. 프랑스민법은 민법전을 제1편 人事, 제2편 所有權, 제3편 所

有權取得의 방법으로 나누고 있으며, 소송편은 별도의 법전으로 독립시키고 있다.

독일의 '작센민법'이 1836년에 처음으로 민법을 總則·物權·債權·親族·相續의 5편으로 나누었다. 일본민법이 이 체제를 따랐으며, 우리 민법전도 5편으로 나누어 판덱텐체제를 따랐다. 독일민법은 제2편 債權, 제3편 物權으로 구성되어 체제가 약간 다르나 이 체제에 속한다. 판덱텐체제는 그 체계의 정연성, 특히 총칙편을 처음에 두고 있는 점이 특징이다. 그러나 너무나 논리적·추상적이며, 총칙편은 사실상 재산법의 총칙으로 친족법·상속법은 별개의 성격을 띠어 총칙편 규정이 적용되지 않는 경우가 많고, 물권법·채권법은 각각 별도의 총칙을 따로 가지고 있다. 따라서 이 판덱텐체제에 관하여도 논란이 많다. 원래 '판덱텐'이라는 용어는 로마법대전의 「學說彙纂」(*Digesta, Pandectae*(會典)라고도 불리었다)에서 사용되었는데, 독일 보통법(gemines Recht)의 대부분은 로마私法, 즉 「학설휘찬」에 그 기초를 두었으므로 판덱텐(Pandekten)이라고도 하였다. 독일식 체제가 판덱텐체제라고 불리는 이유는 주로 판덱텐학자들에 의하여 사용·발전되었기 때문이다. 규범을 추상화·일반화·체계화하는 데 능숙하지 못했던 로마인들이 總則編을 따로 서두에 둔다는 것은 생각할 수 없었으며, 이는 독일 보통법시대의 로마법 연구방법의 대표적 산물이었다. 또한 이러한 연구방법은 實定法의 구속을 벗어나서 자유롭게 이성에 따른 일반원칙을 연구할 수 있었던 자연법학의 산물로서, 이 체제를 착안하는 데 자연법학자들이 가장 큰 역할을 하였다. 또한 후고(Gustav-Hugo, 1764~1844)와 하이제(Georg A. Heise, 1778~1851)는 독일 판덱텐체제의 선구자로 불린다.

2. 민법전의 체제

우리 민법전은 판덱텐체제에 따라 제1편 總則, 제2편 物權, 제3편 債權, 제4편 親族, 제5편 相續으로 구성되고, 그 밖에 全文 28조의 부칙이 있다. 제1편의 총칙은 민법 전편에 걸치는 원칙적 규정들을 두고 있으며, 제2편 물권과 제3편 채권은 재산관계를 규율하는 재산법이고, 제4편 친족과 제5편 상속은 가족관계를 규율하는 가족법이다.

[민법전의 성립]
일제시대에는 일본민법전이 의용되었으며, 8·15해방 후에도 현행민법전이

시행될 때까지 계속되었다. 그래서 우리 舊民法을 依用民法이라고 한다. 1948
년 7 월 17일에 헌법이 제정·공포되고, 정부가 수립된 후 정부는 바로 법전편
찬사업에 착수하여 동년 9 월 15일 법전편찬위원회직제를 공포하고, 법조인들
과 법학교수를 위원에 위촉하였다. 1948년 12월 15일 민법전의 기초에 착수하
여 「民法編纂要綱」과 「民法親族相續編編纂要綱」을 작성, 이를 기초로 초안작
성을 시작하였다. 6·25동란으로 인한 피난생활 속에서도 계속하여 4 년 7 개
월만인 1953년 7 월 초안의 기초작업을 마쳤다. 이 초안은 政府案으로서 1954
년 10월 26일에 국회에 제출되었고, 法制司法委員會는 초안을 예비심사하기
위한 民法審議小委員會를 구성했는데, 소위원회는 3 명의 위원(위원장 張暻根)
이 분담하여 1957년 9 월에 상·하 2 권으로 된 「民法案審議錄」을 작성, 예비
심사를 완료하였다. 소위원회에서 작성한 342항의 수정안은 법제사법위원회를
무수정으로 통과하여 1957년 9 월 12일에 정부제출안과 함께 국회본회의에 회
부되었다. 국회본회의에서 다시 수정된 초안은 1957년 12월 17일에 통과되었
고, 1958년 2 월 5 일에 정부에 이송되어 동년 2 월 22일에 법률 제471호로서
공포되어 1960년 1 월 1 일부터 시행되었다.[1]

최초의 초안(정부제출안)은 부칙을 포함하여 총 1150개 조로 이루어졌는
데, 그 중 829개 조는 무수정통과되었고, 285개 조는 수정, 25개 조는 신설, 35
개 조는 삭제되었다. 民法典은 총 1146개 조로 이루어져 있으며, 그 중 본문은
1121개 조, 나머지 28개 조는 부칙이다.

우리 민법전은 제정 당시 기초를 무척 서둘렀고, 또한 교수들의 참여가
거의 없었으며, 이에 따라 '이유서'가 없다는 점이 지적되었다. 이에 각 대학의
일부 私法敎授들은 국회에서 심의중에 「民法案意見書」를 공간하여 초안의 재
산법부문에 비판을 가하였고, 또 상당한 영향을 주었다.[2]

초안작성과 심의과정 등에서 舊民法, 즉 현행일본민법을 많이 참작하였음
은 다 아는 사실이다. 다만 재산법에 있어 프랑스민법에서 유래하는 제도를
많이 없애고, 독일민법 또는 독일계열에 속하는 스위스민법·채무법을 많이 참
조하였다. 그리하여 현행민법은 구 민법에 비하면 독일민법에 접근하고 있다.[3]
원래 구 민법이 주로 19세기의 개인주의적인 법원리를 근저로 하고 있었는 데
반하여, 현행민법은 20세기의 더욱 새로운 공공복리의 이념과 단체주의적 법
사상을 많이 흡수하고 있다.

우리 민법의 성격을 요약해서 말하면, 財産法은 일본민법과 독일민법을

---

1) 자세히는 鄭鍾休, "韓國民法典의 制定過程," 民法學論集(곽윤직교수 회갑기념논문집), 박
영사, 1985; 양창수, "民法案 성립과정에 대한 小考," 法學 제30권 제 3·4 호, 서울대, 1989.
2) 民事法硏究會 編, 民法案意見書, 일조각, 1957 참조.
3) 자세히는 金曾漢, "韓國民法에 미친 獨逸民法의 영향," 韓獨法學 제 5 집, 1984.

계수한 것이라고 볼 수 있을 것이다. 그러나 그 성격상 家族法은 일본민법이나 독일민법·프랑스민법 등 다른 근대민법의 영향이 매우 적다. 가족법의 분야에서는 전통적 관습과 새로운 민주주의시대의 제도가 적당히 혼합되어 있어 후진성을 벗어나지 못하고 있었으므로 인간의 존엄과 남녀평등을 바탕으로 한 가족법개정이 추진되어 1989년 상당부분이 개정되었지만, 보수세력의 반대로 전면개정에는 이르지 못하고 있는 실정이다.

우리 민법전은 1960년 1월 1일에 효력을 발생한 후 1962년 12월 29일, 1962년 12월 31일, 1964년 12월 31일, 1970년 6월 18일, 1977년 12월 31일, 1984년 9월 10일, 1989년 12월 9일에 걸쳐 7차의 개정이 있었다. 1970년대까지의 5차에 걸친 개정 중 세 번의 개정은 부칙규정의 개정이었고, 민법본문의 개정은 두 번뿐이었다. 1980년대에 들어 민법개정작업이 활발히 전개되어 1984년 9월 10일에 법률 제3723호로 「民法中改正法律」과 같은 날 법률 제3725호로 「集合建物의 소유 및 관리에 관한 법률」이 공포되어 민법의 상당한 개정을 이루었다. 1989년 12월 9일에 국회에서 통과된 가족법은 대폭적으로 1991년 1월 1일부터 새 민법으로 발효되었다.

그 후로도 가족법을 중심으로 헌법재판소의 결정례에 따른 개정이 있었으며, 특히 2005년 3월 31일에 법률 제7427호로 공포된 개정법률은 다음에 살펴보는 바와 같이 가족관계에 관한 혁신적인 변화를 담고 있는바, 호주제 폐지와 이와 관련된 가족관계의등록등에 관한법률, 친양자제도의 실시 등에 관한 규정은 2008년 1월 1일자로 시행되었다.

개정의 주요 내용은,

㈎ 호주제도폐지 등(현행 제778조, 제780조 및 제782조 내지 제796조 삭제, 제779조)　　　호주에 관한 규정과 호주제도를 전제로 한 입적·복적·일가창립·분가 등에 관한 규정을 삭제하는 한편, 호주와 가(家)의 구성원과의 관계로 정의되어 있는 가족에 관한 규정을 새롭게 정하였다. 이와 관련하여 가족관계의등록등에관한법률이 제정되어 가족관계등록부가 호적부를 대체하는 등의 변화가 예정되어 있다.

㈏ 자녀의 성(姓)과 본(本)(제781조 1항)　　　자녀의 성(姓)과 본(本)은 부(父)의 성과 본을 따르는 것을 원칙으로 하되 혼인신고시 부모의 협의에 의하여 모(母)의 성과 본도 따를 수 있도록 하였다.

㈐ 자녀의 성과 본의 변경(제781조 6항)　　　자녀의 복리를 위하여

자녀의 성과 본을 변경할 필요가 있는 때에는 부(父) 또는 모(母) 등의 청구에 의하여 법원의 허가를 받아 이를 변경할 수 있도록 하였다.

(라) 동성동본금혼제도의 폐지 등(제809조)　　남녀평등과 혼인의 자유를 침해할 우려가 있는 동성동본금혼제도를 폐지하고, 근친혼금지제도로 전환하되 근친혼제한의 범위를 합리적으로 조정하였다.

(마) 여성에 대한 재혼금지기간 제도 폐지(제811조 삭제)　　부성추정의 충돌을 피할 목적으로 여성에 대하여 6월의 재혼금지기간을 두고 있는 것은 여성에 대한 차별적인 규정으로 비쳐질 수 있고, 친자관계감정기법의 발달로 이러한 제한규정을 둘 필요성이 없어졌으므로 이를 삭제하였다.

(바) 처(妻)의 친생부인의 소 제기 인정(제846조 및 제847조)　　지금까지 친생부인의 소는 부(父)만이 제기할 수 있고 제소기간도 출생을 안 날부터 1년 내로 제한하였으나, 이는 혈연진실주의 및 부부평등의 이념에 부합되지 아니하는 측면이 있으므로 앞으로는 부(父)뿐만 아니라 처(妻)도 제소할 수 있도록 하고, 제소기간도 친생부인사유를 안 날부터 2년 내로 연장하는 등 친생부인제도를 합리적으로 개선하였다.

(사) 친양자제도 신설(제908조의 2 내지 제908조의 8 신설)　　종전 양자제도를 그대로 유지하면서 양자의 복리를 더욱 증진시키기 위하여 양친과 양자를 친생자관계로 보아 종전의 친족관계를 종료시키고 양친과의 친족관계만을 인정하며, 양친의 성과 본을 따르도록 하는 친양자제도를 신설하였다.

(아) 친권행사의 기준 신설(제912조 신설)　　부모 등 친권자가 친권을 행사함에 있어서는 자의 복리를 우선적으로 고려하여야 한다는 의무규정을 신설하였다.

민법개정은 그 후로도 계속되어 2013년 7월 1일부터 시행된 새 민법전은 다음과 같은 개정을 보았다. 1. 성년을 만 20세에서 만 19세로 낮추었다. 따라서 만 19세가 되면 부모 동의없이 단독으로 원룸전세계약, 휴대폰 및 신용카드개설, 보험가입 등 법률행위를 할 수 있다. 2. 금치산, 한정치산제도를 폐하고 본인의 의사와 사무처리 능력의 수준을 최대한 존중할 수 있는 탄력적 후견제도인 성년후견제도를 도입하였다. 이것은, 장애, 질병, 노령 등으로 사무능력이 부족한 성인에게 자신의 의사와 능력에 맞게 법률행위, 조력을 받을 수 있는 맞춤형 후견제도이다. 3. 미성년자의 입양 요건으로 법원이 양부모의 양육능력, 입양동기 등을 엄격히 심사해 입양허가를 해줘야 입양이 가능해진다. 4. 이른바 '최진실법'의 채택인데, 이혼 후 미성년자녀의 친권을 갖고 있던 한쪽 부모가 사망할 경우 자동적으로 그 상대 배우자가 친권자가 되었던 기존의 제도를 폐지하고 법원이 양육능력과 자녀의 의사 등을 고려해 친권자를 결정한다. 5. 유실물 처리에서 유실물 습득 공고 후 6개월간 소유자가 나타나지 않으면 습득자가 소유권을 취득하도록 기간을 단축하였다.

Ⅲ. 민법의 기본원리

1. 근대민법의 기본원리

근대법은 개인의 自由와 平等을 그 기본원리로 하여 출발하였다. 그 이전의 봉건사회에서 볼 수 있었던 신분·계급, 또는 그에 따르는 각종의 특권에 기하여 인정되던 '사람의 사람에 대한 지배'는 여지없이 파기되고 말았다. "인간은 출생과 생존에 있어서 자유와 평등의 권리를 갖는다"라고 하는 프랑스 인권선언 속에서 상징되고 있는 개인주의·자유주의·합리주의 등의 이념은 높이 평가되어 1804년의 프랑스민법전을 비롯하여 그 후 각국 민법전을 지배하게 되었다.

우리 헌법도 근대사회의 이러한 원칙을 받아들여 "모든 국민은 法 앞에서 평등"함을 규정하고 있을 뿐만 아니라(헌법 제11조) 민법에서도 "사람은 생존한 동안 권리와 의무의 주체가 된다"(민법 제3조)라고 규정하여 인격평등의 원칙을 밝히고 있다. 근대사회의 이러한 개인주의·자유주의 등의 원칙들이 민법에 규정됨으로써 모든 인간은 신분과 재산관계에서 ① 나면서부터 평등하고 독립된 지위(權利能力·法人格)가 인정되고, ② 그 재산권이 보장(私有財産制度·所有權의 絶對 등)될 뿐만 아니라, ③ 자기의 자유로운 의사에 따라 자기의 생활관계를 처리하는 것(契約의 자유)이 인정되게 되었다. 이를 구체적으로 보면 다음과 같다.[4]

---

4) 李英俊, 民法總則, 박영사, 1990은 아래의 통설적 설명과 달리 여전히 私的 自治의 原則

(1) 소유권절대의 원칙(사유재산자유의 원칙)

소유권을 그 전형으로 하는 사유재산권 일반에 관하여 헌법은 그것의 국가권력으로부터의 불가침을 규정하여 소유권의 행사는 소유자 개인의 자유에 맡기고, 국가나 그 밖의 私人은 이에 간섭하지 못하게 하고 있다. 헌법에 "財産權은 보장된다. … 公共必要에 의한 財産權의 수용·사용 또는 제한 및 그에 대한 보상은 법률로써 하되 정당한 보상을 지급하여야 한다"(헌법 제23조)라고 하는 것이 바로 그것이다.

그러나 근대사회의 이러한 기본원리도 19세기 말 이래의 자본주의의 발전과 더불어 새로운 국면에 부딪치게 되었다. 그것은 자본주의의 진전에 따라 貧益貧 富益富의 현상이 날로 극심하게 되어 자유와 평등의 지위에서 있어야 할 각인이 현실적으로 취득할 수 있는 생활이익은 점차 불평등한 것이 되고 말았기 때문이다.

그리하여 경제적인 自由放任主義도 과거의 유물로 변하고, 경제에 대한 국가의 적극적인 간섭이나 계획이 각종의 경제정책적 입법 또는 사회정책적 입법의 등장으로 나타났다.

(2) 계약자유의 원칙

경제활동의 결과 얻어진 재산은 소유권절대의 원칙에 의하여 보장받고 있지만, 재산권을 획득하고자 하는 행위 자체의 자유도 보장되지 않으면 안 된다고 하였다.

이 원칙의 내용으로는 ① 계약체결 여부의 자유, ② 계약체결의 상대방을 선택하는 자유, ③ 계약의 내용을 결정하는 자유, ④ 계약에는 원칙적으로 방식을 요하지 않는다는 뜻에서의 방식의 자유 등 네 가지를 들고 있다.

(3) 과실책임의 원칙

민법은 개인의 활발한 활동을 보장해 주기 위하여 과실책임의 원칙을

을 최고의 위치에 둔다. 이와 함께 우리 민법의 기초이념으로 社會的 衡平의 원칙, 具體的 妥當性의 原則 등을 제시하고 있다.

기본원리의 하나로 삼고 있다. 이것은 개인은 고의 또는 과실로 위법하게 타인에게 가한 손해에 대해서만 손해배상을 진다는 원칙이다. 따라서 고의나 과실 없이, 즉 無過失로 타인에게 손해를 가한 때에는 배상할 필요가 없다. 계약자유의 원칙이 적극적으로 개인의 활동의 자유를 보장하려는 것이라면, 과실책임의 원칙은 소극적으로 이를 보장해 주려는 것이다.

2. 현대민법의 기본원리

자본주의가 고도로 발달함에 따라 그 자체에 내포되어 있는 여러 가지 결함과 폐해로 인하여 소유권절대의 원칙은 유산자가 대다수의 무산자를 지배하는 무기로 악용되어 가진 것이 없는 자에게는 한낱 장식물에 지나지 않았다. 계약의 자유는 경제적 강자의 경제적 약자에 대한 일방적인 계약 강제수단으로 변질하였고, 과실책임의 원칙은 경제적 강자가 경제적 약자에 대한 책임을 면하는 구실로 되었다. 따라서 앞서 말한 근대민법의 기본원리에 다음과 같은 수정이 가해질 수밖에 없었다.

(1) 소유권공공의 원칙

소유권은 소유자를 위한 절대적인 것이 아니라 사회 전체의 이익을 위하여 제한을 받아야 하는 성질의 것이라는 원칙이다. 헌법 제23조 2 항의 "財産權의 행사는 公共福利에 적합하도록 하여야 한다"라는 규정은 소유권의 公共性의 전법률체제에 걸치는 일반원칙을 선언한 것이고, 민법 제 2 조 2 항의 "權利는 남용하지 못한다"와 제211조의 "소유자는 법률의 범위 내에서 그 소유물을 사용·수익·처분할 권리가 있다"라고 하는 규정은 헌법상의 일반원칙을 구체화한 것이다.

(2) 계약공정의 원칙

사회질서에 반하는 계약뿐만 아니라 심히 공정성을 잃은 계약은 보호를 받을 수 없다는 원칙을 말한다. 계약자유의 원칙을 그대로 견지할 경우에는 자본가가 노동자를 불리한 조건으로 고용하여 부당하게 착취하는 결과가 생기게 될 뿐 아니라, 경제적 강자가 경제적 약자를 지배하게 되는 사회적 죄악이 발생하지 않을 수 없다.

오늘날에는 이러한 사회적 죄악을 제거하기 위하여 여러 가지 방법으로 계약의 자유에 제한을 가하고 있다. 노동관계를 규율한 입법들, 생존권적 기본권을 보장하기 위한 입법들 및 그 밖의 경제활동 전반에 걸친 각종 統制立法 등이 바로 계약자유의 원칙을 제한하기 위한 것이다. 민법은 제104조에서 불공정한 법률행위를 무효라고 하였으며, 제2조 1항에서는 "권리의 행사와 의무의 이행은 信義에 좇아 성실히 하여야 한다"라고 하였다. 信義誠實이라는 말은 公正性(Billigkeit)과 비슷한 개념이다.

(3) 무과실책임의 원칙

과실책임의 원칙이라 함은 "과실 없이는 책임이 없다"라는 법언이 말해 주듯이 개인은 자기의 고의 또는 과실이 있는 경우에만 책임을 질 뿐 그 밖의 경우에는 책임을 지지 않음을 말한다. 그러나 오늘날 고도로 발달한 기계문명과 대규모의 집단생활에는 아무런 과실이 없는 경우에도 남에게 손해를 끼칠 수가 있다.

따라서 최근에는 비록 과실이 없는 경우에도 대규모의 근대적 기업이나 시설에 따른 재해와 위험의 증대에 대한 企業責任 또는 無過失責任을 인정하는 法理가 발전하고 있다.

Ⅳ. 권리행사의 한계

근대민법의 기본원칙들은 여러 면에서 수정을 받고 있는데, 수정적 원리로서는 정의와 공공복리를 들 수 있다. 이러한 수정원리의 표현은 바로 신의성실의 원칙과 권리남용금지의 원칙이다.

(1) 신의성실의 원칙

"권리의 행사와 의무의 이행은 信義에 좇아 성실히 하여야 한다"(민법 제2조 1항). 즉 권리자와 의무자는 사회공동생활의 일원으로서 서로 상대방의 신뢰를 헛되이 하지 않도록 행동해야 한다. 만일 권리자의 권리행사가 신의성실의 원칙(信義則)에 반할 때에는 정당한 권리행사로 볼 수 없게 되며, 권리남용으로 된다. 의무자의 의무이행도 신의성실의 원칙에 반할 때에는 의무불이행으로 간주된다.

(2) 권리남용금지의 원칙

민법 제 2 조 2 항은 "權利는 남용하지 못한다"라고 하여 권리남용금지의 원칙을 규정하고 있다. 權利濫用이란 외형적으로는 권리의 행사인 것처럼 보이나, 실질적으로 보면 신의성실의 원칙과 권리의 社會性에 반하는 권리행사로서의 효과는 발생하지 않는다. 권리남용으로 타인에게 손해를 입혔을 때에는 권리자는 손해배상의 책임을 진다.

Ⅴ. 민법총칙

1. 권리의 주체

(1) 의   의

땅을 사고 파는 경우에 토지의 매매계약을 한다. 이 계약은 땅을 팔려고 하는 자가 땅을 상대방에게 양도할 것을 약속하고, 사려고 하는 자는 상대방에게 그 대금을 지불할 것을 약속하는 것이다. 이 매매행위에 의해 賣渡人은 목적물인 땅을 買受人에게 이전하여 줄 의무를 지게 된다. 즉 매수인에게 그 땅을 완전히 그의 지배 아래 두게 할 의무를 지게 되므로, 등기가 필요하면 이를 매수인에게 이전해주어야 한다. 한편 매수인은 그 대금을 지불할 의무를 진다.

이러한 私人 상호간의 권리의무 관계에서 권리의무를 지는 자를 權利義務의 주체라고 한다. 권리의무의 주체가 될 수 있는 것은 '人'이다. '人'에는 自然人과 法人이 있다.

(2) 자 연 인

1) 권리능력   물건을 살 때 싸게 사면 좋아하고, 비싸게 사면 배아

파하고, 계약대로 하지 않으면 화를 내는 감정을 가진 살아 있는 인간은 모두 권리의무의 주체가 될 수 있는데, 이러한 사람을 自然人(natürliche Person)이라고 한다. 또한 권리의무의 주체가 될 수 있는 지위를 민법에서는 權利能力(Rechtsfähigkeit)이라고 한다. 그러면 자연인은 언제부터 이러한 권리능력을 갖게 되는가? 만일 민법 제3조는 "사람은 생존한 동안 권리와 의무의 주체가 된다"라고 규정하고 있으므로, 자연인은 어머니로부터 태어났을 때 私法上의 권리를 향유하고 의무를 부담할 수 있는 지위인 권리능력을 갖게 된다. 따라서 어머니의 뱃속에 있는 태아는 원칙적으로 권리능력을 갖지 않는다. 그러나 태아의 이익을 보호하기 위하여 민법은 특별한 경우에 태아를 이미 출생한 것으로 보는바(個別主義), 그 특별한 경우로서 불법행위로 인한 손해배상의 청구(민법 제762조), 父의 認知(제858조), 相續(제1000조), 遺贈(제1064조) 등이 규정되어 있다.

이렇게 모든 자연인은 출생과 더불어 권리능력을 갖게 되고 인격자가 된다. 그리고 그 자연인의 사망과 더불어 권리능력은 끝나게 된다. 그래서 사람이 언제부터 출생한 것이고 언제부터 사망한 것인가 하는 점이 문제되는데, 민법에서는 태아가 모체로부터 전부노출된 순간부터 출생한 것으로 보고(전부노출설), 그 순간부터 살아 있는 동안 권리능력을 갖는 것으로 본다.

[법으로 보는 인간의 출생과 사망]

인간의 출생과 사망은 다른 생명체와 마찬가지로 자연과학(의학)적 사항인 것이 사실이지만, 법적인 관점에서는 달리 해석된다.

인간의 출생에 관하여는 陣痛說·一部露出說·全部露出說·獨立呼吸說 등이 있는데, 헌법학에서는 '인간의 존엄'의 관점에서 受胎說을 통설로 받아들이고 있고, 형법에서는 영아살해죄와 관련하여 진통설(분만개시설)을 받아들이고 있다.

사람은 사망과 동시에 권리능력을 상실하여 권리의무를 가질 수 없게 되므로(민법 제3조), 그가 사망하는 순간에 가지고 있던 권리와 의무는 상속인에게 승계되는바, 어느 시점을 사망의 시기로 볼 것인가 하는 점이 상속 및 유언과 관련된 법률관계에서 매우 중요한 문제가 된다. 이와 관련하여 민법이 별도의 규정을 두고 있지 않아 종래 심박종지설·호흡종지설·생활현상단절설 등이 대립하고 있었으며, 1986년의 이른바 '시드니선언' 이후에는 뇌사설(腦死

說)이 강력히 주장되고 있다. 즉 종래에는 호흡과 심장의 박동이 영구적으로 멈추는 때를 사망시기로 파악함이 일반적이었으나(심박종지설), 최근 의학의 발달에 따라 심장 등의 장기이식이 가능하게 되면서 이식의 필요에 따라 뇌사시를 사망의 시점으로 보자는 주장이 힘을 얻고 있는 것이다.[5]

[권리능력의 소멸]

자연인은 사망으로 권리능력을 잃는다. 그런데 사망했는지, 안 했는지, 또는 언제 사망했는지 불분명한 경우가 적지 않다. 이 경우 상속, 유언의 효력발생, 남은 배우자의 재혼문제 등을 해결하는 데 많은 곤란이 따른다. 그러므로 민법은 사망의 입증곤란을 구제하기 위하여 다음과 같은 세 가지 제도를 두고 있다. 첫째, 同時死亡의 推定이다. "2인 이상이 동일한 위난으로 사망한 경우에는 동시에 사망한 것으로 추정한다"는 민법 제30조의 규정이 그것이다. 둘째, 認定死亡이다. 시체는 발견되지 않았으나 죽은 것이 확실시되는 경우(水難·火災), 그것을 조사한 관공서가 한 사망의 보고에 기초하여 호적부에 사망기재를 하는 제도이다. 이상 두 제도가 사망을 추정하는 것에 불과한 데 비하여 사망을 간주하는 제도가 있다. 失踪宣告가 그것이다. 不在者의 死亡不明 상태가 일정기간(5년 또는 1년) 계속된 경우에 가정법원의 선고에 의해 사망으로 간주하는 제도가 실종선고이다. 따라서 反證을 들어 실종선고의 효력을 뒤집을 수는 없고, 가정법원으로부터 실종선고의 취소가 있어야만 死亡擬制를 무효로 돌릴 수 있다.

2) 행위능력   이처럼 자연인은 태어났을 때부터 누구나 권리능력을 갖는다고 하지만, 모든 사람이 권리능력이 있다고 해서 그러한 사람들이 한 사람의 예외도 없이 자기의 이익을 무제한으로 추구하며 활동하는 현대의 거래사회에서, 자기 혼자 완전한 법률행위를 할 수 있다고 기대하기는 어렵다. 어머니로부터 막 태어난 신생아나 유치원에 다니는 어린아이가 권리능력이 있다고 해서 자기의 판단으로 땅을 사고, 집을 짓고, 혹은 그 집을 파는 등의 법률행위를 혼자 할 수 있다고 기대하기가 힘들다. 그들은 아직 경제적 거래나 계약이 무엇이며, 그것이 어떠한 법적 효과를 가져오는지 이해할 수 없을 뿐만 아니라 판단도 할 수 없다. 말하자면 그것을 행

---

5) 장기등이식에관한법률 제3조 4호는 "'살아 있는 자'라 함은 사람 중에서 뇌사자를 제외한 자를 말한다"라고 규정하고 있는바, 이와 관련하여 동법이 뇌사설을 입법화한 것인지에 대해 견해가 대립하고 있으나, 동법 제17조에서 뇌사자는 뇌사시가 아니라 장기적출행위로 인하여 직접 사망한 것으로 표현하고 있는 점 등에 비추어 뇌사자의 장기이식을 법적으로 허용해 주는 위법성조각사유를 규정한 것에 지나지 않는 것으로 봄이 일반적이다.

할 능력이 없는 것이다. 자연인이 유효한 법률행위를 하기 위해서는 그 전제로서 자기의 판단과 의사에 따라서 그것을 할 수 있는 능력을 갖추고 있지 않으면 안 된다. 私法關係에서 우리들 자연인의 행위로 권리의무를 지거나 변경 또는 삭감케 하는 데에는 원칙적으로 자기의 정상적인 의사에 의하여야 한다고 하는 個人意思自治의 원칙(Prinzip der Willensautonomie)이 요구되기 때문이다.

자기의 법률행위의 결과를 판단하고 알 수 있는 능력이 없는 사람은 혼자 완전히 유효한 법률행위를 할 수가 없다. 이와 같은 판단을 할 수 있는 능력을 意思能力(Willensfähigkeit) 혹은 精神能力이라고 한다. 의사능력은 법률행위를 할 개별적인 경우의 실질적 판단능력을 말하므로, 어느 특정인이 어떤 행위를 할 때에 의사능력을 갖고 있었느냐 여부를 판단하기란 힘들다. 특정인이 특정한 행위를 한 때에 의사능력이 없었다고 하는 것을 증명하기 어려운 경우가 있는가 하면, 비록 그것이 입증되었다고 할지라도 그 사람과 경제상의 거래를 한 상대방은 자기의 거래상대방이 완전한 의사능력이 없었다고 믿기가 어려운 경우가 있을 뿐만 아니라, 일일이 그러한 의사능력을 갖고 있는지 여부도 확인할 수 없으므로 예상하지 못했던 손해를 입게 되는 수도 있다. 따라서 민법은 형식적이고 획일적인 行爲能力(Geschäftsfähigkeit 혹은 Handlungsfähigkeit)이라고 하는 개념을 따로 정하였다. 행위능력이란 혼자서 완전히 계약과 같은 법률행위를 할 수 있는 능력을 말한다. 행위능력을 갖는 사람을 能力者, 갖지 않은 사람을 제한능력자라고 한다.

3) 제한능력자　　　민법은 제한능력자로 미성년자·피성년후견인·피한정후견인·피특정후견인을 규정하고 있다. 未成年者는 만 19세 미만의 사람을 말한다(민법 제4조). 미성년자도 혼인하면 성년에 이른 것으로 본다(成年擬制). 가정법원은 질병, 장애, 노령, 그 밖의 사유로 인한 정신적 제약으로 사무를 처리할 능력이 지속적으로 결여된 사람에게는 성년후견심판을, 그로 인하여 사무를 처리할 능력이 부족한 사람에게는 한정후견심판을, 그로 인하여 일시적 후원 또는 특정한 사무에 관한 후원이 필요한 사람에게는 특정후견심판을 할 수 있는데(제9조, 제10조, 제13조), 이때 가정법원에 의해 이들 심판이 개시된 사람을 피성년후견인, 피한정후견인, 피특정후견인이라

고 한다. 제한능력자에게는 法定代理人이 있다. 미성년자의 법정대리인은
제 1 차로 親權者, 제 2 차로는 後見人이 된다. 제한능력자制度는 치열한 자
유경쟁의 사회에서 제한능력자가 희생되지 않도록 그 법률행위를 사후에
취소할 수 있도록 하는 등의 방법으로 제한능력자들을 보호하려는 데에 목
적이 있다.

(3) 법　　인

사회생활에는 자연인만 구성분자로 활동하고 있는 것이 아니고, 지방
공공단체·공익단체·회사 등이 구성분자로 활발히 활동하고 있다. 현대사회
에서는 어쩌면 개인보다도 이러한 단체들의 구실이 더욱 크다고 볼 수 있
을 것이다. 법은 이러한 사실을 고려하여 단체에도 법률이 정하는 일정한
요건을 갖추면 권리능력을 인정해 주고 있다. 이러한 단체는 단체 스스로
가 마치 사람과 같이 권리능력을 갖고, 그 단체의 이름으로 권리를 가지며
의무를 지게 된다. 이러한 단체를 法人(juristische Person)이라고 한다. 수많
은 구성원으로 되어 있는 단체에게 이와 같은 권리능력을 인정하지 않는다
면, 외부와의 계약체결과 같은 법률행위를 하려면 구성원 전원의 이름으로
해야 한다. 그렇게 되면 그 절차가 얼마나 복잡할 것인가 상상하고도 남는
다. 따라서 구성원 전체를 대표해서 단체가 권리능력을 갖는다고 하면, 그
절차가 대단히 간편해진다. 이러한 이유로 우리 민법 제31조는 법률의 영
역에 자연인 외에 법인이라는 존재를 규정하고 있다. 우리들의 생활주변을
보면 여러 가지 법인이 있음을 알 수 있다. 사립학교가 있는가 하면, 동창
회·병원 등 셀 수 없이 많다.

[법인이론]

　　법인의 성질과 성립에 관해서는 19세기 이래 학설의 다툼이 있었다. 擬制
說(Fiktionstheorie)은 로마법적 이론이며, 그 대표자는 사비니(Savigny, 1779~
1861)와 빈트샤이트(B. Windscheid, 1817~1892)이다. 實在說(Theorie der
realen Verbandspersönlichkeit)은 게르만법적 이론이며, 그 대표자는 기르케
(Otto von Gierke)이다. 의제설은 인간(자연인)만이 권리주체로 될 수 있다는
생각에서 출발한다. 그러므로 법질서가 법정책적 이유에 기하여 일정한 단체
에 권리주체성을 부여한 경우, 이것은 오로지 '인위적으로 순전한 의제에 의하

여 인정되는 주체'(사비니), 즉 의제된 자연인에 불과하다고 한다. 實在說은 有機體說이라고도 한다. 이 설에 의하면 법인은 법의 피조물, 즉 법적 거래에 더욱 편리하고 간편하게 참여할 수 있게 하기 위한 의제물(궁극적으로는 法技術的 制度)이 아니라 '사회적으로 실재하는 유기적으로 형성된 존재'이며, 법인은 법으로 창조된 것이 아니라 이미 존재하고 있는 것을 법이 승인한 것이다. 기르케는 이것을 '정신적 유기체'(geistiger Organismus)라 부른다. 이러한 단체는 '현실적 단체인격'을 가지며, 법은 이러한 현실체를 오로지 법적으로 인정하는 것에 불과하다고 한다. 의제설은 법인을 법이 편의를 위하여 자연인에 의제하여 만들어 낸 가상적 존재로서 보는 데 반하여, 실재설은 법인을 현실적 존재로 본다.

이 밖에 총칭하여 法人否認說로 불리는 目的財産說(Brinz), 受益者主體說(Jhering), 管理者主體說(Binder)이 있으나, 현재 별로 중요시되지 않고 있다. 현재 의제설과 실재설은 다음과 같은 점에 관해서는 견해의 일치를 보이고 있다. 첫째로 법인은 자연인과 마찬가지로 權利主體(권리능력자)이다. 둘째로 법인은 국가의 법질서에 의한 법적 승인을 필요로 한다. 다시 말하면 법인이 되기 위하여는 법질서에 의해 권리능력이 부여되어야 한다. 셋째로 법인은 독립적인 권리의무의 담당자이다.

법인은 그 기초가 무엇이냐에 따라서 사단법인(Verein)과 재단법인(Stiftung)으로 나눌 수 있다. 社團法人이란 같은 목적을 가진 사람들이 모여 집합체가 되어 있는 법인을 말한다. 민법상의 사단법인은 영리 아닌 사업을 목적으로 하는 법인이다(민법 제32조). 영리를 목적으로 하는 것은 상법의 회사에 관한 규정에 따라 법인으로 할 수 있다(민법 제39조). 法人은 그 주된 사무소의 소재지에서 설립등기를 함으로써 성립한다(민법 제33조).

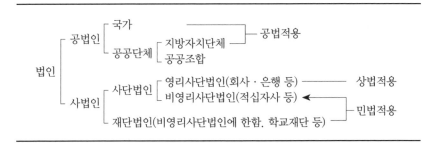

재단이란 장학이라고 하는 일정한 목적을 위해 바쳐진 장학기금과 같은 재산을 기초로 해서 이를 운영하는 조직을 말한다. 이것이 법인으로 등록되었을 때 財團法人이 된다.

사단법인과 동일한 실체를 갖고 있는 단체일지라도 법인설립의 절차를 밟지 않는 것은 이를 구별하여 법인 아닌 사단, 즉 權利能力 없는 社團(Verein ohne Rechtsfähigkeit)이라 하는데, 이에 관하여는 사단법인에 관한 규정을 준용하는 것으로 이해되고 있다.

[권리능력 없는 사단]

단체의 실질이 사단이기는 하지만 법인격, 즉 권리능력을 가지지 않는 것이 '人格 없는 사단', '권리능력 없는 사단'(nichtrechtsfähiger Verein, Verein ohne Rechtsfähigkeit) 또는 '法人이 아닌 사단'이라고도 한다. 원래 사단은 법인으로서의 실체가 될 수 있는 것이므로, 입법상 법인의 자유설립주의를 채용한다면 사단은 모두 법인이 될 수 있다. 그러나 현행법상 법인의 설립은 법률이 규정하는 특정한 경우에만 인정되므로(민법 제31조), 경우에 따라서는 이른바 권리능력 없는 사단이 생기게 된다. 사단이 법인격을 취득하는 길은 현행법 아래서는 반드시 어려운 것은 아니다. 그럼에도 불구하고 현행법 아래서도 역시 인격 없는 사단이 존재하는 이유는 무엇일까? 그 이유의 하나는 민법이 사단법인의 설립에 관하여 허가주의를 취하고 있는 데 있다(민법 제32조). 즉 주무관청의 허가가 사단법인설립의 절차적 요건의 하나이며, 만일에 그러한 허가를 얻지 못하거나 또는 허가를 얻지 못하고 있는 동안은 사단은 권리능력 없는 사단으로서 존재할 뿐인 것이다. 또 하나의 이유는 설립자가 행정관청의 사전의 허가나 사후의 감독 기타의 법적 규제를 받는 것을 좋아하지 않을 경우에는 법인설립이 강제되어 있지 않은 이상 인격 없는 사단으로서 존속할 뿐이다. 그리하여 현행민법상 권리능력 없는 또는 법인격 없는 사단의 존재는 불가피하며, 그 수는 상당히 많은 것으로 추측된다. 권리능력 없는 사단으로는 예컨대 宗中, 교회, 洞·里 등을 들 수 있다.

권리능력 없는 사단이 현실적으로 활동함에 있어서 전개되는 복잡한 법률관계에 대하여 어떠한 법규범을 적용할 것인가? 이에 관하여 민법은 재산귀속관계를 총유로 한다는 규정을 두고 있을 뿐이다(민법 제275). 그 밖에는 아무런 실체법적 규정을 두고 있지 않으므로, 결국 이 문제는 학설·판례에 맡겨져 있다고 할 수 있다. 민법의 입법적 不備의 하나이다. 입법례에 따라서는 인격 없는 사단에 대하여 조합에 관한 규정을 준용하는 것이 있다. 독일민법(獨民 제64조)과 그것을 본받은 스위스민법(瑞民 제62조)이 그러하다. 그러나 학설·

판례가 인격 없는 사단과 조합과의 본질적 차이를 직시하여 사단에 적합하지 않은 조합에 관한 임의규정은 정관에 의하여(定款에 明示的인 排除規定이 없더라도) '묵시적으로' 배제되어 있다고 해석하게 되어 독일민법상 인격 없는 사단은 실질적으로는 사단법인과 마찬가지로 다루어지고 있다. 우리 민법은 그 소유관계를 총유라고 규정함으로써 인격 없는 사단이 조합과는 본질적으로 다르다는 것을 간접적으로 밝히고 있다고 할 수 있다('組合의 所有形態는 이른바 合有'이다. 제704조, 제271조 참조). 그러므로 인격 없는 사단에 대하여는 사단법인에 관한 규정 가운데서 법인격을 전제로 하는 것을 제외하고는 모두 유추적용해야 하며, 조합에 관한 규정을 준용해서는 안 된다고 해석해야 한다. 이 점에 대해서는 판례6)와 학설7)이 일치되어 있다. 나아가 민사소송법 제52조에서는 권리능력 없는 사단에 당사자능력을 부여하고, 부동산등기법 제30조에서는 권리능력 없는 사단에 등기능력을 부여하고 있는바, 권리능력 없는 사단이라도 소송에서 원고 또는 피고가 될 수 있으며, 그 자신의 명의로 재산귀속을 공시할 수 있다.8)

법인은 법적으로는 자연인과 같은 인격이 부여되어 있다고는 할지라도 자연인과 같이 행동할 수 없다. 다시 말해 법인은 법상의 창조물이기 때문에 자연인과 같이 스스로 법률행위를 할 수가 없다. 따라서 법인을 위해 계약과 같은 법률행위를 해 주는 자연인이 필요하게 된다. 즉 법인의 내부에 있는 자연인이 행위를 하고, 그 행위가 법인의 행위로 법상 인정되는 제도가 필요하게 된다. 이와 같이 법인의 내부를 관리하고 외부와 계약을 체결하는 등 거래행위를 하는 것은 법인 내부에 있는 자연인에 의하여 행하여진다. 법인의 내부관리나 의사결정 혹은 외부에 대하여 법인을 대표하는 등 자연인이 법인에서 일정한 지위를 갖고 있을 때, 그 지위를 법인의 기관(Organ)이라고 한다. 일반적으로 법인의 기관에는 이사·감사·총회가 있다.

理事는 대외적으로 법인을 대표하고, 대내적으로 법인의 업무를 집행하는 상설적 필수기관이다. 이사가 될 수 있는 자연인에 한하는 것으로 이해되고 있다(민법 제57조~제65조). 監事는 법인의 재산 및 사무집행의 상태를 감독하는 법인의 임의기관이다(민법 제66조~제67조). 임의기관이란 이사와는 달리 반드시 두지 않아도 될 기관이라는 뜻이다. 감사가 될 수 있는

---

6) 郭潤直, 民法總則(全訂版), 박영사, 1979, 204~205면.
7) 대법원 1996. 9. 6. 선고, 94다18522 판결.
8) 郭潤直, 民法總則(全訂版), 박영사, 1979, 204~205면.

자도 자연인에 한하는 것으로 이해되고 있다. 總會는 사단법인을 구성하는 사원 전원으로 구성되는 사단법인의 최고의사결정기관이며 필수기관이다. 재단법인에는 사원이 없으므로 사원총회가 있을 수 없으며, 재단법인의 최고의사는 정관으로 정하여진다.

2. 권리의 객체

권리의 객체로서 민법은 物件(Sache)을 규정하고 있다. 물건은 유체물 및 전기 기타 관리할 수 있는 자연력을 말한다(민법 제98조). 有體物이란 고체·액체·기체 등을 말한다. 전기 이외에 광·열 등 관리할 수 있는 자연력도 물건에 포함된다. 물건은 외계의 일부에 한한다. 따라서 살아 있는 사람의 신체는 물건이 아니다. 다만 절단·분리된 사람의 신체의 일부나 유해는 물건이다. 물건은 권리의 객체이므로 사람이 지배할 수 없는 태양과 같은 것은 물건이 될 수 없다. 민법은 물건을 動産과 不動産, 主物과 從物, 元物과 果實의 세 종류로 분류하고 있다.

不動産(immovables, unbewegliche Sachen 혹은 Immobilien)이란 토지 및 그 정착물이다(민법 제99조 1항). 토지는 그 구성부분인 땅 속의 토사·암석 등을 포함한 관념이다. 定着物이란 계속적으로 토지에 부착된 건물·수목 등을 말한다. 부동산 이외의 물건은 모두 動産(movables, bewegliche Sachen 혹은 fahrnissachen)이다(민법 제99조 2항). 토지에 부착된 수목이라도 묘목과 같이 식물원이나 묘목상회에서 假植 중의 수목은 정착물이라 볼 수 없으므로 동산이다.

손목시계와 시계줄, 배와 노 등과 같이 한쪽이 다른 쪽의 효용을 돕는 관계에 있을 때 법적으로 이들을 함께 취급하여 동일하게 다루는 것이 타당하다는 생각에서 나온 것이 主物(Hauptsache)과 從物(Zubehör 혹은 Perti nenz)의 관계이다. 종물은 주물의 처분에 따른다(민법 제100조 2항). 즉 당사자가 다른 의사표시를 하지 않는 한 주물이 팔리거나 저당권이 설정되면 종물도 같이 팔려 가거나 저당권이 설정되는 등 주물에 관한 법률적 변동은 당연히 종물에도 미친다.

果實(fruits, Früchte)이란 어떤 물건으로부터 생기는 경제적인 수익을 말한다. 과실을 산출하는 물건을 元物이라고 한다. 과실은 물건의 용법에 의하여 수취하는 산출물인 天然果實과 물건의 사용대가로 받는 금전 기타의 물건인 法定果實로 구분된다(민법 제101조). 달걀·우유는 천연과실이고, 집세·이자 등은 법정과실이다.

3. 권리의 변동

(1) 의   의

법률관계가 형성되면 법률은 거기에 여러 가지 효과를 부여하는데, 이를 法律效果라고 한다. 근대법체계는 권리본위로 구성되어 있으므로 법률효과는 權利의 變動, 즉 그 발생·변경·소멸의 모습으로 나타난다. 권리변동을 일으키는 원인을 法律要件이라고 하는데, 이는 개개의 法律事實로 구성되어 있다. 법률요건 중 가장 중요한 것이 法律行爲이다.

(2) 법률행위

물건을 사고팔거나, 집의 전세를 주거나, 혹은 저당권을 설정하는 것과 같이 법률적인 효과를 발생케 하는 행위를 法律行爲(Rechtsgeschäft)라고 한다. 법률행위는 의사표시로 행하여진다. 이러한 의사표시의 數 및 결합형태에 따라 법률행위는 契約·單獨行爲·合同行爲로 분류된다.[9] 契約이란 집을 비싸게 팔려는 사람과 싸게 사려는 사람의 대립되는 두 의사가 타협점을 찾아내어 합의함으로써 성립하는 것이다. 單獨行爲란 집을 죽은 뒤에 어느 특정한 사람에게 주겠다는 유언에서 볼 수 있는 바와 같이 한 사람의 단독의사로 법률행위가 성립하는 경우이다. 合同行爲란 사단법인의 설립행위와 같이 동일한 목적을 향한 복수의 의사표시로 법률행위가 성립하는 경우이다. 민법은 인간의 독립·평등·자유를 전제로 하므로, 인간의 자유로운 의사활동으로서의 법률행위의 자유를 원칙으로 하고 있다. 그것은 당사자의 의사를 존중하고, 그 의사의 실현에 법이 뒷받침할 뿐만 아니라 국가의 부당한 개입을 금

---

9) 자세히는 金曾漢, "法律行爲論," 法學 제13권 제 2 호, 서울대, 1972; 李好珽, "法律行爲의 解釋," 法政 제21권 제 6 호, 1966년 6 월호; 소수설은 합동행위를 계약의 일종으로 파악한다. 자세한 논거는 李英俊, 民法總則, 박영사, 1990, 153~156면.

하는 것을 뜻한다. 그러나 어떠한 법률행위도 자연스럽다는 것은 아니다. 법률행위가 유효하려면 법률행위의 목적(또는 내용)이 확정할 수 있는 것, 실현할 수 있는 것이어야 하는 동시에 適法하고 사회적으로 타당하여야 한다. 즉 사회질서나 사회정의의 견지에서 법률행위에 대한 제한이 있다.

법률에는 당사자의 의사로 마음대로 할 수 없는 규정인 強行規定과 당사자의 의사가 애매하거나 정해지지 않은 것을 보충하는 규정인 任意規定이 있다. 이것을 구별하는 것은 각 개별법규의 취지를 보아서 해야 할 것이나 기본적인 사회질서·제도·절차에 관한 규정이라든가 경제적 약자를 보호하기 위한 규정 등은 강행규정이며, 이에 위반한 법률행위는 무효이다. 예를 들면 금전대차에서 법정이자를 초과한 초과부분의 이자는 무효이다(이자제한법 제 2 조).

법률의 유무에 관계없이 선량한 풍속(gute Sitte) 기타 사회질서에 반하는 법률행위는 무효이다(민법 제103조). 무엇이 선량한 풍속 기타 사회질서냐 하는 것은 그 시대·사회의 많은 사람들의 생각에 따라 결정된다 할 것이다. 인륜도의에 반하거나 정의관념에 반하는 것이라든지, 개인의 신체적·정신적 자유와 경제적 자유를 극도로 제한하는 것 등은 公序良俗에 반하는 것으로서 무효가 되는 것으로 이해되고 있다.[10]

(3) 의사표시

意思表示(Willenserklärung)는 법률효과를 발생케 하려는 내심의 의사와 그것을 외부로 표시하는 표시행위로 이루어진다. 이 내심의 의사와 표시된 의사가 일치하지 않을 때에 어느 쪽을 존중해서 그 효과를 발생케 할 것인가 하는 점이 문제가 된다. 본인의 의사를 존중해 줄 필요가 있는가 하면(意思主義), 다른 한편으로는 표시된 의사를 신뢰한 상대방이나 제 3 자를 보호할 필요가 있다(表示主義). 민법은 이 두 가지 요청을 조화하여 非正常的(결함 있는) 意思表示를 非眞意表示(心裡留保)·虛僞表示·錯誤·詐欺·強迫 등으로 나누어 규정하고 있다.

非眞意表示(心裡留保)란 표시자가 일부러 내심의 의사와 표시의 의사가

---

10) 公序良俗이란 말은 구 민법에서 '공공의 질서 및 선량한 풍속'을 줄여서 쓴 말로서, 현재에는 법률용어는 아니지만 법학에서 종종 쓰고 있다. 張厚永, "公序良俗論序說," 法政 제16권 제 8호~제17권 제 7 호, 1961년 8 월호~1962년 7 월호.

일치하지 않는 것을 알면서 행한 경우이다. 예를 들면 친구에게 책을 보관시키면서 "이 책을 너에게 주겠다"라고 말한다든지, 방금 산 집을 팔 의사가 없으면서 친구에게 팔겠다고 말했을 때 그 친구가 의사표시가 농담임을 알고 있었거나 조금만 주의하면 농담이라는 것을 알 수 있었을 때에는 그 의사표시는 무효이나(민법 제107조 1항), 그것을 진실이라고 누구든지 믿을 수 있다고 생각될 때에는 상대방의 보호를 위해 유효로 한다.

虛僞表示(Scheingeschäft, Simulation)란 상대방과 짜고 행한 허위의 의사표시를 말한다. 내심의 의사와 표시의 의사가 틀리다는 것을 표의자 본인과 상대방이 알고 있는 경우이다. 예를 들면 채무자로부터 자기 집이 압류되는 것을 면하려고 자기 친구나 친척에게 매매를 가장했을 때에는 집을 판다고 하는 의사표시는 무효이므로 매매의 효력이 발생하지 않는다(민법 제108조). 그러나 이 위장된 매매를 진실로 믿고 그 집을 산 제3자는 선의의 제3자로 유효한 매매로 인정된다(민법 제108조 2항).

錯誤(mistake, Irrtum)란 내심의 의사와 표시가 일치하지 않는 것을 표의자 자신이 모르는 것을 말한다. 착오는 표시상의 착오, 내용의 착오, 동기의 착오로 분류할 수 있다. 표시상의 착오란 1,000만원이라고 쓸 생각이었으나 100만원이라고 오기한 경우이다. 내용의 착오란 연대보증과 보증은 같은 것이라고 믿고 친구의 연대보증인이 된 경우이다. 동기의 착오란 수태한 좋은 말(馬)이라고 믿고 그 말(馬)을 사겠다고 하였으나, 사실은 수태하고 있지 않은 경우이다. 본인의 의사와 상대방의 보호와의 조정을 위하여 착오가 법률행위의 중요한 부분에 관한 것이고, 나아가 표의자 본인이 그러한 착오를 하는 데에 중대한 과실이 없는 때에 한하여 취소할 수 있도록 하였다(민법 제109조).

사기 또는 강박에 의한 의사표시는 취소할 수 있다. 詐欺(fraud, Betrug)란 고의의 기망행위로 타인을 착오에 빠뜨리는 위법한 행위로서, 타인이 착오로 의사표시를 하면 사기에 의한 의사표시이다. 사기에 의한 의사표시는 취소할 수 있다. 그러나 의사표시의 상대방 이외의 제3자가 사기를 한 경우에는 상대방이 사기의 사실을 알았을 때 또는 알 수 있었을 때에만 취소할 수 있다(민법 제110조 1항). 사기에 의한 의사표시를 취소하는 경우에도 취소의 결과를 선의의 제3자에게는 대항하지 못한다. 强迫(coercion, Drohung)이

란 고의로 상대방을 공포에 빠뜨리는 위법한 행위이며, 이 공포로 말미암아
하는 의사표시가 강박에 의한 의사표시이다. 강박에 의한 의사표시는 취소할
수 있다. 그러나 제3자가 강박을 행한 경우에는 상대방이 강박의 사실을 알
았거나 알 수 있었을 경우에만 취소할 수 있고, 강박에 의한 의사표시의 취
소는 선의의 제3자에게 대항하지 못한다(민법 제110조 1항·2항).

[의사표시의 효력발생]

　　상대방 있는 의사표시는 隔地者간이든 對話者간이든 그 通知가 상대방에
게 도달한 때부터 효력이 생긴다(도달주의). 발신 후 도달 전에는 발신자 임의
로 의사표시를 철회할 수 있지만, 철회의 의사표시는 늦어도 먼저 한 의사표
시와 동시에 도달하여야 한다. 表意者가 통지를 보낸 후 사망하거나 행위능력
을 상실하여도 의사표시의 효력에 영향을 미치지 않는다.

　　민법은 행위무능력자를 의사표시의 受領無能力者로 규정하고 있다. 수령
무능력자에 대하여는 의사표시의 도달, 즉 효력발생을 주장할 수 없다. 다만
법정대리인이 그 도달을 안 후에는 그렇지 않다. 표의자가 과실 없이 상대방
을 알지 못하거나 상대방의 所在를 알지 못하는 경우, 民事訴訟法 제180조의
방법으로 의사표시를 송달할 수 있다. 이를 意思表示의 公示送達이라고 한다.

[무효와 취소]

　　법률행위에는 일반적으로 당사자가 의욕한 대로의 법률효과가 발생한다.
그러나 일정한 경우에는 의욕한 대로 법률효과가 발생하지 않는데, 무효와 취
소가 그것이다. 무효(invalidity 혹은 nullity, Ungültigkeit 혹은 Nichtigkeit)는
법률효과가 처음부터 당연히 발생하지 않음을 말하며, 비진의표시(예외적인
경우), 허위표시, 반사회적 법률행위, 강행법규에 반하는 법률행위 등이 이에
속한다. 취소(Anfechtung)는 일정한 자(취소권자)가 취소한다는 의사를 표시하
지 않는 한 유효하나, 일단 취소의사를 표시하면 법률행위 당시에 소급하여
그 법률효과가 처음부터 발생하지 않았던 것과 같이 취급되는 점에서 무효와
다르다. 취소할 수 있는 행위로서는 무능력자의 법률행위, 착오, 사기·강박에
의한 법률행위 등이 있다.

4. 대　　리

(1) 대리의 의의

代理(representation, Vertretung)란 대리인이 본인을 대신해 본인을 위해

서 하는 것임을 표시하여 법률행위를 행하고 그 법률효과가 직접 본인에게 귀속되는 제도이다(민법 제114조). 이러한 제도는 "법률행위를 하는 사람에게 법률효과가 귀속한다"라고 하는 로마법 이래의 원칙에 반하지만, 거래활동이 활발해지고 멀리 떨어져 있는 곳과 거래를 많이 하게 되면서 본인의 경제적 신용을 배경으로 하여 능력이 있고, 또한 본인이 신임하는 대리인의 행위에 의해 직접 본인 자신의 법률관계를 처리할 수 있는 제도가 필요하게 된 것이다. 이 제도로 거래활동은 확대되었고, 기업활동도 활발해질 수 있었다. 대리인에게는 대리권이 있어야 하는데, 대리권은 ① 본인과 대리인 사이에 일정한 관계가 있기 때문에 법률의 규정이나 법원의 선임에 의하여 발생하는 경우와, ② 본인의 의사에 따라 대리인에게 대리권을 수여함으로써 발생하는 경우가 있다. 전자를 法定代理라 하고, 후자를 任意代理라 한다.

법정대리는 미성년자의 친권자와 같이 법률의 규정으로 대리권이 발생하고 대리인이 될 사람, 그리고 그 대리권의 범위도 법으로 정하여진다. 임의대리는 위임계약으로 대리권이 발생하고, 본인의 의사에 따라 대리인·대리권의 범위가 결정된다. 대리인이 대리행위를 하는 경우에는 법률행위의 효과가 행위자 이외의 자에게 귀속하는 것을 명백히 할 필요가 있으므로 본인을 위해서 한다는 것을 표시하여야 한다. 이를 顯名主義라고 한다.

대리인은 본인을 위해서 대리행위를 하는 것이므로 본인과 이익이 상반되는 지위에 서거나 본인에게 불이익을 주고 제3자에게 이익을 주는 행위를 해서는 안 된다. 예를 들면 본인의 집을 파는 데에 그 집을 사는 사람이 대리인이 되는 경우인 자기계약이나, 사는 사람과 파는 사람 양쪽의 대리인이 되는 쌍방대리는 본인의 허락이 없으면 할 수 없다(민법 제124조).

(2) 무권대리와 표견대리

대리인으로서 대리행위를 한 사람이 대리권이 없는 경우를 無權代理(Vertretung ohne Vertretungsrecht)라고 한다. 본인과 대리인을 결부시켜 주는 대리권이 결여되어 있으므로 그 법률행위의 효과는 본인에게 귀속되지 않는다. 다만 무권대리행위가 항상 본인에게 불리한 것만은 아니므로 본인이 그 효과를 원하는 경우에는 본인의 追認으로 대리의 효력을 발생케 하고,

추인이 거절되었을 때에는 무권대리인이 스스로 그것을 이행하거나 손해배상의 책임을 지도록 하고 있다(민법 제103조~제136조). 본인과 무권대리인 사이에 실제로는 대리권이 없음에도 불구하고 대리권의 존재를 추측할 수 있을 만한 특별한 사정이 있는 경우에는 무권대리행위의 상대방이 기대하는 대로의 대리의 효력을 발생케 하는 것을 表見代理(Scheinvoll- macht)라 한다. 이 특별한 사정이란 첫째는 상대방에 대하여 어떤 사람에게 대리권을 주었음을 표시한 경우(민법 제125조), 둘째는 대리권을 대리인에게 주었으나 대리인이 그 대리권의 범위를 이탈한 경우(민법 제126조), 셋째는 대리인의 대리권이 소멸한 것을 상대방에게 알리지 않았을 경우(민법 제129조) 등이다.

이와 같이 상대방이 그 사람에게 정당한 대리권이 있다고 믿을 수 있는 것이 당연한 경우에는 본인은 추인을 거절해서 그 법적 효과가 자기에게 귀속되는 것을 거부할 수 없다. 본인의 의사에 반하여 대리의 효과를 발생케 하는 것이므로 단순히 상대방의 신뢰보호뿐만 아니라 본인에게 책임을 지우는 것이 불가피한 사정, 즉 귀책사유가 있어야 한다. 그런 뜻에서 위에서 본 첫째·둘째의 경우에는 명백히 본인에게 원인이 있고, 셋째의 경우에는 배신행위를 할 만한 사람을 대리인으로 한 데에 원인이 있다고 할 것이다.

5. 시   효

(1) 시효의 의의

시효란 시간의 경과에 따라 권리의 취득이나 소멸을 인정하는 제도를 말한다. 시효에 의해 정당한 권리자가 아니라도 일정한 기간 동안 권리자와 같은 외관이 계속되면 그 사람이 정당한 권리자로 인정되고, 반대로 정당한 권리자로서 권리를 행사할 수 있음에도 일정한 기간에 걸쳐 권리를 행사하지 않은 경우에는 그 권리를 주장할 수 없게 된다. 전자를 取得時效(Ersitzung), 후자를 消滅時效(Verjährung)라고 한다.

이 시효제도에 의해 진실한 권리자 아닌 자가 취득시효의 효과로 권리를 얻게 되고, 채무를 변제하지 않는 자가 채권의 소멸시효의 효과로 변제의 의무를 면하게 되므로 도덕에 반하는 제도인 양 생각하기 쉽다. 이러한 이유 때문에 시효제도의 존재이유가 논의의 대상이 되어 왔다. 時效制度의 存在理由로서는 다음 세 가지를 드는 게 보통이다.

첫째, 사실상태가 장기간에 걸쳐 계속되면 사회에서는 그것을 올바른 것으로 신뢰하여 그 위에 다른 법률관계가 형성되어 가므로, 뒷날에 와서 이것을 진실에 따라 번복을 하게 되면 사실상태를 신뢰하여 법률관계를 맺은 자에게 예측하지 못했던 손해를 끼칠 염려가 있다.

둘째, 오랜 시간이 경과하면 진실한 권리가 누구에게 있는지를 확실한 증거에 따라 판단하기 어렵게 된다. 영속한 사실은 진실에 합치될 개연성이 높으므로, 사실에 의거해서 권리의 유무를 결정해도 좋다고 하는 것이다.

셋째, 권리 위에 잠자는 자를 보호할 필요가 없다. 장기간에 걸쳐 권리를 행사하지 않은 것은 본인의 책임이다.

취득시효에 관하여는 첫째, 소멸시효에 대하여는 둘째·셋째의 이유가 타당한 것 같다. 최근의 학설은 시효제도를 정당한 권리자를 보호하는 제도로 이해하려고 한다. 즉 땅을 샀으나 등기를 하지 않고 그대로 둔 결과 오래 전에 샀다고 하는 사실을 증명할 수 없다든가, 빌린 돈을 갚았으나 영수증을 받지 않았거나 잃어버려 빌린 돈을 갚았다고 하는 사실을 증명하지 못하는 경우에 진실한 소유자나 변제자를 보호하기 위해 시효제도가 필요하다고 한다.[11]

(2) 취득시효

민법은 취득시효를 소유권에 관하여 규정하고(제245조 내지 제247조), 이를 '소유권 이외의 재산권'에 준용하고 있다(제248조). 다만 지역권에 관하여는 별도로 제294조가 계속되고 표현된 것에 한하여 취득시효의 대상이 됨을 밝히고 있다.

부동산의 경우 소유의 의사로[自由占有] 평온·공연하게 부동산을 20년간 점유하는 자가 등기를 함으로써 그 소유권을 취득하게 되거나(제245조 1항), 소유자로 등기한 자가 10년간 소유의 의사로 평온·공연하게 선의이며 과실 없이 그 부동산을 점유한 때 소유권을 취득한다(동조 2항).

---

11) 자세히는 金曾漢, "消滅時效論,"서울대 박사학위논문, 1967 참조.

동산의 경우 요건이 완화되어 10년간 소유의 의사로 평온·공연하게 동산을 점유하거나(제246조 1 항), 전 항의 점유가 선의이며 과실 없이 개시된 경우에는 5 년을 경과함으로써(동조 2 항) 그 소유권을 취득하게 되어 있다.

이러한 취득시효제도를 인정하는 것이 헌법 제23조 1 항의 재산권보장규정에 반하는 것이라거나 제11조 소정의 평등권에 반하는 것이라는 주장 등 위헌론이 꾸준히 제기되고 있으나, 헌법재판소는 기본권제한의 한계를 일탈하지 않고 차별에 합리적인 이유가 인정되므로 헙법에 위반되지 않는다고 판시하였다.[12]

(3) 소멸시효

消滅時效는 정책적 또는 기술적 고려에서 나온 제도로서 재산권에 관한 것이므로, 신분법상의 권리관계에는 적용되지 않음이 원칙이다. 재산권 중 채권이 소멸시효에 걸리는 권리의 대표적인 예이다. 채권은 10년간 행사하지 아니하면 소멸시효가 완성된다(민법 제162조 1 항). 그러나 채권에 따라서는 3년의 단기소멸시효의 대상이 있는가 하면(민법 제163조), 1 년의 단기소멸시효의 대상이 되는 채권도 있다(민법 제164조). 채권 및 소유권 이외의 재산권은 20년간 행사하지 아니하면 소멸시효가 완성된다(민법 제162조 2 항). 소유권이 소멸시효에 걸리지 않는 것은 근대민법의 소유권절대사상의 표현이다. 소유권 이외에도 독립으로 소멸시효에 걸리지 않는 재산권으로 담보물권·물권적 청구권·공유물분할청구권 등이 있다.

소멸시효와 구별되는 것으로 除斥期間(exclusion, Ausschließ ung)이 있다. 제척기간은 권리를 행사해야 할 기간으로 시효와 같은 중단의 효력이 없고 원용할 필요도 없다. 예를 들면 민법 제146조는 "취소권은 추인할 수 있는 날로부터 3 년 내에, 법률행위를 한 날로부터 10년 내에 행사하여야 한다"라고 하여 권리의 존속기간을 미리 예정하고, 그 기간의 경과로 인하여 권리가 당연히 소멸하는 것이다. 또 청산 등의 경우에 그 기간 안에 신고하지 않은 채권자는 변제 또는 배당으로부터 제외된다(민법 제88조, 제89조, 채무자 회생 및 파산에 관한 법률 제525조).

---

12) 헌법재판소 1993. 7. 29. 선고, 92헌바20 결정.

(4) 시효의 중단과 정지

시효는 사실상태가 일정기간 경과함으로써 완성되고, 그 효력은 기간 경과 후에 기산일로 소급한다. 따라서 정당한 권리자에게는 사실상태의 진행을 중단시켜 시효의 완성을 방지할 필요가 있다. 이것이 시효의 중단이다. 중단사유로는 청구, 압류 또는 가압류, 가처분, 그리고 승인이 있다(민법 제168조).

소멸시효의 정지는 소멸시효의 완성 직전에 그대로 시효를 완성시켜서는 권리자에게 가혹하다는 사정이 있을 때에 시효의 완성을 일정기간 유예하는 제도이다. 예를 들면 소멸시효의 기간이 만료되어 가는데, 천재 기타의 사변으로 인하여 시효를 중단할 수 없을 때에는 그 방해의 사유가 끝날 때로부터 1개월은 시효가 완성되지 않는다(민법 제182조).

시효는 '일정한 사실상태의 계속'이 요건이 되므로 이 상태가 중단되면 시효도 중단되며, 일단 중단된 상태가 다시 발생하면 그 때부터 시효기간이 다시 진행된다.[13]

Ⅵ. 재 산 법

우리나라 재산법은 私有財産制度를 원칙으로 하고, 그 제도에서 파생되는 여러 가지 법률관계를 규율하고 있다.

私有財産制度란 인간의 자기보존의 본능을 기점으로 해서 전개되는 외계의 재화에 대한 경제적 보장에 관한 제도를 말한다. 따라서 그것은 재산을 개인이 향유케 하여 보호하려는 제도인데, 이 제도를 지지하는 기반으로서 재산법은 물권과 채권의 2대 권리체계로 구성된다.

---

13) 자세히는 郭潤直, 民法總則, 박영사, 1989.

1. 물 권 법

(1) 물권의 의의와 기능

物權(Schenrecht)은 '일정한 물건을 직접 지배하여 이익을 받는 排他的인 權利'이다. 직접 지배라 함은 어느 누구의 도움 없이도 단독으로 권리를 행사할 수 있다는 뜻이고, 배타적이라 함은 동일물건에 동종의 물권은 하나 이상 있을 수 없다는 뜻(一物一權主義)이다.

물권의 사회적 기능은 인간의 물건지배에 질서를 부여한다는 점에서 찾을 수 있다. 그런데 현대 자본주의사회에서는 物에 대한 지배가 債權을 통하여 사람에 대한 지배로 轉化함을 눈여겨 두어야 한다.

(2) 물권의 종류

물권은 법률 또는 관습법에 의하지 않고는 당사자가 임의로 만들어 낼 수 없다. 이를 物權法定主義라고 하는데, 물권거래의 원활과 안전을 보장하려는 취지이다. 민법전은 8종의 물권을 규정하고 있고, 관습법상의 물권으로는 墳墓基地權과 慣習法上 法定地上權 등이 있다. 이들을 다루는 일이 物權法各論의 과제이다.

이 밖에 상법 기타 특별법에도 물권이 규정되어 있으나, 민법학의 연구대상으로는 대부분 부수적 의미밖에 갖지 못한다.

(3) 물권의 효력

물권은 특정한 물건을 직접적으로 지배하고 이용하는 권리이므로, 당연히 타인의 간섭을 배제하는 排他性을 가진다. 또한 기존의 물권은 後發의 물권을 배척하고, 일반적으로 채권에 우선한다(優先的 效力).

A가 자기 집을 B와 매매계약하여 계약금 및 중도금을 받은 후 다시 C와 매매계약하여 C에게 이전등기한 경우, 물권의 우선적 효력 때문에 C는 B에 우선하여 건물소유자가 된다.

물권내용의 완전한 실현이 어떤 사정으로 방해당하거나 또는 당할 염려가 있는 경우에는 그 방해자에 대하여 방해의 제거 또는 예방을 청구할 수 있는데, 이를 物權的 請求權이라고 한다.

(4) 물권의 변동

물권의 발생·변경·소멸을 물권의 변동이라고 한다. 물권변동은 法律行爲 또는 法律의 규정에 의해서 일어난다.

1) 물권변동에서 공시의 원칙과 공신의 원칙　　물권은 배타적 권리이므로 그 존재를 제3자에게 알릴 필요가 있다. 이처럼 권리의 소재와 변동을 밖에서 인식할 수 있도록 일정한 방식을 갖추어야 한다는 요구가 公示의 原則이다. 부동산물권에서는 登記, 동산물권에서는 引渡가 공시방법이다. 이들 공시방법은 물권변동의 효력발생요건이기도 하다(形式主義). 그런데 경우에 따라서는 진실한 物權關係와 일치하지 않는 공시가 있을 수 있다. 이 때 공시방법을 믿고 거래한 제3자를 보호할 것인지, 아니면 참된 권리자를 보호할 것인지가 문제된다.

去來安全을 더 중시한다면 등기 또는 점유를 신뢰한 제3자를 보호해야 하는데, 이를 公信의 原則이라고 한다. 우리 민법은 동산의 경우 善意取得(민법 제249조 이하)이라 하여 공신의 원칙을 인정하지만, 부동산등기에는 公信力을 부여하지 않아 많은 문제점이 일어나고 있다.

2) 법률행위에 의한 물권변동　　직접 물권변동을 일으킬 것을 목적으로 하는 법률행위를 物權行爲라고 한다. 물권행위가 그 원인행위인 채권행위에 대하여 獨自性과 無因性을 가지고 있는지 어떤지를 놓고 학설이 갈라진다.

3) 법률의 규정에 의한 물권변동　　이 경우에는 공시방법이 없어도 물권변동의 효력이 생긴다. 다만 부동산물권을 처분할 때에는 먼저 그 등기를 하여야 한다(민법 제187조).

(5) 물권법각론의 구성

1) 점 유 권　　물건에 대한 사실상의 지배 자체를 보호하려는 목적에서 인정되는 권리이다. 따라서 점유자가 점유하는 물건이 점유자소유이냐 아니냐는 처음부터 문제되지 않는다. 사회평화를 위해서 어쩔 수 없는

일이다. 점유권은 점유라는 사실관계를 떠나서는 있을 수 없고, 또한 법률 상 정당한 권리자가 나타나면 부정될 운명의 권리이다.

A소유 텔레비전을 B가 절취하여 점유하는 경우, 점유권은 B에게 있다. 따라서 A는 점유권을 이유로 텔레비전을 되찾을 수 없고, 本權인 소유권에 터잡아서만 텔레비전의 반환을 청구할 수 있다. 본권은 '占有할 권리'라고도 하는데, 점유를 법률상 정당하게 하는 권리를 뜻한다.

점유자가 점유물에 대하여 행사하는 권리는 적법하게 보유하는 것으로 推定한다(민법 제200조). 이 밖에 占有保護請求權이 인정되며, 점유자와 회복자의 관계가 중요한 의미를 갖는다. 물건이 아니라 債權과 같은 재산권을 사실상 행사하는 경우에는 準占有가 성립하고 占有規定이 준용된다. 예를 들어 B의 예금통장과 도장을 갖고 은행에서 돈을 찾는 A는 準占有權者이므로 그에 대한 은행의 지급도 유효하다.

2) 소 유 권   물권법의 모든 문제는 소유권에서 출발하고 소유권에 귀착한다. 소유권이 관념화되어 물건에 대한 현실적 지배(점유)에서 분리되면서 소유자 자신이 반드시 물건을 이용할 필요는 없게 되는데, 이 때 다른 사람이 이용하게끔 관계를 만들어 用益物權과 擔保物權의 관념이 탄생하는 것이다. 소유권은 물건을 사용·수익·처분 기타 어떤 방법으로든 완전히 지배할 수 있는 권리이다. 소유권은 制限物權에 의하여 제한되는 경우에도 일정한 시기에 가서는 본래 상태로 복귀하는 탄력성이 있다. 또한 존속기간의 제한이 없어 消滅時效에 걸리지 않기 때문에 恒久性을 갖는다.

그러나 소유권의 속성은 논리의 결과가 아니라 경제적·사회적 투쟁의 초점이 되어 온 역사적 산물이라는 지적에 귀기울이지 않으면 안 된다. 오늘날 소유권절대의 원칙을 후퇴시키고 소유권의 公共性을 강조하는 사상도 이런 맥락에서 이해되어야 한다.

다음 세 가지 개념을 알아 두자.

㈎ 건물의 구분소유   한 棟의 건물 중 구조상 구분된 여러 개의 부분이 독립한 건물로서 사용될 수 있을 때, 그 각 부분을 독립한 건물로서 소유하는 것을 말한다. 아파트·연립주택·빌딩 등이 늘어남에 따라 현실적으로

중요한 문제가 되고 있다. 이에 관한 특별법으로 "集合建物의 所有 및 管理에 관한 法律"이 제정되어 있다.

　　㈏ 상린관계　　　　서로 접한 토지의 소유자 사이에서는 각자의 소유권에 기한 토지이용관계를 조절할 필요가 있다. 여기서 민법은 상린관계에 관해 규정한다.

　　㈐ 공동소유　　　　개인적 소유형태인 共有(Miteigentum), 조합의 소유형태인 合有(Eigentum zur gesamten Hand), 권리능력 없는 社團의 소유형태인 總有(Gesamteigentum) 등이 있다. 공유는 1 개의 소유권이 수인에게 분할되어 귀속하는 형태로 각 공유자는 언제든지 공유물의 분할을 청구할 수 있다. 합유는 수인이 조합체로서 물건을 소유하는 형태이기 때문에 합유물의 분할을 청구할 수 없고, 全員의 동의를 얻어야 그 持分을 처분할 수 있다. 총유는 법인 아닌 社團이 집합체로서 물건을 소유하는 형태로서 소유권의 내용이 質的으로 분할되어 사용·수익의 권능도 각 社員에게 속하고, 관리·처분은 사원 전체에 속하여 사원총회의 결의에 의한다. 공동소유의 3 형태론에 대하여는 민법학자 金曾漢 교수의 강력한 주장론과 이에 대한 반대론 등 의견이 구구하다.

　3) 용익물권　　　　타인의 소유권에 속하는 물건을 일정범위 안에서 사용·수익할 수 있는 권리이다. 소유권의 권능 가운데 사용·수익의 권능만을 일시적으로 타인에게 부여하는 것이다.

　　㈎ 지　상　권　　　　타인의 토지 위에 건물 기타 공작물이나 수목을 소유하기 위하여 그 토지를 일정기간 빌려서 사용하는 권리이다. 우리 민법은 너무 일방적으로 地上權者를 보호하기 때문에 토지소유자는 자기에게 불리한 지상권 대신 토지임대차를 선호한다. 따라서 지상권은 실제 잘 이용되지 않아 현실적으로 토지이용자에게 불리하게 되고 만다. 이처럼 利害關係의 현실을 고려하지 않은 채 불균형한 입법만을 추진할 경우, 약자보호의 理想이 강자보호의 현실로 바뀔 수 있음을 유념하지 않으면 안 된다.

　　㈏ 지　역　권　　　　일정한 목적을 위하여 타인의 토지를 자기 토지의 便益에 이용하는 권리이다. 이때 자기의 토지를 要役地라 하고, 편익에 제공되는 타인의 토지를 承役地라고 한다.

　　㈐ 전　세　권　　　　전세금을 지급하고 타인의 부동산을 점유하여 그 부동산의 용도에 좇아 사용·수익하며, 그 부동산 전부에 대하여 후순위의 권리자 기타 채권자보다 전세금의 우선변제를 받을 수 있는 권리이다. 즉

용익물권이지만 동시에 담보물권의 성질도 가지고 있다. 전세권은 우리 민법에 특유한 제로도서 관습을 입법화한 것이다. 그런데 전세권보다 등기를 하지 않는 '債權的 傳貰' 또는 賃貸借가 애용되는 실정이므로 주택임차인을 보호하기 위하여 住宅賃貸借保護法이 제정되어 있다.

4) 담보물권　　타인이 소유하는 물건을 자기채권을 담보하기 위하여 직접 점유하거나 또는 그 교환가치를 지배하는 권리를 말한다. 담보물권은 被擔保債權의 존재를 전제로 해서만 있을 수 있다. 이를 담보물권의 附從性이라고 한다. 담보물권의 효력은 피담보채권 전부의 변제가 있을 때까지 목적물이 멸실·훼손·공용징수되는 경우에는 그 목적물에 갈음하여 보험금·손해배상·보상금청구권 등이 목적물소유자에게 귀속하게 되는데, 담보물권이 그 목적물에 갈음하는 것에 관하여 존속하는 속성을 物上代位性이라고 한다. 留置權의 경우에는 물상대위성이 인정되지 않는다.

㈎ 유 치 권　　타인의 물건 또는 유가증권을 점유한 자가 그 물건 또는 유가증권에 관하여 생긴 채권이 辨濟期에 있는 경우, 변제를 받을 때까지 그 물건 또는 유가증권을 유치하여 간접적으로 채무변제를 강제하는 권리이다.

㈏ 질 　 권　　채권자가 채권담보로서 채무자가 제공한 채무자 또는 제 3 자(物上保證人) 소유의 動産을 유치하고 채무변제가 없을 때에는 그 물건을 매각하여 그 대금에서 자기 채권을 우선적으로 변제받는 권리이다. 질권의 대상은 동산과 권리에 한한다.

㈐ 저 당 권　　토지·건물처럼 그 사용·수익이 중시되는 물건에까지 유치권이나 질권과 같은 방법만 관철한다면 손실이 적지 않을 것이다. 동시에 채권담보를 위하여 군이 힘들여 부동산을 점유하는 일이 반드시 채권자에게 유리한 것만도 아니다. 여기서 나타난 담보물권이 저당권인데, 목적물의 交換價値만을 지배한다는 점에서 가장 합리적인 채권담보제도로 구실하고 있다. 저당권이란 채무자 또는 제 3 자가 점유를 이전하지 않고 채무의 담보로 제공한 부동산에 대하여 다른 채권자보다 자기 채권의 優先辨濟를 받을 수 있는 담보물권이다.

㈑ 비전형담보　　민법이 규정하지 않으나 거래계에서 자주 쓰이는 담보제도를 변칙담보라고 통칭하는데, 그 중에 다음 둘을 알아두자.

讓渡擔保란 채권을 담보하기 위하여 채무자 또는 제3자의 소유권 기타의 재산권을 外觀上 채권자에게 이전하고, 뒷날 일정금액을 지급하면 그 소유권 기타 재산권을 채무자 또는 제3자에게 반환해야 하지만, 기한까지 지급하지 않는 경우에는 그 재산권에 관하여 清算節次를 거쳐 우선변제를 받을 수 있는 관습법상의 제도이다.

假登記擔保란 履行期에 채무를 변제하지 않을 경우 부동산의 소유권을 채권자에게 이전하는 것을 예약하고, 所有權移轉請求權保全을 위한 假登記를 하는 공시방법에 의한 채권담보제도로 경제적 약자인 채무자를 보호하기 위하여 "假登記擔保 등에 관한 法律"이 제정되어 있다.

변칙담보를 통하여 우리가 볼 수 있는 것은 현실의 삶이 法 자체를 규정하는 힘이다. 법이 국가기관만의 독점물이 아니라는 진리가 여기서도 다시 한 번 확인된다.

2. 채 권 법

(1) 채권법총론

1) 채권의 의의   채권(Schuldrecht)은 특정인(채권자)이 다른 특정인(채무자)에 대하여 일정한 행위를 하도록 청구할 수 있는 권리이다. 채권·채무의 내용이 되는 일정한 행위를 給付라고 하는데, 당사자의 계약으로 어떤 내용이나 임의로 만들어 낼 수 있는 것이 원칙이다. 채권이 법률상 유효하게 성립하려면 그 급부가 適法·可能·確定될 수 있는 것이어야 한다. 채권은 원래 채권자와 채무자 사이의 對人的 信用을 전제로 하는 만큼 채권법영역에서는 信義誠實의 原則이 무엇보다 강조되어야 한다.

2) 채권의 효력   채권은 채무자에 대한 請求力과 채무자의 급부를 受領하고, 이를 적법하게 保有하는 기본적 효력을 갖는다.

  (가) 채무불이행에 대한 효력   그러나 채무자가 채무를 이행하지 않는 경우에는 채권의 기본적 효력은 쓸모없게 되고, 채무불이행의 유형에 따라 履行을 강제하거나 遲延賠償 또는 追完請求權 등을 인정하여야 한다. 채무불이행이 있으면 어느 경우에나 채권자는 계약을 해제하고 損害賠償을 청구할 수 있다. 채무불이행에는 履行遲滯·履行不能·不完全履行 등이 있다.

채무이행에 채권자의 협력이 필요한 채무에서 채권자가 이행에 협력하지 않는 경우를 말하는 債權者遲滯가 채무불이행의 한 유형인지에 관해서는 학설이 다투어진다.

 (나) 책임재산의 보전   채무불이행이 있으면 궁극에 가서는 金錢에 의한 손해배상의 문제로 귀착된다. 따라서 채권의 가치는 채무자의 책임재산에 달려 있다. 그러므로 채무자의 일반재산을 유지하고 보전할 수 있도록 민법은 채권자에게 채권자대위권과 채권자취소권을 일정한 요건 아래 인정한다.

 債權者代位權이란 채권자가 자기의 채권을 보전하기 위하여 그의 채무자에게 속하는 권리를 행사할 수 있는 권리이다. 예를 들어 채무자가 제3자에 대하여 금전채권을 가졌음에도 이를 행사하지 않아 채권자에 대하여 채무이행을 하지 않을 때, 채권자가 제3자에게 채무자의 채권을 추심하여 채무자의 일반재산에 보태는 경우가 여기에 해당된다. 債權者取消權이란 채권자를 害함을 알면서 채무자가 한 법률행위(詐害行爲)를 취소하고, 채무자의 재산을 회복하는 것을 목적으로 하는 채권자의 권리이다.

 3) 다수당사자의 채권관계   이에 관해 민법은 다음 네 가지를 규정한다(제404조). 分割債權關係란 한 개의 可分給付에 관해 채권자 또는 채무자가 다수 있는 경우에 별다른 의사표시가 없으면, 그 채권 또는 채무가 數人의 채권자나 채무자 사이에서 均等하게 분할되는 다수당사자의 채권관계로 우리 민법은 이를 원칙으로 하고 있다.

 不可分債權關係란 채권의 목적인 급부가 불가분인 다수당사자의 채권관계를 말한다(제407조).

 위 두 관계가 다분히 형식적인 표준에 의한 채권의 모습인 데 비하여, 다음 둘은 債權擔保로서 중요한 구실을 하는 제도이다(제408조).

 連帶債務란 여러 채무자가 같은 내용의 급부에 관하여 각각 독립해서 전부의 급부를 하여야 할 채무를 부담하고, 그 중 한 채무자가 전부의 급부를 하면 모든 채무자의 채무가 소멸하는 다수당사자의 채무이다(제409조).

 保證債務란 주된 채무자가 그의 채무를 이행하지 않는 경우에 保證人이 이를 이행하여야 할 채무를 말한다(제413조). 그 작용은 전적으로 채권의 담보에서 찾을 수 있다(제428조).

4) **채권양도와 채무의 인수**   자본주의사회가 발전하면서 채권·채무도 하나의 상품으로 거래된다(제449조). 債權讓渡란 채권을 동일성을 유지하며 이전하는 계약을 말한다. 債務引受란 채무를 그 동일성을 유지하면서 그대로 引受人에게 이전하는 계약으로 대개 免責的 債務引受를 뜻한다.

5) **채권의 소멸**   채권이 객관적으로 존재하지 않게 되는 것을 채권의 소멸이라고 하는데, 민법은 일곱 가지의 일반적 소멸원인을 규정하고 있다.

辨濟란 급부를 실현하는 채무자 기타의 者의 행위를 말하며, 변제가 있으면 채권은 만족을 얻고 소멸한다(제461조).

代物辨濟란 채무자가 부담하는 본래 급부에 갈음하여 다른 급여를 현실적으로 함으로써 채권을 소멸시키는 채권자·변제자 사이의 계약으로 변제와 효력이 같다. 대물변제의 예약이란 채무자가 본래의 급부에 갈음하여 다른 급부를 할 것을 미리 약속하는 경우인데, 채권담보로서 중요한 구실을 하고 있다(제466조).

供託이란 변제의 代用으로 法定供託機關에 목적물을 임치하여 채무를 면하는 것을 말한다. 채권자의 협력 없이도 채무를 면할 수 있어 편리하다(제487조).

相計란 쌍방이 서로 같은 종류를 목적으로 한 채무를 부담하는 경우에 그 쌍방의 채무의 이행기가 도래한 때에 각 채무자가 그 채권과 채무를 對等額에서 소멸케 하는 一方的 意思表示이다(제493조).

更改는 채무의 요소를 변경함으로써 新債務를 성립시키는 동시에 舊債務를 소멸케 하는 有償契約인데, 변경되는 요소는 채무의 중요한 부분이어야 한다(제500조).

免除란 채무자에 대한 채권자의 一方的 意思表示로 채권을 無償으로 소멸시키는 단독행위, 즉 債權의 抛棄이다(제506조).

混同이란 채권과 채무가 같은 主體에 귀속하는 事實로, 이에 의해 채권은 소멸한다(제507조).

(2) 채권법각론

1) **무엇을 연구하는가?**   채권법각론은 채권법총론에 기초하여 각종의 債權發生原因을 탐구하는 일을 과제로 삼는다. 채권의 발생원인에는 契

約·事務管理·不當利得·不法行爲의 네 가지가 있는데, 그 중 계약은 법률
행위에 의한 채권의 발생원인이고, 나머지는 모두 법률의 규정에 의한 발
생원인이다. 특히 계약과 불법행위가 현실적으로 중요하다.

　　2) 계　약　　　계약이란 채권의 발생을 목적으로 하는 두 개의 대
립되는 意思表示의 合致에 의하여 성립하는 법률행위를 말한다. 민법은 15
개의 典型的인 채권계약을 규정하였지만, 이는 例示일 뿐이지 그 15종만이
유효하다는 뜻은 아니다. 도리어 契約自由의 原則에 따라 당사자의 계약이
任意規定들에 앞선다. 즉 15종의 전형계약은 당사자의 의사를 보충하는 기
준으로서 의미를 갖는다.

　　㈎ 증　여　　　증여란 당사자의 일방인 증여자가 대가 없이, 즉
無償으로 재산을 상대방에게 준다는 의사를 표시하고 상대방인 受贈者가
그것을 승낙함으로써 성립하는 계약이다(제554조).

　　㈏ 매　매　　　매매는 금전과 재화를 교환하는 계약이다. 즉 매매
는 당사자 일방이 재산권을 상대방에게 이전할 것을 약정하고, 상대방이
그 대금을 지급할 것을 약정함으로써 그 효력이 생긴다. 매매는 有償契約
의 대표격이므로 성질이 허용하는 한 다른 유상계약에도 그 규정이 준용된
다(제567조).

　　㈐ 교　환　　　당사자 쌍방이 금전 이외의 재산권을 서로 이전할
것을 약속함으로써 성립하는 계약이다(제596조).

　　㈑ 소비대차　　　소비대차는 당사자 일방이 금전 기타 代替物의 소
유권을 상대방에게 이전할 것을 약정하고 상대방은 그와 같은 종류·품질
및 수량으로 반환할 것을 약정함으로써 성립하는 계약이다. 빌린 물건 자
체를 반환할 필요는 없다는 점에서 使用貸借나 賃貸借와 구별된다(제598조).

　　㈒ 사용대차　　　당사자 일방이 상대방에게 無償으로 使用·收益하
게 하기 위하여 목적물을 인도할 것을 약정하고, 상대방은 이를 사용·수익
한 후 그 물건을 반환할 것을 약정함으로써 성립하는 계약이다(제609조).

　　㈓ 임 대 차　　　당사자 일방이 상대방에게 목적물을 사용·수익하
게 할 것을 약정하고, 상대방이 이에 대하여 借賃을 지급할 것을 약정함으로
써 성립하는 계약이다. 특히 不動産賃借人의 지위를 보호하기 위하여 '不動
産賃借權의 物權化' 경향이 일어나고 있다(제618조).

㈘고　　용　　　당사자 일방이 상대방에 대하여 勞務를 제공할 것을 약정하고, 상대방이 여기에 報酬를 지급할 것을 약정함으로써 성립하는 계약이다. 그런데 '계약의 자유' 뒤에 현실적으로는 '생존을 담보로 잡은' 자본의 우월성이 자리잡고 있기 때문에[14] 實質的 平等을 구현하기 위하여 노동법 등 사회법이 제정되게 되었다. 따라서 오늘날 고용에 관한 민법규정은 그 존재의의를 잃어 가는 실정이다.

㈙도　　급　　　당사자일방이 어느 일을 완성할 것을 약속하고, 상대방이 그 일의 결과에 대하여 보수를 지급하기로 약정함으로써 성립하는 계약이다(제664조).

㈚현상광고　　　광고자가 어느 행위를 한 자에게 일정한 報酬를 지급할 의사를 표시하고, 이에 응한 자가 그 광고에 정한 행위를 완료할 때 현상광고가 성립한다. 그 법적 성질을 둘러싸고 계약설과 單獨行爲說이 대립하는데, 계약으로 본다면 이른바 要物契約에 해당한다(제675조).

㈛위　　임　　　당사자일방이 상대방에 대하여 事務의 처리를 委託하고, 상대방이 이를 승인함으로써 성립하는 계약이다. 受任人은 위임의 本旨에 따라 선량한 관리자의 주의로써 위임사무를 처리하여야 한다(제680조).

㈜임　　치　　　당사자일방이 상대방에 대하여 金錢이나 有價證券 기타 물건의 보관을 위탁하고, 상대방이 이를 승낙함으로써 성립하는 계약이다(제693조).

㈝조　　합　　　두 사람 이상이 상호출자하여 공동사업을 경영할 것을 약정함으로써 성립한 계약 또는 그에 기초해 이루어진 단체를 말한다. 민법의 조합에는 法人格이 없고, 그 소유형태가 合有라는 점에 특색이 있다(제703조).

㈞종신정기금　　　당사자일방이 자기·상대방 또는 제3자의 終身까지 定期로 금전 기타의 물건을 상대방 또는 제3자에게 지급할 것을 약정함으로써 성립하는 계약이다(제725조).

㈟화　　해　　　당사자가 서로 양보하여 당사자 사이의 분쟁을 끝내기로 약정함으로써 성립하는 계약이다. 화해계약은 당사자일방이 양보한 권리가 소멸되고, 상대방이 화해로 인하여 그 권리를 취득하는 創設的 效

---

14) 정운영, 광대의 경제학, 까치, 1989, 94~95면.

力이 있다(제731조).

    (가)' 여행계약   당사자 한쪽이 상대방에게 운송, 숙박, 관광 또는 그 밖의 여행관련 용역을 결합하여 제공하기로 약정하고 상대방이 그 대금을 지급하기로 약정하는 계약이다(제674조의2).

    3) 사무관리   법률상 의무 없이 타인을 위하여 사무를 관리하는 행위로 그 법적 성질은 準法律行爲의 일종인 混合事實行爲이다. 일정한 요건 아래 관리자는 費用償還을 청구할 수 있다(제734조).

    4) 부당이득   法律上 原因 없이 타인의 재산 또는 노무로 이익을 얻고, 이로 인하여 타인에게 손해를 가한 자에 대하여 그 이익의 반환을 명하는 제도로 법적 성질은 事件에 해당한다(제741조).

    5) 불법행위   고의 또는 과실로 인한 위법행위로 타인에게 손해를 끼치는 경우를 말한다. 오늘날 사회가 복잡해지면서 그 중요성이 더해 가고 있다. 특히 현실적으로 피해자의 立證에 많은 곤란이 따르므로 立證責任을 가해자에게로 轉換하거나 無過失責任에 접근하는 特殊不法行爲의 法理가 발달하고 있다. 불법행위(tort, unerlaubte Handlung)가 있으면 손해배상청구권이 발생하므로 채권발생의 원인이 된다(제750조).

Ⅶ. 가 족 법

1. 신분법의 의의

    가족제도는 인간의 종족보존본능에서 출발하는 친족·상속에 관한 제도이다. 즉 친자·부부 등의 일정한 신분관계를 가진 사람들이 애정으로 결합하고, 공동생활을 함으로써 서로 공존공영을 도모하는 동시에 자손에 재산을 상속케 하는 생활관계에 관한 규율이 家族法이다. 가족법에는 친족법과 상속법의 2 대 계열이 있다.

    親族·相續法은 다 같이 인간의 신분에 관련된 생활관계를 규율하므로 신분법의 특질을 공통적으로 가진다. 親族法은 인간의 혼인과 출생을 출발점으로 하여 전개되는 친족관계 등 신분적 공동생활관계에 관하여 규정한 법률의 체계이며, 相續法은 인간의 사망에 따라서 생기는 재산 및 호주승계에 관하여 규정한 법률체계이다. 둘 다 직접적으로는 인간의 사적 생활에 관한 것이지만, 여기서 규율대상이 되는 사적 생활은 동시에 공공의 이익이라든가 일반질서에 관계되므로 법원이나 호적사무를 취급하는 시·읍·면장은 공적 차원에서 그에 관여하는 경우가 많다. 그러한 의미에서 친족법과 상속법에는 공법적 규정이 포함되어 있는 것이다.

또한 신분법의 영역에서는 관습이나 습속 등이 전통적인 힘으로 강하게 작용하기 때문에 민족적 특색이 크게 나타나며, 윤리성이 강하게 지배한다. 종래 우리 가족법은 중국의 宗法制에 입각하여 男系中心의 戸主制를 근간으로 하는 가족제도를 규정하였으며, 시민사회가 성숙됨에 따라 헌법의 남녀평등이념을 실현하는 방향으로 변용하여 왔으나 불철저하다는 비판을 받아 왔다. 이에 1989년 12월 19일의 민법개정으로 남녀평등과 가정의 민주화를 기하는 방향으로 개선되었으며, 호주제가 폐지되고 친양자제도 등이 도입되는 2008년 1월 1일부터는 더욱 그러할 것이다.

2. 친 족 법

(1) 친족의 의의 및 범위

親族이란 대체로 부부라는 배우자관계 및 친자라는 혈연관계를 기본으로 하여 전개되는 사람과 사람과의 관계를 말한다. 이러한 인간의 자연적 관계인 친족의 범위에 일정한 한계를 책정한 것이 이른바 친족의 범위이다. 우리 민법에서 친족의 범위는 다음과 같다(제777조).

① 8촌 이내의 血族, ② 4촌 이내의 姻戚, ③ 배우자이다. 血族이란 혈연의 연결이 있는 자, 즉 親子·兄弟姉妹 등을 말하며, 姻戚이란 배우자의 혈족 및 배우자의 혈족의 배우자를 말한다(제768조 및 제769조). 친족은 또 直系와 傍系로 나눌 수 있는데, 직계는 혈연이 상하로만 연결되는 친족이고, 방계는 동일시조에서 출발하여 분기된 계열에 속하는 친족을 말한다. 부·조부·자 등은 직계이고, 형제·백숙부·종형제 등은 방계이다. 직계·방계를 통하여 자기보다 항렬이 높으면 존속, 항렬이 낮으면 비속이라고 부르며, 존·비속은 혈족 사이에만 인정된다.

(2) 가

같은 호적에 들어 있는 친족의 일단을 家라고 부른다. 家는 한 사람의 호주와 그 밖의 사람, 즉 가족으로 구성된다. 호주는 가족에 대하여 일정한 지배권을 가지는데, 그것을 戸主權이라고 부른다. 戸主權은 구 관습법에서는 거의 제한 없이 광범위하였는데, 1989년 개정 이전의 민법에서는 몇 가지 사항으로 제한되다가 1989년 12월 19일의 민법개정에서는 이 같은 호주권조차 대부분 삭제되었다. 2005년 국회에서 호주제폐지안이 가결되었다. 나아가 2008년 1월 1일부터는 호주에 관한 규정과 호주제도를 전제로 한 입적·복적·일가창립·분가 등에 관한 규정을 삭제하는 한편, 호주와 가(家)의 구성원과의 관계로 정의되어 있는 가족에 관한 규정을 새롭게 정한 개정법이 시행되는바, 종래의 戸主에 관한 규정들이 의미를 상실하게 될 것이다.

(3) 혼   인

1) 혼인의 요건

㈎ 형식적 요건   혼인은 당사자 쌍방과 성년자인 증인 두 명이 연서한 서면으로 가족관계의 등록 등에 관한 법률에 정한 바에 의하여 신고함으로써 그 효력이 생긴다(제812조). 따라서 실질적인 결합생활이 진행 중이라도 이 신고가 없는 한 법률상의 혼인으로 취급되지 않는다.

㈏ 실질적 요건   혼인의 실질적 요건으로는 혼인의 합의가 있을 것(제815조), 혼인적령에 달했을 것(제807조), 중혼이 아닐 것(제810조), 근친혼 등이 아닐 것(제809조), 미성년자일 경우 부모의 동의가 있을 것(혼인적령에는 달했으나 만 19세에는 달하지 못한 경우) 등이 요구된다. 종래 여자의 재혼시는 기혼관계가 종료한 날로부터 6개월을 경과하였을 것 등이 요구되었으나 2005년 법개정시 삭제되었다.

2) 혼인의 효과

㈎ 신분적 효과   혼인관계가 시작되고, 친족관계가 발생한다(제777조). 종래에는 妻가 夫의 가에 입적하는 등 호적의 변동이 일어났으나(제826조 3항), 호주제가 폐지되는 2008년 1월 1일부터 호적의 변동이라는

개념은 성립할 수 없다.

그 외에도 부부의 3 대 의무인 동거·부양 및 협조의 의무(제826조 1 항) 및 정조의무가 인정되며, 성년의제(제826조의 2) 등의 효과도 수반된다.

(나) 재산상의 효과   부부는 각자의 재산을 소유·관리·수익할 수 있다. 단 혼인 전 특별한 약정을 한 때에는 그 약정에 따른다. 부부 어느 편에 속하는지 불분명한 재산은 공동재산으로 추정한다(제826조, 제830 조). 부부의 공동생활에 필요한 비용은 당사자간에 특별한 약정이 없으면 부부 가 공동으로 부담하고(제833조, 원칙적으로 남편이 부담하던 것을 1990년 개정시 변경), 부부는 일상가사에 관하여 서로 대리권이 있으며(제827조 1 항), 부부 의 일방이 일상가사에 관하여 제 3 자와 법률행위를 할 때에는 다른 일방은 이로 인한 채무에 대하여 연대책임을 진다(제832조).

3) 이 혼   이혼에는 협의상 이혼(제834조)과 재판상 이혼(제840조) 두 가지가 인정되는바, 전자는 당사자의 합의에 의하여 가정법원의 확인을 받아 호적법에 따라 신고함으로써 이루어지고(제836조 1 항), 후자는 다음의 원인이 있을 때 법원에 소를 제기하여 그 판결에 의하여 한다.

즉 재판상 이혼원인으로는 부부의 일방에 다음 각 호의 사유가 있을 때 법원에 이혼을 청구할 수 있다(제840조). ① 배우자에게 不貞한 행위가 있었을 때, ② 배우자가 악의로 다른 일방을 遺棄한 때, ③ 배우자 또는 그 직계존속으로부터 심히 부당한 대우를 받았을 때, ④ 자기의 직계존속이 배우자로부터 심히 부당한 대우를 받았을 때, ⑤ 배우자의 生死가 3 년 이 상 분명하지 아니한 때, ⑥ 기타 혼인을 계속하기 어려운 중대한 사유가 있을 때이다.

대법원은 "혼인관계가 심각하게 파탄되어 다시는 혼인에 적합한 생활 공동관계를 회복할 수 없는 정도에 이른 객관적 사실이 있고, 이러한 경우 에 혼인의 계속을 강요하는 것이 일방배우자에게 참을 수 없는 고통이 되 어야 한다"라고 판시한 바 있다(대법원 2002. 3. 29. 선고, 2002므74 판결).

(4) 부모와 자

1) 친 생 자   친자관계에는 養子關係가 있으며, 친생자도 혼인중의 출생자와 혼인 외의 출생자의 구별이 있다. 법률상의 부부간의 친생자가 혼인중의 출생자이며, 법률상의 부부가 아닌 사이에서 출생한 자녀를 父 또는 母가 인지하면 법률상의 입적이 가능하다. 혼인 외의 출생자라도 출생 후 實父母의 법률적 혼인으로 말미암아 혼인중의 출생자의 신분을 얻게 되는 경우를 準正이라고 한다.

2) 양   자   舊慣習法上의 양자제도는 家의 단절을 방지하고, 선조의 제사를 계속시키려는 데 목적이 있었고, 1989년 개정 이전의 민법도 이러한 家本位의 양자제도를 원칙으로 하되 그 밖에 養親 또는 養子本位의 양자제도를 가미한 것이었으나, 개정민법은 家를 잇기 위한 死後養子·遺言養子 등을 삭제하고, 호주된 양자의 罷養禁止의 조항도 삭제하여 더욱 근대적인 養子本位 양자제도를 지향하고 있다.

한편 2008년 1월 1일부터는 親養子制度가 시행되는바, 친양자입양제도란 자녀의 복리 등을 위하여 양자를 혼인중의 자로 인정하는 제도이다. 친양자로 입양되면 친생부모와 친족관계 및 상속관계는 모두 종료되고, 양부모와의 사이에 법률상 친자관계를 형성하여 양부의 성과 본으로 변경할 수 있다.

入養의 요건은 물론 ① 당사자간의 합의로 하며, ② 양친은 성년자이어야 하되 남녀, 기·미혼을 불문한다. 그리고 ③ 양자는 반드시 남자이어야만 할 필요는 없지만, 양친의 연장이라든가 존속 등은 적격성을 흠결한 것으로 보아야 하며, 한편 ④ 양자는 양부와 동성동본임을 필요로 하지 않는다. ⑤ 양자는 그 의의가 중대하므로 부모의 동의를 얻어야 한다.

친양자입양을 위해서는 친양자가 될 자녀가 미성년자여야 하고, 친양자의 친생부모의 입양동의를 얻어야 하고, 친양자가 될 사람이 13세 미만인 경우에는 법정대리인이 그에 갈음하여 입양승낙을 해야 하며, 반드시 관할 가정법원의 친양자입양 재판을 거쳐야만 한다. 친양자입양의 경우 일반입양과는 달리 협의상 파양이 불가능하고, 다만 재판을 통한 재판상 파양만을 할 수 있을 뿐이다(제908조의 2 내지 제908조의 8).

3) 친   권   친권제도는 家本位의 제도가 현대적인 개인본위적 경향 앞에 점점 의의가 감소되어 감에 따라 그 중요성도 실질적으로 감소되어 가고 있다. 법률상으로는 미성년인 子를 보호하고 거소를 지정하고 징계를 할 권리 및 의무를 의미하며, 한편 子의 재산에 대하여는 법정대리인으로서 관리권과 대리권을 가진다(제913조 내지 제916 조).

(5) 후   견

미성년자에게 친권자가 없거나 또는 있어도 그가 법률행위 대리권 및 재산관리권을 행사할 수 없을 때, 가정법원의 성년후견 심판이 있는 때, 그 미성년자 또는 피성년후견인을 위하여 각각 미성년후견인, 성년후견인을 두어야 한다(제928조 및 제929조). 후견인은 피후견인의 재산을 관리하고, 그 재산에 관한 법률행위에 대하여 피후견인을 대리한다(제949조).

3. 상 속 법

종래 민법은 호주상속과 재산상속을 규정하고 있었으나 1990년 개정민법은 호주상속을 호주승계로 바꾸고, 재산적 요소를 거의 제거하였으며, 2005년의 개정으로 2008년 1월 1일부터는 호주승계제도 또한 폐지되었다.

(1) 재산상속

재산상속은 피상속인의 사망으로 그의 재산상의 법률관계를 계승하는 것인데, 피상속인은 그 재산의 전부 또는 일부를 유언으로 상속순위인이 아닌 자에게 유증할 수 있다. 그 경우를 제외한 상속순위는 피상속인의 直系卑屬, 直系尊屬, 兄弟姉妹, 4촌 이내의 傍系血族의 순인데, 직계비속과 배우자는 공동상속인이 되며, 직계비속이 없는 경우에는 피상속인의 직계존속과 배우자가 공동상속을 한다(제1000조 및 제1003조).

(2) 상속의 승인·포기

재산상속에 있어서 피상속인의 부채가 많을 때에는 상속인은 상속받은 재산의 한도 안에서 피상속인의 부채를 변제할 것을 유보하고 상속을 승인할 수 있다. 이와 같이 상속으로 인하여 얻은 재산의 한도에서 피상속인의 채무와 유증을 변제하는 상속형태 또는 그와 같은 조건으로 상속을 승인하는 것을 限定承認이라 하고(제1028조), 피상속인의 권리와 의무를 무제한·무조건으로 승계하는 상속형태 또는 이를 승인하는 상속방법을 단순승인이라 한다(제1025조). 상속인이 상속재산에 대한 처분행위를 하거나 상속개시 있음을 안 날로부터 3 월 내에 한정승인 또는 포기를 하지 아니한 때 또는 상속인이 한정승인 또는 포기를 한 후에 상속재산을 은닉하거나 부정소비하거나 고의로 재산목록에 기입하지 아니한 때에는 상속인이 단순승인을 한 것으로 간주된다(제1026조). 하지만 상속인이 상속채무가 상속재산을 초과하는 사실을 중대한 과실 없이 1 항의 기간 내에 알지 못하고 단순승인을 하거나 단순승인을 한 것으로 간주되는 경우에는 그 사실을 안 날부터 3 월 내에 한정승인을 할 수 있다(제1019조 3 항).

한편 상속으로 인하여 생기는 모든 권리·의무의 승계를 부인하고 처음부터 상속인이 아니었던 효력을 생기게 하는 단독의 의사표시를 相續抛棄라고 하는바, 상속의 포기는 상속개시된 때에 소급하여 그 효력이 있으며(제1042조), 상속인이 수인인 경우에 어느 상속인이 상속을 포기한 때에는 그 상속분은 다른 상속인의 상속분의 비율로 그 상속인에게 귀속된다(제1043조).

(3) 유   언

유언은 그것을 할 때 성립하지만 그 효력은 유언자의 사망시부터 발생하며, 유언에 정지조건이 있는 경우에 그 조건이 유언자의 사망 후에 성취한 때에는 그 조건성취한 때로부터 유언의 효력이 생긴다(제1073조). 표의자의 진의를 명확히 하고, 상속 또는 유언에 관한 분쟁과 혼란을 피하기 위해 유언은 일정한 방식에 따를 것이 요구되고, 이 방식에 따르지 않는 유언은 무효이다. 민법은 自筆證書에 의한 유언, 錄音에 의한 유언, 公正證書에 의한 유언, 秘密證書에 의한 유언, 口授證書에 의한 유언 등 다섯 가지 방식의 유언에 대하여 규정하고 있는바(제1065조 내지 제1071조), 비밀증서에 의한 유언이 그 방식에 흠결이 있는 경우에 그 증서가 자필증서의 방식에 적합한 때에는 자필증서에 의한 유언으로 본다(제1072조).

(4) 유 류 분

사유재산제 아래에서 각 개인은 자기소유의 재산을 자유로이 처분할 수 있고, 이 원칙은 생전의 처분자유뿐만 아니라 유언에 의한 사후처분의 자유까지 미친다. 그러나 자기 사후의 가족의 생활을 희생시키면서까지 자기의 재산을 타인에게 증여·유증해도 상관없다고는 할 수 없으므로, 個人財産處分의 자유, 去來의 안전과 家族生活의 안정, 家族財産의 공평한 분배를 위해 상속이 개시되면 일정한 범위의 상속인이 피상속인재산의 비율을 확보할 수 있도록 하는데, 이를 遺留分制度라고 한다(제1112조 내지 제1118조).

(5) 기 여 분

공동상속인 가운데 피상속인의 재산의 유지 또는 형성에 기여한 자 혹은 피상속인을 특별히 부양한 자가 있을 때 상속재산에서 그 者의 寄與分을 공제한 것을 상속재산으로 보기로 하고, 상속분을 산정해서 그의 산정된 상속분에 기여분을 더한 액을 가지고 그의 상속분으로 하는 것을 말하는데, 이는 공동상속인 사이의 실질적 형평을 기하고자 신설한 제도이다(민법 제1008조의 2).

참고문헌

김재문, 한국전통 채권법·가족법·노동법, 동국대출판부, 2007; 金曾漢, 民法總則, 박영사, 1974; 同人, 物權法, 박영사, 1984; 郭潤直, 民法總則, 박영사, 1984; 同人, 物權法, 1983; 同人, 債權總論, 1982; 同人, 民法槪說, 박영사, 1990; 김주수/김상용, 민법총칙, 삼영사, 2011; 金亨培, 債權總論(上), 일신사, 1984; K. 렌너/崔達坤·鄭東鎬 공역, 私法과 所有權의 基礎理論, 학연사, 1981; 金容漢, 民法總則論, 1980; 同人, 物權法論, 1983; 同人, 債權法總論, 1984; 同人, 親族相續法論, 1983; 朴秉濠·李興在, 家族法, 한국통신대학, 1989; 金疇洙, 親族·相續法, 법문사, 1989; 黃迪仁, 現代民法論(Ⅰ·Ⅱ·Ⅲ·Ⅳ), 박영사, 1983/1984; 李英俊, 民法總則, 박영사, 1987; 同人, 物權法, 박영사, 1990; 李銀榮, 債權各論, 박영사, 1990; 同人, 債權總論, 1991; 정종휴, 역사 속의 민법, 교육과학사, 1994; 김재형, 민법, 박영사, 2005; 곽윤직·김

재형, 민법총칙: 민법강의Ⅰ, 박영사, 2012; 윤진수·김재형 편집대표, 한국민사법학회편, 로스쿨 강의교재 물권법, Fides, 2009; 양현아, 한국가족법읽기, 창비, 2011; 이화숙, 가족, 사회와 가족법, 세창출판사, 2012; 김민중, 로스쿨 가족법; 청림출판, 2007.

연습문제

1. 民法의 법적 성격을 논하라.
2. 法律上 '人'의 의의와 종류를 논하라.
3. 權利能力이란 무엇인가?
4. 行爲能力과 權利能力은 어떻게 다른가?
5. 未成年者가 단독으로 法律行爲를 할 수 있는가?
6. 法人의 의의와 종류를 논하라.
7. 法人의 機關을 논하라.
8. 物件의 의의와 종류를 논하라.
9. 법률행위의 성립요건을 논하라.
10. 合同行爲와 契約의 차이를 논하라.
11. 瑕疵 있는 意思表示를 논하라.
12. 意思表示의 效力發生時期는 언제인가?
13. 無效와 取消는 어떻게 다른가?
14. 物權의 종류를 논하라.
15. 物權의 효력을 설명하라.
16. 抵當權과 質權의 차이를 논하라.
17. 物權과 債權의 차이를 논하라.
18. 契約自由의 원칙을 논하라.
19. 親族의 범위를 논하라.
20. 婚姻의 성립요건을 논하라.
21. 相續의 순위를 논하라.
22. 裁判上 離婚의 원인을 논하라.
23. 民法의 현대적 과제를 논하라.

제18장

상법학

I. 상법의 의의

1. 상법의 개념

상법(commercial law, Handelsrecht)에는 '商法'이라는 명칭을 가진 제정법전, 즉 商法典을 가리키는 형식적 의미의 상법과 실질적 의미의 상법이 있다. 형식적 의미의 상법인 상법전은 成文法國家인 대륙법계 국가에서는 널리 제정되어 있지만, 영미법계 국가에는 존재하지 않는다. 그러나 오늘날에는 영미법 국가에서도 商事에 관하여 방대한 법전을 가지고 있으므로 양 법계의 차이는 크지 않다.

한편 실질적 의미의 상법이란 한 마디로 표현하여 기업에 관한 법률이라고 말할 수 있으며, 일반사법인 민법에 대하여 특별법의 지위를 가진다. 그러나 기업에 관한 법률이라 함은 기업을 대상으로 하는 모든 법률이 모두 상법이라는 것을 의미하는 것은 아니다.

상법은 자본주의 경제의 상거래에 관한 법률로서 각 주체간의 이익을 조정하려는 것을 목적으로 하는 사법이다. 상법전 속에는 형벌법규 및 소송법규, 그리고 공법적 법규도 포함되어 있다. 그러나 그러한 것은 입법기술상의 편의에서 상법에 부수적으로 속하고 있는 것에 불과하다. 상법은 자본주의 사회에서 생산·유통기능의 주요 담당자인 기업을 유지·강화하고, 기업활동을 왕성하고 합리적이 되도록 조정하는 일을 그 이념으로 삼고 있다. 결국 상법의 형식을 통해 자본의 순환이 신속하게 이뤄진다.

2. 상법전의 성립

우리나라의 전통적 상거래질서는 관습법의 형태로 규율되고 있었다. 개화기에 이르러 서양국가들과 통상조약을 체결함에 따라 급속히 상법의 중요성이 인식되었다.[1] 우리 상법전은 1962년 1월 20일 법률 제1000호로 어음법·수표법과 함께 공포되어 1963년 1월 1일부터 시행되었다. 우리 상법전은 대체로 舊商法과 有限會社法을 토대로 하면서도 시대의 조류에 따라 많은 개혁을 시도하였다. 즉 총칙·상행위·보험·회사·해상의 5편으로 모두 874조 부칙 12조로 되어 있다.

제1편 '總則'은 상인·사업사용인·상호·상업장부·상업등기·영업양도에 관하여 규정하고 있다. 그러므로 총칙이라 하여 상법 전체에 공통되는 통칙을 규정한 것은 아니다.

제2편 '商行爲'는 매매·상호계산·익명조합·대리상·중개상·위탁매매업·운송주선업·운송업·공중접객업 및 창고업에 관하여 규정하였다.

제3편 '會社'는 통칙·합명회사·합자회사·주식회사·유한회사·외국회사·벌칙에 관하여 규정하고 있다.

제4편 '保險'은 통칙·손해보험·인보험에 관하여 규정하고 있다.

제5편 '海商'은 선박 및 선박소유자·선장·운송·공동해손·해난구조·선박충돌 및 선박채권에 관하여 규정하였다.

우리 상법전은 20세기 후반기에 제정된 것으로 대륙법과 영미법상의 제도를 조화하면서 상법의 세계적 통일성에 발맞추어 나가고 있다. 그런 한편 경제사정의 변천 등으로 1984년 4월 10일에 법률 제3724호로 주식회사편에서 상당한 개정이 이루어졌으며,[2] 1998년 IMF금융구제를 전후하여

---

1) 자세히는 崔鍾庫, "開化期의 韓國商法學," 法學 제26권 제1호, 서울대, 1985, 205~223면.
2) 자세히는 韓國商事法學會 編, 商法改正의 論點, 삼영사, 1982; 손주찬 외, 改正商法解說, 삼영사, 1984.

오토 폰 기르케(Otto von Gierke, 1841−1921)

1841년 1월 11일 독일 슈테틴에서 출생하여 베를린대학에서 법학을 공부하고, 브레슬라우대학 교수가 되었다. 1884년에 하이델베르크대학 교수, 1887년에 베를린대학 교수가 되었고, 1888년에는 독일민법전 초안을 비판하였다. 1902년에 베를린대학 총장이 되고, 1909년에 하버드대학에서 명예박사학위를 받았다. 1911년에 세습 귀족의 작위를 얻었고, 1921년 10월 10일에 서거하였다. 저서로 「독일 단체법」(*Das deutsche Genossenschaftsrecht*, 1867~1881) 등이 있다.

요세프 코올러(Joseph Kohler, 1849-1919)

1849년 3월 9일 서독 남서부 오펜부르크에서 태어났다. 뷔르츠부르크대학과 베를린대학에서 법철학 및 無體財産法을 강의하며 교수로 평생 봉직하였다. 1919년 8월 3일 베를린에서 사망하였다. '만능의 코올러'(Aller Kohler)라는 별명을 가질 정도로 역사·철학·미학·시·작곡 등 다방면에 걸친 저술을 하였고, 「비교법학잡지」(*Zeitschrift für vergleichende Rechtswissenschaft*)를 창설하여 오늘날까지 계속되고 있다. 「예술작품법」(*Kunstwerkrecht*, 1908), 「법철학 교과서」(*Lehrbuch der Rechtsphilosophie*, 1909) 등의 저서가 있고, 그의 생애와 사상에 대하여는 슈펜델(G. Spendel)의 「보편법률가로서의 코올러」(*Joseph Kohler : Ein Universaljurist*, 1985)가 있다.

서도 기업체질개선 등을 위해 수차례에 걸쳐 큰 폭의 개정이 이루어졌다. 그 후에도 개정논의가 계속되어 2014년 매듭지으려 하다가 보험법 부분에서의 의견불일치로 다시 연기되었다.

Ⅱ. 기업의 주체

1. 상   인

상인이란 자기 명의로(즉 자기 자신이 법률상 권리의무의 주체가 되어) 상행위를 하는 자를 말한다(상법 제4조). 여기에는 個人企業과 會社 등의 공동기업이 있다. 이와 같이 실질적으로 상행위를 하는 자는 당연히 상인이 되며, 그 밖에도 상법은 기업경영의 형태가 상인과 유사한 것도 상인으로 의제하여 동일시한다(상법 제5조). 그러한 것으로서는 다음의 두 가지가 있다.

① 店鋪 기타 이와 유사한 설비에 의하여 상인적 방법으로 영업을 하는 자

② 상법 제3편 회사의 규정에 의하여 설립되었지만 상행위 이외의 영리행위를 목적으로 하는 社團(民事會社)

위에서 말한 상인 중에서 매우 소규모적인 상인에게까지 상법의 규정 전부를 적용하는 것은 타당하지 않으므로, 이것은 小商人이라 하여 지배인·상호·상업장부와 상업등기에 관한 규정의 적용으로부터 제외하고 있다(상법 제9조)

2. 상업사용인

특정상인에 종속하여 그 대외적인 영업상의 활동을 보조하는 자를 상업사용인이라 한다. 상법은 상업사용인의 대리권의 범위에 따라서 ① 지배인, ② 영업의 특정한 종류나 사항에 대한 위임을 받은 사용인과, ③ 물품판매를 목적으로 하는 점포사용인으로 나누어 그 각자 행위의 어떠한 것이 어느 정도로 상인 자신의 행위로서 효과를 발생케 하느냐를 규정하였다

(상법 제10조 이하).

Ⅲ. 기업의 조직과 공시

1. 상   호

상인이 영업상 자기를 표시하기 위하여 사용하는 명칭을 상호라고 한다. 상호를 선정하여 이것을 사용하는 권리를 일반적으로 상호권이라 한다. 商號權에는 타인의 방해를 받지 아니하고 자기의 상호를 사용하는 권리(商號使用權)와 그 상호의 사용에 대한 방해를 배제할 수 있는 권리(商號專用權)가 포함된다. 상호전용권은 상호의 등기를 하지 않아도 인정되며, 등기를 하면 더욱 강하게 보장된다.

2. 상업장부

첫째로 상인의 재산상태를 분명하게 하고 영업성적의 良否를 판단하여 장래에 대한 계획을 세우는 기초로 하며, 아울러 경영의 건실화와 합리화를 기하고, 둘째로 상인의 신용의 기초를 분명하게 함으로써 거래의 안전을 기하며, 셋째로는 거래 및 재산관계를 기록함으로써 후일의 분쟁에 대비하기 위하여 상인이 상법상의 의무로서 작성하는 장부가 상업장부이다. 소상인 이외의 모든 상인이 작성하여야 할 상업장부는 會計帳簿 및 貸借對照表이다(상법 제29조 1항).

3. 상업등기

상업등기란 상법의 규정에 따라서 상업등기부에 하는 등기를 말한다. 등기사항은 ① 기업 일반에 통하는 사항(商號·支配人), ② 개인기업에 관한 사항(미성년자 또는 법정대리인에 의한 營業 등), ③ 회사기업에 관한 사항(設立·解散·淸算·資本의 增減·社債發行 등)이며, 요컨대 기본적인 것은 영업상의 책임관계에 관한 사항이다. 등기를 한 사항은 등기소가 곧 이것을 공고하여야 한다.

상업등기에서는 등기와 공고가 효력발생요건인 것이 원칙이나 등기와 공고 후라도 제3자가 정당한 사유로 알지 못한 때에는 그 선의의 제3자에는 대항하지 못한다(상법 제37조 2항). 또한 회사설립의 등기(상법 제180조), 회사합병의 등기(상법 제233조) 등과 같이 등기만으로 특별한 효력을 가지는 것도 있다. 한편 상법은 公信을 보호하는 입장에서 고의 또는 과실로 사실과 다른 사항을 등기한 자는 그 사항이 부실함을 내세워서 선의의 제3자에게 대항하지 못한다고 규정하였다(상법 제39조).

Ⅳ. 기업의 양도

1. 영업의 의의

영업 내지 기업이란 상인의 영업활동 및 일정한 영업목적을 위하여 결합된 조직적 재산(동산·부동산·유가증권·채권·무체재산권·채무 등), 그리고 영업상의 비결·명성 또는 고객관계 등의 사실관계를 결합한 하나의 유기체이며, 단순히 영업재산 자체만을 뜻하는 것이 아니다. 조직체로서의 영업은 그 자체가 독립적 생활주체로서 인식되지만, 법률상으로는 그것은 소유권의 객체로서 인식되는 것이기 때문에 법률상 양도의 대상은 이 영업 그 자체이다.

2. 영업의 양도

영업양도란 양도인이 영업의 양수인으로 하여금 자기를 대신해서 그 영업의 주체로서의 지위에 서도록 하는 것을 의미한다. 따라서 양도는 그 지위와 아울러 영업상의 재산과 사실관계 등을 포괄하여 양도하는 것을 의미한다.

영업주체의 지위를 양도하는 이상 양도인이 양도 후에도 계속 동일영

업활동을 한다면 양수인은 영업양도를 받는 실익이 없어지므로, 특약이 없
는 한 양도인은 동일한 특별시·광역시·시·군 및 인접한 특별시·광역시·시
·군에서 10년간 동종의 영업을 하여서는 아니 된다(상법 제41조 1항). 그리
고 양수인이 양도인의 상호를 계속 사용하는 경우에는 양도인의 영업으로
인하여 생긴 채무에 관하여 양수인도 그 채무변제에 관하여 당연히 부담하
여야 하며, 또한 영업상의 채권에 관하여서도 양수인에게 선의로 중대한 과
실 없이 한 채무변제는 유효하다(상법 제42조, 제43조). 상호를 계속 사용하지
않는 경우에도 양수인이 양도인의 채무인수를 광고하면 사실상 채무변제의
의무가 생긴다(상법 제44조). 다만 그 책임부담기간이 2년이니(상법 제45조)
그 기간 안에 채권의 변제청구 또는 예고가 없으면 책임은 소멸된다. 外觀
을 신뢰하는 자를 보호하고자 하는 상법의 정신을 여기서도 엿볼 수 있다.

V. 상 행 위

1. 상행위의 의의

商行爲(Handelsgeschäft)란 실질적으로는 영리에 관한 행위이고, 형식적
으로는 상법과 특별법에 상행위로서 규정된 행위이다. 상인개념의 기초가
되는 상행위를 기본적 상행위라 하며, 이것과는 반대로 상인개념이 전제가
되어 그 상인이 영업을 위하여 하는 행위가 되는 것을 보조적 상행위(상법
제47조)라고 한다.

2. 상행위법의 구조

상법 제2편에는 민법상의 일반적 원칙이 상사관계에 직접 적용되는
것이 적당치 않다고 생각되는 사항에 관하여 민법의 규정을 수정하는 의미
의 것, 즉 민법에 대한 예외적 성질을 가진 많은 규정을 두고 있다. 첫째,
총칙적 규정으로는 商行爲一般에 관한 특칙(상법 제46조 이하), 賣買에 관한
특칙(상법 제67조). 相互計算(상법 제72조 이하), 匿名組合(상법 제78조) 등에

관한 규정이 있다. 둘째, 각칙적 규정으로서는 代理商(상법 제87조 이하), 仲介業(상법 제93조 이하), 委託賣買業(상법 제101조 이하), 運送周旋業(상법 제114조 이하), 運送業(상법 제125조 이하), 公衆接客業(상법 제151조 이하), 倉庫業(상법 제155조 이하) 등에 관한 규정이 있다.

Ⅵ. 회   사

1. 회사의 의의

기업은 각 개인 단독으로 하여도 조금도 지장은 없지만 원래 개인의 능력에는 한계가 있으므로, 기업이 필요로 하는 규모에 아무런 제한 없이, 그리고 그 기업에서 오는 위험도 단독으로 부담하기보다 분산시키기에는 아무래도 단독인의 기업참가보다 다수인의 참가가 편리한 것은 사실이다. 여기에 공동기업이 발달되기 시작한 것이며, 민법상의 조합·익명조합 등도 그러한 성질의 것이다. 그러나 공동기업의 의도에 가장 적합한 것은 會社(corporation, Gesellschaft)라고 할 것이다.

법률상 회사란 영리를 목적으로 하는 사단법인을 말하며, 상법 제3편의 규정에 따라서 설립된 것을 말한다. 회사에는 합명회사·합자회사·주식회사·유한회사의 네 가지가 있다.

[회사법의 정신]

회사제도는 자본을 집중시키고 노력을 보충하여 기업활동의 합리화·능률화를 최대한 발휘할 수 있는 법형식이다. 자본주의사회에서는 이 가운데 특히 자본의 집중이라는 대목에 회사제도의 중점이 놓인다. 이 점을 가장 잘 반영하는 것이 바로 주식회사제도이다. 주식회사는 전형적인 物的 會社로서 有限責任制度에 기초하는데, 이러한 측면을 악용하여 會社債權者의 이익을 침해하는 경우가 종종 발생한다. 따라서 회사법은 회사제도를 무한정 지지하는 것이 아니라 회사채권자를 보호하는 데에 상당한 주의를 기울이고 있다. 이러한 회사법의 정신이 해석론에서 구현된 것이 法人格否認의 法理이다. 이것은 유한책임제도가 남용된 구체적 사안에서 일시적으로 법인격을 부인하여 회사채권자를 보호하는 법리이다.

2. 회사의 종류

1) 합명회사 사원 전원이 회사채권자에 대하여 直接·無限·連帶의 책임을 부담하는 회사이다(상법 제212조). 합명회사는 형식적으로는 사단법인이지만 실질적으로는 조합이며, 그 내부관계에서는 정관 또는 상법에 다른 규정이 없을 때 민법의 조합에 관한 규정이 준용된다(상법 제195조).

2) 합자회사 無限責任社員과 有限責任社員으로서 조직되는 회사이며, 무한책임사원만의 회사, 즉 합명회사에 유한책임사원이 오로지 투자만을 하여 그 한도 안에서 회사채권에 대하여 책임을 지고 업무집행과 대표에는 관여하지 않고 이익에만 참여하는 형식이다. 그러므로 二元的 조직이라는 점에 약간의 특별규정이 있을 뿐이고, 기타 전부가 합명회사의 규정을 준용한다.

3) 주식회사 주식회사(Aktiengesellschaft)는 자본을 전부 주식으로 분할하여 주주는 그가 소유하는 주식의 출자의무 이외에는 아무런 의무도 지지 않는 사단법인이다(상법 제329조). 그러므로 회사채권자에 대하여는 회사의 현실재산만이 채권의 담보가 되므로 상법은 회사채권자를 보호하기 위하여 자본에 관한 원칙을 규정하고 있다. 그 하나는 회사설립시에 발행하는 주식의 총수를 정관에 기재하고 또 그 총액의 인수가 있도록(상법 제329조(資本構成), 제303조(株金納入)) 하는 자본확정의 원칙, 또한 그 둘은 회사자본의 명목과 사실이 항상 일치되도록 하는(상법 제303조, 제458조~제460조, 제462조) 자본유지의 원칙, 그 셋은 일단 확정한 자본을 임의로 증감시키지 아니하는 자본불변의 원칙이다.

4) 유한회사 합명회사와 주식회사의 장점을 흡수하여 사원의 유한책임제의 이익을 보유하면서, 한편 주식회사와 같은 대기업체 형태가 아니고 소규모적이기 때문에 그 설립·조직 등이 주식회사에 비해 복잡하지 않으므로 중소기업에 적합한 회사형태이다.

Ⅶ. 보   험

1. 보험제도

사회생활에서 화재·사망 등의 우발적 사고의 발생으로 인한 위험에 대비하여 위험에서 오는 경제적 손해를 보충하기 위하여 공동운명에 있는 사람들에 의하여 갹출된 금전을 현실적 피해자에게 급부하는 제도를 보험 (insurance, Versicherung)이라고 한다. 상법은 損害保險과 人保險을 규정하고 있다.

2. 보험계약

損害保險契約이란 당사자의 일방(보험자)이 우연한 사고(보험사고)로 인하여 생길 수 있는 손해를 전보할 것(보험금액의 지불)을 약속하고, 상대방 (보험계약자)이 이에 보수(보험료)를 줄 것을 약속하는 계약을 말한다. 일정한 사고로 손해가 발생하였을 때, 그 전보를 받는 자를 被保險者라고 한다. 그리고 피보험자에게는 장래 손해를 받을 염려가 있는 그러한 이익대상이 있는데, 그 이익을 被保險利益이라 한다. 그 피보험이익의 가액을 保險價額 이라고 하며, 그것은 손해전보의 방법으로서 보험자가 지급할 의무를 가진 금액의 최고한도인 보험금액과는 구별하여야 한다. 보험자의 책임이 존속하는 일정기간을 보험기간이라고 한다.

人保險契約이란 당사자의 일방(보험자)이 상대방(보험계약자) 또는 제3자(피보험자)의 생사 또는 상해에 관하여 일정한 금액(보험금)을 지급할 것을 약속하고, 상대방(보험계약자)이 이에 대하여 보수(보험료)를 지급할 것을 약속하는 계약을 말한다. 人保險은 보험의 목적이 사람의 생명 또는 신체이고, 손해의 유무와는 아무런 관계가 없으며, 또한 이것은 일정금액의 지급을 목적으로 하는 이른바 定額保險이다. 그리고 피보험자는 보험의 목적인 신체의 소유자이며, 보험금을 받을 권리를 가진 자를 保險受益者라고 한다.

보험계약은 낙성 및 불요식의 계약이며, 따라서 당사자간의 의사표시의 합치만으로 성립한다. 그런 실제상은 보험신청서 기타의 서류에 의하여 체결되며, 계약성립 후 회사로부터 普通保險約款을 기재한 보험증권을 발행하는 것이 통례이다(상법 제666조, 제685조, 제690조, 제695조, 제728조).

Ⅷ. 해   상

1. 해 상 법

해상법(Seehandelsrecht)은 해상기업에 특유한 사법적 법규이다. 다시 말하면 해상법이란 선박에 의해서 행하여지는 해상운송업을 규정의 중심적 대상으로 하는 법규의 총체이다. 상법 제5편의 규정내용은 다종다양하며, 선박이라는 '物件', 그 공유 및 賃貸借, 또한 해상운송, 共同海損, 海難救助, 船舶衝突, 船舶의 優先特權, 抵當權 등에 관하여 규정하고 있다.

2. 해양기업시설

해상기업자는 물적 시설인 선박을 사용한다. 해상법상 선박이란 상법상 상행위 기타 영리를 목적으로 항해에 사용하는 선박이다(상법 제740조). 航海란 하천·항만 및 연안항행 이외의 해상의 항행을 말한다. 船舶은 短艇 또는 櫓만으로 운전하는 것을 제외한다. 그리고 상행위의 목적에서가 아니라도 항해의 목적으로 하는 선박에도 상법의 규정이 준용된다(선박법 제39조). 선박은 동산이지만 가치가 크고 식별이 쉽기 때문에 부동산과 마찬가지의 등기제도가 인정되고(상법 제743조), 등기된 선박은 저당권의 목적으로도 되며(상법 제787조 이하), 선박의 임대차를 등기하면 그 후 그 선박에 물권을 취득한 자에게도 대항할 수 있고, 형법상으로는 주거침입죄가 성립된다(형법 제319조).

인적 시설로서는 해상법은 선박소유자를 중심으로 규정하였으며, 그 밖에 船舶共有者와 船舶賃借人에 관하여 규정하고 있다. 이러한 해상기업자에 관하여는 소위 船舶所有者有限責任制度가 인정된다.

3. 해상운송

선박에 의한 물품의 운송방법에는 해상기업자인 해상운송인이 선박의 전부 또는 일부를 대절하여 운송을 인수하는 傭船契約과 개개의 물품의 운송을 인수하는 個品運送契約이 있다. 상법은 전자를 중심적으로 규정하고 있으나, 실제상으로는 후자가 중요하다. 개품운송계약을 체결할 때에는 해상운송인이 船荷證券을 발행하는 것이 통례이다(상법 제852조).

4. 해   손

해상에서 선박 또는 積荷에 사고가 있어서 손해가 생겨 비용을 지출해야 할 때, 그것을 海損이라고 한다. 해손에는 공동해손과 단독해손이 있다. 공동해손은 일정한 상황 아래 있는 관계자로 하여금 공동적으로 손해를 분담케 하는 것인데, 국제적인 "요크 안트워프(York Antwerp) 규칙"(1920년)이 상법의 규정과 아울러 시행되고 있다.

선박의 충돌이 불가항력으로 인하여 발생하거나 충돌의 원인이 명백하지 아니한 때에는 피해자는 충돌로 인한 손해의 배상을 청구하지 못하나(상법 제877조), 선박이 충돌이 일방의 선원의 과실로 인하여 발생한 때에는 그 일방의 선박소유자가, 선박의 충돌이 쌍방의 선원의 과실로 인하여 발생한 때에는 쌍방의 과실이 경중에 따라 각 선박소유자가 선박의 충돌로 인한 손해배상의 책임을 분담하며, 이 경우 그 과실의 경중을 판정할 수 없는 때에는 손해배상의 책임을 균분하여 부담한다. 다만, 쌍방의 과실로 인한 선박의 충돌로 인하여 제3자가 사상한 경우에 대한 손해배상은 쌍방의 선박소유자가 연대하여 그 책임을 진다(상법 제878조, 제879조).

海難救助(상법 제882조 이하)의 경우 구조계약의 유무에 따라서 구조료가 책정된다.

Ⅸ. 어음·수표법

1. 어음과 수표의 의의

어음(Wechsel)과 수표(Check)는 일정액의 금전의 지급을 목적으로 하여 발행되는 要式의 有價證券(Wertpapier)이다. 그것은 금전의 지급을 목적으로 하는 金錢債權證券이고, 권리의 내용과 범위가 증권기재에 의하여 표시되는 文書證券이며, 원인인 법률관계로부터 분리되어 독자적으로 효력을 가지는 無因證券(抽象的 證券)이다.

2. 환 어 음

환어음은 발행인이 제 3 자, 즉 支給人에 대하여 증권에 기재된 금액을 일정일에 권리자(領受印 또는 그 지정인)에게 지급할 것을 무조건으로 위탁하는 증권이다. 증권에는 지급을 할 지급인을 기재하고 그것을 지급인이 어음에 서명함으로써 인수하면, 이것으로 지급인은 어음의 소지인에 대한 어음채무자가 된다(어음법 제28조).

발행인으로부터 어음의 교부를 받은 수취인은 직접 어음의 지급을 청구할 수 있음은 물론이지만, 背書를 하여 타인에게 양도할 수도 있다. 피배서인은 수취인의 지위를 계승한다(어음법 제14조 1 항). 배서의 방식은 배서인이 증권에 서명하고 피배서인을 기재하는 것이 원칙이지만, 이것을 하지 않는 이른바 白紙式 배서도 인정된다(어음법 제13조, 제14조). 어음의 소지인이 그 만기 또는 발행의 날부터 1 년 안에 지급인 또는 지급담당자에게 어음을 제시하고 지급을 청구하는 행위를 支給提示라고 한다(어음법 제33조, 제38조 이하). 지급인 또는 인수인이 지급청구를 받음에도 불구하고 지급을 하지 않는 때에는 소지인은 인수인에 대하여 그 책임을 추궁하거나 또는 법정기간 안에 집행관 또는 공증인에게 지급거절증서를 작성하여 지급이 없었음을 증명하면, 그 어음의 유통에 참가하였던 발행인 및 모든 배서인에 대하여 일정한 금액의 지급을 청구할 수 있다. 이것을 償還請求 또는

遡求라고 한다(어음법 제43조, 제44조~제48조).

여기에서 일정한 금액이란 만기 후 상환에는 어음기재의 금액, 만기 이후의 법정이자, 거절증서작성의 비용, 기타의 비용이며, 만기 전 상환에서는 어음에 기재된 금액에서 상환일로부터 만기에 이르기까지의 중간이자를 공제한다(어음법 제48조).

3. 약속어음

약속어음은 발행인 자신이 지급할 것을 약속하는 어음이다. 약속어음은 발행인 자신이 주채무자로서 어음금액의 지급을 약속하는 것이기 때문에 환어음의 발행인이 제 3 자에게 어음금액의 지급을 위탁하는 것과는 전혀 다르다. 약속어음에는 발행인과 수취인 이외에는 지급인도 인수인도 없다.

4. 수   표

수표는 법률상으로는 환어음의 한 변종이라고 할 수 있다. 수표에 관한 규정은 대체로 환어음에 관한 그것과 공통적인데, 그 차이점은 다음과 같은 양자의 경제적 목적의 차이에서 오는 것이다. 즉 환어음은 경제상으로는 신용증권·지급증권으로서 이용되는 데 대하여, 수표는 단순히 지급증권으로서 이용된다. 그러므로 수표에는 인수라는 것이 없으며, 그 대신 지급보증제도가 있다. 수표는 현금에 대신하는 一覽出給證券이다(수표법 제28조). 그것은 일자 후 10일 안에 제시하도록 되어 있다(수표법 제29조). 발행인은 지급인(銀行)으로 하여금 지급하게 하는 방법 이외의 방법으로 발행할 수는 없다(수표법 제 3 조). 橫線手票는 은행 또는 지급인의 거래처에 대하여서만 지급할 수 있게 하는 제도이다.

참고문헌

서돈각, 商法講義(上·下), 법문사, 1985; 鄭熙喆, 商法學(上·下), 박영사, 1989, 1990; 崔基元, 商法學新論(上·下), 박영사, 2002; 同人, 商法總則(商行爲), 경세원, 1989; 同人, 어음·手票法, 박영사, 1990; 孫珠瓚, 商法(上·下), 박영사, 1985; 鄭東潤, 會社法, 법문사, 1989; 同人, 어음·手票法, 법문사, 1989; 임홍근, 商法總則, 법문사, 1986; 李泰魯·李哲松, 會社法講義, 박영사, 1988; 임홍근, 商行爲法, 법문사, 1989; 李哲松, 商法總則·商行爲法, 박영사, 1989; 姜胃斗, 新商法講義 Ⅰ 總則·商行爲, 형설출판사, 1986; 李基秀, 어음法·手票法, 박영사, 1990; 임홍근, 회사법, 법문사, 2000; 이기수·최병규, 상법학개론, 박영사, 2010; 이철송, 개정상법, 박영사, 2011.

연습문제

1. 우리 상법은 어떠한 이념에 기초하고 있는가?
2. 상법의 법적 성격을 논하라.
3. 우리나라 상법의 구성을 설명하라.
4. 商行爲의 성격과 종류를 설명하라.
5. 회사의 종류에는 무엇이 있나?
6. 株式會社의 機關構成을 설명하라.
7. 보험의 법적 성격을 논하라.
8. 어음·수표의 법적 성격을 논하라.

제19장

형법학

인간을 벌할 수도 사면할 수도 있다. 그
러나 인간을 인간으로 보지 않으면 안
된다.

−괴테(J. W. Goethe)

형법의 半은 이익보다는 害를 끼칠지
모른다.

−홈즈(O. W. Holmes)

Ⅰ. 형법이란 무엇인가?

형법(Criminal Law, Strafrecht)은 일정한 행위를 범죄로 규정하고, 그에 대하여 형벌 또는 보안처분을 부과하는 법규범의 총체이다. 형법은 "…한 자는 …에 처한다"는 식으로 규정하는 假說的 規範이다. 형법은 일정한 행위를 규제하는 행위규범이자 司法活動을 규제하는 재판규범이다. 나아가 형법은 평가규범이면서 의사결정이다.[1]

형법은 行爲刑法이다. 行爲者刑法의 관점은 책임형법 내지 법치국가적 인권보장의 한계를 넘지 않는 범위 안에서만 부수적으로 고려될 수 있을 뿐이다.[2]

자본주의 사회의 형법은 그 체제의 속성 때문에 政治性(계층성)·市民性

---

1) 이상을 형법의 규범적 성격이라고 한다. 李炯國, 刑法總論硏究 Ⅰ, 법문사, 1984, 22~23면.
2) 金日秀, 刑法學原論[總則講義], 박영사, 1989, 7~9면.

·歷史性·民主性 등과 같은 사회적 성격을 갖는다.[3]

Ⅱ. 형법의 기능

형법은 범죄로부터 法益을 보호함으로써 사회통제의 부분영역을 맡고 있다. 형법으로 사회윤리까지 보호하자는 주장도 유력하지만, 윤리개념이 불명확하여 국가형벌권이 남용될 위험이 크기 때문에 형법과 윤리를 경계 짓는 것이 옳다. 따라서 형법학을 연구하는 데에는 형법은 사회의 善을 적 극적으로 증진시키는 수단이라기보다는 사회통제의 최후수단(ultima ratio)에 불과하다는 사실을 늘 염두에 두는 자세가 필요하다. 그런데 민주사회의 형법은 보충적 법익보호뿐만 아니라 恣意的 刑罰로부터 범죄자를 포함한 개인의 인권을 보장할 때에야 비로소 정당화될 수 있다. 형벌을 국민 또는 '범죄자의 마그나 카르타'라고 부르는 것도 이 때문이다.

오늘날 자본주의의 모순이 격화되면서 나타나는 독점자본의 횡포, 소 비자 착취, 공해 등에 대해서는 형법의 법익보호를 강화하자는 견해[4]도 설 득력 있게 제시되고 있다. 형법의 기능을 어떤 관점에서 이해하느냐에 따라 형법해석 및 개정론에서 많은 차이가 나타나므로, 이 문제는 늘 깊게 생각하여야 할 부분에 속한다.

Ⅲ. 한국형법의 성립

전 근대사회에서는 대등한 당사자 사이의 사법질서보다는 일방적 우위 에 있는 국가의 권력행사를 반영하는 형법질서가 앞서기 마련이다. 우리나 라도 예외는 아니어서 조선시대까지 국가 성문법 중 많은 부분이 형법에 해당하는 것이었다.[5] 그러나 갑오경장 이후 법제의 근대화가 추진되면서 형 법에도 변화가 이루어졌다. 1905년까지는 개별 형사법령들이 입법되다가 1905

---

3) 車鏞碩, 刑法總論講義, 고시연구사, 1988, 17~19면.
4) 車鏞碩, 위의 책, 32~33면.
5) 자세히는 徐壹敎, 朝鮮王朝 刑事制度의 硏究, 박영사, 1972.

년에 "刑法大全"이 제정되었고, 1908년 刑法大全 改正에서는 거기에 포함되어 있던 私法規定이 삭제됨으로써 독자적인 순수한 형법전을 이루게 되었다.

일제 식민지시대에는 1912년 朝鮮刑事令에 의해 日本刑事令이 광범위하게 依用 되었는데, 일부 '범죄'에 대하여는 특례가 인정되었다. 戰時體制에 접어들면서 식민지 한국을 대상으로 하는 특별치안형법이 제정되어 민족운동을 탄압하는 도구로 사용되었다. 요컨대 식민지 형법은 인권이나 법치주의와는 거리가 먼 폭압적 성격을 띠고 있었다. 이처럼 바람직스럽지 못한 '유산'은 아직껏 완전히 청산되지 않은 채 오늘의 형법현실을 규정하고 있는 하나의 요인으로 남아 있다.

해방 후 美軍政은 舊刑法의 효력을 지속시켰다. 정부수립 후 입법과정에서 특기할 것은 일반형법제정에 앞서 1948년 특별치안형법인 국가보안법이 만들어졌다는 사실이다. 이러한 점은 오늘의 형법상황에 비추어 눈여겨 둘 만한 대목이다.

형법전은 1953년 9 월 18일 법률 제293호로 공포되고, 같은 해 10월 3 일부터 시행되었다. 그 후 1975년, 1988년에 각각 부분개정이 있었는데, 민법 등에 비해 개정의 빈도수가 현저히 적은 것이 특징이다. 그러나 시대의 변천과 함께 형법개정의 요청이 대두되어 1985년 6 월 4 일에 전면개정을 위한 형사법개정특별심의위원회를 발족시켜 개정작업을 하여 1996년 12월에 국회를 통과하여 1997년 7 월 1 일부터 시행되었다. 輕微犯罪의 非犯罪化, 형법의 脫倫理化, 공해범죄·컴퓨터범죄와 같은 새로운 범죄유형의 신설 등이 개정의 초점이다.[6] 그 후에도 계속 형법개정이 논의되어 2018년 12월 18일자로 개정이 공포되었다.

현행형법은 제 1 편 총칙, 제 2 편 각칙으로 나뉘어져 있고, 이에 따라 형법학도 총론(범죄론과 형벌론)과 각론으로 구성된다.

---

6) 金淇春, 刑法改正試論, 삼영사, 1985; 任 雄, "輕微犯罪의 非犯罪化," 형사정책연구 제 2 호, 1990, 187~215면.

IV. 형법이론의 발전

구파 내지 고전학파의 형법이론은 대체로 계몽사상에 기초한 自由主義 刑法觀을 전제로 하고 있다. 베카리아·칸트·헤겔·포이어바흐가 그 대표적 인물이다.

베카리아(C. Beccaria, 1738~1794)가 1764년에 익명으로 펴낸 「범죄와 형벌」(*Dei delitti e delle pene*)이 근대적 형법이론의 효시가 된다. 여기서 그는 사회계약설에 터잡아 고문·사형의 폐지, 죄형법정주의, 공개된 신속한 재판 등을 논리적으로 주장하고 있다. 이러한 주장은 당시의 비인도적이고 恣意的인 糾問主義 刑事司法의 모순을 비판·극복할 수 있는 대안으로 여겨졌으므로 폭발적인 반응을 불러일으켰다.[7]

칸트(I. Kant)가 상정한 인간은 自由意思를 가지고 내심의 도덕률에 따라 자율적으로 행동할 수 있는 존재이다. 국가는 각 인간이 타인의 자유를 침범하지 않을 것을 약속함으로써 성립한 사회이다. 따라서 이 약속을 어긴 자는 實踐理性의 至上命令에 위배하여 국민될 자격을 상실하였으므로 반드시 벌을 받아야 하는데, 그 형벌의 종류 및 양은 범행에 비례하여야 한다. 칸트는 이러한 應報刑思想을 더 철저히 밀고 나간다. 즉 세상이 끝나 국가가 해체되는 순간이 닥치더라도 감옥에 남은 마지막 사형수까지 처형하여야 한다는 절대주의의 사고가 그렇다. 칸트의 사상은 '눈에는 눈, 이에는 이'라는 전통적인 탈리오법칙(Lex Talionis)을 연상시킨다.

헤겔(F. Hegel)은 변증법에 따라 범죄와 형벌을 설명한다. 범죄는 正인 법률을 침해하는 부정이고, 그 부정을 다시 부정함으로써 實在인 법률을 회복하는 것이 형벌의 목적이라는 것이다. 헤겔은 국가의 윤리적 권위를 인정함으로써 구파이론 가운데 가장 국가주의적인 경향을 보이고 있다.

포이어바흐(A. Feuerbach, 1775~1833)의 형법이론은 구파이론의 법치국가적 의미를 가장 잘 드러낸다. 그는 형법의 임무를 범죄에 상응하는 형벌을 예고함으로써 일반인을 심리적으로 강제하여 범죄를 억제하는 데에 있다고 보았다. 이것이 心理強制說에 기초한 一般豫防理論이다.

---

7) 체자레 베카리아/이수성·한인섭 역, 범죄와 형벌, 길안사, 1995.

구파의 특징은 다음과 같다.[8] ① 이념적 기초는 계몽사상에 근거한 개인주의적·자유주의적 법치주의이다. ② 인간을 自由意志(Wilensfreiheit)를 갖는 抽象的 理性人으로 본다(非決定論). ③ 자유의지가 외부로 표현된 범행 및 그 결과를 중시하는 客觀主義의 관점에 선다. ④ 責任論에서는 犯罪意思에 대한 도의적 비난을 중시하는 道義的 責任論을 내세운다. ⑤ 형벌의 의미는 應報(칸트·헤겔·빈딩·비르크마이어) 내지 贖罪(콜러)라는 絕對說과 형벌의 목적을 일반예방에 두는 相對說(베카리아·포이어바흐)이 병존하였다. ⑥ 不定期刑은 인권보장의 견지에서 배척되며, 형벌과 보안처분을 구분하는 二元論이 우세하였다.

19세기 후반 자본주의가 발전하면서 격증하는 범죄현상에 구파이론이 무력하다는 반성이 일어났다. 여기서 자연과학의 방법을 도입하여 범죄와 형벌을 실증적으로 연구하려는 학자들이 나타나는데, 이들을 新派 내지 近代學派라고 부른다.

선구자인 롬브로조(C. Lombroso, 1835~1909)는 의사인데, 「범죄인」(*L'Uomo delin quente*, 1876)에서 원시시대 야만인의 속성이 隔世遺傳으로 재현된 生來犯罪人의 존재를 역설하고 응보형론에 반대하였다.

페리(E. Ferri, 1856~1929)는 범죄는 범인의 개인적 원인, 즉 성격·유전 등보다 범인의 환경을 형성하는 사회적 원인에서 발생하는 것이라고 하여 범죄의 사회학적 연구가 필요함을 강조하였다.

가로팔로(R. Garofalo, 1851~1934)는 범죄를 自然犯과 法定犯으로 구분하여 자연범이 진짜 범죄인이라고 하면서 그 惡性 및 대책을 논의하였다. 그는 롬브로조의 범죄인류학에 심리학적 방법을 결합하여 이를 법학에 관련지으려고 하였다.

이상 세 사람을 이탈리아학파라고 한다. 모두 의사들이었다.

신파이론을 집대성한 사람은 독일의 리스트(Franz von Liszt, 1851~1919)이다. 리스트는 예링의 目的思想에 영향받아 目的刑論을 주장하였다. 형벌은 맹목적 응보가 아니라 法益을 보호하는 保護刑으로 관념되었다. 범죄의 사회적 원인을 중시하였고, 범죄자분류에서도 목적에 합치하는 방법을 택하여 우발범에 대하여는 威嚇를, 개선가능한 상습범에 대하여는 矯正을, 개

---

8) 李炯國, 앞의 책, 69면.

선불가능한 상습범에 대하여는 사회에서 배제하는 것을 각각 내용으로 하는 特別豫防理論을 펼쳤다. 그는 또한 처벌되어야 할 것은 행위가 아니라 행위자라고 하여 구파의 행위주의 대신 行爲者主義를 취하고, 행위자의 反社會性을 형벌의 기초로 삼았다(主觀主義·性格責任論).

그 뒤 리프만(Moritz Liepmann, 1869~1928)이 리스트의 이론을 비판적으로 발전시켜서 敎育刑理論을 수립하였다.

신파이론의 내용은 실증과학의 방법, 형사정책, 인간의 소질과 환경을 중시하는 決定論的 人間觀, 行爲者主義, 범죄징표주의, 主觀主義, 사회적 책임론, 목적형 내지 교육형, 특별예방주의, 형벌과 보안처분의 一元論 등으로 요약될 수 있다.

신·구학파 논쟁은 형법학 발달에 유익하였고, 형법개정작업에 중요한 의미를 갖는다. 이 논쟁은 한 쪽이 다른 쪽을 압도하는 식이 아니라 서로 상대이론의 합리적 부분을 받아들임으로써 발전적으로 지양되었다.

[객관주의와 주관주의]

성립요건을 갖춘 범죄의 어느 부분에 형벌적 평가의 중점을 놓을 것인가? 객관주의는 범죄의 외부적·객관적 측면을 중시하는 데 비하여, 주관주의는 외부적 행위·결과도 무시하지는 않으나, 행위자의 성격·의사 등의 주관적 측면을 중요하게 여긴다.

객관주의와 주관주의는 범죄이론 전반에 걸쳐 가장 기본적인 문제의식의 대립을 의미한다. 따라서 범죄론의 근본문제에 파고들 때마다 되새길 내용이 적지 않다.

V. 죄형법정주의

1. 의   의

"법률 없으면 범죄 없고 형벌 없다"(*nullum crimen, nulla poena sine lege*)라는 뜻의 죄형법정주의는 자유주의 법치국가 형법의 대원칙이다. 정치적 자유주의·민주주의와 권력분립·일반예방사상·책임원칙 등이 그 정신사

적 기초이다.[9]

2. 내   용

첫째, 慣習刑法을 인정하지 말아야 한다(法律主義). 다만 경우에 따라서 解釋上 고려할 수는 있다.

둘째, 遡及效禁止의 원칙이다. 단 소급효가 피고인에게 유리한 경우까지 이 원칙을 고집할 필요는 없다.

셋째, 類推解釋(또는 適用)의 금지이다. 유추해석을 허용한 대표적 입법이 나치형법이었음을 상기해 보라. 피고인에게 유리한 유추해석이 허용됨은 물론이다.

넷째, 絕對的 不定期刑은 형법의 책임원칙 또는 比例原則에 어긋나므로 금지된다. 소년범에 대해서는 교육형의 요소를 고려하여 少年法에 상대적 부정기형을 인정하고 있다.

실질적 죄형법정주의는 이 밖에도 법률의 明確性과 適正性을 그 핵심 내용으로 삼고 있다.

Ⅵ. 범 죄 론

1. 범죄의 개념

실질적 의미의 범죄(crime, Verbrechen)란 개인 및 사회의 안전과 이익을 해치는 모든 反社會的 行爲를 말한다. 이 가운데 형법에 규정되어 형벌의 대상이 되는 행위를 형식적 의미의 범죄라고 한다.

형법총론의 범죄론은 죄형법정주의의 요구에 따라 형식적 의미의 범죄를 어떻게 체계적으로 일관되게 분석하느냐에 논의의 초점을 맞춘다. 벨링(E. Beling, 1866~1932) 이래의 통설은 형식적 의미의 범죄를 '構成要件에 해당하고 違法·有責한 행위'로 정의한다.

---

9) 金日秀, 앞의 책, 132면 이하.

2. 형법상 행위론

범죄는 행위이다. 따라서 구성요건을 따지기에 앞서 형법상 행위개념을 확정할 필요가 있다. 이에 관한 이론을 행위론이라 하는데, 행위론을 별도로 고찰할 필요 없이 바로 구성요건해당성을 따지면 족하다는 行爲論否定論도 있다.

형법상 행위개념에는 다음 세 기능이 요구된다. 행위 아닌 것을 애당초 형법의 평가에서 제외시키는 한계기능, 범죄의 모든 개념을 포섭할 수 있어야 하는 근본기능, 3 단계 체계범주를 결합시키면서도 그로부터 중립적이어야 하는 연결기능이 바로 그것이다.

자연과학적 방법에 기초한 전통적인 因果的 行爲論, 목적활동의 수행을 앞세우며 행위단계에서 고의를 거론하는 벨첼(H. Welzel, 1904~1977)의 目的的 行爲論, 행위의 사회적 의미를 강조하는 社會的 行爲論, 그리고 人格的 行爲論 등이 대립하고 있다.

행위론에서 특정한 범죄체계가 연역된다는 생각은 목적적 행위론이 도입하였고 일부 학자들도 이에 따르고 있으나, 둘 사이에 필연적 관련은 없다는 주장[10]이 더 설득력 있게 들린다. 최근 독일에서는 행위론으로서는 목적적 행위론을 거부하되 고의·과실을 구성요건요소로 파악하는 目的的 犯罪體系의 思考를 수용하고, 아울러 고의·과실을 책임요소로 이해하는 新古典主義 犯罪를 계승한 合一態的 犯罪體系가 통설의 위치에 있다. 최근에 나온 우리 형법교과서에서도 볼 수 있는 체계이다.

3. 구성요건해당성

(1) 의의와 기능

범죄행위의 바깥 윤곽을 추상적으로 기술한 것을 구성요건이라고 한다. 구성요건은 형법에 규정된 개념이 아니기 때문에 다양한 의미로 사용되고 있는데, 일반적으로는 형벌규정 중 금지된 행위의 典型的 不法內容을

---

10) 金日秀, "體系的 犯罪論에 관한 方法論的 一考察," 刑法學方法論, 박영사, 1984, 218면 이하.

근거짓는 부분으로 이루어진 不法構成要件의 의미로 쓰인다.

구성요건에 해당하지 않는 행위는 애당초 범죄가 되지 않는다(罪刑法定主義機能). 구성요건을 통하여 개개 범죄가 분류되고(犯罪個別化機能), 구성요건에 해당하는 행위는 위법하다고 추정된다(違法性推定機能). 나아가 구성요건의 요소들은 고의의 대상이 됨으로써 고의의 한계를 테두리친다(故意規制機能). 구성요건의 의미를 어떻게 파악하느냐에 따라 각 기능의 충족정도에 차이가 있게 된다.[11]

(2) 구성요건요소

벨링(E. Beling)이 확립한 구성요건의 개념은 객관적·몰가치적 요소로만 이루어져 있었다. 이는 모호한 주관적·평가적 요소를 구성요건에서 제외시켜 죄형법정주의를 철저화하려는 취지였는데, 오늘날에도 설득력 있게 주장되고 있다. 그러나 통설은 주관적 요소와 규범적 요소를 포괄하는 통합적 구성요건 요소론을 주장한다.

객관적 구성요건요소에는 행위주체,[12] 행위객체, 행위양태, 보호의 객체인 法益, 행위의 외부적 정황, 결과, 결과범에서의 인과관계 등이 있다.

[인과관계와 객관적 귀속론]

A가 B를 칼로 찌른 후 B가 죽었다. 이 때 B가 죽은 것이 A의 행위 때문임이 판명되면, A의 행위와 B의 사망 사이에는 인과관계가 있다고 한다. 이처럼 結果犯에서는 인과관계가 존재하지 않으면 범죄가 완성되지 않는다. 條件說은 행위가 없었더라면 결과도 없었을 것이라는 *conditio sine qua non* 공식에 따라 인과관계를 확정하는 견해이다. 조건설에 따르면 인과의 범위가 무한정 확대될 수 있으므로, 이를 합리적으로 수정하는 合法則的 條件說도 주장되고 있다. 경험법칙에 비추어서 그 행위에서 그 결과가 발생하는 것이 相當하다고 인정될 때 인과관계가 있다는 학설이 相當因果關係說인데, 그 판단기준에 따라 主觀說·客觀說·折衷說로 나누어진다.

최근에는 事實의 차원에서 논의되는 인과관계의 문제를 規範의 차원에서 재구성하려는 록신(C. Roxin, 1931~)의 客觀的 歸屬理論이 많은 지지를 얻고 있다. 이 이론은 일정한 歸屬尺度를 類型化하여 발생된 결과가 행위자에게 객

---

11) 車鏞碩, 앞의 책, 240~243면.
12) 이와 관련하여 身分犯, 法人의 犯罪能力 등이 문제된다.

관적으로 귀속될 수 있는가를 결정한다. 그러한 귀속척도로 危險增大의 이론이나 回避可能性의 이론 등이 제시된다.

주관적 구성요건요소에는 目的犯에서의 목적(公文書僞造罪에서 행사할 목적), 傾向犯에서의 경향(공연음란죄에서 성욕을 자극하는 행위자의 경향), 表現犯에서의 표현(僞證罪에서 선서한 증인의 내심) 등이 메츠거(E. Mezger, 1884~1962)의 구분 이래 대체로 인정되고 있고, 벨첼의 목적적 범죄체계의 영향으로 故意·過失까지 주관적 구성요건요소로 파악하는 견해가 전통적인 責任要素說을 數的으로 압도하는 형편이다. 規範的 構成要件要素는 사실적 판단만으로는 내용을 확정할 수 없고 규범적 의미판단이 따라야 내용을 파악할 수 있는 요소인데, 절도죄에서 '財物의 他人性'이 그 보기이다.

(3) 구성요건해당성 배제사유

사회적으로 상당한 행위는 구성요건해당성이 없다는 이론을 社會的 相當性論이라고 하는데, 벨첼이 구성요건해석의 제한원리로 제시하였다. 그리고 피해자의 諒解(Einverständnis)가 있으면 구성요건해당성이 배제되는바, 양해는 위법성조각사유로서의 被害者의 承諾(Einwilligung des Verletzten)과는 구별되는 것으로 구성요건이 피해자의 의사에 반하는 때에만 실현될 수 있도록 규정되어 있는 범죄, 즉 강간죄·절도죄 및 주거침입죄 등에서 인정된다.

(4) 부작위범

實行行爲란 반드시 作爲가 아니더라도 좋다. 不作爲란 기대된 무엇인가를 하지 않는 경우를 말하는데, 처음부터 부작위의 형식으로 규정된 구성요건을 위반하는 眞正不作爲犯(예컨대 형법 제319조 2항의 퇴거불응죄)과 작위구성요건을 부작위로 실현하는 不眞正不作爲犯(부작위에 의한 작위범)이 있다.

진정부작위범은 형법규정대로 처리하면 되므로 별 문제가 없지만, 부진정부작위범에 관해서는 이론상 문제가 많다.

不眞正不作爲犯이 성립하려면 행위자에게 保證人地位가 있어야 하고,

그 부작위가 구성요건상 작위와 相應性 내지 同價値性을 가져야 한다. 예를 들어 어머니(보증인지위)가 고의로 젖을 주지 않아(보증의무위반) 아기를 죽게 하면(작위와 동가치) 부작위에 의한 살인이 된다.

4. 위 법 성

(1) 의   의

구성요건에 해당하는 행위가 전체 법질서에 반하는 속성을 위법성이라고 한다. 형식적 위법성은 어떤 행위가 실정법을 위반한 경우를 가리키고, 실질적 위법성은 실질적 관점에서 평가한 위법, 즉 法益侵害를 의미한다. 형식적 위법성은 실질적 위법성을 기초로 성립하므로 이 둘은 상호보완관계이지만, 죄형법정주의의 요구 때문에 실질적 위법이 곧 형식적 위법을 뜻하는 것은 아니라는 점에서 이 둘은 구별된다.

(2) 위법판단의 기준

형법을 의사결정규범으로만 파악하면 책임능력자의 행위만이 위법하다는 주관적 위법성론에 이르게 된다. 그러나 형법은 객관적 평가규범이기도 하므로 책임무능력자의 행위도 위법임에는 틀림없고, 다만 책임이 阻却될 뿐이라는 논리가 타당하다. 이것이 객관적 위법성론으로 "위법은 객관적, 책임은 주관적으로"라는 표어를 내세운다.

(3) 행위반가치론과 결과반가치론

위법성의 실질을 둘러싸고[13] 기존의 法益侵害說을 결과반가치론이라고 비판하면서 벨첼이 내세운 것이 행위반가치론이다. 행위반가치론은 행위 자체 및 행위를 통해 나타난 행위자의 태도에 큰 의미를 부여한다. 따라서 행위반가치론은 형법의 윤리보호기능을 강조하는 관점과 연결될 수밖에 없다.[14]

---

13) 구성요건의 문제로 이해하는 견해는 金日秀, 앞의 책, 427면 이하; 李在祥, 刑法總論, 박영사, 1990, 111면.
14) 車鎔碩, 앞의 책, 426~427면.

(4) 위법성조각사유(정당화사유)

구성요건에 해당하는 행위는 보통 위법하지만, 일정한 사유가 있으면 위법성이 조각된다. 즉 적법하다.

1) **정당행위**   공무집행행위, 징계행위, 私人의 현행범체포, 정신병자 감호, 노동쟁의행위 등과 같은 '법령에 의한 행위'와 치료행위, 변호사의 직무수행과 같은 '業務로 인한 행위' 및 自損, 허용된 위험과 같은 '기타 社會常規에 위배되지 않는 행위' 등은 위법성이 조각된다(제20조).

2) **정당방위**   정당방위(Rechtsverteidigung)는 자기 또는 타인의 법익에 대한 현재의 부당한 침해를 방위하기 위한 상당한 행위를 말한다(제21조). 정당방위의 본질은 법질서의 수호이다. 不正 대 正의 관계로 파악할 수 있기 때문이다. 최근에는 정당방위를 어떻게 제한하느냐가 중요한 문제로 부각되고 있다.[15] 예를 들어 어린이의 공격에 대한 정당방위는 전면금지되거나, 공격을 회피할 수 없는 예외적인 경우에만 허용된다.

3) **긴급피난**   긴급피난(Notstand)은 자기 또는 타인의 법익에 대한 현재의 위난을 피하기 위한 상당한 이유 있는 행위이다(제22조). 위난발생의 원인은 묻지 않으며, 침해가 '부당'할 필요가 없는 '正 對 正'의 관계이므로 정당방위의 경우와는 달리 보호하려는 권리와 상대방 또는 제 3 자에게 반격한 손해 사이에 균형이 유지되어야 하고, 相對的 最小避難의 원칙이 요구되는 등 성립요건이 엄격하다.

[의무의 충돌]

의무자에게 동시에 이행하여야 할 둘 또는 그 이상의 법적 의무가 존재하여 의무자가 그 중 한 의무를 이행하고 다른 의무를 이행하지 못한 것이 형벌 법규에 저촉되는 경우가 의무의 충돌이다. 그 법적 성질에 관해서는 정당행위의 하나로 보는 학설과 긴급피난의 특수한 경우로 이해하는 학설이 대립한다. 어느 경우에나 의무의 충돌은 처벌되지 않는다.

4) **자구행위**   法定節次로 청구권을 보전할 수 없는 경우에 그 청구권의 실행불능 또는 현저한 실행곤란을 피하기 위한 상당한 이유 있는 행위

---

15) 자세히는 李在祥, 앞의 책, 231면 이하.

이다(제23조). 법치국가에서는 私力救濟를 금함이 원칙이나, 법정절차로는 권리보전이 불가능한 상황이 닥치면 피해자로 하여금 公序良俗에 반하지 않는 범위 안에서 자력구제를 허용하지 않을 수 없다. 자구행위는 不正 대 正의 관계라는 점에서 정당방위와 같으나 事後的인 긴급구조행위라는 점에서 그와 다르다.

5) **피해자의 승낙**   처분할 수 있는 자가 승낙한 법익을 침해하는 행위는 법률에 특별한 규정이 없으면 위법성이 조각된다(제24조). 피해자가 현실적으로 승낙하지 않았다 하더라도 행위 당시의 객관적 사정에 비추어 피해자가 행위의 내용을 알았거나 승낙할 수 있었더라면 당연히 승낙했으리라 예견되는 경우를 推定的 承諾이라고 하는데, 이때에도 위법성이 조각된다. 일시적으로 빈 이웃집에 들어가 넘쳐흐르는 수돗물을 잠가 주는 경우가 이에 해당한다.

5. 책   임

(1) 의   의

어떤 행위가 구성요건에 해당하고 위법하다 하더라도 그 행위자를 비난할 수 없을 때에는 범죄가 성립하지 않는다. 이처럼 행위자에 대한 비난가능성을 책임으로 파악하는 규범적 책임론이 오늘날의 통설이다.

"책임 없으면 형벌 없다"라는 표어로 이해되는 형법의 기본원칙을 책임주의 또는 책임원칙(Schuldprinzip)이라고 하는데, 헌법원칙이기도 하다. 형사책임은 법적 책임이지 윤리책임이 아니다. 또한 개별행위책임이지 행위자 또는 인격책임이 아니다.[16]

형법학사를 돌이켜 보면 자유의사를 전제로 하는 구파의 도의적 책임론과 의사결정론에 기초한 신파의 사회적 책임론이 대립하였지만, 오늘날 규범적 관점에서 의사자유의 문제를 상대적·탄력적으로 이해하게 됨으로써 이 논쟁은 형법사의 한 章에 자리잡게 되었다.

---

16) 李炯國, 刑法總論硏究 Ⅱ, 법문사, 1986, 386면 이하.

(2) 책임능력

책임능력(Schuldfähigkeit)이란 법규범에 따라 행위할 수 있는 능력 또는 위법행위에 대한 비난을 부담할 수 있는 능력을 말한다. 책임능력을 판단하는 기준에는 정신병 등에 중점을 두는 생물학적 방법, 행위자가 시시비비를 가릴 수 있는지에 주목하는 심리적 방법이 있는데, 우리 형법 제10조를 비롯한 독일·미국 등 주요 입법은 이 둘의 혼합적 방법을 취하고 있다.

형법은 책임능력의 의미는 밝히지 않고 그 결함자에 대해서만 규정하고 있다. 14세 미만의 刑事未成年者와 心神喪失者의 행위는 벌하지 아니하고, 心神微弱者의 행위는 감경할 수 있고(제10조 2항) 聾啞者의 행위는 형을 감경한다(제11조).

[원인에 있어서 자유로운 행위]

행위 당시 책임능력이 있어야 처벌할 수 있는 것이 원칙이지만, 행위자가 고의 또는 과실로 자기를 심신장애의 상태에 빠지게 한 뒤 이 상태에서 범죄를 저지른 경우에는 행위 당시에 책임능력이 없다 해도 형벌의 대상이 된다. 이를 원인에 있어서의 자유로운 행위(*actio libera in causa*)라고 하는데, 형법은 제10조 3항에서 "위험의 발생을 예견하고 자의로 심신장애를 야기한 자의 행위에는 전 2항의 규정을 적용하지 아니한다"라고 규정하여 책임의 감면을 허여하지 아니하는바, 그 가벌성의 근거에 관하여는 원인설정행위 자체를 실행행위로 보고, 이에 가벌성의 근거가 있다는 견해, 원인설정행위는 단순한 예비행위에 지나지 않고 심신장애상태에서의 행위가 범죄의 실행행위가 되므로 여기에 가벌성의 근거가 있다는 견해 및 실행행위는 심신장애상태 하의 행위이나 책임능력은 원인설정행위시에 갖추어져 있으므로 원인설정행위와 실행행위의 불가분적 연관에 가벌성의 근거가 있다는 견해 등이 대립하고 있다.

(3) 책임형식(고의 또는 과실)

'죄의 성립요소인 사실의 인식'을 고의(또는 犯意)라고 한다. 고의로 한 행위만 처벌하는 것이 원칙이고, 과실로 한 행위를 처벌하려면 형법에 특별한 규정이 있어야 한다(형법 제13조, 제14조).

過失은 행위자가 부주의로 자신의 행위가 구성요건에 해당함을 인식하지 못한 경우를 말한다. 교통형법 등의 증대로 과실범의 비중이 더욱 커지고 있음은 주목할 만한 일이다. 특히 판례가 발전시킨 신뢰의 원칙은 도로교통에서 타인이 교통규칙을 지키리라 믿고 행동하여 일어난 결과에 대해서는 과실책임을 묻지 않는다는 이론으로 실제생활과 밀접한 관계가 있다.

[미필적 고의와 인식 있는 과실]

　　고의와 과실을 구분짓는 경계선에 관한 문제이다. 건물옥상에서 밑으로 돌을 던지는 행위를 생각해 보자. 이때 지나가던 사람이 돌에 머리를 맞아 죽었을 경우, 살인인지 과실치사인지가 문제된다. 행위자는 돌을 던지는 행위를 분명 인식했다. 여기서 더 나아가 "누가 맞아 죽더라도 할 수 없다"라고 결과를 감수하면, 미필적 고의가 성립한다. 確定的 故意가 "죽이겠다"면, 미필적 고의는 "죽더라도 좋다" 정도로 표현할 수 있다. 인식 있는 과실은 행인이 돌에 맞을지도 모른다는 사실은 인식했으나, 맞지 않으리라 자신하는 경우를 말한다. 이상이 甘受說에 따른 설명인데, 認容說도 비슷하게 설명한다.

　　행위자의 인식사실과 발생사실이 일치하지 않은 경우를 事實의 錯誤 또는 構成要件錯誤라고 한다. A인 줄 알고 죽였는데 B였다거나, A에게 던진 돌이 빗나가 B에 맞은 경우 등이 그 보기이다. 형법 제15조는 행위자가 알았던 것보다 현실로 무거운 결과가 발생한 때에는 행위자가 몰랐던 무거운 죄로 처단할 수 없다는 것만을 규정하여 그 밖의 착오유형을 어떻게 해결할지에 대해서는 학설에 맡기고 있다.

(4) 위법성의 의식과 위법성의 착오

　　자신의 행위가 실질적으로 위법하다는 행위자의 의식을 위법성의식이라고 한다. 이를 고의의 내용에 포함되는 것으로 보는 故意說이 전통적 견해인데, 목적적 행위론의 영향 이후 고의의 요소가 아닌 독자적 책임요소로 보는 責任說이 점점 유력해지고 있다.

　　위법성의 착오 또는 법률의 착오란 위법성의식이 결여된 경우를 말하는데, 禁止錯誤라고도 한다. 법률을 모르더라도 범죄성립에는 지장이 없지만, 착오에 '正當한 理由'가 있으면 벌하지 아니한다(형법 제16조).

(5) 기대가능성

행위자를 비난할 수 있으려면 그가 適法行爲로 나갈 것이 기대될 수 있어야 한다. 이를 '적법행위의 기대가능성'이라고 하는데, 규범적 책임론의 핵심개념이다. 기대가능성이 없는 행위는 책임이 조각된다. 우리나라에서는 이를 超法規的 責任阻却事由로 파악하는 것이 보통이지만, 독일의 영향을 받아 故意作爲犯의 경우에는 형법해석의 補正原則에 지나지 않는다는 주장도 제시되고 있다. 형법 제12조는 "저항할 수 없는 폭력이나 자기 또는 친족의 생명·신체에 대한 위해를 방어할 방법이 없는 협박에 의하여 강요된 행위는 벌하지 아니한다"(강요된 行爲)라고 규정하여 일정한 경우 기대가능성에 기초한 책임조각을 인정한다. 이와 관련해 위법한 직무명령에 따른 행위의 책임이 어떠한 근거에서 조각될 수 있는지가 문제이다.

6. 객관적 처벌조건과 가벌성의 인적 예외

일단 성립한 범죄의 가벌성만 좌우하는 가벌성의 요건은 크게 둘로 나누어진다. 객관적 처벌조건은 事前收賂罪(형법 제129조 2항)에서 "공무원 또는 중재인이 된" 사실처럼 범죄의 성립요건에 속하지는 않으나 행위에 연관된 정황을 말한다. 可罰性의 人的 例外에는 행위자의 신분 때문에 행위의 가벌성이 애당초 배제되는 人的 處罰阻却事由(헌법 제80조의 국회의원의 면책특권, 親族相盜例 등이 그 예이다)와 이미 성립된 행위의 가벌성을 소급하여 없애는 정황을 뜻하는 人的 處罰消滅事由(예컨대 중지미수에서 형의 면제)가 있다.

7. 미   수

(1) 미 수 범

형법은 旣遂의 처벌을 원칙으로 하고, 미수에 대하여는 특별한 규정이 있는 경우에만 처벌한다(형법 제29조). 기수는 구성요건이 완전히 실현된 경우이며, 未遂(Versuch)는 범죄의 실행에 착수하여 행위를 종료하지 못하였거나 결과가 발생하지 아니한 경우이다(형법 제25조). 미수는 실행에 착수한 점에서 豫備와 구별되고, 범죄가 완성하지 못한 점에서 기수와 다르다. 범죄의 실행에 착수한다는 것은 범죄구성사실을 실현할 의사를 갖고, 그 실현의 가능성이 있는 행위를 개시함을 뜻한다. 미수범의 형은 기수범보다 감경할 수 있다(형법 제25조 2 항).

(2) 중지미수

범죄의 실행에 착수하였으나 행위자가 자기의 의사로 범죄를 중지한 경우를 中止犯(Rücktritt)이라 한다. 즉 범인이 자의로 실행에 착수한 행위를 중지하거나 그 행위로 인한 결과의 발생을 방지한 경우이며, 中止未遂 또는 任意未遂라고도 하여 그 형을 감경 또는 면제한다(형법 제26조). 自意性의 의미에 관해서는 학설이 대립하고 있는바, 외부적 사정으로 인하여 범죄를 완성하지 못한 경우에는 장애미수이고, 내부적 동기로 인하여 범죄를 완성하지 못한 경우는 중지미수라는 객관설, 양심의 가책 등 윤리적 동기로 인하여 범죄를 완성하지 못한 경우는 중지미수이고, 그 외의 사정으로 인하여 범죄를 완성하지 못한 경우는 장애미수라는 주관설, '할 수 있었지만 하기 원하지 않아서' 중지한 때가 자의에 의한 경우이고, '하려고 하였지만 할 수가 없어서' 중지한 경우를 障碍未遂로 파악하는 프랑크(R. Frank, 1860~1934)의 공식 등도 주장되고 있으나 다수설[17]과 판례[18]는 사회 일반의 경험상 강제적 장애사유로 인하여 타율적으로 중지한 경우에는 장애미수이고, 이러한 사유가 없음에도 불구하고 자율적 동기에 의하여 중지한 때에는 중지미수라는 절충설의 태도를 취하고 있다.

(3) 불능미수

행위의 성질상 구성요건의 결과가 발생할 가능성이 없으나 위험성이 있는 행위를 不能未遂(untauglicher Versuch)라 한다. 즉 실행의 수단 또는 대상의 착오로 인하여 결과의 발생이 불가능한 경우를 가리키며, 이를테면 설탕을 먹여서 사람을 죽이려고 하는 경우가 이것이다. 이러한 경우에는

---

17) 이재상, 형법총론, 박영사, 1999, 364면 등.
18) 대법원 1999. 4. 13. 선고, 99도640 판결 등.

처벌하지 않는 것이 원칙이지만, 위험성이 있는 때에는 처벌하되 그 형을 감경 또는 면제할 수 있다(형법 제27조). 위험성의 판단기준을 둘러싸고 결과발생이 개념적으로 언제나 불가능한 絶對的 不能과 일반적으로는 가능하지만 구체적인 경우에만 불가능한 相對的 不能을 구별하여 전자는 위험성이 없어 불가벌이지만 후자는 위험성이 있으므로 불능미수라는 구객관설, 법률적 불능은 불가벌인 불능범이지만 사실적 불능은 불능미수라는 견해, 행위당시에 행위자가 인식한 사정 및 일반인이 인식할 수 있었던 사정을 기초로 일반적 경험법칙에 따라 사후판단을 하여 구체적 위험성이 있다고 인정되면 불능미수가 된다는 구체적 위험설 및 행위시에 행위자가 인식한 사실을 기초로 행위자가 생각한 대로의 사정이 존재하였다면 일반인의 판단에서 객관적·추상적으로 결과발생의 위험성이 있다고 인정될 때 불능미수가 된다는 추상적 위험설 등의 학설이 대립하고 있는바, 대법원은 추상적 위험설의 태도를 취하고 있다.[19]

(4) 음모·예비

범죄의 陰謀 또는 豫備行爲가 실행의 착수에 이르지 아니한 때에는 법률에 특별한 규정이 없는 한 처벌하지 않는다(형법 제28조).

8. 공 범

2인 이상이 협력하여 범죄를 실행함을 共犯(Teilnahme)이라고 한다. 공범에는 범죄의 구성요건으로서 2인 이상의 협력을 필요로 하는 必要的 共犯(예: 內亂罪·姦通罪 등의 경우)과 단독으로 성립시킬 수 있는 범죄를 2인 이상이 협력하여 행하는 任意的 共犯이 있다. 필요적 공범은 각론의 영역에 속하고, 총론에서 연구할 공범은 임의적 공범에 한한다. 임의적 공범은 넓게 共同正犯·敎唆犯·從犯 등으로 구분되지만, 좁은 의미의 공범은 교사범과 종범만을 지칭한다. 그러나 공범론에서는 간접정범까지 포괄하여 범죄의 다수참가형식을 논의하는 것이 보통이다.

---

19) 대법원 2005. 12. 8. 선고, 2005도8105 판결 등.

[정범과 공범의 구별]

　　록신의 行爲支配說에 따르면 정범개념의 척도는 다음과 같이 유형화된다. 직접정범에서는 실행행위지배, 간접정범에서는 배후자의 의사지배, 공동정범에서는 각 공동행위자의 기능적 행위지배가 그 정범성의 척도이다.

(1) 공동정범

2인 이상이 공동으로 동일범죄를 실행하는 것을 共同正犯(Mittäter-schaft)이라 하여 각자를 그 죄의 정범으로 처벌한다(형법 제30조). 공동범죄자는 전부의 결과에 대하여 각각 독립하여 그 전부의 책임을 지는 것이다.

[공모공동정범]

　　공모한 자 중 일부만 실행행위를 했을 때, 실행행위를 담당하지 않은 자를 공모공동정범이라 하여 공동정범으로 처벌하는 이론이 판례를 통하여 발전하였다. 조직범죄에 대한 대책이라는 점에서 그 실용성을 찾는 것이 보통인데, 다수설은 個人責任의 원칙에 따라 이 이론을 거부하고 있다.

(2) 간접정범

간접정범이란 어느 행위로 인하여 처벌되지 않은 자 또는 과실범으로 처벌되는 자를 마치 도구처럼 이용하여 범죄의 결과를 발생시키는 경우를 말한다. 이 경우 이용행위의 모습에 따라 교사 또는 방조의 예에 의하여 처벌한다(형법 제34조).

(3) 교 사 범

타인을 교사하여 죄를 범하게 한 자는 죄를 실행한 자와 동일한 형으로 처벌한다(형법 제31조). 敎唆(Anstiftung)란 타인에게 범죄실행의 결의를 일으키게 함을 말한다. 그 방법이 어떤 것이든 상관없다. 피교사자가 실행하였을 때, 비로소 교사자의 책임이 발생한다. 이 경우에 실행한 피교사자가 정범이고, 교사자는 그 배후의 공범이다. 정범이 없는데 교사범만을 벌할 수는 없다(共犯從屬性說).

근대학파에서는 교사행위 자체를 범죄의 실행행위로 생각하므로(共犯獨立性說) 적어도 교사행위가 있는 이상 비록 피교사자가 실행을 거절한 경우라도 교사자는 미수의 책임을 지게 된다. 이러한 獨立性說과 從屬性說과의 대립은 교사범뿐만 아니라 공범 일반에 공통된 것이지만, 교사에 있어서 그 차이가 현저하게 나타난다.

(4) 종 범(방조범)

타인의 범죄를 방조한 자는 종범으로 처벌한다(형법 제32조). 幇助(Beihilfe)는 유형적 방법이거나 정신적 방법임을 묻지 않고, 또 정범의 사전에 행하여지거나 사후에 행하여지거나를 불문한다. 종범의 형은 정범의 형보다 감경한다.

(5) 공범과 신분

신분관계로 인하여 성립될 범죄에 가공한 행위는 신분관계가 없는 자에게도 전 3 조(형법 제30조, 제31조, 제32조)의 규정을 적용한다. 다만 신분관계로 인하여 형의 경중이 있는 경우에는 중한 형으로 벌하지 아니한다(형법 제33조). 예를 들면 비공무원이 공무원을 교사하여 수뢰하게 하였을 때 그 敎唆者도 收賂罪의 교사의 책임을 지지만, 신분관계로 인하여 중한 형으로 벌하지 아니한다.

9. 죄　수

(1) 경 합 범

판결이 확정되지 아니한 수개의 죄 또는 금고 이상의 형에 처한 판결이 확정된 죄와 그 판결확정 전에 범한 죄를 경합범이라고 하는데(제37조), 이에는 수죄의 전부에 대하여 판결이 확정되지 아니하여 동시에 판결될 것을 요하는 동시적 경합범과 수죄 중 일부의 죄에 대하여 금고 이상의 형에 처한 확정판결이 있는 경우 판결이 확정된 죄와 그 판결확정시점 이전에 범한 죄 사이의 경합관계를 의미하는 사후적 경합범이 있다.

동시적 경합범의 처분에 관하여 형법은 다음과 같이 규율하고 있다.

1) 경합범 중 가장 중한 죄에 정한 형이 사형 또는 무기징역이나 무기금고인 때에는 가장 중한 죄에 정한 형으로 처벌한다(吸收主義, Absorption-

sprinzip, 제38조 1 항 1 호).

2) 경합범의 각 죄에 정한 형이 사형 또는 무기징역이나 무기금고 이외의 동종의 형인 때에는 가장 중한 죄에 정한 장기 또는 다액에 그 2 분의 1까지 가중하되 각 죄에 정한 형의 장기 또는 다액을 합산한 형기 또는 액수를 초과할 수 없다(加重主義, Asperationsprinzip, 동항 2 호).

3) 경합범의 각 죄에 정한 형이 무기징역이나 무기금고 이외의 다른 종류의 형인 때에는 병과한다(倂科主義, Kumulationsprinzip, 동항 3 호).

(2) 상상적 경합범

한번의 행위가 여러 개의 죄명에 저촉되는 경우를 말한다. 예를 들면 교통사고를 낸 운전기사가 통행인을 치어 죽이고, 동시에 타인의 차를 파괴하는 경우이다. 想像的 競合犯은 경합범과는 달리 하나의 범죄로서 취급하여 여러 종류의 형 가운데 가장 무거운 형으로 처벌한다(형법 제40조).

[단순일죄와 처분상의 일죄]

어떤 범죄행위가 한 개의 구성요건에 한번 해당하는 경우를 단순일죄라고 하는데, 法條競合과 包括的 一罪가 있다. 법조경합이란 한 개 또는 여러 개의 행위가 겉으로는 여러 개의 법규에 해당하는 것처럼 보이지만 실제 한 법규가 다른 법규를 배척하여 刑法上 一罪로 인정되는 경우이고, 포괄적 일죄는 여러 개의 행위가 포괄하여 한 개의 구성요건에 해당하여 1 죄가 되는 경우이다.

처분상의 1 죄는 본래 여러 개의 죄이나 科刑 때문에 1 죄로 처벌하는 경우로 상상적 경합범이 형법 제40조에 규정되어 있다.

(3) 누   범

현행형법은 금고 이상의 실형을 받아 그 집행을 종료하거나 면제를 받은 후 3 년 이내에 금고 이상에 해당하는 죄를 다시 범한 경우에 이를 누범으로 처벌한다(형법 제35조). 누범(Rückfall)은 범죄의 회수를 거듭함에 따른 재범 이상의 것을 가리킨다. 누범의 형은 그 죄에 정한 형의 장기의 2배까지 가중한다. 이것은 행위자에 대한 법적 비난과 사회적 위해성이 크기 때문이다.

累犯과 常習犯은 반드시 동일한 개념은 아니다. 상습범은 동종의 범죄를 반복하여 실행하는 행위자의 위험성에 착안한 개념이다. 누범은 범행수를 바탕으로 하는 개념이고, 상습범은 범행수보다도 행위자의 상습적인 성벽을 바탕으로 하는 개념이다. 가령 반복적으로 수회의 도박행위를 한 경우일지라도 행위자의 도박습벽이 인정되어야 상습도박죄가 성립한다.

Ⅶ. 형법각칙의 구성

1. 개인적 법익에 대한 죄

個人的 法益에 대한 罪는 生命·身體에 대한 罪, 自由·安全·貞操에 대한 罪, 名譽·信用·秘密에 대한 罪, 財産에 대한 罪의 네 가지로 구분할 수 있다.

(1) 생명·신체에 대한 죄

1) **살인의 죄**   사람을 살해하는 죄이다. 객체인 사람은 타인에 한하고, 殺害란 생명을 끊는 것을 말하며, 그 수단·방법을 묻지 않는다(형법 제250조~제253조).

2) **상해와 폭행의 죄**   傷害罪란 사람의 신체를 상해하는 죄이다. 保護法益은 신체의 안전성이며, 상해란 신체의 생리기능에 장해를 일으키는 것을 말한다. 상해의 결과 죽으면 傷害致死罪가 된다. 暴行罪는 타인의 신체에 대하여 폭행을 가함으로써 성립되며, 폭행이란 사람의 신체의 건재를 해할 有形力의 행사를 뜻한다. 폭행으로 사람을 사망에 이르게 하면 暴行致死罪가 성립된다(형법 제257조~제262조).

3) **과실사상의 죄**   과실로 신체를 상해하거나 치사케 함으로써 성립된다. 업무상 과실이나 중과실의 경우에는 형이 가중된다(형법 제262조~제268조).

4) **낙태의 죄**   태아를 자연의 분만기 전에 인위적으로 모체 밖으로 배출함으로써 성립된다. 보호법익은 태아의 생명·신체의 안전이다(형법 제269조~제270조). 실무에서는 거의 死文化하였기 때문에 폐지하자는 주장이 유력

하였고, 헌법재판소는 형법 제269조 1항, 제270조 1항 중 '의사'에 관한 부분에 대하여 헌법불합치 결정을 내렸다. 이로써 위 조항들은 2020.12.31.을 시한으로 입법자가 개정할 때까지 계속 적용된다(헌법재판소 2019.4.11. 선고, 2017헌바127 결정).

5) 유기의 죄   노유·질병 기타 사정으로 인하여 부조를 요하는 자를 보호할 법률상 또는 계약상의 의무가 있는 자가 유기하는 죄를 말하는데, 遺棄란 부조를 필요로 하는 자를 보호하기를 거부함으로써 보호받지 못하는 상태에 두는 것을 말한다(형법 제271조~제275조).

(2) 자유와 안전에 대한 죄

1) 체포와 감금의 죄   타인을 불법하게 체포 또는 감금하는 죄이다. 逮捕란 사람의 신체에 대하여 직접적이고 현실적인 구속을 가함으로써 활동의 자유를 박탈하는 것이고, 監禁이란 일정한 구획된 장소에서 벗어나지 못하게 가두는 것을 말한다(형법 제276조~제282조).

2) 협박의 죄   사람을 협박하는 죄이다. 脅迫이란 해악을 고지함으로써 상대방에게 공포심을 일으키게 하는 것을 말한다(형법 제283조~제286조).

3) 약취와 유인의 죄   미성년자를 약취 또는 유인하는 죄이다. 약취·유인이란 타인을 현재 보호받고 있는 생활환경에서 이탈시켜 자기 또는 제3자의 실력적 지배 아래 두는 것을 뜻하는데, 폭행·협박을 수단으로 하는 경우가 略取이고, 기망·유혹을 수단으로 하는 경우가 誘引이다(형법 제287조~제296조의 2).

4) 정조에 관한 죄   개인의 성적 자유를 해하는 죄를 말한다. 强姦罪, 準强姦罪, 强制醜行罪, 準强制醜行罪, 幼年者醜行罪, 强姦·强制醜行致死傷罪, 被監護婦女姦淫罪, 婚姻憑藉姦淫罪 등이 이에 속한다(형법 제297조~제350조의 2).

5) 주거침입의 죄   사람의 주거, 간수하는 저택·건조물이나 선박 또는 점유하는 방실에 침입하는 죄이다. 단체 또는 다중의 위력을 보이거나 위험한 물건을 휴대하고 침입하였을 때(特殊住居侵入)에는 형이 가중된다(형법 제319조~제322조).

6) 권리행사를 방해하는 죄   타인의 점유 또는 권리의 목적이 된

자기의 물건에 대해서 타인이 재산권을 행사하는 것을 방해하거나, 또는 강제집행을 면할 목적으로 채권자를 해하였을 때 성립되는 죄이다(형법 제323조~제328조).

(3) 명예·신용·비밀에 대한 죄

1) 명예에 관한 죄　　　명예에 관한 죄에는 공연히 사실을 적시하여 사람의 명예를 훼손하는 名譽毀損罪와 사실을 적시하지 않고 공연히 사람을 모욕하는 侮辱罪가 있다(형법 제307조~제312조).

2) 신용·업무와 경매에 관한 죄　　　사람의 경제적 생활활동을 침해하는 죄이다. 이에는 허위사실을 유포하거나 기타 위계로 타인의 신용을 훼손하는 信用毀損罪와 業務妨害罪, 그리고 競賣入札妨害罪 등이 있다(형법 제313조~제315조).

3) 비밀침해의 죄　　　이에는 봉함 기타 비밀로 장치한 타인의 서신·문서 또는 도서를 開披한 경우의 秘密侵害罪와, 업무상의 비밀을 누설한 경우에 성립되는 업무상 秘密漏泄罪가 있다(형법 제316조~제318조).

(4) 재산에 대한 죄

사적 소유권을 기초로 하는 자본주의체제에서는 재산범죄가 현실적으로 매우 큰 비중을 차지한다. 따라서 재산범죄에 대하여 제대로 연구하려면 형법의 사회적 성격이라는 측면에 특히 무게를 두면서 고찰하여야 한다.

1) 절 도 죄　　　타인의 재물을 절취하는 죄이다(형법 제329조~제332조, 제342조, 제344조).

2) 강 도 죄　　　폭행 또는 협박으로써 타인의 재물을 강취하거나, 재산상의 이익을 취득하거나, 제3자로 하여금 이를 취득케 하는 죄이다(형법 제333조~제343조).

3) 사기 및 공갈의 죄　　　詐欺罪는 타인을 속여 재물 또는 재산상의 이익을 얻는 죄이고, 恐喝罪는 타인을 공갈하여 재물 또는 재산상의 이익을 제공케 하는 죄이다(형법 제347조~제354조). 恐喝이라는 것은 해악을 통고함으로써 공포심을 일으킴을 말한다. 강도와 다른 점은 피해자의 의사에 기하여 제공됨에 있다. 상습으로 사기 또는 공갈의 죄를 범한 자는 형이

가중된다.

　　4) 횡령과 배임의 죄　　　　橫領罪는 자기가 보관하고 있는 타인의 財物을 제 것으로 삼아버리는 죄이다(형법 제355조~제361조). 업무상의 임무에 위배하여 횡령함을 업무상 횡령이라 하여 보통의 횡령(단순횡령)보다 무겁게 처벌하고, 유실·표류 등으로 原占有者의 점유로부터 이탈된 재물(또는 매장물)을 습득하여 횡령함을 占有離脫物橫領이라 하여 단순횡령보다 가볍게 처벌한다. 背任罪는 타인을 위하여 사무를 처리하는 자가 그 임무에 배치되는 행위로써 재산상의 이익을 취득하거나 또는 제 3 자로 하여금 이를 취득케 하여 본인에게 손해를 가하는 죄이다.

　　5) 장 물 죄　　　　贓物 즉 절도·강도·횡령 기타 재산침해를 내용으로 하는 범죄로 취득한 물건을 그런 줄 알면서 운반·양여·취득 또는 보관하는 죄이다(형법 제362조~제372조).

　　6) 손괴의 죄　　　　타인의 물건, 공익에 공하는 건축물 또는 界標를 못 쓰게 하는 죄이다(형법 제366조~제372조).

2. 사회적 법익에 대한 죄

(1) 공공의 안전에 대한 죄

　　公共의 안전에 대한 죄는 사회공동생활의 안전·평온을 침해 또는 위태롭게 하거나 공중의 생명·신체·재산을 해할 위험을 주는 것을 내용으로 하는 범죄인데, 형법이 규정하는 공공의 안전에 대한 범죄로서는 公安을 해하는 죄, 폭발물에 관한 죄, 放火와 失火罪, 溢水와 水利에 관한 죄 및 交通妨害의 죄 등이 있다(형법 제114조~제121조, 제164조~제176조, 제177조~제184조, 제185조~제191조).

(2) 공공의 신용에 대한 죄

　　公共의 신용에 대한 죄는 通貨·有價證券·文書·印章 등을 위조·변조하거나 위조·변조한 것을 행사하는 범죄이다. 이러한 것들은 물건의 교환매개 또는 사실증명의 수단으로서 경제적·법률적 거래에서 중요한 기능을 가지고 있으므로, 이러한 것을 위조·변조하는 행위는 그 진정에 대한 공공의 신용을, 나아가서는 경제적·법률적 거래의 안전을 해하는 것이다. 여기에 형법은 공공의 신용을 보호하기 위하여 통화에 관한 죄, 有價證券·郵票와 印紙에 관한 죄, 文書에 관한 죄 및 인장에 관한 죄를 규정하고 있다(형법 제207조~제213조, 제214조~제234조, 제225조~제237조, 제238조~제240조).

(3) 공중위생에 대한 죄

公衆의 건강생활은 문화사회의 기본요건이며, 중요한 사회적 법익이다. 형법은 개인의 생명·신체의 안전을 개인적 법익으로서 보호하고 있으나, 公衆衛生에 대한 죄에서는 공중의 건강생활을 위태롭게 하는 행위를 처벌하여 이러한 사회적 법익을 독립하여 보호하고 있다.

형법이 공중위생에 대한 죄로서 규정하고 있는 것으로는 飮用水에 관한 죄와 아편에 관한 죄가 있다(형법 제192조~제197조, 제198조~제206조).

(4) 사회도덕에 대한 죄

사회 일반인의 성생활·경제생활·종교생활의 도덕적 질서에 반하는 행위를 처벌하는 규정이다. 특히 간통죄의 경우 형법의 임무에 비추어 볼 때 폐지하여야 한다는 견해와 전통적 윤리관념을 중요하게 여기는 존치론이 대립하고 있었고,[20] 헌법재판소의 위헌결정(헌법재판소 2015.2.26. 선고, 2009헌바17 등 결정)으로 2016.1.6. 간통죄가 폐지되었다.

형법은 사회도덕위반의 구체적 행위로서 性道德에 반하는 풍속을 해하는 죄, 건전한 경제생활을 퇴폐하게 하는 賭博과 福票에 관한 죄 및 종교상의 良俗에 반하는 신앙에 관한 죄를 규정하고 있다(형법 제262조~제268조, 제246조~제249조).

3. 국가적 법익에 대한 죄

국가적 법익에 대한 죄는 국가존립에 대한 죄와 국가의 권력·권위·기능에 대한 죄로 나눌 수 있다.

---

20) 李壽成, "刑法的 道德性의 限界에 관하여," 法學 제18권 제 1 호, 1977.

(1) 국가존립에 대한 죄

1) 내란의 죄   국토를 僭竊하거나 國憲을 문란케 할 목적으로 暴動 또는 殺人을 하는 죄를 말한다. 국토의 참절이란 영토권의 일부 또는 전부를 점거하여 국가의 주권행사를 사실상 배제하는 행위를 말하고, 국헌문란이란 헌법이나 법률에 정한 절차에 따르지 아니하고 헌법 또는 법률의 기능을 소멸시키거나, 헌법에 의하여 설치된 국가기관을 강압으로 전복 또는 그 기능행사를 불가능하게 하는 것이다(형법 제87조~제91조).

2) 외환의 죄   국가의 대외적 지위를 침해하는 죄를 말한다. 外患誘致罪, 與敵罪, 募兵利敵罪, 施設提供利敵罪, 施設破壞利敵罪, 物件提供利敵罪, 間諜罪, 一般利敵罪, 戰時軍輸契約不履行罪 등이 있다(형법 제92조~제104조의 2).

3) 국교에 관한 죄   대한민국에 온 외국의 원수나 외교사절에 대하여 폭행·협박·모욕 또는 명예를 훼손하거나 외국을 모욕할 목적으로 그 나라의 공용에 공하는 國旗나 國章을 손상·제거 또는 오욕하거나, 외국에 대해서 私戰하거나, 외국간의 교전시 중립에 관한 명령에 위반하거나, 외교상의 기밀을 누설하는 등의 죄이다(형법 제107조~제113조).

(2) 국가의 권력·권위·기능에 대한 죄

1) 국기에 대한 죄   대한민국을 모욕할 목적으로 國旗나 國章을 손상·제거·오욕하거나 비기하는 죄를 말한다(형법 제105조~제106조).

2) 공무원의 직무에 관한 죄   公務員의 직무를 유기하거나, 그 직권을 남용하거나, 청렴하여야 할 의무에 위반하거나 또는 피의사실을 공표하는 행위 등을 내용으로 하는 죄를 말한다. 공무원이 직권을 이용하여 범한 형법 제 7 장 이외의 범죄에 대한 형은 2 분의 1 까지 가중한다(형법 제122조~제135조).

3) 공무방해에 관한 죄   공무원의 직무집행행위를 방해하는 것, 공무원이 실시한 봉인·압류 기타 강제처분의 표시손상 또는 공무소 사용건물의 사실상의 효용을 침해하는 것을 내용으로 하는 죄를 말한다(형법 제136조~제144조).

4) **도주와 범인은닉에 관한 죄** 逃走의 죄는 피구금자가 스스로 도주하는 경우와 피구금자를 탈취하거나 도주하게 하는 것 등을 내용으로 하고, 犯人隱匿罪는 벌금 이상의 형에 해당하는 죄를 범한 자를 은닉하거나 도피하게 하는 것을 내용으로 한다(형법 제145조~제151조).

5) **위증과 증거인멸의 죄** 위증죄는 법률에 의하여 선서한 증인·감정인·통역인·번역인이 허위의 증언·감정·통역·번역을 하는 것을 내용으로 하고, 證據湮滅罪는 타인의 형사사건 또는 징계사건에 관한 증거를 인멸·은닉·위조 또는 변조하거나, 증인을 은닉 또는 도피하게 하는 것 등을 내용으로 한다(형법 제152조~제155조).

6) **무고의 죄** 타인으로 하여금 형사처분 또는 징계처분을 받게 할 목적으로 공무소나 공무원에 대하여 허위의 사실을 신고하는 죄를 말한다(형법 제156조~제157조).

Ⅷ. 형 벌 론

1. 형벌의 의의

국가의 형벌권은 국가가 범죄에 의한 법익의 침해에 대하여 사회를 보호하고 방위하는 수단이며, 범죄의 발생으로 형벌권의 주체인 국가와 객체인 범인은 대립적 이해관계에 서게 된다.

범죄자는 범죄로서 국가를 공격하고, 국가는 범죄자를 처벌하여 사회의 이익을 옹호하게 되는 것이다. 이리하여 일정한 범죄행위에 대하여 가하여지는 형벌은 범죄를 조건으로 하여 국가가 범죄자에 과하는 제재이며, 따라서 그 자체가 독립된 일종의 해악이다. 형벌을 正當化하려는 여러 이론이 존재하였지만 아직도 합일된 결론은 나오지 않고 있으며, 다만 형벌의 목적을 '예방'에서 찾는 견해가 상당히 유력한 것 같다.

형벌은 국가의 법률로 규정되고 국가가 집행한다. 그러나 만일 국가가 집행하지 않는 제재가 있다면 그것은 私的 制裁 또는 私刑이며, 그 자체가 일종의 범죄가 되는 수가 많다. 국가적 형벌을 이러한 것과 구별하여 公刑

罰이라고 한다.

2. 형벌의 종류와 보안처분

  형벌은 그것이 박탈하는 法益의 내용에 따라 生命刑·自由刑·財産刑 및 名譽刑으로 나눌 수 있으며, 형법 제41조는 그 구체적 방법으로 사형·징역·금고·자격상실·자격정지·벌금·구류·과료·몰수의 아홉 가지를 규정하고 있다. 이 중 몰수는 附加刑이고, 그 밖의 것들은 主刑이다. 한편 社會保護法과 少年法 등에서는 보안처분을 규정하고 있는데, 이것은 사회방위와 범죄자의 특별예방을 목적으로 한 처우(treatment)의 일종이라는 점에서 형벌과 구별되기도 하지만, 위장된 형벌, 즉 '상표사기'라는 비판도 적지 않다.

  1) 생 명 형   즉 사형은 역사적으로 가장 오래된 형벌이다. 사형에 관해서는 종교적·인도적 견지에서 또는 형사정책적 견지에서 그 폐지론과 존치론이 오랫동안 대립해 왔다(3. 에서 후술). 우리 형법은 사형을 인정한다.

  2) 자 유 형   이것은 구금으로 자유를 박탈하는 형벌이다. 현행 형법은 懲役·禁錮·拘留를 자유형으로 규정하였다. 징역과 금고는 무기와 유기의 구별이 있고, 유기는 원칙으로 1월 이상 15년 이하이며 모두 교도소에 구치한다(제42조). 징역은 강제노역에 복역하는 것이고, 금고는 노역의 의무가 없다. 구류는 1일 이상 30일 미만이다(제46조).

  3) 명 예 형   자격상실은 공무원이 될 자격, 공법상의 선거권과 피선거권, 법률로 요건을 정한 공법상 업무에 관한 자격, 법인의 이사·감사 기타 법인의 업무에 관한 검사역이나 재산관리인이 될 자격을 상실하는 것이다(형법 제43조 1항). 자격정지는 이러한 자격의 전부 또는 일부를 일정기간 정지하는 것이다. 정지되는 기간은 1년 이상 15년 이하이다(형법 제44조 1항).

  4) 재 산 형   재산형은 자유형의 대용 또는 그 보충으로서 인정되는 형벌이며, 벌금과 과료가 있다. 벌금은 5만원 이상으로 하나 감경하는 경우에는 5만원 미만으로 할 수 있으며(제45조), 과료는 2천원 이상 5만원 미만으로 한다(제47조).

  이상의 主刑에 대하여 부가형으로서의 몰수가 있다. 몰수의 대상이 될 수 있는 것은 범죄행위에 제공하였거나 제공하려고 한 물건, 범죄행위로 인하여 생하였거나 이로 인하여 취득한 물건 또는 위와 같은 물건의 대가로 취득한 물건으로서 범인 이외의 자의 소유에 속하지 아니하거나 범죄 후 범인 이외의 자가 정을 알면서 취득한 물건이며, 몰수하기 불능한 때에는 그 가액을 추징한다(제48조 1 항 및 2 항).

5) 보안처분   보안처분은 형벌의 대용 또는 그 보충으로서 형벌을 과함이 적당치 않은 자(예컨대 少年) 또는 사회에 대하여 위험한 행동을 할 우려가 있는 자에 대하여 과하는 보호·예방·개선·교육 등의 처분을 말한다. 치료감호 등에 관한 법률에는 치료감호가, 少年法 제 3 절에는 保護處分이, 보호관찰 등에 관한 법률에는 보호관찰이, 保安觀察法에는 보안관찰이 규정되어 있다.

3. 사형의 문제[21]

라드브루흐는 사형의 존립을 다음과 같이 여러 번 비판하였다.

> 사형은 하나의 절대적인 악이다. 따라서 그것은 목적에 적합하지 않다는 것이 증명되어서 비난되는 것도 아니요, 다소의 합목적성에 의하여 폐지를 반대할 수 있는 것도 아니다. 오직 그것은 폐지되어야 한다는 것을 가리킬 뿐이다(1910).
> 사형의 옹호자에 대하여 이 형을 몸소 당한 저 위대한 자(예수)의 말, "저 사람들은 저들이 하는 일을 알지 못한다"라는 말을 더 이상 적용할 수 없다(1910).
> 사형은 범죄자 자신의 이익에도 봉사한다는 것을 증명할 길은 조금도 없다. 왜냐 하면 그것은 이익의 주체를 말살해 버리는 것이기 때문이다(1914).
> 사형은 불필요한 것이며, 나아가 죄 없는 자를 죽일 위험을 불가피하게 가지고 있다고 하는 의미에서 위험한 것이다. 또 생명의 존엄을 가르치는 자, 즉 가장 빈약한 생명이라 하더라도, 예컨대 그 자체가 현재 최고의 신성한 것이 아니라 하더라도 최고의 가치를 그 안에 안고 있거나 장래에 전개시킬 수 있는 것을 신성한 것이라고 생각하는 자에게 있어서 사형은 증오스럽지 않을 수 없는 것이다(1922).

---

21) 국제사면위원회 한국연락위원회 편, 사형제도의 이론과 실제, 까치, 1989; 카를 브루노 레더/이상혁 역, 세계사형백과, 하서, 1991.

사형은 다른 모든 형벌에게 그것이 가지고 있는 인상을 나누어 주어 그 결과 사형이 가진 잔악한 감각과 피냄새가 다른 형벌에까지 묻은 것처럼 보이게 되어 사형과 마찬가지의 무자비한 응보·공포·공동의 형인 것처럼 일반인에게 생각되어지고 있다(1929).

사형이 존재하는 한 형법 전체는 피냄새를 풍기고, 형법 전체는 잔학의 낙인이 찍히며, 형법 자체는 복수로 찬 응보의 오점이 묻어 있다(1947).

사형은 모든 體刑, 특히 오늘날 다시 폐지되기에 이른 去勢와 마찬가지로 인간을 전혀 육체적 존재로 비하시키는 것이기 때문에 인간성의 견지에서 마땅히 폐지되어야 할 것이다(1947).

사형의 폐지는 人道의 요청일 뿐만 아니라 역사발전의 귀결이며, 형사정책발전의 귀착지이다(1949).[22]

그러면서도 라드브루흐는 "사형반대의 결정적인 논의는 법철학보다도 훨씬 높고 깊은 平面에서, 즉 한편에 있어서 사형의 許容性에 대한 윤리적 및 종교적 논의 속에서, 다른 한편에 있어서 그 필요성에 대한 통계적 및 심리학적인 경험적 증명 속에서 구해지지 않으면 아니 되는 것이다"[23]라고 설명하고 있다.

사형의 문제에 대하여 劉基天의 「刑法學」(總論) 교과서는 아래와 같이 서술하고 있다.

사형의 역사는 刑法과 같이 오래다. …사형은 대단히 중대한 범죄에만 국한하고, 그 집행방법도 일정하여 외국에 있어서는 예컨대 영국에 있어서의 絞首(hanging), 프랑스의 斷頭臺(Guilotine)에 의한 斬首, 미국에 있어서의 斬首·電氣椅子殺·毒瓦斯(가스)殺 등이 있고, 한국에 있어서는 銃殺(군형법)과 絞首刑뿐이다.

형벌수단으로서의 사형제도에 대하여는 비판과 반성을 가하여 인지가 발달함에 따라서 점차 여기에 대한 회의가 일어나기 시작하여 베카리아·몽테스키외 등이 그 지도적 역할로서 死刑廢止論을 주장하였고, 특히 베카리아는 그 유명한 「犯罪와 刑罰」에서 사형제도의 폐지를 강력히 주장하였고, 몽테스키외도 그의 「法의 精神」에서 형사법이 좀 더 관용되어야 할 것을 주창하였던 것이다. 사형폐지론의 중요한 논점은 아래와 같다.

---

22) 라드브루흐/최종고 역, 法學의 精神, 종로서적, 1986, 42면.
23) 라드브루흐/최종고 역, 法哲學(중판), 삼영사, 2007, 232면.

1) 사형은 무엇보다도 야만스러운 제도이다.

사형은 복수심이란 인간의 본능에 기인한 것으로 인간의 이성에 기인한 제도는 아니다. 사형제도를 존속시키자는 사상의 배후에는 권위주의적 全體主義思想이 내포되어 있음을 알 수 있다. 왜냐 하면 인간은 어떤 경우에 있어서든지 인간을 살해할 권리가 없기 때문이다.

2) 형벌의 목적이 교육에 있다고 보는 이상 사형은 그 목적에 위배될 뿐만 아니라 사형은 문화제도로서는 가장 원시적인 것이라고 볼 수밖에 없으므로, 이를 止揚(aufheben)하여야 한다. 형벌의 다른 목적의 하나인 배제는 사형의 수단이 아니고라도 달성할 수 있기 때문이다.

3) 사형을 범죄에 대한 威嚇의 수단으로서 일반이 보고 있으나, 사형은 살인범 또는 정치범에 대하여도 威嚇力을 가지지 못한다는 것은 사회학자들이 실증한 바이다. 미국의 여러 주 중에 사형을 존속시킨 주에 있어서 도리어 사형에 해당하는 범죄가 많이 일어나고 있음은 만인이 주지하는 바이다.

4) 인간의 재판에는 오판이 반드시 없다고 단정할 수 없다. 만약에 사형을 인정한다면 우리는 한번 범하여진 재판의 오류를 더 이상 만회할 수 없게 되어 결국에는 선량한 시민의 생명을 근거 없이 박탈하는 무자비한 결과가 되는 것이다.

여기에 대하여 死刑存置論者들은 다음의 이유를 들어서 이것이 존속될 것을 주창한다.

1) 사형의 폐지는 하나의 이상론이지만, 특정한 사회의 그 문화가 이를 요구할 때에는 별도리가 없다.

2) 형벌의 본질이 응보에 있음을 완전히 말살할 수가 없는 이상 극악한 죄인에게는 사형의 길밖에 없다.

死刑存廢論에 관하여서도 우리는 물론 먼저 무엇이 우리가 원하는 바이고 무엇이 가치적인 것이냐 하는 문제와 또 순전한 科學者로서 무엇이 우리의 현실이 원할 것이냐 하는 예측에 관한 문제와는 구별하여 고찰하여야 한다. 물론 전자의 경우에 있어서는 사형은 이성적인 국가의 제도로서 이를 존속시킬 하등의 근거가 없으며, 좀더 철학적으로는 톨스토이(Leo Tolstoi)가 이미 지적한 바와 같이 인간은 인간을 사형에 처형할 근거를 가지고 있지 않은 것이다. 또한 사형은 우리의 '自由社會'의 이념과 모순된다 하지 않을 수 없다. 그러나 후자의 경우, 즉 한 국민이 어느 정도에 가서 이것을 受容(accept)할 것이냐 하는 문제는 별개의 문제이다. 우리의 문화가 속히 향상되어 일반이 사형을 폐지하는 것이 옳다고 생각하게 되는 날이 속히 오기를 기다릴 뿐이다.[24]

---

24) 유기천, 刑法學(총론강의), 일조각, 1975, 348~349면.

< 세계의 사형지도 >

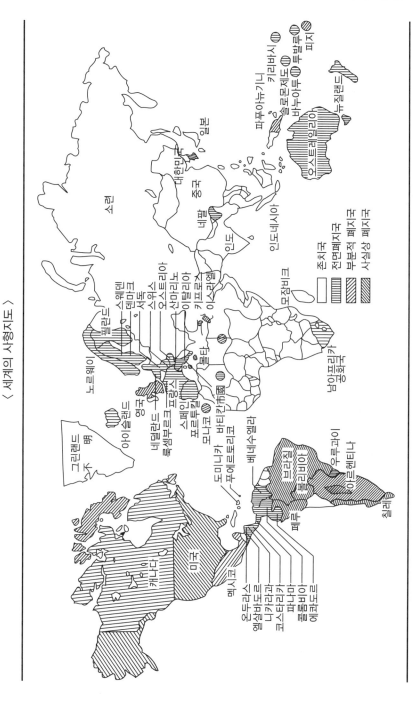

2007. 12. 31. 현재 – Ammesty international 제공.

앞의 사형지도의 분류는 2007년 12월 31일 현재 ① 전면폐지국, ② 부분적 폐지국, ③ 사실상 폐지국, ④ 존치국으로 분류하여 반영하였다.

전면폐지국(91개 국)은 포르투갈·덴마크·룩셈부르크·노르웨이·프랑스·네덜란드·스페인·벨기에·그루지아·폴란드·불가리아·에스토니아·리투아니아·영국·세르비아·몬테네그로·오스트레일리아·리히덴슈타인·독일·루마니아·슬로베니아·안도라·크로아티아·체코·헝가리·아일랜드·이탈리아·사이프러스(키프러스)·캐나다·파라과이·뉴질랜드·아이티·니카라과·케이프베르드·나미비아·사오토메이프린시페·기니비사우·세이셸·지부티·모리티우스·몰도바·말타·모리셔스·필리핀·홍콩·캄보디아·앙골라·네팔·아제르바이잔·키르기스스탄·투르크메니스탄·앙골라·코트디부아르·모잠비크·남아프리카공화국·모리셔스 등에 이른다.

이에 대해 부분적 폐지국(11개 국)은 브라질·피지·페루·아르헨티나·볼리비아·보스니아헤르체코비나·라트비아·알바니아·칠레·터키·엘살바도르 등이 이에 속한다.

그리고 부분적 폐지국이란 통상의 범죄에 대해서는 사형을 폐지하고, 균형법상의 범죄 또는 전시범죄 등 몇몇의 예외적인 범죄에 대해서만 사형을 유지하는 국가를 말한다.

또한 사실상 폐지국(30개 국)은 대한민국·케냐·스리랑카·튀니지·잠비아·파푸아뉴기니 등인데, 사실상 폐지국이란 최근 10년 동안 사형을 집행하지 않았거나 사형을 행하지 않을 것이라고 국제적으로 공언한(international commitment) 국가를 말하며, 현재 존치국은 60개 국에 이르고 있다.

한편 1997년 12월 30일 마지막으로 사형이 집행된 후 만 10년째인 2007년 12월 30일 현재 우리나라는 국제인권단체인 엠네스티가 분류하는 '실질적 사형폐지국'에 포함되었다.[25)]

4. 선고유예·집행유예·가석방

형벌은 그 자체가 일종의 해악이며, 범죄에 그러한 해악을 과하는 것

---

25) 국제인권단체인 엠네스티는 10년간 사형을 집행하지 않은 국가를 실질적인 사형폐지국으로 분류하고 있다. 세계적으로 보아 195개 국 중 133개 국이 사형제를 폐지했거나 집행을 하지 않고 있는 반면, 미국·중국 등 66개 국은 유지하고 있다.

은 그 정신에서 응보주의적 태도라고 아니할 수 없다. 그런데 현대형법은 점점 예방주의의 방향으로 전환함에 따라 응보적 색채를 띠지 않는 새로운 제도가 증가하고 있다. 宣告猶豫, 執行猶豫 또는 假釋放, 그리고 保安處分 등은 그러한 제도의 일종이라고 할 수 있을 것이다.

1) **선고유예**(형법 제59조~제61조)　　형의 선고유예는 1년 이하의 징역·금고 또는 자격정지·벌금 등의 형을 선고함에 있어서 그 형의 선고를 유예하고, 2년간을 무사히 경과하면 면소의 효력을 부여하는 제도이다.

2) **집행유예**(형법 제62조~제65조)　　3년 이하의 징역 또는 금고의 형을 선고할 경우에 제51조의 사항을 참작하여 그 정상에 참작할 만한 사유가 있는 때에는 1년 이상 5년 이하의 기간 형의 집행을 유예할 수 있다. 다만 금고 이상의 형을 선고한 판결이 확정된 때부터 그 집행을 종료하거나 면제된 후 3년까지의 기간에 범한 죄에 대하여 형을 선고하는 경우에는 집행유예를 할 수 없다(제62조).

형의 집행을 유예하는 경우에는 보호관찰을 받을 것을 명하거나 사회봉사 또는 수강을 명할 수 있으며(제62조의 2), 집행유예의 선고를 받은 후 그 선고의 실효 또는 취소됨이 없이 유예기간을 경과한 때에는 형의 선고는 효력을 잃는다(제65조). 집행유예의 선고를 받은 자가 유예기간중 고의로 범한 죄로 금고 이상의 실형을 선고받아 그 판결이 확정된 때에는 집행유예의 선고는 효력을 잃는다(제63조). 이와 관련하여 집행유예기간중에 집행유예를 할 수 있는지에 대해 견해가 대립한다.

3) **가석방**(형법 제72조~제76조)　　징역 또는 금고를 받고 있는 자가 집행중 개전의 정이 현저할 때 형기만료 전에 일정한 조건 하에 이를 석방하는 제도이다. 유기형의 3분의 1, 무기형의 10년을 경과하였을 때에 행정관청의 처분으로 가석방을 할 수 있다.

5. 사　　면

형벌의 의미와 체계가 아무리 완벽하게 짜여져 있다 하더라도 법과 형벌을 넘어서 마지막으로 赦免(Gnade)이 있다. 우리나라에서는 赦免法(1948년 제정, 법률 제 2 호)이 있는데, 일반사면과 특별사면이 규정되어 있다. 일반사면은 죄를 범한 자에게 내려져 刑의 언도의 효력이 상실되며, 형의 언도를 받지 않은 자에 대하여는 公訴權이 상실된다. 일반사면의 절차는 대통령령으로 정한다. 특별사면은 형의 선고를 받은 자에게 행해져 그 집행이 면제된다. 특별사면은 법무부장관이 대통령에게 상신하여 대통령이 행한다(사면법 제 9 조, 제10조).

사면이 (정치화되어) 너무 자주 행해지면 법치주의의 권위가 손상되지만, 그러면서도 '법의 安全瓣(Sicherheitsventil des Rechts, 예링) 같이 작용할 수도 있다. 사면이 법으로 제도화되는 것만이 아니라 국가의 경사에 受刑者들을 방면하는 것은 라드브루흐의 표현처럼 "사면은 세계에 있어서 법보다 깊은 원천에서 공급되어 법보다 높은 곳에 도달하는 가치 있는 것의 상징"[26]이기 때문인지도 모른다. 아무튼 사면은 너무 없어도 너무 잦아도 안 될 것으로 언제 어떻게 대통령의 사면권을 바르게 행사하느냐 하는 것은 깊이 숙고할 문제이다.

참고문헌

劉基天, 刑法學(總論, 各論 上·下), 법문사, 2012; 南興祐, 刑法總論, 박영사, 1975; 姜求眞, 刑法講義(各論 Ⅰ), 박영사, 1983; 鄭榮錫, 刑法總論, 刑法各論, 법문사, 1976; 黃山德, 刑法總論, 刑法各論, 법문사, 1976; 徐壹敎, 刑法各論, 박영사, 1970; 金鍾源, 刑法各論(上), 법문사, 1973; C. 록신/姜求眞·張榮敏 역, 刑法學入門, 박영사, 1984; C. 록신/金日秀 역, 刑法學方法論, 1984; 李炯國, 刑法總論硏究(Ⅰ·Ⅱ), 법문사, 1984, 1986; 金日秀, 刑法原論[總則講義], 박영사, 1989; 李在祥, 刑法總論, 刑法各論, 박영사, 1990; 김일수, 韓國刑法(Ⅰ·Ⅱ), 박영사, 1992; 요하네스 베셀스/허일태 역, 독일형법총론, 법문사, 1991; 신동운 편, 엄상섭형법논집, 서울대 출판부, 2004; 박상기, 형법학, 집현재, 2013; 이영관, 형법학, 형설, 2010.

---

26) 라드브루흐/최종고 역, 法哲學, 236면.

연습문제 ────────────────────────

1. 刑法의 법적 성격을 논하라.
2. 刑法理論의 구파와 신파의 논의과정을 설명하라.
3. 罪刑法定主義를 논하라.
4. 犯罪의 성립요건은 무엇인가?
5. 刑法이 규정하고 있는 犯罪의 종류에는 어떤 것이 있나?
6. 刑罰의 본질과 종류를 논하라.
7. 死刑의 存置與否를 논하라.
8. 保安處分의 의의를 논하라.
9. 法과 赦免의 관계를 논하라.

제20장

소송법학

Ⅰ. 사　　법

1. 사법의 의의

　　근대국가에서는 三權分立의 결과로서 司法權(Justiz)이 독립적 국가기관
인 사법부에 소속되고 있다. 사법권이란 협의의 해판권과 사법행정권을 총
칭한다. 협의의 裁判權은 입법권이 정립한 법률을 구체적 사건에 적용하는
권력을 뜻하며, 司法行政權이란 재판을 실행하기 위하여 재판기관을 설치
하고 그 조직구성, 직원의 배치 및 징계감독 등의 사무를 취급하는 권력을
말한다. 즉 국가의 법의 적용을 일률적으로 하기 위하여는 그에 대한 국가
적인 판단이 필요한데, 이 국가의 공권적 판단을 재판이라 하고, 그 재판작
용을 司法이라고 한다.

　　裁判은 당사자 사이의 분쟁 또는 이해의 대립에 따른 충돌이 있고, 그
것을 해결·조정할 필요가 있을 때 국가기관인 법원이 법을 적용하여 하는
법적 판단이다. 재판을 공정하게 하기 위해서는 대립된 이해관계인을 관여

시키고 그 주장을 듣는 절차를 밟는 것이 원칙인데, 이것을 訴訟(procedure, Prozeß)이라고 한다. 그러므로 司法作用은 재판이라는 국가적 행위에 의해서 보호되고, 그것을 실행하기 위하여 소송이라는 형식이 취해지는 것이다. 따라서 사법제도·재판제도라는 말은 동일현상에 대한 관찰하는 각도의 차이에서 오는 표현이다.

2. 법과 재판

(1) 입법과 사법

立法(legislation, Gesetzgebung)과 司法은 상호협력하여 법을 실행하며, 그렇게 함으로써 국가목적을 달성한다. 立法은 국가의 여러 가지 정책적 목적을 내용으로 하는 법을 정립한다. 법내용의 실현은 사법으로 한다. 한편 사법은 구체적 타당성, 즉 무엇이 그때그때의 사회적 이치에 맞는가를 확보하는 것이 그 목적이지만, 그렇다고 해서 그 사회적 이치가 무통일적인 것이면 안 되므로 재판이 항상 공정하기 위하여는 통일적 기준에 따라야 할 필요가 있다. 그러므로 법은 재판에 따라서 그 사회적 기능의 실현이 확보되는 것이며, 재판은 또한 법에 따라서 실행됨으로써 비로소 통일성과 공정성을 유지할 수 있는 것이다.

이 점에서 법과 재판의 본질적 동일성과 기능적 이질성의 근거가 있다. 재판은 그와 같이 국가적 필요에 따라 행하여지지만, 그것이 사법작용인 이상 어디까지나 법에 준거하고 법을 적용하는 것이 목적이며 또한 그것으로 충분하다. 따라서 재판은 법규를 적용하여 적법과 위법을 판단하고, 또한 권리관계를 확정하는 작용이라 할 것이다.

(2) 사법권의 범위

사법권은 이전에는 민사·형사의 재판권에만 한정된 것이 대개의 경우였지만, 현대적 경향으로서 행정소송도 포함되게 되었다. 우리나라도 민사·형사 외에 행정·선거에 관한 소송을 포함한다.

法的 爭訟이란 법의 적용에 의하여 해결·조정될 수 있는 주체간의 구체적 이해의 충돌 내지 분쟁의 사건을 말하는 것이므로, 법의 적용으로서

적법·위법을 재판하고 권리관계를 확정할 수 없는 정치적·경제적 충돌 내지 분쟁은 소송대상이 되지 않는다.

(3) 사법권의 자주성

사법권이 그 사명달성을 보장받기 위해서는 사법작용에서 입법과 행정으로부터 독립하여야 할 뿐 아니라, 그 기구에서도 입법과 행정의 영향을 받지 않도록 할 필요가 있다. 따라서 종래 사법권의 독립 이상으로 그 자주성을 확보할 필요가 있다. 우선 法官은 그 직무상 법에 복종하는 외에는 다른 어떠한 권력의 지배도 받지 않고, 그 신분에 관하여도 상사의 恣意에 의해서 좌우되지 않는 독립한 지위가 확보되어 있다.

즉 헌법 제103조는 "法官은 헌법과 법률에 의하여 그 양심에 따라 독립하여 審判한다"고 규정하였으며, 또한 제106조 1 항에는 "법관은 탄핵 또는 금고 이상의 刑의 선고에 의하지 아니하고는 파면되지 아니하며, 징계처분에 의하지 아니하고는 정직·감봉 기타 불리한 처분을 받지 아니한다"고 하여 그의 신분을 보장하고 있다.

다음으로 대법원은 規則制定權을 가진다. 즉 대법원은 "法院의 內部規律과 事務處理에 관한 규칙을 제정할 수 있다"고 규정하여 집무시간·휴가·직원의 복무규칙 등의 법원내부의 규율과 직원의 배치, 사무의 분배, 개정 등의 사무처리, 그리고 소송행위의 소송상의 서류형식 등의 소송에 관한 절차 등에 관하여 규칙을 정할 수 있도록 하였다.

이러한 사항은 모두 法院組織法·民事訴訟法·刑事訴訟法·辯護士法 등에 의하여 규정되지만, 그러한 법률에 따라서 사법권의 최고기관으로서의 대법원은 소송당사자·증인·감정인·법관·검사·변호사 등의 사법관계자 전부를 구속할 수 있는 대법원규칙을 규정하는 권한을 갖는 것이다.

이 권한으로 말미암아 한편 사법부의 독립을 얻으며, 다른 한편 대법원은 사법부 전체에 대한 최대의 통제력을 가지고 재판의 진행을 신속히 하는 조치를 취할 수 있게 된다.

3. 사법기관

(1) 법   원

法院에는 大法院·高等法院·地方法院의 3등급이 있고, 지방법원의 관할 안에 사무처리를 위하여 支院을 설치할 수 있다.

대법원의 재판부는 대법관 3인 이상으로 구성된 合議部이며, 의견이 일치하지 않거나 중요한 사건, 즉 법률·명령·규칙의 위헌이 인정되거나 명령·규칙의 위법이 인정되는 경우, 종전의 대법원판례를 변경할 필요가 인정되는 경우 기타 부에서 재판함이 적당하지 아니한 경우에는 대법관 전원의 3분의 2 이상의 합의부에서 행한다. 고등법원의 재판부는 판사 3인으로 구성된 합의부이고, 지방법원 및 그 지원의 심판권은 단독판사가 행하는 것이 보통이고, 합의재판을 요할 때에는 3인의 합의부가 행한다.

민사소송과 형사소송은 三審制로 하여 사실인정과 법률해석에서 일어날 수 있는 과오를 시정할 기회를 주고 있다. 보통 제1심·항소심, 그리고 상고심은 각각 지방법원·고등법원·대법원의 관할로 되어 있으나 경미한 사건은 지원·지방법원의 단독판사, 지원·지방법원의 합의부, 그리고 대법원이 각각 제1심·항소심, 그리고 상고심의 관할로 된다. 다만 편의와 신속을 위하여 선거소송은 대법원이 전담하고, 행정소송은 행정법원이 제1심, 고등법원이 제2심, 대법원이 최종심이라는 3심제로 되어 있다.

(2) 소송당사자

소송은 이해가 상반되는 대립적 당사자를 전제로 한다. 민사·행정·선거소송에서는 그 대립적 당사자를 원고·피고라 하고, 형사소송에서는 검사·피고인이라고 한다. 소송의 당사자가 될 수 있는 소송법상의 능력을 일컬어 당사자능력이라고 한다. 그러므로 모든 자연인과 법인은 당사자능력을 가진다. 당사자능력은 소송능력과 구별된다. 소송능력이란 단독으로 유효적절한 소송행위를 할 수 있는 능력을 말한다.

소송능력은 민사소송에서는 행위능력에 준하지만, 형사소송에서는 의사능력으로만 소송능력이 있다고 해석된다. 소송능력은 또한 소송대리와 구별된다. 후자는 법적 지식이 없으면 될 수 없는 것이며, 따라서 원칙적으로 변호사가 소송대리인이 된다.

Ⅱ. 민사소송법학

1. 민사소송법의 의의

民事訴訟(Zivilprozeß)은 재산권과 신분권의 발생·변경·소멸에 관한 법률관계에 관한 소송이다. 민사소송절차는 판결절차와 강제집행절차의 두 가지로 크게 나눌 수 있다. 민사소송절차와 민사소송관계를 규율하는 법을 총칭하여 민사소송법(Zivilprozeßrecht)이라 한다.

2. 소송절차의 기본원칙

소송절차란 소의 제기에서 시작되어 판결로 끝나는 일련의 절차를 말한다. 소송절차의 공통적인 원칙들은 다음과 같다.

1) **당사자처분권주의**　　소송절차의 개시·진행·종료 등을 오로지 당사자의 의사에 의하여 결정하여야 한다는 주의를 말한다. 이에 대하여 법원의 직권으로 결정하는 주의를 職權主義라 한다. 민사소송법은 대체로 당사자처분권주의를 채용하고 있으나 소송절차의 진행, 특히 기일지정 같은 것은 직권주의의 표현이다.

2) **구술심리주의**　　재판의 기본인 소송자료를 당사자의 구두진술에 의거하는 주의이다. 당사자가 제출하는 서면의 기재에 의거하는 書面審理主義에 대비된다. 민사소송법은 소송에서 당사자의 구두변론주의를 원칙으로 하고, 법률에 별도의 규정이 있을 때만 서면심리주의를 인정하였다(민소법 제134조 3 항).

3) **변론주의**　　소송의 목적인 청구의 당부를 판단하는 데 필요한 소송자료의 제출을 모두 당사자에게 일임하는 주의를 말한다. 법원은 당사자가 진술한 사실을 반드시 참고로 하여야 하고, 주장하지 않은 사실을 판결

의 기초로 삼아서는 안 된다. 그리고 당사자가 상대방이 주장하는 사실에 대하여 다툰다든가 또는 다투지 않거나 자백을 하거나에 따라 입증의 필요·불필요가 결정되고, 입증이 필요한 사실에 관하여 자진 증거를 제출하면 법원은 증거조사를 하여야 하는 것이 원칙이다. 민사소송법은 변론주의를 원칙으로 하고, 職權探知主義로 보충하고 있다.

4) **직접심리주의**   受訴法院이 직접 당사자의 변론을 듣는다든가, 증거조사를 한다든가 하여 직접적인 인식에 의하여 소송자료를 수집하여야 하는 주의이다.

5) **공개주의**   소송의 심리 및 판결을 일반대중에 공개하여 방청을 가능케 하는 주의이다.

6) **수시제출주의**   소의 제출로부터 구두변론의 종결에 이르기까지 소송자료의 제출에 단계를 두지 않는 自由序列主義를 말한다.

7) **자유심증주의**   법관이 사실인정에 의거하여야 할 증거방법의 한정이나 증거력의 형식적 제약을 받지 않고 법관의 자유판단으로 증거의 채부, 증거력의 유무를 결정하는 주의를 말한다. 법관의 자유판단이라고 하여 그의 자의적 판단을 의미하는 것이 아니고, 소송상의 증거의 가치판단 및 사실관계의 객관적 인정을 법관의 전인격적 판단에 일임하는 것을 뜻한다.

3. 소

원고가 피고를 상대로 특정의 청구의 當否에 관하여 특정한 법원에 그 심리와 판결을 요구하는 소송행위를 訴라고 한다.

1) **소의 종류**

㈎ 확인의 소   어느 권리 또는 법률관계의 존부를 확인하여 줄 것을 청구하는 소를 말한다. 이에 대한 판결은 確認判決이다.

㈏ 이행의 소   피고가 원고에게 일정한 급부를 이행하라는 판결을 청구하는 소, 따라서 그에 대한 판결은 履行判決이다.

㈐ 형성의 소   기존의 법률관계의 변경·소멸 또는 새로운 법률관계의 발생을 청구하는 소이다. 이에 대한 판결은 形成判決이다. 혼인의 무효·취소의 소 또는 회사설립무효의 소 등이 그것이다.

2) 소의 제기   원고에 의한 소의 제기는 소장을 법원에 제출하여서 하는 것이 원칙이다(민소법 제248조). 訴狀에는 당사자·법정대리인, 그리고 청구의 취지 및 원인을 기재한다. 소장기재는 원고와 피고가 각 1인이고 소송의 목적이 하나인 것이 기본형태이지만, 당사자의 일방 또는 쌍방이 여러 명인 소를 訴의 主觀的 倂合(공동소송)이라 하며, 소송의 목적이 여러 개로 되어 있는 소를 訴의 客觀的 倂合이라고 한다.

3) 변론의 준비   소가 제기되면 법원은 소장에 의하여 관할권의 유무 및 소장의 요건을 심사하고, 변론기일을 지정하여서 당사자를 호출한다. 변론에 앞서 준비를 하는 것이 보통이다. 변론의 준비에는 準備書面의 교환을 하는데, 그것은 변론을 준비하기 위하여 당사자의 진술에 따라 변론에서 제출할 공격방어의 방법을 밝힌 서면을 말하며, 상대방의 준비서면을 答辯書라고 한다.

4) 변론   변론은 期日에 당사자 쌍방이 출석하여서 한다. 원고 또는 피고가 최초로 변론을 하여야 할 날에 출석하지 않고 또는 출석하여도 本案의 변론을 하지 않을 때에는 그 제출한 소장·답변서 기타의 준비서면에 기재된 사항으로써 진술한 것으로 인정하고, 출석한 상대방에 변론을 명령할 수 있다(민소법 제137조). 당사자의 변론에 의하여 소송자료가 판결을 하는 데 충분할 정도로 수집되면, 법원은 변론을 종결하고 2주일 내로 종국판결을 선고하여야 한다.

4. 증   거

고대나 중세의 이른바 神意裁判(ordeal, Gottesurteil)과는 달리 현재의 재판은 증거재판이므로 재판에서 증거가 가진 의의는 크다. 증거에는 증인·감정인과 같은 人的 證據와 문서·검증물과 같은 物的 證據가 있다.

5. 판   결

판결은 선고의 형식으로 하며, 그것으로서 효력이 발생한다. 그리고 판결의 정본을 당사자에게 송달한다. 이 송달과 동시에 상소기간이 진행하기 시작한다. 그리고 상소기간 안에 상소를 하지 않을 때 또는 당사자 쌍방이 상소권을 파기하였을 때에는 판결은 확정된다. 이 확정판결로써 한번 결정된 법률상의 효력은 그 후 다시 소송의 대상이 되지 못하고, 당사자 및 법원이 다시 그에 관련되는 일이 있을 수 없도록 된다. 그 구속력을 판결의 旣判力이라 한다. 또한 소송은 판결에 의하는 것 외에 裁判上의 和解, 請求의 抛棄·認諾 및 訴의 取下 등에 의하여도 종료된다.

Ⅲ. 형사소송법학

1. 형사소송법의 의의

범죄가 구체적으로 발생하였을 때는 형법에 따라서 현실적으로 범죄사실 및 범죄자를 확인하고, 그에 형벌을 과하여야 한다. 그런데 그 절차는 법률이 규정한 공정한 절차에 의하지 않으면 안 된다. 전자의 요구를 實體眞實主義, 후자의 요구를 법의 適正節次(due process of law)라고 하는데, 형사소송법의 해석에서 어느 이념에 더 큰 비중을 두느냐에 따라 날카로운 의견대립이 나타나고 있다.

예를 들어 수사기관이 불법으로 영장 없이 수집한 증거물에 터잡아 피고인의 유죄를 인정할 수 있는지 문제될 때, 전자는 진실은 밝혀졌으니 유죄인정에 무리가 없다고 할 것이지만, 후자는 적법절차를 무시하고 얻은 증거의 증거능력을 부정함으로써 형사절차의 공정성을 확보하려고 할 것이다. 인권보장에 투철한 憲法的 刑事訴訟法의 이념을 받아들인다면, 후자의 관점에 더 큰 비중을 두어야 마땅할 것이다.

그러한 국가형벌권의 실현절차가 刑事訴訟(criminal procedure)이며, 그 절차를 규제하는 법률이 刑事訴訟法(Strafprozeßrecht)이다.

[한국형사소송법의 성립]

韓日合倂에 의하여 1912년 朝鮮總督府 制令 제11호(朝鮮刑事令)로 특수한 경우를 제외하고는 일본의 형사소송법이 그대로 적용되었다. 이것은 주로 독일 형사소송법을 모방한 것이었으므로, 한국은 대륙법계의 형사소송법을 계수 (또는 이식)하였던 셈이다. 그러나 이 형사소송법의 운용은 식민지에 있어서의 일층 강한 관헌의 지배자의식과 이에 대응하는 官尊民卑的 피지배자의식 등으 로 자연히 법률의 권위주의적 해석적용의 경향을 조장하여 형사소송법 본래의 정신인 당사주의적 원리는 억압되고, 직권주의적 색체가 최대한으로 발휘된 것이었다. 더구나 일제 말기의 군국주의 아래에서는 "治安維持法"·"戰時刑事 特別法" 등의 제정으로 말미암아 형사절차는 극히 반동화되어 계수된 형사소 송법의 민주주의적 기본정신을 압살당하였다.

1945년 한국이 일본으로부터 해방되어 정치이념으로 보면 반동정치에 대 한 민주주의의 승리를 가져왔으니 필연적으로 반동적인 형사제도의 급격한 수 정이 요청되었다. 그러나 새로운 법전을 편찬한다는 것은 쉬운 일이 아니기 때문에 1948년에 美軍行政令 제176호 "刑事訴訟法의 改正"에 의하여 우선 영 미의 당사자주의 소송절차를 도입하여 피의자·피고인의 인권옹호를 중심으로 구속영장제도·변호제도·보석제도의 확충, 인신보호제 등 대폭적 수정을 가하 였다.

1948년 대한민국정부 수립과 동시에 대통령령 제4호 法典編纂委員會職制 가 공포되어 1954년 2월 형사소송법이 제정되고 동년 9월 23일 공포를 보게 되었던 것이며, 1961년 9월 1일 법률 제705호와 1963년 12월 13일 법률 제 1500호로 각각 개정되었다. 개정된 형사소송법은 한층 더 영미의 당사자주의 적 요소를 도입하여 인권옹호를 중심으로 발전한 것이었다. 그러다가 유신헌 법에 의하여 제3공화국헌법의 형사소송 관계조항의 중요 부분이 개정됨에 따 라 1973년 1월 25일 비상국무회의에서 의결된 법률 제2450호 형사소송법 중 개정법률이 공포되고 동년 3월 1일부터 시행을 보게 되었는바, 그 주요 골자 는 보석허가·구속취소 및 구속집행정지 결정에 대한 즉시항고 인정, 구속적부 심제의 폐지, 재구속금지의 완화, 참고인에 대한 증인신문제도의 신설, 수사단 계에서의 감정유치제도의 신설, 재정신청의 범위축소, 간이공판절차의 신설, 공소장변경제도의 강화, 형집행장제도의 신설, 벌금액의 현실화 등이다. 또한 형사소송에 관한 특별조치법이 제정되어(1973년 12월 20일) 불구속사건에 대 한 판결 선고기간을 법정하였다.

1979년 10·26사태 이후 제5공화국 헌법이 제정됨에 따라 1980년 12월 18일 立法會議에서 의결된 법률 제3282호 형사소송법 중 개정 법률이 공포·시 행되어 몇 가지 불합리했던 점을 시정하였다.

1987년 제9차 헌법개정에 따라 拘束適否審査請求에 대한 제한규정을 삭 제하고, 형사피해자의 재판상 진술권을 보장하는 등의 내용을 가진 형사소송법 개정법률이 동년 정기국회에서 의결되었다. 동 개정법률의 시행일은 1988년 2월 25일로 하였다. 그 후에도 2012년에 개정되었다.

2. 수사절차

범죄가 있다고 여길 때에는 수사기관(검사·사법경찰관리)은 범인을 발견하고 증거를 수집하기 위하여 수사를 개시하여야 한다. 수사는 주로 공소제기의 준비로서 하는 것이지만, 공소제기 후라도 공소를 유지하기 위하여하는 수가 있다. 수사절차상의 피의자는 소송당사자로서의 지위를 갖지 못한다. 그러나 수사절차는 형사소송의 운명을 좌우할 만큼 중대하므로 근대형사소송법은 피의자의 인권을 보장하기 위하여 피의자에 대해서도 소송당사자에 준하는 지위를 주고 있다. 따라서 수사기관에 대하여는 원칙적으로강제처분의 권한을 주지 않는다. 즉 수사기관이 강제처분을 할 수 있는 것은 현행범인을 체포하는 경우, 긴급구속의 경우 및 기타 적법한 체포에 따른 압수·수색 및 검증의 경우에만 한정되며, 그 밖의 경우에는 법관이 발행하는 命狀으로 하지 않으면 안 된다.

피의자를 구속하는 때에는 변호인을 선임할 수 있음을 말하고 변명할기회를 준 후에 구금하여야 하며, 만일 구금의 필요가 없다고 인정하는 때에는 24시간 안에 석방하여야 한다. 또한 영장 없이 구속한 때에는 일정기간 내에 영장을 발부받아야 하며, 영장발부를 못 받는 때에는 즉시 석방하여야 한다.

司法警察官은 피구속자를 10일 이내에 검사에게 인치하여야 하며, 검사도 또한 10일 이내에 공소를 제기치 않으면 피의자를 석방하여야 한다. 단 1차에 한하여 구속기간의 연장을 신청할 수 있다. 예외적으로 국가보안법에는 구속기간의 연장조항(보안법 제19조)이 있어 인권보장의 정신을 침해하는 것이 아니냐는 강한 비판이 제기되고 있는 실정이다.

[구속적부심과 보석]

(1) **구속적부심**　일단 영장에 의하여 수사기관에 구속되었다고 하더라도 피의자는 拘束適否審節次에 따라 다시 법원으로부터 구속의 적부 여부를 심사받을 수가 있다. 이 절차에서 구속이 부당하다고 하여 법원이 석방을 명하면

피의자는 즉시 석방되며, 이에 대하여 검사는 항고를 하지 못한다. 구속적부심의 청구는 피의자 본인이나 변호인은 물론 배우자·직계존속·형제자매·호주·가족, 나아가 동거인이나 고용주도 피의자를 위하여 청구할 수가 있다. 구속적부심은 사건이 경찰에 있는가 검찰에 있는가를 가리지 아니하고, 검사가 법원에 기소를 하기 전이면 청구할 수 있다는 점에서 기소 후에 인정되는 보석과 다르다. 구속적부심을 청구받은 법원은 지체 없이 구속된 피의자를 심문하고 증거를 조사하여 결정하여야 하는데, 청구권자가 아닌 자가 청구하거나 동일한 영장에 대하여 재청구한 때, 수사방해의 목적이 분명한 때, 또는 청구금지 사건에 해당한 때 등에는 청구를 기각하게 된다. 이 기각결정에 대하여 피의자는 항고하지 못한다.

　(2) 보　　석　검사가 구속기소한 경우 피고인은 재판을 담당하는 법원에 보증금을 납부할 것을 조건으로 석방하여 줄 것을 청구할 수 있는데, 이를 보석이라고 한다. 보석은 기소 후에 인정되는 점에서 기소 전의 제도인 구속적부심과 다르다. 보석은 피고인은 물론 변호인과 피고인의 법정대리인·배우자·직계존속·형제자매·호주도 청구할 수 있으며, 법원은 보석을 결정함에 미리 검사의 의견을 물어야 하지만 그 의견에 구속받지 않고 자유로이 결정할 수 있다. 법원은 보석을 허가하는 경우 피고인의 자력정도와 범죄의 경중·성질·증거 등을 고려하여 상당한 보증금을 납부할 것과 주거를 제한한다는 등의 조건을 붙이는 것이 보통이다. 또 보석은 피고인 등의 청구가 없더라도 허가하는 경우도 있다.

3. 공소절차

수사의 결과 범인을 발견하고 객관적 자료에 의하여 유죄판결을 받을 자신이 생겼을 때에는 원칙적으로 법원에 대하여 구체적 범죄에 관해서 형벌법령을 적용하고, 범인을 처벌할 것을 청구하는 공소를 제기하게 된다. 그러나 이 때 검사는 여러 가지 사정에 의해서 소추가 필요치 않다고 생각할 때에는 공소를 제기하지 아니할 수도 있다. 이것을 起訴便宜主義라고 한다.

공소는 검사의 전담이며(起訴獨占主義), 공소가 제기되면 사건은 법원에 계속된다. 그리고 公訴의 提起는 公訴狀을 제출하여서 해야 하며, 여기에는 일정한 기재사항(형소법 제254조 3항)이 있다. 그러나 법관이 사건에 관해서 선입감을 품을 우려가 있는 서류 기타의 물건을 첨부 또는 인용하여서는 안 된다. 이를 公訴狀單獨(一本) 主義라고 한다.

[기소와 불기소]

(1) 기　　소　　검사는 사법경찰관으로부터 송치받은 사건이나 고소·고발 또는 직접인지 등으로 수사한 사건에 대하여 피의자가 유죄임이 인정되고, 범죄의 경중 등에 비추어 유죄의 재판을 받게 함이 마땅하다고 판단하는 경우에는 그를 법원의 재판에 회부하게 되는데, 이를 公訴起訴, 즉 기소한다고 하며, 검사가 기소한 사람을 피고인이라고 한다. 그런데 검사는 여러 가지 사정을 고려하여 피의자를 징역형이나 금고형에 처하는 것보다 벌금형에 처함이 상당하다고 생각되는 경우에는 법원에 대하여 벌금형에 처해 달라는 뜻의 略式命令을 청구할 수 있는데, 이를 약식기소라고 한다. 따라서 구속된 사람에 대하여 검사가 약식기소를 하는 경우에는 그를 석방하여야 한다. 이 경우 판사는 정식공판절차를 거치지 않고 수사기록만으로 재판을 하게 된다. 그러나 판사가 약식절차에 의하는 것이 불가능 또는 부적당하다고 생각하는 경우에는 정식재판에 회부하여 공판을 열어 재판을 할 수도 있다. 피고인이나 검사는 판사의 약식명령에 대하여 불복이 있으면 7일 내에 정식재판을 청구할 수 있다. 그리고 실무상으로 검사는 약식기소를 할 때 구형에 해당하는 벌금상당액을 피의자로부터 미리 예납을 받고 있으므로 피고인은 약식명령에 기재된 벌금을 이중으로 납부할 필요가 없다.

(2) 불 기 소　　검사가 사건을 수사한 결과 재판에 회부하지 않는 것이 상당하다고 판단되는 경우에는 기소를 하지 않고 사건을 종결하는데, 이를 不起訴處分이라고 한다. 불기소처분으로 중요한 것은 기소유예와 무혐의처분이 있다. 訴起猶豫란 죄는 인정되지만 피의자의 연령이나 성행, 환경, 피해자에 대한 관계, 범행의 동기나 수단, 범행 후의 정황 등을 참작하여 기소를 함으로써 전과자를 만드는 것보다는 그를 용서하여 다시 한 번 성실한 삶의 기회를 주는 것이 타당하다고 판단하여 검사가 기소를 하지 않는 것을 말한다. 검찰실무에서는 '善導條件附 起訴猶豫制度'를 많이 활용하고 있는데, 이는 사회지도층인 선도위원이 피의자를 선도하기로 하고 앞으로 재범하지 않는다는 조건으로 검사가 기소를 유예하는 것으로, 이 제도의 실시결과 재범률이 무척 낮아져 좋은 성과를 얻고 있다. 무혐의처분이란 법률전문가인 검사가 수사한 결과 범죄를 인정할 만한 증거가 없는 경우에 피의자의 무고함을 종국적으로 판단하는 처분이다. 민사상 채무불이행에 불과하여 무혐의처분을 한 경우에는 형사상 범죄가 성립되지 않는 것을 의미할 뿐이지, 민사상의 채무까지 면해 주는 것이 아님을 주의할 필요가 있다. 그런데 한번 기소유예를 하면 특별한 사정이 없으면 다시 같은 죄로 기소를 하지 않지만, 만약 기소유예 후에 또

죄를 저질렀다고 하는 경우 등의 사정이 있으면 검사는 기소유예처분한 범죄에 대하여 새로 기소할 수 있으며, 이는 무혐의처분에서도 마찬가지로 만약 새로운 증거가 발견된다면 검사는 기소를 할 수 있다. 구속되었다가 무혐의처분을 받은 자는 피의자보상규정(법무부 훈령 제151호)의 정하는 바에 따라 보상을 받을 수 있다.

4. 공판절차

公判節次란 공소가 제기된 이후부터 그 소송절차가 종결하기까지의 절차단계, 즉 법원이 피고사건에 대하여 심리재판을 행하고 또 당사자가 사건에 대하여 변론을 행하는 절차단계를 말한다. 공판절차는 공판준비절차와 공판기일의 절차로 나누어지는데, 중심적인 것은 公判期日의 節次이다. 공판기일에는 정수의 법관, 법원서기 및 검사가 출석하지 않으면 안 되는 것은 물론이요, 피고인이 출석하지 않으면 원칙적으로 開廷할 수 없다. 피고인이 자기의 변호권을 보충하기 위하여 변호인을 의뢰할 권리가 헌법으로 보장되어 있다.

公訴期日에는 우선 開廷節次로서 재판장은 피고인에 대해서 人定訊問을 하여 피고인이 틀림없음을 확인한다. 다음으로 검사가 공소장에 따라서 기소의 요지를 진술한 다음 재판장은 피고인에게 그 권리보호에 필요한 사항을 말하여 주어야 하며, 피고인 및 변호인에 대하여 피고사건에 관하여 자기에 이익되는 사실을 진술할 기회를 주어야 한다. 이상의 冒頭節次가 끝난 후 증거조사가 행해진다. 증인신문·증거서류의 조사 등이 그것이다. 1987년 개정 형사소송법은 범죄피해자도 증인으로서 당해 사건의 공판절차에서 진술할 수 있도록 하고 있다. 증거법은 영미법의 영향을 받아 이론적으로 깊이 논의되는 분야이지만, 우리 실무에서는 아직 그 발전이 미흡한 실정이다. 증거법의 중요 원칙으로는 證據裁判主義·自白法則·傳聞法則·違法蒐集證據의 排除法則 등을 들 수 있다.[1] 증거조사가 끝난 뒤 검사는 사실 및 법률의 적용에 관하여 의견을 진술한다. 이른바 論告가 그것이다. 피고인 및 변호인도 의견을 진술할 수가 있다. 이 피고인과 변호인의 진술은 최종적으로 기회를 주어야 한다. 이리하여 結審에 도달하고, 판결의 선고라는

[1] 자세히는 車鏞碩, 刑事訴訟과 證據法, 한국사법행정학회, 1988.

순서를 밟는다.

終局判決에는 형식적 판결, 즉 免訴·公訴棄却·管轄違反의 판결과 실체적 판결, 즉 有罪·無罪의 판결이 있다. 판결은 상소하지 못하게 되었을 때 확정된다. 그리고 그 판결이 실체적 판결일 때에는 사건의 실체에 대하여 기판력이 생기고, 동일한 범죄사실에 관하여 재차 공소제기가 허락되지 않는다. 이것을 一事不再理의 原則이라 한다.

有罪判決이란 刑宣告의 판결 또는 刑免除의 판결, 宣告猶豫의 판결이다. 유죄언도를 하는 때에는 범죄될 사실, 증거의 요지 및 법령의 적용을 명시하여야 한다. 형의 선고와 동시에 형의 집행유예의 선고를 할 수도 있다. 執行猶豫에는 일정한 요건이 필요하다. 집행유예가 취소되지 않은 채 유예의 기간을 무사히 경과하였을 때는 형의 선고는 효력을 상실한다. 또한 면소판결은 확정판결이 있은 때 또는 범죄 후의 법령으로 형이 폐지되었을 때 또는 사면이 있을 때, 그리고 공소시효가 완성되었을 때 선고된다.

[형의 집행과 실효]

(1) 형의 집행   법원의 판결에 의하여 선고된 형은 검사의 지휘에 따라 집행하는데, 징역형이나 금고형은 교도소에서 집행한다. 그리고 벌금은 판결확정일로부터 30일 이내에 납부하여야 하며, 벌금을 납부하지 않는 경우에는 1일 이상 3년 이내의 범위에서 노역장에 유치하게 되므로 스스로 납부하여 불이익을 면해야 할 것이다. 징역 또는 금고의 형을 집행중에 있는 자 가운데 복역성적이 양호하고 뉘우침이 있는 때에는 무기형에서는 10년, 유기형에서는 형기의 3분의 1을 경과한 후에 법무부장관이 가석방을 할 수 있다. 그러나 가석방 중에 행실이 나쁘거나 다시 죄를 저지르면 가석방이 취소 또는 실효되어 남은 형기를 마저 복역하여야 한다. 그리고 예컨대 형의 집행으로 생명을 보전할 수가 없거나 잉태 후 6개월 이상인 때 또는 연령이 70세 이상인 때 기타 중대한 사유가 있으면, 검사는 형집행을 정지시키고 석방할 수도 있다.

(2) 형의 실효   한번의 잘못으로 형을 받았다고 하더라도 일정한 기간 죄를 저지르지 않으면, 전과를 말소하여 정상적인 사회복귀를 보장할 필요가 있다. 징역 또는 금고의 집행을 종료하거나 집행이 면제된 자가 피해자의 손해를 보상하고, 자격정지 이상의 형을 받음이 없이 7년을 경과할 때에는 본인이 신청을 모르고 있기 때문에 정부는 "刑의 失效 등에 관한 法律"을 제정하여 형의 집행을 종료 또는 면제받은 후 일정기간 동안 자격정지 이상의 죄를

저지르지 않는 경우에는 자동적으로 형을 실효시키도록 하였는데, 그 기간은 징역 또는 금고는 10년, 벌금은 3년, 구류나 과료는 1년이다

참고문헌 ───────────────

方順元, 民事訴訟法(上·下), 보성문화사, 1985; 宋相現, 判例敎材 민사소송법, 법문사, 1982; 同人, 民事訴訟法, 박영사, 1990; 李英燮, 民事訴訟法(上·下), 박영사, 1980; 李時潤, 新民事訴訟法(17판), 박영사, 2024; 이시윤, 민사소송법입문(3판), 박영사, 2022; 강현중, 民事訴訟法, 박영사, 1990; 鄭東潤, 民事訴訟法, 법문사, 1990; 姜求眞, 刑事訴訟法原論, 학연사, 1982; 金箕斗, 新刑事訴訟法, 박영사, 1993; 鄭榮錫, 新刑事訴訟法, 법문사, 1982; 車鏞碩, 刑事訴訟法研究, 박영사, 1982; 同人, 刑事訴訟과 證據法, 한국사법행정학회, 1990; 이상돈, 형사소송법 사안풀이와 법치국가, 태진출판사, 1995; 호문혁, 민사소송법, 법문사, 2013; 신동운, 형사소송법, 법문사, 2005; 강현중, 민사소송법강의, 박영사, 2013; 석광현, 국제민사소송법, 박영사, 2012; 서철원, 미국 민사소송법, 법문사, 2011.

연습문제 ───────────────

1. 訴訟法의 법적 성격을 논하라.
2. 民事訴訟과 刑事訴訟의 차이를 밝혀라.
3. 民事訴訟의 의의와 종류를 논하라.
4. 訴訟行爲를 설명하라.
5. 訴訟主義를 논술하라.
6. 民事訴訟의 주체를 설명하라.
7. 判決節次를 논술하라.
8. 우리나라 刑事訴訟法의 발전을 설명하라.
9. 起訴와 不起訴는 어떻게 이루어지는가?
10. 拘束適否審査制度를 설명하라.
11. 公判節次의 순서를 설명하라.
12. 형사소송에서 實體眞實主義와 適正節次의 法理를 대비하여 논평하라.

제21장

사회법학

> 개인주의법에서 사회법에로의 전환은
> 人格(Person)이 아니라 人間(Mensch)을
> 보려는 人間像에 대한 法的 思考의 전
> 환이다.
>
> —라드브루흐(G. Radbruch)

Ⅰ. 사회법의 개념

社會法(Sozialrecht)의 개념은 사용에 따라 그 범위를 달리한다. 광의의 사회법은 노동법·사회보장법·경제법을 포함하고, 협의의 사회법은 노동법과 사회보장법을 가리킨다.

노동법과 사회보장법이 사회적 약자를 보호해 주는 법원리에 기초한 데 반하여, 경제법은 대기업 등 사회적 강자를 규제하는 원리에 입각하기 때문에 사회법과 다른 범주에 속한다고 설명하기도 한다.

[한국사회법의 형성]

(1) 노 동 법　　근대적 의미의 노동법이 우리나라에서 제정된 것은 6·25전쟁중의 일이다. 1948년 대한민국 정부수립 전에 만들어진 制憲憲法(1948. 7. 17. 공포)에서는 노동권과 노동 3 권을 국민의 基本權으로 규정하였다. 특히 이 헌법제정 과정에서는 당시 大韓勞總委員長이던 錢鎭漢 의원 등이 주축이 되어 노동자의 利益配分權·經營參加權 등도 요구하였고, 이 요구들이 수용되어 노동자의 이익분배 균점권이 헌법에 규정되었다. 그러나 헌법상의 이러한

노동기본권보장에도 불구하고 그 실현을 구체화하는 노동법이 제정된 것은 5년을 지난 뒤의 일이었다. 이는 당시 大韓勞總의 지도 아래 있던 노동운동의 역량부족과 자유당의 정치적 속성, 그리고 6·25전쟁이라는 요인이 복합된 결과였다. 그러던 중 발생한 커다란 몇 건의 파업들, 즉 1951~1952년에 걸친 조선방직쟁의와 광산노동자파업 및 부산 부두노동자파업 등은 정부당국과 국회의원들로 하여금 노동문제의 중요성과 노동관계 입법의 긴요성을 일깨우기에 충분한 사건들이었다. 이러한 파업들이 노동입법을 촉구하는 직접적인 계기가 되어 전쟁중이던 1953년 3월 8일에 勞動組合法·勞動委員會法·勞動爭議調整法 등이, 그리고 같은 해 5월 10일 勤勞基準法이 각각 제정·공포되었다. 그 후 한국경제와 노사관계의 변화에 따라 많은 개정을 겪어 오늘에 이르고 있다.

(2) **사회보장법**   사회보장에 관한 법들은 5·16 후 이른바 산업근대화를 위한 경제개발계획과 더불어 제정된다. 사회보장의 일반법으로 불리는 "社會保障에 관한 법률"은 "국민의 인간다운 생활을 도모하기 위한 사회보장제도의 확립과 그 효율적인 발전을 기함" 목적으로 1963년 11월 5일에 제정되었다. 이와 함께 사회보장법으로서는 1960년 1월 1일에 公布된 公務員年金法을 효시로 軍人年金法(1963. 1. 28)·産業災害補償保險法(1963. 11. 5)·醫療保險法(1963. 12. 16) 등이 차례로 제정되어 사회보험의 법률적 기틀을 점차적으로 갖추어 가게 되었다. 그리고 1961년 12월 30일에는 公的 扶助法으로서 生活保護法과 社會福祉法으로서 兒童福祉法이 제정되었다. 그런데 이렇게 1960년대 초기의 사회보장에 관한 대량입법은 충분한 입법조사나 재정 등에 관한 검토·준비가 미비한 채 단순히 명분적인 立法이 대부분이어서 實效性은 매우 적었다.

(3) **경 제 법**   經濟法의 대상영역에 관해서는 학자들간에 論議가 분분하지만, 가장 중요한 것은 物價安定과 公正去來 및 獨占規制에 관한 것이다. 이러한 것들을 규율할 立法의 필요성은 1960년대 중반 이후 꾸준히 제기되어 왔으나, 이러한 것들에 대한 규제가 워낙 경제정책과 밀접하게 관련되어 있는지라 "1966년의 公正去來法案," "1969년의 獨占規制法案" 및 "1971년의 公正去來法案" 등은 국회를 통과하지 못했다. 그러다가 1975년 12월 31일에야 비로소 "價安定 및 公正去來에 관한 法律"이 제정·공포되어 1976년 3월 15일부터 시행되게 되었다. 그런데 이 법은 물가안정과 경쟁질서확립을 위한 두 가지 목적의 二元的 性格을 지니고 있었지만, 실제 그 운영에서는 경쟁질서확립보다도 물가안정에 중점을 두었다. 그 후 1980년 12월 31일에는 60개 조로 구성된 "獨占規制 및 公正去來에 관한 法律"이 제정·공포되어 1975년의 "物價安定 및 公正去來에 관한 法律"의 상당부분이 삭제되고, 이 법률은 단순한 물가

안정법으로 존치하게 되었다. 그런 의미에서 1980년 독점규제법의 제정은 競爭法의 기초를 확립했다고 볼 수 있다. 경제정책의 변화와 입법의 혼란은 한국경제법의 중요성과 문제점을 나타내 주고 있다.

Ⅱ. 노 동 법

1. 노동법과 노동기본권

우리나라 헌법은 제32조, 제33조에서 노동자의 기본적 인권, 즉 勞動基本權을 규정하고 있다. 그 내용은 勤勞權·團結權·團體交涉權 및 團體行動權인데, 이것은 노동자란 모든 생산수단의 소유로부터 분리되어 오로지 노동력만을 소유하는, 따라서 그것을 판매함으로써 생활하여야 하는 사람들이기 때문에 그가 상품으로서 소유하는 노동력의 불리한 특질을 보충함으로써 한편 노동력의 상품화를 확보하고, 다른 한편 노동자를 인간으로서 보호하려는 법적 보장이다. 명문으로 노동기본권을 보장하는 것은 20세기 헌법의 특색이다.

노동기본권의 헌법상 보장을 구체적으로 규정한 것이 勞動法(labour law, Arbeitsrecht)이다.

2. 노동조합

노동조합 및 노동관계조정법 제 1 조에 "이 법은 헌법에 의한 근로자의 단결권·단체교섭권 및 단체행동권을 보장하여 근로조건의 유지·개선과 근로자의 경제적·사회적 지위의 향상을 도모하고, 노동관계를 공정하게 조정하여 노동쟁의를 예방·해결함으로써 산업평화의 유지와 국민경제의 발전에 이바지함을 목적으로 한다"라고 규정하여 노동조합 및 노동관계조정법 제정의 목적을 밝히고 있다. 그러므로 본조는 헌법 제33조 1 항의 노동 3 권을 보장한 규정에 의거한 것이며, 노동조합 및 노동관계조정법은 따라서 결국 노동 3 권을 통하여 노동자의 노동조건을 개선하고, 그렇게 함으로써 노동자의 경제적·사회적 지위를 향상시키고 나아가서는 국민경제의 발전이 되도록 하는 것이 목적이다. 그리고 그러한 목적은 노동조합이라는 영속성 있는 조직적 단체 또는 연합체에 의하여 이루어지는 것이다.

노동조합을 조직함에 있어서 이에 참가하는 노동자가 職種別로 참가하느냐, 産業別로 참가하느냐 또는 동일한 기업에 종사하는 근로자가 기업을 중심으로 결합하느냐에 따라 職種別組合·産業別組合·企業別組合으로 분류된다.[1]

職種別組合(craft union)은 노동조합의 발전단계에서 볼 때 주로 숙련공을 중심으로 하여 가장 먼저 발달한 조직형태이며, 이는 예컨대 운전사조합·인쇄공조합·목공조합 등과 같이 동일한 직종 또는 직업을 가지는 노동자가 그가 소속하는 기업과는 관계없이 橫的인 관계에서 결합한 노동조합을 말한다. 따라서 직종별 조합은 단결력이 강하며, 특정한 직종에 있어서 사용자에 대항하는 힘이 증가하게 되는 장점이 있지만 조합원의 자격상 배타적 성격이 강해 노동자 전체의 생활수준의 향상이라는 측면에서는 취약점을 안고 있다.

産業別組合(industrial union)은 노동조합의 발전단계에서 볼 때 19세기 중엽 이래 산업자본주의가 발달하고 노동자간의 세계연대사상이 팽배할 무렵 반숙련 및 미숙련 노동자를 중심으로 하여 발전한 것으로 현재 가장 지배적인 조직형태인데, 이는 예컨대 운수산업·섬유산업·철강석탄업과 같이 동일한 산업에 종사하는 노동자로 조직되는 노동조합을 말한다. 따라서 동 조합의 장·단점은 전술한 직종별 조합의 그것과 상반의 관계에 있다. 즉 동종산업에 종사하는 숙련·미숙련노동자 전체의 지위향상에 유리하지만, 각 직종이나 직업에 있어서 단결력이나 사용자와의 교섭력이 떨어지는 약점을 지닌다.

마지막으로 企業別組合(company union)은 동일한 기업에 종사하는 노동자로서 조직되는 노동조합을 말하는데, 이는 그 규모의 면에서나 사용자의 지배·개입의 측면에서 볼 때 노동자지위향상을 위한 조합활동이 위축될 가능성이 많으므로 구미제국에서는 이러한 조직형태를 취하는 경우가 드물고, 미국에서는 御用組合(company dominated union), 독일에서는 黃色組合

---

[1] 朴相弼, 韓國勞動法, 대왕사, 1981, 133면.

(Gelbe Gewerkschaft)이라고 하여 적극적으로 이를 배척한 경험이 있다. 단지 일본은 노동시장의 폐쇄적 성격이나 기타 노동환경상의 특성으로 인하여 기업별 노조가 주종을 이루고 있다. 이는 근로조건의 결정들에 관하여 개개 기업의 특수한 사정을 충분히 반영할 수 있는 반면에 근로자 전체의 경제적 지위향상을 위하여 효과적인 구실을 할 수 없고, 어용조합화할 위험성이 내재하고 있는 치명적인 약점을 안고 있다.

현행법상 우리나라에서는 노조조직형태에 관해 노동자가 자유로이 선택할 수 있게 되어 있다. 과거 노동조합법 제13조 1항에서는 "근로조건의 결정권이 있는 사업 또는 사업장 단위로" 조합을 성립할 것을 강제하고 있었는데, 1987년 개정 때 위 조항을 삭제하였다. 본디 구법의 기업별 강제조항은 그것이 노조의 본질 및 헌법상의 노동기본권 보장의 취지에 비추어 위헌의 소지가 많으며, 실제 노조활동을 억압하는 독소조항으로 기능한다는 강한 비판을 받아 왔는바, 개정 때 이 조항을 폐지함으로써 현재는 법해석상 조직형태선택의 자유가 보장되어 있는 것으로 볼 수 있다.

3. 단체협약

노동조합이 사용자 또는 그 단체에 대하여 하는 단체교섭이 평화적으로 이루어지면, 그것을 바탕으로 단체협약이 체결된다. 단체협약은 노사관계의 안정과 산업평화를 확립함을 목적으로 하여 시초부터 평화롭게 체결되는 것을 원칙으로 하되 노동쟁의를 전개하다가 그 쟁의중지를 조건으로 하여 체결되는 경우도 있다. 개개의 근로계약과는 별도로 단체협약이라는 새로운 법현상이 나타나게 된 것은 근로자가 자신의 사회·경제적 지위를 향상시키기 위하여 단결하여 단체교섭을 통하여 근로조건의 결정에 참가할 수 있게 되었기 때문인데, 그것은 어디까지나 산업단체라는 사회관계가 존립하기 위한 조건으로서 노사간의 관계를 조정하려는 자주적 사회규범이 있었기에 가능했다. 그러므로 단체협약에 관한 제정법적 규정은 이러한 자주적 사회규범의 법적 표현이라고 보아야 할 것이다.

영국에서는 단체협약이 紳士協定(Gentleman's Agreement)이라고 인정되고 있으며, 단체협약에 관하여 법규정을 두고 있는 독일·프랑스·일본 등에

서도 이것은 어디까지나 노사간의 계약적 행위를 전제로 하여 탄생하는 자
치규범이라고 보아야 할 것이다.

團體協約의 내용은 다종다양한데, 그 성질에서 크게 규범적 부분·채무
적 부분 및 조직적 부분으로 구분된다. 규범적 부분이란 임금, 노동시간,
휴일·휴가, 해고·퇴직수당, 상여 등에 관한 규준을 정하여 노사간에 체결
되는 단체협약의 규범을 정한 부분을 말한다. 채무적 부분이란 협약당사자
의 평화의무라든가 준수의무 등에 관한 부분을 말한다. 조직적 부분이란
노사의 기본적 관계를 규정한 부분, 예컨대 노사협의회와 고충처리기관 등
의 조직과 운영에 관한 조항 내지 협정을 말한다.

4. 노동쟁의

노사간의 노동관계에 관한 주장이 불일치하여 대항적인 상태로 분립을
지속하고 있을 때, 여기에 노동쟁의라는 현상이 발생한다. 노동쟁의란 노사
의 거래관계에서 분쟁해결을 위하여 실력수단으로서 쟁의행위가 발생하고
있는 상태 또는 발생할 우려가 있는 상태를 말한다.

그리고 쟁의행위란 "파업·태업·직장폐쇄 기타 노동관계 당사자가 그
주장을 관철할 목적으로 행하는 행위와 이에 대항하는 행위로서 업무의 정
상적인 운영을 저해하는 행위를 말한다"(노동조합 및 노동관계조정법 제2조 6
호). 勞動爭議는 노사간 공동거래에서 자연발생적으로 일어나는 사회·경제
적 현상이므로, 그 예방해결에는 어디까지나 당사자의 자유와 책임에 입각
한 자주적 조정이 바람직하다(노동조합 및 노동관계조정법 제47조, 제48조).

노동조합 및 노동관계조정법은 분쟁해결의 방법으로서 調停仲裁의 2 종을
규정하고 있는데, 이러한 조정방식은 노사 당사자에 의해 자율적으로 정해질
수도 있고, 행정관청의 조력이나 개입에 의해서 정해질 수도 있다.

調停은 법률이 규정하는 분쟁해결방법 중 가장 중요한 것인데, 임의조
정과 강제조정의 2 종이 있다. 任意調停이란 당사자 쌍방의 조정신청으로
조정을 개시하는 것이며, 强制調停은 당사자의 의사 여하를 묻지 않고 법
규에 따라 개시한다. 그러나 강제조정이라 할지라도 개시를 강제하는 것이
지 내용을 강제하는 것은 아니다. 일반적으로 임의조정이 원칙이고, 강제조

정은 예외이다. 그리고 그 기관도 선진국가에서는 자주적 기관이 관습화되어 있으나, 후진국가에서는 대개 법정기관이다. 우리나라의 제도로는 노사당사자에 의한 임의조정위원회와 노동위원회 안에 설치된 상설기관인 調停委員會가 있다.

仲裁는 원칙적으로 노동관계 당사자 쌍방의 요청에 따라 중재위원회가 쟁의해결의 조건을 정하여 裁定으로서 쟁의를 해결하는 방법이다. 중재기관도 영국·미국·독일·프랑스 등의 선진국가에서는 노사간의 협약에 의한 제도와 입법에 의한 그것이 병용되고 있고, 우리나라도 마찬가지이다. 그리고 이것도 임의적인 것과 상설적인 것이 있는데, 우리나라의 상설적 중재기관은 노동위원회 안에 설치된 仲裁委員會이다.

한편 쟁의행위라 하여 무슨 짓을 하여도 좋을 수는 물론 없다. 쟁의행위가 위법이 되지 않고 민사·형사적 면책을 받기 위해서는 그 쟁의행위가 ‘正當한 行爲’(appropriate acts)이어야 한다(노동조합 및 노동관계조정법 제 4 조). 목적이 어디까지나 ‘근로조건을 유지·개선함으로써 경제적·사회적 지위의 향상’을 위한 것이어야 하며, 방법에 있어서 폭력을 행사하여 사람을 상해하고 건물·기계 등을 파괴하여서는 안 된다. 그러나 구체적 상황에서 그 한계를 설정하기란 상당이 불분명한 데다가 형식논리에 집착할 경우 부당한 법적용이 되기 쉬우므로 탄력 있는 해석이 필요한 대목이다. 그리고 방위산업에 관한 특별조치법에 의하여 지정된 주요 방위산업체에 종사하는 근로자 중 전력·용수 및 주로 방산물자를 생산하는 업무에 종사하는 자는 쟁의행위를 할 수 없다(노동조합 및 노동관계조정법 제41조 2 항).

이 규정에 대하여는 단체행동권의 본질적 침해라거나 평등원칙에 반하여 위헌이라는 비판이 강하게 제기되고 있으나, 이는 단체행동권의 제한 또는 금지를 규정하고 있는 헌법 제33조 3 항을 직접 근거로 하고 있고, 단체행동이 금지되는 것은 주요 방산업체에 있어서 방산물자의 생산과 직접 관계되거나 그와 긴밀한 연계성이 인정되는 공장에 종사하는 근로자에 한정하는 것으로 해석상 그 범위의 제한이 가능하며, 단체교섭에 있어서 발생하는 노동쟁의에 대하여 노동위원회의 알선·조정을 받을 수 있는 등 대상조치가 마련되어 있으므로, 위 조항이 평등의 원칙에 반한다거나 근로자

법학협회(1908)

우리나라에서 처음으로 근대적 법학을 배운 '법률가'들이 학회를 조직하여 1908년
(융희 2년) 3월 15일에 양정고보(養正高普)에서 창립총회를 가졌다. 매달 「법학협
회잡지」를 발간하고, 법률계몽활동과 토론회 등 활발한 활동을 하였으나 일제의 침
략으로 1916년에 해산되었다. 이 뜻깊은 기념사진에서 앞 줄의 중앙에 앉은 이면우
(李冕宇)·장도(張燾)·홍재기(洪在祺) 등 몇 분만 확인할 수 있지만, 법학을 통한
근대화와 애국의지를 진지하게 보여 주고 있는 표정들이다. 한국의 법학도는 이를
통하여 역사적 실존의식을 느끼고, 한국법문화의 발전을 위해 철저한 사명의식을
가져야 할 것이다(자세히는 최종고, 「한국법학사」, 박영사, 1990).

김병로(金炳魯, 街人, 1886－1964)

1886년 12월 15일(음) 전북 순창에서 태어났다. 1911년부터 메이지(明治) 대학·주오(中央) 대학에서 법학을 공부하였다. 1916년에 귀국하여 법학전문학교·보성전문학교에서 법학을 강의하다 1919년 3·1 운동을 겪고 변호사로 개업하였다. 애국변호사로서 법정투쟁을 하면서 신간회 운동에도 참여하였다. 해방이 되고, 과도정부 사법부장을 지내고, 정부수립 후 초대 대법원장 겸 법전편찬위원장이 되었다. 1955년 고려대학교에서 명예법학박사학위를, 1962년에는 정부로부터 건국공로훈장을 받았다. 1957년에 대법원장직에서 은퇴한 후 만년에는 민주정치를 위하여 재야정당 통합에 노력하다 1964년 1월 13일 서울에서 작고하였다. 선비와도 같은 청렴·강직한 법조상과 한국의 사법정신의 초석을 놓은 인물로 추앙된다(자세히는 최종고, 「한국의 법률가」, 서울대출판부, 2007).

의 단체행동권의 본질적 내용을 침해하고 과잉금지의 원칙에 위배된 규정이라고 볼 수 없다.[2]

5. 노동위원회

노동위원회는 노동행정의 민주화와 노사관계의 공정한 조절을 위한 특별행정위원회이며, 중앙노동위원회·지방노동위원회·특별노동위원회의 3종류가 있다. 中央勞動委員會는 전국적 단위이며, 地方勞動委員會는 서울특별시·광역시와 도단위의 노동위원회이다. 노동위원회는 노동부장관이 관리하되, 특별노동위원회는 당해 중앙행정기관의 장이 관리한다(노동위원회법 제 2 조). 노동위원회의 권한에는 노동조합 및 노동관계조정법, 근로기준법 기타 법령에 정한 사항을 심의결정하는 권한과 노동조합 및 노동관계조정법에 의한 조정·중재를 하는 권한과 기타의 근로관계를 처리하는 권한이 있다.

6. 근로계약

근로계약이란 당사자 일방이 상대방 기업에 종속하여 노무를 제공할 것을 약속하고 타방이 이에 대하여 생활의 필요를 충족시킬 수 있는 임금을 지급할 것을 약속하는 계약이며, 그 체결·이행 및 종료에 관하여 사회입법의 통제가 가하여지는 것을 말한다. 그러므로 노동자가 근로계약에 따라서 급부하는 노동은 생산적 노동, 즉 기업가의 기업에 충당되는 노동이며, 동시에 그에 대한 종속적 노동임을 필요로 한다. 요컨대 근로계약에서 종속적 노동은 자본제생산의 특유한 의의를 가진 것이기 때문에 종속적 노동이라도 기업이 아닌 것, 즉 일반가정의 가사사용인은 민법상의 고용계약에 따라야 할 성질의 것이지 근로계약과는 구별되어야 한다. 또한 기업관계의 노동이라 할지라도 친족만에 의한 사업에서의 노동은 근로계약의 대상이 될 수 없다.

또 근로계약에서의 급부인 종속적 노동은 필연적으로 사회입법으로 보호받는다. 즉 노동보호법은 근로계약체계의 형식적인 자유·평등을 실질적

---

2) 헌법재판소 1998. 2. 27. 선고, 95헌바10 결정.

인 그것으로 되도록 보호하여 준다. 그러므로 근로계약은 한편 諾成·雙務·有償의 채권계약이지만, 다른 한편 당사자 사이의 자유계약에 방임하지 않고 그 내용인 종속적 노동의 합리적 조정과 생활임금의 보장에 관하여 기업주에 사회적 책임을 과하며, 그 책임을 국가의 입법으로 감독·단속하는 점에서 사회법적 계약인 것이다. 勤勞基準法은 그러므로 노동보호법의 핵심이다.

7. 근로기준의 결정

勤勞基準法은 근로조건의 기준에 관하여 "근로자의 기본적 생활을 보장·향상시키며 균형 있는 국민경제의 발전을 기할" 수 있도록 하고(근로기준법 제1조), 또한 "勤勞條件은 근로자와 사용자가 동등한 지위에서 자유의사에 의하여 결정되어야 한다"라고 규정하였다(동법 제4조). 이리하여 종래의 보장 없는 자유계약과 공허한 인격개념 아래 짓밟힌 인간성을 현실적으로 보장하려는 것이다. 그것은 다만 노동력을 보호할 뿐만 아니라, 동시에 노동력의 소유자인 노동자를 인간으로서 보호하려는 것이다.

勤勞基準法은 근로계약·임금·근로시간·휴가·휴일·안전·위생·여자 및 연소자의 보호 등의 여러 면에서 노동보호의 실효성을 확보하였으며, 특히 노동자의 국민으로서의 선거권 기타 공적 직무의 집행에 필요한 시간을 근로시간중이라 할지라도 청구할 수 있도록 하였다(동법 제10조). 그리고 사용자는 폭행·협박·감금, 그 밖에 정신상 또는 신체상의 자유를 부당하게 구속하는 수단으로써 근로자의 자유의사에 어긋나는 근로를 강요하지 못하며(동법 제7조), 누구든지 법률에 따르지 아니하고는 영리로 다른 사람의 취업에 개입하거나 중간인으로서 이익을 취득하지 못하게 하여 중각착취를 배제하였다(동법 제9조).

Ⅲ. 사회보장법

1. 사회보장법의 의의

社會保障制度(social security)는 생존권보장의 실현수단으로서의 의의를 가지고 있지만 유일한 생존권보장의 실현수단이 아니라 다른 관련분야들과의 협력 속에서 이를 추구하고 있다. 생존권의 형성은 자본주의경제가 자유경쟁으로부터 독점화로 발전하고, 그 과정에서 생존의 기회조차 박탈당한 갖지 않은 자(have-nots)의 보호를 계기로 한다. 결국 生存權의 사상은 자유방임의 경제원리와 그 법적 지주를 이루는 소유권의 절대, 계약의 자유 등의 원칙에 대한 '갖지 않은 자'들의 저항의 산물이었다고 할 수 있다. 따라서 생존권이 현대법질서에서 기본권의 지위를 차지하게 된 것은 경제질서에 生活保障의 원리를 첨가시킨다는 것을 의미한다.

그러한 뜻에서 生存權의 실현은 정책적으로 사회정책·경제정책과 연결되고, 법적으로는 각종의 社會立法制定의 계기를 이루게 되는 것이다. 생존권이 결코 사회보장만을 그 실현수단으로 할 수 없다는 것은 그런 의미에서 이해될 수 있는 것이다.

문제는 社會保障法이 어떠한 분야에서, 어떠한 방법으로, 어떠한 원리에 입각해 생존권을 실현하는 것인가를 정확히 파악하는 데 있다. 일반적으로 社會保障法(law of social security)이 여타의 분야(노동법·경제법)들과 다른 면에서 생존권을 실현한다는 것은 사회보장법이 재산적 거래관계 내지 계약관계의 장으로서 생존권의 실현을 기도하지 않는다는 말이다. 노동법에서는 계약내용이나 근로조건 등에 직접적으로 간섭함으로써 생존권을 확보하려고 하나 사회보장법은 그러한 것은 아니다. 즉 사회보장법은 자본주의사회에서 계약관계에는 개입하지 않고 그 이외의 영역에서 생존권의 실현을 목적으로 하는 법이다. 따라서 기존의 법들과 중복되는 영역이 없지 않으나, 기존의 법들을 배제하려고 하는 것이 아니라 독자적인 생존권실현을 기도하고 새로운 생존권보장의 법체계를 수립하려고 한다. 사회보장법은 계약관계나 재산거래관계를 매개로 하지 않고, 생활주체의 사회인으로서의 생활상의 필요(need)에 부응하여 국가가 직접적으로 생활보호조치를 강구하고 거기에 생존권의 확립을 기도하려고 하는 법이다.

사회보장법이 재산적 거래의 계약관계를 장으로 하지 않고, 또한 계약관계를 매개로 하지 않는다는 것은 사회보장법에서의 생존권의 실현이 사회 자체 또는 그 법적 표현으로서의 국가와 사회구성원 사이에서 법관계로서 전개된다는 것을 의미한다. 즉 국가가 被保護者에 대하여 직접적으로 生活保障給與를 행함으로써 생존권보장의 책임을 이행한다는 점에서 사회보장법에서의 생존권실현을 위한 독자적 양태나 영역을 인정할 수가 있는 것이다. 그러한 뜻에서 사회보장법의 생존권과의 결합은 다른 제도들이나 법들에 비교하여 더 직접적이고 구체적이라고 할 수 있다.

2. 헌법의 사회보장규정

우리 헌법 제34조 1항은 "모든 국민은 인간다운 생활을 할 권리를 가진다"라고 규정함으로써 국민들에게 일반적으로 生存權 내지 生活權을 보장하고 있다. 물론 이른바 사회적 기본권에 속하는 조항들이 모두 국민의 생존권보장을 위한 규정이라고 볼 수 있으나, 생존권보장을 위한 사회보장에 관한 것은 이 제34조의 항목들을 들 수 있다. 즉 위의 제34조 1항의 규정에 이어 같은 2항에서는 "국가는 사회보장·사회복지의 증진에 노력할 의무를 진다"라고 규정하고, 다시 3항 이하에서는 여자, 노인, 청소년, 신체장애자 및 질병·노령 기타의 사유로 생활능력이 없는 국민의 복지향상을 위한 국가의 의무를 규정하고 있다.

'인간다운 생활'이란 일반적으로 인간의 존엄성에 상응하는 건강하고 문화적인 생활을 말하는데, 그러한 생활을 국민에게 보장해 주기 위하여 국가는 정책적으로 사회보장·사회복지를 증진·실현하여야 하며, 이러한 제도적인 국가의 책무가 다 행해졌음에도 불구하고 생활능력이 없는 국민이 존재할 때에는 법률이 정하는 바에 따라 국가는 이들을 보호하여야 한다.

이를 위한 현행법률로는 "사회보장기본법"을 비롯하여 사회복지사업법·아동복지법·노인복지법·모자보건법 등이 있다.

이 밖에도 국가는 국민의 인간다운 생활을 보장하기 위하여 경제질서에 관한 규제와 조정의 방법을 택할 수 있다. 즉 헌법 제119조 2항은 "국가는 균형 있는 국민경제의 성장 및 안정과 적정한 소득의 배분을 유지하고, 시장의 지배와 경제력의 남용을 방지하며, 경제주체간의 조화를 통한 경제의 민주화를 위하여 경제에 관한 규제와 조정을 할 수 있다"라고 규정하고 있다. 따라서 경제의 운영이 사회정의나 공공복리에 적합할 수 있도록 규제나 조정을 함으로써 간접적으로 모든 국민의 인간다운 생활의 확보라는 목적을 달성할 수 있을 것이다.

3. 사회보장법의 대상영역

사회보장법의 대상영역을 확정한다는 것은 사회보장제도에 무엇이 포함될 것인가와 반드시 일치하는 것도 아니고 일치시킬 필요도 없다. 다만 법리적 일관성과 체계성이 문제이다. 따라서 '법'의 영역에 포함되지 않는 것도 제도나 정책으로 취급될 수 있다. 그리고 기존의 다른 법영역에 포함되던 것도 취급할 수 있다. 한계영역에 있는 것으로서 양측으로부터 법의 접근이 가능하기 때문이다. 요컨대 법학적으로 사회보장법이라고 하는 새로운 法域의 성립을 인정함으로써 그 체계로서의 적극적 가치를 갖는 것을 대상영역으로 함이 타당할 것이다.

(1) 사회보장법

원래는 産災保險이 중심이고 법적으로는 노동법에 속해 있었으나, 오늘날은 노동자의 가족까지도 포함하고, 나아가 사회구성원 전체를 대상으로 하고 있으므로 公的 性格, 强制的 性格, 社會的 扶養性(질병·폐질·사망·노령·실업·업무재해 등)이 강하다. 이들은 질병의 발생과 노동불능에 의한 소득의 상실이고, 이 질병의 치료와 소득상실에 대한 일정한 소득수준의 유지가 보험급여의 목적이 된다. 따라서 사회보험입법이 사회보장법의 일부를 이루는 것은 확실하다. 그러나 그것이 당연한 것은 아니고, 급여의 요건(보험사고)과 급여의 내용(보험급여)으로 보아서 생활을 위협하는 위험에 대하여 생활보장급여를 행하는 것이기 때문에 이에 속하는 것이다.

(2) 공적 부조법

원래는 부양제도에서 출발한 것이나, 은혜적 요소를 빼고 무차별 평등의 원칙에 의한 사회적 부양제도가 되고 있다. 公的 扶助는 사회의 책임으로 사회구성원에게 일정한 생활수준을 확보해 주는 점에 그 특징이 있고, 그러한 의미에서 社會扶助라고도 불린다. 또한 의료급여와 소득보장급여라는 점에서 사회보험과 기본적 성격을 같이 한다. 그러나 공적 부조는 노동불능에 의한 사고에 대한 보상을 하는 것이 아니다. 즉 생활을 위협하는 위험의 종류에 대응하는 것이 아니라, 일정한 최저수준의 생활을 설정하고 그 이하의 자에 대하여 소득을 확보해 주는 제도이다. 따라서 사회보험과는 급여의 요건이나 모습에서 구별된다. 공적 부조입법은 생존권보장의 가장 기초적이며 직접적인 입법형식을 취하고 있는 생활보장급여 입법의 전형이라고 할 것이다.

(3) 사회복지법

일반적으로 금전적 급여에 의하지 않는 공적 서비스를 지칭하는 것이다. 개념은 불명확하나 다만 사회보장과의 관계만을 고찰한다. 소득능력(노동능력)이 없는 자들이 대상이나 이에 대한 소득보장급여는 아니고, 따라서 경제적 측면에서의 생활보장을 주목적으로 하는 것도 아니다. 오히려 금전급여에 의하지 않는 생활상의 핸디캡을 경감시키는 것이다. 따라서 일률적으로 사회보장법에 속하느냐 여부를 결정할 것이 아니라, 실질적으로 소득보장급여를 이루는 부분을 사회보장법의 영역에 속하는 것으로 보아야 한다.

(4) 공중위생

일률적이지 않은 것은 사회복지법과 같다. 이들 중 질병예방을 목적으로 하는 것은 확실히 사회보장법의 영역에 속한다.

4. 사회보장법의 체계

社會保障法은 이제까지 보아 온 바와 같이 모자이크식의 다양한 형태를 취하고 있어 체계화하는 것도 그렇게 간단하지 않을 것은 당연하고, 그렇기 때문에 논자에 따라 다양한 체계화가 이루어지고 있다. 그러나 대체적으로는 현행 입법에 따른 순리적이고 평면적인 방법과 법이념의 일관성을 중심으로 새로운 시도를 해 보는 두 가지 입장으로 나누어 볼 수 있을 것이다.

社會保障給與의 체계를 법이론적으로 구성해 본다면, 첫째로 傷病·老齡·廢疾 등의 생활위험 또는 생활불능에 대하여 상실된 소득의 보상을 목적으로 하는 금전급여의 부문과(이 생활불능급여가 소득보험급여의 체계를 이룬다), 둘째로 금전급여에 의한 소득보장을 목적으로 하지 않고 노동능력(소득능력)의 상실 또는 훼손에 대하여 그 회복을 기도하고 정상적인 생활능력을 유지할 것을 목적으로 하는 급여부문, 즉 障害保險給與(이른바 의료보험과 같으나 이 경우에 傷病에 대한 의료는 물론 사회복귀·보건급여 등을 포함하는 개념이다)로 나눌 수 있다. 위의 소득(보장) 급여와 장해급여가 실질적인 사회보장법을 구성한다. 그리고 이들 급여가 국가의 책임 아래 실시되는 과정이 공권력의 작용으로서의 국가(또는 그 권한을 위임받은 공적 단체)와 사회구성원과의 사이에 보장관계를 형성하고 있다. 이 공적 법관계의 전개 속에 위의 사회적 급여의 체계가 형성된다. 나아가 사회보장급여의 기초가 되는 재원의 조달·급여와 관계된 쟁송 등이 절차부문으로서 사회보장행정의 내용이 된다.

한 가지 유념할 것은 위의 체계는 사회보장급여의 성격과 기능에 착안하여 구성한 것이므로, 현행입법 체계와는 반드시 일치하지 않는다는 점이다. 예컨대 현행입법 속에는 소득보장급여와 장해보장급여가 하나의 법률로 되어 있는 경우도 있다. 그러나 현행입법의 이론체계가 타당치 않다는 것은 아니고, 다만 입법적으로 정비되어 있지 않을 뿐이므로 외양적으로 체계적이 아닌 것처럼 보일 뿐이다.

5. 한국 사회보장법의 구조

(1) 사회보장입법의 형성

우리나라 사회보장법의 입법배경은 과거 독일이나 영국·미국의 경우에서처럼 그것을 필요로 하는 충분한 사회·경제적 여건이 조성되지 않은 채 당위성만을 앞세워 졸속하게 이루어졌다는 데에 문제가 있다. 즉 심각한 경제불황·실업 등의 사회문제로 인하여 격렬한 노동조합운동이나 국민대중의 요구운동에 의하여 사회보장입법이 형성된 것이 아니고, 행정부가 일방적으로 성안한 것이 대부분을 이루고 있다. 따라서 사회보장의 입법내용도 관주도형의 성격이 강하고, 행정부의 사정과 사고방식이 많은 영향을 끼친 것이 사실이다. 그렇기 때문에 결과적으로 사회보장에 관계되는 법률 상호간의 체계상의 혼란이 초래될 수밖에 없었다. 특히 사회보장 입법의 초기과정에서 이 같은 혼란이 빚어졌는데, 이는 사회·경제적 배경의 미숙성과 입법과정에서의 졸속성을 그 원인으로 들 수 있다.

　지금까지의 사회보장에 관계되는 법률의 입법시기를 구분하여 보면, 1960년대 초기의 대량형성시기, 1970년대의 수정시기, 1980년대 초기의 정비시기로 일단 명명할 수 있을 것 같다. 그러나 이러한 입법시기간에도 상호관련성이 연면히 이어진 것도 아니고, 또한 그 실시를 위한 충분한 여건의 고려도 제대로 기울여지지 않았다. 오히려 각 시기의 사회보장 관계법은 그 배경과 여건이 달라짐에 따라서 여러 차례의 개정을 하였지만, 아직도 법률에 따라서는 현실과 상당히 괴리되는 경우가 많은 실정이다. 이와 같은 원인의 근본적 이유는 여러 가지가 있겠지만, 대량형성시기에 명분을 앞세워 여건과 제도의 조사 및 검토가 부족한 단계에서 입법을 서둘렀다는 점이 그 연원이 될 것이다. 그 뒤에도 이와 같은 병폐는 제대로 개선되지 않은데다 각 부처에서 서로 업무를 관장하기 위하여 졸속하게 입안한 현상도 없지 않아 법률이 제정된 이후에 사문화되기까지 하였고, 시행이 보류·연기된 것도 있다. 이러한 입법형성의 배경 때문에 우리나라의 사회보장법을 제대로 체제화한다는 것은 어려운 문제 중의 하나이다.

(2) 사회보장법의 체계

　우리나라의 경우 "사회보장에관한법률" 제2조에서 사회보험과 공적 부조의 두 가지를 사회보장의 구성체계로 보고 있었으나, 이것은 사회보장의 개념을 지나치게 좁게 파악하고 있다고 평가되었다. 이에 1996년 이 법이 폐지되고, 이를 대체하고 있는 사회보장기본법은 제3조에서 사회보장이라

〈내용을 기준으로 한 체계〉

부 문	사회보장법
사회보호법	공무원연금법·군인연금법·국민연금법·사립학교교직원연금법·산재보험법·군인보험법·의료보험법·공무원 및 사립학교 교직원의료보험법·선원보험법
공적 부조법	생활보호법·의료보호법
사회복지법	아동복지법·모자보건법·노인복지법·심신장애자복지법

함은 질병·장애·노령·실업·사망 등의 사회적 위험으로부터 모든 국민을 보호하고 빈곤을 해소하며, 국민생활의 질을 향상시키기 위하여 제공되는 사회보험·공공부조·사회복지서비스 및 관련복지제도를 말한다고 규정하여 사회보험·공공부조·사회복지서비스 및 관련복지제도를 사회보장의 구성요소로 보고 있다. 이에 따라 사회보장법을 체계화해 보면 위와 같다.[3]

사회보장체계를 소득보장급여와 의료보장급여로 구분하여 현재의 여러 가지 법률을 여기에 편입시키는 것은 다소의 무리가 있다 하겠다. 연금법에는 所得保障(장기급여)이 주이지만 단기급여로서 의료보장이 포함되어 있

〈보험급여를 기준으로 한 체계(소득보장급여법과 의료보장급여법)〉

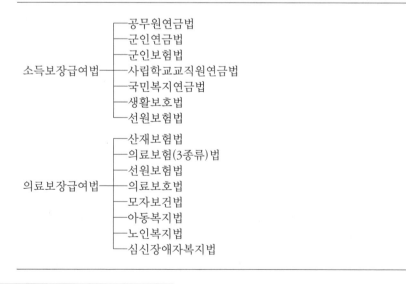

```
                ┌─공무원연금법
                ├─군인연금법
                ├─군인보험법
소득보장급여법──┼─사립학교교직원연금법
                ├─국민복지연금법
                ├─생활보호법
                └─선원보험법

                ┌─산재보험법
                ├─의료보험(3종류)법
                ├─선원보험법
의료보장급여법──┼─의료보호법
                ├─모자보건법
                ├─아동복지법
                ├─노인복지법
                └─심신장애자복지법
```

---

3) 金裕盛, 社會保障法, 동성사, 1986, 110면.

으며, 의료보험법과 산재보험법에는 의료급여가 주이지만 수당형태의 소득상실급여가 인정되고 있다. 또한 아래의 분류에서 生活保護法에서는 현행법상 의료보호가 큰 비중을 차지하고 있고, 船員保險法은 법률상 소득·의료급여를 전부 포함한 종합적 사회보험제도로 되어 있어 분류하기가 어렵다.

Ⅳ. 경 제 법

1. 경제법의 성립

경제법(economic law, Wirtschaftsrecht)이란 국가가 경제의 규제를 하기 위한 법규범의 총체를 말한다. 자본주의의 발전단계는 상업자본주의(수공업 내지 가내공업경제로부터 산업혁명까지)·산업자본주의(1750~1870) 및 독점자본주의(1870~현재)로 구분할 수 있다. 상업자본주의와 산업자본주의 시대에는 아담 스미스(A. Smith)의 「國富論」(*The Wealth of Nations*)에서 볼 수 있는 바와 같이 국가가 국민경제에 대하여 간섭하지 않고 자유방임(laissez‒faire)해 두면 '보이지 않는 손'(국민의 이기심과 자유경쟁)에 의하여 국가는 발전할 수 있는 것으로 생각하였기 때문에, 이러한 시대에는 국가가 국민경제에 간섭·규제하기 위한 경제법이란 존재하지 않았다.

미국에서는 1870년경부터 주요 생산품에 대한 독점이 발생하였으므로 자본가의 독점을 금지하여 가격의 자동적 조절작용을 회복하기 위하여 反트러스트法인 셔먼法(Sherman Act, 1890), 연방거래위원회법(1914) 및 클레이턴法(Clayton Act, 1914)이 제정되었다. 미국에서는 獨占禁止法이 경제법의 중핵을 이루고 있다.

또한 독일에서는 제 1 차 대전을 계기로 하여 경제법이 성립하였다. 즉 1914년 7 월 28일 제 1 차 대전이 발발하자 동년 8 월 14일 제국의회는 授權法(Ermächtigungsgesetz)을 의결하였는데, 이 법에 따라 비로소 전쟁중 법률에 의하지 않고 수권법에 기초한 명령 또는 행정행위에 의한 경제규제도 가능하게 되었다(그래서 1914년 8 월 14일을 경제법의 생일이라고 한다). 제 1 차

대전 후 1919년의 바이마르헌법은 사회민주주의를 표방하여 사회화를 위한
여러 입법이 행하여져 경제법 분야의 학문적 연구가 발전하였다.

　우리나라의 경제특별법이 대량으로 제정되기 시작한 것은 1960년 이후
이다. 즉 5·16 후 경제의 후진성을 극복하고 자립경제를 이룩하기 위하여
여러 경제특별법이 제정되었는데, 이것은 경제정책을 수행하기 위한 법적
수단이었다.

　이와 같이 경제법 발생의 계기는 나라마다 다르다. 그러나 미국에서는
경제법이 독점금지법을 그 주된 내용으로 하는 데 반하여, 우리나라 경제
법은 경제발전을 목표로 하는 점에서 독일의 경제법과 그 발생의 원인이나
사회적 기반이 공통한 것으로 볼 수 있다.

2. 경제법의 개념

(1) 경제법의 독자성

　경제법을 한 독립된 법분야로 보지 않는 經濟法否定說과 그와 반대로
한 독립된 법분야로 보는 肯定說이 있다. 부정설은 구설이며, 제 2 차 대전
전까지 존재하였다. 즉 클라우징(F. Klausing)은 경제법은 상법에 포함되는
것으로 생각하였다.[4]

　그러나 이러한 경제법 부정설은 현재에는 존재하지 않고, 오늘날에는
경제법은 일반적으로 독자적인 영역으로 인정되고 있다. 경제법은 국가가
기업과 개인의 경제활동에 대한 규제를 하기 위한 법규범의 총체이며, 민
법·상법 및 행정법의 대상이 아닌 일체의 경제활동에 대한 규제를 그 고
유한 영역으로 한다.

　대체로 경제조직법(영업의 허가·독점형성금지법·특수기업형태법·중소기업
법)·경제활동법(자금·금융규제법, 물자규제법, 물가규제법, 자원규제법, 대외경제
법)을 그 대상으로 하고 있다.

(2) 경제법의 개념

　경제법이란 무엇인가? 다시 말하면 경제법의 정의와 범위는 어떠하며,

---

4) F. Klausing, *Wirtschaftsrecht,*1931, S. 83; G. Rinck, *Wirtschaftsrecht,* 1963, S. 2.

무엇을 대상으로 하는가에 관해서는 네 가지 학설이 있다.

 1) 집 성 설 경제법은 경제에 관한 모든 법이라는 설인데, 1922년 누스바움(Arthur Nussbaum, 1877~1964)이 주장하였다. 그러나 이 설은 법률을 단지 모집함에 그칠 뿐이고, 경제법의 고유한 성격을 표시하지 못한 결점이 있다.

 2) 세계관설 17·18세기는 당시에 급격히 발전한 자연과학의 영향으로 '자연'이 기조였던 것처럼 현대는 '경제성'이 기조이며, 경제법은 이 '경제성'이 있는 법이라고 한다. 1922년 헤데만(J. Hedemann, 1878~1963)이 주장하였다. 그러나 '경제성' 개념이 명확치 않으며, 따라서 이 설에 의하면 경제법은 민법과 상법과는 구별할 수 없게 된다.

 3) 대 상 설 국민경제는 처음 자유방임주의에 입각하다가 자본주의가 일정한 발전단계에 이르게 되면 結集(카르텔·트러스트 및 콘체른: 곧 독점)이 있는 組織經濟로 전환된다. 대상설에 의하면 경제법은 이 組織經濟에 고유한 법이라는 것이다(조직경제설). 독점은 私法으로도, 행정적으로도 규율되지 않으며, 따라서 독점규제를 대상으로 하는 법이 공법·사법 이외의 제 3 의 법역인 사회법으로서 경제법이라고 한다. 이 설은 골드슈미트(Levin Goldschmidt, 1829~1897)에 의하여 주장되었다. 경제법의 대상을 명백히 밝히려고 한 점에 특색이 있어 독일과 일본에는 이 설의 지지자가 비교적 많다.

 4) 기 능 설 경제법은 국가가 경제를 규제하는 법이라고 하고, 경제에의 국가적 간섭을 경제법의 중심개념으로 한다. 이 설은 경제법의 기능면에 착안하여 경제법을 정의하려고 하므로 기능설이라고 한다. 경제법은 민·상법과 행정법에 의하여 규율되지 않는 모든 경제활동을 그 대상으로 하고, 또한 경제법의 대상은 사회·경제사정에 따라 다양하고 동태적인 성격을 띠므로 대상설에 의하기보다는 기능설에 의하여 경제법을 개념짓는 것이 오늘날 실제의 요청에 부합하며, 거시경제학에서 경제에 대한 국가의 후견적 기능이 강조되고, 현대국가에서는 국가의 경제에 대한 역할을 차츰 확대되는 경향이 있으므로 기능설이 타당하다고 생각한다.[5]

3. 경제법의 본질

(1) 경제질서와 법질서

무릇 사회질서에는 경제질서와 법질서가 있다. 경제질서는 규범성을

---

5) 黃迪仁·權五乘, 經濟法, 법문사, 1981, 19~21면.

갖지 않는 자연법칙에 가까운 경제법칙을 중심으로 하는 데 대하여, 법질
서는 인위적 질서이며 규범성을 갖는다. 경제질서는 자연법칙에 가까운 경
제법칙에 따라 기능하지만, 사회질서의 일부이기 때문에 법질서에 의해서
도 제약되는 관계이다.

(2) 자유주의경제의 법질서

이미 말한 바와 같이 자본주의는 상업자본주의·산업자본주의 및 독점
자본주의의 세 단계를 거쳐 발전하였다. 상업자본주의 및 산업자본주의 시
대(16세기~1870)에는 경제활동을 개인의 이기심과 자유경쟁에 맡기는 자유
주의(자유방임)를 바탕으로 하여 '보이지 않는 손'이 國富를 이룩하고, 수요
와 공급의 균형으로 결정되는 시장가격이 경제를 질서짓는 것으로 생각되
었다(가격의 매개변수적 작용, parametric function of prices). 이러한 자유주의
경제에서의 법질서는 계약의 자유와 소유의 자유(곧 사소유권의 절대성)를
원칙으로 하는 근대사법으로서의 시민법이다(각국의 민법전 및 상법전).

이들 자유를 위하여 법은 적극적인 입장을 취하는 것이 아니라, 이들
의 원칙에 대한 침해를 배제한다는 소극적인 입장을 취하는 데 그친다. 자
유경제에서는 국가가 경제에 대하여 간섭하지 않으며, 이 당시에는 경제간
섭의 법인 경제법이 존재하지 않았다.

(3) 독점자본주의경제에서의 법질서

자유자본주의경제는 1870년부터는 미국을 선두로 하여 독점자본주의로
바뀌었다. 즉 자유주의경제에서의 경쟁은 그 반대물인 독점으로 이행하였
다. 다시 말하면 대자본은 생산규모의 확대에 의하여 대량생산을 하고, 그
럼으로써 생산비를 인하하여 경쟁에서 소자본을 굴복시킨다. 이때 경쟁은
다음 두 형태를 취하여 정지된다. 첫째는 경쟁에 있어서 대자본이 소자본
을 흡수하여 버리거나(자본 내지는 기업의 집중), 둘째는 경쟁참가자가 상호
협정 또는 타기업을 예속시켜서 경쟁은 정지된다(기업의 결합 : 카르텔·트러
스트·콘체른). 이렇게 하여 생긴 독점체는 자기가 원하는 대로 가격을 결정
하므로, 가격의 자율적인 움직임에 따라 경제주체가 생산과 분배를 결정하
는 가격의 자동적 조절작용은 상실되게 된다. 또한 이 경우에는 자유경쟁

이 존재하지 않으므로 독점체의 영리추구는 절대적인 것이 되며, 따라서 이 영리추구의 절대적인 힘에 대하여 국가의 간섭이 불가피하게 된다.

이에 대하여 자유경제에 대응하는 법질서가 전적으로 타당한 규제를 할 수 없음은 명백한 일이다. 왜냐하면 독점의 폐단은 바로 시민법원리가 무비판적으로 적용되어 발생한 결과이기 때문이다. 그러므로 계약의 자유와 소유의 절대적 자유를 기본으로 하는 시민법 원리는 수정되어야 했다. 수정의 목표는 경제적으로는 社會的 市場經濟(soziale Marktwirtschaft)를 확립하는 것이며, 법률적으로는 국민 전체에 인간의 존엄성을 보장하고 인간다운 생활을 확보해 주는 '社會的 法治國家'(sozialer Rechtsstaat)의 건설이다. 수정의 방법은 두 가지로 나눌 수 있다. 하나는 계약의 자유를 인정하면서 개인간의 이해의 조정을 사회적(公共的) 견지에서 행하는 방법이다. 그리하여 民法에 있어서 信義誠實의 原則(민법 제 2 조 1 항), 權利濫用의 禁止(민법 제 2 조 2 항), 社會秩序(민법 제10조) —— 이른바 一般條項 —— 및 無過失責任의 法理가 나오게 되었다. 즉 私法에 있어서 개인주의로부터 단체주의로, 권위본위로부터 의무본위로의 경향이 대두되게 되었으며, '시민법 또는 개인주의법으로부터 사회법으로' 중점이 옮아가게 되었다. 이러한 현상을 '근대시민법의 전향'이라고 한다. 이러한 전환 속에 경제법의 태동을 엿볼 수 있으나, 이를 바로 '경제법' 자체라고 볼 수는 없다. 다른 하나는 계약의 자유를 제한하는 기초 위에서, 한편 국가는 경제계획에 따라 경제정책을 수행하기 위하여 경제에 대하여 국가가 공권력으로서 개입·간섭하고, 다른 한편 국가는 경제의 순환과정에 국가자금을 투입함으로써 자본의 재생산과정에서 외부의 존재에 불과하였던 국가는 직접 자본의 재생산과정에 개입하고, 경제의 순환과정에서 구성요소가 된다. 법치국가에서는 이러한 두 기능은 모두 법에 의거하여 수행된다. 이 법이 곧 경제법이다.

요컨대 오늘날 자본주의사회에는 자유경제의 법으로서 市民法과 국가의 경제간섭을 위한 經濟法의 두 체계가 있다. 후자는 전자를 기초로 하면서도 그에 대하여 특색을 나타낸다. 그것은 경제의 자동적 조절작용의 한계로 말미암아 생기는 자본주의경제의 전개과정에서의 모순·곤란을 '보이지 않는 손' 대신 '국가의 손'으로 바로잡아 국민 전체의 인간다운 생활을 확보하기 위한 것이고, 이에 경제법의 본질이 있다. 그리하여 재판규범인

私法이 수동적인 데 대하여, 경제법은 국민경제 전체의 이익을 목적으로
하고 능동적인 성격을 강하게 나타내는 것이다.

4. 경제법의 대상

독일의 민법학자요 노동법학자인 니퍼다이(Hans Carl Nipperdey, 1895~
1968)는 경제법을 다음 여섯 가지로 구분하였다.

1) **경제헌법**(Wirtschaftsverfassung)　　　이것은 경제질서의 기본원칙을 확
립하고 있는 헌법을 말한다.

2) **경제사법**(Wirtschaftsprivatrecht)　　　이것은 私企業의 조직형태, 사기업
자에 의하여 지배되고 있는 경제재화에 대한 권리, 사기업자의 다른 사기
업자 및 소비자에 대한 관계를 규율하고 있는 私法이다.

3) **경제행정법**(Wirtschaftsverwaltungsrecht)　　　공권력이 경제적 과정의
사법적 형성에 간섭하고, 또는 공권력 자체가 경제활동을 하는 것에 관한
법규정 및 법적 수단을 포함한다.

4) **경제형법**(Wirtschaftsstrafrecht)　　　국가경제 행정기구가 경제법규위반
을 처벌하기 위한 법규정이다.

5) **경제절차법**(Wirtschaftsverfahrensrecht)　　　특정한 경제법적 문제에 관
한 쟁송절차를 규정한 법을 말한다. 그것은 행정소송·형사소송·민사소송일
때도 있고, 헌법재판소의 대상이 될 수도 있다.

6) **국제경제법**(Internationales Wirtschaftsrecht)　　　국내경제법과 국제경
제법의 차이에 관하여 종래에는 구별의 기준을 法源에 두어 국내경제법은
국가가 자율적으로 제정한 법이고, 국제경제법은 국제조직과 협정에 기한
모든 규정이라는 견해가 있었으나, 현재에는 국제거래를 규제하는 법이라고
본다.[6] 따라서 국제경제법은 국제거래를 규율하기 위한 국내·국제법을 포
함하게 된다. 국제경제법의 범위를 이렇게 정한다면, 국제경제법의 내용은
조약에 국한되지 않고 널리 무역거래법과 외국환관리법 등 대외경제법(Auβ
enwirtschaftsrecht)을 포함한다. 국제경제법은 대체로 공법을 내용으로 하나,
미국의 국제거래법(Law of International Transaction)은 私法도 포함한다.

---

6) 張孝相, 國際經濟法, 박영사, 1985; 梁明朝, 國際獨占禁止法, 박영사, 1986 참조.

이상과 같은 경제법의 여섯 가지 구분은 경제법을 광의로 보고 그 대상을 구분한 것이다. 협의로 보통 경제법이라고 하는 경우에는 경제조직법 및 경제활동법을 말하고, 독일에서는 독점금지법까지 포함하여 다루고 있다.

5. 경제법에 있어서 규제

(1) 규제의 개념

종래에는 경제에 대한 국가의 간섭을 統制(Kontrolle)라는 말로 표현하였다. 그러나 통제라고 하면 권력적인 국가의 간섭을 의미하고, 오늘날 경제법에 있어서 국가의 간섭은 권력적·비권력적인 것을 포함하고, 또한 적극(보호·조성)과 소극(권리의 제한)의 양면을 포함하는 광범한 것이므로 통제라고 하지 않고 규제(Lenkung)라는 용어를 사용한다.

규제에 있어서 지배의 힘을 規制權이라고 한다. 헌법상 국민의 모든 자유와 권리는 존중되어야 하기 때문에 그것은 공공복리를 위하여 법률로써만 규제할 수 있다. 규제의 주체는 국가이며, 규제의 객체는 기업과 개인이다. 때로는 개인이 조합 등 단체를 구성하여 단체가 단체구성원을 규제하는 자치적 규제의 경우도 있다. 규제의 대상은 경제생활 —— 생산·교환·분배·소비에 관한 경제순환의 전과정 및 이에 관련되는 금융·운수 —— 및 경제생활에 관한 법률관계(매매·임대차 등)와 사실관계(생산·가공)에도 미친다.

(2) 규제의 방법

경제법에서 규제의 방법은 여러 가지가 있으나, 크게 나누어서 국가의 권력적·강제적 규제와 비권력적 규제로 구분할 수 있다.

1) 권력적·강제적 규제   경제법은 시민법에 의한 자유방임경제를 수정하는 것이므로, 권력적·강제적 규제인 경우가 많다. 이를 다시 다음 세 가지로 나눌 수 있다.

㈎ 법률에 의한 직접적 강제   규제가 법률에 의한 형벌에 의하여 —— 행정권의 발동 없이 —— 직접적으로 강제되는 경우이다. 예컨대 外國換管理法 제35조에 의하여 公定換率에 의하지 아니한 외환거래를 한 경우에 10년 이하의 징역 또는 1,000만원 이하의 벌금에 처하는 경우와 같다.

(나) 행정권에 의한 규제   법률에 기하여 다음의 형태로 행정권의 발동에 의하여 —— 원칙적으로 처벌과 병행하여 —— 행하여지는 경우이다. 경제규제의 대상이 다양하고, 변동성이 있고, 규제의 목적이 구체적이기 때문에 이 규제의 방법에 의하는 경우가 많다.

a) 명령적 행위   명령적 행위라는 것은 국민에 작위·부작위·급부·受忍 등의 의무를 명하고, 또는 의무를 면제하는 것을 말한다. 작위를 명하는 것은 不命이며, 이것에는 신고·보고가 있다. 부작위를 명하는 것은 금지이다. 또한 허가는 일반적인 제한금지를 특정한 경우에 해제하는 것이다. 허가 없이 한 행위는 무효가 된다.

b) 형식적 행위   이것에는 특허(設權行爲)나 인가(이것은 보충행위로서 규제자의 동의를 요하는 경우)가 있다. 인가 없이 한 행위는 무효가 아니고 취소할 수 있을 뿐이다(허가의 예는 은행법 제9조).

(다) 입법에 의한 사법관계에 대한 간접적 강제   일정한 경제정책을 시행하기 위하여 입법에 의한 간접적 강제를 하여 목적을 달성하는 것이다. 예컨대 조세입법에 의하여 간접적으로 경제를 규제하는 경우와도 같다.

2) 비권력적 규제

(가) 국가의 비권력적·사법적 수단에 의한 경제에의 개입   이것에는 국가가 경제활동의 주체가 되는 경우(특수기업형태)와 국가가 사경제에 경제적 지원을 하는 경우(보조금지급·손실보상)가 있다.

(나) 비권력적 행정지도   이것은 권고·지시·조언·요망 등의 방법에 의한다.

참고문헌 ──────────────────────────

[勞動法] : 金致善, 勞動法講義, 박영사, 1981, 同人, 勞動法總說, 서울대 출판부, 1982; 沈泰植, 勞動法槪論, 법문사, 1981; 朴德培·金亨培, 勞動法, 박영사, 1981; 辛仁羚, 勤勞基本權硏究, 미래사, 1985; 同人, 노동법과 노동운동, 일월서각, 1990; 이영희, 노동법, 법문사, 2001; 임종률, 노동법, 박영사, 2012.

[社會保障法] : 金裕盛, 社會保障法, 동성사, 1986; 申守植, 社會保障論, 박영사,

1983; 金東熙, 프랑스의 社會保障制度, 서울대 출판부, 1976; 張 壎, 社會保障法總論, 대구대학교 출판부, 1984; 金裕盛·李興在, 社會保障法, 한국방송통신대학 출판부, 1989; 이흥재·전광석·박지순, 사회보장법, 신조사, 2013; 고준기, 사회보장법, 고시계사, 2010; 전광석, 한국사회보장법론, 법문사, 2010.

　　[經濟法] : 黃迪仁·權五乘 공저, 經濟法, 법문사, 1983; 이병하, 한국경제입법연구, 평민사, 1983; 張孝相, 國際經濟法, 박영사, 1985; 梁明朝, 國際獨占禁止法, 박영사, 1986; W. 프리드만/朴秀赫 역, 現代經濟國家의 法原理(*The State and the Rule of Law in a Mixed Economy*), 법문사, 1986; 양명조, 경제법, 신조사, 2013; 정호열, 경제법, 박영사, 2010; 신현윤, 경제법, 법문사, 2014; 이기수·유진희, 경제법, 세창출판사, 2009; 권오승, 경제법, 법문사, 2011, 박노형·성재호·장승화, 국제경제법, 박영사, 2013.

연습문제

1. 社會法이란 무엇인가?
2. 勞動法의 법적 성격을 논하라.
3. 勞動組合의 법적 지위를 논하라.
4. 勞動爭議의 종류와 해결방법을 논하라.
5. 勤勞基準法의 내용을 설명하라.
6. 社會保障法의 이념을 논하라.
7. 우리나라 社會保障法의 체계를 논하라.
8. 經濟法의 개념을 논하라.
9. 經濟法의 체계를 논하라.

제22장

국제법학

> 그리하여 우리의 행복을 목표로 하는
> 모든 것 가운데 가장 좋은 것은 일반적
> 인 평화라고 하는 것이 분명하다.
>
> ―단테(A. Dante)

Ⅰ. 서 론

1. 국제법의 의의

'國際法'이란 말은 영어의 international law를 번역한 말인데, 중국에서
는 清末인 1864년에 미국인 선교사 마틴(William A. P. Martin)이 '萬國公法'
이라 번역하여 사용하다가 일본에서 미쯔쿠리 린쇼오(箕作麟祥)가 1873년에
'國際法'이라 번역하였다. 중국·일본·한국에서 근대적 법학은 국제법 관념
의 도입과 함께 시작되었다고 할 수 있다.[1] 국제법은 국가들이 형성하는
사회, 즉 국가들을 구성원으로 하여 성립된 국제사회의 법이다. 그리고 국
제법은 국제사회 그 자체의 단체적 구성과 기능 및 국제조직과 그 구성원
인 국가들과의 관계, 그리고 각 국가의 상호관계, 나아가서는 국제조직과
개인 간의 관계뿐만 아니라 직접 개인에 관하여 규율하기도 한다.

국제사회는 국가들로 구성된 단체이다. 종래 국제사회를 구성하는 국

---

1) 자세히는 李漢基, "韓國 및 日本의 開國과 國際法," 學術院論文集 제19집, 1980, 185~
241면; 崔鍾庫, 韓國의 西洋法受容史, 박영사, 1982.

가들은 제각기 고립하지 않고 상호교통하여 공동생활을 하여 왔다. 그러나 국가들 사이에는 공동의식이 충분히 자각되지 않고, 따라서 국제사회단체도 고유한 조직을 갖지 못하였기 때문에 '조직된 국제사회단체'를 형성하지는 못하였다. 그러므로 국제법은 공통의 국제적 문화이익을 위한 초국가적 법질서이기는 하였지만, 국제사회단체의 미조직화로 인하여 국제법의 법적 성격을 국가법이라는 의미의 공법이 아니고 오히려 私法에 따라야 할 성격의 것에 불과하였다. 그러나 국제법은 결국에 있어서 초국가적 법질서로서 당연히 인류의 문화법이기도 한 것이니, 각 국가의 특별한 합의를 필요로 하지 않고 국제법의 법적 구속력을 인정하려는 국제법상의 근본규범인 기본법의 가능성이 있을 수 있다.

우리나라에서는 1880년대 국제법의 개념이 도입된 후 일제 36년의 통치를 지나고 해방 후 6·25사변, 한일회담 등 국제법 지식을 필요로 하는 사건들이 발생하였고, 1991년 이래 UN회원국으로서의 역할 및 각종 국제행사와 중국·일본 등 인접국가와의 교섭을 통하여 국제법의 중요성을 실감하고 있다.

2. 국제법과 국내법

국제법과 국내법은 국제사회단체의 법과 국가사회단체의 법으로서 양자가 구별되는 것이며, 국제법과 국내법과의 관계는 종래 양자를 하나의 법체계에 소속하는 통일적 법질서라고 하는 一元論과 제각기 독립되어 상호 무관계한 두 개의 법체계라고 하는 二元論이 있었다. 오늘날까지 국제사정 아래서는 양자는 이질적 법체계로서 이원적으로 고찰되는 것이 당연하지만, 국제사회단체의 조직화가 추진되어 온 현상 아래서는 국제법과 국내법의 조정이 당연히 요청되는 것이다. 켈젠은 양자의 통일적 체계를 주장하였다.

국제법을 상위, 국내법을 하위로 보느냐 또는 국내법을 상위, 국제법을 하위로 보느냐에 관하여는 종래부터 학자간에 대립이 있어 왔는데, 국내법이 국가의 단독의사에 의하여 정립되며 국제법이 복수국가의 의사에 의하여 정립되기는 하지만, 양자에 있어서의 주체인 국가가 결국 동일국가인 이상 법논리적으로는 통일성을 갖는다고 주장하는 페어드로스(A. Verdross, 1890~1980) 등의 國際法上位說이 정당하다고 본다.

3. 국제법의 법원

國際法의 법원, 즉 존재형태는 條約과 國際慣習法이 있다.

1) 조   약   조약(treaty, Vertrag)이란 문서에 의한 국가간의 합의이며, 서로가 일정한 행위를 할 또는 하지 않을 것을 내용으로 하는 협약이다. 조약이 유효하게 체결되었을 때에는 당사국은 조약의 규정을 충실히 준수하고 성실하게 이행할 의무가 생기는 것이며, 조약에 의하여 국제법이 성립하는 것이다.

2) 국제관습법   국제사회에 있어서의 관행에 의하여 발생된 국제사회생활의 규범이 성문화되지 않고, 국제사회에 있어서 법으로서 승인되고 준수되게 되었을 때 국제관습법이 성립하는 것이다.

그 밖에 ‘法의 一般原則’, 즉 ‘文明諸國에 의하여 승인된 法의 일반원칙’을 국제법의 연원으로 인정하느냐에 관하여는 학설이 대립되고 있다. 다만 국제사법재판소가 재판할 때의 준칙으로서 ‘법의 일반원칙’이 등장한다는 이유만으로(국제사법재판소규정 제38조) 법의 일반원칙을 국제법의 法源이라고 단정하는 것은 무리인 듯하다. 이것은 국내법의 法源에서 논한 바와 같이 條理 또는 條理法을 국내법의 법원으로서 당연히 인정할 수 없는 것과 마찬가지이다. 그러므로 법의 일반원칙은 재판의 준칙은 될지라도 문명 각국이 국내법에서 인정한 법의 일반원칙이 동시에 각 국가 간에서 서로 다른 쪽에 대하여 준수하도록 인정된 것은 아니므로 국제법의 법원으로 볼 수는 없는 것이다.

4. 현대 국제법의 전개

제 1·2 차 대전을 바탕으로 성장한 현대 국제법은 국제사회에 있어서 경제관계의 중요성이 부각됨으로 인해 많은 변화를 거듭하고 있다. 국제경제를 규율하기 위한 국제경제법 내지 국제거래법의 등장 역시 이러한 변화를 나타내어 주는 것이다. 이 외에도 국제인권법·해양법·우주항공법·지역 국제법 등의 새로운 분야들이 자리를 잡아 가고 있으며, 비정부기구·기업· 개인 등의 국제사회에서의 역할증대로 인해 과거의 국가중심의 국제법의 틀에 근본적인 수정이 가하여지고 있다.

Ⅱ. 국제법의 주체

1. 국가의 구성요소

국가의 공통적 구성요소로서 오늘날 보통 인정되고 있는 것은 多數人 類의 一團(國民), 일정한 領域(광의의 領土) 및 政治的 權力(主權)의 세 가지 이며, 그 중 하나라도 결여되어서는 아니 되는 것으로 인정되고 있다.

이에 대하여 켈젠은 다음과 같이 반대한다. 즉 종래 국가의 구성요소로 인정되어 온 국민·영토·주권 중 국민 및 영토의 두 가지를 국가의 구성요 소에서 제외하고, 주권만을 국가의 구성요소로 보아야 한다는 것이다. 그가 말하는 것을 요약하면 국민은 인류가 구성하는 국가라는 것의 당연개념일 것이니 국가라는 개념에 흡수되는 것이다. 따라서 주권에서 분리하여 독립 적으로 국가의 구성요소는 될 수 없다. 영토도 또한 국가법질서가 실현되는 공간적 영역을 의미할 뿐이다. 따라서 국가는 영토와는 별개의 것이며, 영 토를 국가 자체의 요소라고 하는 것은 부정하여야 할 이론이라고 한다.

이상이 켈젠의 이론이며, 그것은 이른바 국가의 본체는 국가의 사회생 활과는 분리되어야 할 순전한 법률관계라고 하는 주장이다. 그러나 우리는 국가가 인간의 현실적인 생활관계를 초월하여 규정될 때, 우리 인간과 국 가는 그러한 관념적 관련에 좇게 되어 국가를 인정하는 실익을 이해할 수 없으니 켈젠의 국가관에는 찬동할 수 없다.

1) 국 민 국민이란 단일체로서의 국가를 구성하는 인류의 총체를 말한다. 국가의 구성원으로서의 국민의 자격은 國籍에 의한다.

국민(Staatsbürger)은 민족(Volk)과는 다르다. 민족은 언어·영토·경제생 활 및 문화 등의 공통성에 의하여 통일된 영속성 있는 공동체인 데 반하여, 국민은 국가의 정치적 목적에 의하여 결합된 인류의 정치적 단체의 구성원이다. 물론 민족의 결합은 국가에 대하여 강한 실재성을 주는 것이니, 국가는 민족을 그 실재의 기초로 하여야 하는 동시에 국가는 민족의 동질화에 대하여 미치는 영향이 크다. 그러므로 민족은 국가의 구역에 따라서 상대적으로 국민의 범위와 일치하는 경향을 가질 뿐이다. 따라서 근대국가에 있어서는 민족과 국민은 그 범위가 반드시 일치하는 것은 아니다. 즉 한 국가의 인적 구성요소로서의 국민이 여러 민족으로 되는 수가 있고, 또한 한 민족의 여러 개의 국가에 분속되는 예도 많다. 그러므로 민족의 측면에서 국민의 범위를 한정하려는 것은 과오를 범할 우려가 있다.

   2) 영 토   국가는 그 지배적 권력이 활동할 수 있는 일정한 공간적 범역을 필요로 한다. 이 공간적 범역을 領域 또는 광의의 領土라고 한다. 원칙적으로 국민은 그 영토 안에 정주하고, 또 그 영토 안에 들어오는 외국인은 그 국민과 마찬가지로 그 나라의 지배권에 복종한다. 영역을 구분하여 地域(협의의 領土)·水域(領海·領水) 및 空域(領空)으로 한다.

   3) 주 권   주권은 정치단체로서의 국가의 조직을 정할 수 있는 최고의 의사 또는 권력을 말한다. 이 통치권력으로서의 주권은 그 국민에 대하여 영토의 내외를 불문하고 권한을 가지며, 또 그 영토 안의 자국민·외국인의 구별 없이 권한을 발휘하는 것이 원칙이다. 보통 전자를 人民主權, 후자를 領土主權이라고 한다.

2. 국가의 권리의무

   국제사회의 구성원으로서의 국가는 국제법상 당연히 다음과 같은 권리의무를 가진다.

   1) 독 립 권   국가는 자주적 존재이며, 따라서 타국에 강제적으로 종속한다든가 병합된다든가 하지 않는 권리를 가지고 있다.

   2) 평 등 권   국가는 원칙적으로 국제법상 평등한 권리의무를 가진다. 국제법의 성립 자체가 국가의 평등을 전제로 하여 이루어진 것이므로 국제법상 국가의 기본적 지위는 평등을 전제로 해석하여야 할 것이다.

   3) 자 위 권   국가는 급박부정한 위해에 대하여 자신을 방위할 권

리를 가진다. 국가의 정당방위와 긴급피난을 합하여 자위권이라고 한다. 자위권 그 자체는 일종의 불가침권으로서의 충분한 근거를 가졌지만, 그 정당한 행사만을 확보한다는 것은 실제에 있어서는 매우 곤란하며 남용되는 수가 많았다. 그러한 경우에 대비하여 자위권의 국제적 통제를 설정함으로써 그의 정당한 행사를 확보하기 위하여 국제연합은 새로운 조치를 청구하고 있다(국제연합헌장 제51조).

 4) 내정불간섭의무   국가는 외국의 내정에 간섭하여서는 아니 된다. 그러나 이러한 불간섭의무는 조약에 의한 간섭의 가능성을 부정하지 않으며, 또한 부당하게 권리·이익을 침해받은 국가쪽에서 상대방에 그 주의를 요구한다든가 또는 손해배상을 요구하는 것을 부정하지는 않는다.

3. 국가의 승인

 국가의 승인이란 이미 국제사회단체에 소속한 국가들이 아직 국제사회의 일원이 아닌 신국가에 대하여 국제사회의 일원으로서의 자격을 인정하는 행위를 말한다.

 신국가는 승인을 받을 때까지는 국제법의 주체가 아니고 국제법상 인격이 없다. 신국가가 승인을 받기 위하여는 첫째로 국가로서의 요건을 구비하여야 한다. 즉 국가로서의 영속성과 자주성을 가지고 있어야 한다. 둘째로 국제법을 준수할 의사와 능력이 필요하다. 이상과 같은 요건을 갖춘 신국가에 대한 승인은 '적정한 승인'이지만, 아직 그러한 요건을 갖추지 못한 신국가에 대한 승인은 '尙무의 승인'이라 하여 국제법상 불법이다. 또한 다수국가가 승인을 하고 있는데, 승인을 하지 않은 국가가 있을 때에는 그 국가는 신국가로부터 비우호적이라는 취급을 받는다. 그러나 그렇다고 그 불승인이 국제법상 의무위반이 되는 것은 아니다.

 承認은 단독행위이며, 명시적 승인과 묵시적 승인이 있다. 승인의 효과는 승인을 한 국가와 승인을 받은 국가 사이에 정식으로 국제법상의 관계가 생긴다. 국가의 승인과 구별되어야 할 것에 정부의 승인이라는 것이 있다. 어느 나라의 정부가 변경되었을 때, 그 국내법상 합법적으로 행하여진 것은 승인을 필요치 않는다. 그러나 비합법적으로 행하여졌을 때, 예컨대 혁명·쿠데타 등에 의하였을 때에는 타국으로부터 그 나라를 정식으로 대표할 자격을 가진 정부로서 승인을 받아야 한다. 이러한 정부의 변경이 있더라도 종래의 국가가 존속하는 한 다시 국가의 승인을 받을 필요는 없다.

4. 국가의 유형

국제사회의 구성원인 국가의 유형은 여러 가지 관점에서 분류되는데, 그 주요한 것은 다음과 같다.

(1) 국제법상 능력에 의한 분류

1) **독 립 국**   국제법상 완전한 능력을 가지고 타국으로부터 제한을 받지 않는 국가를 독립국이라고 한다.

2) **비독립국**   국제법상의 능력이 타국의 제한을 받는 국가를 말하는데, 一部主權國 또는 半主權國이라고도 불리운다. 비독립국에는 다음의 세 가지 종류가 있다.

(개) **종 속 국**   종속국은 附庸國이라고 하여 우월국, 즉 종주국에 의하여 인정받은 범위 안에서만 국제법상의 능력을 가지는 국가이다. 제1차 대전 전의 터키와 이집트와의 관계가 그것이다.

(내) **피보호국**   피보호국이란 자국보다 강력한 국가의 보호 아래있는 국가를 말한다. 보호국은 피보호국의 방위에 관하여 국제적 책임을 부담함으로써 피보호국의 내정·외교에 대하여 간섭할 수 있는 권리를 가진 국제법상의 보호관계이다. 보호관계는 보호국과 피보호국 간의 보호조약에 의하여 설정된다. 피보호국은 보호조약에 의하여 국제법상의 능력의 일부를 가지는 것이다.

(대) **위임통합국**   제1차 대전 후 국제연맹규약 제22조에 의하여 규정된 변형적 보호관계이다.

(2) 국가의 결합형태에 의한 유형

1) **단일국가**   완전한 주권과 독립을 향유하고, 국제법상 완전한 능력을 가진 국가를 말한다.

2) **복합국가**   두 개 또는 그 이상의 국가가 결합하여서 된 것으로서 공통의 통치작용 또는 기관을 가진 국가이다. 그것은 人的·物的 同君聯合과 國家聯合·聯合國家로 분류되며, 오늘날 의미를 가지는 것은 국가연합과 연합국가라고 할 수 있다.

㈎ **국가연합**   국가연합은 복수국가의 공동방위 또는 일반적 안녕을 목적으로 하는 조약에 의한 결합이다. 그러므로 국가연합의 중앙기관은 군사 또는 외교에 관하여는 고유한 작용을 가지지만, 기타의 점에 있어서는 연합구성 각 국가는 제각기 국제인격을 가진다. 연합기관의 세력은 직접적으로는 각 구성국가의 국민에게 미치지 못하고, 구성 각국의 기관을 통하여서만 간접적으로 미치는 것이 원칙이다. 그리고 1750~1795년의 화란연방, 1781~1789년의 미국연방, 1815~1848년의 스위스연방, 1815~1866년의 독일연방 등이 그것에 해당한다.

㈏ **연합국가**   연합국가란 헌법·중앙기관 및 정부를 가진 북미합중국의 州, 또는 스위스의 칸톤의 영속적 결합과 같은 현상의 국가를 말한다. 연합국가는 완전한 주권과 독립을 보유함으로써 국제법상 완전한 능력을 가진다. 그러나 연합국가를 구성하는 각 지분국은 그 자신만으로는 국제인격을 향유하지 않으므로 하나의 국가로서 취급을 받지 못한다. 1789년 이후의 미합중국, 1848년 이후의 스위스 등이 그것이다.

(3) 국제법상의 권리의무에 의한 유형

永世中立國은 자위 이외의 목적으로서는 전쟁에 참가하지 않고 타국의 전쟁상태에 가담하여야 할 의무를 부담하지 않겠다는 것을 조건으로 하여 다른 국가들 사이의 조약에 의해서 그 중립 및 독립 또는 영토보전을 보장받은 국가를 말한다. 영세중립국과 그 보장국과의 조약에 의해서 결정된다. 영세중립국제도는 강국들 사이에 완충지대를 창설함으로써 세력의 균형, 즉 평화를 유지하려는 것이 목적이다. 현재는 스위스와 오스트리아뿐이다.

(4) 기타의 유형

1) **영국자치령**   본래의 영국 식민지가 점점 국내적으로는 자치가 인정되어 대외적으로 국제인격을 갖게 된 것을 말한다. 英帝國은 정부조직

을 가진 20개 이상의 통치조직체에 의하여 구성되어 있다. 이러한 통치조 직체 중에서 자치조직을 확립하여 내치외교에 걸쳐서 영본국의 어떠한 제 약도 받지 않는 것만이 자치령이다. 캐나다·뉴질랜드·오스트레일리아·남 아연방·아일랜드자유국 및 인도가 그것이다.

2) 바티칸시국   원래는 로마 교황청이며, 1870년 이래 국가로서의 지위를 잃고 있었는데, 1929년 라테란조약에 의하여 이탈리아가 이를 국가로 서 인정하여 다른 나라들도 이에 따랐다. 따라서 국제법상의 법인격도 가지 고 있어 다른 나라들과 외교관계를 수립하고, 외교사절을 파견하고 있다.

Ⅲ. 국가 이외의 국제법의 주체

1. 개   인

특정한 경우에는 개인도 직접 국제법에 의하여 권리의무를 갖는 수가 있다. 조약으로 어느 외국인에게 권리를 부여하는 것이 규정된 경우, 또 국 제관습에 의하여 개인이 국제법의 주체가 되는 경우, 예컨대 외교사절에 대한 특권, 해적행위의 금지 등이 그것이다.

최근 국제법에 위반된 행위를 행한 개인에 대하여 국제적으로 문책하 고 처벌하는 경향이 강해졌다. 제 2 차 대전 후에 전쟁범죄인의 처벌이 널 리 행하여졌던 것은 국제법상 개인의 의무의 존재를 명시하는 것이다.

2. 개인 이외

개인 이외의 국제법의 주체로 인정되는 것에 交戰團體·國際聯合 및 國際員會가 있다. 국가 안에서 내란을 일으킨 폭도의 일단인 교전단체도 특정조건 아래서는 교전에 관한 한 국제법의 주체로 인정된다. 국제연합헌 장은 연합가맹국에게는 국제법이며, 이 헌장에 의하여 국제연합은 법률행 위능력만이 아니고 그 목적달성을 위한 필요한 특권을 향유할 수 있다.

그러므로 국제연합은 국제법의 주체이다. 국가간의 합의에 의해서 소정의 목적달성을 위하여 설치된 국제위원회도 또한 직접 국제법에 의해서 권리의무를 가지니 국제법의 주체이다. 국제하천위원회 또는 해협위원회 등이 그것이다.

Ⅳ. 국제연합

1. 국제연합의 성립

국제평화기구로서의 국제연합은 제2차 대전 후 성립하였다. 국제연합 헌장(Charter of United Nations)은 1945년 4월 25일에서 6월 26일 사이에 샌프란시스코회의에서 성립되었다. 그리고 국제연합은 1945년 10월 24일 탄생하였으며, 1946년 1월 10일부터 활동을 개시하였다. 또한 국제연합본부는 미국 뉴욕에 있다.

2. 목적과 원칙

國際聯合의 목적은 헌장 전문 및 제1조에 규정된 바와 같이 국제평화 및 안전의 유지, 우호관계의 발전과 평화의 강화, 국제협력, 공동목적달성 이 중심이 되는 것이다. 이러한 목적달성을 위하여 국제연합이 행동할 때 따라야 하는 원칙은 첫째가 주권평등의 원칙이며, 둘째는 성실한 의무이행 이며, 셋째가 분쟁의 평화적 해결, 그리고 넷째가 무력적 위험 또는 행사의 금지이며, 다섯째가 원조의무, 여섯째가 비가맹국의 협력확보이며, 일곱째 로 국내문제의 불간섭의 원칙이다.

3. 가 맹 국

국제연합은 원가맹국과 가입국으로 구성된다. 原加盟國이란 샌프란시 스코회의에 참가한 국가 또는 1942년 1월 1일의 연합국선언에 서명한 국 가로서 헌장에 서명하고 이것을 비준한 국가이다. 가입국이란 연합성립 후

헌장에 규정된 조건에 따라서 참가한 국가를 말한다. 2009년 4월 현재 UN
의 가입국은 194개 국이다.[2] 1991년에 남북한도 동시에 가입하였다.

4. 기   관

국제연합의 주요 기관에는 총회·안전보장이사회·경제사회이사회·신탁
통치이사회·국제사법재판소 및 사무국이 있다.

1) **총   회**   총회는 연합의 모든 가맹국으로서 구성된다. 1 년에 1
회 정기총회를 연다. 총회의 임무와 권한은 대단히 광범하나, 그 대부분이
권고적 성질의 것이다. 총회는 헌장의 범위 안에 있는 것 또는 헌장에 규
정된 각 기관의 권한 및 임무에 관한 모든 문제 또는 사항을 토의할 수 있
으며, 그에 관하여 가맹국 또는 안전보장이사회에 대하여 권고할 수가 있
다. 총회에 있어서의 중요한 문제에 관한 결의는 출석하여 투표한 가맹국
의 3 분의 2 의 다수결에 의한다.

2) **안전보장이사회**   안전보장이사회는 국제연합국 중 15개 국으로
조직된다. 그 중의 5 대 국, 즉 미국·영국·러시아·프랑스·중국이 상임이사
국이며, 기타의 10개국은 총회가 3 분의 2 의 다수결로 선거하고, 임기는 2
년이며 매년 5 개 국씩 교체하는 비상임이사국이다. 임무는 주로 국제평화
및 안전의 유지이다. 이 이사회의 투표는 절차사항 이외의 문제에 관하여
는 상임이사국의 찬성투표를 포함하는 9 개 이사국의 찬성투표로 한다. 상
임이사국은 반대투표로써 이사회의 결의를 불가능케 하는 권한, 즉 거부권
(veto)을 가진다고 할 수 있다.

3) **경제사회이사회**   이 이사회는 경제적·사회적·문화적·위생적 국
제문제를 처리하는 이사회이다. 총회에서 선거된 18개의 연합국으로 구성
된다. 그 임기는 3 년이되, 시초는 그 중 6 개 국은 임기가 1 년, 다른 6 개
국은 2 년, 기타의 6 개 국은 3 년이며, 매년 6 개 국씩 선출한다. 결의는 출
석하여 투표하는 이사국의 과반수로 성립된다.

4) **신탁통치이사회**   신탁통치에 관한 기관이며, 총회의 지시 아래

---

2) 아시아 46국, 아프리카 54국, 유럽 45국, 북아메리카 23국, 남아메리카 12국, 오세아니아
   14국이다.

신탁통치에 관한 문제들을 취급한다. 이 이사회는 ① 신탁통치지역을 통치하는 연합국, ② 안전보장이사회의 상임이사국 중 신탁통치지역을 통치하지 않는 국가, ③ 총회에서 3년의 기간으로 선거된 다른 연합국의 대표 등으로 구성된다. 결의는 출석하고, 또 투표하는 이사국의 과반수로 성립된다.

5) **국제사법재판소**　　　국제사법재판소는 국제연합의 주된 사법기관이며, 네덜란드의 헤이그에 있다. 이 재판소는 제1차 세계대전 후에 설립된 상설국제사법재판소규정을 기초로 하여 만들어진 1945년의 규정에 따라서 임무를 수행한다. 이 재판소의 재판관은 연합의 총회와 안전보장이사회에서 선거하여 그 쌍방에서 과반수의 투표를 얻은 자가 된다.

6) **사 무 국**　　　사무국은 사무총장과 연합에 필요한 직원으로 구성되어 국제연합의 사무를 취급하는 기관이다. 사무총장은 총회에서 임명된다. 직원은 총회에 의해서 설정된 규칙에 의하여 사무총장이 임명한다.

V. 외교사절과 영사

1. 외교사절

외교사절은 국가를 대표하는 주로 외교교섭을 행하는 기관이다. 상임과 임시의 외교사절이 있다. 외교사절은 大使·公使 및 代理公使 3등 계급으로 구분하고 있다. 자국이 임명한 외교사절을 상대국에 파견하는 데 있어서는 그 사람의 성명·인물·경력 등을 상대국에 통고하고, 앞서서 상대국의 승인을 얻는 것이 관례이다. 이 경우에 있어서 상대국이 그 인물을 무방한 인물이라고 인정하고, 자국주재를 동의하는 것을 아그레망(Agrément)을 준다고 한다. 상대국의 아그레망을 얻은 외교사절은 그 계급에 따라서 원수 또는 외무장관으로부터 신임장을 받아 부임한다.

외교사절의 직무는 직접 외교교섭을 행하는 것, 주재국의 군사·외교·경제 기타 필요한 사항을 관찰하고 필요한 보고를 본국에 보내는 것, 자국민의 보호 및 감독 등이다. 외교사절은 그 주재국에서 광범한 특권을 가진다. 이 특권은 보통 불가침권과 각종의 特權·免除로 나누어진다. 불가침권은 사절의 신체·명예·문서·통신 및 관사가 그 의사에 반하여 침해당하지 않는 권리를 말하며, 특권과 면제 중 免除란 사절은 주재국의 관할권에 복종하지 않는 권리를 말한다. 따라서 그 재판권·경찰권·과세권 등에서 제외받는다. 외교사절의 수행원(館員·家族·雇傭人)에 대하여도 일정한 특권이 인정된다.

2. 영   사

영사는 외교사절과 같이 국가를 대표하는 외국에 파견되는 대표기관은 아니다. 영사는 주로 경제상의 이익, 특히 자국의 통상항해상의 이익보호 및 채류자국인의 보호를 임무로 한다. 영사도 외교사절과 같이 일정한 특권이 인정되나, 외교사절의 그것보다는 좁다. 영사는 외교사절과 달라서 주재국의 정부와 직접 교섭할 수가 없고, 지방관헌과 교섭할 수 있을 뿐이다. 영사에는 總領事·領事·副領事·領事代理의 계급으로 구분된다.

Ⅵ. 분쟁의 평화적 해결

1. 국제조정

국제조정에는 보통 國際調停委員會가 분쟁당사국의 주장을 듣고, 그 타협을 취함으로써 분쟁을 해결하는 방법이다. 오늘날 조정에는 국제심사위원회·국제조정위원회·국제연합의 심사의 세 종류가 있다. 그 중 國際調停은 국제재판과는 달라서 분쟁당사국을 구속할 수는 없다. 당사국이 그 조정안에 동의하였을 때만 분쟁의 해결이 가능하다.

2. 중재재판

중재재판은 보통 당사국이 선임한 중재재판소가 법을 적용함으로써 분쟁을 재결하는 것을 말한다. 국제중재에는 임의적 중재와 의무적 중재가

있다. 常設仲裁裁判所는 1899년의 "국제분쟁의 평화적 처리조약" 및 1907
년의 수정조약에 의한 것이다. 상설된 재판관명부 중에서 분쟁당사국이 재
판관을 선임하여 재판소를 구성한다.

3. 사법재판

이것은 중재재판과는 달리 분쟁당사국으로부터 독립적인 재판관에 의
해서 구성되는 國際司法裁判所에 의한 국제재판의 방식이다. 국제사법재판
소는 국제연합의 주요 기관의 하나이다. 재판관의 임기는 9년이다.

Ⅶ. 분쟁의 실력적 해결

1. 보   복

보복이란 타국이 부당한 행위에 의하여 자국의 이익을 침해하든가, 또
는 타국이 우의 또는 예의에 반하는 행위를 하였을 때 자국도 마찬가지의
행위에 의하여 이에 보복하는 것을 말한다. 예컨대 자국의 화물에 대하여
부당한 고율의 관세를 과한다든가, 자국민에 대하여 부당한 대우를 한다는
경우에 있어서 자국도 상대국에 대하여 부당한 행위로 대하는 것을 말한
다. 즉 "부당을 갚는 데 부당으로 한다"는 것이 보복이다.

2. 복   구

복구란 타국의 불법행위에 의하여 자국의 권리가 침해되었을 때, 평
화적 수단으로 이것을 중지 또는 구제할 수 없을 때에 상대국의 불법행위
와 같은 정도의 불법행위로 상대국의 권리를 대등한 범위에 있어서 침해
하는 행위를 말한다. 복구는 타국의 불법행위에 대하여 그 책임을 추궁하
는 수단이나, 특히 금지된 경우가 아니면 합법적이다. 복구에는 병력에 의
한 것이 있다.

3. 간   섭

간섭이란 국제분쟁 당사국의 일방이 국제법위반을 하였을 때, 타국의 자력에 의한 구제를 하지 못할 경우에 제3국이 분쟁 당사국의 일방에 가하는 강제를 말한다. 안전보장이사회는 평화에 대한 위협, 평화의 파괴 및 침략행위에 대하여는 국제평화 및 안전을 유지 또는 회복하기 위하여 경제단교, 교통수단의 중단, 외교관계의 단절을 행할 수 있도록 하였다(헌장 제39조 이하).

Ⅷ. 안전보장과 전쟁

1. 전쟁의 금지

국제사회는 원래가 평화단체인 데도 불구하고 종종 국제적 분쟁의 강력한 해결수단으로서의 전쟁을 최후의 수단으로서 허용하였기 때문에 때로는 '도덕적 정의'라든가, 때로는 '문화를 촉진하는 요소'라든가 하여 전쟁에 대한 변호가 계속되었던 것이다. 그러나 최근에 와서 원자력병기의 출현을 계기로 하여 인류는 그 생존과 문화를 유지하기 위하여 국제법상 전쟁을 국제적 분쟁해결의 수단으로 인정하지 않고 있으며 이를 불법화하여 금지하게 되었다.

물론 인류의 전쟁금지를 위한 기도는 오래전부터 계속되어 왔다. 20세기에 있어서만 하여도 "契約上의 채무의 회수를 위하여 하는 병력사용의 제한에 관한 계약"(1907)·"國際聯盟規約"(1919)·"不戰條約"(1928)·"個別條約"(로카르노조약, 1925)·"蘇聯聯邦不侵略條約"(1925~1933)·"國際聯合憲章"(1945년) 등이 있다. 이러한 조약들로 말미암아 전쟁과 병력행사는 일반적으로 위법적인 것으로서 금지되고, 그 가능성은 국제법상 인정되지 않도록 되었다. 그리고 침략전쟁이 국제범죄로서 단정되고, 제2차 대전에 관하여 독일과 일본은 현실적으로 그 처벌을 받았던 것이다.

2. 전   쟁

"전쟁은 경험하지 않을수록 좋다"(Dulce bellum inexpertis)라는 에라스무스(Erasmus)의 표현이 있듯이, 국제분쟁의 해결수단으로서의 전쟁이 금지되고 범죄화되었는 데도 불구하고 실제에 있어서는 모든 국가가 국제법을 충실히 준수하는 것을 기대할 수는 없는 것이니, 평화의 파괴와 침략이 사실상 발생하는 것이다. 사람들은 경우에 따라서는 칼을 잡지 않고서는 계속하여 칼에 대항할 수 없을 것이다(라드브루흐). 따라서 분쟁당사국간에 병력을 가지고 하는 투쟁이 나타나면 전쟁이 일어나고 만다.

아직 윤리학은 전쟁의 문제를 해결하지 못하고 있다. 윤리학의 가치판단은 전쟁 및 그것에 포함되는 결정에 관계되지 않고 개인의 전쟁에 대한 참가, 즉 그에게 전쟁책임이 있는가 없는가에 관계할 뿐이다. 전쟁은 정치의 수단을 바꾼 정치의 계속에 지나지 않는 것이며, 모든 정치는 전쟁의 가능성에로 지향하고 있다. 침략전쟁이 보통이지만 정당한 전쟁, 이른바 正戰(just war)의 개념도 존재한다. 전쟁이 개시되면 交戰法規가 적용된다. 그리고 중립국이 있을 때에는 중립법규의 적용이 필요하게 된다. 교전국 상호간의 관계를 규율하는 교전법규와 교전국과 중립국과의 관계를 규율하는 중립법규를 총칭하여 戰時法(Kriegsrecht)이라고 한다.

3. 교전법규

전쟁이란 국가가 투쟁의 의사로서 상대국을 자국에 굴복시키기 위하여 국제법상 허용된 모든 수단을 동원하는 상태를 말한다.

1) **전쟁의 개시**   전쟁개시에 있어서는 전쟁선언(宣戰) 또는 최후통첩에 의하지 않으면 적대행위를 개시할 수 없다. 이에 관하여는 1907년의 "전쟁에 관한 조약"이 있다.

2) **전   투**   전투행위를 하는 것은 전투원에 한하며, 병력에 참가하지 않는 비전투원은 전투를 하여서는 아니 되고, 또한 그에 대하여 전투를 하여도 아니 된다. 전투원에는 정규군과 비정규군, 즉 민군과 의용군이 있다.

3) 공　　격　　　도시·촌락·주택건물 등의 병력에 의하여 방수되지 아니한 것에 대한 공격은 금지되어 있다. 비행기에 의한 공폭이 허용되는 것은 군사목표(군수·군사공장·군수공장·군사목적에 사용되는 교통선)에 한정되며, 국민을 위협하거나 군사적 성질을 갖지 않는 사유재산을 파괴 또는 훼손하고 비전투원을 손상하는 것을 목적으로 하는 공폭은 금지되어 있다.

4) 포　　로　　　일국의 병력을 구성하는 자가 적에 체포되어 일정한 취급을 받을 법적 지위를 포로라고 한다. 포로에 관해서는 육전의 법규·관례에 관한 규칙이라든가, 1949년의 "포로대우에 관한 조약"(제네바협정)이 있다. 포로는 인도적으로 취급하여야 하며, 학대하여서는 안 된다. 포로는 그 명예와 인격을 존중받을 권리가 있으며, 일신에 속하는 것은 그 소유에 속한다. 포로를 잡은 국가는 그것을 급양할 의무가 있다. 포로를 노동에 사용할 수는 있지만 그 노동이 과도하지 않고, 육체적으로 적당하며, 군사행동에 관계없는 노동이어야 하며, 또한 불건강한 또는 위험한 노동이 아니고, 징벌적 노동이어서도 안 된다. 전쟁종료 후에는 포로는 본국에 송환되는 것이 원칙이다. 전쟁종료시는 휴전조약 중에 포로의 송환에 관한 규정이 설정되어야 하지만, 그 규정이 없는 때에도 포로는 조속히 송환되어야 한다.

5) 상 병 자　　　육전에 있어서의 부상자·病者·死者의 취급에 관하여는 1949년의 赤十字條約에 규정되었다. 상병자로서 적에게 체포된 자는 인도적으로 취급하여야 한다. 교전자는 수용한 또는 발견한 상병자·死者의 성명과 그것을 인정할 수 있는 일체의 자료를 되도록 속히 통지하여야 한다. 사자는 사망증명서를 발송하여야 한다. 상병자의 간호를 위한 위생기관과 위생원은 어떠한 경우에 있어서도 존중과 보호를 받는다.

4. 중　　립

중립(neutrality)은 전쟁에 참가하지 않고 교전국 쌍방에 대하여 공평한 태도를 취하는 것을 말하며, 그러한 지위에 있는 국가를 중립국이라고 한다. 중립국은 엄정중립을 취할 뿐만 아니라, 평시에는 부담하지 않는 일정한 의무를 부담하지 않으면 아니 된다. 이 교전국과 중립국 간의 관계를 규율하는 일련의 법규를 中立法規라고 한다. 서방에도 스위스와 같은 중립

국이 있으며, 우리나라도 지리적 여건으로 구한말부터 중립국에 대한 동경
은 간단없이 제기되어 왔으나 실제로는 어렵다.

5. 중립국의 권리의무

중립법규에 의하여 중립국이 지켜야 할 의무에는 회피의 의무, 방지의
의무 및 용인의 의무가 있다.

1) 회피의 의무　　　중립국이 교전국의 일방에 대하여 병력을 공급하
는 것은 금지된다. 또한 어떠한 명의로서도 교전국의 일방에 직접 또는 간
접으로 군함·선박·항공기·병기·탄약 기타 일체의 군용자료를 공급하여서
는 아니 된다. 그리고 교전국에 대한 금전의 대여, 금융상의 원조, 공채의
인수 등도 금지되어 있다. 이러한 회피의무는 국가적 의무를 의미하며, 개인
의 의무를 의미하는 것은 아니다.

2) 방지의 의무　　　중립국은 교전국의 일방에 대하여 자기영역 안에
서 전쟁수행상의 편의를 주어서는 안 된다. 원래 중립영역은 불가침이며,
일방의 교전국이 침범한 경우에는 중립국은 그것을 방지하고 금지할 권리
가 있다. 따라서 중립국은 교전국이 자국영역 안에서 적대행위를 하는 것을
방지하고, 군사적 이용을 억제하고, 中立港의 사용을 제한할 의무가 있다.

3) 용인의 의무　　　중립국은 자국인이 행하는 교전국의 일방에 대한
유해행위에 대하여 상대방의 교전국이 전쟁구역 안에서 일정한 방지수단을
취하는 것을 용인할 의무가 있다. 그것은 다음과 같다.

　　㈎ 전시금제품　　　중립국의 개인은 교전국에 물자를 공급할 수 있
다. 그러나 군사적 성질을 가진 화물의 공급을 방지하기 위하여 일방 교전
국이 수송도중 포획할 수 있는 성질의 물자를 전시금제품이라 한다. 전시
금제품은 "런던선언"에서는 자유품 17종, 절대적 금제품 11종, 상대적 금제
품 1종의 품목표를 작성하였는데, 제 1 차와 제 2 차의 세계대전에서 거의
전부가 금제품이 되었다. 금제품을 수송한 선박은 나포하고, 포획한 금제품
을 몰수할 수 있다.

　　㈏ 봉　　쇄　　　교전국이 적국의 해안이나 항구에 대하여 외계와
의 교통을 실력으로 차단하는 것을 말한다. 이 경우에는 그 봉쇄를 침파하

려는 선박은 나포되고, 그 재화는 몰수된다.

㈐ 비중립역무   이것은 군사적 원조를 말하며, 만일 중립국의 선박 또는 항공기가 일방의 교전국에 정보·인원·서신을 전달할 때에는 그 선박·항공기는 적성을 띠운 것으로서 나포·몰수당한다.

㈑ 임검·수색   교전국의 군함은 공해에 있어서 중립국선박이 중립성을 견지하는가의 여부를 검사하기 위하여 정선을 명하고, 임검·수색을 행한다. 이에 저항 또는 탈주하려고 할 때에는 적선과 마찬가지의 취급을 받는다.

㈒ 비상징용권   교전국은 전쟁수행상 부득이할 때에는 자국영역 또는 적국영역 안에 있는 중립국재산을 징용 또는 파괴할 수 있다. 이 권리를 비상징용권이라고 한다. 그럴 때에는 중립재산의 소유자인 중립국인에 대하여는 충분한 보상이 있어야 한다.

이상의 교전법규는 전쟁이 금지되고 범죄화되고 있는 오늘날에 있어서는 이론상으로는 그 중요성이 경감되었다고 할 수 있을 것이다. 그러나 사실상은 전쟁에의 위기가 끊임없이 계속되고 있는 현시 정세 아래서 여전히 그 의미는 강하다고 보아야 할 것이다. 그러나 인류의 영원한 동경은 전쟁 없는 평화로운 국제사회에 향하여지고 있는 것이다. 그러므로 우리 인류는 항상 절규하여야 한다. "다시는 전쟁이 있지 말자"(Nie wieder Krieg!)라고. "평화는 최고의 것"(Pax optima rerum)이라는 명언은 고금의 진리이다. 이성이 지배하는 세계를 만드는 것은 인류에게 내려 준 神의 명령일 것이다.

참고문헌 ————————————————

李漢基, 新稿國際法講義, 박영사, 1990; 朴觀淑, 國際法, 1976; 朴在攝, 國際法, 1969; 李朝丙 공저, 國際法, 1976; 柳炳華, 國際法總論, 일조각, 1983; 張孝相, 國際經濟法, 박영사, 1985; 柳武烈, 國際法(2 판), 1990; 나인균, 국제법, 법문사, 2008; 김정건, 국제법, 박영사, 2010; 정인섭, 국제법강의, 박영사, 2014; 이동욱, 국제법률영어, ONE, 2010; 정인섭, 생활 속의 국제법 읽기, 일조각, 2012.

L. Oppenheim, *The Future of International Law*, 1926; H. A. Smith, *The*

Crisis in the Law of Nations, 1947; E. M. Borchare, *Treaties and Executive Agreement*: A. Nussbaum, *A Concise History of Nations*, revised ed., 1955, 서석순 역, 國際法史, 1953; P. C. Jessup, *A Modern Law of Nations*, 1948, 李漢基 역, 現代國際法, 1952; Q. Wright, *Contemporary International Law*, 1955; J. Stone, *Legal Controls of Interna- tional Conflict*, 1954; William W. Bishop, *International Law, Cases and Materials*, 1970; James Leslie Brierly, *The Law of Nations, an Introduction to the International Law*, 1963; Herbert W. Briggs, *The Law of Nations—Cases, Documents and Notes*, 1952; Oliver J. Lissitzyn, *International Law Today and Tomorrow*, 1965; D. P. O'Connell, *International Law*, 1970; L. F. L. Oppenheim, *International Law*, 1958; Paul Reuter, *Droit International Public*, 1968; Alfred Verdross, *Völkerrecht*, 1964; Michael Akehurst, *A Modern Introduction to International Law,* 1987; Chung Il Chee, *Korea and International Law*, Seoul, 1993; Im—seop Chung, *Korean Questons in the United Nations*, Seoul, 2002; Chung Hyun Paik(ed.), *International Law in Korean Perspective*, Seoul, 2004; Jan Klabbers, *International Law*, 2013.

연습문제

1. 國際法의 법적 성격을 논하라.
2. 국내법과 국제법의 관계를 논하라.
3. 國際法의 法源은 무엇인가?
4. 國際法의 주체로서의 국가의 권리의무는 무엇인가?
5. 國際聯合의 의의와 기관을 논하라.
6. 外交使節의 법적 지위를 논하라.
7. 분쟁의 평화적 해결방법을 논하라.
8. 戰爭防止의 방법을 논하라.

제23장

국제사법학

Ⅰ. 서 론

1. 국제사법의 의의

國際私法(international private law, Internationales Privatrecht)이란 섭외적
관계에 관한 국내법의 일종이다. 국제교통의 발달에 따라 어느 국가에 서
도 자국인과 타국인과의 생활관계를 보호하고, 또한 이를 해결하여야 할
필요가 점점 많아지고 있다. 그러한 경우 법률관계의 당사자의 국적, 주소
지, 목적물의 소재지, 법률행위의 발생지 또는 소송지 등의 법률관계는 당
연히 섭외적이 아닐 수 없다.

그런데 한 국가의 영토주권과 타국의 인민주권과는 서로가 저촉하는
경우가 적지 않다. 더구나 각국의 법률은 어느 법률관계에서는 내국에 있
는 외국인에 대하여서는 반드시 국내법을 적용하도록 할 필요를 인정하지
않는가 하면, 다른 한편 외국에 있는 내국인에 대하여서도 또한 국내법을
적용할 필요를 인정하는 수가 있으니, 내외국간의 교통왕래의 자유와 안전
을 보호할 필요상으로 보면 각국은 그 영토주권에 저촉되지 않는 한 서로

가 외국법의 적용을 용인하여 내국입법과 외국입법의 목적을 관철시키는
것이 좋다.

Ⅱ. 국제사법의 기본문제

1. 반 정

反正(remission, Rückverweisung, renvoi)이란 A국의 국제사법이 일정한 섭
외사법관계에서 B국법의 적용을 규정하였을 때, 그 B국의 국제사법도 마찬
가지로 그 법률관계에 대하여서 A국법의 적용을 규정하였을 경우에 A국의
국제사법은 B국법 대신으로 A국법을 적용하는 것이며, 그러한 원칙을 反正
이라고 한다. 이상과 같은 경우에 B국의 국제사법이 A국법의 적용을 규정
한다든가 하는 경우에는 이것은 단순한 반정에 대하여 轉定(transmission,
Weiterverweisung)이라고 한다. 우리나라 섭외사법 제4조에는 반정의 원칙
을 명기하고 있다. 반정의 이론은 각국간에 국제사법의 근본원칙의 차이에
서 발생하는 것이다.

2. 법률관계의 성질결정

법률관계에 대한 각국의 법률개념의 차이로 인하여 일국법에서 물권이
라고 규정된 것이 타국법에 의하면 채권이라고 규정되는 수도 있고, 또한
일국법에 동산으로 규정된 것이 타국법에 부동산으로 규정되는 수도 있다.
이러한 경우에 법률관계에 대한 내외국제사법 중 어느 것을 적용하느냐의
문제에 앞서 그 법률관계의 성질을 결정하지 않으면 안 된다. 이와 같은
것이 법률관계의 성질결정의 문제이며, 이 성질결정의 준거법 여하에 관해
서는 法廷地法說·準據法說 등이 있다.

3. 공 서 법

국제사법의 원칙은 국제적 교통의 안전보장을 위하여 한편으로 섭외적 사법관계에 대하여 외국법의 적용을 인정하는 것인데, 다른 한편 외국법 적용의 결과가 내국의 公安을 해롭게 하는 경우에는 일반원칙상 외국법을 적용하여야 할 경우에도 외국법의 적용을 배척한다는 예외를 규정한다. 이와 같은 것을 公序法(odere public, public policy) 또는 留保條項(Vorbehalts-klausel)이라고 한다. 우리나라 섭외사법 제5조에는 "외국법에 의하여야 할 경우에 있어서 그 규정이 선량한 풍속 기타 사회질서에 위반하는 사항을 내용으로 하는 것인 때에는 이를 적용하지 아니한다"라고 규정되어 있다.

Ⅲ. 준 거 법

1. 준거법의 의의

국제사법의 원칙에 의하여 국제법 법률관계를 규율한 법으로서 지정되는 내외국의 실정법을 준거법(Lex causae)이라고 부른다. 그리고 국제사법에서 이용되는 준거법의 명칭에는 본국법·주소지법·소재지법·행위지법·계약지법·거행지법·불법행위지법·이행지법·법정지법(訴訟地法) 등이 있다.

2. 능 력

당사자가 권리능력을 가지고 있는가 없는가는 法廷地法(한국법)에 의하여야 한다. 권리무능력자, 즉 노예나 옛 소련식의 강제노동자를 본국법에 의하여 우리나라에서도 인정한다면, 그것은 민주국가의 이념에 배치되기 때문이다. 행위능력의 유무에 대하여는 당사자의 본국법에 의한다(국제사법 제13조). 이것은 독·불·일 등 대륙법계에 속하는 입법례이다. 영법계에서는 행위능력의 유무를 당사자의 주소지법에 의하여 정하게 하고 있으며, 미국에서도 행위지법에 의하게 하고 있다.

3. 법률행위

法律行爲가 성립되는가 아니 되는가, 그리고 그 법률행위는 어떠한 효력을 가지는가 등의 문제는 그 법률행위가 행하여진 장소의 법, 즉 행위지법(계약인 경우에는 계약지법)에 의하게 하는 것이 일반이다. "장소는 행위를 지배한다"는 법언은 이것을 말하는 것이다. 그러나 국제사법은 '意思自治의 원칙'을 인정하여 이 때 만일 당사자가 자유의사로서 준거할 법을 지정하였다면 지정된 그 법에 의하게 하고, 다만 그러한 의사가 명백하지 않을 때에는 행위지법에 의하여 행위지법의 적용을 부차적으로 인정하고 있다. 物權에 관한 문제는 모두 목적물의 所在地法에 의하게 하였다(국제사법 제19조). 이것은 전세계에 공통된 입법태도라고 할 수 있다.

4. 채   권

채권에 관하여는 그 발생원인에 의하여 법률행위채권과 법정채권으로 구분된다. 법률행위채권은 채권발생을 목적으로 하는 법률행위(유언과 같은 단독행위)를 제외하면 그 대부분이 계약에 의하여 발생하는 것이고, 법정채권은 사무관리·부당이득·불법행위라는 법정원인으로서 발생하는 채권이다.

법률행위채권은 법률행위의 준거법(즉 제1차적으로는 當事者의 의사에 의하여 지정되는 법, 그리고 제2차적으로는 行爲地法)에 의한다. 그리고 법정채권은 그 원인이 되는 사실이 발생하는 곳의 법, 즉 원인사실발생지법에 의하게 하는 것이 원칙이다(국제사법 제30조 이하).

5. 신   분

친족·상속에 관한 문제, 즉 당사자의 신분에 관하여는 대륙법계에서는 당사자의 본국법에 의하게 하고, 그리고 영미법계에서는 당사자의 주소지법에 의하게 하여 입법방침이 동일하지 않다. 우리나라 섭외사법은 대륙법계의 입법례에 속하므로 혼인, 이혼, 친자관계, 부양의무, 후견과 보좌, 상속, 그리고 유언 등에 관하여 각각 당사자의 본국법에 의하게 하였다(국제사법 제36조~제50조).

참고문헌

金 辰, 國際私法, 1960; 黃山德·金容漢, 新國際私法, 박영사, 1962; 徐希源, 國際私法講義, 일조각, 1990; 李好珽, 國際私法, 경문사, 1983; 신창섭, 국제사법, 세창출판사, 2007; 김인호, 국제사법, 박영사, 2012; 서헌제, 국제거래법, 법문사, 2006; 최준선, 국제거래법, 삼영사, 2012; 이기수·신창섭, 국제거래법, 세창출판사, 2013.

Kegel, *Internationales Privatrecht*, 4. Aufl., 1977; Raape—Sturm, *Internationales Privatrecht*, 6. Aufl., 1977; Gutzwiller, *Geschichte des Internationalen Privatrechts*, 1977; Batiffol et Lagarde, *Droit International privé*, Ⅰ·Ⅱ, 6. ed., 1974; Cheohire and North, *Private International Law*, 9. ed., 1974; Graveson, *Conflict of Laws*, 7. ed., 1974; E. Rabel, *The Conflicts of Laws*, Ⅰ~Ⅳ, 1958; D. Cavers, *The Choice of Law Process*, 1965; S. Bariatti, *Cases and Materials in EU Private International Law*, 2011.

연습문제

1. 國際私法의 법적 성격을 논하라.
2. 反定이란 무엇인가?
3. 국제사법에서 留保條項이란 무엇인가?
4. 國際私法에서 準據法이란 어떻게 결정되나?

제24장

지적재산권법학

문화의 진보란 전승받은 문화를 부정하
는 것이 아니라 풍부하게 만드는 것이다.
－G. 라드브루흐(1925)

모든 저작자는 과학적·문화적·예술적
저작물에 대한 인격적·재산적 이익을
보호받을 권리가 있다.
－세계인권선언 제27조 2항

I. 지적소유권법의 의의

1. 지적소유권법의 경제적 기능

知的所有權法(Intellectual Property Law, Immaterialgüterrecht)의 개념을 알기 위하여 우선 지적소유권제도가 왜 필요한가, 다시 말하면 특정인에게 知的所有權이라는 독점적 또는 배타적 지위를 부여하는 것이 타당한 것인가 하는 근본적인 문제부터 생각해야 한다. 근대적 형태의 지적소유권제도가 생겨난 때로부터 지적소유권제도를 부정적으로 보는 견해도 있고, 긍정적으로 보는 견해도 있어 왔다. 특히 19세기에 상당수의 경제학자들은 지적소유권제도가 지적소유권자에게 독점적 지위를 가져다주고, 독점은 경제의 효율성을 떨어뜨린다고 보아서 지적소유권제도에 대해서 부정적 견해를 많이 가지고 있었고, 나아가서 지적소유권제도의 폐지론까지 대두되기도

했었다.

　　오늘날 대부분의 법학자들과 경제학자들은 지적소유권의 경제적 기능을 긍정적으로 보고 있다. 지적소유권법의 경제적 기능에 대하여 긍정적인 견해를 가지는 경우에도 그러한 긍정적 견해의 근거로서 혹자는 지적소유권을 발명가 또는 저작자 등의 창의적 노력에 대한 적절한 보상이라고 설명하는 견해가 있다. 被傭者 發明·著作의 경우에 피용자 보상에 관한 제도들에서 발명자·저작자 보상이 이루어지는 좋은 예를 볼 수 있다. 그러나 오늘날 보다 유력한 견해에 따르면, 지적소유권이 잠재적 발명자 또는 저작자로 하여금 발명 또는 저작물의 창작에 보다 많은 노력과 지식, 그리고 자본과 기능 등을 투입하도록 유인하는 경제적 인센티브(economic incentive)의 하나라고 본다. 즉 배타적 권리로서의 특허권·상표권·의장권·저작권 등의 지적소유권이라고 하는 경제적 인센티브가 주어짐으로써 발명자 또는 저작자들에 의해서 보다 수준 높은 발명·디자인·저작물 등의 知的 産物이 보다 많이 창작되어 나오고, 그에 따라서 나라 전체의 문학과 예술 및 과학과 기술이 발전될 수 있는 것이다.

　　이와 같이 지적소유권이 경제적 인센티브로서 과학·기술·문화·예술의 발전을 촉진하기 위하여 도입된 제도라고 하는 점은 역시 사실의 일부이기도 하다. 예컨대 17세기 초에 영국에서 최초의 근대적인 지적소유권제도를 도입한 것도 그 당시 네덜란드와 프랑스에 비해서 상대적으로 기술이 낙후되어 있었던 영국이 선진기술의 도입을 촉진함으로써 국부증진과 경제발전을 도모하기 위한 것이었고, 오늘날까지 인간이 개발해 낸 가장 효율적인 경제적 인센티브의 하나라는 점을 반증해 주는 것이라고 볼 수 있다. 또한 일본이 19세기 개화 이후에 급속도로 과학기술을 발전시키고 경제발전을 이룩할 수 있었던 제도적 인센티브의 하나로서 지적소유권제도를 들고 있는 것으로서, 지적소유권을 과학·기술·문화·예술의 발전을 촉진하기 위한 경제적 인센티브라고 파악하는 견해의 타당성이 현실적으로 입증된 셈이다.

2. 지적소유권법의 법적 성격

이와 같은 경제적 기능을 가진 知的所有權法은 우리 법체계 내에서 어떠한 위치를 가지는가? 지적소유권법은 지적소유권이라고 하는 개인적인 재산권을 부여해 주는 법이기 때문에 民法에 속하는 것이라고 볼 수도 있지만, 지적소유권 특히 공업소유권의 대부분은 상사기업에 의하여 보유되고 있고, 지적소유권법은 그러한 지적소유권의 去來에 관한 법규를 포함하고 있다는 점에서 商法에 속하는 것으로 볼 수도 있을 것이다. 또 다른 한편 지적소유권법, 특히 공업소유권법은 지적소유권을 특허청에 설정등록하는 데 필요한 행정절차와 관련된 권리의무관계를 규정하고 있기 때문에 行政法에 속하는 것으로 볼 수도 있을 것이다.

그러나 지적소유권법의 경제적 기능이 일반 민법이나 상법과는 달리 과학·기술·문화·예술의 발전을 촉진하기 위한 경제적 인센티브로서 지적소유권을 부여하기 위한 법제도이기 때문에, 일반 민·상법과는 달리 그러한 법목적에 부합하는 한도에서만 지적소유권을 부여하고, 법목적의 실현에 필요한 경우에 지적소유권이 제한되는 것은 명문의 규정으로 인정하고 있기 때문에 순수한 私法이라고 보기는 어렵다. 또한 지적소유권법이 지적소유권의 부여를 둘러싼 행정절차에 관한 법규로서 행정법적인 측면을 가지고 있는 것을 부인할 수는 없지만, 지적소유권이라고 하는 개인적인 재산권에 관한 내용이 주된 내용을 이루고 있기 때문에 行政法 또는 公法에 속한다고 볼 수도 없는 것이다. 따라서 지적소유권법은 社會法이나 經濟法과 마찬가지로 기존의 순수한 私法이나 公法의 어느 하나의 영역에 속하는 법제도라고 보기에는 어렵고, 공법과 사법의 특징이 혼합되어 있는 나름대로의 경제사회적 수요에 의하여 탄생된 법제도라고 볼 수 있다.

Ⅱ. 통상문제로서의 지적소유권

1. 지적소유권 관련 국제교역의 증가

지적소유권은 국내적으로 중요한 경제적 기능을 가지지만, 또한 통상외교에 있어서도 중요한 문제의 하나로 대두되어 왔다. 다시 말하면 지적소유권은 국내의 과학과 기술, 그리고 문화와 예술을 보호하고 육성하는 경제적 인센티브로서도 중요하지만, 동시에 지적소유권의 적절한 보호 여부가 통상외교문제로 등장하였기 때문에 해외시장에 크게 의존하고 있는 우리나라로서는 통상마찰을 피하고 원만한 국제교역을 이룩하기 위하여 지적소유권의 적절한 보호가 절대적으로 중요한 과제가 된 것이다.

특히 미국은 우리나라와의 통상협상에서 우리나라에 지적소유권 침해가 방관되고 있다는 점을 강조하여 왔다. 미국은 자국의 聯邦貿易法 스페셜 301조에 의거하여 한국을 '우선감시 대상국 명단'에 올려놓고 한국의 지적소유권 보호체제를 전반적으로 검토하여 왔다. 한국은 우선감시 대상국으로서 한국 내의 지적소유권 보호가 충분한지 여부에 관하여 미국정부의 감시를 받을 뿐만 아니라, 지적소유권 보호에 관하여 미국정부가 만족할 만큼의 진전이 이루어지지 아니한 경우에 한국은 優先協商 대상국으로 지정될 수도 있도록 규정되어 있다. 우선협상 대상국에 대하여는 미국정부가 미국 무역법에 따라서 2단계의 조치를 취할 수 있는데, 제1단계로는 문제해결을 위하여 한미정부간에 3개월의 협상을 하는 것이고, 그러한 협상에 실패하면 제2단계로 적절한 보복조치를 취하기 위하여 6개월간의 조사를 하게 된다. 미국의 연방무역법 스페셜 301조에 의하면, 한국의 지적소유권 침해 등의 불공정무역 관행으로 인하여 미국의 기업체들이 입게 되는 피해를 평가하여 미국정부가 한국의 기업체들에게 그것과 똑같은 수준의 보복조치를 하게 된다. 미국정부의 이와 같은 보복조치를 사전에 방지하기 위하여는 내국인 지적소유권의 보호뿐만 아니라 외국인의 지적소유권도 보호하기 위한 지적소유권법제의 개선과 知的所有權侵害의 法的 制裁를 실현해야 할 것이다.

2. 국제적 규범과의 조화

그러면 한국에서의 지적소유권 보호, 특히 외국인 지적소유권 보호가 어느 정도의 수준에 있는가를 스스로 점검해 볼 필요가 있다. 결론부터 말하자면 지난 수 년간에 걸쳐서 한국이 다수의 지적소유권 관련 조약에 가입하게 되어서 이제는 외국인의 지적재산도 한국인의 그것과 마찬가지로 보호될 수 있고, 또한 조금 후에 설명하는 바와 같이 우리나라 지적소유권 제도 자체도 대폭적으로 강화·개정되어서 외국인의 지적소유권 보호에 관한 우리나라의 현행 법제도 자체(black letter law)는 선진국에서의 지적소유권 보호수준에 도달해 있다.

우선, 한국이 현재 가입한 지적소유권 관련 조약으로는 지적소유권에 관한 UN산하기구인 세계지적소유권기구(World Intellectual Property Organi－zation : WIPO)에 가입하였고, 나아가서 공업소유권 보호에 관한 파리조약(the Paris Convention for Protection of Industrial Property), 특허협력조약(the Patent Cooperation Treaty), 저작권조약(the Universal Copyright Convention), 음반조약(the Geneva Phonogram Convention), 미생물의 기탁에 관한 조약(the Budapest Treaty on International Recognition of Deposit of Microorganism) 등을 비준한 바 있다. 이러한 조약의 공통된 특징의 하나는 외국의 지적재산이 內國人原則(national treatment)에 따라서 내국인의 지적재산과 똑같은 정도로 보호되어야 한다는 것이다.

외국기술의 국내도입에 관한 우리나라의 제도에도 커다란 변화가 있었다. 예컨대 각종 관련조약의 비준으로 인하여 외국인이 우리나라에서 지적소유권을 주장하는 것이 아주 용이하여졌고, 특히 특허발명품의 경우에 優先權(international prority)을 주장할 수 있을 뿐만 아니라 국제적 예비심사제도(international preliminary examination system)를 활용하여 외국인도 안심할 수 있는 공정하고 신속한 심사를 받을 수 있다. 또한 상표도입의 경우에도 종전과는 달리 기술이전이나 수출의무 등이 강요되지 아니하고 상표만이 자유로이 도입될 수 있도록 외자도입법 등이 개정되었다.

Ⅲ. 특 허 권

특허권이란 특허발명을 한 자가 특허출원을 하여 특허청이 부여하게 된 배타적 권리이다. 이러한 특허권을 통하여 발명자는 경제적 보상과 명예를 얻게 되는데, 특허권을 취득하기 위해서 특허발명은 '자연법칙을 이용한 기술적 사상의 창작 중 고도의 것'이어야 한다는 요건을 갖추어야 한다. 예를 들어 보면 1867년 미국의 알렉산더 그라햄 벨이 전화기를 발명하였다. 이것은 모르스부호라는 상당히 불편한 방법을 통하여서 장거리 의사소통이 가능했던 시대에 인간의 목소리로 직접 통신을 가능하게 만든 혁명적인 새로운 기계장치이며, '자연법칙을 이용한 기술적 사상의 창작 중 고도의 것'이다. 벨은 이 발명을 미국 특허청에 특허출원을 하여 특허권을 획득함으로써 富와 名聲을 동시에 얻었다. 이러한 발명이 현재는 일상생활에서 널리 쓰이고 있기 때문에 발명으로 보호할 가치가 있겠는가 하고 반문하겠지만, 19세기 중반의 과학기술 수준(즉 선행기술)에 비추어 보면 새롭고 진보적인 것이었기 때문에 특허권이 부여될 수 있는 것이다. 다시 말해서 특허권을 부여받기 위해서는 발명이 발명 당시(미국의 선발명주의) 또는 출원 당시(한국의 선출원주의)에 신규성과 진보성 등의 요건을 갖추어야 하는 것이다. 우리나라의 실용신안은 진보성의 요건이 완화되어 '조그만 발명'에 대해서 보호를 받을 수 있게 된 제도이다.

물론 위의 예에서 개량발명(또는 考案)이 특허등록의 대상으로도 될 수 있다. 따라서 특허등록의 대상과 실용신안등록 대상의 구별기준이 중요한 의미를 가지게 되는데, 그 기준은 발명 또는 고안의 技術的 思想이 高度의 것인가의 여부라고 볼 수 있다. 우리나라 특허법에 의하면 특허발명이란 '자연법칙을 이용한 기술적 사상의 창작으로서 高度의 것'을 말하고, 실용신안법에 의하여 보호될 수 있는 考案은 '자연법칙을 이용한 기술적 사상의 창작'이면 족하고 반드시 고도의 것일 필요는 없는 것이다. 여기에서 高度의 것이란 '특허출원 전에 그 발명이 속하는 기술분야에서 통상의 지식을 가진 者가 이미 알려진 先行技術에 의하여 용이하게 발명할 수 있는 것이 아닌 것'을 말한다. 이러한 요건을 進步性이라고 하기 때문에 결국 특허발명은 엄격한 의미의 진보성을 갖춘 발명에 한정되고, 실용신안등록의 대상인 고안은 그것보다 낮은 수준의 진보성만을 갖추면 족한 것이다. 실용신안권은 특허발명의 보호와 그 취지와 목적이 동일하며 권리취득절차 역시 비슷하지만, 특허발명처럼 고도의 것이 아닌 기술적 창작으로서 소위 작은 발명(small inventions)에 대하여 단기간의 간이한 보호를 위하여 고안된 제도이다. 다만, 실용신안은 방법이나 성질에 대한 기술이론을 제외한 물품의 형상·구조 또는 조합에 관한 실용적인 고안, 즉 물품에 구현된 기술이론을 보호대상으로 한다. 이 점에서 실용신안을 받을 수 있는 것은 ‘물품’에 대한 고안에 대하여서만이고, ‘방법이나 절차’에 대한 고안은 물론 물품 중에서도 ‘화합물’에 대한 고안은 정책적으로 실용신안의 대상으로부터 제외되어 있다. 이러한 실용신안제도는 세계적으로 보편화된 것은 아니지만, 독일과 일본을 비롯한 여러 나라에서 시행되어 산업발전에 긍정적 기여를 해 왔으며, 우리나라에서도 많이 이용되고 있다.

회사에 근무하는 종업원이 그 직무와 관련하여 발명을 한 경우, 즉 발명을 한 행위가 종업원의 현재 또는 과거의 직무의 범위 내의 행위에 속하는 경우라도 그 발명은 종업원의 발명으로 되어 그가 특허권을 취득한다. 다만, 회사는 특허권을 취득한 당해 발명에 대하여 종업원에게 상당한 보상을 하고, 이를 이용할 수 있다. 다시 말하면 회사는 종업원의 직무발명에 관하여 통상실시권을 가지게 된다. 이는 회사가 가지게 되는 당연한 권리이다. 그러나 직무발명의 경우 회사는 사전계약이나 직무발명규정 등으로 통하여 특허를 얻을 수 있으며, 또한 특허권을 양도받을 수도 있으며, 전용실시권을 설정하는 것도 가능할 것이다. 이 경우에 회사가 종업원에게 정당한 보상을 하여야 한다는 것은 물론이다.

1987년 특허법 개정에서 혁신적인 변화가 있었는데, 그 주요 내용은 특허권의 존속기간을 15년으로 연장하고, 화학물질과 의약물질 등의 물질발명에 관한 특허법적 보호를 인정하게 되었고, 최근의 개정으로 기호식품에 관한 발명도 보호를 할 수 있게 하는 등의 특허발명 보호의 확대와 강화가 이루어졌다.

Ⅳ. 영업비밀

새로운 아이디어를 개발한 사람은 특허출원을 하고 특허권설정 등록을 함으로써 특허권이라고 하는 배타적 권리를 취득할 수도 있지만, 그 대가로서 자신의 아이디어가 공개되고 제3자가 모방하기 쉬운 상태에 놓이게 된다는 위험을 감수해야 한다. 따라서 그러한 위험을 피하고자 하는 자는 자신의 아이디어를 비밀로 유지하면서 영업비밀로 보호받는 방법을 선택할 수 있다. 예컨대 우리나라에서 유명한 「이명래 고약」은 처음 개발된 이래 오늘날까지 80년 동안 그 명성을 유지하고 있고, 코카콜라는 미국에서 100년간 그 제조비법이 비밀로 숨겨진 채로 가장 인기 있는 음료수로 판매되고 있다. 이와 같이 '공연히 알려져 있지 아니하고, 독립된 경제적 가치를 가지는 것으로서 상당한 노력에 의하여 비밀로 유지된 생산방법, 판매방법 기타 영업활동에 유용한 기술상 또는 영업상의 정보'를 영업비밀이라고 한다. 기업의 고객명부나 판매계획 등의 영업상의 비밀이나 설계도면 또는 원료의 배합비율, 생산이나 처리과정에서의 온도, 조립방법과 같은 생산기술 등은 사업경영상 대단히 중요한 재산인 營業秘密인 것이다.

이러한 영업비밀 가운데는 물론 특허출원을 하여 특허를 받을 수 있는 것도 있겠지만, 특허를 얻기보다는 타인에게 기술을 알리는 것으로 인한 불이익을 피하기 위하여 발명기술을 비밀로 해 두는 경우, 또는 제조공정의 온도나 원료구입처 등과 같이 애초에 특허대상은 아니지만 가치가 있기 때문에 비밀로 해두는 경우에 영업비밀은 존재하게 되는 것이다. 그 동안 우리나라에서 많은 투자에 의하여 개발된 기술에 관한 기업의 비밀을 누설한다든지, 또는 인력스카우트에 의하여 타회사의 영업비밀을 빼앗아 오는 등의 문제가 많이 있었음에도 불구하고 기존의 민법이나 형법에 의하여 규제할 수 있는 한도에서만 규제가 되어 왔을 뿐이었다. 不正競爭防止法不正競爭防止法이 1991년에 개정되어서 이러한 문제점을 해결하고, 영업비밀의 침해에 대한 민사적·형사적 구제제도를 마련하게 된 것이다. 다만, 개정 부정경쟁방지법의 규정에 의하더라도 아직 불분명한 점은 근로계약이 종료한 후에도 종업원으로 하여금 비밀유지의무를 부담하도록 하고, 나아가서 경쟁적인 영업에 종사할 수 없도록 금지하고 있는 경우에 그러한 競業禁止 등의 의무가 유효한 것인가 하는 점이다. 이에 대하여 아직 우리나라에 아무런 판례가 없지만, 종업원이 근로중에 특별히 알게 된 영업비밀이라면 근로계약이 종료한 후에도 타인에게 누설하여서는 안 될 것이고, 근로중에 알게 된 일반적인 지식은 퇴직 후에 자유로이 이용할 수 있을 것이다. 어려운 점은 근로계약 후의 경쟁적인 영업에 종사할 수 없도록 하는 競業禁止義務인데, 이러한 경업금지의무는 일정한 시간적·지리적 제한 내에서만 유효한 것이고, 일반적이고 아무런 제한 없는 경업금지의무는 헌법상 보장되는 '직업선택의 자유'의 침해에 해당되고, 선량한 풍속 및 사회질서에 반하는 것으로서 허용될 수 없는 것이다.

Ⅴ. 상 표 권

100년의 역사를 가진 미국의 코카콜라 회사의 1986년 총자산은 약 140억 달러에 해당하는 것으로 평가된 바 있는데, 이 평가에서 코카콜라의 고정자산은 70억 달러에 불과하고, 나머지 절반의 70억 달러는 그 회사가 지난 100년간 사용해 온 코카콜라 상표에 대한 재산적 가치에 대한 평가인 것이다. 이러한 상표권은 앞에서 살펴본 특허권, 실용신안권 또는 영업비밀처럼 기술적 사상이나 경영정보를 보호하는 것이 아니라, 타인의 상표모방을 방지하여 부정한 경쟁을 막는 不正競爭防止制度의 일부에 속한다. 다시 말하면 상표는 그 상표가 부착된 상품의 품질의 동일성을 보증하고, 그럼으로써 그 상품에 대한 소비자의 신용이 부착되어 있는 것이어서 타인이 허락 없이 周知商標를 이용하는 것은 부당하게 신용을 가로채는 부정경쟁행위에 해당되기 때문이다.

상표권이 특허권과 유사한 점은 특허청에 등록출원을 한 후 등록적격이 있는지 여부에 관한 심사를 거쳐서 등록이 됨으로써 상표권이 발생한다는 점이다. 그러한 상표권은 특허권이나 실용신안권과는 달리 존속기간의 만료로 소멸하는 것이 아니라, 更新制度를 통하여 계속 사용할 수 있으므로 영구적인 사용도 가능하다. 이것은 상표제도가 상표에 화체된 상표사용자의 영업상의 신용을 유지시키고, 수요자로 하여금 상품을 식별시킴으로 써 상품에 대한 오인과 혼동을 막는 데 그 목적이 있기 때문에, 상표의 영 속적인 사용을 허용한다고 해서 타인의 업무에 지장을 주거나 산업발전에 장애가 되는 것이 아니기 때문이다. 다만, 일단 10년의 존속기간을 정하고 更新制度를 둔 것은 10년이란 기간의 경과로 등록요건의 판단기준도 달라 질 것이므로 다시 한 번 심사를 거칠 필요도 있고, 또한 상표권자도 사정 이 달라져서 등록상표를 사용하지 아니하는 경우도 있으므로 등록상표를 정리할 필요가 있기 때문이다.

상표법의 최근 개정의 주요 특징의 하나는 한국의 상표법은 미국과는 달리 登錄(resistration) 主義에 입각하고 있으나, 외국의 저명한 상표를 보호 하기 위하여 특허청에서 외국의 저명상표를 별도로 수집하여 그러한 외국 저명상표와 동일한 상표의 등록출원은 거절을 하고 있고, 상표권양도의 경 우에 상표권자의 영업과 별도로 자유로이 양도할 수 있도록 허용함으로써 상표권거래를 활성화하였다.

VI. 저작권

저작권은 그 300년의 역사 속에서 보호대상이 확장되어 온 제도이다. 서구의 유명한 소설가 등 대문호 가운데 저작권의 혜택을 받은 분이 많다 는 사실은 널리 알려진 사실이다. 또한 저작권은 순수예술뿐만 아니라 대 중예술 또는 흥행산업(entertainment industry)의 발전에도 커다란 기여를 해 왔다. 예컨대 귀엽고 친절한 인상의 미키마우스가 장수하고 엄청난 富의 원 천이 된 배경에는 미키마우스에 관한 저작권법적 보호가 있었기 때문이다. 즉 만화 자체에 대한 저작권법적 보호뿐만 아니라, 저작권법 보호가 있었 기 때문에 미키마우스가 다른 상품에 이용되는 경우에 著作物利用料가 징 수될 수가 있었던 것이다. 저작권은 학문과 예술의 영역에 있어서 인간의 정신적 창작물을 보호하는 것으로서, 본래 詩나 小說 또는 그림이나 음악 등의 문예저작물을 보호하는 것으로 출발하였지만, 오늘날에는 사진저작물 이나 영상저작물과 같이 기계를 통하여 만들어진 작품과 프로그램 저작물

등과 같이 산업과 밀접히 관련된 저작물을 보호하는 데까지 확대되었다.

컴퓨터프로그램의 보호에 관하여는 저작권법 이외에 별도로 컴퓨터프로그램보호법이 1986년에 제정되어 시행되고 있고, 오늘날까지 약 1만여 건의 프로그램이 등록되어 보호되고 있다. 그 보호의 강화와 분쟁해결의 효율화 및 적정화를 위한 논의가 계속 진행되고 있다.

저작권이 산업과 밀접하게 관련된 하나의 예로서 부품디자인에 대한 저작권법적 보호를 들 수 있다. 예컨대 자동차회사가 차량생산에 소요되는 배기관의 제작디자인 도면에 관하여 저작권을 가지게 되고, 따라서 다른 부품회사들이 허락 없이 동일한 배기관을 생산하면 저작권침해라고 주장될 여지가 있을 것이다. 부품디자인에 대한 저작권보호를 인정하면 부품개발 업자는 보호되지만, 다른 한편으로는 동일한 부품업계 내의 경쟁이 저작권 행사에 의하여 커다란 제한을 받게 될 것이다. 따라서 저작권법적 보호의 대상이 되는 설계도면 등의 범위에도 한계가 있어야 한다는 문제가 있다. 산업디자인의 하나로서 반도체집적회로 배치설계는 1992년에 제정된 半導體集積回路의 配置設計에 관한 法律에 의하여 보호되도록 되었다.

저작권법에서의 변화는 저작권법의 존속기간이 저자의 사후 70년(즉 저자의 생존기간+70년)으로 연장되었고, 가수와 배우 등의 실연자의 권리 그리고 음반제작자와 방송사업자의 권리와 같은 이른바 '著作隣接權'(neighbouring right)을 새로이 인정하게 되어 저작권 관련 산업의 보호를 강화하고, 특히 음반과 비디오테이프 등의 보다 철저한 보호를 위하여 위반자에 대한 형사 처벌을 강화하였다.

Ⅶ. 국제기술제휴

1. 국제기술제휴의 의의

국제기술제휴라고 함은 技術保有者가 기술을 필요로 하는 자에 대해서 기술을 제공하는 소위 기술제휴 가운데 기술을 제공하는 자와 제공받는 자의 일방당사자는 우리나라 사람 또는 법인이지만, 상대방 당사자는 외국사람 또는 외국법인 경우를 말한다. 이러한 기술제휴를 기술제공하는 자로서는 技術援助 또는 技術移轉이라고 부르고, 기술을 제공받는 자로서는 기술도입이라고 부른다. 이러한 기술제휴가 기술의 1회적인 양도에 의해서 이루어지지만, 많은 경우에 特許發明이나 노하우의 實施許與 또는 저작물이나 상표의 使用許與에 의해서도 이루어지고, 이러한 것을 라이센싱이라고 할 수 있다. 실시허여 또는 사용허여에 관한 계약에서 기술개발과 연구협력에 관한 규정을 두는 경우가 많다. 그리고 지난 수십 년 간에 걸쳐서 한국의 기술이 많이 발전해서 한국기업도 이제는 후발개도국에 기술을 이전해 주게 되어서 기술도입뿐만 아니라, 소위 기술수출도 국제기술제휴의 중요한 내용의 하나로 검토해야 하게 되었다.

본래 국제거래는 주로 국제무역과 국제투자에 의해서 이루어지고, 국제투자에는 두 가지 방식이 있는데, 경영참가를 목적으로 한 주식 및 기타 지분의 취득과 기술제휴에 의해서 이루어지는 직접투자와 그렇지 아니하고 자금대부나 사채취득 또는 경영참가를 목적으로 하지 아니한 주식취득 등에 의해서 이루어지는 간접투자의 두 가지가 그것이다. 이러한 직접국제투자에 기술제휴가 중요한 역할을 차지함은 말할 나위도 없다. 이와 같은 국제기술제휴를 하기 위해서는 국제기술제휴의 목적인 기술을 법적으로 보호하기 위한 각종 知的所有權에 관한 사전지식과 국제기술제휴를 위한 각종 계약체결에 관한 지식, 그리고 국제기술제휴에 관련된 각종 법적 절차와 규제에 관한 사전지식을 충분히 갖추고 있어야 한다. 여기에서는 지면의 제약으로 인해서 국제기술제휴에 빈번히 사용되는 각종 계약을 유형별로 살펴보고, 그에 관한 각종 법령상의 절차와 규제에 대해서 실무상 중요한 점만을 지적하고자 한다.

2. 실시료 또는 사용료

특허실시 또는 상표사용 등에 관한 계약을 체결함에 있어서 흔히 그 실시료 또는 사용료(royalties)의 산정기준 및 지급방식 등에 관해서도 정한다. 앞에서 설명한 바와 같이 특허권자 또는 상표권자가 자신의 특허권 또는 상표권 등을 합작회사에 현물출자하고, 그 회사의 주식이나 지분을 취득함으로써 회사로부터 지급되는 이익배당을 받고 의결권의 행사를 통해서 경영에 참여할 수도 있지만, 자본과 경영에 참여하는 것을 원하지 아니하는 경우에는 특허실시허여 또는 상표사용허여에 대한 일정액의 대가만을 요구할 수도 있는 것이다.

대가로서의 실시료 또는 사용료의 지급방식에는 크게 고정실시료방식과 경상실시료방식이 있다. 固定實施料(fixed royalty) 방식이란 특허나 상표의 사용대가를 1 회에 전부 지급하거나 일정액의 실시료를 계약기간 동안 매년 또는 매월 지급하는 방식을 말한다. 이 경우에 특허발명을 실시하거나 상표를 사용하는 사업에 따르는 위험은 전적으로 실시권자 또는 사용권자가 부담하게 된다. 물론 사업이 성공하면 그 이익도(실시료 또는 사용료를 공제한 나머지) 모두 실시권자 또는 사용권자에게 귀속한다.

실무에서 고정실시료만을 규정한 계약은 드물고, 대부분의 경우에 經常實施料(running royalty)에 관한 규정을 둠과 동시에 특허발명의 실시나 상표의 사용이 있기 이전의 계약체결시에 일정액의 실시료를 지급하도록 하는 先給實施料(initial payment or advance payment)에 관한 규정을 두는 경우가 많다. 특히 노하우의 제공에 관한 계약에 있어서는 실시권자가 노하우를 평가할 수 있도록 노하우 중의 일부를 실시권자에게 제공하면서 본계약 불성립의 경우에 비밀유지의무를 정해 둠과 동시에 시험적 노하우 제공에 따르는 복사비용 등의 명목으로 開示料(disclosure fee)의 지급을 정해 두는 경우가 많다. 이러한 선급실시료 또는 개시료는 흔히 나중에 지급될 경상실시료의 일부로 계산되는 것으로 합의하는 경우도 많다. 또한 경상실시료를 정함에 있어서도 일정한 산정기준에 의해서 산정되는 실시료의 最低額(minimum royalty)을 정해 둠으로써 경상실시료 방식에 따른 기술제공자의 위험을 방지하고자 하는 경우도 있다.

경상실시료 방식은 가장 널리 이용되는 실시료 지급방식으로서, 일정한 비율과 산정기준에 따라서 산정된 실시료금액을 정기적으로 지급하도록 하는 방식이다. 경상실시료 방식에서는 산정기준에 따라서 지급할 금액이 달라지게 되기 때문에 그 산정기준이 무엇인가에 관심의 초점이 모아진다. 산정기준으로서는 純賣出額(Net sales value)의 일정비율로 산정하는 방식, 總賣出額(Gross sales value)의 일정비율로 산정하는 방식, 제조한 생산물의

總數에 일정액을 곱해서 산정하는 방식, 제조한 생산물의 附加價値(value added)의 일정률로 산정하는 방식 등이 있다. 생산수량을 산정기준으로 하면 재고품이나 잔고품에 관해서도 실시료를 지급해야 하겠지만, 매출액을 산정기준으로 한 경우에는 실제로 판매해서 수익을 올린 부분에 대해서만 실시료를 지급하면 되는 것이다. 산정기준이 되는 매출액 중에서도 순매출액이란 총매출액으로부터 매출에누리액(賣出割引金 포함), 返入品額, 제품판매에 따르는 부가가치세 등의 間接稅, 제품판매에 따르는 포장비·운반비·보험료·판매수수료·광고선비·판매시설 설치비, 그리고 기술제공자의 생산제품을 원료로 수입해야 하는 경우의 그 제품의 운임보험료 포함가격과 수입관세 등을 공제한 후의 금액을 말한다.

조금 더 복잡한 산정방식으로는 매출액에 따라서 상이한 비율의 실시료를 정하는 것으로서, 예컨대 1 억 미만의 매출액에 대해서는 3 %의 실시료를, 그리고 1 억 이상 5 억의 매출액에 대해서는 2.5%의 실시료를, 그리고 5 억을 초과한 매출액에 대해서는 2 %의 실시료를 정하는 것과 같이 매출액의 증가에 따라서 보다 낮은 비율의 실시료를 지급하도록 하는 방식도 있다. 그리고 어떠한 산정방식에 의하든지 실시료산정의 기초가 되는 매출량·순매출액·기술료율·원천징수액 등에 관한 자료가 정확해야 하기 때문에 대부분의 경우에 실시권자는 그러한 자료를 기재한 상세한 계산서류를 작성하고, 기술제공자에게 보고해야 할 의무가 있음을 계약서 내에 규정해 두는 경우가 많다. 또한 실시권자가 영업시간 내에 합리적인 방법으로 그러한 자료를 검사할 수 있다고 규정해 두는 경우도 있다.

VIII. 지적소유권법의 집행

지난 수 년간에 걸쳐서 지적소유권의 보호수준을 높이기 위한 입법적 노력뿐만 아니라, 지적소유권법을 현실적으로 집행하기 위한 행정적 및 사법적 노력과 많은 사례도 있었다. 또한 지적소유권법의 집행은 단순한 공권력의 발동만으로는 불가능하고, 일반 국민의 지적소유권제도의 필요성에 동감하고 자발적으로 법을 따르고 이용하려는 자세가 있지 아니하면 대단히 어려울 것이다. 이러한 어려움을 인식하여 우리나라 정부는 국민 일반의 지적소유권 보호에 관한 인식을 높이고, 타인의 지적소유권을 존중해야 할 필요성을 널리 알리기 위하여 지적소유권제도에 관한 敎育 및 弘報를 해 왔다. 다만, 지적소유권법의 집행과 관련하여 미국 등이 우리나라에서 판결이나 가처분결정 등을 통하여 권리구제를 받기 어렵다는 지적을 많이 하고 있지만, 전문적인 감정기관의 결여라거나 가처분제도의 문제점 등은 지적소유권법의 집행에만 나타나는 문제는 아니고, 그 해결에 상당한 자본투자와 시간소요를 필요로 하는 문제인 것이다.

참고문헌

송영식·이상정·황종환, 지적소유권법, 육법사, 2009; 황적인·정순희·최현호·저작권법, 법문사, 1988; 황승헌, 정보화시대의 저작권, 도서출판 나남, 1992; 장인숙, 저작권법개론, 교학도서주식회사, 1960; 박원순·방희선, 저작권법, 법경출판사, 1986; 허희성, 저작권법개설, 범우사, 1982; 저작권심의조정위원회 편, 한국저작권논문선집, 저심위, 1992; 한승헌, 저작권의 법제와 실무, 삼민사, 1988; 정윤진, 공업소유권법, 등룡출판사, 1976; 양승두, 공업소유권법, 법경출판사, 1986; 박희준·이문봉, 공업소유권법해설, 태창출판사, 1977; 이수웅, 특허법, 고시원, 1991; 황종환, 특허법, 한빛지적소유권센터, 1991; 남계영·송영식·김영길, 신특허법, 고시계, 1988; 정인봉, 특허법개론, 법문사, 1986; 김관형, 상표법해설, 키출판사, 1987; 상공자원부, 지적재산권이란 무엇인가?, 1993. 1; 이수웅, 의장법, 고시원, 1991; 오승종, 저작권법, 박영사, 2012; 이해완, 저작권법, 박영사, 2007; 홍재현, 도서관리 저작권법, 조은글터, 2008.

Jay Dratler, Jr., *Intellectual Property Law : Commercial, Creative, and Industrial Property*(New York : Law Jorunal Seminars−Press, 1991); William R. Cornish, *Intellectual Property*(London : Sweet & Maxwell, 1989); Melville B. Nimmer and David Nimmer, *Nimmer on Copyright*(New York : Matthew Bender, 1987); Robert Merkin, *Copyright, Designs and Patents : The New Law*(London : Longman, 1989); David Lester and Paul Mitchell, *Joyson−Hicks on UK Copyright Law*(London : Sweet & Maxwell, 1989); J. M. Cavendish, *A Handbook of Copyright in British Publishing Practice*(London : Cassell Ltd., 1984); Graham

P. Cornish, *Copyright : Interpreting the Law for Libraries and Archives*(London : Library Association, 1990); Michael F. Flint, *A User's Guide to Copyright*(London : Butterworths, 1985); B. I. Cawthra, *Patent Licensing in Europe*(London : Butterworths, 1986); Helen E. Normar, *Intellectual Property Law*, Oxford, 2011; Soo－kil Chang, *Intellectual Property Law in Korea*, Kluwer, 2003.

연습문제 ——————————————————

1. 지적소유권이란 무엇인가?
2. 특허권의 본질을 논하라.
3. 저작권의 본질을 논하라.
4. 영업비밀을 보호하는 법적 장치를 논하라.

유진오(俞鎭午, 玄民, 1906~1987)

1906년 5월 13일 서울에서 태어났다. 경성제일고등보통학교를 거쳐 1926년에 경성 제국대학 법문학부 법학과를 졸업하였다. 1929년부터 경성제대 조수와 강사로 있다 가 1933년에 보성전문학교 전임강사로 옮겼다. 해방 후에도 고려대학교에 머물러 교수·법대학장·총장을 역임하고, 1965년 10월에 사임하였다. 헌법기초전문위원·법제 처장·한일회담대표·국제법학회장·공법학회장·법철학회장을 맡았고, 학계 은퇴 후 에는 국회의원·민중당 대통령후보·신민당총재를 지냈다. 1987년 8월 30일 작고하였다. 저서로 「헌법해의」(1949), 「養虎記」(1977), 「헌법기초회고록」(1981) 등의 법학서와 소설· 수필집이 다수 있다(자세히는 최종고, 현민 유진오, 「한국의 법학자」, 서울대 출판부, 2007).

유기천(劉基天, 月松, 1915~1998)

1915년 7 월 15일 평남 평양에서 태어났다. 동경제대를 졸업하고, 경성법학전문학교 교수를 거쳐 해방 후 서울대 법대 교수가 되었다. 법대학장 및 서울대총장을 역임하였다. 1962년에 서울대 사법대학원을 창설하였고, 학술원회원이 되었다. 1971년에 박정희대통령의 유신음모를 폭로하여 체포의 위험을 피해 미국으로 망명하여 26년 간 샌디에고에서 살다 그 곳에서 1998년 6 월 27일 작고하였다. 부인도 세계적 형법학자인 헬렌 실빙(Helen Silving, 1906~1993) 박사이다. 저서로 「형법학 총론·각론 상·하」, 「세계혁명」, 「자유사회의 법과 정의」가 있고, 한국형법의 영어·독일어 번역 등 한국법의 세계화에 기여하였다(자세히는 최종고, 「자유와 정의의 지성 유기천」(한들출판사, 2006). 2005년에 유기천기념재단이 설립되어 그의 학문과 정신을 계승하고 있다).

김증한(金曾漢, 晴軒, 1920~1988)

1920년 3 월 19일 충남 부여에서 태어났다. 평양사범을 거쳐 1944년에 제국대학을 졸업하였다. 1946년에 서울대학교 법과대학 전임강사가 되어 1985년 8 월에 퇴임할 때까지 교수·학장·대학원장을 거쳤다. 서양법제사·로마법으로 출발하여 민법학에 큰 연구업적을 내었고, 「법학통론」, 「민법통칙」 등 민법학총서 4 권과 수많은 논문 을 발표하였다. 「법률학사전」의 편찬에 공헌하였고, 한국법학교수회·한독법률학회· 한국저작인협회의 회장으로 활동하기도 하였다. 1988년 10월 7 일 작고한 후 유고집 「한국법학의 증언」(교육과학사)을 편찬해 냈고, 그를 기념하는 「私法研究」 논문집이 매년 발간되고 있다(자세히는 최종고, 청헌 김증한, 「한국의 법학자」, 서울대 출판부, 2007).

제25장

한국법학의 과제

> 대학교수들은 지식의 行商에 바쁘고, 법
> 조인들은 그 날 그 날의 사무처리에만
> 골몰하고 있다. 대학교수들은 법생활의
> 실태와 거리가 먼 이론을 희롱하고, 법
> 조인들은 모든 문제들을 레디 메이드
> (ready made)의 싼 이론으로 처리해 버
> 리고 그 이상으로 깊은 이론적 검토를
> 할 여유를 못 가진다.
>
> ―金曾漢(1957)

> 법률가는 그 참된 사명이 무엇인지를 깨
> 닫는 데서부터 그의 직업은 시작된다. 부
> 스러기 법률지식을 가졌다고 그 사회의
> 지도력을 가졌다고 자처한다면 가소로운
> 일이다.
>
> ―劉基天(1979)

Ⅰ. 서 론

우리는 지금까지 법학이란 학문이며, 그 내용은 어떻게 구성되어 있는
가를 살펴보았다. 마지막으로 법학을 배우고 있는 우리의 '번지수'가 어떤
것인가? 그것을 이름하여 한국법학이라 부른다면 한국법학은 어떻게 형성되
었고, 어떠한 과제를 안고 있는가를 살펴보아야 할 필요를 느끼게 된다.

법이란 칼과 같아서 쓰는 용도에 따라 판이한 결과를 초래할 수도 있으므로, 법을 공부한 사람이 정확한 역사의식을 가지지 않으면 법의 지식을 오용할 수도 있다. 아래에서 한국법학의 역사를 간단히 훑어보고, 현대 한국의 法學 내지 法文化(Rechtskultur)의 문제점을 검토해 봄으로써 아직도 우리의 과제와 책임이 막중하게 남아 있다는 사실을 함께 자각하고자 한다.[1]

Ⅱ. 한국의 전통적 법학

한국의 전통적 법학은 律學이라고 하였는데, 적어도 통일신라시대와 고려시대에는 律學博士가 있었을 정도로 나름대로 교육되었다. 그렇지만 주로 중국의 律令體制를 받아들여 중앙집권적 통치를 유지해 나가기 위한 행정법적 令과 형법적 律을 집행하고, 그것을 해석하는 것이 율학의 내용이었다. 고려시대에는 國子監에서 율학을 가르쳤는데, 國子學·太學·四門學·算學과 함께 율학을 가르쳤다는 사실은 주목할 만한 일이다.[2]

그러나 14세기부터 유교를 국가적 이데올로기로 한 조선조에 들어와서는 성균관에서는 經學만 가르치고, 율학은 刑曹 안의 律學廳에서 40명의 수준으로 雜學 내지 技術學으로 가르쳤을 뿐이었다.[3] 또 과거시험도, 베버(Max Weber)가 지적하였듯이, 교양을 테스트하는 文人教養試驗이었고, 여기 합격한 자가 중앙과 지방의 행정관리가 되어 家産的 官僚統治를 유지해 나갔다. 그러나 이들이 행하는 업무의 대부분이 소송을 척결해 주는 사법관으로서의 역할이었는데, 專門律學을 배운 자는 오히려 從6品을 넘어서지 못하는 律官이었고, 행정관들의 '귀에 걸면 귀걸이, 코에 걸면 코걸이'식의 재판활동을 보조해 주었다. 그래서 조선시대에 율학을 개선하고 행정관의 법률지식을 높여야 한다는 상소가 조정에서 빈번히 논의되었는데, 그것은 율학이 크게 개선되지 못하고 제자리 걸음을 하고 있었다는 증거였다.

---

1) 자세히는 崔鍾庫, 韓國法學史, 박영사, 1990; Chongko Choi, *Law and Justice in Korea : South and North,* Seoul National University Press, 2005.

2) 자세히는 崔鍾庫, 韓國法學史, 박영사, 1990, 5~14면.

3) 자세히는 崔鍾庫, "韓國의 傳統的 法學," 法學 제26권 제 2~3 호, 서울대, 1985, 186~ 220면. 그리고 韓國法學史, 박영사, 1990, 15~33면.

이렇게 하여 20세기에 이르도록 한국의 전통적 법학은 발전되지 못한 채로 머물렀다. 韓末에 체류한 프랑스 외교관 쿠랑(Maurice Courant)이 지적한 대로[4] 서양에서는 그렇게 많은 법학서가 한국 전통사회에서는 거의 없었다. 그래서 법전은 있어도 법학은 존재하지 않다시피한 상태였고, 기껏해야 몇몇 율학에 관한 「唐律疏議」, 「無冤錄」, 「大明律直解」, 「律解辨疑」, 그리고 丁若鏞의 「欽欽新書」가 있을 정도였다. 茶山은 조선의 관리들이 詞賦에는 밝으나 법에 관한 지식이 부족하다고 통렬히 비판하고, 전문학문으로서의 율학의 중요성을 강조한 선각자적 학자였다.[5]

Ⅲ. 서양법학의 수용

우리나라에 처음으로 서양법학의 존재가 소개된 것은 17세기 말 중국으로부터 조선의 사신들과 실학파학자들을 통해서였다. 예수회신부 알레니(Julius Aleni)가 쓴 「西學凡」(1623)과 「職方外紀」(1623)와 같은 책이 전래되어 서양의 대학제도와 인문지리에 대하여 알게 되었으나, 당시 조선 후기 지식인들은 그것을 호기심에서 읽고 '지엽말단적 기술'을 숭상하는 서양학문은 교육의 목적과 수단을 뒤바꾼 것이라 비판하는 태도를 벗어나지 못하였다.[6]

1. 법관양성소의 법학교육

전통적 율학에서부터 한국법학의 근대화는 1895년 법관양성소라는 최초의 법학전문 교육기관의 설립으로 본격화되었다. 그때까지는 행정관을 포괄적으로 사법관으로 임명하여 실제로 전문적 법률가란 존재하지 않았는데, 이제 裁判所構成法을 통하여 사법이 독립됨으로써 전문적 사법관을 양성할 필요를 느끼게 된 것이다. 고종의 칙령 제45호로 발표된 法官養成所

---

4) 모리스 쿠랑/朴相圭 역, 韓國의 書誌와 文化, 신구문고 8, 1974, 118~119면.

5) 자세히는 沈羲基, "欽欽新書의 法學史的 解剖," 社會科學論叢, 영남대, 1985; 박병호, "丁茶山의 法思想," 茶山學硏究의 現況, 민음사, 1985; 최종고, 괴테와 다산, 통하다, 추수밭, 2006.

6) 자세히는 崔鍾庫, 韓國의 西洋法受容史, 박영사, 1982, 18~21면.

官制에 의하면 이 기관은 동시에 제정된 재판소구성법에 의한 사법제도의 근대화에 부응하여 사법업무를 담당할 법관을 양성하기 위하여 속성으로 법학교육을 시키는 것을 목적으로 하였다. 그 조직은 法部의 참사령관이 소장이 되고, 수시로 임명하는 약간 명의 교수를 두었다.

法官養成所에서의 교과목은 법학통론, 민법과 민사소송법, 형법과 형사소송법, 그리고 기타 현행법률을 가르쳤다. 당시에는 아직도 한국 民法典이나 刑法典이 없었지만, 민법, 형법, 민·형사소송법 등 근대적 명칭의 강의를 실시한 것은 明治維新(1868) 이후 일본에 도입된 서양법학의 수준에 맞추어 한국법학이 시작되었다는 사실을 말해 준다. 1904부터는 교과목에 憲法·行政法·國際法·商法·外國律例·算術·作文이 추가되었다. 이것은 근대화되는 통치작용에 관한 법지식의 요청과 외국과의 교섭에 필요한 법적 대비를 인식한 결과라고 하겠다.

1906년에는 새로 제정된 刑法大全과 종래부터 사용해 온 大明律, 그리고 동양적 法醫學書인「無寃錄」등 전통적 법학과목을 추가시켰고, 근대화된 새로운 경제·사회제도에 맞추어 경제학과 재정학이 신설되었으며, 외국어도 부과되었다. 여기에서 우리는 최소한 한국법학교육에서만은 전통법과 서구법의 조화 내지 점진적 개혁을 시도했던 것으로 해석할 수 있을 것이다. 당시 법학교수를 담당한 敎講師로는 일본에서 법학을 공부하고 돌아온 李冕宇·張燾·洪在祺·石鎭衡·劉文煥·朴晩緖·柳東作 등이었고, 서양법률가로는 그레이트하우스(D. W. Greathouse, 1846~1899)·크레마지(L. Crémazy, 1837~1909), 그리고 몇 사람의 일본법률가에게도 강의를 허락하였다.[7]

1895년 4월 16일 개교한 이 법학교육기관은 50명의 제 1 기생을 뽑아 6 개월간 속성교육을 시켜 11월 10일 제 1 회 졸업생 47명을 배출하였다. 졸업생에게는 成法學士의 학위를 부여하였는데, 이것은 전통적인 律士란 관념과는 달리 사회의 중추적 역할을 할 인물이라는 근대적 자격인정을 의미하였다. 1900년 3월에 司法官任命規則이 공포되어 사법관은 법률학을 공부한 사람으로 법부에서 시험하여 임명한다고 규정하여 법률가는 전문직으로 독립하였다. 이때부터 한국사회에서 법률가에 대한 인식은 새로운 이미지를 갖게 되었고, 오늘날까지 법률가에 대한 관념은 —— 전통적 관리상과 종

---

7) 이들 서양인 법률고문에 관하여는 崔鍾庫, 한국의 西洋法受容史, 박영사, 1982, 37~281면.

종 혼돈을 빚기는 하지만 —— 상당히 높은 것으로 유지되고 있다.

법관양성소는 정치적 불안정으로 2 기의 졸업생을 내고 중단되었다가 1903년에 다시 재개되어 교육연한을 3 년으로 연장하여 학생을 모집하였다. 그러나 1 개년 졸업을 단기교육으로 일부 25명을 3 기 졸업생으로, 일부 20명을 1905년 4 기 졸업생으로 내었다. 1905년 4 월에는 정식으로 3 개년으로 실시하여 1907년 12월에 18명, 1908년에는 38명, 도합 54명을 졸업시켰다. 그 후 법관양성소는 한국의 일본으로의 사법권 위탁과 함께 法部가 폐지됨에 따라 法學校로 개칭되어 학부의 소관으로 이관되었다.

2. 보성전문과 흥학운동

한말에 사립학교와 학회들이 우후죽순처럼 많이 설립되었는데, 이것은 쇠잔해 가는 국운을 교육에 맡겨 국가중흥을 기대하는 민족의지의 표현이었다. 1905년은 '民族私學의 해'로 불릴 만큼 많은 사립학교들이 설립된 해였는데, 놀라운 것은 이들 사립학교에서 거의 빠짐없이 법학을 가르쳤다는 사실이다.

1905년 1 월 李容翊에 의해 설립된 普成專門學校(오늘날 고려대의 前身)는 그 대표적 예였다. 당시 법학전문 교육기관으로는 法官養成所와 漢城法學校가 있었기 때문에 普專은 외교권이 상실된 국가상황에서 정치·외교에 밝은 엘리트 교육을 계획하였다. 그러나 개교단계에서 법률전문학교로 바뀌었다.[8] 1905년 9 월에는 한성법학교의 학생 22명을 인수하여 야간부를 설치하기도 하였다. 이 개교 당시의 교수진은 교장 申海永·石鎭衡·張 燾劉文煥·申佑善·李冕宇·洪在祺·兪致衡(兪鎭午의 父)·張憲植 등이었는데, 이들은 대개 일본에서 공부한 후 법관양성소의 교수로 있던 자들 중에서 스카웃한 인사들이었다. 그러나 일본인을 포함한 외국인교수들을 빼고 순전히 한국 법률가로 구성했다는 점에서 당시 民立大學의 민족주의 노선을 볼 수 있고, 그만큼 한국법학계도 기초를 수립하였다는 사실을 알 수 있다. 1907년 12월에는 兪吉濬의 동생 兪星濬이 2 대 교장이 되었다.

---

8) 자세히는 高麗學校 70年誌, 고려대학교 출판부, 1975; 近代西洋學問의 受容과 普專, 고려대 출판부, 1985; 최종고, 韓國法學史, 박영사, 1990 참조.

교과목은 아래의 표에서 보여 주는 바와 같이 완전히 근대화된 법학
수준으로 짜였다. 어느 면에서는 오늘날보다 더욱 현실적이고 전문적인 교
과목편성으로 보이기도 한다. 여기에서 한국 최초의 법학교과서들이 나왔
는데, 그것은 普成館이란 출판부를 두어 대체로 일본대학들의 강의록을 번
역·편집하여 출판한 것이었다. 예를 들면 兪星濬, 「法學通論」(1905); 張 燾,

〈보성전문학교의 법학커리큘럼〉 (1학년)

제 1 학 기	제 2 학 기
法學槪論	法學槪論
民法總論	民法總論
刑法總論	刑法總論
民事訴訟法	民事訴訟法
刑事訴訟法	刑事訴訟法
物權法	物權法
債權法	債權法
經濟學	經濟學
國際公法大義	國際公法大義
警察學	警察學
算 術	算 術
총 11과목	총 11과목

(2학년)

제 1 학 기	제 2 학 기
外交官領事官制度	外交官領事官制度
商法總論	商法總論
國際私法	國際私法
行政法各論	行政法各論
行政警察論	行政警察論
國際警察論	國際警察論
監獄學	監獄學
銀行簿記學	地方制度論
行政裁判法論	官廳簿記學
算 術	訴訟演習
	算 術
총 10과목	총 11과목

「新舊刑事法規大全　上・下」(1906); 兪致衡, 「憲法」(1907); 金祥演, 「國家學」(1908); 申佑善, 「民法總論」(1908); 兪致衡, 「物權法」(1908); 洪在祺, 「民事訴訟法」(1908); 朴晩緒, 「相續法」(1908); 朱定均, 「商法總論」(1908); 石鎭衡, 「國際公法」(1908); 李冕宇, 「會社法」(1908); 趙聲九, 「地方行政論」(1908); 張　燾, 「刑法總論」(1908) 등 30여 권이 나왔다.[9]

1907년에는 보성전문학교 교수진이 중심이 되어 「法政學界」라는 한국 최초의 법학전문학술지가 창간되었고, 학생들이 창간한 「親睦」이란 교우지에도 상당한 법학논문들이 실렸다.

1906년 이후 계속하여 발족한 학회와 사회단체들은 제각기 기관지들을 발간하였는데, 이들은 빠짐없이 법학 논문들을 싣고 있었다. 예를 들면 「大韓自强會月報」(1906년　창간)・「太極學報」(1906년　창간)・「西友學會日報」(1907년 창간)・「大韓留學生會會報」(1907년　창간)・「大同月報」(1908년　창간)・「大東學會月報」(1908년 창간)・「大韓協會會報」(1908년 창간)・「西北學會月報」(1908년 창간) 등이었다.

1908년 11월에는 法學協會가 조직되어 11명의 한국법률가가 회원이 되었고, 장 도가 편집책임으로 「法學協會雜誌」를 창간하여 매월 발행하였다. 도도히 밀려드는 일본 제국주의의 세력 앞에서 법과 정의를 지킨다는 것은 곧 애국을 의미했다. 이것은 이완용・송병준 등의 친일적 一進會의 활동에 대항하여 法官養成所 제1회 졸업생인 한국법률가 李儁이 중심이 되어 憲政研究會(1905년 5월 발족)를 조직하여 대항한 것을 보면 알 수 있다. 이 당시의 법학논문들은 일본법학서를 통한 번역판 서구법 이론들이지만, 모두 열심히 서구법학을 소개하고 그 위에서 한국의 국가질서의 기초를 놓으려는 진지한 태도들이었다. 이런 의미에서 우리는 이 시대의 한국법학을 애국적 민족법학이라고 부를 수 있을 것이다.[10]

---

9) 자세히는 최종고, "開化期의 韓國法制史料," 韓國學研究文獻의 現況과 展望, 아세아문화사, 1983; 同人, 韓國法學史, 박영사, 1990.

10) 자세히는 金孝全, "李儁과 憲政研究會," 東亞法學 제4집, 동아대, 1978; 최종고, 韓國法學史, 박영사, 1990, 136~149면.

3. 일본법학의 수용

서양에서 지리적으로 멀리 떨어진 한국이 19세기 후반에 비로소 서양 법학을 받아들였지만, 그 때는 이미 세계는 제국주의의 시대로 바뀐 때였고, 서양문물을 10년 정도 앞서 받아들인 일본 역시 재빨리 근대화하여 제국주의로 발돋움한 때였다.

특히 일본은 근대화(명치유신)를 바로 법의 근대화로 생각하고 많은 법개선을 단행하였다. 1905년부터 도도히 압박해 오는 일본제국주의의 '불유쾌한 서양법의 매개자'에 대항하기 위하여 한국법학은 자연히 방어적·애국적 법학으로 결속되었고, 그것은 다른 한편으로 서양법의 진취적 수용, 법의 근대화 속도를 줄이는 원인이 되기도 하였다.

이러한 끈질긴 노력에도 불구하고 야속한 국제정치의 배반 속에서 한국은 일본에게 침략당하고, 한국법학은 일본법학에 의하여 35년간의 단절에 가까운 수난을 감수하지 않으면 아니 되었다.[11]

Ⅳ. 한국법학 80년

이와 같은 상황에서 해방은 우선 유진오가 회고한 대로 "우리나라의 법학교육에 중대한 지장을 주었으니, 그것은 법과관계의 각 대학·전문대학교의 교수진 구성에 있어서 人選難에 빠졌기 때문이다. 결국 각 기관은 아직 그 학문적 능력을 판단하기 곤란한 신인들을 채용함으로써 미봉적인 교수진 구성에 만족하지 아니할 수 없었다."[12]

해방 당시의 법학교육기관으로는 경성제국대학 법문학부 법학과와 보성전문학교 둘뿐이었다. 경성법학전문학교는 해방 전에 경제전문학교로 되어 일시 폐쇄되어 있었다. 해방이 되자 경성대학 법학과는 당시 조수로 있던 朱宰璜·朱兪淳에 의하여 접수되었고, 유진오를 중심으로 교수진을 편성하여 舊京城帝大와 동일한 체제로 경성대학 법문학부 법학과로 개교하였다.

---

11) 崔鍾庫, "日帝時代의 韓國法學," 民事法과 環境法의 諸問題(安二濬博士回甲記念論文集), 박영사, 1986; 이충우/최종고, 다시 보는 경성제국대학, 푸른사상사, 2013.
12) 兪鎭午, "韓國의 法制와 法學," 憲法과 現代法의 諸問題, 일조각, 1975, 498면.

그리고 경성법학전문학교는 高秉國을 교장으로 時兆社에 맡겼던 도서를 찾아다 다시 문을 열었다. 고병국은 "서울법과대학"이라는 이름으로 대학으로 승격시킬 계획을 세웠던 것이다.

그러나 1946년 8월에 "국립서울대학교 설치령"(군정법령 제102조)이 발표되어 국립서울대학교가 탄생되었다. 오늘의 서울대학교 법과대학은 경성대학의 법학과와 경성법학전문학교를 통합한 것이다.[13]

보성전문학교는 1946년 9월에 대학으로 승격하여 고려대학교로 되었고, 같은 해에 국민대학도 법과가 생겨 특히 야간으로 공무원들이 많이 다녔다. 1947년에는 성균관대학과 단국대학에 법과가 생겼고, 국제대학에도 야간부 법과가 생겼다. 1949년에는 신흥대학(경희대의 전신)에, 1950년에는 연세대와 이화여대에도 법과가 생겨 1950년에 서울에만도 10개 대학에서 법학과를 가지게 되었다. 1950년부터 3년 동안 동란의 북새통에서 대구·부산에서의 戰時綜合大學의 곤경을 치렀고, 1953년에는 동국대, 1954년에는 숭실대에도 법과가 설립되었다. 1959년에는 건국대·한양대에, 1963년에는 경기대, 1965년에는 한국외국어대, 1969년에는 명지대에도 법학과가 생겼다. 그리고 대학에 따라서는 법학과 외에 행정학과를 두기도 하였으나 그 교과과정이 법학과와 매우 흡사한 점이 많았다. 이러한 과정을 밟아서 한국에 있어서 법학은 대학교육에 빼놓을 수 없는 중요한 고등교육분야로 정착되었다.

서울대학교 법과대학의 1949년도 커리큘럼을 보면, 법학과(제1류)에서는 헌법, 민법 제1부 내지 제4부, 형법 제1부 내지 제2부, 상법 제1부 내지 제3부(제4부는 선택), 민사소송법 제1부 내지 제2부, 형사소송법, 행정법 제1부, 국제공법 제1부(평시), 로마법 또는 서양법제사, 영미법 또는 대륙법, 법철학, 사회법 제1부, 조선법제사 등이 필수과목이었고, 헌정사·경제사·국가학·정치사·경제정책·재정학·정치학사·외교사·조선경제사 등이 선택과목이었다. 이렇게 편성된 법학커리큘럼은 오늘날까지 큰 변화 없이 대체로 그대로 유지되고 있는 것처럼 보인다.

외관상으로 보면 한국법학은 해방 후 상당한 양과 폭을 확보했고, 심지어 인기학문으로 된 감도 있으나, 본질적인 면에서 법학계의 약진은 미약한 것이 불행한 현상이다. 그것은 학문연구보다 수험법학으로 고질화된

---

13) 金曾洙, "韓國法學 30년의 회고와 전망," 司法行政 1975년 10월호, 13면.

것이 가장 큰 원인이다.

V. 법언어의 문제

한국의 법과 법학을 이야기할 때 일반적으로 가장 많이 지적되는 것은 그것이 漢字法文化圈의 학문으로 가장 어려운 학문이라는 인상이다. 우리가 사용하고 있는 한자식 법률용어는 대체로 1860년대에 중국에서 마틴(William A. P. Martin) 선교사가 번역한 용어가 아니면 그보다 10여 년 후 일본에서 번역된 용어들이다. 우리나라에는 이런 오래된 법률용어들을 수용하여 사용한 지 1세기가 넘었다. 그래서 우선 법언어를 세련시키는 일이 무엇보다 시급한 과제이다. 정부에서는 이러한 문제를 해결하기 위하여 1960년대 후반부터 "법률용어요강 및 실시방침"을 만들어 "현행법령에 쓰이고 있는 용어 가운데 아직도 어렵고 까다롭거나 고유한 우리말과 동떨어진 것이 있으며, 민족감정에 거슬리거나 민주주의 이념에 맞지 않는 용어도 많이 남아 있는 실정임에 비추어 이것을 평이하고 순화된 우리말로정비함으로써 법제의 민주적인 발전을 기하고자" 하고 있다.[14]

또한 최근 법제처에서는 올바른 언어생활의 본보기가 되는 알기 쉬운 법령을 만들어 국민중심의 법률문화를 만드는 데 기여하기 위해 "알기 쉬운 법령만들기" 사업을 추진하고 있는데, 법률표기의 한글화, 어려운 용어의 순화, 어문규범의 준수, 체계정비를 통한 간결화·명확화를 그 목표로 하고 있다.[15]

(1) 漢字말·日本式 용어를 순수한 우리나라 말이나 일반화된 말로 바꾼 예

代하는 → 갈음하는	架橋 → 교량
旣히 → 이미	隧導 → 터널
亘하는 → 걸치는	官有財産 → 국유재산
依하는 → 따라	범죄사항 → 범죄사실
受領時에 → 받는 때에	취지를 → 뜻을

---

14) 崔鍾庫, "法과 言語," 法과 宗敎와 人間, 삼영사, 1981, 29~38면; 자세한 예는 순화용어 편람, 현암사, 1997 참조.

15) http://www.moleg.go.kr/jsp/easylaw.

下記와 如히 → 아래와 같이

圍繞 → 둘러싸인

所轄 → 관할

上記者 → 위 사람은

直徑 → 지름

……下에서 → ……아래서

元本 → 원금

分하여 → 나누어

관리케 → 관리하게

此限이 아니다 → 예외로 한다

警標 → 경고표시

差食에 → 다음 식에

朱書 → 홍색글씨

崩落 → 무너져 내림

管入 → 관에 넣음

朱抹하다 → 붉은 색으로 말소하다

他處 → 다른 곳

事前에 → 미리

廻行할 → 거쳐서 올

最直近期 → 가장 가까운 시기

四拾五入 → 반올림

畢하지 → 마치지

1 → 하나

背面 → 뒷면

表面 → 앞면

裏面 → 뒷면

供與하다 → 제공하다

右記事項 → 다음 각 호의 사항

如何한 → 어떠한

控除한 → 뺀

除하는 → 나누는

寒冷한 → 춥고 차가운

重激한 → 무겁고 힘든

同一한 → 같은

名稱 → 이름

虛僞의 → 거짓의

未達하는 → 달하지 못하는

白色 → 흰색

隣佑人 → 이웃사람

서류표목 → 서류목록

溝渠 → 개골창

高價인 → 비싼

下落하여 → 떨어져

手續 → 절차

綴目에 → 사이에

末尾 → 끝

丁數 → 장수

分界하다 → 구분되게 하다

具備하여야 → 갖추어야

相違없이 → 틀림없이

別途 → 따로

諸般 → 모든

堅固한 → 튼튼한

端數 → 우수리

欠缺 → 흠

지령 → 지시

渡過 → 경과

此旨를 → 이를

完了치 → 완료하지

2 條의 橫線 → 두 줄의 횡선

不分明함으로 → 분명하지 아니함으로

異種의 → 다른 종류의

旣納한 → 이미 납부한

拂入 → 납입

擔保供하다 → 담보로 제공하다

補佐하다 → 보조하다

附하다 → 붙이다

事業部分 → 사업부문

島嶼 → 섬

有故時 → 사고가 있을 때

便宜 → 편리한

摘要欄備考欄 → 참고란

經由하여 → 거쳐

類似한 → 비슷한

容易하며 → 쉬우며

殘餘의 → 남은(나머지의)

示顯한 → 나타낸

一束으로 → 한 묶음으로

還付하다 → 반환하다

臨席하다 → 출석하다

掌理하다 → 처리한다

看做 → 본다

遺漏 → 빠뜨림

指示를 發하다 → 지시를 내리다

名義變更 → 이름변경

紙片 → 종이조각

新刑 → 새로운 형

執行除刑 → 이미 집행한 형기

殘刑期 → 남은 형기

下端 → 아래쪽 끝

거마비(車馬費) → 교통비

하자(瑕疵) → 흠

상기(詳記) → 자세히 기재함

계출(屆出) → 신고

신입증(申入證) → 청약서

감안(勘案) → 참작

역원(役員) → 임원

要件을 闕하다 → 요건을 갖추지 못하
   다

翌年 → 다음 해

思料하는 → 생각하는

上午 → 오전

數回 → 몇 번

粘稠한 → 찐득 찐득한

直立停止하게 → 바로 서게

完了日 → 마친 날

移積하다 → 옮겨 쌓다

開裝하다 → 포장을 풀다

(俸給)時에 → (봉급) 때에

所持하고 → 가지고

易然性의 → 불 붙기 쉬운

旣納額 → 이미 납부한 금액

十趾를 → 열 발가락을

當月 → 그 월

納付토록 → 납부하도록

移記하여야 → 옮겨 적어야

網 → 그물

所要하는 → 필요로 하는

怠慢하다 → 게을리하다

詐僞의 方法으로 → 사기나 위계의 방법
   으로

寄留抄本 → 주민등록초본

受驗하는 → 응시하는

瓦斯 → 가스

繼乘할 수 있다 → 계속할 수 있다

逸出할 → 달아날

任務 → 직무

加하고 → 보태고

牛馬 → 소와 말

一頭 → 1 마리

漏水하지 아니하도록 → 물이 새지 아니
   하도록

감자(減資) → 자본의 감소

차주(借主) → 차용인

受有者는 → 갖고 있는 자는

乘한 → 곱한

應하여 → 따라

介護를 → 보호를

大聲을 → 큰 소리를

……내에 → ……안에

(2) 한글로 표기함으로써 뜻이 혼동될 염려 있는 한자의 다른 말 표현

異論 → 다른 견해, 견해의 다름

削殺 → 찔러서 살해함

恣意 → 마음대로

自意 → 스스로

일일 2 백 50상자 거래 → 하루 2 백
   50상자 거래

(3) 어색한 표현을 자연스럽게 바꾼 예

좌측앞 라이트 → 왼쪽 전조등

우측 다리 → 오른쪽 다리

조정시도불가 → 조정을 시도 하였으나 이루어지지 않음

소범된 바 있고 → 범죄를 저지른 바 있고

특별대리인선임촉구 → 특별대리인을 선임할 것을 촉구

절·강도 → 절도·강도

判文上 → 판결문상

(4) 명령적 · 관료적 용어의 고침

권리신고를 할 시 → 권리신고를 하십시오.

결심한 변론의 재개를 명한다 → 종결한 변론을 재개한다

명령을 준수할 것 → 명령사항을 지켜 주시기 바랍니다.

보고할 것을 명한다 → 보고하기 바랍니다.

Ⅵ. 한국법학의 과제

　　돌이켜 보면 한국법학은 근 1 세기 동안의 파란만장한 속에서도 그 명맥을 끊지 않고 면면히 유지되어 왔다. 다행히도 개화기의 선각자들로부터 출발하여 계속 재능 있는 똑똑한 젊은이들이 법학의 문턱을 메워 주었다. 처음부터 양반과 특권층이 아닌 서민적 학문으로 출발하여 오늘날까지 대체로 법학은 그리 부유하거나 권력 있는 집안의 자식들보다는 가난하고 평범한 서민의 자녀들이 많이 지망하였다. 문학이나 예술·인문과학에서처럼 학문적 여유가 처음부터 다소 결핍될 수밖에 없는 원인은 여기에도 있었다. 그러나 이러한 民主的·‘庶民的’ 법학은 그런대로 학문성을 유지하면서 각 대학에 보편화하여 법학과를 설치하고 법학도들을 배출하여 각계 각층에 인재들을 제공하였다.

　　법학내부적으로는 60여 개가 넘는 학회들을 구성하여 각 분야별로 학회활동을 전개하고 있으며, 법학관계출판문화는 다른 어느 분야 못지않게 전문성을 띠고 유수한 출판사와도 친근한 학문분야로 정착되었다. 전국에 약 1,000명 이상의 법학교수가 있고, 매년 8,000여 명의 법학도가 졸업하고 있다. 이만큼 정립된 한국법학을 이제는 누구도 학문성을 부인할 수는 없을 것이며, 앞으로 더욱 발전할 수 있는 가능성의 면모들을 보여 주고 있

다. 그러나 한국법학의 발전을 위하여 다음과 같은 몇 가지 사실들은 반드시 지적되어야 할 것이다.

첫째, 한국법학의 발전을 가로막는 가장 큰 원인인 法學界와 法曹實務界의 二元化의 현실을 타개하지 않으면 안 된다는 것이다.[16] 법원에서는 법학자들의 이론을 존중하고, 법학자들은 판례의 학문적 이론화와 실무계와의 접촉도를 높여야 한다.

둘째, 각종 학회들의 활동이 더욱 활성화되어야 할 것이다. 어떤 학회들은 이름만 있다시피 하고 정기모임이나 학회지 같은 것을 만들지 않고 있다. 재정적 뒷받침이 없다는 핑계(?)가 대부분이나 학회활동은 회원들 스스로의 열성만 있으면 회비만 가지고도 운영해 나갈 수 있다고 생각한다. 학문적 열의를 학회라는 구심점을 통하여 결정시키려는 자세가 아쉽다.

셋째, 법학관계 學術誌가 본격적으로 간행될 수 있어야 하겠다. 수험지 중심의 법문화에만 머물 수는 없으며, 법학자·법률가들과 출판사가 협력하여 어떤 형태로든 제대로 법학논문을 발표할 수 있는 법학언론지가 모색되어야만 하겠다.

넷째, 韓國法學院이나 韓國法學教授協議會·全國法科大學協議會 같은 기존 기관과 단체들의 활동이 더 강화되어야 하겠다. 회원들의 참여의식과 임원진의 책임 있는 실무진행이 요청된다.

다섯째, 법학교육에 관한 재검토가 시급하게 요청된다. 법학의 학문성은 현재의 사법시험제도와 법학교육제도를 그대로 두고서는 아무리 얘기해 보아야 탈출구를 발견할 수 없다. 이와 관련하여 2009년부터 법학전문대학원, 즉 로스쿨이 개원되었다. 기존 사법시험의 마지막 실시시기는 변호사시험법 부칙 제4조 제1항에 규정하여, 2017년까지 사법시험을 실시하고, 선발예정인원은 사법시험관리위원회의 심의의견을 거쳐 2014년 200명, 2015년 150명, 2016년 100명, 2017년 50명 등 총 500명으로 결정하고 이듬해 사법시험을 폐지하기로 했다. 그러나 최근 사법시험을 존치하자는 의견이 대두되어, 국회에 사법시험 존치와 관련한 법률이 제안되는 등 사법시험의 폐지여부는 좀 더 지켜보아야 할 일이다.

---

16) 金曾漢, 韓國法學의 證言, 교육과학사, 1989; 최종고, 韓國의 法學者, 서울대 출판부, 2007.

여섯째, 법학의 학문성을 위하여는 특히 대학에서 기초법학의 분야가 육성되어야 한다. 법해석에만 머무르지 말고 법철학·법사학·법사회학·비교법학 등 폭넓고 철저한 학문훈련이 바탕이 되어야 법학의 뿌리와 기초가 튼튼히 성장할 수 있다.

일곱째, 外國學界와의 교류와 선진 법문화와의 비교·검토가 절실히 요청된다. 예컨대 한국의 정치학계와 비교해 본다면 거기서는 학술회의다, 세미나다, 해외출장이다 하는 것은 너무 많은 것 같은데, 법학분야에서는 반대로 우물 안의 개구리같이 너무나 바깥 세계를 모르고 지내는 감이 있다. 법률가와 법학자들이 세계의 법문화를 직접 목도·체험할 수 있는 활로가 터져야 할 것이다.

여덟째, 한국에서의 法學과 法文化를 건설적인 면에서 대중화하기 위하여 각종 매스컴과 현대적 채널을 동원하여야 할 것이다. 인터넷(Internet) 등을 통하여 법률정보를 쉽게 접근할 수 있고, 또한 법률정보를 제공할 수도 있다. 또한 텔레비전을 통한 법학강좌나 사이버강의도 얼마든지 가능하며, 실정법학 분야와 함께 법철학·법사학·법사회학 등의 기초법학 분야도 얼마든지 대중화하여 보급할 수 있다고 생각한다. 한국의 법문화를 간직하고 계승하기 위하여 韓國法史博物館이나 韓國法文化院 같은 것도 하나쯤은 있어야 하리라 생각한다.

아홉째, 이러한 모든 과제들을 생각하다가도 한국적 특수상황, 특히 남북분단이라는 현실을 생각하면 법률가들은 論理를 잃고 침울해지기가 쉬운데, 그러나 이러한 우리의 숙명을 포기할 수는 없으며, 제한된 상황 속에서 법률가로 산다는 역사적이고 실존적인 의미를 절실히 자각하는 것이 중요하다고 생각한다. 어쩌면 모든 여건이 풍성히 제공되어 있는 선진국의 법률가들보다도 제약과 여유가 없는 속에서 나름대로 지혜와 논리를 발견하려고 애쓰는 한국의 법률가와 법학자의 모습이 더욱 학문적이고 학자적이지 않겠는가 하는 생각도 든다.

열 번째, 앞으로의 남북통일을 지향하여 남북법학의 비교와 통일법학을 대비하여 노력해야 할 것이다.[17]

현대의 민주주의는 法의 支配(rule of law)를 통하지 않고는 있을 수 없

---

17) 최종고, 북한법, 박영사(증보신판), 1996.

으므로, 모든 국민과 권력자가 마지막으로 법의 소리를 경청하는 사회가
되어야 할 것이다. 법학과 관련된 사람은 법학자는 물론 법조실무들도 모
두 *法治國家*로서의 한국을 건설한다는 긍지와 책임의식 속에 누구보다도
진지하고 명민한 자세로 역사 앞에 서야 할 것이다.

VII. 법학교육의 개선

1995년 근대사법 및 법학수용 100주년이 되는 뜻깊은 해였는데, 뜻밖
에 사법개혁논의가 터지면서 법학교육개혁도 한꺼번에 논의되어 상당한 혼
란을 불러일으켰다. 그것은 무엇보다 지금까지 행해 오던 4년제 법과대학
제도를 폐지하고, 학부에서는 무엇을 전공하든 3년제 '로스쿨'(혹은 법학전
문대학원)을 졸업하면 대부분 변호사자격을 취득하게 하는 방향으로의 개혁
구상이었다. 그 주요 명분은 다양한 전문지식을 갖춘 양질의 변호사를 많이
배출해야 '세계화'를 지향하는 국제경쟁력을 갖출 수 있다는 데에 두었다.
이러한 세계화추진위원회의 주장에 대해 대법원과 법학계에서는 대륙법계
법문화에서는 미국 같은 사례식(case method) 교육을 하기에 부적절하며,
법학교육 연한을 5년제나 6년제로 연장하여서 충실한 법률가를 양성하는
것이 더욱 바람직하다는 근거를 들어 반대하였다. 당시에는 끝내 합의가
이루어지지 아니하여 로스쿨도입이 사실상 무산되는 듯하였으나, 참여정부
출범 이후 사법개혁추진위원회의 주도 아래 재차 논의되어 법학전문대학원
설치·운영에 관한 법률이 2007년 7월 27일 제정되었다.

이에 따르면 법학전문대학원이 법률이론을 위주로 가르치는 기존 법대
와 실무위주의 사법연수원을 합쳐 놓은 역할을 하게 되는데, 법학전문대학
원 설립대학은 학부의 법학과를 폐지하여야 하며, 2009년 3월 개원 후에
는 기존의 사법시험은 그 선발인원이 축소되어 2014년에는 완전 폐지될 예
정이었으나 사법시험의 존폐는 논란을 불러일으키고 있다.

2008년 8월에 일반 4년제 대학 이상의 학력을 소지한 자들에 한하여
LEET(법학적성시험)＋학부성적(GPA)＋외국어시험＋사회봉사활동 및 면접을
통해 첫 법학전문대학원 입학전형이 있었으며, 이에 합격한 자들은 2009년

3 월부터 2012년 2 월까지 3 년간 교육을 받고, 같은 해 2 월 경 로스쿨졸업 시험(변호사자격시험)을 통해 합격한 자들에게만 변호사 자격증이 주어지게 되었다.

　　이와 같은 법학전문대학원(로스쿨)은 기존의 사법시험제도 및 법학교육의 문제점을 개선하고 양질의 법률전문가를 양성하기 위해 도입되었으나, 설립인가 대학선정이 지역안배·정원조정 등을 이유로 난항을 겪었고, 기초 법학교육의 부실화될 염려가 있으며, 비싼 등록금으로 인한 빈부계층의 고 착화되고 짧은 교육기간으로 인해 법률지식의 충실한 습득이 어려울 것이 예상되는 등 성공적인 정착을 위해서는 해결해야 할 과제들이 아직도 남아 있다.

　　하지만 이러한 법학교육개선 논의를 통해 오히려 한국법학의 현 상황을 다시금 확인하게 되었고, 한국의 법문화를 발전시키기 위하여 한국법학의 사명이 더욱 중차대함을 재인식하게 되었다. 우리는 한국법학의 발전을 위하여 부단히 모색하고 노력하는 자세를 게을리하지 말아야 할 것이다.

참고문헌 ────────────────────────

　　崔鍾庫, 法學史, 경세원, 1986; 同人, 韓國의 西洋受容史, 박영사, 1982; 同人, 韓國法學史, 박영사, 1990; 近代西洋學問의 受容과 普專, 고려대 출판부, 1985; 俞鎭午, 養虎記, 고려대 출판부, 1978; 朴秉濠, 한국의 법, 세종대왕기념사업회, 1974; 서울法大百年史, 서울법대 동창회, 2004; 문인구, 韓國法의 實相과 虛想, 삼지원, 1985; 崔鍾庫, 韓國法思想史, 서울대 출판부, 2001; 同人, 韓國의 法學者, 서울대 출판부, 2007; 서울대 법학연구소 편, 法學敎育과 司法制度改革, 서울대 출판부, 1988; 金曾漢, 韓國法學의 證言, 교육과학사, 1989; H. 하멜 外/최종고 역, 西洋人이 본 韓國法俗, 교육과학사, 1990; 최종고 편저, 사법시험, 무엇이 문제인가, 교육과학사, 1991; 최종고, 한국법입문, 박영사, 1994; 서원우 편, 韓國法의 理解, 斗聖社, 1996; 최종고, 자유와 정의의 지성 유기천, 한들출판사, 2006; 최종고, 한국의 법학자, 서울대 출판부, 2007; 김철, 한국법학의 반성, 한국학술정보, 2009; 이충우/최종고, 다시 보는 경성제국대학, 푸른사상사, 2013; 김창록, 로스쿨을 주장하다, 유니스토리, 2013.

Sang-Hyon Song(ed.), *Introduction to Korean Law and Legal System*, Kyong-Mun-sa, Seoul, 1983; William Shaw, *Legal Norms in a Confucian State*, Berkeley, 1982; Pyong-Choon Hahm, *Korean Political Tradition and Law*, Hollym, Seoul, 1967; Bong-Duck Chun/W. Shaw/Dai-Kwon Choi, *Traditional Korean Legal Attitudes*, Berkeley, 1980; Pyong-Choon Hahm, *Korean Jurisprudence, Poltics and Culture*, Yonsei Univ., Press, 1986; Chin Kim(ed.), *Korean Law : Study Guide*, San Diego, 1995; Sang-Hyon Song(ed.), *Korean Law in the Global Economy*, Seoul, 1995; Chongko Choi, *Law and Justice in Korea : South and North*, Seoul National University Press, 2005; Tom Ginsberg(ed.), *Legal Reform in Korea*, London, 2004; James West, *A Critical Discourse on Korean Law*, Seoul, 2002; Chongko Choi, *East Asian Jurisprudence*, Seoul National University Press, 2009.

연습문제

1. 한국법학의 역사적 발전을 약술하라.
2. 한국의 전통적 법학은 어떠하였나?
3. 한국에서 西洋法學의 수용과정을 논하라.
4. 한국 法言語의 순화방법을 논하라.
5. 한국 법문화의 문제점을 논하라.
6. 한국법학을 발전시키기 위한 방안을 제시해 보라.
7. 로스쿨제도 도입 이후의 한국법학의 변화상을 설명해보라.

인명색인

사 항 색 인

著者略歷

서울大學校 法科大學 및 同大學院 卒業, 독일 프라이부르크大學 卒業(法學博士)
미국 버클리大學 및 하버드大學 客員教授
독일 프라이부르크大學, 미국 하와이大學, 텔아비브大學 交換教授
중국 南京大學·山東大學 명예교수
서울대학교 법과대학 교수(1981－2013)
現：서울大學校 법학전문대학원 명예교수

著　書

現代法에 있어서 人間(三英社, 1974)
使徒法官 金洪燮(育法社, 1975)
法史와 法思想(博英社, 1980)
法과 宗教와 人間(三英社, 1981, 1989 증보)
韓國의 西洋法受容史(博英社, 1982)
法思想史(博英社, 1983)
國家와 宗教(現代思想社, 1983)
現代法學의 理解(서울大出版部, 1989 증보)
위대한 法思想家들(Ⅰ·Ⅱ·Ⅲ)(學研社, 1985)
法史學入門(共著)(法文社, 1985)
法學史(經世院, 1986)
西洋法制史(博英社, 1986)
法學人名辭典(編)(博英社, 1987)
韓國法과 世界法(教育科學社, 1988)
韓國法思想史(서울大出版部, 1989)
韓國의 法學者(서울大出版部, 1989)
하버드 스토리(고려원, 1989)
韓國法學史(博英社, 1990)
法과 유모어(編)(教育科學社, 1991)
法은 그러나 어두운 곳에서 빛난다(철학과
　　현실사, 1991)
法 속에서 詩 속에서(교육과학사, 1991)

법과 윤리(經世院, 1992)
법과 생활(博英社, 1993)
북한법(博英社, 1993, 1996 증보신판)
한국법입문(博英社, 1994)
법과 미술(시공사, 1995)
新서유견문(웅진출판사, 1995)
G. 라드브루흐연구(博英社, 1995)
한국의 법률가像(길안사, 1995)
총정리 및 객관식 법철학(편저)(삼영사, 1996)
법상징학이란 무엇인가(아카넷, 2000)
법철학(박영사, 2002)
한강에서 라인강까지 : 한독관계사(유로서적, 2005)
Law and Justice in Korea : South and
　　North(서울대출판부, 2005)
자유와 정의의 지성 유기천(한들, 2006)
괴테와 다산, 통하다(추수밭, 2006)
East Asian Jurisprudence(서울대출판부, 2009)
Gespräche mit Alexander Hollerbach(관악문화사,
　　2010)
한 법학자의 학문세계, 민속원, 2013
서울법대시대, 서울대출판부, 2013

譯　書

라드브루흐, 法哲學(三英社, 1976)
라드브루흐, 법학의 정신(종로서적, 1981)
레빈더, 法社會學(共譯)(法文社, 1981)
헬무트 코잉, 獨逸法制史(共譯)(博英社, 1982)
라드브루흐, 마음의 길(종로서적, 1983)
홀러바흐, 法哲學과 法史學(三英社, 1984)

H. 하멜外, 西洋人이 본 韓國法俗(教育科學社, 1989)
G. 그레고리外, 착한 사마리아人法(教育科學社,
　　1990)
위대한 반대자 올리버 홈즈(교육과학사, 1991)
라드브루흐, 법의 지혜(교육과학사, 1993)
라드브루흐, 도미에의 사법풍자화(悅話堂, 1995)

제 5 전정신판
법학통론

초판발행	1986년 8월 30일
개정판발행	1988년 2월 15일
삼정판발행	1989년 2월 25일
사정판발행	1990년 3월 10일
전정판발행	1991년 3월 10일
전정신판발행	1994년 1월 20일
제 2 전정신판발행	2008년 3월 10일
제 3 전정신판발행	2014년 8월 10일
제 4 전정신판발행	2019년 7월 20일
제 5 전정신판발행	2025년 3월 1일

지은이	최종고
펴낸이	안종만 · 안상준
편 집	김경수
기획/마케팅	조성호
표지디자인	BEN STORY
제 작	고철민 · 김원표
펴낸곳	㈜ **박영사**
	서울특별시 금천구 가산디지털2로 53, 210호(가산동, 한라시그마밸리)
	등록 1959. 3. 11. 제300-1959-1호(倫)
전 화	02)733-6771
f a x	02)736-4818
e-mail	pys@pybook.co.kr
homepage	www.pybook.co.kr
ISBN	979-11-303-4949-7 93360

copyright©최종고, 2025, Printed in Korea

정 가 32,000원